本书为国家社科基金重大项目
"中国古代文章学著述汇编、整理与研究"（批准号：15ZDB066）阶段性成果

中国古代文章学的形态与体系
——中国古代文章学四集

◎王水照 侯体健 主编

复旦大学出版社

目　录

古文评点在文章学系统中的重要作用 ············ 洪本健／1
古代文章学与经学关系论
　　——再论学术视野中的古代文章学 ············ 欧明俊／12
《四库全书总目》论散文的文体形态特征 ············ 郭英德／24
先秦"说"体与汉代的"小说"观念 ············ 史　伟／43
"文章缘起类"文献发微
　　——从宋人所见任昉《文章缘起》的校定入手 ············ 李晓红／68
韩愈"五原"文体创新的思想意涵 ············ 刘　宁／107
韩文札记二则 ············ 何寄澎／123
范仲淹《窦谏议录》探论 ············ 王秀云／131
从新发现欧阳修书简看周必大、朱熹关于范仲淹神道碑铭的
　　论争 ············ 东英寿／145
"修庙"与"立学"：北宋学记类文章的一个话题
　　——从王安石《繁昌县学记》入手 ············ 朱　刚／159
宋代贤良投献与策论文的传播
　　——兼论二苏"五经论"的著作权问题 ············ 钱建状／175
《灵源和尚笔语》书简受主考释 ············ 李　贵／182
人文思想与人类生存
　　——苏轼《六一居士集叙》的人文思考 ············ 杨庆存／198
苏轼两制文本的生成与流传 ············ 戴　路／204
宋佚文话《纬文琐语》考论 ············ 侯体健／216
理学思潮中古文标准的重构：南宋佚书《敦斋古文标准》考论 ············ 李　由／230
论金代王若虚的"辨惑"体著述 ············ 王　永／245
陈绎曾文章学体系简论 ············ 朱迎平／253

"寻章摘句":明代文话的文本生成及其文章学阐释 …………… 龚宗杰 / 260
"明文第一"之争 …………………………………………………… 何诗海 / 282
朝鲜诗文选集《东文选》的编纂体例与文学价值 …………… 诸海星 / 296
汪时跻及其所编文选、文话简述 ……………………………… 张　剑 / 306
略论清编清代古文选本"保存文献"的编纂旨趣 ……………… 孟　伟 / 320
清代古文辞禁论 ………………………………………………… 潘务正 / 326
钱谦益:一个有待认识的骈文家 ……………………………… 李金松 / 352
帝王心术与文本阐释
　　——康熙《古文评论》的批评观念论析 ………………… 诸雨辰 / 366
文章复古论的分歧
　　——围绕荻生徂徕的"古文辞"之争 …………………… 副岛一郎 / 381
江户时代异学者皆川淇园的文章学 …………………………… 张　淘 / 402
洪亮吉的骈文思想与骈文创作
　　——以游记为中心 ………………………………………… 吕双伟 / 415
传统文话的虚词批评与近代文章学的新诠 …………………… 常方舟 / 429
复旦大学图书馆藏钱振伦《制义卮言》叙论 ………………… 陈维昭 / 444
唐文治谈古文作法 ……………………………………………… 陈尚君 / 454
涛声彻耳逾激昂
　　——海外体验与梁启超《少年中国说》的产生 ………… 查屏球 / 457
"传之口耳"与"著于竹帛"
　　——章太炎文章学论述中的口传性与书写性问题 ……… 陆　胤 / 473
新旧之间:黄侃《文心雕龙札记》的思想结构与民国学术 …… 成　玮 / 501
刘咸炘《文式》及其辨析文体方法 …………………………… 沈如泉 / 517
"第四届中国古代文章学国际研讨会"综述 ………… 倪春军　陈　特 / 532

编后记 ……………………………………………………………………… / 541

古文评点在文章学系统中的重要作用

华东师范大学中文系　洪本健

我国古代文章学是关于古代文章研究与批评的学科。王水照先生指出：文章学之成立，"其主要标志在于专论文章的独立著作开始涌现，且著作体裁完备，几已囊括后世文论著作的各种类型"，分别是"颇见系统性与原创性之理论专著"、"具有说部性质、随笔式的著作"、"'辑'而不述之资料汇编式著作"和"有评有点之文章选集"。① 此一观点完全符合我国古代文章学成立与发展的实际。确实，由于含有古文评点的内容，大量的古代文章选本，成为文章学的重要载体。古文选本的编纂者，一身兼二任：选收古文，自然见其眼光，而古文评点更是见其水平，因评点是此类书的看点，亦即精华之所在。

针对曾经流传的评点仅是片言只语，算不上正经的文学批评的说法，马茂元先生在《〈韩昌黎文汇评〉序》中指出："评点之学乃吾国文学理论批评之特有形式，由来尚矣。片言居要，一羽破的。其精深透辟，启发人意之处，往往有逾于解说者。"②这里，"特有形式"点明中国文论的特色，强调是我国所独有的；"片言居要，一羽破的"，道出了虽简短，但能抓住要害，一下子说清道明的特点和功能；"精深透辟"三句，进一步突出其言简意赅、深入人心的表达效果。所谓评点，评，是文字评说，有题下评、总评、旁批、眉批等；点，是以点、圈、竖线、截画等符号来显示作者心目中文章的中心意思、重点内容、段落划分、关键字句等等。当然，各家的点，有各自的特色，在卷首的凡例中都有交代。如茅坤《〈八大家文钞〉凡例》云："凡之佳处，首圆圈，次则尖圈，又次则旁点，间有敝处，则亦旁抹，或镌数字，譬之合抱之木而寸朽，明月之珠而累累，不害其为宝也。"③余诚

---

① 王水照《历代文话序》，《历代文话》第1册，复旦大学出版社，2007年，第2—3页。
② 叶百丰编著《韩昌黎文汇评》，正中书局，1990年，第1页。
③ 茅坤《〈八大家文钞〉凡例》，《历代文话》第2册，第1788页。

《古文释义》之《凡例》云:"是编于文中纲领、主脑、眼目、关键、骨子、结穴,每一字旁用一重圈;起伏照应处,每一字旁用一双点;点精采发挥及点染生动,每一句旁用密点。神理活泼、议论警策、字句工妙、笔墨奇变处,皆旁用密圈。而每一句下必着一小圆点,不使初学句读莫辨。至每一段止处,则下用一画一断之,俾学者便于分别。"①

关于评点之点,谨举沈德潜《唐宋八大家文读本》所载韩愈《张中丞传后叙》一文的分段为例说明之。此书题目"叙"作"序",对分段颇为重视,卷首《凡例》曰:"有评点,已清眉目;有勾乙截住,段落井然。"全篇在"不载雷万春事首尾"、"而谓远之贤而为之耶"、"其他则又何说"、"设淫词而助之攻也"、"(南霁云)即不屈"五句下,均用短"一画一断之"②,表此前已成一段。文中,"不载"句前是简短开头。"而谓"句前、"其他"句前、"设淫词"句前为三段,均是议论,"即不屈"前后两段均为记叙。故该篇方苞有评语曰:"截然五段,不用钩连,而神气流注,章法浑成,惟退之有此。前三段乃议论,不得曰记张中丞逸事,后二段乃叙事,不得曰读张中丞传,故标以《张中丞传后叙》。"③此分段与方苞评语正相合。沈德潜总评曰:"辨许远无降贼之理,全用议论;后于老人言,补南霁云乞师,全用叙事;末从张籍口中说于嵩,述张巡逸事。拉杂错综,史笔中变体也。"就评点而言,此篇用作为点的符号"一画"分清各段,的确"段落井然",辅以文末的评(总评),文章结构一目了然,且沈氏关于史传文"变体"的论断,也顺理成章地站住脚了。

如上所述,评点的点使"段落井然"只是一个举例。此外,点的诸多符号,或显示埋伏和照应,展现行文的脉络;或突出排比、层递等修辞,展现文章的气势;或赞赏散中寓骈的句式,展现参差偶对交互之美;或强调若干字词的作用,展现画龙点睛的魅力。诸如此类,就不一一赘述了。

在文章学系统中古文评点的重要性,最主要表现在它作为文章选本的组成部分和引人注目的看点,以"片言居要,一羽破的"、"精深透辟,启发人意"的方式,辅以点、圈、竖线、横截等符号,极有力地帮助人们阅读、理解、分析、研究古

---

① 余诚《古文释义》卷首《凡例》,上海锦章图书局,石印本。
② 沈德潜《唐宋八大家文读本》卷二《张中丞传后序》,光绪壬寅年孟夏宁波汲绠斋,石印本。
③ 马通伯校注《韩昌黎文集校注》,古典文学出版社版,1957年,第42页。

文作品。读熟、读懂、读通古文,是研究古文的基础,也是进而探讨古代文章学的前提。当然,点评的评因有详尽的文字表达,更显重要。今时对古代文章评点的研究,因点的符号甚多,较为抽象,又无统一标准,不结合具体文章,难以阐说清楚,故论者多略去点而侧重于评,因此一般称古文评。当然,这样说,多从写作、表达的层面考虑,并非无视或轻视点的作用。

南宋吕祖谦编的《古文关键》及其弟子楼昉编的《崇古文诀》,都是早期影响甚大的文章选本。明代茅坤《唐宋八大家文钞》继续扩大此类文章选本的影响。至清代,文章选本更是呈现出百花齐放的繁荣,其中著名的有林云铭《古文析义》、储欣《唐宋十大家全集录》《唐宋八大家类选》、张伯行《唐宋八大家文钞》、方苞《古文约选》、吴楚材吴调侯《古文观止》、沈德潜《唐宋八大家文读本》、浦起龙《古文眉铨》、余诚《古文释义》、过琪《古文评注》、刘大櫆《海峰先生精选八家文钞》、爱新觉罗弘历等《唐宋文醇》、姚鼐《古文辞类纂》、林纾《古文辞类纂选本》等。本文着重以早期文章选本南宋的《崇古文诀》、中期明代的《唐宋八大家文钞》和鼎盛期清代的《唐宋八大家文读本》等为例,论述古文评在文章学系统中的重要作用。

古文评包括题下评、尾评在内的总评及眉批、旁批等。篇是古文最基本的单位,按篇评文是古文评的特色。

先说总评,在古文评中,被引用最多的是总评,份量最重。《崇古文诀》是早出的古文选本,其古文评具有原创性,故影响久远。楼昉评韩愈《殿中少监马君墓铭》云:"叙事有法,辞极简严,而意味深长,结尾绝佳,感慨伤悼之情见于言外。三世皆有旧,故其言如此。退之所作墓志最多,篇篇各有体制,未尝相袭。"[①]这里每句话,几乎都得到后世的呼应或发挥。而且此篇言及韩愈墓志"篇篇各有体制,未尝相袭",更是道出韩愈行文多变、各篇不雷同的特色。茅坤所评"以生平故旧志墓,最悲凉可涕"[②],与《文诀》的"三世皆有旧"及"感慨伤悼之情"相关;郭正域的"因少监而及其三代弟兄,无一语道少监生平,止就交情上生感,另是一格"[③],仍是对《文诀》"三世""感慨"两语的申发,但补充了"另是一

---

① 楼昉《崇古文诀评文》,《历代文话》第1册,第471页。
② 茅坤《唐宋八大家文钞评文》韩文,《历代文话》第2册,第1818页。
③ 郭正域《韩文杜律·韩文》评语,明万历刻本。

格"之意。沈德潜谓"哭少监并哭其父祖,将三世官位、三世交情、三世死丧层叠传写,字字呜咽,墓志中变体也"①。他对"三世皆有旧"及"感慨伤悼"言之更详,且更生动,又从文体着眼,由郭正域的"另是一格"说转为对"变体"的确认。上述各家文评,既显出发端者楼昉评说之颇为全面、到位,又看出后继者评说或有侧重,或有补充,或文字更为生动的情况。

当然,古文评更多的是后来居上,后世,尤其是清代,许多总评内容更加丰富,见解也更为精辟。如《崇古文诀》评柳宗元《段太尉逸事状》云:"笔力老健,真有作史手段。"②从逸事状供史官修史的功能出发,肯定柳氏的"作史手段",赞其"笔力老健"。显然,楼昉对此篇佳作的评说,还嫌过于概括,而欠具体。茅坤评曰:"镂刻情事。"③也仅用四字评之,虽言之有理,仍失之空泛。到了清初,卢元昌评曰:"首段写其刚,次段写其仁,三段写其节。"④对太尉段秀实三件逸事所体现的人格,各用一字准确地表达出来。沈德潜评曰:"凡逸事三:一写其刚正,一写其慈惠,一写其清节。段段如生。至于以笏击贼,此致命大节,人人共喻,不虑史官之遗也。后刘昫撰《唐书》,仍不采所上之状,至宋祁始补录之。"⑤此评前数语承卢元昌之说;"段段如生",赞柳宗元刻画人物栩栩如生;"至于以笏击贼"四句并非多余,强调此乃人所共知之大节所在;最后补充交代了新旧《唐书》编撰者对逸事状的不同态度,贬刘昫而褒宋祁。上面举韩柳两篇名作的文评为例,说明古文评在南宋毕竟是起步,或详或简,但发展至清代,总是趋向全面、深入、生动、传神,形成承前启后不断推进的轨迹。总之,由宋至清数量众多的文章选本中的古文评,在古文作品的传播及分析方面,取得的成绩十分可观,为后人的阅读、鉴赏以至研究提供了很大的帮助。

再说旁批和眉批。与总评针对全篇而发不同,旁批和眉批一般只针对它们所处位置旁边或下方的古文内容而发,评说或阐释一般仅涉及相关的字词句段。如沈德潜在欧阳修《苏氏文集序》"何其难之若是欤?岂非难得其人欤"之

---

① 沈德潜《唐宋八大家文读本》韩文评语卷六。
② 楼昉《崇古文诀评文》,《历代文话》第1册,第478页。
③ 茅坤《唐宋八大家文钞评文》柳文,《历代文话》第2册,1842页。
④ 引自孙琮《山晓阁选唐大家柳柳州全集》评语卷一,锦章图书局,1919年石印本。
⑤ 沈德潜《唐宋八大家文读本》柳文评语卷九。

旁,批曰:"极言振兴文运之难,愈见子美之可惜。"①又在"此其可以叹息流涕,而为当世仁人君子之职位宜与国家乐育贤才者惜也"之旁批曰:"此当作长句一气读。"②都十分强烈地突出了欧阳修惜才、爱才,为苏舜钦的不幸遭遇鸣不平而无比愤激的心情。在旁批上方的书眉处,沈德潜概述了苏氏于进奏院中赛神时,倒卖故纸钱为饮宴费遭弹劾,与会馆阁之士被罢逐一空的事件。此眉批提供了苏氏遭难和欧阳修发慨的背景材料,有助于读者更好地理解文意。又如苏轼《方山子传》,沈德潜在"方山子从两骑,挟二矢,游西山。鹊起于前,使骑逐而射之,不获。方山子怒马独出,一发得之"之旁,批曰:"写少时豪侠,有鼻端出火之概。"此处的眉批曰:"前'吾故人'句内,已含此一段文字矣。得此追杀,见隐人本非枯槁寂寞之人。作法之妙,不可思议。"③苏轼对人物的生动刻画和布局上的前呼后应,经旁批和眉批的点染,给读者留下了深刻而难忘的印象。

文章选本中的古文评在文章学系统中的重要性,还体现在它对作为古代文章学主要载体的理论专著,或具说部性质、随笔式的著作,提供了不少虽零散而有价值可资借鉴的内容。文章选本的编者,有的往往也有关于文评的理论专著或随笔式的著作。如楼昉既有《崇古文诀》,又有《过庭论》;归有光既有《唐宋四大家文选》《欧阳文忠公文选》,又有《归震川先生论文章体则》;吕留良既有《唐宋八家古文精选》,又有《吕晚邨先生论文汇钞》;刘大櫆既有《海峰先生精选八家文钞》,又有《论文偶记》;林纾既有《古文辞类纂选本》,又有《春觉斋论文》。且不说某些文章选本的序中,有不少选家对散文创作的发展和各家风格的评论,单就文章选本而言,已给理论专著和随笔式著作的撰写提供了充足的文章样本和零散的写作体会、心得或感悟,甚至评点中的三言两语,往往充满智慧,闪耀着理论的光辉。这对已经具有理论专著或随笔式著作的作者跟尚无这两类著作的人,同样都是有帮助的,这表现在给他们创作提供了理性论述的支持外,还提供了许多感性的有待于上升为理论的丰富资料,从中自然能汲取不可或缺的宝贵营养。

因此,文章学的理论专著或随笔著作中有关文道论、文气论、文境论、文体

---

① 沈德潜《唐宋八大家文读本》欧文评语卷一一。
② 同上。
③ 同上书,苏文评语卷二四。

论、文术论、文运论、品评论等论述①,与文章评点不是阳春白雪与下里巴人的关系,虽然一方是紧密结合作品,按篇评说,另一方是专论或随笔式的评论,其实都是文章学系统中类型不同却紧密关联、各有影响、相互促进的重要的部分。马茂元先生关于"评点之学乃吾国文学理论批评之特有形式"的论断是十分正确的。文章学离不开具体文章的研究,离开具体文章而谈文章学,就如同离开诗、词而侈谈诗学、词学一样,是不可能的。即使是论说性、归纳性较强的说部式的随笔性的文评著作也是如此。以刘熙载的《艺概》为例,此书既是"概"说,自然高度概括精炼,如曰:"昌黎谓柳州文'雄深雅健',似司马子长。观此评,非独可知柳州,并可知昌黎所得于子长处。"②明代茅坤在《唐宋八大家文钞》的评语中早已谈到司马迁对韩愈的影响,清代的古文选本也多有言及,刘熙载若不熟读《史记》与韩柳文,若不是前辈所编文章选本已有相关古文评的内容,焉能对韩柳文风有如此准确的定位与进一步发挥的论述。"昌黎之文如水,柳州之文如山;'浩乎'、'沛然'、'旷如'、'奥如',二公殆各有会心。"③其中,虽只引韩柳文的若干字眼加以说明,然而我们知道,这是在熟读韩柳文,且阅览了诸多古文评后,通过比较分析、精心研究才得出的结论。我们在古文评中,也看到评家之间就某些问题的商榷与各持己见的争论,这说明他们都相当熟悉和了解历代及当时刊载于文章选集中的古文评的情况。

关于文道论,古文评也是很重视的。茅坤评韩愈《原道》,认为韩愈会做文章,但道的修养尚嫌不足,对佛教的理解流于浅薄:"辟佛老是退之一生命脉,故此文是退之集中命根。其文源远流洪,最难鉴定,兼之其笔下变化诡谲,足以眩人。"④又曰:"退之一生辟佛、老在此篇,然到底是说得老子而已,一字不入佛氏域。盖退之元不知佛氏之学,故《佛骨表》亦只以佛田上立说。"⑤沈德潜评韩愈《原道》,肯定韩坚守之道的正统,其道其文之完美结合,成为继《孟子》之后的鸿篇:"吾道别于异教,在有为无为。以有为为教,合仁义而言道者也;以无为为教,去仁义而为道者也。先言老,次言佛,后或兼言老、佛之害,或分言老、佛之

---

① 此七论见王水照《历代文话序》,《历代文话》第 1 册,第 5 页。
② 刘熙载《艺概・文概》,《历代文话》第 6 册,第 5556 页。
③ 同上书,第 5559 页。
④ 茅坤《唐宋八大家文钞评文》韩文,《历代文话》第 2 册,第 1807 页。
⑤ 同上书,第 1808 页。

害,见俱属怪诞不经,为生民蠹。而尧、舜、禹、汤、文、武、周、孔相传之道,教以相生相养而除民之害者,诚有易明易行,而斯须不能离者也。本布帛菽粟之理,发日星河岳之文,振笔直书,忽擒忽纵,董之纯粹,运以贾之雄奇,为《孟子》七篇后第一篇大文字。"①茅、沈二人对《原道》的评价差距甚大,跟韩愈本身的优长与不足以及茅、沈对佛教、佛学及唐代社会的认识有异固然相关,但他们确实都谈到韩愈的文与道,而且是从文道结合上来看问题的。《唐宋文醇》评欧阳修《答吴充秀才书》:"韩之言曰:'根之茂者其实遂,膏之沃者其光晔,仁义之人,其言蔼如。'柳之言曰:'大都文以行为本,在先诚其中。'与此文所云'大抵道胜者,文不难而自至',真如一堂两琴,鼓此而彼应者矣。"也是谈文道关系,不过偏重道而已。②至于曾巩《寄欧阳舍人书》赞欧公"畜道德而能文章",林纾称此语为"通篇着意"之所在③,也是强调文道结合的重要。

关于文气论,评点韩愈的作品就有较多的触及。以《答李翊书》言之,茅坤曰:"要窥作家为文,必如此立根基。今人乃欲以句字求之,何哉?"④所谓"立根基",即养根涘实,加膏希光,成仁义之人,发蔼如之言,讲的就是作家的修炼,即养气的问题。正是因为始终坚持行仁义,读《诗》《书》,不断地强化自己的修养,才能获得气盛言宜的成功。沈德潜评曰:"以古之立言为期,自道甘苦,而终之以养气。究之所以养气者,行乎仁义之途,游乎《诗》《书》之源,与孟子所云养气,异而未尝不同也。"⑤苏轼《潮州韩文公庙碑》以"匹夫而为百世师,一言而为天下法"引出气势磅礴的全文,沈德潜评曰:"文亦以浩然之气引之,故纵横挥洒,而不规规于联络照应之法。合以神,不必合以迹也。"⑥过珙赞曰:"通篇以'气'字为主,波澜顿挫,如风雨争飞,鱼龙杂糅,而一线相引,一气到底,章法井然不乱。其文笔,亦是浩然之气所结聚者。"⑦苏辙《上枢密韩太尉书》,储欣评曰:"养气之说发于孟子,昌黎、柳州论文亦以气为主,眉山父子得力尤深,其文

---

① 沈德潜《唐宋八大家文读本》韩文评语卷一。
② 爱新觉罗弘历等《唐宋文醇》卷二二《答吴充秀才书》评语,清光绪三年浙江书局重刊本。
③ 林纾《古文辞类纂选本》卷五,商务印书馆,1926年。
④ 茅坤《唐宋八大家文钞评文》韩文,《历代文话》第2册,第1797页。
⑤ 沈德潜《唐宋八大家文读本》韩文评语卷三。
⑥ 同上书,苏文评语卷二四。
⑦ 过珙《详定古文评注全集》卷九,清嘉庆庚申刊本。

遂雄视百代。"①林云铭曰:"篇中以'激发志气'四字作个主脑,其行文错落奔放,数百言中有千万言不尽之势,想落笔时正当志气激发之后也。当与《孟子》《史记》二书并读。"②张伯行则有不同理解:"苏家兄弟论文,每好说个'气'字。不知圣贤养气功夫全在集义。而此所谓旷览山川,交游豪俊,特以激发其志气耳,与孟子浩然之气全无交涉也。其行文顾盼自喜,英气勃勃,自是令人倾服。"③浦起龙亦曰:"养气为行文主本,自宜灌注全篇。而既引孟子一言,向后略无管照,心窃惑之,久之始悟厥旨。盖以太史之游,当孟子之养。其写境写人,皆是养气之助,与孟子之文,原两意也。英迈无双,一扫自荐棐曰。"④以上评家中,沈德潜、张伯行与浦起龙同样指出孟子与史迁的养气途径有别,不同的是沈以为途径有异而结果相同;张以为由"集义"而养浩然之气,与览山水、交豪杰而激发志气,完全是两回事;浦则领悟到苏辙"以太史之游,当孟子之养",原为两意,但都是"养气之助"。

文境论,说的是境界、神韵一类。沈德潜评《五代史伶官传序》曰:"抑扬顿挫,得《史记》神髓,《五代史》中第一篇文字。"⑤刘大櫆曰:"跌宕遒逸,风神绝似史迁。"⑥唐文治曰:"此文以'盛'、'衰'二字作主。首段总冒;中间一段盛,一段衰;末段以'方其盛也'、'及其衰也'作对锁。所以不觉板滞者,由欧公丰神妙绝于古,一唱三叹,皆出于天籁,临时随意点缀,故能化板为活耳。"⑦这里说的一唱三叹、跌宕遒逸、出于天籁、绝似史迁的风神,后被称为六一风神。苏轼文之境界亦倍受评家推崇。谢枋得评《前赤壁赋》曰:"此赋学《庄》《骚》文法,无一句与《庄》《骚》相似,非超然之才,绝伦之识,不能为也。潇洒神奇,出尘绝俗,如乘云御风,而立乎九霄之上。"⑧苏轼竟达到如此之境界。方苞亦赞曰:"所见无绝殊者,而文境邈不可攀。"⑨吴汝纶认为苏轼"胸襟既高,识解亦复夐绝非常,不

---

① 储欣《唐宋八大家类选》卷九《上枢密韩太尉书》评语,光绪壬辰湖北官书处重刊本。
② 林云铭《古文析义》卷一五《上枢密韩太尉书》评语,清康熙丙申刊本。
③ 张伯行《唐宋八大家文钞》卷九《上枢密韩太尉书》评语,丛书集成本。
④ 浦起龙《古文眉铨》卷七〇《上枢密韩太尉书》评语,静寄东轩刊本。
⑤ 沈德潜《唐宋八大家文读本》欧文评语卷一四。
⑥ 引自王文濡《评校音注古文辞类纂》卷八《五代史伶官传序》评语,中华书局,1923年。
⑦ 唐文治《国文经纬贯通大义》卷一,1925年石印本。
⑧ 谢枋得《文章轨范》评语卷七,清同治五年刊本。
⑨ 引自王文濡《评校音注古文辞类纂》卷七一《前赤壁赋》评语。

得如方氏之说,谓'所见无绝殊也'"。① 但他对此赋之意境更是赞不绝口:"此所谓文章天成偶然得之者。是知奇妙之作,通于造化,非人力也。"②

文体论是文章学研究的重点,也深为古文评点著作所关注。以茅坤《唐宋八大家文钞》为例,不少评语就涉及文体问题。茅评韩文《送石处士序》:"以议论行叙事,当是韩之变调。"③评《圬者王承福传》:"以议论行叙事,然非韩文之佳者。"④评《禘祫议》:"韩公平生为文奇奇怪怪,独于议典礼处文词甚醇雅。"⑤评《李元宾墓志》:"志特谨书官爵及死葬月日,而行谊则蕴藉铭中。"⑥以上茅评除第三条强调议典礼文的用词特点外,其余都是谈变体的问题。刘大櫆论及各家所擅长的文体甚详,《海峰先生精选八家文钞》卷首之序云:"予谓论则韩、苏,书则韩、柳,序则韩、欧、曾,碑志韩、欧、王,记则八家皆能之,而以韩、柳、欧为最,祭文则韩、王,而欧次之。三苏之所长者一,曰论;曾之所长者一,曰序;柳之所长者二:曰书,曰记;王之所长者二:曰志,曰祭文;欧之所长者三:曰序,曰记,曰志铭;韩则皆在所长。"⑦由此可见评家对文体的重视。应该说,刘大櫆所评大体是符合实际的。

文术论,关注的是作家的写作技巧和表现手法,在古文评中此类例子不胜枚举。如谢枋得赞《送董邵南序》有短而转折不穷之妙;刘大櫆赞《送李愿归盘谷序》用两宾夹一主的手法,以得志与不得志小人的卑劣,反衬隐居者的高洁;茅坤赞《送孟东野序》凭一"鸣"字成文,独倡机轴,笔力罕见;沈德潜赞《愚溪诗序》以愚辱溪,自贬中,抒情言文,实见自负;储欣赞《种树郭橐驼传》以种树喻居官,强调应与民休息,切勿生事扰民;吕祖谦赞《朋党论》议论出人意外,是作文的妙处;过珙赞《泷冈阡表》以"有待"为主意,凭"能养"、"有后"两段申发,意味无穷;林云铭赞苏文《放鹤亭记》以酒伴说山人之鹤,又以南面之君伴说山人隐居之乐,信笔抒怀,得心应手。

文运论,叙文章的历史演变,述流派的发展情况,古文评对此亦有涉及。以

---

① 引自王文濡《评校音注古文辞类纂》卷七一《前赤壁赋》评语。
② 同上。
③ 茅坤《唐宋八大家文钞评文》韩文,《历代文话》第2册,第1802页。
④ 同上书,第1807页。
⑤ 同上书,第1809页。
⑥ 同上书,第1817页。
⑦ 刘大櫆《海峰先生精选八家文钞》,清光绪丙子裔孙继重刊于邢邱本。

欧阳修学《史记》为例。欧有《桑怿传》称："余固喜传人事,尤爱司马迁善传。"①茅坤评《桑怿传》曰："此本摹拟史迁。惜也,怿之行事仅捕盗耳。假令传《史记》所载古名贤,岂止此耶?"②又评《资政殿学士户部侍郎文正范公神道碑铭》曰:"欧阳公碑文正公,仅千四百言,而公之生平已尽;苏长公状司马温公,几万言而上,似犹有余旨。盖欧得史迁之髓,故于叙事处裁节有法,自不繁而体已完。苏则所长在策论纵横,于史家学或短。此两公互有短长,不可不知。"③刘大櫆评《五代史伶官传序》曰:"跌宕遒逸,风神绝似史迁。"④张裕钊评此文"叙事华严处得自《史记》",评《胡先生墓表》"从《史记》李广、程不识一段化出",评《翰林侍读学士给事中梅公墓志铭》"尤近史公,声响节奏无一不合"。⑤ 这些都从追源溯流的角度说明欧阳修的创作深受史迁的影响。欧深爱史迁的作品,熟悉史迁的笔法,风格上又得史迁之一体,故唐文治曰:"子长高弟,韩、欧二生。阴柔之美,欧得其情。"⑥

至于品评论,乃评析作家作品优劣得失,古文评中亦不少见。如唐宋大家韩愈与苏轼的两篇名作,历代颇有争议。韩《毛颖传》甫问世,就有人"大笑以为怪"。柳宗元却认为,韩愈所效仿的"太史公书有《滑稽列传》,皆取乎有益于世者也",他给该篇以"若捕龙蛇,搏虎豹,急与之角而力不敢暇"的高度评价⑦。明代茅坤亦谓其学史迁,且"工极古今"⑧。至清代,沈德潜赞其"章法谨严"⑨;张裕钊赞曰"后人无从追步"⑩;李刚己谓"纵横跌宕吞吐抑扬处,几与《史记》无以复辨"⑪。但对毛颖虽已"尽心",仍被弃用的描写和文末"以老见疏,秦真少恩哉"的感慨,多数评家并未从意在言外论及,沈、张二人仍以"游戏文字"视

---

① 欧阳修《欧阳文忠公文集·居士外集》卷一五《桑怿传》,四部丛刊本。
② 茅坤《唐宋八大家文钞评文》欧文,《历代文话》第2册,第1870页。
③ 同上书,第1876页。
④ 引自王文濡《评校音注古文辞类纂》卷八《五代史伶官传序》评语。
⑤ 张裕钊首条评语引自王文濡《评校音注古文辞类纂》卷八,次条引自同书卷四五,末条引自卷四六。
⑥ 唐文治《古人论文大义·绪言》,清宣统元年刊本。
⑦ 见柳宗元《读韩愈所著〈毛颖传〉后题》,《柳河东集》卷二一,上海人民出版社,1974年。
⑧ 茅坤《唐宋八大家文钞评文》韩文,《历代文话》第2册,第1807页。
⑨ 沈德潜《唐宋八大家文读本》韩文评语卷五。
⑩ 引自王文濡《评校音注古文辞类纂》卷三八《毛颖传》评语。
⑪ 李刚己《古文辞约编》,柏香书屋,1925年校印本。

之。虽然对此篇的艺术性无人敢低估,然而对其思想性有所确认的甚为罕见,对韩文之力挺无人超过当年的柳宗元。

苏轼的名篇《喜雨亭记》,楼昉称之"所谓以文为戏者"①。茅坤亦称"公之文好为滑稽"②。储欣则曰:"浅制耳。然数百年家弦户诵文字,不可不存。"③三家对此文无有优评,储欣仅因数百年流传甚广勉强收入集中。金圣叹却赞赏有加,否定"以文为戏"之说:"此是特特算出以雨名亭妙理,非姑涉笔为戏论也。"④林云铭评曰:"亭在官舍,为休息之所,无关民生,髯苏却借旱后大雨,语语为民,便觉阔大。"⑤吴楚材、吴调侯对苏轼的文笔极为钦佩:"只就'喜雨亭'三字,分写、合写、倒写、顺写、虚写、实写,即小见大,以无化有。意思愈出而不穷,笔态轻举而荡漾,可谓极才人之雅致矣。"⑥余诚予以最优的评价:"以三'忘'字为经,以八'名'字为纬,以三'民'字为骨,就一座私亭,写出绝大关系,俾忧乐同民之意隐然言外,而又毫不着迹。立言最为有体。"⑦各家见解的差异与对立非常充分地显现出来。

综上所述,文章选集中的古文评,内容丰富,且要言不烦,时见精彩,对古代文论方方面面的问题几乎都有涉及,具有不可低估的价值。古文之评,结合诸多符号展示的点,对阅读、理解、研究古文提供了莫大的帮助。古文评点是我国古代文学评论独特的方式,是古代文章学系统十分重要不可或缺的部分,值得我们重视和珍惜。

---

① 楼昉《崇古文诀》卷二四,《历代文话》第1册,第492页。
② 茅坤《唐宋八大家文钞评文》苏文,《历代文话》第2册,第1996页。
③ 储欣《唐宋十大家全集录·东坡先生全集录》卷五,清光绪壬午江苏书局重刊本。
④ 金圣叹《天下才子必读书》卷八,见《金圣叹全集》本,江苏古籍出版社,1985年。
⑤ 林云铭《古文析义》卷一五《喜雨亭记》评语,清康熙丙申刊本。
⑥ 吴楚材、吴调侯编选,洪本健等解题汇评《古文观止》卷一一,华东师范大学出版社,2002年。
⑦ 余诚《重订古文释义新编》卷八《喜雨亭记》评语。

古代文章学与经学关系论
——再论学术视野中的古代文章学

福建师范大学文学院 欧明俊

2012年9月10日,在复旦大学中文系主办的第二届中国古代文章学学术研讨会上,笔者提交了《学术视野中的古代文章学》(收入王水照、侯体健主编《中国古代文章学的衍化与异形——中国古代文章学二集》,复旦大学出版社2014年版),反思通行的接受现代西方"纯文学"观念的古代文章学,局限于"文学"体系中,就文章论文章,或将文章学理解为写作学或辞章学或修辞学或技法学,强调在学术视野中研究古代文章学。古代文章本是学术体系的组成部分,不应脱离学术论文章。有必要跳出"文章是文学"的"前理解"来认识古代文章学。转眼五年多过去了,笔者一直不断思考此论题,随时记下一些心得,兹初步整理,向诸位方家讨教。限于篇幅,本文仅专论古代文章学与经学关系。

一

萧统《〈文选〉序》阐述选文标准时,明言将经、史、子三类文章排除在外,如此,文章即"集部"之文,文章学即"集部"之学,文章学与经学、史学、子学对立。这种观念影响广泛深远,直至今日,甚至成为"常识",不过,这只是一种文章学观念。

文章学与经学关系可分可合,很多时候是"二而一"关系。"文本于经"观念源远流长,西汉扬雄曰:"玉不雕,玙璠不作器;言不文,《典》《谟》不作经。"[①]认为经书蕴含文辞之美,刘勰《文心雕龙·宗经》曰:"扬子比雕玉以作器,谓'五

[①] 扬雄撰、汪荣宝注疏《法言义疏》,中华书局,1987年,第221页。

经'之含文也。"①概括为"五经含文"。扬雄又说：

> 或问："'五经'有辩乎？"曰："惟'五经'为辩。说天者莫辩乎《易》，说事者莫辩乎《书》，说体者莫辩乎《礼》，说志者莫辩乎《诗》，说理者莫辩乎《春秋》。舍斯，辩亦小矣。"②

"五经"即是文章。王充《论衡·佚文》曰："文人宜遵'五经''六艺'为文，诸子传书为文，造论著说为文，上书奏记为文，文德之操为文，立五文在世，皆当贤也。"③王充遵经为文，强调"五经"、"六艺"为文章取法的范本。

魏晋文人肯定"五经"中文章之美，视为文章写作渊薮，主动从中汲取营养。晋傅玄盛称"《诗》之《雅》《颂》，《书》之《典》《谟》，文质足以相符"，"浩浩乎其文章之渊府也"④。刘勰《文心雕龙》有《原道》《征圣》《宗经》篇，《文心雕龙·原道》曰："道沿圣以垂文，圣因文而明道。"⑤道是文章的内核，文是道之载体，道、圣、经三者一体。《文心雕龙·宗经》曰："经也者，恒久之至道，不刊之鸿教也。故象天地，效鬼神，参物序，制人纪，洞性灵之奥区，极文章之骨髓者也。"⑥经"洞性灵之奥区，极文章之骨髓"，是后世文章模仿学习的最高典范。强调"五经"为"文章奥府"、"群言之祖"⑦。"宗经"，是宗"五经"之法，以为文章经典。刘勰推尊经学的神圣意义，盛赞"五经""辞约而旨丰，事近而喻远"⑧。《文心雕龙·宗经》曰：

> 故论、说、辞、序，则《易》统其首；诏、策、章、奏，则《书》发其源；赋、颂、歌、赞，则《诗》立其本；铭、诔、箴、祝，则《礼》总其端；记、传、铭、檄，则《春秋》为根：并穷高以树表，极远以启疆，所以百家腾跃，终入环内者也。⑨

刘勰强调《易》《书》《诗》《礼》《春秋》"五经"生成后世一切文体，"五经"为孕育所

---

① 刘勰著、范文澜注《文心雕龙注》卷一，人民文学出版社，1962年，第23页。
② 《法言义疏》，第215页。
③ 王充撰、黄晖校释《论衡校释》，中华书局，1990年，第867页。
④ 李昉等编《太平御览》卷五九九引《傅子》，中华书局，1960年影印本，第3页。
⑤ 《文心雕龙注》卷一，第3页。
⑥ 同上书，第21页。
⑦ 同上书，第23页。
⑧ 同上书，第22页。
⑨ 同上书，第22—23页。

有文体的"母文体","五经"是"首"、"源"、"根"、"本"。文体源于"五经",成为文章学史上的主流观念,后世不断补充、发挥,将文章各体分系于"五经"或"六经"之下,逐步建构起以"文本于经"为核心理念的文章文体学谱系。《文心雕龙》的"原道",是原"六经"之道,文章从"六经"之道的"道心"出发,"熔钧'六经',金声玉振","原道心以敷章";"征圣",是征"六经"之圣,遵循圣人的思想规范,"征圣立言,则文其庶矣"。"六经"不仅是文章学的思想源泉,也是文章的典范文本。①

古代文人正统观念认为,"六经"本身即文,而非外在于文。"经"的价值至高无上,地位独尊,任何文体皆无法比拟。从文章本源着眼,"六经"是一切文章的起源,所有文体均可溯源至"六经",或者说正是"六经"生成众多文体。南北朝时,颜之推《颜氏家训·文章》曰:"夫文章者,原出'五经':诏命策檄,生于《书》者也;序述论议,生于《易》者也;歌咏赋颂,生于《诗》者也;祭祀哀诔,生于《礼》者也;书奏笺铭,生于《春秋》者也。"②明确指出文章原出"五经"。

唐代"古文运动",实质是接续经学精神,强调"文统"与"道统"统一。韩愈《进学解》纵论"五经":"上规姚姒,浑浑无涯;《周诰》《殷盘》,佶屈聱牙;《春秋》严谨,《左氏》浮夸;《易》奇而法,《诗》正而葩。"③韩愈梳理文章发展脉络时,以"五经"为文章之源,阐发学习和写作文章的路数。韩愈《原道》以孟子继承者自居,自称上承孟子,痛惜"道统"断裂,以继承"道统"为己任。他最看重的是"道",是思想,而非"古文"本身,道"本"文"末"。韩愈《题欧阳生哀辞后》曰:"愈之为古文,岂独取其句读不类于今者邪?思古人而不得见,学古道则欲兼通其辞。"④韩愈"古文运动"的核心就是强调"文以明道",将"文统"和"道统"统一起来。学界通行观点,认为韩愈倡导"古文",是就文章论文章,是就文学论文学,是纯粹的"古文"革新,实际上是"误读"了韩愈。⑤

柳宗元《杨评事文集后序》曰:

---

① 参见傅道彬《百家腾跃终入环内》,《光明日报》2015年10月29日第7版。
② 颜之推撰、王利器集解《颜氏家训集解》卷四,上海古籍出版社,1980年,第221页。
③ 韩愈撰、马伯通校注《韩昌黎文集校注》卷一,上海古籍出版社,1988年,第43页。
④ 同上书,卷五,第304—305页。
⑤ 参见欧明俊《学术视野中的古代文章学》,王水照、侯体健主编《中国古代文章学的衍化与异形——中国古代文章学二集》,复旦大学出版社,2014年。

> 文有二道,辞令褒贬,本乎著述者也;导扬讽谕,本乎比兴者也。著述者流,盖出于《书》之谟、训,《易》之象、系,《春秋》之笔削,其要在于高壮广厚,词正而理备,谓宜藏于简册也。比兴者流,盖出于虞、夏之咏歌,殷、周之《风》《雅》,其要在于丽则清越,言畅而意美,谓宜流于谣诵也。①

柳宗元认为著述和比兴两种文章,渊源皆出自"六经"。《答韦中立论师道书》揭示出"五经"与文章的关联:"本之《书》以求其质,本之《诗》以求其恒,本之《礼》以求其宜,本之《春秋》以求其断,本之《易》以求其动。"强调文章与经学的统一。② "文以载道"理论即是从"六经皆文"观念孕育出来的。韩愈、柳宗元看重经学的"谨"、"严"、"正"、"质"、"恒"、"宜"、"高壮广厚"等,将经学文本当作文章范本。欧阳修、曾巩等宋代文人,皆重视文章与经学的统一。南宋魏了翁还以"六经"为标准衡量文章优劣高下,《唐文为一王法论》一文高度赞誉韩文:"有昌黎韩愈者出,刊落陈言,执'六经'之文以绳削天下之不吾合者,《原道》一书汪洋大肆,《佛骨》一表生意凛凛,正声劲气,巍然三代令王之法……愈之为文,法度劲正,迫近《盘》《诰》,宛然有王者之法。"③魏了翁从"道统"出发,认为韩愈文章以"六经"为法度,皆合乎经典要义。

二

元末明初唐桂芳认为"夫'六经',皆文也"。④ 王立道直言"三代皆文人,'六经'皆文法"。⑤ 茅坤《唐宋八大家文钞·总序》推崇"六艺"和秦汉文,以经学为根本宗旨,文、道并重,意图是使唐宋古文承接"六经"、秦汉文之"统",为"唐宋八大家"确立正统地位。宁瑞鲁《重刻〈曾南丰先生文集〉序》赞曾巩文:"先生之文至矣,乃'六经'之羽翼,人治之元龟,自孟轲氏以来,未有臻斯者也。"⑥推崇曾巩之文为"至文",看重的是"六经"之羽翼,人治之元龟。明代正

---

① 柳宗元《柳宗元集》卷二一,中华书局,1979年,第2册,第579页。
② 参见吴夏平《试论中唐"六经皆文"观念的生成》,《文学遗产》2016年第6期。
③ 魏了翁《鹤山先生大全文集》卷一〇一,《四部丛刊》本。
④ 唐桂芳《白云集》卷首,《文渊阁四库全书》本。
⑤ 王立道《具茨集·文集》卷四,《文渊阁四库全书》本。
⑥ 陈杏珍、晁继周点校《曾巩集》,中华书局,1984年,第819页。

统文人多认为"'六经'皆文","文本'六经'","据经立义"。前后七子、台阁派、唐宋派皆以学习"六经"所蕴含的圣贤之"意"为写文章根本路径。

清初,汪琬强调文、经、道合一,论文以学为本,主张文以"载道",法乎"六经"、孔孟,凝神为一,求圣人之道。计东《〈钝翁类稿〉序》曰:"圣人之道载于'六经',学者能从经见道,而著之为文,不使经与道与文三者析而不可复合,则可为善学矣。"①汪琬反思明文浮靡之弊,提出必厚积学力,文章始可传世。鲁曾煜《〈穆堂别稿〉序》曰:"古之学者出于一,今之学者出于三,曰道学也,经学也,词学也。"②"词学"即文章学,作者不满本为一体的学术分裂为三。

段玉裁《东原年谱·著述辑要》曰:"先生合义理、考核、文章为一事,知无所蔽,行无少私,浩气同盛于孟子,精义上驾乎康成、程、朱,修辞俯视乎韩、欧焉。"③戴震欲沟通三者而使之合一,三者合一的"文章"才是真正的好文章。戴震所谓"义理",本源于"六经"、孔孟之实,是考核、文章之根本。钱大昕《〈味经窝类稿〉序》曰:"尝慨秦、汉以下,经与道分,文又与经分,史家自区'儒林'、'道学'、'文苑'而三之。夫道之显者谓之文,'六经'、子、史皆至文也,后世传《文苑》,徒取工于词翰者列之,而或不加察,辄嗤文章为小技,以为壮夫不为。"④他强调"道"最为根本,经、道、文不可分裂,"经"本身就是"至文",文为道之显。⑤

桐城派"文统"与"道统"、"学统"统一,方苞自称"学行继程、朱之后,文章介韩、欧之间"。以程、朱上接孔、孟之"道统",以韩愈上接《左传》《史记》以达于"六经"。⑥姚鼐《古文辞类纂序言》说:"孔孟之道与文,至矣。"⑦章学诚经学文章,《论课蒙学文法》曰:"论事之文,疏通致远,《书》教也。""叙事之文,比事属辞,《春秋》教也。"⑧

袁枚倡导"六经皆文",《答惠定宇书》曰:"'六经'者,亦圣人之文章耳。"⑨

---

① 汪琬《钝翁前后类稿》卷首,康熙十五年刻本。
② 李绂《穆堂别稿》卷首,清乾隆十二年刻本。
③ 戴震《戴震全书》第6册,黄山书社,1995年,第709页。
④ 钱大昕《潜研堂文集》卷二六,《四部丛刊初编》本。
⑤ 参见欧明俊《古代文体学思辨录》,人民出版社,2014年,第49—50页。
⑥ 参见欧明俊《古代"文统"的"拟构"历程及其价值重估》,《励耘学刊(文学卷)》2015年第1期。
⑦ 姚鼐编《古文辞类纂》,崇文书局,2017年,第1页。
⑧ 章学诚《章学诚遗书》佚篇,文物出版社,1985年,第686页。
⑨ 袁枚《小仓山房诗文集》第3册,上海古籍出版社,1988年,第1529页。

《答定宇二书》又曰:"'六经'者,文章之祖,犹人家之有高、曾也。"①强调"六经"本身即是文章。袁枚《虞东先生文集序》曰:"不知'六经'以道传,实以文传……故文人而不说经可也,说经而不能为文不可也。"②袁枚强调"六经"之文充满辞章之美。"六经皆文",把经学视为文学。仅从文学意义上说,"六经"也是文章的经典文本。

梅曾亮认为"治经"与"工文"非为二事,实则一也。他说:"然汉世能治经者,莫如贾生、董仲舒、刘向、扬雄,而其文皆非后世能言者所可及。故班固传《汉书》也,无《文苑》,独《儒林》而已。至范蔚宗《后汉书》,始歧而二之,而史之例遂沿而不可止,不亦惑乎!然此非独为史者失也,即世之文士,亦群围乎其说而不能自拔。"③梅曾亮极力融合考据、义理和文章,"治经"与"工文"合一。

阮元《文言说》将《易传》的《文言》视为"千载文章之祖"。魏源《〈国朝古文类钞〉序》曰:"'六经'自《易》《礼》《春秋》姬、孔制作外,《诗》则纂辑当时有韵之文也,《书》则纂辑当时制诰章奏记载之文也,《礼记》则纂辑学士大夫考证论议之文也。"④主张文章与经学统一,回归文章与经术浑然一体的博大气象。刘熙载《艺概》卷一《文概》曰:"'六经',文之范围也……有道理之家,有义理之家,有事理之家,有情理之家……文之本领,只此四者尽之,然孰非经所统摄者乎?"⑤"六经"统摄一切文章。《文概》又曰:"'六经',文之范围也。圣人之旨,于经观其大备,其深博无涯涘,乃《文心雕龙》所谓'百家腾跃,终入环内'者也。"⑥

晚清王棻说:

> 文章之道,莫备于"六经"。"六经"者,文章之源也。文章之体三:散文也,骈文也,有韵文也。散文本于《书》《春秋》,骈文本于《周礼》《国语》,有韵文本于《诗》,而《易》兼之。文章之用三:明道也,经世也,纪事也。明道之文本于《易》,经世之文本于三《礼》,纪事之文本于《春秋》,而《诗》《书》

---

① 袁枚《小仓山房诗文集》第3册,上海古籍出版社,1988年,第1531页。
② 同上书,第1380页。
③ 梅曾亮著,彭国忠、胡晓明校点《柏枧山房诗文集》卷六,上海古籍出版社,2005年,第138页。
④ 魏源《魏源全集》第12册,岳麓书社,2004年,第234页。
⑤ 刘熙载《艺概》卷一,上海古籍出版社,1978年,第1页。
⑥ 同上。

兼之。故《易》《书》《诗》者,又"六经"之源也。①

他特别强调"六经"为文章之源,为各文体之源。刘师培《论文杂记》曰:"古人不立文名,偶有撰著,皆出入'六经'、诸子之中,非'六经'、诸子而外,别有古文一体也。"②他从对偶、有韵、藻饰等"文章"属性界定"六经"特质,与传统"文本六经"观念不同,是为"文类之正宗"骈文张目。刘师培论文以汉魏六朝为宗,指出古代"经书"为后世文章之祖,汉魏六朝文皆源于"六经",故欲穷汉魏六朝文章之渊源,"仍须推本于经,汉人之文,能融化经书以为己用";"班固之文亦多出自《诗》《书》《春秋》,故其文无一句不浓厚,其气无一篇不渊懿"③。"经书"为万世文章根本,刘师培强化儒家经典的形式之美,淡化其道德意义。④

晚明袁宏道唱反调,《听朱生说水浒传》曰:"'六经'非至文,马迁失组练。"⑤不过只是代表非正统、非主流观念。

直至现代,1918年,谢无量《中国大文学史》仍认为:"唐文学之特质,仅在诗歌,宋文学之特质,则在经学文章之发达。经术至宋一变,学者益究心纯理,故文体往往严正可观。"⑥他肯定"经学文章"是宋代文学的"特质",认为代表"一代之文学"。⑦

三

"六经"不仅本身即文,且是"至文"。上古之文,刘勰《文心雕龙·通变》曰:"黄、唐淳而质,虞、夏质而辨,商、周丽而雅,楚、汉侈而艳,魏、晋浅而绮,宋初讹而新。从质及讹,弥近弥淡。"⑧陈师道说:"余以古文为三等:周为上,七国次之,汉为下。周之文雅;七国之文壮伟,其失骋;汉之文华赡,其失缓;东汉而下

---

① 王棻《柔桥文钞》卷四,《清代诗文集汇编》,上海古籍出版社,2010年影印本,第707册,第640页。
② 刘师培《刘申叔先生遗书》,宁武南氏1936年校印本。
③ 同上。
④ 参见刘春霞《刘师培的"六经皆文"说及其文章学史意义》,《安康学院学报》2015年第6期。
⑤ 钱伯城笺校《袁宏道集笺校》,上海古籍出版社,1981年,第418页。
⑥ 谢无量《中国大文学史》卷八,中华书局,1918年,第1页。
⑦ 参见欧明俊《"宋文"为"一代之文学"说评议》,《社会科学研究》2011年第3期。
⑧ 范文澜注《文心雕龙注》,人民文学出版社,1958年,第520页。

无取焉。"①王葆心《古文辞通义》卷一四《总术篇》曰:"后山之意盖以周文雅;七国文壮伟,其失骋;汉文华赡,其失缓;东汉而下则无取也。"②古人有强烈的崇古意识,多认为夏、商、周"三代"之文自然淳朴,是高不可及的典范,后世无法超越,宋代文人将本朝文章仰攀"三代",盛赞本朝之文时,自信最高,已达到"三代"水平,以"三代"为追求的理想目标。③"三代"之文主要即是"经部"之文,是经学。

南宋吕祖谦赞《春秋》为"化工",而非"画笔":"仲尼笔削推见至隐,如化工赋像,并其情不得遁焉,非特画笔之肖其形尔,故《春秋》者,化工也,非画笔也。"④陆九渊《策问》曰:"'六经'之文,先秦古书,自汉而视之,已不可及。由汉以降,视汉之文,又不可及矣。"⑤认为"六经"至高无上,后世文章无法企及,文体去古愈远愈卑下。陆九渊观点也是古代主流文章学观念的代表。陈耆卿《上楼内翰书》赞"六经"之文为"天下之至文":"《书》之质,《诗》之变,《易》之动,《礼》之宜,《乐》之和,《春秋》之严,盖与天地均阖辟,与日月争光明。优优乎大哉,必如是而后为天下之至文也已。"⑥陈善《扪虱新话》卷五曰:"唐文章三变,宋朝文章亦三变矣:荆公以经术,东坡以议论,程氏以性理。三者要各自立门户,不相蹈袭。"⑦"经术""性理"皆是宋代文章的代表,"宋文"与"宋学"(理学、学术)二而为一,这是宋代主流文章观念。

元代,虞集《〈杜诗纂例〉序》评孔子"春秋笔法"曰:"然而圣人之笔,如化工之妙,初未尝立例而为文也。"⑧赵孟頫《〈刘孟质文集〉序》曰:"文者,所以明理也。自'六经'以来,何莫不然。"⑨这是对文章本质的认识。

元末明初徐一夔《寓斋类稿序》评价吴伯京文集:"惟夫求诸经而有得于尧、舜、禹、汤、文、武、周公、孔子立言之旨,融而摄之于方寸之间,而吐之于觚翰。

---

① 何文焕辑《历代诗话》,中华书局,1981年,第305页。
② 王水照编《历代文话》第8册,复旦大学出版社,2007年,第7756页。
③ 参见欧明俊《"宋文"为"一代之文学"说评议》,《社会科学研究》2011年第3期。
④ 吕祖谦《春秋集解》卷一一,黄灵庚等主编《吕祖谦全集》第5册,浙江古籍出版社,2008年,第289页。
⑤ 钟哲点校《陆九渊集》卷二四,中华书局,1980年,第291页。
⑥ 陈耆卿《筼窗集》卷五,《文渊阁四库全书》本。
⑦ 陈善《扪虱新话》卷五,上海书店,1990年,第6页。
⑧ 王颋点校《虞集全集》,天津古籍出版社,2007年,第592页。
⑨ 赵孟頫《松雪斋文集》卷六,《四部丛刊》本。

则其为言自不患其不醇矣！呜呼！理足而言畅,天下之至文也!"钱宰曰:"故余道古昔圣人至文之寓于朴素者告之,虽然至文无饰,惟圣者能之,圣人法天地之至文,君子固未易至也。"①圣人至文朴素自然,但君子不一定能达到。宋濂《〈徐教授文集〉序》曰:

> 夫自孟氏既没,世不复有文。贾长沙、董江都、太史迁得其皮肤,韩吏部、欧阳少师得其骨骼,春陵、河南、横渠、考亭五夫子得其心髓……斯文也,非宋之文也,唐虞三代之文也;非唐虞三代之文也,"六经"之文也。文至于"六经",至矣尽矣,其始无愧于文矣乎?②

文至于"六经",至矣尽矣,是后世一切文章不可企及的。苏伯衡《染说》曰:

> "六经"者,圣人道德之所著,非有意于为文,天下之至文也,犹天地四方草木翟雀之为色也。左丘明之徒,道德不至,而其意皆存于为文,非天下之至文也,犹布帛之为色也。③

圣人至德,创作至文,"六经""非有意于为文,天下之至文也"。张以宁《〈潜溪集〉序》曰:"世率言'六经'无文法,是大不然。'六经'之文固未始必于有法,而未始不妙于有法,斯其为文之至者。后乎'六经',孟子舆氏之醇、司马子长氏之雄,弗可企已。"④"六经"无文法,而未始不妙于有法,非有意于为文,却是天下之至文。宋濂《〈徐教授文集〉序》曰:"文至于'六经',至矣尽矣,其殆无愧于文矣乎?"⑤

邱濬《王文谟字说》认为典、谟是天下之至文:"所谓叙其君臣之间嘉言、善行,以备二典之所未备,其间义理精深,言辞简奥,是诚万世之讦谟,天下之至文者也。"⑥蔡清评价"六经"之文为"天工",为"天地之文":

> 但凡作文字,只管听道理所使,不容以己意而有所增损方是,若到尽头,便是笔下造化,便是手代天工。大抵"六经"非圣人之文,天地之文也,

---

① 钱宰《临安集》卷四,《文渊阁四库全书》本。
② 黄灵庚编辑校点《宋濂全集》,人民文学出版社,2014年,第634页。
③ 程敏政编《皇明文衡》卷一二,《四部丛刊》本。
④ 张以宁《翠屏集》,鹭江出版社,2012年,第157页。
⑤ 《宋濂全集》第2册,第634页。
⑥ 邱濬《琼台诗文会稿》卷二一,周伟民等点校《丘濬集》,海南出版社,2006年,第4434页。

天地不能自文,假圣人之手而文之耳。①

钱一本评《周易》:"呜呼!易本羲画,虽无文辞,八卦相错,刚柔杂居之中,郁郁乎为天下之至文,乃宇宙开辟第一文字,是之谓古耳。"②《周易》涣卦"风行水上",李梦阳曰:"风行水上,涣,天下之至文也。涣者,文随之而生者也,亦天下之至变也。"③胡应麟将"经"视为文之一体,说:"文章……语其极至,则源委于'六经',澎湃于七国,浩瀚于两都。"④推崇"六经"为"至文",是文章最高典范。胡应麟又说:"世谓三代无文人,'六经'无文法。吾以为文人无出三代,文法无大'六经'。《彖》《象》《大传》,一何幽也;《诰》《颂》《典》《谟》,一何雅也;《春秋》高古简严;《礼》《乐》宏肆浩博。谓圣人无意于文乎,胡不示人以璞也?"⑤他认为文人无出"三代","六经"本身就是文章,文法"六经"最大。⑥古代文人多崇古观念结合退化观念,认为今不如古,文章一代不如一代。

屠隆《文论》曰:

> 夫"六经"之所贵者道术,固也,吾知之,即其文字奚不盛哉!《易》之冲玄,《诗》之和婉,《书》之庄雅,《春秋》之简严,绝无后世文人学士纤秾乖巧之态,而风骨格力,高视千古,若《礼·檀弓》《周礼·考工记》等篇,则又峰峦峭拔,波涛层起,而姿态横出,信文章之大观也。⑦

世人论"六经",多强调写圣人之心,屠隆却独重文章学一面,冲玄、和婉、庄雅、简严,强调文章"风骨格力"、"峰峦峭拔"。这种"'六经'皆文"与正统观念相差甚大。

王世贞《艺苑卮言》卷三曰:"《檀弓》简,《考工记》烦。《檀弓》明,《考工记》奥。各极其妙。"⑧至文是"化工",张次仲评《系辞上传》:"《语》《孟》书,觉有首

---

① 蔡清《易经蒙引》卷一下,《文渊阁四库全书》本。
② 钱一本《像象管见·例略》,《文渊阁四库全书》本。
③ 李梦阳《空同集》卷六五《化理篇下》,《文渊阁四库全书》本。
④ 胡应麟《诗薮·内编》卷一,上海古籍出版社,1958年,第2页。
⑤ 同上。
⑥ 参见李思涯《胡应麟文学思想研究》第二节《从"六经皆史"到"六经皆文"》,中国社会科学出版社,2012年。
⑦ 屠隆《由拳集》卷二三,《续修四库全书》本。
⑧ 王世贞《艺苑卮言》卷三,《历代诗话续编》本。

尾踪迹可寻,《系辞》此章一片天机化工之笔,读之如登泰山之巅,将天地万物从容指点一部。"①崇祯初,方以智《文论》曰:"夫伏羲造书契以后,'六经'尚矣……其言皆至德要道不可以文辞称,然文至矣。"②

清张英评"四书"文字之妙:

《论语》文字如化工肖物,简古浑沦而尽事情,平易含蕴而不费辞。于《尚书》《毛诗》之外,别为一种。《大学》《中庸》之文,极闳阔精微而包罗万有。《孟子》则雄奇跌宕,变幻洋溢。秦汉以来,无有能此四种文字者。特以儒生习读而不察,遂不知其章法字法之妙也。当细心玩味之。③

刘熙载曰:"《檀弓》语少意密,显言直言所难尽者,但以句中之眼、文外之致含藏之,已使人自得其实。是何神境?"又曰:"《左氏》森严,文赡而义明,人之尽也。《檀弓》浑化,语疏而情密,天之全也。文之自然无若《檀弓》,刻画无若《考工》《公》《穀》。《檀弓》诚悫顾至,《考工》朴属微至。《问丧》一篇,缠绵凄怆,与《三年问》皆为《戴记》中之至文。"④胡培翚《惜阴书院别诸生文》曰:"至文也者,本经、史所得,发为词章,达则润色鸿业,穷亦修辞明道,岂区区以帖括争能哉。"⑤

龚鹏程《六经皆文》自序强调"六经"是中国文化的经典,也是文学经典。现代文学史的基本立场是反汉儒,反经学。他反思治文学史者普遍对经义、对宋明理学茫然无知。⑥

上古文、道合一,"六经皆文",后世发生分裂。"文本于经",本质是"宗经",文章学借经学以自重,文章学从属于经学,强调文章的神圣性和庄严性。晚明以来,思想解放,"独抒性灵","六经皆文",以"六经"作为文章典范,但与自汉以来"宗经"旗帜下"文本于经"的文章理论有本质区别。⑦ 经者,常道也。亘古常新,永远不会过时,其核心价值和崇高地位是不可动摇的。"经"是传统文章学

---

① 张次仲《周易玩辞困学记》卷一三,《文渊阁四库全书》本。
② 方以智《浮山文集》,《四库禁毁书丛刊》集部第113册,北京出版社,1997年,第458页。
③ 张英《笃素堂文集》卷一六,江小角、杨怀志点校《张英全书》,安徽大学出版社,2013年,第521—522页。
④ 刘熙载《艺概》卷一,上海古籍出版社,1978年,第4页。
⑤ 胡培翚《研六室文钞》卷八,《文渊阁四库全书》本。
⑥ 龚鹏程《六经皆文:经学史/文学史》,学生书局,2008年。
⑦ 参见龚鹏程《六经皆文:经学史/文学史》自序;傅道彬《"六经皆文"与周代经典文本的诗学解读》,《文学遗产》2010年第5期。

的灵魂,是"主心骨",以"六经"为核心的主流文章学观念一直主导整个古代文学史。"圣"是"六经"之圣,"道"是"六经"之道,"文以载道","圣"、"经"、"道"、"文"四位一体。"道"是文学的精神、灵魂,不然,文是等而下之的。"文统"与"道统"合一,经学本位,强调文章对"道"的依附性。"文统"观念代表主流意识形态,认为文章真正的本质精神是"道"而非"艺"(术、技),是"道"本位而非"艺"本位,道本艺末,道体艺用。"纯文学"观念,文章学从经学中独立出来,轻视甚至排斥"道",很多优秀的文学作品被排除在外,过分重视艺术技巧而忽略文学的本质、精神,流弊甚大。应深刻反思古代文章学研究疏离经学之弊,反思过分轻视"文统"、"道统"之弊。①

结　　论

传统经、史、子、集"四部"分类,基本上是古代文献分类,不是现代意义上的学科分类。学界通行"非此即彼"观念,多认为文章学只存在于"集部"中,既然是经学,便不属于文学。认为文章特指"集"部之文或特指近似现代观念的"纯文学"文章,是狭隘化理解。其实,任何文献只是"文本",可同时分属于现代不同学科,站在哲学立场上看即是哲学,站在文学立场上看即是文学。实际上,经部中多有优秀的文章和文章学理论,"六经"不仅本身即文,且是"至文"。以经学为核心的主流文章观念、"文统"观念和文章学观念,经学与文学浑融一体,独具传统文化特色,有其"历史合理性",也有现实合理性,有不可替代的价值。

---

① 参见欧明俊《古代"文统"的"拟构"历程及其价值重估》,《励耘学刊(文学卷)》2015 年第 1 期。

《四库全书总目》论散文的文体形态特征*

北京师范大学文学院　郭英德

《四库全书总目》(以下简称《总目》)是一部清廷组织、馆臣编撰的目录①,完成于清乾隆四十七年(1782),至乾隆六十年(1795)由武英殿、浙江杭州先后刊刻,流传海内②。作为一部"集大成"式的官修目录,《总目》无疑具有"辨章学术,考镜源流"的价值③,其中蕴含着极其丰富的文学批评理论和方法。20 世纪以来,学者们或综论《总目》的文学观与文学批评方法④,或探讨《总目》的散文观与骈文观⑤,但迄未深入研究《总目》的散文文体理论⑥。

---

* 基金项目:国家社会科学基金重大项目"中国古代散文研究文献集成"(14ZDB066)。
　① 永瑢等《四库全书总目》,中华书局影印本,1965 年。本文引用此书,均据此本,如在正文中引用,仅随文括注页码。
　② 参见黄爱平《四库全书纂修研究》第十二章第一节《〈四库全书总目〉的编纂》,中国人民大学出版社,1989 年,第 311—326 页。
　③ 章学诚《校雠通义》卷一评刘向父子语,章学诚著、叶瑛校注《文史通义校注》附录,中华书局,1994 年,第 945 页。
　④ 主要论文有叶永芳《四库提要诗文评类之文学观》,《东吴大学中国文学系系刊》第 7 期(1981 年 5 月);黄琼谊《浅论纪昀的文学观——以四库提要与简明目录为中心,台北"国立编译馆"馆刊》第 20 卷第 2 期(1991 年 12 月);廖栋梁《〈四库全书总目·诗文评类序〉(叙)》对文学批评的认识》,《辅仁国文学报》第 9 期(1993 年 6 月);成林《试论〈四库提要〉的文学批评方法》,《南京大学学报(哲学·人文·社会科学)》1998 年第 1 期;吴承学《论〈四库全书总目〉在诗文评研究史上的贡献》,《文学评论》1998 年第 6 期;吴承学、何诗海《论〈四库全书总目〉的文体学思想》,《北京大学学报(哲学社会科学版)》2007 年第 4 期等。
　⑤ 如张宏生《从〈四库提要〉看纪昀的散文观》,《中国古典文学论丛》第 2 辑,人民文学出版社,1985 年;于景祥《〈四库全书总目〉中的骈文史论》,《文学遗产》2007 年第 4 期;于景祥《〈四库全书总目〉对六朝骈文的公正态度》,《社会科学辑刊》2009 年第 6 期;莫山洪《从〈钦定四库全书总目〉看清代中叶的骈文文体观念》,《东方丛刊》2007 年第 2 期等。
　⑥ 本文行文中所用"散文"、"文体"等文学批评词语,凡不加引号者,指现代通常意义;凡加引号者,指古人特殊意义。

《四库全书总目》论散文的文体形态特征　　25

本文拟从散文的"文体"特性、散文的"体格"与"法度"、散文的"正变"与"文格"三个方面,梳理《总目》对散文文体形态特征的论述①。大要言之,中国古代散文可以包括"古文"、"骈文"、"制义"、"赋"等文体类型,本文秉承曹丕(187—226)"文本同而末异"的观点②,在考察古代散文文体形态特征时,更多地着眼于求同而不是辨异。浅见肤言,敬祈方家教正。

一、散文的"文体"特性

在进入论题之前,我们不得不首先面对一个历来缠夹不清的学术难题:何谓"散文"?

近20年来,随着学术研究的拓展与深入,学界对古人语汇中的"散文"概念的辨析也愈益细致,但是直至今天仍然不免治丝愈棼,难以理出头绪,得到共识。我赞同罗书华的观点,即中国古代的"散文"概念有一个从词体到语体再到文体的演进历程③。稍作补充的是,虽然南北宋之间真正的文体"散文"概念已经确立,但在其后漫长的历史过程中,"散文"作为语体概念,仍然广泛地被人们运用于文学批评语境中。《总目》对"散文"概念的运用就是显例。

在《总目》中,"散文"一词凡八例,"散语"一词仅一例④。这九例之中,有二例为引用宋赵必瑑(1228—1279前)、明胡侍(1492—1553)对同时代人诗文的评论,可不具论。其余七例如下:

1.1　卷一四八清倪璠《庾子山集注》提要:"其中如《小园赋》前一段本属散文,而璠以为用古韵,未免失之穿凿。"(第1276页)

1.2　卷一七三《御制文初集、二集》提要:"伏考三古以来,帝王著作散见诸子百家者,大抵有韵之语为多。如黄帝《巾机铭》……皆诗之类也。其

---

① 吴承学《中国古代文体学研究》指出:"文体形态是作品的语言存在体,是文本存在的基本要素。"人民出版社,2011年,第238页。参看郭英德《中国古代文体学论稿·中国古代文体形态学论略》,北京大学出版社,2005年,第1—28页。
② 曹丕《典论·论文》,萧统编、李善注《文选》卷五二,中华书局影印清胡克家本,1977年,第720页。
③ 罗书华《"散文"概念源流论:从词体、语体到文体》,《文学遗产》2012年第6期。
④ "散语"为"散文"别称,参见马茂军《宋代散文史论·散语考论》,中华书局,2008年,第24—31页。

以文传者则殊不多见。……惟我皇上心契道源,学搜文海,题咏繁富,亘古所无。而古体散文,亦迥超艺苑。凡阐明义理之作,多濂、洛、关、闽所未窥;考证辨订之篇,多马、郑、孔、贾所未及。明政体之得失,则义深乎《训》《诰》;示世教之劝惩,则理准乎《春秋》。至于体裁尽善,华实酌中,则贾、董、崔、蔡以还,韩、柳、欧、曾以上,号为作者,无不包罗。"(第1519页)

    1.3 卷一七三清吴伟业《梅村集》提要:"此集凡诗十八卷,诗余二卷,文二十卷。……惟古文每参以俪偶,既异齐、梁,又非唐、宋,殊乖正格。……盖词人之作散文,犹道学之作韵语,虽强为学步,本质终存也。然少陵诗冠千古,而无韵之文率不可读。人各有能有不能,固不必一一求全矣。"(第1520页)

    1.4 卷一七四宋陈仁子《牧莱脞语》提要:"又多以表启骈词、语录俚字入之古文。如《与衡阳邹府教书》,通体皆散文,而其中忽曰'士修于身,将用于天子之庭。春风莘野之耕,而升陑之规模已定;夜月磻溪之钓,而牧野之体段已成'云云。不惟自韩、欧以来无此文格,即'春风'、'夜月'四字,尚可谓之有根据乎?"(第1543页)

    1.5 卷一七八明邵圭洁《北虞先生遗文》提要:"其诗妥适而乏警策。惟散文笔力颇纵宕,然史论诸篇,纵横曼衍,已启后来顾大韶等之风。"(第1597页)

    1.6 卷一八九明王志坚《四六法海》提要:"志坚此编所录,下迄于元,而能上溯于魏、晋。……大抵皆变体之初,俪语、散文相兼而用。其齐、梁以至唐人,亦多取不甚拘对偶者。俾读者知四六之文,运意遣词,与古文不异,于兹体深为有功。"(第1719页)

    1.7 卷七八明姚希孟《循沧集》提要:"是编乃所作游记。……其文体全沿公安、竟陵之习,务以纤佻为工。甚至《游广陵记》于全篇散语之中,忽作俪偶一联云:'洞天深处,别开翡翠之巢;笑语微闻,更掣鸳鸯之锁。'自古以来,有如是之文格乎?"(第677页)

综上七例,《总目》所称"散文"(或"散语"),大抵有二义:

其一,"散文"与"古韵"(1.1)、"韵语"(1.3)、"诗"(1.5)对举,其义略近于现代与诗歌对举的散文。这一"散文"的称谓,虽然也含融语体的含意(1.1、1.3),

但仍然堪称较为纯粹的文体,因此可以称为"文",与"有韵之语"、"诗"(1.2)对举;或称为"无韵之文",与"诗"对举(1.3)。而且,语体与文体这两种含意,甚至可以在上下文中混融而并用——"惟古文每参以俪偶",乃就语体而言;"盖词人之作散文,犹道学之作韵语","少陵诗冠千古,而无韵之文率不可读",此处的"散文"与"无韵之文"则显然指的是文体(1.3)。在这一意义上我们可以说,《总目》明确地认为,有韵和无韵构成诗歌和散文最为显著的不同形态特征。而且,与"诗"对举的"散文"(或"文"),还可以作为"文学"之下一级分类的文体类型,统辖"阐明义理之作"、"考证辨订之篇"(1.2)、"表启"、"语录"、"古文"(1.4)、"史论"(1.5)、"游记"(1.7)等二级分类的文体类型。

其二,"散文"("散语")与"骈词"(1.4)、"俪语"(1.6)、"俪偶"(1.7)对举,其义略近于现代与骈文对举的散文。在这一意义上,也可称为"古体散文"(1.2),或简称"古文"(1.3、1.4)①。这一"散文"("散语")的称谓,同样既包括语体的含意(1.3、1.4、1.6、1.7),特指"拘对偶"的修辞特征(1.6);也包括文体的含意,与"四六之文"对举(1.6)。这两种含意同样可以在上下文中混融而并用——"俪语、散文相兼而用",说的是在一个篇章中兼用骈词与散语,此处的"散文"显然指语体;而"四六之文,运意遣词,与古文不异",说的是骈体之文与散体之文的"法度"可以相通,此处的"古文"显然指文体(1.6)。在这一意义上我们可以说,用散语和用骈词构成散文和骈文最为显著的不同形态特征。

值得注意的是,《总目》更为常用的,其实不是"散文"一词,而是"散体"一词,包括"散体古文"、"散体诸文"、"散体之文"等用法,全书凡十九例。细考其义,这十九例都可以分别归入上述第一义与第二义之中。兹各举一例如下,其中属第一义者,有1.10、1.11;属第二义者,有1.8、1.9。

1.8 卷一七六明林希元《林次崖集》提要:"故其诗文皆惟意所如,务尽所欲言乃止,往往俚语与雅词相参,俪句与散体间用,盖其素志原不欲以是见长云。"(第1577页)

---

① 《总目》中"古文"一词,用例数以百计,不胜枚举,大要可归结为二义:在小学语境中与"籀文"等并举,在经学语境中与"今文"对举,指上古的一种文字类型;在文学语境中与"诗"或"诗赋"并举,在散文语境中与"骈体"、"骈俪"、"骈偶"等对举,多指中唐以后兴起的一种文体类型。后一义的"古文",也称"古文辞"或"古文词"。关于"古文辞"的来历、演化及背景,参见陈广宏《"古文辞"沿革的文化形态考察——以明嘉靖前唐宋文传统的建构及解构为中心》,《文学遗产》2012年第4期。

1.9　卷一五七宋綦崇礼《北海集》提要："今检《永乐大典》,载崇礼诗文颇多。中惟制、诰最富,表、启之类次之,散体古文较少,而诗什尤寥寥无几。盖其平生以骈体擅长故也。"(第1355页)

1.10　卷一七三清张英《文端集》提要："其散体诸文称心而出,不事粉饰,虽未能直追古人,而原本经术,词旨温厚,亦无忝于作者焉。"(第1524页)

1.11　卷一七六明吴鼎《过庭私录》提要："是集其仲子遵晦所录,故以《过庭》为名,皆散体之文,末附赋、骚、古诗数首。外集则皆诗也。文有整饬平雅者,亦有微近俗调者。金石文字,颇失翦裁。有韵之文则更逊矣。"(第1577页)

当然,《总目》所称"散文"或"散体",无论是第一义还是第二义,都是"文"之一"体"(1.2、1.6、1.7、1.8、1.9)或一"格"(1.3、1.4、1.7),因此都必须符合"文"的一定之规(即"文体"或"文格")。凡符合"文"的一定之规的,就是"正格"(1.3)①,凡异于"文"的一定之规的就是"变体"(1.6)。这种"文"的一定之规,即散文文体的"体性"②,规定并制约着散文文体最根本的形态特征。因此,就《总目》所论散文文体形态特征而言,最值得我们关注的,不仅仅是有韵无韵、用散用骈等外在因素——这是一目了然、无须辨析的,而是何为"体"、何为"格"的内在特质——这正是本文力求深入考察的《总目》对散文"文体"特性的论述。

二、散文的"体格"与"法度"

《总目》论散文的"文体"特性,就其"体性"而言,可细分为两个方面:一是论散文的"体格"与"法度",二是论散文的"正变"与"文格"。前者偏重于文体的审美对象,后者偏重于文体的审美精神。本节先考察第一个方面。

如前所述,《总目》所称"散文"的第一义,是在"诗—文"对举中,揭示诗歌与散文文体形态特征的异同。此类例证极多,兹举三例为证:

---

①　"格"的本义,指一定的量度、式样或标准,《广韵》:"格,度也,量也。"在中国古代文学批评术语中,"格"通常意为法式、标准。参见张伯伟《古代文论中的诗格论》,《文艺理论研究》1994年第4期;周裕锴认为"格"是"品味和力量的标准",参见其《宋代诗学通论》,巴蜀书社,1997年,第287—295页。

②　"体性"一词,"指称文体的审美对象和审美精神"。参见郭英德《中国古代文学学论稿》,第17—21页。

2.1 卷一六五宋俞德邻《佩韦斋文集》提要:"德邻诗恬澹夷犹,自然深远,在宋末诸人之中,特为高雅,文亦简洁有清气,体格皆在方回《桐溪(按,当为江)集》上。盖文章一道,关乎学术性情,诗品、文品之高下,往往多随其人品。此集亦其一征矣。"(第1415页)

2.2 卷一九七明何孟春《余冬诗话》提要:"夫以讲学之见论文,已不能得文外之致;至以讲学之见论诗,益去诗千里矣。则何如不作诗文更为务本也。"(第1800页)

2.3 卷一八九明胡松《唐宋元名表》提要:"自明代二场用表,而表遂变为时文。久而伪体杂出。或参以长联,如王世贞所作,一联多至十余句,如四书文之二小比。或参以五七言诗句,以为源出徐、庾及王、骆。不知徐、庾、王、骆用之于赋,赋为古诗之流,其体相近,若以诗入文,岂复成格?……松选此编,挽颓波而归之于雅,亦可谓有功于骈体者矣。"(第1717页)

《总目》认为俞德邻(1232—1293)诗文根柢于"学术性情",因此"体格"高于方回(1227—1305)①,批评何孟春(1474—1536)"以讲学之见"论诗、论文,不能"得文外之致",这是瞩目于"诗—文"对举中二体之同。而《总目》批评明人撰表,"以诗入文",以致"伪体杂出",难以"成格",则是瞩目于"诗—文"对举中二体之异。就其异而言,五七言诗句的体制特征与语体特征,与赋自有相近之处,而与"文"(2.3,特指骈文)相去较远,这是一般的文体常识,人所习知,兹不细论。而就其同而言,俞德邻诗文高于方回的"体格"何在,诗文如何才能"得文外之致",直达其"本",这的确是值得我们深思细究的。

在《总目》的批评话语中,无论是"诗"还是"文",都是"文章"之一体(2.1)。《总目》常用"文章"一词,概称诗、文,乃至词、曲等各体文学②。在清乾隆年间,

---

① "体格"一词,在古代文学批评中,可指文体风格,也可指体制标准。以之论诗,如唐封演《封氏闻见记》卷二《声韵》:"自声病之兴,动有拘制,文章之体格坏矣。"(《文渊阁四库全书》本)以之论文,如宋朱熹《朱子语类》卷一三九《论文》:"汉末以后,只做属对文字,直至后来,只管弱。如苏颋着力要变,变不得。直至韩文公出来,尽扫去了,方做成古文。然亦止做得未属对合偶以前体格,然当时亦无人信他。"(黎靖德编、王星贤点校《朱子语类》,中华书局,1986年,第3298页)

② 《总目》中"文学"一词,更多的是取其包含一切学术(包括典章制度、诗书礼乐等)的广义,而不限于指一般的诗文。在《总目》中,与"文章"一词同类的称名,还有"文辞"、"词章"、"文艺"等,都可以概称诗、文等各体文学。参见陈广宏《中国文学史之成立·序章》,上海古籍出版社,2016年,第16—26页。

这不仅是《总目》编纂者的"公共话语",也是《总目》总纂官纪昀(1724—1805)所习用的"私人话语"①,由此展现出"文章"一词在当时的"普适性"。

那么,"文章"之"本"何在?何为"文外之致"?沿袭西汉中后期,尤其是东汉以降的学术文化传统,《总目》明确地在儒学／文章相对称的语境中,确立"文章"的性质与内涵②。在这一"儒学／文章"语境中,"文章"既是学术文化的一个独立自足的知识领域,更是文人主体的一种昭彰显著的能力结构。"文章"的这一文化特性,便成为散文最根本的"体格"与"法度"的灵魂。

着眼于学术文化的共同属性,《总目》认为"经义"与"文章"内质相通,甚至原非两事;同时又认为"经义"的品位高于"文章",不得取其末而舍其本。

> 2.4 卷三一清王源《或庵评春秋三传》(一名《文章练要》)提要云:"经义、文章,虽非两事,三《传》要以经义传,不仅以文章传也。置经义而论文章,末矣;以文章之法点论而去取之,抑又末矣。"(第256页)

也正是在这一意义上,《总目》批评何孟春:"何如不作诗文,更为务本也。"因为同"诗文"相比较,"讲学"等学术活动更能便捷地达至文化之"本"(2.2),亦即抉发"经义"之旨。因此,《总目》强调,以经术作为散文之本原,这是确保散文"体格"高尚、质性醇正的重要因素。如宋欧阳修(1007—1072)之所以"文章名一世",根本上是因为他"经术亦复湛深"③。这一点,成为《总目》揭示"文章"(包括诗与文)"体格"的核心观点:

> 2.5 卷一五一唐皮日休《皮子文薮》提要:"今观集中书、序、论、辨诸作,亦多能原本经术。其《请孟子立学科》《请韩愈配飨太学》二书,在唐人尤为卓识,不得仅以词章目之。"(第1300页)

---

① 如纪昀《纪文达公遗集·文集》卷一二《嘉庆壬戌会试策问》第五道:"屈、宋以前,无以文章名世者。枚、马以后,词赋始多;《典论》以后,论文始盛。至唐、宋而门户分,异同竞矣。"(《续修四库全书》本)

② 郭绍虞《中国文学批评史》上卷,辨析两汉"文"与"学"、"文章"与"文学"的意义区分,指出:"至于不指学术而带有词章意义者,则称为'文章'或'文辞'。"(百花文艺出版社,1999年,第42页。并见其《照隅室古典文学论集》上编《文学观念及其含义之变迁》,上海古籍出版社,1983年,第91—94页)笔者亦指出:"到了西汉中后期,尤其东汉前期,当人们以'文章'与'儒学'、儒雅'或'儒术'相对称时,'文章'一词就赋予了接近于现代所谓'文学'的含义,确立了独立的意义。"(见《中国古代文体学论稿》,第50页)

③ 《总目》卷十五欧阳修《毛诗本义》提要,第121页。

2.6　卷一五二宋范仲淹《文正集》提要:"仲淹人品事业,卓绝一时,本不借文章以传。而贯通经术,明达政体,凡所论著,一一皆有本之言。固非虚饰词藻者所能,亦非高谈心性者所及。"(第1311页)

2.7　卷一五二宋孙复《孙明复小集》提要:"然复之文,根柢经术,谨严峭洁,卓然为儒者之言。与欧、苏、曾、王千变万化,务极文章之能事者,又别为一格。"(第1312页)

2.8　卷一五三宋刘敞《公是集》提要:"敞之谈经,虽好与先儒立异,而淹通典籍,具由心得,究非南宋诸家游谈无根者比。故其文湛深经术,具有本原。"(第1316页)

2.9　卷一六二宋魏了翁《鹤山全集》提要:"自中年以后,覃思经术,造诣益深。所作醇正有法,而纡徐宕折,出乎自然,绝不染江湖游士叫嚣狂诞之风,亦不染讲学诸儒空疏拘腐之病。在南宋中叶,可谓翛然于流俗外矣。"(第1391页)

2.10　卷一六六元郝经《陵川集》提要:"而学问文章,亦具有根柢。……《周易》《春秋》诸传,于经术尤深。故其文雅健雄深,无宋末肤廓之习。其诗亦神思深秀,天骨挺拔。"(第1422页)

2.11　卷一六七元黄溍《黄文献集》提要:"其文原本经术,应绳引墨,动中法度。"(第1443页)

2.12　卷一六八元赵汸《东山存稿》提要:"有元一代,经术莫深于黄泽,文律莫精于虞集。汸经术出于泽,文律得于集,其渊源所自,皆天下第一。故其议论有根柢,而波澜意度均有典型,在元季亦翘然独出。……盖有本之学,与无所师承,剽窃语录,自炫为载道之文者,固迥乎殊矣。"(第1461页)

2.13　卷一七一明王鏊《震泽集》提要:"然其古文亦湛深经术,典雅遒洁,有唐宋遗风。盖有明盛时,虽为时文者亦必研索六籍,泛览百氏,以培其根柢,而穷其波澜。鏊困顿名场,老乃得遇,其泽于古者已深,故时文工而古文亦工也。"(第1493页)

2.14　卷一七一明顾清《东江家藏集》提要:"其诗清新婉丽,天趣盎然。文章简炼醇雅,自娴法律。当时何、李崛兴,文体将变,清独力守先民之矩矱。虽波澜气焰未能极傲奇伟丽之观,要不谓之正声不可也。"(第1497页)

《总目》认为,散文作为"文章"之一体,必须"原本经术"(2.5、2.11)、"贯通经术"(2.6)、"根柢经术"(2.7)、"湛深经术"(2.8、2.10、2.13)、"覃思经术"(2.9),成为"有本之言"(2.6)、"有本之学"(2.12)。在中国古代文学批评史上,"文本于经"实属老生常谈①,在清代更成为"钦定"的"主流话语"②。《总目》所论,不过沿袭和弘扬这一学术文化传统而已,此毋须具论。

但是,仔细考察以上各例,更值得我们注意的是,《总目》认为散文除了"根柢经术"以外,还必须"简炼醇雅,自娴法律",这才是"文章"的"正声"(2.14),也才能"极文章之能事"(2.7)。"法律"即"法度",指"应绳引墨"的文章规范(2.11)③,亦即所谓"文律"(2.12)。《总目》认为,诗歌有诗歌的法度,散文有散文的法度。而散文的"法度",自有其独特的文体形态特征,例如"醇正有法,而纡徐宕折,出乎自然"(2.9),"议论有根柢,而波澜意度,均有典型"(2.12),"培其根柢,而穷其波澜"(2.13),"波澜气焰","极侈奇伟丽之观"(2.14)等等。

《总目》认为,散文"法度"的典型,是"唐宋八大家",因为"欧、苏、曾、王千变万化,务极文章之能事"(2.7)。这也正是清廷极力标榜的"文章"典型。《总目》卷一七三《二希堂文集》提要,引录雍正八年庚戌(1730),乾隆帝在藩邸时,为蔡世远(1682—1733)《二希堂文集》亲制《序》文,称:"今观其文,溯源于六经,阐发周、程、张、朱之理,而运以韩、柳、欧、苏之法度。所谓'蕴之为德行,行之为事业',发之为文章者,吾于先生见之。"因此,乾隆二十四年己卯(1759),"谕正文体,举世远之文为标准"(第1528页)。

在《总目》看来,作文讲求"布帛菽粟之切于日用"④,用于"经说"固为正体,而用于"文章"则实为别调,难以行远。

---

① 参见吴承学、陈赟《对"文本于经"说的文体学考察》,《学术研究》2006年第1期。
② 如乾隆十四年(1794)十一月初四日"上谕"云:"圣贤之学,行,本也,文,末也。而文之中,经术其根柢也,辞章其枝叶也。"中国第一历史档案馆编《乾隆上谕档》第2册,中国档案出版社,1998年,第183页。
③ "法度"一词用于文学批评,意为规范、规矩,始见于唐韩愈《柳子厚墓志铭》:"其经承子厚口讲指画为文词者,悉有法度可观。"马其昶校注、马茂元整理《韩昌黎文集校注》卷七,上海古籍出版社,1986年,第512页。
④ 语见《总目》卷二司马光《温公易说》提要(第5页),卷一七○倪岳《清谿漫稿》提要(第1490页)。语本朱熹《六先生画象赞·伊川先生》赞程颐:"规员矩方,绳直准平。允矣君子,展也大成。布帛之文,菽粟之味。知德者希,孰识其贵!"戴扬本、曾抗美校点《晦庵先生朱文公文集》卷八五,朱杰人等主编《朱子全书》第24册,上海古籍出版社,2002年,第4002页。又见《朱子语类》卷三一,第797页。

2.15 卷一七五明蔡清《蔡文庄集》提要:"夫文以载道,不易之论也。然自战国以下,即已歧为二途,或以义理传,或以词藻见,如珍错之于菽粟、锦绣之于布帛,势不能偏废其一。故谓清之著作主于讲学明道,不必以声偶为诗,以雕绘为文,此公论也。谓文章必以清为正轨,而汉以来作者皆不足以为诗文,则主持太过矣。"(第1563页)

2.16 卷一八七宋楼钥《崇古文诀》提要:"宋人多讲古文,而当时选本存于今者不过三四家。真德秀《文章正宗》以理为主,如饮食惟取御饥,菽粟之外,鼎俎烹和皆在其所弃;如衣服惟取御寒,布帛之外,黼黻章采皆在其所捐。持论不为不正,而其说终不能行于天下。"(第1698页)

2.17 卷一九四清刁包《斯文正统》提要:"然三代以前,文皆载道。三代以后,流派渐分。犹之衣资布帛,不能废五采之华;食主菽粟,不能废八珍之味。必欲一扫而空之,于理甚正,而于事必不能行。即如《文章正宗》,行世已久,究不能尽废诸集,其势然也。"(第1768页)

《总目》指出,"文章""体格"的"正轨",决不是像蔡清(1453—1508)那种"主于讲学明道,不必以声偶为诗,以雕绘为文"的著作(2.15)。人们更不应该以此为准的,权衡或取舍天下的"文章"。宋真德秀(1178—1235)编选《文章正宗》,"以理为主",以至于捐弃"鼎俎烹和"、"黼黻章采"(2.16)。清刁包(1603—1669)编选《斯文正统》,力倡"载道",以至于屏废"五采之华"、"八珍之味"(2.17)。像他们这种学术趋向,在"经术"固然堪称"正统",在"文章"却必不可行。

因此,《总目》认为,作为"文章""体格"的"正轨",不仅要以经术为根柢,还必须讲究"应绳引墨,动中法度"(2.11)。否则,如果仅仅"称心而出,不事粉饰",即使"原本经术,词旨温厚",也只能做到"无忝于作者",而"未能直追古人"(1.10)。

在清前中期,经术较深,而又擅长阐扬并坚守"唐宋八大家"散文"法度"的文士,无疑以方苞(1668—1749)堪为典型。

2.18 卷一七三清方苞《望溪集》提要:"苞于经学研究较深,集中说经之文最多,大抵指事类情,有所阐发。其古文则以法度为主。尝谓周、秦以前,文之义法无一不备;唐、宋以后,步趋绳尺而犹不能无过差。是以所作上规《史》《汉》,下仿韩、欧,不肯少轶于规矩之外。虽大体雅洁,而变化太少,终不能绝去町畦,自辟门户。然其所论古人矩度与为文之道,颇能沉潜反覆,而得其用意之所以然。虽蹊径未除,而源流极正。近时为八家之文者,以苞为不失旧轨焉。"(第1528页)

方苞深研经学,时有发明,散文根柢经术,直探"古人矩度与为文之道",因此"源流极正","体格"自然高尚。而且,方苞坚守的"古文法度",即他所说的"文之义法",探源自"周、秦以前",溯流于"唐、宋以后",以《史》、《汉》、韩、欧为"规矩","沉潜反覆,而得其用意之所以然",因此"不失旧轨",足以彰显散文独特的文体形态特征。

既强调"文章"与"经术"相同的文化内质,从而称扬散文的高标"体格",更倡导"文章"与"经术"不同的形态特征,讲求散文的严谨"法度",这充分显示出《总目》审视散文文体形态特征的独到眼光和汲取学术文化传统的宽阔胸怀。

三、散文的"正变"与"文格"

为了提倡散文的"体格"与"法度",《总目》进一步在"散—骈"对举的语境中,提出散文文体形态的"正变"之别,并进而揭示堪为典范的散文"文格"。

《总目》所称"文章",除了兼指诗、文等各体文学以外,更常见的是作为散文的专称,既可专指"散体之文",也可专指"骈体之文",更可以作为二者的共名,成为与"诗"对举的文体类型。

3.1 卷一四九唐张说《张燕公集》提要:"其文章典丽宏赡,当时与苏颋并称,朝廷大述作多出其手,号曰'燕许'。"(第1279页)

3.2 卷一五二宋穆修《穆参军集》提要:"宋之古文,实柳开与修为倡。然开之学,及身而止。修则一传为尹洙,再传为欧阳修,而宋之文章于斯极盛,则其功亦不鲜矣。"(第1308页)

3.3 卷一五二宋王珪《华阳集》提要:"……然其文章则博赡瑰丽,自成一家。计其登翰苑、掌文诰者几二十年,朝廷大典策,皆出其手。故其多而且工者,以骈俪之作为最。揖让于二宋之间,可无愧色。"(第1314页)

3.4 卷一九〇清蔡世远《古文雅正》提要:"不知散体之变骈体,犹古诗之变律诗,但当论其词义之是非,不必论其格律之今古。杜甫一集,近体强半,论者不谓其格卑于古体也。独于文则古文、四六判若鸿沟,是亦不充其类矣。兼收俪偶,正世远深明文章正变之故,又何足为是集累乎?"(第1732页)

在以上数例中,张说(667—730)骈体、散体皆擅长(3.1),穆修(979—1032)开宋初"古文"风气(3.2),王珪(1019—1085)"以骈俪之作为最"(3.3),而《总目》皆称之为"文章"。蔡世远(1682—1733)纂辑《古文雅正》,选录历代"古文",而"兼收俪偶",《总目》称他"深明文章正变之故",更是显而易见地将"古文"与"四六"二者统称为"文章"。

由此可见,在"散—骈"对举的意义中,《总目》所称"骈体"与所称"散文"(或"散体")一样,也是指与"诗"对举的"文"中一体,二者都既可以各称为"文章",也可以合称为"文章",与"诗"相对举,归属为现代文体"四分法"中的散文。

或许因为"骈体"乃作为散文专称的"文章"之一体,而不像"散文"另有与"诗"对举的文体类型的含义①,因此在《总目》中,从未出现"骈文"一词。合书名一并统计,《总目》中指称骈文,最常见的是"四六"或"四六之文",凡116例;其次为"骈体"或"骈体之文",凡30例;复次为"俪偶"或"俪偶之文","骈偶"或"骈偶之文",分别为24例、20例;此外尚有"俪语"、"骈俪"、"俪体"、"比偶之文"等若干用例。

更值得注意的是,在"散—骈"对举的语境中,《总目》还明确地揭示出散文文体形态的两大特征:第一,"散体之变骈体",原本就是"文章正变"(3.4),亦即散文文体形态特征嬗递、变化的一种历史现象②,并未背离"文章"的"体格"与"法度";第二,犹如诗歌中有"古体"与"近体"之别一样,散文中也有"散体"与"骈体"之别③,二者都同"文章"之"格"的尊卑无关(3.4),"文格"尊卑,当另有标准。

---

① 也许正是因为在古人的语境中,从南北宋之交起,"散文"一词便具有与"诗"对举的文体类型的意味,因此20世纪以来,人们才选择"散文"作为"古文"、"骈文"、"制义"、"赋"等文体的共名,与诗歌、戏剧、小说并列为四种文体类型。

② 古代文学批评中的"正变"说,实为描述文学形态嬗递、变化的历史现象,体现出一种独特的历史观。参见陈伯海《释"诗体正变"——中国诗学之诗史观》,《社会科学》2006年第4期。

③ 将文的"散体"与"骈体",类比于诗的"古体"与"近体",早期用例如元吴澄(1249—1333)《吴文正集》卷六三《跋吴君正程文后》:"于文能俪语,又能散语;于诗能近体,亦能古体。才赡而学周若是。"(《文渊阁四库全书》本)参见马茂军《宋代散文史论》,第28页。

《总目》认为,作为"文章"之一体的"散文"与"骈体",在文体形态上,既有异,又有同。

3.5 卷一八九明王志坚《四六法海》提要:"秦、汉以来,自李斯《谏逐客书》始点缀华词,自邹阳《狱中上梁王书》始叠陈故事,是骈体之渐萌也。符命之作则《封禅书》《典引》,问对之文则《答宾戏》《客难》,駸駸乎偶句渐多。沿及晋、宋,格律遂成;流迫齐、梁,体裁大判。由质实而趋丽藻,莫知其然而然。然实皆源出古文,承流递变。犹四言之诗至汉而为五言,至六朝而有对句,至唐而遂为近体,面目各别,神理不殊,其原本《风》《雅》则一也。……志坚此编所录,下迄于元,而能上溯于魏、晋……大抵皆变体之初,俪语、散文相兼而用。其齐、梁以至唐人,亦多取不甚拘对偶者。俾读者知四六之文,运意遣词,与古文不异,于兹体深为有功。"(第1719页)

明万历末年,王志坚(1576—1633)既选编《四六法海》,又辑录《古文渎编》,可知他对"四六"与"古文"的文体类型之别,是了然于心中的。但他选编《四六法海》,却兼收魏、晋"俪语、散文相兼而用"的文章,甚至多取齐、梁以至唐人"不甚拘对偶"的"古文",这应当如何评价呢?①

《总目》首先着眼于"骈体"与"古文"体裁之异,经由梳理从秦、汉至齐、梁的"骈体"演变历史,简明扼要地概括了"骈体"鲜明的形态特征,即"点缀华词"、"叠陈故事"、"偶句渐多"、"格律遂成"(3.5)②。

其次,《总目》对"骈体"形态特征的来源一一考实,旨在指出,不仅"骈体"的这些形态特征"实皆源出古文,承流递变",也就是说,"骈体"的形态特征原本就潜藏于"古文"之中,"骈体"不过是将这些形态特征彰显化、规范化而已;而且当"骈体"演进为成熟的"四六之文"时,其"运意遣词",仍然"与古文不异",具有同样的"法度"。因此,同诗歌从古体变为近体一样,散文从"古文"变为"骈体",也

---

① 以下论述参考于景祥:《〈四六法海〉在骈文批评上的贡献及其存在的问题》,《社会科学辑刊》2010年第6期。

② 骆鸿凯(1892—1955)论骈文的文体形态特征,归纳为四大要素,即"先之以调整句度,是曰裁对;继之以铺张典故,是曰隶事;进之以渲染色泽,是曰敷藻;终之以协谐音律,是曰调声"。见其《文选学·读选导言第九·导言六》,中华书局,1989年,第311页。此说当即导源于《总目》所论"骈体"形态特征。

是"面目各别,神理不殊"的(3.5)①。

大要言之,《总目》认为,从"古文"到"骈体"的演变,呈现出散文"由质实而趋丽藻"的发展趋势(3.5)②。因此,"质实"是散文之"正体",由"古文"得以传承;"丽藻"是散文之"变体",由"骈体"得以彰显。如果撰作"散体之文",而蹈习"骈体"流风,喜藻饰,尚隶事,则难免"流为别派"。如《总目》卷一八四清方楘如《集虚斋学古文》提要说:"其制义最有时名,而散体之文亦颇奥劲有笔力。然喜雕琢新句,襞积古辞,遂流为别派。盖其制义亦喜以新颖为工,天性然也。"(第1669页)③

然而,无论是"质实"还是"丽藻",无论是"正"还是"变",都无非指向散文文体形态的外在特征,而不是其内在特征。在内在特征上,"古文"与"骈体"既然都是"文章"之一体,必然有其共通的"神理"(3.5)。

那么,这种"神理"是什么呢?《总目》认为,这种"神理"指的是散文"文质彬彬"的文体形态特征:

> 3.6 卷一九〇清蔡世远《古文雅正》提要:"夫乐本于至和,然五音六律之不具,不能呕哑吟唱以为和;礼本于至敬,然九章五采之不备,不能袒裼跪拜以为敬也。文质相辅,何以异兹?世远是集,以理为根柢,而体杂语录者不登;以词为羽翼,而语伤浮艳者不录。刘勰所谓扶质立干、垂条结繁者,殆庶几焉。"(第1732页)

"以理为根柢",这就是"正";"以词为羽翼",这就是"雅"。散文本于经则正,修于词则雅。雅正相兼,便可以达臻"文质相辅"、"扶质立干、垂条结繁"的境界,这就是"古文"与"骈体"共通的"神理"。"文质彬彬"正是《总目》极力标举的"文章"形态特征。如卷一六六元吴澄《吴文正集》提要说:"(许)衡之文明白质朴,达意而止;(吴)澄则

---

① "骈体"与"古文"同源,这也是乾隆年间的"流行话语"。如孙梅(1739—1790)《四六丛话》卷三二柳宗元案语云:"独子厚以古文之笔,而炉锤于对仗声偶间。天生斯人,使骈体、古文,合为一家,明源流之无二致。"商务印书馆,1937年,第587页。参见曹虹《清嘉道以来不拘骈散论的文学史意义》,《文学评论》1997年第3期;陈志扬《〈四六丛话〉:乾嘉骈散格局下的骈文研究》,《文学评论》2006年第2期。

② 此说本于萧统《文选序》:"盖踵其事而增华,变其本而加厉。物既有之,文亦宜然。"《文选》卷首,第1页。

③ 清人认为制义实为骈体之文,如李光地(1642—1718)说:"时文对偶,本是四六体,然必定字字工致,便华缛伤雅。"李光地著、陈祖武点校《榕村语录》卷三〇,中华书局,1995年,第543页。

词华典雅,往往斐然可观。据其文章论之,澄其尤彬彬乎!"(第1428页)显而易见,《总目》认为"文质彬彬"的散文优于"明白质朴"的散文。

当然,就文体形态特征析而论之,可以说"古文"尚质,"骈体"尚文。但是,《总目》论"文格"①,却超越了不同文体的文质之别,对"古文"和"骈体"作为"文章"而应具的"体格",提出了同样的标准。正是在这一意义上,卷一九九《花间集》提要说"文之体格有高卑"(第1823页)。

那么,什么是"文格"的高卑?或者说,"文格"高卑的审美标准是什么?这可以从《总目》结合时代风尚,对历代散文作家的批评中加以归纳。

3.7 卷一五二宋王禹偁《小畜集》提要:"宋承五代之后,文体纤俪,禹偁始为古雅简淡之作。其奏疏尤极剀切,《宋史》采入本传者,议论皆英伟可观。在词垣时所为应制骈偶之文,亦多宏丽典赡,不愧一时作手。"(第1307页)

3.8 卷一五二胡宿《文恭集》提要:"宿立朝以廉直著,而学问亦极该博。当时文格未变,尚沿四六骈偶之习,而宿于是体尤工。所为朝廷大制作,典重赡丽,追踪六朝。"(第1310页)

3.9 卷一五二尹洙《河南集》提要:"至所为文章,古峭劲洁,继柳开、穆修之后,一挽五季浮靡之习,尤卓然可以自传。"(第1311页)

3.10 卷一六一宋李廷忠《橘山四六》提要:"北宋四六,大都以典重渊雅为宗。南渡末流,渐流纤弱。廷忠生当淳熙、绍熙之间,正风会将变之时,故所作体格稍卑,往往好博务新,转伤繁冗。然织组尚为工稳,其佳处要不可掩。"(第1387页)

3.11 卷一六三宋李刘《四六标准》提要:"自六代以来,笺、启即多骈偶。然其时文体皆然,非以是别为一格也。……迨(李)刘晚出,惟以流丽稳帖为宗,无复前人之典重。沿波不返,遂变为类书之外编,公牍之副本,而冗滥极矣。"(第1396页)

3.12 卷一七〇明彭韶《彭惠安集》提要:"韶正色立朝,岿然耆旧。其文

---

① 《总目》所谓"文格",大意指文体风格,犹如现代所称"文风"。如卷一一七《金楼子》提要:"惟永明以后,艳语盛行,此书亦文格绮靡,不出尔时风气。"(第1010页)也可称为"文体",如卷一五二宋王禹偁《小畜集》提要:"宋承五代之后,文体纤俪。"(第1307页)为避免混同,本文取"文格"一词,而不用"文体"。在古代文学批评中,"文格"另有文章法式、标准的含义,参见祝尚书《文格论》,收入王水照等主编《中国古代文章学的阐释与建构——中国古代文章学三集》,复旦大学出版社,2017年,第10—24页。

虽沿台阁之体,而醇深雅正,具有根柢,不同于神瘠而貌腴。"(第1488页)

3.13 卷一七九明于慎行《榖城山馆文集》提要:"明中叶以后,文格日卑,学浅者蹈故守常,才高者破律坏度。慎行之文,虽不涉吊诡之习,至于精心结构,灏气流行,终未能与唐顺之、王慎中、归有光等并据坛坫。"(第1609页)

3.14 卷一八九明梅鼎祚《后周文纪》提要:"然宇文泰为丞相时,干戈扰攘之中,实独能尊崇儒术,厘正文体。……今观其一代诏敕,大抵温醇雅令,有汉、魏之遗风。即间有稍杂俳偶者,亦摛词典重,无齐、梁绮艳之习。"(第1722页)

3.15 卷一九五王铚《四六话》提要:"其书皆评论宋人表、启之文。六代及唐,词虽骈偶,而格取浑成;唐末五代,渐趋工巧。……宋代沿流,弥竞精切。故铚所论,亦但较胜负于一联一字之间。至周必大等,承其余波,转加细密。终宋之世,惟以隶事切合为工,组织繁碎,而文格日卑,皆铚等之论导之也。"(第1783页)

上举数例评论散文的"文格",既有专评"古文"的(3.9、3.14),也有专谈"骈体"的(3.8、3.10、3.11、3.15),还有合论"文章"的(3.7、3.12、3.13)。

《总目》认为,"文格"高者,为"古雅简淡"、"宏丽典赡"(3.7),"典重赡丽"(3.8),"古峭劲洁"(3.9),"典重渊雅"(3.10),"醇深雅正"(3.12),"精心结构,灏气流行"(3.13),"温醇雅令"(3.14),"浑成"(3.15)等;而"文格"卑者,则为"纤俪"(3.7),"浮靡"(3.9),"纤弱"、"繁冗"(3.10),"流丽稳帖"、"冗滥"(3.11),"神瘠而貌腴"(3.12),"蹈故守常"、"破律坏度"、"吊诡"(3.13),"绮艳"(3.14),"工巧"、"精切"、"繁碎"(3.15)等。

绾结而言,《总目》赞许的"文格",可归纳为典重、醇雅、浑成三个要素;《总目》贬斥的"文格",可归纳为纤弱、浮靡、工巧三个要素。这三组相互对立的要素,分别指向散文文体的质地、品位和风貌。

在散文的文体质地上,《总目》褒"典重"而贬"纤弱"。"典重"原为"古文"的法度,以"语简事备"为表征,而区别于"格弱句冗"[①]。孙梅《六四丛话》论骈文,

---

① 北宋尹洙的文章"语简事备,复典重有法。"欧阳修向尹洙学"古文",尹洙说:"大抵文字所忌者,格弱字冗。"释文莹著、郑世刚点校《湘山野录》卷中,中华书局,1984年,第38页。

说:"古之四六,句自为对,语简而笔劲,故与古文未远。"①"语简而笔劲",不正意味着"典重"吗?因此,《总目》多以"典重"称"骈体"的"高格"(3.8、3.10、3.11、3.14),并与"纤俪"(3.7)、"纤弱"(3.10)相对比②。《总目》曾以"典重"指称散文的"风骨",如卷一七二明黎民表《瑶石山人稿》提要:"虽错采镂金,而风骨典重,无绮靡涂饰之习。"(第1506页)自从刘勰(466?—539?)标举"风骨"之后,"风骨"便成为历代文人赞赏的"文格",无论诗、文,都以"风骨遒劲"为高标③。因此,不仅"古文"尚风骨,"骈体"也应尚风骨④。

在"散文"的文体品位上,趋"醇雅"而避"浮靡"。所谓"浮靡",即北宋石介(1005—1045)批评杨亿(974—1020)所说的"穷妍极态,缀风月,弄花草,淫巧侈丽,浮华纂组……"⑤。在《总目》的批评语汇中,"丽"是"文章"原本应有的修辞特征,并不决定散文文体品位的高卑。散文文体品位高者,可为"俶奇伟丽"(2.14)、"典丽宏赡"(3.1)、"博赡瑰丽"(3.3)、"宏丽"(3.7)、"赡丽"(3.8);文体品位卑者,可为"流丽"(3.11)、"神瘠而貌腴"(3.13)、"绮艳"(3.15)。因此,《总目》称许"醇雅",虽然首肯"质实",却并不全然排斥"丽藻"(3.5)。由丽藻而显醇雅,"文格"仍然不失高迈,与"浮靡"之习迥然而异。如卷一八九明梅鼎祚《释文纪》提要说:六朝时"文士竞以藻丽相高,即缁流亦具有词采。故大抵吐属娴雅,论说亦皆根据经典,尤不类唐以后诸方语录,徒以俚语掉弄机锋。即论其文章,亦不失为斐然可观也。"(第1722页)卷一九九宋高观国《竹屋痴语》提要说:"词自鄱阳姜夔句琢字炼,始归醇雅,而(史)达祖、观国为之羽翼。故张炎谓数家格调不凡,句法挺异,俱能特立清新之意,删削靡曼之词。"(第1820页)

在散文的文体风貌上,重"浑成"而轻"工巧"。"浑成"也可以指文章的"风骨",如《总目》卷一七三《陈检讨四六》提要评清陈维崧(1625—1682)"才力富

---

① 孙梅《四六丛话》卷三三汪藻案语,第626页。
② 何宗美、张晓芝详细地辨析了《总目》中"纤"这一批评词语的含义与运用,参见其《〈四库全书总目〉的官学约束与学术缺失》第五章第四节,人民文学出版社,2017年,第454—471页。
③ 参见工运熙《〈文心雕龙〉风骨论诠释》,《学术月刊》1963年第2期;牟世金《从刘勰的理论体系看风骨论》《古代文学理论研究》第4辑,上海古籍出版社1981年。
④ 乾隆十四年己巳(1749)吴宽说:"窃谓文有风骨,骈体尤尚。盖体密则易乖于风,辞缛则易伤于骨。能为其难,则振采弥鲜,负声有力。"金兆燕《棕亭文钞》卷首《吴序》,《续修四库全书》本。
⑤ 石介《徂徕石先生全集》卷五《怪说》中,《北京图书馆古籍珍本丛刊》第85册,书目文献出版社,2000年,第662页。

健,风骨浑成"(第1524页)。但是与"典重"偏重于浑厚坚实的文体质地不同,"浑成"更偏重于自然天成的文体风貌,即"精心结构,灏气流行"(3.13),"宏深肃括,不雕琢而自工"①。而"工巧"则是一种人工雕琢的"文格",《总目》卷一七六明王相《介塘文略》提要说:"文格颇伤于雕琢,亦七子流派也。"(第1578页)大抵即五代欧阳炯(896—971)所谓"镂玉雕琼,拟化工而迥巧;裁花剪叶,夺春艳以争鲜"。②"浑成"原本为"散文"的文体风貌,因其体现古人的审美理想,也成为"骈体"努力达臻的审美境界。南宋周必大(1126—1204)说:"四六特拘对耳,其立意措词,贵于浑融有味,与散文同。"③"立意措词,贵于浑融有味",这是"四六"与"散文"共同的文体特征。

超越"古文"与"骈体"所谓"正变"的藩篱,洞悉二者作为"文章"之一体共有的"文质彬彬"的"神理",从而倡导散文典重、醇雅、浑成的"文格",这正是四库馆臣慧眼独具之处。

六、结　　语

众所周知,《总目》作为清廷官修目录,无疑代表着官方的、主流的、权威的、正统的学术立场和学术观点④。《总目》的文学批评理论与方法,既是从官方的、主流的、权威的、正统的角度对历代文学批评理论与方法的总结、继承与发展,也是从官方的、主流的、权威的、正统的角度对乾隆年间及其后文学批评理论与方法的引导、规约与启示。

继承南北宋之交以来流传久远的学术话语,《总目》在语体与文体的双重含意上,将"散文"与"韵语"、"散文"与"骈体"对举,认为无韵和有韵构成散文和诗歌最为显著的不同形态特征,用散语和用骈语构成散文和骈文最为显著的不同形态特征。由此,"诗文之辨"和"骈散之争",以及引而申之的"言文之辨",成为

---

① 《总目》卷一七三清李光地《榕村集》提要,第1527页。
② 欧阳炯《花间集叙》,赵崇祚辑、李一氓校《花间集校》卷首,人民文学出版社,1958年,第1页。
③ 罗大经《鹤林玉露》甲编卷二《刘锜赠官制》引,中华书局,1983年,第27页。
④ 何宗美、张晓芝对《总目》"官学"身份的生成、表征及对文学思想的作用有较为详细而深入的论述,见其《〈四库全书总目〉的官学约束与学术缺失》第一章第一节《四库纂修谕旨与〈总目〉明代思想》,第26—52页。

清中后期文坛的一个热门话题和学术焦点。

但是,《总目》所称"散文"都是指称"文"之一"体"或一"格",因此都必须符合"文"的一定之规。这种"文"的一定之规,规定并制约着"散文"最根本的文体形态特征。因此,就《总目》所讨论的"散文"文体形态特征而言,最值得我们关注的,不是有韵无韵、用散用骈等外在因素,而是何为"体"、何为"格"的内在特质。

《总目》认为,以经术作为散文之本原,确定不移地"根柢经术",这是确保散文"体格"高尚、质性醇正的重要因素。与此同时,散文的"法度"仍应有其独特的文体形态特征,而其典型则是"唐宋八大家",因为"欧、苏、曾、王千变万化,务极文章之能事"(2.6),这也正是清廷极力标榜的"文章"典型。可以说,经由《总目》的提倡与标称,"唐宋八大家"在中国散文史上的经典地位得以进一步确立,"唐宋八大家"在中国文化史上的独特面貌也得以进一步定型。

在"散—骈"对举的语境中,《总目》明确地揭示出散文文体形态的两大特征:第一,"散体之变骈体",原本就是"文章正变",并未背离"文章"的"体格"与"法度";第二,犹如诗歌中有"古体"与"近体"之别一样,散文中也有"散体"与"骈体"之别,但是二者都同"文章"之"格"的尊卑无关(3.4)。

虽然从"古文"到"骈体"的演变,的确呈现出"由质实而趋丽藻"的发展趋势(3.5),然而无论是"质实"还是"丽藻",都无非指向散文文体形态的外在特征,而不是其内在特征。在内在特征上,散文本于经则正,修于词则雅;雅正相兼,便可以达臻"文质彬彬"的审美境界,这就是"古文"与"骈体"共通的"神理"(3.5),也是辨别"文章"之"格"孰尊孰卑的根基所在。

因此,《总目》对"古文"和"骈体"作为散文而应具的"文格",提出了同样的标准:在文体质地上,褒"典重"而贬"纤弱";在文体品位上,趋"醇雅"而避"浮靡";在文体风貌上,重"浑成"而轻"工巧"。这一标准的"文格",充分彰显了中国古代正统的文学思想和文学观念。

作为中国古代传统文学批评理论的集大成者,《总目》对"散文"文体形态特征的多层面揭示,无疑具有不可低估的历史价值和文化价值,足以为我们今天探究中国古代散文的文体形态特征提供极其丰富的理论资源。

先秦"说"体与汉代的"小说"观念

上海外国语大学文学研究院　史　伟

先秦辞令发展到战国时期,诸多言说方式、表达方式空前丰富,很多表达方式已经初步具备文体学的意义,而后世的文体也多能从中寻其渊源。"说"体文就是其中重要的一种,同时因其与小说关系密切,受到学者关注特多,论者或从语源学的角度梳理其发生发展的过程,或剖析其文体特征,均有深入的议论。

但单纯的概念层面之外,先秦尤其是战国、两汉均有相对集中的"说"的材料,可在较为具体的层面揭示"说"体的内容、功能、体制等方面的特点,而这些材料尚缺乏系统、充分的梳理和利用。本文即希望立足于材料的系统运用,结合有关研究成果,对战国、两汉"说"体的变迁,其体制、功能的特点,及与后世小说的关联、区分等,作一阐述。

一、作为祭祀辞令的"说"

一般认为,先秦典籍中"说"字凡有三义:愉悦义、开解义、言说义。[①] 这为我们把握"说"义,提供了很好的参照,然而如果不深入具体的语言环境,则对"说"的理解恐仍难免流于空泛,更重要的是"说"的文体意义不能得到揭示,这就涉及"说"的不同文化形态和文化背景的具体的史的梳理。

先秦"说"体有两种表现形式,一是祭祀之辞令,一是战国策士之"说"辞。之所以做这样的划分,不只因为记载祭祀辞令的文献总体较后者为早,更重要的是因其文化形态上的不同。祭祀、祭祀仪式与文学艺术的关系,经由英国人

---

① 关于这方面的研究可以参见张茜茜、陈平《"说"字音义考》,《温州大学学报》(社会科学版)2007年第3期;王齐洲《说体文的产生及其对中国传统小说观念的影响》,收入氏著《稗官与才人——中国古代小说考论》,岳麓书社,2010年。

类学家 J.G.弗雷泽《金枝》、简·艾伦·哈里森《古代艺术与仪式》等的研究,已成为学界的共识,这一点也可在我国类似研究中得到佐证①。因此,在文化形态上,祭祀辞令较游士说辞为古老,在文学研究上,也更具发生学的意义。

系统表述诸祭祀辞令而涉及"说"之先秦文献,最重要者一为"六祈",一为"九能"。"六祈"见《周礼·春官·大宗伯》,为祭祀之辞无疑义,郑玄注六祈云:"类、造、禬、禜、攻、说,皆祭名也。"②孙诒让云:"'掌六祈以同鬼神示'者,谓内外常祭之外,别有此祈祷告祭之事,其别凡六也。"③因此,包括"说"在内的"六祈"即内外常祭祀外,特定情况下随机祈祷告祭的六种方式,与六祝、六辞、六号、九祭、九拜一样,"并祝官之官法也"。④所以这里着重论"九能",为了说明"九能"在祭祀意义与"六祈"的一致性,论述中即以不用"六祈"的材料为宜。

《毛诗·鄘风·定之方中》诗云:"升彼虚矣,以望楚矣。望楚与堂,景山与京。降观于桑。卜云其吉,终然允臧。"毛亨传云:"故建邦能命龟,田能施命,作器能铭,使能造命,升高能赋,师旅能誓,山川能说,丧纪能诔,祭祀能语,君子能此九者,可谓有德音,可以为大夫。"⑤此即"九能"说。孔颖达疏云:"《传》因引'建邦能命龟'证'建国必卜之',遂言'田能施命',以下本有成文,连引之耳。"⑥就是说,此段文字虽出自毛亨,但必有所本,乃是极为古老的行为和观念。

由"九能"出发,确可为下探后世文体提供有力的基础,已有学者进行了全面、深入的研究,足资启沃。⑦但笔者认为,对"九能"原意的考索,应特别注意"九能"与巫祝祭祀的关联,上引《定之方中》诗句,所述本来就是祭祀的场面,毛亨以祭祀之辞释之,正相契合。

"九能"中,"建邦能命龟"、"田能施命"、"师旅能誓"、"祭祀能语"祭祀之义至为显然。诔文至少西周中叶已经见于载籍,为丧葬礼仪上的应用文,需要在

---

① 参见黄惠焜《祭坛就是文坛——论原始宗教与原始文学的关系》,田兵、陈立浩编《中国少数民族神话论文集》,广西民族出版社,1984年。
② 《周礼正义》引,见孙诒让《周礼正义》(八),中华书局,1987年,第1986页。
③ 孙诒让《周礼正义》(八),第1987页。
④ 上引俱见孙诒让《周礼正义》(八),第1985页。
⑤ 郑玄笺、孔颖达正义、朱杰人整理《毛诗注疏》(上),上海古籍出版社,2013年,第271—272页。
⑥ 同上书,第273页。
⑦ 参见吴承学《"九能"综释》,《文学遗产》2016年第3期。

"祖庙之庭大奠将行时"宣读,是丧葬中的一项重要仪节。① "作器能铭",商周锲刻铭文的青铜钟鼎彝器本来就是祭祀的礼器,铭文歌赞先祖功业,祈福宗族后世,从内容到体制均近于《诗经》之颂、雅,很可能也是与"舞容"配合而行的表达方式。②

升高能赋,论者多引班固《汉书·艺文志》"登高能赋,可以为士大夫"以为训释,但这仍是汉儒后起之义。③ 按"高"非指高山,而是崇楼杰阁,《说文解字》云:"崇也。象台观高之形。从门口。"具体说,就是祭祀的明堂。"赋",孔颖达疏云:"能为诗赋其形状,铺陈其事势也。"此解仍嫌宽泛,"升高能赋"之"赋",如论者所言:"赋最初是为祭神而征敛'贡赋'之物,后来祭神时向神灵'铺陈'献祭之物的种类、多少及性质等,也称为赋。"④汉赋的铺陈物类就是对上古祭祀献辞铺陈祭物的承衍。顺便补充一下,《定之方中》之"虚",多见于《山海经》,"虚"(墟)即昆仑,不过此昆仑不是特定的某一座山,而是一座建筑,均指祭祀的明堂。⑤《山海经》究竟是何种祭祀之书,性质、功用如何,学界尚存争议,但自鲁迅《中国小说史略》拈揭"与巫术合,盖古之巫书也"⑥之义,其与祭祀的关联无可置疑。故所谓"升彼虚矣,以望楚矣",正可使我们比较具体地理解"升高能赋"之旨。

孔颖达以"随前事应机造其辞命以对"释"使能造命",代表了人们对"使能造命"的普遍看法,然所反映的实也是春秋后辞命的特点,而非其本义。邓国光《文章体统》一书已有驳论,认为:"就文献和出土铭文两方面,都说明周天子的'命'为定爵赐赍,二郑以诸侯之间的外交'辞令'为周天子大祝'六辞'的命,可说是附会之论。"⑦邓书所论颇有理据,但并不全面。"定爵赐赍"属朝会,而"使

---

① 参见董芬芬《春秋辞令文体研究》,上海古籍出版社,2012年,第127—128页。
② 参见[日]家井真著、陆越译《〈诗经〉原意研究》第一章"关于《雅》、《颂》",江苏人民出版社,2011年,第39—41页;系统论述参见过常宝《制礼作乐与西周文献的生成》第六章"宗族观念与彝器铭文",中国社会科学出版社,2015年。
③ 关于"登高能赋"的系统论述参见孔德明《"登高能赋"初义探迹》,《华中师范大学研究生报》2008年第15卷第2期。
④ 韩高年《赋之"序物"、"口诵"源于祭神考》,收入氏著《诗赋文体源流新探》,巴蜀书社,2007年,第133页。
⑤ 刘宗迪《失落的天书:〈山海经〉与古代华夏世界观》(增订版),商务印书馆,2016年,第493—498页。
⑥ 鲁迅《中国小说史略》,上海古籍出版社,1998年,第7—8页。
⑦ 邓国光《文章体统——中国文体学的正变与流别》(上)"文体溯源:《周礼》六辞"一节论述,上海古籍出版社,2013年,第27页。

能造命"应还包括交接诸侯的聘问之辞,这就是《周礼·大行人职》所说的"时聘以结诸侯之好"。而最重要的是,无论"定爵赐贽"还是"聘以结诸侯之好"之造命,均与一定的祭祀仪式联结在一起,郑众述大行人之职云:"琬圭无锋芒,故以治德结好。"①琬圭皆祭祀时的礼器。

至于"山川能说",《上海博物馆藏战国楚竹书》第二册有《鲁邦大旱》,载鲁哀公与孔子的对话:

> 鲁邦大旱,哀公胃孔子:"子不为我圖之?"……孔曰:"虘民智敚之事,视也,不智型与惠。女毋态珪璧币帛于山川……"②

黄德宽释"视"为"鬼"之异文,③"直接表明'说'就是从事于鬼神"④,"珪璧币帛"为"山川能说"之祭物。虽然春秋末期,如孔子等先进士人远鬼神而近于人事,但仍可见传统祭祀观念的影响。像许多先秦古书一样,《周礼》的成书情况也极为复杂,但学界基本认定其所载为西周为主的礼制,故"九能"与《周礼》"六祈"为年代相近的同一性质之辞令,所异者只在于《周礼》辞令多分述于各职官,而"九能"更具综论的色彩。"九能"之"说"即"六祈"之说。毛亨以"成文"而"连引"之,正因其皆属祭祀之辞,所反映的正是先秦极为严格的类属观念。清人刘宝楠《论语正义》在释孔门四科之"言语"时,引述"九能"云:"此九者,皆是辞命,亦皆是言语。"⑤真深透之论。此处"言语"是广义的言语,既指邦交"宾主相对之辞"(皇疏引范宁语),也指祭祀之辞;"辞令"则仅指祭祀之辞如"九能"者,刘宝楠释《论语》每能得其微旨。

同时需要指出,"九能"所述,其实是上古一种选官制度和标准,班固《汉书·艺文志·诗赋略》所谓"不歌而诵谓之赋。登高能赋,可以为大夫"即本此,概举一端以例其余。班固对登高能赋有正解,也有误解,误解在于他无喻于登高能赋祭祀方面的意义,故以《诗》之"六义"衡赋,且将赋的发展仅视为诗人之赋、词人之赋的更迭;正确的一面则在于他将登高能赋与选官联系起来,而此种

---

① 参见孙诒让《周礼正义》(六),第 1600 页。
② 马承源主编《上海博物馆藏战国楚竹书》(二),上海古籍出版社,2005 年,第 51—52 页。
③ 参见黄德宽《战国楚简书(二)释文补正》、陈伟《读〈鲁邦大旱〉札记》,《上海博物馆藏战国楚竹书研究续编》,上海书店出版社,第 116—117、439 页。
④ 陈伟等《楚地出土战国简册(十四种)》,经济科学出版社,2009 年,第 98 页。
⑤ 刘宝楠《论语正义》(下),中华书局,1990 年,第 442 页。

选官观念对于此后的选官制度实有深远的影响。战国的选官,如刘向《战国策序》所言"游说权谋之徒,见贵于俗"①,《韩非子·饰邪》以种种实例证"龟策鬼神不足举胜"②,可见其时对于祭祀的厌薄。故与选官相联系的系统的祭祀之辞的陈述,并不见于战国文献。刘师培认为:"毛公此说,必周秦以前古说。"③是最合情实的一种推断。

确定了"说"的祭祀性质后,接着讨论"说"之义界。学界讨论"说"之义界,主要集中在《周礼·春官·大祝》"六祈"之"说",争议的焦点则在"说"是否含攻责义。一种是传统的说法,释说为攻责,郑玄曰:"攻、说,则以词责之。"孙诒让承郑说,引《广雅·释诂》"说,论也"之义,释"说"云:"谓陈论其事以责之。"今人李零释"说"与之相近。④ 另一种以李学勤为代表。1987年出土于湖北省荆门市的包山楚简含11组卜筮简,各简前占辞与后占辞之间,均有"以其古(故)敚之"之语联结,李学勤在释"以其古(故)敚之"之"敚"时牵及六祈之"说",他以《尚书·金縢》载"周公所自以为代武王之说"为例,认为:"说是告神的祝词,只'陈论其事',没有责让的意思,郑玄把'说'和'攻'混为一谈,是不妥当的。"⑤

"说"作为一种祭祀仪式包括两部分,一为献祭,一为言说辞令,合此二者才能对"说"之义界有完整的理解。就献祭而言,郑玄认为祭"用币不用牲",但今人李家浩认为"不尽用币,而且也用牲",⑥不管是何种祭物,其目的都是悦神,因此说必有"悦"义。就言说辞令而言,"说"适用于旱灾、大水、日食之禳解,此三者之所以适用"说"辞,是因为三者均为以下犯上,以阴侵阳,如孙诒让引《春秋繁露》所言:"大水者,阴灭阳也。阴灭阳者,卑胜尊也。日食亦然。皆下犯上。以贱伤贵者,逆节也,故鸣鼓而攻之,朱丝而胁之,为其不义也。此亦《春秋》之不畏强御也。"⑦既是"逆节"、"不义",则以攻责释"说",是相当合理的。《晋书》载挚虞救日蚀之说云:"凡救日蚀者,著赤帻,以助阳也。日将蚀,天子素服避正殿,内外严警。太史登灵台,伺候日变,便伐鼓于门。……用周礼也。又

---

① 何建章注释《战国策注释》(下),中华书局,1990年,第1356页。
② 周勋初修订《韩非子校注》,凤凰出版社,2009年,第139页。
③ 刘师培《论文杂记》,陈引驰编校《刘师培中古文学论集》,中国社会科学出版社,1997年。
④ 朱晓雪编《包山楚简综述》,福建人民出版社,2013年,第513页。
⑤ 李学勤《周易溯源》,巴蜀书社,2006年,第269页。
⑥ 陈伟等《楚地出土战国简册(十四种)》,第98页。
⑦ 孙诒让《周礼正义》(八),第1990页。

以赤丝为绳以系社,祝史陈辞以责之。社,勾龙之神,天子之上公,故陈辞以责之。日复常,乃罢。"①这是典型的用《周礼》之制"伐鼓"以"助阳","陈辞以责之"的日蚀之祭。前引《鲁邦大旱》孔子在陈述了对以"说"事鬼的反对意见后,接着说:"女夫政(正)坓与惪,旨事上天,此是才。"就是说以"说"祭事山川之神,不如修刑德以悦上帝。② 这也表明山川之神并不是等级很高的神,一般而言,"说"也不是等级很高的祭祀。③ 这也是《周礼》中祭上帝、祭先祖先王用"类"、"造",而不用"说"的原因。因此,"说"有"愉悦"义,但其核心义界应是攻责。另外,李学勤所引"陈论其事"(孙诒让语)之"论"同样义含攻责,且是比"说"更为激烈的攻责。④

陈梦家《古文字中之商周祭祀》曾对商周祭祀做全面考察,虽其目的不在祭祀本身,而在于从一个重要的角度证成蒙文通、傅斯年的中国古史起源多元说,但确为我们全面了解上古祭祀提供了丰富史料。他在《殷虚卜辞综述》中不但论求雨之祭,而且涉及山川、四方等所有与祈雨有关之祭,令我们能够较为深刻地认识占卜时代"山川能说"之情状。⑤ 其释"兑",在征引两则甲骨卜文后云:"《说文》:'兑,说也。'案许书祝字下一曰祝从兑省,兑祝意同。《淮南子·泰族训》曰'雩兑而请雨',《周礼·大祝》六祈之六曰说。兑谓求雨时之祝告。甲文兑象兄口上有气,表上达诉辞。"⑥"上达诉辞"即含攻说义,颇符"说"之本义。

说为祭祀之辞,祭祀之辞乃修饰之词,贾谊《新书·容经》云:"文言有序,祭祀之言也。"⑦这也就是《易经·系辞》之"文言"。这些祭祀之辞剥落其占卜或

---

① 《晋书》,中华书局,1974年,第594页。
② 参见[日]谷中信一著、孙佩霞译《先秦秦汉思想史研究》,上海古籍出版社,2015年,第273—274页。
③ 唐玄宗曾下诏,规定风伯、雨师由小祀升为中祀(高明士《中国中古礼律综论》,商务印书馆,2017年,第360页),表明唐代祈雨之祀地位不高;而礼的修制有很强的延续性,唐代礼制亦有其深长的渊源。
④ 孙诒让引《广雅·释诂》"说,论也"后,论云:"谓陈论其事以责之,其礼尤杀也。"(《周礼正义》[八],第1990页)
⑤ 参见陈梦家《殷虚卜辞综述》第十七章"宗教"第二节"风雨诸神"、第六节"山川诸示"、第七节"求雨之祭"论述,中华书局,1988年。
⑥ 陈梦家《古文字中之商周祭祀》,原载《燕京学报》1936年第19期;收入《陈梦家学术论文集》,中华书局,2016年,第15页。
⑦ 参见查屏球《西周金文与"修辞立其诚"的原始意义》,王水照、朱刚编《中国古代文章学的成立与展开:中国古代文章学论集》,复旦大学出版社,2011年。

宗教的色彩,就逐渐演变成后世的文体。刘师培很早就注意到祭祀之辞与后世文体的关联,其《文章学史序》特别论及"六祈"之"说",认为这就是日后祀神告神以及各种祭文的始祖。① 刘氏留日期间接受了社会学、人类学的学说,故有此特见。现代人类学、语言学研究增进了我们于史前社会修饰性语言的了解,美国语言学家霍凯特在《现代语言学教程》中把这种语言称为"文学言辞",以区别于"日常说话",称"这些言辞就构成那个社会的文学"(着重号为原作者加),②而相当的"文学言辞"都与祭祀有关,这些"文学言辞"将演成未来的文体。春秋之前,完整的"说"辞存世极少,故于"说"之形式上的特征不能有确切的了解③,然而有关商周金文与《诗经》形式关联之研究④,及中国先秦卜辞语言形式的研究⑤,均提供了祭祀之辞向后世文体演进的案例,足资参证。当然,"九能"或"六祈"之"说"离开纯粹的史前文明的"文学语言"已远,但其与祭祀仪式的密切关联是一致的,故从语言学的角度而言,对祭祀辞令语言形式的研究仍然构成了文学发生学的重要基础。

二、从祭祀辞令到战国"说"体

作为祭祀"辞令"的"说",演至春秋末期暨战国乃发展成为具备一定文体意义的言说方式(但同时,祭祀之辞的"说"仍在民间或特定的祭祀活动中存在)。⑥ 所

---

① 参见刘师培《文章学史序》,陈引驰编校《刘师培中古文学论集》,第218页。
② 参见[美]霍凯特著,索振羽、叶蜚声译《现代语言学教程》,北京大学出版社,2003年,第590—592页。
③ 目前学者讨论"说",多用"汤祷桑林",但商汤尊为帝王,其说辞已经史官修饰,从《墨子·兼爱下》等所载的"说于上帝鬼神"之"词"实不易判断其语气,故不采录。"汤祷桑林"所反映的乃是极为原始的"暴巫"或"焚巫"之俗,祈雨之祭的地位或许经历了一个总体由高到较低变化的过程。
④ 早在王国维就已经注意到金文用韵与《诗经》用韵高度相合的情况(参《周代金石文韵读序》,《观堂集林》卷八,中华书局,1959年,第394—395页),后来研究者以此为基础,在更大的文献基础上,探讨《诗经》诗体之渊源流变(见陈致《从〈周颂〉与金文中成语的运用来看古歌诗之用韵及四言诗体的形成》,收入氏著《诗书礼乐中的传统——陈致自选集》,上海人民出版社,2012年)。
⑤ 参见[法]汪德迈《中国思想的两种理性:占卜与表意》第三章"从甲骨文到文言文",北京大学出版社,2017年;及《中国文化思想研究》第二节"依靠汉字文言考古学划分古代历史分期",中国大百科全书出版社,2016年;更全面深入的研究参见邓佩玲《〈雅〉〈颂〉与出土文献新证》,商务印书馆,2017年。
⑥ 陈桐生《传播与战国文学语言的进展》认为先秦"文学语言"有两个阶段最为重要,"一个是西周时期;另一个是春秋末年到战国时期"(《湖北大学学报》[哲学社会科学版]2011年第5期),此与本文所论"说"体的演变轨迹亦相一致。

异者在于前者"说"的对象是天地鬼神,后者则为诸侯君王;而在表达形式上仍有相当的一致性。

"说"的这种演变具有普遍性,傅斯年在诗经文稿的《论所谓"讽"》一节中,曾将战国时期"论"、"议"、"辩"等言说方式溯源自更早的比如春秋时期一种泛称为"风"(讽)的"诡辞",而这些诡辞与祭祀占卜当有相当的关系。① 形式上,游说之辞仍为修饰之词,是一种脱离了祭祀背景的"文言"。傅斯年举《史记·滑稽列传》淳于髡讽谏齐威王一段说辞,称:"此虽史公节录,非复全文,然尽是整语,又含韵词,其自《诗》体来,断然可见也。"② 实际上,《战国策》《史记》多有类似文字,其言整饬,意在讽谏,傅氏称:"到这时(战国),风已不是一种狭义的诗体,而是一种广义的诡辞了。"这种"风词"向上可溯源至春秋或者更为古远的一种称名为"风"的诡辞,向下则开启汉代辞赋,③真是卓见。

战国之"说",包含两个层面的意义,一是解"经"的说明性材料称为"说",二是由此说明性材料构成的完整的游说之词也称为"说"。战国末期游说辞令创为篇章写作,《战国策》中许多篇章如《苏秦说齐闵王章》《说张相国章》等均有明显的文体特征,实即《韩非子》"说难"之说。这两种形式同时存在于战国文献,后者发展为《文心雕龙·论说》所谓"论说"之体,前者则逐渐独立,而与后世"小说"发生密切关联,故本文所论即以解"经"的说明性材料为主,首先需要厘清两个基本问题。

其一,什么是"经"。有学者在论述传、记与说的区别时,认为传、记解说的对象是"经",而说"所解说的对象是'传'或诸子思想"。④ 这大体可以反映西汉的经典注释情况。但就先秦而言,"经"本是极宽泛的概念,如章太炎《国故论衡·原经篇》所云,《荀子》所引用的《道经》《管子》中"经言","韩非为《内储》《外

---

① 《山海经·大荒西经》载夏后开的"得《九辩》与《九歌》以下"。西晋郭璞云:"皆天帝乐名也。"又云:"《开筮》曰:'昔彼《九冥》,是与帝《辩》同宫之序,是谓《九歌》。'"清人郝懿行云:"《离骚》云:'启《九辩》与《九歌》。'"(所引皆见袁珂校注《山海经校注》,北京联合出版公司,2014年,第349页)而《山海经》如前引鲁迅所云,乃"古之巫书",则"辩"包括楚辞《九辩》可溯源至巫术祭祀之辞。至于论,如前所述,本即为更激烈之"说"辞。至于《山海经》与《楚辞》的共同之处,可参照蒙文通《略论〈山海经〉的写作年代及其产生地域》,《蒙文通全集》(二),巴蜀书社,2015年。
② 傅斯年《傅斯年古典文学论著》,上海书店出版社,2011年,第245页。
③ 参见傅斯年《傅斯年古典文学论著》第245—247页论述。
④ 徐建委《〈说苑〉研究——以战国秦汉之间的文献累积与学术史为中心》,北京大学出版社,2011年,第83页。

储》,亦揭署经名"。① 在更广泛的意义上,"经"就是大纲,《说文解字》释"经"云:"经,织也。从糸,巠声。"中国纺织业起源极早,纺织时,先在织机上确定经线,纬线才能依附经线布成纹理,②所谓"经成则纬立"。在这个意义上,"经"可引申为纲要性的重要言论,如《左传·昭公十五年》疏引《正义》云:"经者,纲纪之言也。"因此,除《六经》与所谓"周官之旧典"有关外,③先秦文献以"经"为题的篇目,大都是提纲挈领式的立论或观点,后加以简要的说明。这种情况一直延至西汉,如贾谊《新书》有《容经》篇,以"连语"的形式罗列"容经"、"视经"、"言经"等④,皆为提纲挈领式的立论或论断,而所谓"容经"、"言经"就是关于容止、言辞的纲领式的议论。

其二,"说"与"经"的逻辑关系。说是解经的一种方式,吕思勉言:"与经相辅而行者,大略有三:传、说、记是也。"又言:"传、说二者,实即一物。不过其出较先,久著竹帛者,则谓之传;其出较后,犹存口耳者,则谓之说耳。"⑤此论颇审而有未尽处,"传"与"说"之别,恐怕还不在所出之先后。古人书写不易,多赖口耳相传,因此"说"未见得较"传"后起,"传"反而可能是经典化之后的"说";更重要的是,此论没有完全揭示"说"在释"经"上的独特性,尤其是没有揭示"说"与"经"独特的逻辑关系,一则如论者所言,"'说'主要是针对文献片段或章节而言的,指的是那些能够独立成立的论说或叙述完整的故事单元——章"。相较于传记,"形式上,'说'与'经'是分开的",⑥换言之,"说"较之传记在内容和形式上有更大的独立性,也许就是这个原因使"说"发展成为一种独立的文体,然亦因于此,其流传不如依托经典较为紧密的传记而致多所湮没。二则相较于传、记,"说"重在释"经"之所以成立的原由。《墨子》"经上"、"经下"、"大取"、"小

---

① 相关论述参见庞俊、郭诚以疏证《国故论衡疏证》相关论述,中华书局,2008年,第276—277页。
② 参见赵翰生《中国古代纺织与印染》,商务印书馆,2007年,第136—148页。
③ 参见叶瑛校注、章学诚著《文史通义·校雠通义·原道第一》:"六艺非孔氏之书,乃《周官》之旧典也。《易》掌太卜,《书》藏外史,《礼》在宗伯,《乐》隶司乐,《诗》领于太师,《春秋》存乎国史。"(上海古籍出版社,1985年,第951页)
④ 如"容经":"容有四起:朝廷之容,师师然翼翼然整以敬;祭祀之容,遂遂然粥粥然敬以婉;军旅之容,溘然肃然固以猛;丧纪之容,怮然慑然若不还。"(阎振益、钟夏校注《新书校注》,中华书局,2000年,第227页)
⑤ 上引吕思勉语皆见吕思勉《先秦学术概论》,收入氏著《中国文化思想史九种》(下),上海古籍出版社,2009年,第507页。
⑥ 参见徐建委《〈说苑〉研究——以战国秦汉之间的文献累积与学术史为中心》,第70—71页。

取"篇广泛涉及论、辩、辞、说等多种表达方式及其规律、特点,其中《经上》《经下》篇都旁行附有《经说上》《经说下》;《经上》篇的一部分和《经下》篇的条目中,均以"说在"为标志以联结经、说,此种著述方式尤能表明"说"与"经"间的逻辑关系。孙中原指出:"《经下》七十四个条目有'说在'字样,用少量字把事物的原因和论断的根据、理由标出,然后在《经说下》加以展开。这是'说以出故'这种思维形式的杰出运用。"①就是说,"说"是用来阐明"经"所以成立的"原因和论断的根据、理由"(故)的。② 这种"说以出故"的完整的逻辑链,也就是前引包山楚简及望山楚简"以其古(故)敚之"③的逻辑关系,正透露出卜祀之辞与文体的内在关联。

释"经"之"故"的"说",集中见载于《韩非子》之《说林上》《说林下》《内储说上七术》《内储说下六微》《外储说左上》《外储说左下》《外储说右上》《外储说右下》《八说》,其中尤以《内储说》两篇形式上最为完备。

《储说》即集聚诸"说"以备游说君王之用,梁启超《要籍解题及其读法》言:"此六篇体裁颇奇:每篇首一段名为'经',标举所陈之义而证以实例,实例各以一句櫽括为目。其下则为传(但无传名),详述其所引实例之始末。"④所述《储说》体例结构颇为扼要,两相比较,《储说》六篇与《墨子》"经"、"说"的逻辑关系,可说完全相同。下面以《内储说下六微》篇为例具体说明⑤。

(一)首先概括该篇所涉及的观点,《内储说下六微》篇开宗明义即言:

> 六微:一曰权借在下,二曰利异外借,三曰托于似类,四曰利害有反,五曰参疑内争,六曰敌国废置。此六者,主之所察也。

---

① 孙中原《中国逻辑史(先秦)》,中国人民大学出版社,1987年,第243页。
② 需要特别强调的是,"经"与"说"之间存在一种类属的关系,"经"而辅以同"类"的"说",相类而从,助成其论,故《墨子·非攻下》云:"子未察吾言之类,未明其故者也。"这是后世"连珠"或者"连语"得以形成的逻辑基础,这是另外一个问题,可另论之。
③ 参见李学勤《周易溯源》第四章"战国秦汉竹简与《易》"所引卜辞,巴蜀书社,2006年,第265—266页。学者多将"以其古(故)敚之"之"故"释为"事","指卜辞中所显示的不顺、忧患或凶祟之事"(邴尚白语,见陈伟等《楚地出土战国简册十四种》,第98页),此为正解,但更恰切地当释为"原因",这样就可以较为明确地揭示占卜行为的目的及所占之事与占卜行为本身的逻辑关系。
④ 梁启超《要籍解题及其读法》,岳麓书社,2010年,第52页。
⑤ 对《储说》结构的分析,可参见过常宝《先秦散文研究——早期文体及话语方式的生成》相关论述,人民出版社,2009年,第390—393页。本文的分析则侧重于"经"、"说"间的逻辑关系。

这部分内容仅见于《内储说上七术》《内储说下六微》,是"七术"、"六微"篇中"经"的部分的总括性的述论。这也就是梁启超所说的列为"每篇首一段",用以"标举所陈之义"的"经"。

(二) 分别对"六微"中的各个观点,作具体的阐述,就是所谓"经",即梁氏所说"各以一句橐括"实例之"目"。如关于"权借在下",韩非子即在"经一权借"中言:

> 权势不可以借人,上失其一,臣以为百。故臣得借则力多,力多则内外为用,内外为用则人主壅。其说在老聃之言失鱼也。是以人主久语而左右鬻怀刷,其患在胥僮之谏厉公,与州侯之一言,而燕人浴矢也。

这部分其实分为两个层面,一是对"经一权借"本身的阐述,即"权势不可以借人……内外为用则人主壅"的内容。二是在观点阐述之后,融入史实、故事、传说以为引证。在观点(经)与所引证的史实、故事、寓言等之间一般有"其说在"(有时用"故"或"是以"①)的表达,以表明其间所存在的推演关系。这些内容严格说来不属于"经",但它一方面说明了"说"对于"经"的支持关系,并具体地指出该"经"所对应的诸"说";另一方面也可以看到各条"说"之间内部的逻辑关系,比如"其说在老聃之言失鱼也。是以人主久语而左右鬻怀刷"云云,就可清楚显示出"老聃之言失鱼"与"是以"之后诸"说"的因果关系,然而内容上它们总体都仍然属于"说"。

(三) 分别罗列诸说。如在"说一"的部分分别对"经一权借"中所涉及的九条史实、传说及一条异闻,做完整的罗列。这也就是梁氏所说"详述其所引实例之始末"的部分,梁氏因其解"经",按照习惯称之为"传",但其实是"说"。

《内储说下六微》其余"经二利异"、"经三似类"、"经四有反"、"经五参疑"、"经六废置"部分与"说二"、"说三"、"说四"、"说五"、"说六"亦分别对应,其体例与"经一权借"部分完全相同,其间立论与论据、材料之间的对应、配合关系也完全相同。因此,《内储说下六微》"经"的部分在"经六废置"之后有"庙攻",学者

---

① 如"经六废置":"敌之所务在淫察而就靡,人主不察则敌废置矣。故文王资费仲,而秦王患楚使,黎且去仲尼,而干象沮甘茂。是以子胥宣言而子常用,内美人而虞、虢亡,佯遗书而苌宏死,用鸡猳而郐桀尽。"(陈奇猷校注《韩非子集释》,上海人民出版社,1974年,第575页)

认为其不在"六微"之中,是有充分依据的①。《韩非子》中《内储说上七术》中"经"之后没有"说一"、"说二"等的条目,但是"经"与"说"相对应论证的关系是一样的。《外储说左》上下、《外储说右》上下等篇与《内储说下六微》在体例和论证方式上也大致相同,区别在于它们不像《内储说上七术》《内储说下六微》那样开宗明义地提出"七术"、"六微"提纲挈领以统摄全文。其原因或在于,相较而言,韩非于前两者进行了更加全面、成熟的思考,而更接近于成文。从文章写作的角度看,《储说》诸篇都属于文章写作的草稿阶段,从中我们约略可以看到先秦文章写作从材料分类排比,到缀合成文的过程,值得关注。

至于《说林上》《说林下》所收零散的史实、故事,则是更粗糙的原始的"说"的资料汇编,假如有统一的观点(即"经")加以贯穿连缀,其体例与上述各篇实亦相一致,《八说》及《内储说下》"六微"中的"说一"、"说二"等,就是如此。

以《韩非子》所载诸"说"为代表,其"说"多是以故事性的方式,起到"说以出故"的作用,这是作为前面提到的解"经"的说明性材料之"说"的又一个重要特点。这一点论者已多,②本文所强调的是其材料来源和"说"中所存的"异闻"异辞两个方面,因为此两者最可见出战国之"说"与汉代"小说"的关联。

《韩非子》中的"说"采择范围可谓极广,有的采自史书,如《内储说下六微》"说五·晋献公之时"条即见于《春秋》鲁僖公五年春事,③"卫州吁重于卫"条、"楚成王以商臣为太子"条等见于《左传》;④有的采自诸子之书,如《外储说左上》"说一"之"墨子为木鸢"条见于《墨子·鲁问》;⑤其余见于《晏子春秋》及与

---

① 卢文弨云:"此承上'参疑'、'废置'为言,故不在六微中。"王先慎案:"'经'既明言六微,则不应有'七'字,此接上文而来,故不应另标'庙攻'二字。"王先慎《韩非子集解》,中华书局,1998年,第 22 页,"庙攻"条注释。

② 参见廖群《中国古代小说发生研究》,山东教育出版社,2016年,第 46—48 页。其论《说林》《储说》"说"为故事颇为详切,但是有两点需要注意,第一,《说林》《储说》确有很大的"故事性",但作者在论证时所用的标准仍有现代"小说"痕迹,这并不完全符合古小说的实际情况;第二,"说"本身固然以故事性为主,但"说"仍包含有其他内容,如《管子》《墨子》中的"说"就不能释为"故事"。

③ 见陈奇猷《韩非子集释·内储说下》,上海人民出版社,1974年,第 598 页案语。《内储说上·七术第三十一》载:"鲁哀公问于仲尼曰:'《春秋》之记曰:冬十二月霣霜不杀菽,何为记此?'仲尼对曰:'此言可以杀而不杀也。夫宜杀而不杀,桃李冬实。天失道,草木犹犯干之,而况于人君乎?'"即与《春秋》鲁僖公二十三年经注相吻合,参见《韩非子集释》,第 540 页案语。

④ "卫州吁重于卫"见于《韩非子集释·内储说下》,第 599 页案语,"楚成王以商臣为太子"见于《韩非子集释·内储说下》,第 600 页案语。

⑤ 见《韩非子集释·外储说左上》,第 625 页案语。

《吕氏春秋》等重见错出者不胜枚举,而韩非所借鉴的很多典籍尤其是古史之书已经失传。① 至于《韩非子》诸"说"所含之"异闻",②《内储说上七术》收集诸"说"35条,"异闻"4条;《内储说下六微》诸"说"47条,"异闻"4条;《外储储说左上》诸"说"55条,"异闻"6条;《外储储说左下》诸"说"36条,"异闻"6条;《外储说右上》诸"说"23条,"异闻"12条;《外储说右下》诸"说"16条,"异闻"14条。合《储说》六篇,共得诸"说"212条,"异闻"46条。

限于篇幅,我们无法一一爬梳上述异闻流播演变的情况,如此多的异闻当然不排除源于古史而传承中必有夺讹分化的情况,但同样也不能排除其中相当材料来自民间口传。民俗故事、传言虽则看似纷杂浩繁,但多是调换人物、地点等,以张冠李戴的方式,作各种传流变异,这也是类型研究普遍适用于民间文学的原因。③ 近人杨宽论古史传说讹变分化时说:"不特名辞之演变若此,即故事之演变,亦多以音转而横生异说。"又说:"不仅口说流传多歧误,亦有因古今字体变迁而传写错误,于是望文生训,穿凿附会而全失本意者。"④《韩非子》诸"说"仅从一些"异闻"的故事特点上,即保留了浓重的"口传文学"的痕迹,颇可与杨宽所说的情况相印证。如《内储说下六微》中的"说一"之"燕人无惑,故浴狗矢"条就出现了两种说法,这样的无稽之谈,当是传言中的异闻异说。再如鲁哀公问政和著名的"滥竽充数"的寓言,同样的故事,或为孔子或为晏子,或为齐宣王或为韩昭侯,民间传言的痕迹尤为明显。《韩非子》诸"说"很多故事后世续有流衍,《汉书·艺文志·诸子略》"小说家"录《师旷》六篇,《韩非子》多师旷故事,《内储说右上》载有齐景公问政于师旷事,《十过》《难一》虽无"说"之名,实亦说体,《十过》载师旷为晋平公奏乐事,研究者认为此即《师旷》佚文,⑤故在汉人观念中《师旷》乃"街谈巷语、道听涂说"之小说家言。《外储说下》有"使(夔)为

---

① 参见廖群《"说"、"传"、"语":先秦"说体"考索》,《文学遗产》2006年第6期。
② 关于这些"异闻",有韩非自作、刘向之校语、韩非后学所作、六朝人所作等诸多说法,近来的研究表明,仍以韩非自作为是(参见陈洪《警论:先秦诸子言说方式的转变——以〈韩非子·内外储说〉之异闻为例》,《南京师大学报》[社会科学版]2009年第3期)。
③ 参见[美]丁乃通编著、郑建威等译《中国民间故事类型索引·导言》,华中师范大学出版社,2008年。
④ 杨宽《中国上古史导论》,上海人民出版社,2016年,第28、31页。
⑤ 参见王齐洲《〈汉书·艺文志〉著录之小说家〈青史子〉〈师旷〉考辨》,载《中国文学研究》第八辑,中国文联出版社,2007年;收入氏著《稗官与才人——中国古代小说考论》。

乐正"之说,东汉应劭《风俗通义·正失》亦有此说且加驳正,而应劭也是以"俗说"视之的。① 这也从一个侧面证明了《韩非子》诸"说"尤其是异闻在材料来源上相当程度的民间性,从中颇可见出同一或相似的民间故事出入互见于经传子史的脉络和痕迹。梁启超言《内外储说》"所引实例,含有小说的性质较多"②,所论甚确。顾颉刚曾自述其研究旨趣:"我研究古史的愿望还有一个,是把神话与传说从古代的载记中,后世的小说诗歌戏剧以致道经善书中整理出来,使得二者互相衔接"③,"顺了传说的性质而去搜寻他们的演化的经历"而成为"一贯的记载"。④ 这个方法适合"说"尤其是"说"之"异闻"的研究,从中不只可见出中国民间口传的特点,而且可见出传统经史的特点;而后人仅以古史辨伪论顾颉刚,犹未达一间耳。

《韩非子》"储说"或"说林"体例结构和内容特征,亦见于《吕氏春秋》等,在战国、两汉文献中并非特异的孤例,至于有"经"、"说"之实而无其名之文献更不胜枚举。如《庄子·人间世》,其卷首没有明确提出其主旨,但也可说"人间世"就是本篇主旨,即所谓"经",郭象注"人间世"云:"与人群者,不得离人。然人间之变故,世世异宜,唯无心而不自用者,为能随变所适而不荷其累也。"构成《人间世》主体的,是形式上互相独立,但属于同一"类"属,因而可以共同形成论证的 7 则故事,以明"人皆知有用之用,而莫知无用之用也"⑤之旨。其中前 3 则分别为颜回将适卫、叶公子高将使齐而问于孔子,及颜阖将傅卫灵公太子问于蘧伯玉,以畅明"心斋"之旨。孔子、蘧伯玉备言说君之险,拟之于养虎⑥,其趋向或与韩非《说难》有别,但都是战国行人策士既要邀君处世又要全身避难两难处境中的产物。这些"庄周寓言"均近"小说",事实上后人也确以"小说家"言目之⑦,《韩非子》诸"说"多也具这样的特点,乃成为古小说的滥觞。

---

① 参见应劭撰、王利器校注《风俗通义校注》上,中华书局,2010 年,第 62 页。
② 梁启超《要籍解题及其读法》,第 52 页。
③ 原载《现代评论》第一卷第 10 期,1925 年 2 月 14 日,题《古史研究答李玄伯先生》;又载《古史辨》第 1 册;收入《顾颉刚古史论文集》卷一,中华书局,2011 年,第 314 页。
④ 原载《北京大学研究所国学门周刊》第十五、十六合期,1926 年 1 月 27 日;又载《古史辨》第 1 册;收入《顾颉刚古史论文集》卷一,第 325 页。
⑤ 郭庆藩撰、王孝鱼点校《庄子集释》(上),中华书局,2004 年,第 131 页。
⑥ 同上书,第 176 页。
⑦ 朱谦之校辑《新论·本造》篇,中华书局,2009 年,第 1 页。

综合上述祭祀"说"辞及战国"说"体，我们可以对"说"之义界作如下梳理：第一，祭祀意义的"说"，有"悦"义，但主要义界为"攻责"；第二，战国时期，"说"由祭祀之辞转为行人策士游说之辞，既要开释君王，又惧"批逆鳞"之祸，"说"由攻责而转多解释、愉悦义。《吕氏春秋》有云："凡说者，兑之也，非说之也。今世之说者，多弗能兑，而反说之。夫弗能兑而反说，是拯溺而锤之以石也，是救病而饮之以堇也，使世益乱，不肖主重惑者，从此生矣。"①所谓"凡说者，兑之也"，即攻责义；所谓"今世之说者，多弗能兑，而反说之"，所反映的正是特定时代下"说"义的转变，而战国之世"愉悦"义在"说"之众义中就变得特别突出了。

揭示"说"的这种复杂义界的，以杨树达《积微居小学金石论丛·释说》最为准确。《说文解字》释"说"谓："释也，从言，兑声。一曰谈说。"此论多为后世遵信，杨树达谓："愚按谈说乃造文之始义，许以说释为正义，殆非也。"②他接着解释"谈说"："盖兑者锐也。……盖言之锐利者谓之说，古人所谓利口，今语所谓言辞犀利者也。……大抵谈说者，言之慷慨激昂者也，而论议则朴实说理者也。"③所以，他总结道："谈说者，说之始义也。由谈说引申为说释之说，又引申为悦怿之悦。许君以引申义为正义，失其次矣。"④是为精当之论。钱锺书《管锥编》第一篇即明"易以名而含三义"，以驳黑格尔"鄙薄吾国语文，以为不宜思辨"之论。⑤无独有偶，日本学者白川静也将中国汉字训诂中的一名多义称为"汉字体系的形成"和"汉字含义体系的变革"中的"辩证法"。⑥从这个角度讲，"说"的义界的变迁和多义性，也可以成为恰当的例证。而此种义界上的变化，纵的方面讲，如前所论，反映了"说"从祭祀辞令向游说说辞的转变；横的方面讲，"说"的多义性，及其不同环境、场合在义界上之有所偏重，则反映了"说"在情感、意向的表达，和"说"本身质性、功能的弹性或丰富性，从而为我们理解"说"的文体特征提供了重要而独特的视角。

---

① 许维遹《吕氏春秋集释》（下），中华书局，2009 年，第 617—619 页。
② 杨树达《积微居小学金石论丛》，商务印书馆，2011 年，第 73 页。
③ 同上书，第 73—74 页。
④ 同上书，第 74 页。
⑤ 钱锺书《管锥编》（一），生活·读书·新知三联书店，2007 年，第 4 页。
⑥ [日] 白川静《汉字百话》，中信出版社，2014 年，第 181 页。

三、"说"与"小说"及汉代的"小说"观

"说"至汉代一方面仍作为解经的一种方式,很大程度上仍承担"说以出故"的职能(当然已经有了很大的延伸和拓展),另一方面,也是更重要的,是出现了"小说家"之目,并以目录学的方式清晰反映出来。《汉书·艺文志》(以下简称《汉志》)录称"说"之书 33 种,其中六艺略 16 种,诸子略 13 种;15 家"小说家"中有 5 种称"说"①。这让我们思考"说"与"小说"的联系与区别,就是说,具备怎样特点的"说"可以称为"小说"? 汉人观念中"小说"与"说"及其他文献分野的界限和标准在哪里? 简言之,汉代"小说"之标准,核心在于两点:其一,材料来源上,为"街谈巷语、道听涂说者之所造";其二,体制形式上,为"短辞"或"短书"。其余的标准多是从这两点衍生,而相为表里。有关第二点,袁行霈等已有很好的研究②,此处着重论第一点。

《汉志·诸子略·小说家》云:"小说家者流,盖出于稗官。街谈巷语、道听涂说者之所造也。孔子曰:'虽小道,必有可观者焉。致远恐泥,是以君子弗为也。'然亦弗灭也。闾里小知者之所及,亦使缀而不忘。如或一言可采,此亦刍荛狂夫之议也。"③这段文字的核心,就是"街谈巷语、道听涂说者之所造","闾里小知者之所及"及"刍荛狂夫之议"也就是"街谈巷语、道听涂说"。正是缘于"小说家"的这个特点,《汉志》才将其牵附于稗官,稗官即采集、著录民间传言的文吏④,此与"街谈巷语、道听涂说"是一致的。这是一个为人常所引用,但未得到充分推求,因而在衡量古小说时也未得到充分贯彻的标准。

谈论《汉志》"小说家"的观念和标准,主要依赖两方面的材料,首先是《汉志》本身的材料,但由于《汉志》"小说家"材料极为有限,所以必须旁及其他的材料。

《汉志·诸子略》录"小说家"15 家,今皆不存,但清儒及鲁迅《中国小说史

---

① 分别为《伊尹说》《鬻子说》《黄帝说》《封禅方说》《虞初周说》。
② 参见袁行霈《〈汉书·艺文志〉小说家考辨》,收入氏著《清思录》,首都师范大学出版社,2009 年。
③ 顾实《汉书艺文志讲疏》,上海古籍出版社,2009 年,第 165 页。
④ 参见陈广宏《小说家出于稗官说新考》,原载《中国古籍与文化论丛》,收入氏著《文学史的文化叙事——中国文学演变论集》,复旦大学出版社,2012 年。

先秦"说"体与汉代的"小说"观念

略》等前后均有辑佚。这些佚文所反映的《汉志》文献分类的标准,为我们考察古小说观念打开了一扇窗口。典型的如《青史子》,《中国小说史略》辑得佚文 3 则①,一为胎教、二是巾车教、三为以鸡祀祭,《史略》颇疑"(《青史子》)遗文今存三事,皆言礼,亦不知当时何以入小说"②;同时"巾车教"一节文字与《大戴礼记》颇为相近,但何以属经之内容入于"小说家"呢?《史略》的这个疑问非常重要,它代表了现代人对于古小说观念的隔膜。实际上,《汉志》所录"小说家"本极宽泛,既有明确的"依托"之作,也有并非依托而是"考周事"(《周考》)或"古史官记事"(《青史子》)的古史书,还有一些学术书,如《宋子》(所谓"孙卿道《宋子》,其言黄老意")。"依托"之作容易理解,但古史记事与学术书为何也归入"小说家",这就不只是内容上的问题,而需要从其资料来源上推求。今人王齐洲对 15 家皆作考辨③,他将《汉志》小说归为几方面的特点,包括思想多源自道家黄老之学,内容多具解说性、传奇性、故事性,但更重要的是其材料来源于"街谈巷语、道听涂说"。按照这个标准和角度,《青史子》记礼事而入"小说家",如论者所言"当是史官对'庶人传语'或'士传语'的笔录,执笔者虽属史官,所记之事则来自'街谈巷语'"④,就解释得很周延。《宋子》等也是如此,"孙卿道《宋子》"见于《荀子·天论》,目的是辨正"世俗之为说"(详后),"世俗之为说"就是"街谈巷语、道听涂说之所造",故此结论对《汉志》小说家有普遍的意义。

如果从这个角度来衡量鲁迅《中国小说史略》,就会发现《史略》小说观念上的偏差,如《史略》论《师旷》遗文:"《逸周书·太子晋》篇记师旷见太子,聆声而知其不寿,太子亦自知'后三年当宾于帝所',其说颇似小说家。"论《百家》:"《说苑》今存,所记皆古人行事之迹,足为法戒者,执是以推《百家》佰刻,则殆为故事之无当于治道者矣。"⑤《史略》不解《青史子》佚文入于小说,与其以《师旷》《百家》"其说颇似小说家"或"殆为故事之无当于治道者"而当入小说,及将《说苑》

---

① 鲁迅《中国小说史略》,第 13—15 页。但据王齐洲考证,3 则佚文出自《青史子》者实际只有"古者胎教"和"以鸡祀祭"二则,《大戴礼记》"巾车教"一则并未说明引自《青史子》,且二者文意颇有不合,故是否即《青史子》佚文,尚存疑问(王齐洲《〈汉书·艺文志〉著录之小说家〈青史子〉〈师旷〉考辨》,《稗官与才人——中国古代小说考论》,第 18—19 页)。
② 鲁迅《中国小说史略》,第 14 页。
③ 参见王齐洲《稗官与才人——中国古代小说考论》,第 3—81 页。
④ 廖群《中国古代小说发生研究》,山东教育出版社,2016 年,第 62 页。
⑤ 鲁迅《中国小说史略》,第 15 页。

与《百家》等量齐观一样,其实都反映了一个问题,即《史略》是以小说的内容和形式特点,而不是以其材料来源为标准来界定小说的,易言之,其实仍是以现代小说观念而绳古小说。

需要旁及参证的材料也分为两类,一是以刘向亲自编撰的《说苑》为中心的一类文献,二是应劭《风俗通义》等在小说观念和标准上延续了向、歆父子及《汉志》的一类文献。与《汉志》"小说家"分类标准和小说观念有直接关系的是刘向《说苑》。刘向《说苑叙录》云:

> 所校中书说苑杂事,及臣向书,民间书,诬校雠。其事类众多,章句相溷,或上下谬乱,难分别次序。除去与《新序》复重者,其余者浅薄不中义理,别集以为百家后,令以类相从,一一条别篇目,更以造新事,十万言以上,凡二十篇,七百八十四章,号曰《新苑》,皆可观。臣向昧死。

这段文字很重要,其中透露的是刘向文献分类的方式和标准,由于涉及"小说家"的部分,因而也反映出刘向"小说"的标准和观念,一定程度上可弥补《汉志》"小说家"文献不足征之缺欠。

这段文字断句和解读都有很大歧义,相较而言,徐复观《西汉思想史》更为合理,故本文多有参用。① 据刘向叙录,其一,刘向所要整理的材料共有三类,一是中秘书"说苑杂事",二是刘向自己所藏书,三是民间书。1977 年安徽阜阳汉墓一号出土被有关研究者称为"说类杂事"的"说"类残简,残简内容极多与《孔子家语》《说苑》相同或相近者,故学者推断整理《孔子家语》所用的与《说苑》或为同一批材料。② 综合这些文献,刘向所整理的实为以"说苑杂事"这样的性质上属"说"的材料为核心的一批文献,而民间书一般来说也多具"说"的性质和特点。③ 其二,刘向整理这些文献分为三个步骤:1. 由于"先已从这些材料中,撰为《新序》一书",所以整理的第一步就是"除去与《新序》复重者";2. 将"浅薄不中义理"者,编为《百家》,学者疑《说苑叙录》所称"百家"即《汉志》"小说家"著录之《百家》,其说可信;3. 把《新序》已采用过的及"浅薄不中义理"而编入《百

---

① 参见徐复观《两汉思想史》,九州出版社,2014 年,第 60—62 页。
② 参见邬可晶《〈孔子家语〉成书考》第二章第二节相关论述,中西书局,2015 年,第 69—91 页。
③ 对于《说苑杂事》之名究竟是原署还是刘向所加,学界稍有歧见,徐复观持后论(徐复观《两汉思想史》,第 61 页),徐建委等持前论,但该问题与本文论旨无关,故不涉及。

家》者去掉，剩下的材料（余者）以类相从，再加上所造之"新事"（即汉代的材料），勒为十万言以上，编为《新苑》，即《汉志》著录为《说苑》者。

下面关键是理解何为"浅薄不中义理"，解释清这一点，刘向文献分类标准就面目清晰了。所谓"浅薄不中义理"，在两汉之际的文献中不只是内容上的概念，也是文献来源上的概念，两者密不可分。这需要结合其他文献综合考察，最恰当也最重要的是桓谭《新论》，桓谭与刘歆、扬雄为旧交，熟悉刘歆学术，"数从刘歆、扬雄辨析疑异"。①《新论》对"小说家"的议论颇可与《汉志》相发明，《新论》卷五云：

> 东方朔短辞薄语，以为信验，人皆以为大智，后贤莫之及。谭曰："鄙人有以狐为狸，以瑟为箜篌，此非徒不知狐与瑟，又不知狸与箜篌。"乃非但言朔，亦不知后贤也。②

"薄语"就是"浅薄不中义理"之语。"短辞"就是"短书"，古时书于简牍，按照古代的书册制度，长简用于比较重要的典籍，短简则用于比较不重要的文书。③桓谭《新论·本造》云："若其小说家，合丛残小语，近取譬喻，以作短书。治身治家，有可观之辞。"④"小说家"之言，在形制上是短书，在内容上是"丛残小语"，合而言之就是"短辞薄语"，同为"浅薄不中义理"之语。桓谭与刘向及《汉志》的"小说家"观完全一致，"治身治家，有可观之辞"，即班固所引孔子语"虽小道，必有可观者焉"，即班固所云"闾里小知者之所及，亦使缀而不忘"，"如或一言可采"。故所谓"浅薄不中义理"之语，在材料来源上，就是"街谈巷语、道听涂说之所造"的小说家言。另外，《管子》有"短语"18篇（实存17篇），"短语"就是"短辞"或"短书"。学界一般倾向于认为《管子》"短语"等类目为刘向所加⑤，则"短语"一词也出自刘向而为班固、桓谭所本，正见出一脉相承的关系。

与"浅薄不中义理"之语相关，牵连而及的另一个问题是刘向诸人对东方朔等的评价。《汉书·东方朔传》载刘向评东方朔语云："少时数问长老贤人通于

---

① 参见钟肇鹏、周桂钿《桓谭、王充评传》，南京大学出版社，1993年，第12—13页。
② 朱谦之校辑《新论》，中华书局，2009年，第18页。
③ 钱存训《书于竹帛——中国古代的文字记录》，上海书店出版社，2006年，第74页。
④ 朱谦之校辑《新论》，第1页。
⑤ 参巩曰国《〈管子〉版本研究》，齐鲁书社，2016年，第9—11页。

事及朔时者,皆曰朔口谐倡辩,不能持论,喜为庸人诵说,故令后世多传闻者。"①与前引桓谭评语同一揆旨。"不能持论"即"浅薄不中义理","诵说"之"说"当属"小说家"言。刘向的这段话也见于应劭《风俗通义·正失》,应劭同时征引了扬雄诋东方朔语,表达了对于行于"僮儿牧竖"之"众"的东方朔之流的轻屑。② 不同于司马相如等,东方朔出身民间,其所习之廋词隐语本有极强的民间性③,属"小说家"言。《汉书》列传的赋家中,吾丘寿王、枚皋也有很强的民间性,也同样是"不通经术,诙笑类俳倡,为赋颂,好嫚戏,比东方朔、郭舍人等"而"不根持论"④,《汉志》"小说家"所著录多有"待诏臣饶"、"待诏臣安成"、"方士侍郎号黄车使者"之作,向、歆父子视此"小说家"流犹之乎其视东方朔。这其实是从一个重要的方面反映了向、歆父子"小说家"的标准和观念,是研究汉代文学应特别留意者。

下面讨论《百家》的情况。⑤《百家》已佚,但从其佚文的情况看,《艺文类聚》卷七四引《风俗通义》,提到《百家书》"门户铺首"⑥,《太平御览》卷九三五引《风俗通义》,提到《百家书》"城门失火殃及池鱼"⑦,《青史子》的另一则"以鸡祀祭"也见引于《风俗通义》,而《风俗通义》本是收"俗说"或"闾阎小论"予以辨正之书,这正可以说明《百家》"街谈巷语、道听涂说之所造"的性质。相较而言,《新序》的材料源于《左传》《公羊传》《穀梁传》《晏子》《庄子》《荀子》《韩非子》《吕氏春秋》《韩诗外传》《国语》《战国策》《史记》等,均是经传子史之书,⑧汉代以"新"命名之书如陆贾《新书》等均极庄重⑨,《新序》取材正称其名。另一个可资对比的材料是《汉志·诸子略·道家》所录刘向《老子说》四篇,班固云:"今《说

---

① 班固《汉书》卷六五,中华书局,1974年,第2873页。
② 引文参见王利器《风俗通义校注》中《正失》篇"东方朔"条,第110—111页。
③ 参见伏俊琏《俗赋研究》"成相杂辞与早期歌诀体俗赋"部分第五节《隐语与歌谣体杂赋》相关论述,中华书局,2008年。
④ 分别参见《汉书》卷五一《贾邹枚路传》,中华书局,1977年,第2366页;《汉书》卷六四上《严朱吾丘主父徐严终王贾传》,第2775页。
⑤ 有论者认为《百家》非刘向编(王齐洲《〈汉书·艺文志〉著录之小说家〈封禅方说〉等四家考辨》,原载《兰州大学学报》[社会科学版]2007年第5期,收入《稗官与才人——中国古代小说考论》),但此当出于对《说苑叙录》理解上的偏差,本文仍依常论,认为《百家》为刘向所编。
⑥ 欧阳询《艺文类聚》,中华书局,1965年,第1269页。
⑦ 李昉等《太平御览》,中华书局,1985年,第4153页。
⑧ 相关论述参见石光瑛校释、陈新整理《新序校释·整理说明》,中华书局,2009年。
⑨ 参见廖伯源《说新——兼论年号之起源》,收入氏著《秦汉史论丛》(增订本),中华书局,2008年。

苑》《新序》有述老子语,当即其说。"则《老子说》之所以被录入道家,当即因其材料源于《说苑》《新序》,而反过来,若出于"街谈巷语、道听涂说"如《百家》者,恐怕也就被归入"小说家"之列了。

论述至此,可以将刘向的文献分类标准和方式描述如下:材料来源最为纯正的归为《新序》;来源于"街谈巷语、道听涂说之所造"而"浅薄不中义理"者归入《百家》;其余归入《说苑》。这样的分类标准,这其实也就是《汉志》"小说家"的分类标准。

汉代尤其是汉武帝定儒家于一尊之后,出现了很多旨在"辨风正俗"的著作,如王充《论衡》感于世人"睹真是之传,与虚妄之书相违,则并谓短书不可信用",遂有《书虚》《变虚》辨正"世间传书",①于此可见时人对"短书"自觉的排斥,王充所辨正的"传书"也多含小说家言。另一部就是前面提到的应劭《风俗通义》。汉末"王室大坏,九州幅裂",应劭一方面有惩于汉代儒者、文士"繁富"之累,另一方面有惩于"俗间行语,众所共传,积非习贯,莫能原察"之弊,乃立意"通于流俗之过缪,而事该之于义理也",②汉代许多"小说"的材料却因此得以保存,《风俗通义》也就成为《汉志·小说家略》重要的类比材料。《风俗通义》辨风正俗的内容主要集中在《正失》篇,所正之"失"包括先秦"俗说"三种:"乐正后夔一足"见于《吕氏春秋·察传》;"丁氏家穿井得一人"分别见于《吕氏春秋·察传》《淮南子·览冥》《论衡·书虚》③;燕太子丹的传说见于载籍者更广④。需要强调的是,这些"俗说"都是以单则的故事流传,而不是系统的、弥合群言之论,若按桓谭的标准,这些"俗说"在形成时就是不能持论的"短辞"。先秦传言之外,《正失》所载更多的是淆乱经史尤其是《汉书》的民间传言。应劭统称之为"俗说"或"闾阎小论"⑤、世俗之"传"、"俗人所妄传"⑥,这和前所引及之"俗间行语"、"流俗",实即班固所谓"街谈巷语、道听涂说之所造"或"闾里小知者之所及"之言,故应劭所论虽无《汉志》"小说家"之名,而具"小说家"之实,其与《汉

---

① 王充著、张宗祥校注、郑绍昌标点《论衡校注》,上海古籍出版社,2010年,第79页。
② 参见应劭《风俗通义序》,见王利器《风俗通义校注》,第4页。
③ 可参见王利器《风俗通义校注》中《正失》篇"丁氏家穿井得一人"条注,第64页。
④ 相关论述参见程毅中《〈燕丹子〉校本前言》,收入《程毅中文存》,中华书局,2006年。
⑤ 王利器《风俗通义校注》,第92页。
⑥ 同上书,第99页。

志》在观念和思想倾向上是完全一致的,实质上共同反映了汉代所谓"小说家"的观念。故所谓"小说家",至少在汉代,其义界的侧重点尚不在于内容是否虚构或形式是否近于叙事,而在于其材料来源是否出于"街谈巷语、道听涂说之所造"。中国古典文献目录分类,"小说"号称驳杂难于类属,与其先天的特征有着密切的关系。

阐明汉代"小说家"的观念标准之后,还需补充两方面的问题,一是其渊源,二是其背景。中国古代任何王朝都重视移风易俗的作用,汉代且有风俗使之设,①但除了政治制度的因素外,向、歆父子及《汉志》"小说家"观念有其所依承的传统。如前所述,战国末期,诸"说"中包括大量民间口传的故事传说;更重要的是,其时学者已注意到这些口传故事的虚构性,并希望予以驳正。如《吕氏春秋·察传》所述"不可不察"之"言",凡"闻言"和"史记"两类,"闻言"即包括民间所"传"之言。② 最典型的则是《荀子·正论》,"此一篇皆论世俗之乖谬,荀卿以正论辨之"。③《正论》所辨"世俗之为说者"凡 8 种,多为"浅者之传,陋者之说"④的民间口传之论或口传故事。事实上,"如果从篇名目录角度分析判断,西汉时期流传的以'说'命名的文献",除个别几篇外,"在学术上大抵有两个上源:荀子和战国齐学",而荀子在齐学中心稷下"三为祭酒","则'说'的两个上源就联系了起来"。⑤《荀子》《吕氏春秋》这种辨正风俗的观念,产生于一个大一统王朝形成的前夕,此间消息,颇可寻味。荀子对汉代学术影响极大,楚元王刘交尝受《诗》于荀子门人浮丘伯,刘向为刘交四世孙,整理、校定荀子书 32 篇传世,《孙卿新书叙录》称荀子"天下贤人","惟孟轲、孙卿为能尊仲尼","其书比于记传,可以为法"⑥,于荀子推崇备至。刘向《别录》流为刘歆《七略》,班固取《七略》"删其要"而成《汉志》,向、歆父子于"说"之中析出"小说家"一类,是否即承自荀子《正论》虽难做定论,但其处在荀子《正论》递延下的逻辑脉络中,是可断言的。此后王充《论衡》、应劭《风俗通义》,虽则所处时代、所针对问题与荀

---

① 参见王利器《风俗通义校注叙例》,第 1 页。
② 见许维遹撰、梁运华整理《吕氏春秋集释》,中华书局,2009 年,第 619 页。
③ 王先谦撰,沈啸寰、王星贤点校《荀子集解》,中华书局,1988 年,第 321 页。
④ 同上书,第 336 页。
⑤ 徐建委《〈说苑〉研究——以战国秦汉之间的文献累积与学术史为中心》,第 79 页。
⑥ 刘向《孙卿新书叙录》,见《荀子集解》,第 557—559 页。

子、刘氏父子等已有很大不同,但其力图从正说、正史中析出"小说家"之言以正风正俗的思想倾向是一致的,而这两部书也由此保留了《汉志》之外最多和最重要的"小说"材料,使我们可以反过来对《汉志》"小说家"及整个汉代的小说观念有更为清晰的认识。

至于承自战国末期的"小说"观念,何以恰在两汉之交成熟,并以官方目录的方式规定下来,原因当然很复杂,但一个不可忽视的因素就是汉代一个新的"文人"阶层或群体的产生。这个"文人"阶层桓谭称之为"通才",《新论》卷九记载了他与刘歆的答语:

> 通才著书以百数,惟太史公为广大,余皆丛残小论,不能比之,子云所造《法言》《太玄经》也,《玄经》数百年外,其书必传,顾谭不及见也。①

这当然是桓谭的谦辞,他在《本造》篇中说:"余为《新论》,术辨古今,亦欲兴治也,何异《春秋》褒贬邪!……谭见刘向《新序》、陆贾《新语》,乃为《新论》。"故桓谭所称之"通才"就是足以成一家之言的司马迁、刘向父子、扬雄等。这个阶层或群体在王充《论衡》中被称为"通人"、"文人"或"超奇",王充师事班彪,最崇桓谭,本与"文人"阶层同其声气。汉武帝以降大量文士以"贤良文学"进入中央政治舞台,《汉书·严朱吾丘主父徐严终王贾传》这样记载这一史实:"是时,征伐四夷,开置边郡,军旅数发,内改制度,朝廷多事,娄举贤良文学之士。"②《论衡·别通》亦云:

> 自武帝以至今朝,数举贤良,令人射策甲乙之科。若董仲舒、唐子高、谷子云、丁伯玉,策既中实,文说美善,博览膏腴之所生也。使四者经徒能摘,笔徒能记疏,不见古今之书,安能建美善于圣王之庭乎?③

两者可以互参。与这些文学之士对应的机构就是主国家文书写作的尚书台及东观、兰台这样的史官机构和藏书机构,这些机构就成为后世翰林馆阁的滥觞。《论衡·别通》篇又云:

> 或曰:"通人之官,兰台令史,职校书定字,比夫太史、太祝,职在文书,

---

① 《新论》,第41页。
② 《汉书》卷六四上,中华书局,1977年,第2775页。
③ 《论衡校注》,第276—277页。

无典民之用,不可施设。是以兰台之史,班固、贾逵、杨终、傅毅之徒,名香文美,委积不绁,大用于世。"曰:此不继。周世通览之人,邹衍之徒,孙卿之辈,受时王之宠,尊显于世。董仲舒虽无鼎足之位,知在公卿之上。周监二代,汉监周、秦。然则兰台之官,国所监得失也。以心如丸卵,为体内藏;眸子如豆,为身光明。令史虽微,典国道藏,通人所由进,犹博士之官,儒生所由兴也。委积不绁,岂圣国微遇之哉,殆以书未定而职未毕也。①

因此,"通人之官"即"典国道藏"的"令史",与前面提到的汉武帝时藉贤良文学进身者同属"文学"之官。东汉"令史"地位上不及西汉尚书台位在枢机、娴于文书赋颂的一批文人,但王充以"心"、以"眸子"喻之,均给予极高评价。他将这些人上拟战国齐学的代表人物荀子、邹衍,亦是卓见,揭示了汉代文人阶层与战国齐学的深刻渊源。与这些新兴"文人"阶层相对待的,在早期向、歆父子及桓谭时期是"街谈巷语、道听涂说"者,这一点从前述刘向、桓谭、扬雄对东方朔等的诋诃中看得很清楚,桓谭所言的"短书"或"丛残小语"、"丛残小论"本来就是与司马迁、刘向等人对举而颇有轩轾;在王充时期文人阶层相对待的仍有"街谈巷语、道听涂说"者,同时更重要的是增加了"经生",《论衡·超奇》篇中,王充将天下士分为"儒生"、"通人"、"文人"、"超奇"四类:

> 故夫能说一经者为儒生,博览古今者为通人,采掇传书以上书奏记者为文人,能精思著文、连结篇章者为鸿儒。②

"通人"、"文人"、"超奇"总为一类,③其共性在"通",《别通》篇所阐明的正是这层意旨;其所区别者仅在于"文人"、"超奇"能文,所谓"上书奏记,或兴论立说,结连篇章者,文人、鸿儒也"。④ 王充最重"鸿儒","近世刘子政父子、杨子云、桓君山,其犹文、武、周公并出一时也",⑤几至无以复加,但在具体论述中,文人、鸿儒常并而论之。三者尤其是"文人"、"超奇",所对待者均为"儒生",即经生。

---

① 《论衡校注》,第277页。
② 同上书,第278—279页。
③ 《论衡》对通人等的界定,有时并不严格,比如《别通》中的"通人"就总指后面的"通人"、"文人"、"超奇"三类。
④ 《论衡校注》,第278页。
⑤ 同上。

"文人"或"超奇"(也包括"通人"),具备此前士人所未有的新的知识结构,这个知识结构概而言之包括:其一,"经艺传书";其二,"百家之言";其三,"古今之事";①其四,也是最重要的,是"博通"以上之学而"能用之","用之"的主要方面就是"衍传书之意,出膏腴之辞"以"著文"。② 向、歆父子就是这个新知识结构的重要起点,而在王充诸人看来,也是这个新知识结构的代表。当向、歆父子及班固以新的知识结构和观念进行文献整理分类时,"街谈巷语、道听涂说之所造"的文献的异质性就凸显出来,于是他们就将"街谈巷语、道听涂说之所造"之言从包括"说"在内的其他文献中离析出来,借用《庄子》中的"小说"概念,创造了"小说家"之目,③并牵连及"王官之学",以与"诸子略"其余诸家整齐一律,从而对后世"小说"观产生重大影响;其背后所折射的,乃是文人阶层或群体的兴起。进而言之,王充《论衡》所涉及的"文人"或"超奇"的知识结构,"经艺传书"近于经,"百家之言"近于子,"古今之事"近于史,"著文"近于集部。这种新的知识体系呈现出一些重要的特点,一是对"小说家"言的摒弃;二是对"古今之事"即史学的重视,这也就是桓谭《新论》"术辨古今,亦欲兴治"之义;三是对"著文"的特别强调,这里的"著文"已不限于《汉志·诗赋略》的范围,而更加入了"文书"和"精思著文、连结篇章"以"兴论立说"的内容,此与王充《论衡·别通》所谓汉代"以文书御天下"④的特点是相契合的。王充所论当然不是图书分类的范畴,但从知识社会学的角度,其作为一种代表性的知识认知观念、方式,仍可以说上承《七略》《汉志》之学,向下则成为后世四部分类的滥觞,这已属于另外一个非常重要的问题,文长不赘。

---

① 参《论衡·别通》论述,上海古籍出版社,2010年,第270—271页。
② 《论衡校注》,第278页。
③ 参见孟昭连《白话小说生成史》,南开大学出版社,2016年,第60—61页。
④ 《论衡校注》,第270页。

"文章缘起类"文献发微
——从宋人所见任昉《文章缘起》的校定入手

中山大学中文系　李晓红

"文章缘起"是北宋以来文献对梁任昉《文章始》一书的称谓。① 章如愚编《山堂先生群书考索》(下或简称《山堂考索》)②前集卷二一"文章门"③、陈元靓编《新编纂图增类群书类要事林广记》(下或简称《事林广记》)④后集卷七"辞章类"⑤内均收录该书,并以书题《文章缘起》为类目⑥,《山堂考索》甚至标为"文章缘起类",表现出将该书所代表的批评文献视为文章学中一个独特门类的

---

① 详参吴承学、李晓红《任昉〈文章缘起〉考论》,《文学遗产》2007年第4期。
② 《山堂考索》古代刻本题称《山堂先生群书考索》,今以明正德十六年(1521)建阳书林刘洪慎独斋刻本流传最广,中华书局1992年影印该本时封面简题为《山堂考索》;书目文献出版社1992年影印该本时封面简题为《群书考索》。
③ 笔者经目的《山堂先生群书考索》有《中华再造善本》影印北京大学图书馆藏元延祐七年(1320)圆沙书院刻本和中华书局1992年影印明正德十六年(1521)建阳书林刘洪慎独斋刻本,均设"文章门",内含卷二〇"赋"、"诗",卷二一"文章缘起"、"评文",卷二二"评诗"、"讲说"共6类。按今上海图书馆所藏宋淳祐序刊本《新刊山堂先生章宫讲考索》原分甲乙丙丁午己庚辛壬癸十集凡一百卷,"文章缘起"所在卷目虽不存,但李伟国据现存丁、己两集及甲集前之序和甲集目录,推知宋刊之一百卷约相当于元刊前集之全部(仅少元刊前集之三十八、三十九两卷)、后集之第五十三卷以下部分及续集之一半(详参李伟国《〈山堂考索〉的作者和版本》,《文献》1984年第4期),则见于元、明刊本前集的"文章门",应是宋本原有。
④ 中华书局1999年影印元后至元庚辰(1340)良月郑氏积诚堂刊《纂图增新群书类要事林广记》和日本元禄十二年(1699)翻刻元泰定二年刻本《新编群书类要事林广记》,封面简题为《事林广记》。
⑤ 陈元靓编《新编纂图增类群书类要事林广记》,元至顺(1330—1332)建安椿庄书院刻本,见《续修四库全书》第1218册,第354页。另外元至元庚辰(1340)良月郑氏积诚堂刊《纂图增新群书类要事林广记》亦于己集卷上"辞章类"下列"文章缘起"目收录该书。关于此书编纂与刊刻情况,参见胡道静《中国古代典籍十讲》"元至顺刊本《事林广记》解题",复旦大学出版社,2004年,第160—178页。
⑥ 如日本元禄十二年(1699)翻刻元泰定二年(1325)刻本《事林广记》丙集卷五"文章缘起"下收录任昉《文章缘起》全本。

意识。

下文拟从任昉《文章缘起》文本校定入手,对其所代表的批评文献类型之形成发展试做梳理,探讨其批评特色、基本构成及所呈现的中国古代文章体类谱系。

一、立类之基础:宋元刻本任昉《文章缘起》

"文章缘起类"标立之基础是梁任昉《文章缘起》。章如愚编《山堂先生群书考索》前集卷二一"文章门·文章缘起类"内收录的即是该书。

宋元以来任昉《文章缘起》的传本甚多,其中以《学海类编》所收明代陈懋仁注本(下或简称为"陈懋仁注本")和《四库全书》所收明陈懋仁注、清方熊补注本(下或简称为"方熊补注本")流传最广。今有《丛书集成初编》《文体序说三种》《历代文话》据《学海类编》所收陈懋仁注本点校刊行;[1]《中国历代美学文库》据《四库全书》本所收方熊补注本点校刊行。[2] 不过无论陈懋仁注本、方熊补注本还是四种现代点校本,均存在明显的错误,表现在其中任昉《文章缘起序》曰"凡八十四题",正文中"诏"、"玺文"两条混成一条。

按宋元以迄明张榘编、明嘉靖二十五年(1546)刻本《艺林十二卷》(下或简称"《艺林》本")所见存《文章缘起》,任昉《文章缘起序》均曰"凡八十五题",正文中"诏"、"玺文"均作两条,是两个文章题名。"诏"、"玺文"两条混成一条,乃后起传刻者误读《艺林》本所致。该本中"诏起秦时"在上行之末,"玺文秦始皇传国玺"在下行之始,"时"字与"玺"字相接。不明就里者可能连读成"诏起秦时玺文秦始皇传国玺",如明万历丁酉(1597)周履靖叙刊《夷门广牍》所收录《文章缘起》即是其例,版本图证如下:

---

[1] 见商务印书馆民国二十六年(1937)版《丛书集成初编》;台北大安出版社1998年版《文体序说三种》;复旦大学出版社2007年版王水照编《历代文话》第3册,均据《学海类编》本排印标点。繁体竖排。

[2] 见高等教育出版社2003年版叶朗主编《中国历代美学文库·魏晋南北朝卷下》,整理说明据《四库全书》本点校,有陈懋仁注和方熊补注;任昉原本以《汉魏六朝百三家集·任昉卷》和《邵武徐氏丛书》本对校。简体横排。

左:《艺林》本《文章缘起》书影；右:《夷门广牍》本《文章缘起》书影

左：日本元禄十二年(1699)翻刻元泰定二年(1325)刻本《事林广记》丙集卷五"文章缘起"目录书影；右：《夷门广牍》本《文章缘起》目录书影

"文章缘起类"文献发微　　　　　　　　　　　　　　　　　　　　　　　　　71

可见由于正文把"诏起秦时"、"玺文秦始皇传国玺"两条误读为"诏起秦时玺文秦始皇传国玺"一条,全书正文只能计得八十四条、八十四题,与任昉《文章缘起序》所言"八十五题"为不合,盖因此妄改序中"八十五题"为"八十四题"以求相合,版本图证如下:

左:《艺林》本《文章缘起序》书影;右:《夷门广牍》本《文章缘起序》书影

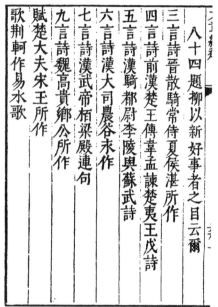

陈懋仁注本、方熊补注本均袭《夷门广牍》这种讹误,贻害至今。①

故有必要回归明以前刻本来认识任昉《文章缘起》。现存明以前任昉《文章

---

① 除上述四种现代点校本依陈懋仁、方熊沿袭《夷门广牍》本之讹误外,还有不少当代论著也沿袭《夷门广牍》本之讹。如章炳麟《国故论衡》中卷"文学·辨诗"中《文章缘起》所列八十五种"一句本不误。但庞俊、郭诚永却疏证曰:"'五'当作'四'。《文章缘起》,梁任昉撰。其序云'凡八十四题',今录目如下:三言诗、四言诗、五言诗、六言诗、七言诗、九言诗、赋、歌、离骚、诏、策文、表、让表、上书、书、尉贤良策、上疏、启、奏记、笺、谢恩、令、奏、驳、论、议、反骚、弹文、荐、教、封事、移书、铭、箴、封禅书、赞、颂、序、引、志录、记、碑、碣、诰、誓、露布、檄、明文、乐府、对问、传、上章、解嘲、训、辞、旨、劝进、喻难、诫、吊文、告、传赞、谒文、祈文、祝文、行状、哀策、哀颂、墓志、诔、悲文、祭文、哀词、挽词、七、离合诗、连珠、篇、歌诗、遗命、图、势、约。"(详见章太炎撰,庞俊、郭诚永疏证《国故论衡疏证》,中华书局,2008年,第417页)此疏证中录目同《夷门广牍》本,无"玺文",显然庞俊、郭诚永沿袭"玺文"条混入"诏"条之讹。又如佘汝丰《任昉文章缘起研究》(香港大学1985年硕士学位论文)和杨赛《任昉与南朝学风》(上海古籍出版社,2011年,第252、276、282页等)也均以任昉《文章缘起》著录文章名为八十四题。

缘起》文本主要存在于《山堂考索》《事林广记》两套类书中。

《山堂考索》编纂者为宋代章如愚,后经吕中增广。章如愚为宋宁宗时人,庆元丙辰(1196)登进士第。吕中,宋理宗时人,淳祐丁未(1247)廷对第六。《山堂考索》现存宋刻和元刻两个版本系统,宋本残缺甚多;元本经宋吕中增广,今有完帙本子传世。现可见元延祐七年(1320)圆沙书院刻本及明正德十六年(1521)建阳书林刘洪慎独斋刻本均经吕中增广。陆心源《仪顾堂续跋》以元圆沙书院本与明慎独斋本互勘,指出"明本颇有删削移易处。如卷五《中庸》《大学》,元本经下有注,明本存经删注。卷八《六经门》,卷三二《文章门》,明刊先后颠倒"。① 因此元延祐七年(1320)圆沙书院刻本《山堂考索》为目前可见最早善本,该本前集卷二一"文章门"下列"文章缘起类",收录任昉《文章缘起》,末有署"洪适题"的刻书跋语:交代该书即《隋书·经籍志》所载梁任昉《文章始》,洪适知徽州时从朝廷三馆中觅得,于郡中刻传。②

《事林广记》编纂者为陈元靓,其人尚编有《岁时广记》一书。胡道静《元至顺刊本〈事林广记〉解题》据《岁时广记》前有朱鉴(朱熹长子塾之子)序及刘纯引,推知陈元靓是宋宁宗、理宗时人,《事林广记》在宋绍定(1228—1234)以后成书。③ 该书善本公认是元至顺(1330—1332)建安椿庄书院刻本《新编纂图增类群书类要事林广记》(下或简称"元至顺《事林广记》本")。该本后集卷七"辞章类"收录《文章缘起》全本,末刻书跋语署"绍兴三十年四月二日鄱阳洪适识",比《山堂考索》跋语多了时间、籍贯信息,盖别有所本。④ 但该卷装订时出现页面窜乱,导致开篇任昉《文章缘起序》、"诗三言"到"笺"、"离合诗"到"洪适跋"部分内容置于"文章缘起"类目下;"谢恩"至"檄文"、"明文"到"七发"置于同卷内"声律类格"类目下。不仅如此,元至顺(1330—1332)西园精舍刻本《新编纂图增类群书类要事林广记》"后集卷七·辞章类"⑤,元至元庚辰(1340)良月郑氏积诚堂刊《纂图增新群书类要事林广记》己集卷上"辞章类"⑥,明弘治五年詹氏进德

---

① 《续修四库全书》本。
② 《山堂先生群书考索》,《中华再造善本》影印本。
③ 胡道静《中国古代典籍十讲》,第170页。
④ 《续修四库全书》本。
⑤ 日本国立公文书馆藏本。
⑥ 《事林广记》,中华书局,1999年,第147—148页。

精舍刊本《增新类聚事林广记》"续集·辞章类"①，均出现建安椿庄书院刻本那样的"文章缘起"、"声律类格"两部分内容页面窜乱现象，可断此乃元至顺以来《事林广记》刊本自身存在的状况。按《山堂考索》所见任昉《文章缘起》文本，建安椿庄书院本《事林广记》涉及任昉《文章缘起》的4个页面，在《续修四库全书》1218册影印本的正确顺序应是①354页上栏②355页下栏③355页上栏④354页下栏。②

值得指出的是，日本元禄十二年（1699）翻刻元泰定二年（1325）刻本《新编群书类要事林广记》（下或简称"翻刻元泰定本《事林广记》"）丙集卷五所见任昉《文章缘起》内容、条目无窜乱。该卷收录仅设"文章缘起"一目，无涉"声律类格"。③ 胡道静考曰：

> 这个本子各集、各卷的题名颇不一致，如甲集、戊集题《新编纂图增类群书类要事林广记》与至顺本同，丁集题《新编群书事林广记》，戊集有的卷子又题《重编群书类要事林广记》，又或题《新编分门图注事林广记》等。有些卷的书名下有"西颍陈元靓编"字样。这个本子是日本元禄十二年，当我国清康熙三十八年（1699），翻刻元泰定二年乙丑（1325）刻本。目录后有一方"泰定乙丑仲冬增补"的题记说："此书因印匠漏失版面，已致有误君子。今再命工修补外，新增添六十余面，以广其传。"癸集末叶题："元禄十二年姑洗日中野五郎左卫、门山冈市兵卫板行。"书前有贞享元年，当我国清康熙二十三年（1684）六月遯庵由的序，略称："余二十年前曾见此书之写本，字画漫漶而疑事最多矣。然无他本可考验之，实为可恨矣。顷或人加训点，命之印工，而印工请序于余。余就阅之，则图也，字也，旧时之讹者于是正焉，旧时之疑者于是辨焉，旧时之缺者于是补焉，不知从何处而得此善本乎。"这个本子以天干分为十集，全书共九十四卷。但中缝以每集为一卷，共分十卷。看来，十集、九十四卷是泰定原本的分法，十卷是日本元禄翻刻本的分法。
>
> 这个本子卷一，泰定原本为甲集卷九，正统门"大元圣朝"称："今上皇帝中统五年、至元万万年"知其底本为前至元（1264—1294）刻本。泰定乙

---

① 日本国立公文书馆藏本。
② 按仅调整页面次序，即可得到与《山堂考索》所见任昉《文章缘起》条目相合的《事林广记》本任昉《文章缘起》全本，故可断定《事林广记·辞章类》内"文章缘起"、"声律类格"两部分内容只是页面装订窜乱，刻板内容没有窜乱。
③ 《事林广记》，第332—333页。

丑增补时,对于纪元一项原封未动,并没有续至当前,有如至顺本、后至元本之所为。①

可知此"翻刻元泰定本《事林广记》"源头可溯至元代前至元(1264—1294)刻本,元泰定乙丑(二年,1325)再刻时"新增添六十余面"。"文章缘起"所在的丙集题为"重编群书类要事林广记",共五卷,其中卷一、卷三、卷四书名下有"西颖陈元靓编"字样。从丙集卷五仅有"文章缘起"而无"声律类格"来看,此卷或比元至顺(1330—1332)建安椿庄书院刻本《新编纂图增类群书类要事林广记》后集卷七"辞章类"更为早出。长泽规矩也曾指出"翻刻元泰定本《事林广记》""丁集卷十之《蒙古文字》(旧体)、庚集卷十之《至元驿语》等增补部分,作为元代的资料,颇具价值"②,《文章缘起》一书在丁集之前,有可能不属于元泰定乙丑再刻时"新增添六十余面"。换言之,"翻刻元泰定本《事林广记》"丙集卷五所录任昉《文章缘起》,不仅可能存元泰定二年传本旧观,还可能存元代前至元年间传本旧观。

出现"文章缘起"、"声律类格"页面装订窜乱的元至顺建安椿庄书院本《事林广记》,盖是在元泰定二年刻本《事林广记》"丙集卷五·文章缘起"基础上,增添"声律类格"内容后形成的样貌。由于《事林广记·辞章类》的装订窜乱流播深广③,今难遽断此是无意造成,还是特意制造并获认同了。但无论如何,日本元禄十二年(1699)翻刻元泰定二年(1325)刻《事林广记》丙集卷五"文章缘起",是《事林广记》系统《文章缘起》文本之较精善者。

归纳起来,要回归宋元刻本面貌研究任昉《文章缘起》,目前最值得利用的是如下三种版本:

(一)元延祐庚申(1320)圆沙书院刻《山堂先生群书考索前集六十六卷后集六十五卷续集五十六卷别集二十五卷》前集卷二一"文章门·文章缘起类"存录本(下文简称"《山堂考索》本"),本文引据《中华再造善本》影印本。

(二)元至顺(1330—1333)建安椿庄书院刻《新编纂图增类群书类要事林广记》后集卷七"辞章类·文章缘起"存录本(下文简称"元至顺《事林广记》

---

① 胡道静《中国古代典籍十讲》,第174—175页。
② [日]长泽规矩也编《和刻本类书集成》第一辑解题,上海古籍出版社,1990年,第3页。
③ 元至顺建安椿庄书院本、西园精舍刻本、元至元庚辰本、明弘治五年本《事林广记·辞章类》存在同样情况,明佚名《新刻天下四民便览三台万用正宗》(明万历二十七年刊本)亦有同样情况,说明该类书收录"文章缘起"、"声律类格"时所据文本同建安椿庄书院本《事林广记》等。

本")。本文引据上海古籍出版社2002年《续修四库全书》第1218册影印本。

（三）日本元禄十二年(1699)翻刻元泰定二年(1325)刻本《事林广记》丙集卷五"文章缘起"存录本(下文简称"翻刻元泰定《事林广记》本")。本文引据中华书局1999年《事林广记》影印本。

后两种版本属于《事林广记》系统。元至顺《事林广记》本是现可见《事林广记》最早版本，但如前所述，存在页面装订紊乱；翻刻元泰定《事林广记》本虽无页面装订紊乱，但毕竟是17世纪翻刻的，翻刻者是否做改动实难遽断。① 故三种版本又以时代最早、无页面装订紊乱问题的《山堂考索》本条件最佳。

不过从文字上看，两种《事林广记》本颇有优胜处。如书前任昉《文章缘起序》首句，两本均作"六经素有歌诗书诔箴铭"，《山堂考索》本作"六经素有歌诗诔箴铭"。按序中该句下列举"帝庸作歌"、"毛诗三百篇"、"叔向贻子产书"、"鲁哀公《孔子诔》"、"孔悝《鼎铭》"、"《虞人箴》"，与"六经素有歌诗书诔箴铭"一一对应，证明《山堂考索》本脱"书"字非是。

综上所述，下文试以《山堂考索》本为底本，两种《事林广记》本为参校本，整理校定宋元时人所见任昉《文章缘起》文本，为进一步研究"文章缘起类"文献之用。

二、任昉《文章缘起》校定本②

文 章 缘 起

梁太常卿任昉彦升集

《六经》素有歌、诗、书③、诔、箴、铭之类：《尚书》帝庸作歌、《毛诗》三百

---

① 按《山堂考索》前集卷二一"文章门·文章缘起类"全卷只收录任昉《文章缘起》一种文献，翻刻元泰定本《事林广记》丙集卷五"文章缘起"全卷也只收录任昉《文章缘起》一种文献，且其中"反骚"、"哀词"二题文字同《山堂考索》本而不同于元至顺《事林广记》本，难以排除"翻刻元泰定本《事林广记》"据《山堂考索》校改的可能性。

② 校定凡例：以元延祐七年(1320)圆沙书院刻《山堂考索》本为底本；元至顺(1330—1332)建安椿庄书院刻《事林广记》本、日本元禄十二年(1699)翻刻元泰定二年(1325)刻本《事林广记》为参校本。除将原繁体字转为规范简体字不作说明外，其他校改均以脚注形式出校说明。校语中并引两种参校本时，简称"两种《事林广记》本"。校语主要说明对底本的校改情况，斟酌记录参校本与底本皆通而表述有异的现象，参校本不通者不表。

③ "书"字底本原无，此据两种《事林广记》本及下文"《左传》叔向《诒子产书》"补。

篇、《左传》叔向《诒子产书》、鲁哀公《孔子诔》、孔悝《鼎铭》、《虞人箴》。① 此等自秦汉以来，圣君贤士沿著为文之始，故因暇录之，凡八十五题，抑以新好事者之目云耳。

三言诗，晋散骑常侍夏侯湛。

四言诗，前汉楚王傅韦孟谏楚夷王戊诗。

五言诗，汉骑都尉李陵与苏武。

六言诗，汉大司农谷永。

七言诗，汉武帝柏梁殿连句。

九言诗，魏高贵乡公。

赋，楚大夫宋玉。

歌，荆轲作易水歌。

离骚，楚三闾大夫②屈原。

诏，起秦时。③

玺文，秦始皇传国玺。

策文，汉武帝问三王策文。

表，淮南王安谏伐闽表。

让表，汉东平王苍上表让骠骑将军。

上书，秦丞相李斯上始皇书。

书，汉太史令司马迁报任少卿书。

对贤良策，汉太子家令晁错。

上疏，汉中大夫东方朔。

启，晋吏部郎山涛作选启。

奏记，汉江都相董仲舒诣公孙弘奏记。

笺，汉护军班固说东平王笺。

谢恩，汉丞相魏相诣公车谢恩。

令，汉淮南王有谢群公令。

---

① "尚书帝庸作歌毛诗三百篇左传叔向诒子产书鲁哀公孔子诔孔悝鼎铭虞人箴"底本为小字注，此据两种《事林广记》本提为大字正文。

② "三闾大夫"四字底本原无，此据两种《事林广记》本补。

③ 按两种《事林广记》本此条作"诏秦始有之"。

奏，汉枚乘奏书谏吴王濞。

驳，汉侍中吾丘寿王驳公孙弘"禁民不得挟弓弩议"。①

论，汉王褒四子讲德论。

议，汉韦玄成奏罢郡国庙议。

反骚，汉扬雄作。②

弹文，晋冀州刺史王深集杂弹文。

荐，后汉云阳令朱云荐伏湛。

教，汉京兆尹王尊出教告属县。

封事，汉魏相奏霍氏专权封事。

白事，汉孔融主簿作白事书。

移书，汉刘歆移书让太学博士论左氏春秋。

铭，秦始皇登会稽山刻石铭。

箴，汉扬雄九州五官箴。

封禅书，汉文园令司马相如。

赞，司马相如作荆轲赞。

颂，汉王褒圣主得贤臣颂。

序，汉沛郡太守③作和熹④邓后序。

引，琴操有箜篌引。

志录，扬雄作。

---

① "驳汉侍中吾丘寿王驳公孙弘禁民不得挟弓弩议"，底本原作"驳汉侍中吾丘寿王传公孙弘禁民不得驳弓弩议"。此据两种《事林广记》本改。按《汉书》卷六四上《吾丘寿王传》载："丞相公孙弘奏言：'民不得挟弓弩，十贼彍弩，百吏不敢前，盗贼不辄伏辜，免脱者众，害寡而利多，此盗贼所以蕃也。禁民不得挟弓弩，则盗贼执短兵，短兵接则众者胜。以众吏捕寡贼，其势必得。盗贼有害无利，则莫犯法，刑错之道也。臣愚以为禁民毋得挟弓弩便。'上下其议。寿王对曰：'臣闻古者作五兵，非以相害，以禁暴讨邪也。……今陛下昭明德，建太平，举俊材，兴学官，三公有司或由穷巷，起白屋，裂地而封，宇内日化，方外乡风，然而盗贼犹有者，郡国二千石之罪，非挟弓弩之过也。'"可见《文章缘起》此条言"驳"这种文章体类，缘起于汉侍中吾丘寿王的《驳公孙弘"禁民不得挟弓弩议"》一文。

② 按翻刻元泰定《事林广记》本同底本；元至顺《事林广记》本此条作"反文，汉扬雄作反文"。

③ "沛郡太守"下当有脱字。按《文章流别论》曰："史岑为《出师颂》《和熹后颂》，与鲁颂体意相类，而文辞之异古今之变也。"《文选》卷四七《出师颂》作者"史孝山"下李善注曰："范晔《后汉书》曰：王莽末，沛国史岑，字孝山，以文章显。《文章志》及《集林》《今书七志》并同，皆载岑《出师颂》，而《流别集》及《集林》又载岑《和熹邓后颂并序》。"盖所脱乃"史岑"二字欤。

④ "和熹"二字底本原无，此据两种《事林广记》本补。

记,扬雄作蜀记。
碑,汉惠帝四皓碑。
碣,晋潘尼作潘黄门碣。
诰,汉司隶从事冯衍作德诰①。
誓,汉蔡邕作艰誓。
露布,汉贾弘为马超伐曹操作。
檄,汉丞相祭酒陈琳作檄曹操文。
明文,汉太山太守应劭。
乐府,古诗。
对问,宋玉对楚王问。
传,东方朔作非有先生传。
上章,后汉孔融上章谢太中大夫。
解嘲,扬雄作。
训,汉丞相主簿繁钦祠其先主训。
辞,汉武帝秋风辞。
旨,后汉崔骃作达旨。
劝进,魏尚书令荀攸劝魏王进文。
喻难,汉司马相如喻巴蜀并难蜀父老文。
诫,后汉杜笃作女诫。
吊文,贾谊吊屈原文。
告,魏阮瑀为文帝作舒告。
传赞,汉刘歆作烈女传赞。
谒文,后汉别部司马张超谒孔子文。
祈文,后汉傅毅作高阙祈文。
祝文,董仲舒祝日蚀文。
行状,汉丞相仓曹傅朝幹作杨元伯行状。
哀策,汉乐安相李尤作和帝哀策。
哀颂,汉会稽东部尉张纮有陶侯哀颂。

---

① "德诰"二字底本原无,此据两种《事林广记》本补。

墓志，晋东阳太守殷仲文作从弟墓志。

诔，汉武帝公孙弘诔。

悲文，蔡邕作悲温舒文。

祭文，后汉车骑郎杜笃作祭延钟文。

哀词，汉班固梁氏哀词。①

挽词，魏光禄勋缪袭。

七发，汉枚乘作七发。

离合诗，孔融作四言离合诗。

连珠，扬雄作。

篇，汉司马相如作凡将篇。

歌诗，汉枚皋作丽人歌诗。

遗命，晋散骑常侍江统作。

图，汉河间相张衡②作玄图。

势，汉济北相崔瑗作草书势。

约，汉王褒僮约。

右《文章缘起》一卷，梁新安太守乐安任昉书也。按《隋经籍志》公《文章缘始》③一卷，有录无书。郡之为郡且千岁，守将不知几人，独公至今有名字，并城四十里，曰村、曰溪，皆以任著。旁有僧坊亦借公为重，则遗爱在人，盖与古循吏比。后公六百年而适④为州，尝欲会粹遗文，刻识木石，以慰邦人无穷之思，而不可得。三馆有集六卷，悉见萧氏、欧阳氏类书中，疑后人掇拾传著，于传亡益。独是书仅存。⑤世所传墓志皆汉人大隶，此云始于晋⑥日，盖丘中之刻，当其时未露见也。绍兴三十年四月二日鄱阳洪适识。⑦

---

① "梁氏哀词"，"翻刻元泰定《事林广记》本"同底本；"元至顺《事林广记》本"作"梁氏女哀词"。
② "张衡"，底本原作"张人"，此据两种《事林广记》本改。
③ "文章缘始"，两种《事林广记》本作"文章始"。按今本《隋书·经籍志》作"文章始"。
④ "适"，底本原作"造"，此据两种《事林广记》本及下文"洪适题"改。
⑤ 独是书仅存，两种《事林广记》本作"独是书仅存可藏去（弄）"。
⑥ "晋"，底本原作"厝"，此据两种《事林广记》本改。
⑦ "绍兴三十年四月二日鄱阳洪适识"，底本作"洪适题"，此据两种《事林广记》本改。

三、先唐文章学的文体纪原与
《文章缘起》的总集特质

上节据元刻本《山堂考索》和《事林广记》所录内容,校定出南宋绍兴三十年(1160)四月二日洪适(1117—1184)所刻任昉《文章缘起》全本。

清代四库馆臣曾指出此本内容与北宋王得臣《麈史》所说能一一相合,知其为北宋时已有之文本。① 由于《隋书·经籍志》载"梁有《文章始》一卷,任昉撰。……亡"。② 新旧《唐志》虽重现任昉撰《文章始》,但都注"张绩补"。③ 四库馆臣推断宋人所见的这本《文章缘起》是唐张绩补亡之作,非梁任昉原撰。对此吴承学、李晓红曾予辩驳,指出《隋志》称"亡"之书未必不存,只表明修志者未见;《旧唐志》的著录表明唐开元年间秘阁有"任昉撰、张绩补《文章始》",但宋代文献著录《文章缘起》时并不再提"张绩补",推测"张绩所补可能份量很少,也有可能张绩所补乃附于《文章始》之后,后人因其不重要而删去,仅保留《文章始》之旧";并指出:"自晋代以来,学术界有一种追溯事物创始的著述风气。晋崔豹著《古今注》三卷,原释事物创始之意。与任昉年代相仿的谢昊,著有《物始》十卷,晚于任昉的刘孝孙,著有《事始》三卷,任昉《文章始》与这些著述同出一辙,都反映出当时探讨万物始之风。从文体学的角度看,当时探讨文章渊源的也颇有人在,任昉探源的起始之点却与众不同……它所标举作品大致是六经之外、秦汉以来有明确的创作年代、创作者,有一定典范意义的独立完整的篇章。它体现出任昉关注重点是六经之后个体的文章创作,或者可以说,它创造性地以薄录的方式,简省地记录了脱离经学束缚之后走向比较独立与纯粹的文章学谱系。"④ 从今本《文章缘起》的文体纪原角度与时代学术风气之同异,论证此本出自任昉这一南朝文章大家的可能,倡导尊重此本乃任昉撰的传统说法。

这里想进一步指出的是,晋代以来学术界追溯事物创始的著述风气,表现

---

① 永瑢等《四库全书总目》卷一九五《文章缘起》提要,中华书局,1965年,第1780页。
② 魏征等《隋书》卷三五《经籍四》,中华书局,1973年,第1082页。
③ 刘昫等《旧唐书》,中华书局,1975年,第2034页。欧阳修、宋祁《新唐书》,中华书局,1975年,第1535页。
④ 详见吴承学、李晓红《任昉〈文章缘起〉考论》,《文学遗产》2007年第4期。

"文章缘起类"文献发微

到文章体类渊源的探讨上,存在两种学术路径:一是"总集"取径的文章学文体纪原,一是"杂家"取径的文体纪原。今本《文章缘起》属于"总集"取径的文章学文体纪原,而非"杂家"取径的文体纪原。

晋代以来"杂家"取径的文体纪原,可见之例如张华《博物志》卷六《文籍考》曰:"《谥法》《司马法》,周公所作。"①崔豹《古今注》卷中"音乐"追溯乐府歌题,如:"《别鹤操》,商陵牧子所作也。娶妻五年无子,父兄将为之改娶。妻闻之,中夜倚户而悲啸。牧子闻之,怆然而悲,乃歌曰:'将乖比翼隔天端,山川悠远路漫漫,揽衣不寝食忘飧。'后人因为乐章。"②皆是在"好观秘异图纬之部,捃采天下遗逸,自书契之始,考验神怪,及世间闾里所说"③、"意在释古今事物之名义,为多识之助,故为杂家者流"④时顺带涉及古今文籍之始作,本无专意于文章之体,纪原目的是为博物多识之助。

"总集"取径的文章学文体纪原,需建立在某类文体前后之作斐然成集的基础上,通过历观前后之作,把握传承关系,给定始作,强调始作的典范性。如挚虞(?—311)《文章流别论》曰:"《七发》造于枚乘,借吴、楚以为客主。先言'出舆入辇,蹙痿之损;深宫洞房,寒暑之疾;靡漫美色,宴安之毒;厚味暖服,淫曜之害。宜听世之君子要言妙道,以疏神导体,蠲淹滞之累'。既设此辞以显明去就之路,而后说以声色逸游之乐,其说不入,乃陈圣人辩士讲论之娱,而霍然疾瘳。此因膏粱之常疾,以为匡劝,虽有甚泰之辞,而不没其讽谕之义也。其流遂广,其义遂变,率有辞人淫丽之尤矣。崔骃既作《七依》,而假非有先生之言曰:'呜呼!杨雄有言:童子雕虫篆刻。俄而曰:壮夫不为也。孔子疾小言破道,斯文之族,岂不谓义不足而辩有余者乎?赋者将以讽,吾恐其不免于劝也。'傅子集古今'七'而论品之,署曰《七林》。"⑤此中挚虞关于"《七发》"文体的溯源,就建立在傅子(即傅玄)《七林》基础上。《七林》今不可见,但傅玄《七谟序》曰:

昔枚乘作《七发》,而属文之士,若傅毅、刘广世、崔骃、李尤、桓麟、崔琦、刘梁之徒,承其流而作之者纷焉:《七激》《七兴》《七依》《七疑》《七说》《七蠲》《七举》之篇。通儒大才,马季长、张平子亦引其源而广之,马作《七

---

① 唐子恒点校《博物志》卷六,凤凰出版社,2017年,第69页。
② 王根林校点《古今注》卷中,上海古籍出版社,2012年,第124页。
③ 余嘉锡《四库提要辨证》卷一八,中华书局,2007年第2版,第1154页。
④ 参见《四库提要辨证》卷一五,第861—862页。
⑤ 《艺文类聚》卷五七引挚虞《文章流别论》曰,上海古籍出版社1999年第2版,第1020—1021页。

> 厉》;张造《七辩》非张氏至思,比之《七激》未为劣也。《七释》佥妙焉,吾无间矣。若《七激》《七依》之卓铄一技,《七辩》之缠精巧,《七启》之奔逸壮丽,《七释》之情密闲理,亦近代之所希也。

表明当时存在枚乘《七发》到崔骃《七依》等众多前后具有传承关系的"七"体作品。《文章流别论》据之论七体流别,首先用大半篇幅谈《七发》自身的"匡劝"之辞、"讽谕之义",接着指出《七发》之后作"遂变"成"辞人淫丽之尤",最后特别引用《七依》之言强调"赋者将以讽",恐"七"文章继续走向"劝""淫丽"一途。显然其重心在始篇《七发》,目的在引导"七"体创作回归典范。

从现存文献看,至迟从汉代扬雄开始,即十分重视文章创作应当学习典范。班固《汉书》卷八七《扬雄传上》载:

> 先是时,蜀有司马相如,作赋甚弘丽温雅,雄心壮之,每作赋,常拟之以为式。又怪屈原文过相如,至不容,作《离骚》,自投江而死,悲其文,读之未尝不流涕也。以为君子得时则大行,不得时则龙蛇,遇不遇命也,何必湛身哉。乃作书,往往摭《离骚》文而反之,自岷山投诸江流以吊屈原,名曰《反离骚》。又旁《离骚》作重一篇,名曰《广骚》。又旁《惜诵》以下至《怀沙》一卷,名曰《畔牢愁》。

此中扬雄学习司马相如作赋,拟司马相如之赋"以为式";学习屈原《离骚》而作《反离骚》《广骚》,树立了摹拟为文的创作风气。①

班固《汉书·扬雄传》赞曰:"(扬雄)实好古而乐道,其意欲求文章成名于后世,以为经莫大于《易》,故作《太玄》;传莫大于《论语》,作《法言》;史篇莫善于《仓颉》,作《训纂》;箴莫善于《虞箴》,作《州箴》;赋莫深于《离骚》,反而广之;辞莫丽于相如,作四赋;皆斟酌其本,相与放(仿)依而驰骋云。"②总结表彰了扬雄"放依"六经和前代圣君贤士典范之篇开展个人写作的为文模式。此盖任昉《文章缘起序》"《六经》素有歌、诗、书、诔、箴、铭。《尚书》帝庸作歌、《毛诗》三百篇、《左传》叔向《诒子产书》、鲁哀公《孔子诔》、孔悝《鼎铭》、《虞人箴》之类是也。此等自秦汉以来,圣君贤士沿著为文之始"所本。

从班固、挚虞到任昉,文章家大抵推崇"放依"、"沿著"前代典范之篇开展个

---

① 颜师古注曰:"拟谓比象也。""旁,依也。"《汉书》卷八七《扬雄传》,中华书局,1962年,第3515页。
② 《汉书》卷八七《扬雄传》,第3583页。

人写作,认为这种创作是同圣君贤士相与驰骋。班固自己的文章,便有"拟"扬雄之作"以为式"者,如汉扬雄《连珠》曰:"臣闻明君取士,贵拔众之所遗,忠臣不荐,善废格而所排,是以岩穴无隐而侧陋章显也。"班固《拟连珠》曰:"臣闻公输爱其斧,故能妙其巧。明主贵其士,故能成其治。"可见班固对扬雄《连珠》的"放依"、"沿著"。王充《论衡·案书篇》曰:"文有伪真,无有故新。广陵陈子回、颜方,今尚书郎班固,兰台令[史]杨终、傅毅之徒,虽无篇章,赋颂记奏,文辞斐炳,赋象屈原、贾生,奏象唐林、谷永,并比以观好,其美一也。"①以文辞"象"前贤之作为美。由此可以理解挚虞《文章流别论》对《七发》后作"遂变"的批评。

《文章缘起》载:"七发,汉枚乘作《七发》。"虽只短短八个字,但按其《序》"录""自秦汉以来,圣君贤士沿著为文之始"衡之,则堪称最为扼要地体现出挚虞《文章流别论》关于"七发"文体源流的认识,首先作为文章体类之名的七发,是枚乘《七发》一文得到傅毅、马融等"放依"、"沿著"所形成。枚乘《七发》被定为始篇,重在该篇得到"圣君贤士"如傅毅、马融者之"沿著",是文体史上的典范;至于其是否最早用"七"名篇则非关紧要。

换言之,《文章缘起》所标立"文之始",是经"圣君贤士"认可、"沿著"的权威典范;而非《博物志》那种"观秘异图纬之部"、"及世间闾里所说"得来的秘异遗逸。《文章缘起》全书遍录八十五个文章体类之名,虽不无"新好事者之目耳"的博识,但更根本的落脚点是这些始篇开创了一个文体史。如"离骚,楚三闾大夫屈原",蕴含着屈原《离骚》经扬雄等圣君贤士沿著所形成的"骚"体源流史观;"连珠,扬雄作",蕴含着扬雄《连珠》经班固等圣君贤士沿着而形成的连珠体源流史观。故全书虽仅简约记录文章体类之名及其缘起时代、作者、篇名,却不乏挚虞《文章流别论》那样堪供"作者继轨,属辞之士以为覃奥而取则"②的总集属性。

回顾清代四库馆臣所提出的今本《文章缘起》殆张绩所补的问题,提要曰:

> 考《隋书·经籍志》载任昉《文章始》一卷,称有录无书。是其书在隋已亡。《唐书·艺文志》载任昉《文章始》一卷,注曰张绩补。……此本,其殆张绩所补,后人误以为昉本书欤?③

---

① 《论衡校释》卷二九,中华书局,1990年,第1174页。
② 《隋书》卷三五,第1089—1090页。
③ 《四库全书总目》卷一九五,第1780页。

核诸文献,《隋书·经籍志》载任昉《文章始》与《唐书·艺文志》载经"张绩补"任昉《文章始》实属两个部类：前者在《隋志》的分类中属于"总集"①；后者新旧《唐志》均列在"杂家"②。

如前所述具有文体纪原内容的《文章始》和《博物志》《古今注》,《隋志》都有著录：只有《文章始》列在"总集类"；张华《博物志》、崔豹《古今注》被置于"杂家类"③,连书名看起来近似《文章始》的谢昊④《物始》,也一样著录在"杂家类"⑤,说明无"张绩补"的《文章始》与《博物志》《古今注》《物始》判然有别。

然而新旧《唐志》却将经"张绩补"的任昉《文章始》移出"总集",与《古今注》《物始》并列入"杂家类",《旧唐书》卷四七《经籍志下·杂家》载：

《物始》十卷谢昊撰

《事始》三卷刘孝孙撰

《文章始》一卷任昉撰,张绩补

《续文章始》一卷,姚察撰⑥

《新唐书》卷五九《艺文志·杂家类》载：

崔豹《古今注》三卷

谢昊《物始》十卷

任昉《文章始》一卷张绩补

姚察《续文章始》一卷⑦

从《旧唐志》将"《物始》十卷谢昊撰。《事始》三卷刘孝孙撰"与任昉《文章始》列在一类⑧,《新唐志》将"《事始》三卷"移至"小说家类"、撰人改为"刘孝孙、房德懋"⑨来看,《新唐志》非盲目沿袭《旧唐志》,而是对此类追溯事物起始类著述有

---

① 《隋书》卷三五,第1082页。
② 《旧唐书》卷四七,第2034页；《新唐书》卷五九,第1535页。
③ 《隋书》卷三五,第1006页。
④ 《旧唐志》作"谢昊",见《旧唐书》,第2034页。
⑤ 《隋书》卷三五,第1007页。
⑥ 《旧唐书》卷四七,第2034页。
⑦ 《新唐书》,第1535页。
⑧ 《旧唐书》卷四七,第1034页。
⑨ 《新唐书》卷五九,第1541页。

"文章缘起类"文献发微

再次甄辨而著录的。

至此我们断定,张绩补《文章始》被列入"杂家",是因为张绩所补部分内容有浓重的杂家特色,淡化了任昉原撰的总集特色。从这一角度看,具有总集属性的今本《文章缘起》,与梁代目录学家所见任昉原撰《文章始》属性相合,而与新旧《唐志》编撰者所见"张绩补"《文章始》属性不合。

今可见最早用《文章缘起》之题指称任昉《文章始》的北宋王得臣(1036—1115)《麈史·论文》云:

> 梁任昉集秦汉以来文章名之始,目曰《文章缘起》,自诗、赋、离、骚至于势、约八十五题,可谓博矣。……至韩柳、元结、孙樵又作"原",如《原道》《原性》之类;又作"读",如《读仪礼》《读鹖冠》之类;又作"书",如《书段太尉逸事》;"讼",如《讼风伯》;"订",如《订乐》等篇。呜呼,文之体可谓极矣,今略疏之,续彦升之志也。①

明言有"续彦升之志",其从唐代的文献中辑出"原"、"读"、"书"、"讼"、"订"五例"文章名",明显是获得文章学领域的"圣君贤士""沿著"过的,如"原"体,《唐文粹》卷四三录韩愈"五原"、"三原",皮日休《原化》《原亲》,牛僧孺《原仁》,卷四八有杜牧《原十六卫》等。后来的文体学专著如吴讷《文章辨体》、徐师曾《文体明辨》、贺复征《文章辨体汇选》专立"原"体,亦以韩愈之文为范式始篇。② 可见王得臣所续也是"作者继轨,属辞之士以为覃奥而取则"之始篇。

王得臣认同今本《文章缘起》是富于总集特性的文章学著作;其"续彦升之志"严格遵循始篇即文体典范的总集取径。其后目录学著作中,题为任昉撰《文章缘起》一律列在具有"总集"意味的类目下,如宋尤袤《遂初堂书目》"文史类":

> 任昉《文章缘起》一卷

陈骙《中兴馆阁书目》卷五"总集类":

---

① 《麈史》卷中,上海古籍出版社,1986年,第51页。
② 如《文章辨体汇选》卷四三一"原":"吴讷曰:按字书:原者本也。一说推原也。义始大易原始,要终之训。若文体谓之原者,先儒谓始于退之《五原》,盖推其本原之义以示人也。后之作者盖亦取法于是云。复征曰:原水所发也,文而曰原,谓穷极事物之理若水之有原也。"韩愈《五原》既是"原"体之始创篇目,也是后来作者取法的范式。

昉《文章缘起》一卷，凡八十五题。①

陈振孙《直斋书录解题》卷二二"文史类"：

《文章缘起》一卷，梁太常卿乐安任昉彦升撰，但取秦汉以来不及六经。②

均是辨章该书具有指导创作的文学批评价值的表现。唯赵希弁《郡斋读书志·附志》将《文章缘起》载在"类书类"：

《文章缘起》一卷，右梁太常卿任昉彦升所集也，自秦汉以来圣君贤士所为文章名之所始，备见于中。③

殆是据《山堂考索》《事林广记》等类书存录的文本而论。不过如前所述，这些类书是将之《文章缘起》录在"文章门""辞章类"内，仍然说明该书的文章学属性。

综上，未经"张绩补"的任昉撰《文章始》，与不言"张绩补"的任昉撰《文章缘起》，被一致视作具有"总集"特性之书，非出偶然。

《新唐书·艺文志四》在"总集类"下别分"文史类"，原来与《文章始》并列在"总集类"下的刘勰《文心雕龙》，被从"总集类"分至"文史类"。但经"张绩补"的任昉《文章始》却在"杂家类"，说明"张绩补"的内容与文章学存在较大距离。按《直斋书录解题》卷一〇"杂家类"著录唐王叡《炙毂子三卷》后；又于卷二二"文史类"著录《炙毂子诗格》一卷。④ 后者显然是从杂家著作中截取诗文评部分内容独立成书了。因此宋代以来著录在"文史类"、"总集类"中的任昉《文章缘起》，应是剔除掉"张绩补"杂家属性内容的任昉原撰。其以《文章缘起》为题，盖

---

① 王应麟《玉海》五四引，今据《南京图书馆藏朱希祖文稿》第6册《中兴馆阁书目》，凤凰出版社，2010年，第476页。
② 徐小蛮、顾美华点校《直斋书录解题》卷二二，上海古籍出版社，1987年，第641页。
③ 孙猛校证《郡斋读书志校证》，上海古籍出版社，1990年，第1150—1151页。
④ 宋代以来目录学著作分类日益精细，陈振孙《直斋书录解题》堪为典型，其卷　九、二〇设"诗集类"，卷二一设立"歌词类"专收唐五代以来出现的词集，彰显诗、词文体有别观念，可见编者为学术归类准确而不厌其详。"诗集类"题解谓："凡无他文而独有诗及虽有他文而诗集复独行者别为一类。"该类著录首部书为《阮步兵集四卷》，解题曰："魏步兵校尉陈留阮籍嗣宗撰，其题皆曰咏怀。首卷四言十三篇，余皆五言八十篇，通为九十三篇。《文选》所收十七篇而已。"可见编者目验过所著录之书。从这一角度上看，将《文章缘起》置于"文史类"而非"杂家类"，是目录学家认真审读后断定该书为专门的文章学论著、而非杂家之作的结果。

亦有与《物始》《事始》之类杂家著作相区别之意。

剔除掉"张绩补"内容的任昉《文章缘起》,恢复了任昉原撰《文章始》推崇典范篇章的总集风貌与功能。现代学界评价该书,也多肯定其所举文章始篇比较"有具体的成形标准"①。读者可由此篇揣摩各始篇所在文章体类之体性、规式和格调②。如《报任少卿书》③,较《文心雕龙·书记》所举"子家与赵宣以书,巫臣之遗子反,子产之谏范宣"四书④,确实更具指导书体写作的典范意义。

四、总集与杂家视角的纠缠与兼容:
《文章缘起》注释文献的形成

不过张绩从杂家的视角增补任昉《文章始》,也表明任昉原撰有被置于杂家中审视的现象。《麈史·论文》在"续彦升之志"后载:

> 任昉以三言诗起晋夏侯湛,唐刘存以为始于"鹭于飞,醉言归";任以颂起汉之王褒,刘以始于周公《时迈》;任以檄起汉陈琳檄曹操,刘以始于张仪檄楚;任以碑起于汉惠帝作《四皓碑》,刘以《管子》谓无怀氏封太山刻石纪功为碑。任以铭起于始皇登会稽山,刘以蔡邕《铭论》"皇帝有金几之铭"其始也。若此者尚十余条,或讨其事名之因,或具成篇而论,虽有不同,然不害其多闻之益。⑤

按陈振孙《直斋书录解题》卷一〇"杂家类·事始三卷"曰:"唐吴王咨议宏文馆学士南阳刘存撰。"王应麟(1223—1296)《玉海》卷五五"艺文·元丰事物纪原"曰:"元丰中高承以刘存、冯鉴《事始》删谬除复增益名类,皆援摭经史以推原初始,凡二百七十事。"王得臣所引刘存之言,盖即出自"援摭经史以推原初始"杂家之书刘存《事始》。从中可见刘存似曾针锋相对地提出与任昉不同的始篇说。

尽管王得臣认为刘存杂家取径的文体纪原"讨其事名之因",与任昉总集取

---

① 方孝岳《中国文学批评》,生活·读书·新知三联书店,2007年,第91页。
② 刘咸炘《文学述林·文学正名》,《刘咸炘学术论集·文学讲义编》,广西师范大学出版社,2007年,第3页。
③ 全文见《文选》卷四一"书上"。
④ 均见于《左传》,内容不完整,详见范文澜《文心雕龙注》卷五"书记第二十五"注6。
⑤ 《麈史》卷中,第51页。

径的文章学文体纪原"具成篇而论"视角不同,可以多闻合观。宋代以来从"讨其事名之因"的角度指摘任昉《文章缘起》的论说仍不乏见。如吴子良《荆溪林下偶谈》卷二:"梁任昉有《文章缘起》一卷,著秦汉以来文章名目之始。按论之名起于秦汉以前荀子《礼论》《乐论》,庄子《齐物论》,慎到《十二论》,吕不韦《八览》《六论》是也,至汉则有贾谊《过秦论》,昉乃以王褒《四子讲德论》为始,误矣。"罗列《四子讲德论》之前各种以"论"名篇的著作。按任昉《文章缘起》以《四子讲德论》为始篇,而不及吴子良所列各篇,盖因《四子讲德论》以对话方式论理,获得阮籍《乐论》《达庄论》和嵇康《声无哀乐论》等的"沿著",是其总集取径的结果,无可厚非。

吴子良之遽断任昉为误,不仅表明界定"文之始"、"缘起"之难,而且提示仅简约记录文章体类之名及其缘起时代、作者、篇名的《文章缘起》,由于缺乏具体阐释,不易得到后世读者的理解。在宋人的一些学术笔记中,凡引及《文章缘起》条目,往往增加相关文献佐证。如王应麟云:

> 《文章缘起》:"连珠,扬雄作。"沈约曰:"连珠之作,始自子云。……盖谓辞句连续,互相发明,若珠之结排也。"[1]

在《文章缘起》后增引沈约《注制旨连珠表》中语,一方面佐证连珠体的创始者为扬雄的说法,一方面补充说明连珠文体特色。

吴子良的订误与王应麟的增注,启发了陈懋仁对《文章缘起》的注释。《文章缘起注》的版本流传后文再叙,这里先看其注释。如"墓志,晋东阳太守殷仲文作《从弟墓志》"条注曰:

> 汉崔瑗作《张衡墓志铭》。洪适云:"所传墓志,皆汉人大隶。此云始于晋日,盖丘中之刻,当其时未露见也。"周必大云:"铭墓,三代已有之。薛考功《钟鼎款识》十六卷载:唐开元四年,偃师耕者得比干墓铜盘,篆文,云:'右林左泉,后冈前道,万世之灵,兹焉是宝。'然则铭墓,三代时已有之矣。"
> 晋隐士赵逸曰:"生时中庸人耳,及死也,碑文墓志必穷天地之大德,尽生民之能事。为君共尧舜连衡,为臣与伊皋等迹。牧民之臣,浮虎慕其清

---

[1] 武秀成、赵庶洋校证《玉海艺文校证》卷二〇《总集文章·汉连珠》,凤凰出版社,2013年,第929页。按"沈约曰"部分标点有误,本文径改。

尘,执法之吏,埋轮谢其梗直。所谓生为盗跖,死为夷齐。妄言伤正,华辞损实。"又按:楚子囊议恭王谥曰:"先其善,不从其过。"《白虎通》以为"人臣之义,莫不欲襃大其君之德,掩恶扬善,义固如是。然使后世有稽无征,何以为戒?撰文宜少鉴于逸言"。汤显祖云:"墓铭须夜为之。"其有感于逸言深矣。①

注文结构与王应麟《玉海》注"连珠"体近似,通过引用、排列史料阐明文体源流、文体写作特点。

四库馆臣认为陈懋仁"其注,每条之下,蔓衍论文,多捃拾挚虞、李充、刘勰之言,而益以王世贞《艺苑卮言》之类,未为精要"。② 从注文对文章学文献的引证来评议陈懋仁《文章缘起注》,实未公允。如"墓志"条注释所示,史料征引范围已远为扩大。其中引用《洛阳伽蓝记》卷二《城东·建阳里(灵应寺)》注中赵逸批评史官"华辞损实"之语,来说明墓志多谀词的文体特征,巧妙得当。其引用史料之左右逢源、别有会心可见一斑。

尤为值得指出的是,陈懋仁注汇集了唐宋以来文献对任昉《文章缘起》一书的认识。"墓志"注所引洪适之说来自洪适《文章缘起跋》。作为《文章缘起》的校刻者,洪适对任昉此书的体例是明确的。故其虽不同意以墓志起源于晋人,提出始篇当在汉代墓志中辨识,仍未离任昉所划定"秦汉以来圣君贤士沿著为文之始"、"具成篇而论"的文章学文体纪原范畴。但其后周必大《跋王献之保母墓碑》以《比干墓铜盘篆文》提出"铭墓三代已有之",则属"观秘异图纬之部"、"讨其事名之因"的杂家文体纪原了,该文后面提及"任昉在梁撰《文章缘起》乃谓墓志始晋殷仲文,洪丞相适跋云世传东汉墓碑皆大隶,疑昉时尚未露见。其说良是。惜乎洪公不见汉砖也",可见对任昉《文章缘起·墓志》始篇说有商榷意图。陈懋仁先赞同洪适之语,举出"汉崔瑗作《张衡墓志铭》"为该体始篇,可见其本人对任昉"具成篇而论"的文体纪原取径是清楚并认同的。但仍注引周必大的"铭墓三代已有之",表现出集成"讨其事名之因"和"具成篇而论"的两种文体纪原成果,更为纵深认识墓志文体源流的追求。此外如"论,汉王褒《四子

---

① 任昉撰、陈懋仁注《文章缘起》,《文渊阁四库全书》本。
② 《文章缘起》提要,《文渊阁四库全书》本。

讲德论》"条注:"荀子《礼论》《乐论》,庄周《齐物论》,慎子《十二论》俱在裦前。"①本自前引吴子良对任昉的指摘,也属于"讨其事名之因",可见陈懋仁注对杂家文体纪原取径的兼容。

陈懋仁注影响颇大。② 林古度为陈懋仁《文章缘起注续》二书撰序称:

> 天地万物皆有名号之所自始,名号立,其义乃彰。不尔,则天地无称谓,万物无本原矣。天地万物,惟文章为最贵。齐天地于古今,后万物而不朽者也。文章不知其名与义,何有于著作,何辩乎篇目,斯任敬子《文章缘起》所由作焉。……乃千载下,复有檇李陈无功先生,枕典席坟,钩玄析理,著书六十种,聚书数万卷,海内名硕,亡论识不识,咸推诩之,非止彦回之许敬子也。既注《缘起》,又续其所未尽,遂为文海大观。且夫缘者,缊也,因也;起者,立也,作也。缊其所因,立其所作。阐明古人之初心,导引今人之别识。灿然明世,启迪后学,讵止为敬子功臣。……桥梓著述,行将有勘取官无者,此《缘起》《注》《续》其一也。

可见在林古度看来,任昉《文章缘起》是关涉天地万物"名号之所自始,名号立,其义乃彰"的书,显然赞同陈懋仁兼容"讨其事名之因"的注释思路,并以《文章缘起注》授徒方熊。方熊更在陈懋仁注后益以补注,并比陈懋仁更着力于追溯文章"名号之所自始"。如对"七"体的补注云:"古人戒册用九与七,屈子《九章》《九歌》,孟子、庄子《七篇》命名。"③被四库馆臣批评为"失于纠驳者尚多……谓枚乘《七发》源于《孟子》《庄子》之《七篇》,殊为附会"。④ 但如果了解方熊的师承立场,则也可以说从《孟子》《庄子》之《七篇》中寻找《七发》这一文章体类的"事名之因",是方熊的自觉追求,也是其补注的特点。

综上,自唐代刘存从"讨其事名之因"的角度,提出与任昉《文章缘起》有别的"文之始"认识后,到周必大、吴子良等从"讨其事名之因"角度径指任昉《文章缘起》不足,唐宋以来汇聚在《文章缘起》名下的论说多是总集、杂家视角相纠缠。到陈懋仁、方熊兼采"讨其事名之因"、"具成篇而论"两种纪原取径注释任

---

① 《文渊阁四库全书》本。后尚有关于论体写作特点的注文,兹不赘引。
② 朱荃宰(?—1643)撰《文通》(天启刻本)即多暗引陈懋仁《文章缘起注》。
③ 《文渊阁四库全书》本。
④ 同上。

昉《文章缘起》,可以说实现了总集、杂家文体纪原取径的有机兼容,所形成梁任昉撰、明陈懋仁注、清方熊补注《文章缘起》,是一种比任昉《文章缘起》更具文体史纵深感的新型"文章缘起类"文献。

五、明清以来"文章缘起类"文献述略

明清以来任昉《文章缘起》传播更广,如本文第一部分所述,不仅有《山堂考索》《事林广记》那样的类书存录传播,而且有《艺林十二卷》《夷门广牍》等丛书的传刻。围绕该书的探讨自然也更为热烈,其中以专书专卷形式出现的,管见所及即有陈懋仁《文章缘起注》《续文章缘起》、方熊补注《文章缘起》、孙璧文《文章缘起之误》、钱方琦《文章缘起订误》《文章缘起补》等。这些文献对《文章缘起》的认识,基本延续总集、杂家纠缠或兼容的视角:专门为任昉《文章缘起》一书作注的陈懋仁注、方熊补注《文章缘起》之兼容杂家已如上节所述;而后孙璧文《文章缘起之误》、钱方琦《文章缘起订误》《文章缘起补》主要是从"讨其事名之因"视角出发为任昉《文章缘起》作所谓订误;系统续补任昉《文章缘起》未记录文类的陈懋仁《续文章缘起》,也越出任昉《文章缘起序》所划定"自秦汉以来,圣君贤士沿著为文之始"的范围,从"秘异图纬之部,捃采天下遗逸,自书契之始,考验神怪,及世间闾里所说"中集录文章名。下文试进一步介绍。

(一)陈懋仁《文章缘起注》

前文已谈过陈懋仁《文章缘起注》的学术特色,这里拟进一步介绍其人及该书的版本传播。

陈懋仁生于嘉靖乙丑(1565)年,[①]清沈季友《槜李诗系》卷一七"藕居士陈懋仁"载:"懋仁字无功,别号藕居士。嘉兴人,万历中由掾吏官泉州经历。好读书,老而不倦,尤喜摘抉隐义,网罗旧闻。如《文章缘起》《庶物异名疏》《异鱼赞注》《寿者传》《年号韵编》,皆考古者所宝。诗文有《石经堂集》《尘栖稿》。其诗耽为缕划,意致纤巧。佳者颇似皮陆。"后收其诗四首。清盛枫《嘉禾征献录》称

---

① 详见倪春军《陈懋仁〈续文章缘起〉版本考论》,《第四届中国古代文章学学术研讨会论文集》,2018年。

"其著作最见称于时得者,注任昉《文章缘起》"。①

《文章缘起注》一卷,现可见最早刻本属南京图书馆藏《陈懋仁杂著》本,该本后尚有陈懋仁《续文章缘起》一卷;日本宝历八年(1758)浪花(大坂)书林涩川清右卫门曾据该本影刻,《文章缘起注》封面题作《文章缘起 正编》、《续文章缘起》封面题作《文章缘起 续编》。因《陈懋仁杂著》难以验见,本文引据日本影刻本,下文或简称之为"宝历本"②。此本卷目下署"梁乐安任昉彦升撰、明嘉兴陈懋仁无功注、嘉善钱棅仲驭定",正文前《文章缘起注、续序》称:"檇李陈无功先生……既注《缘起》,又续其所未尽,遂为文海大观。……令子献可,三长独秉,多读父书……而诸孙楚楚,各擅藻摘,九方皋将旦暮遇之,则先生食报于子若孙,政尔未艾,桥梓著述,行将有勘取官无者,此缘起注续其一也。"署"崇祯壬午陬月福唐林古度撰"(下或简称"林古度序"),则刊刻时间当在崇祯壬午(十五年,1642)正月前后不远,从"先生食报于子若孙"一句,推测此时陈懋仁已辞世。此本盖其去世后不久,子孙据家藏遗稿请钱棅(1619—1645)校定刊行的,可谓陈懋仁晚年定稿。

宝历本林古度序后尚有署"长水范应宾识"的《文章缘起注旧序》,表明此本前当另有一旧本。按《学海类编》(下文简称"学海本")亦收录陈懋仁《文章缘起注》一卷、《续文章缘起》一卷。开篇《题辞》与宝历本范应宾《文章缘起注旧序》文字全同,曰:"任彦升有《文章缘起》,而吾乡陈无功为之注,又为之续也。……无功嗜义笃古,工为诗,世必有共赏之者,不具论。"行文似用长辈鼓励后辈的语气,盖是陈懋仁早年请乡贤为《文章缘起注》《文章缘起续》所写题辞。据申时行《承德郎工部屯田清吏司主事范君墓志铭》:"光父讳应宾,别号嵩台,光父其字,姓范氏。……生以嘉靖癸丑,卒以万历辛丑,年四十有九。"③范应宾卒于万历辛丑(1601),则题辞当在1601年前,其时陈懋仁约三十六岁。可以说学海本保留了陈懋仁早年初定稿的旧观。

此外如前文所示,四库本《文章缘起》亦存陈懋仁注。该本题署"梁任昉撰,明陈懋仁注",馆臣提要曰:"明陈懋仁尝为之注,国朝方熊更附益之。凡编中题

---

① 《中国古代地方人物传记汇编》第39册,第229—230页。
② 本文据早稻田大学中央图书馆4F古书资料库藏本。
③ 申时行《赐闲堂集》卷二七,《四库全书存目丛书》本。

"文章缘起类"文献发微

'注'字者皆懋仁语,题'补注'字者皆熊所加。"①但无范应宾、林古度序文。不过四库本陈懋仁注与宝历本陈懋仁注内容相同,说明方熊是在钱棨校定的陈懋仁注本基础上附益补注的,四库收录的是经方熊补注之本。要之陈懋仁《文章缘起注》,今见存三种系统,一是存陈懋仁初定稿旧观的学海本;二是存陈懋仁晚年定稿样貌的钱棨校《陈懋仁杂著》/宝历本;三是在晚年定稿基础上附益方熊补注的四库本。

从陈懋仁注文内容看,"学海本"亦当是陈懋仁初定之注,宝历本、四库本则同为陈懋仁晚年定稿。如"歌,荆卿作《易水歌》"条注文,《学海》本注云:

> 歌者,声永而导郁者也。《释名》曰:"人声曰歌。歌,柯也。歌之言是其质也,以声吟咏有上下,如草木之有柯叶也。"《珊瑚钩诗话》曰:"猗吁抑扬永言谓之歌。"②

宝历本、四库本注云:

> 夏侯玄《辨乐论》:"伏羲因时兴利,教民田渔,有《网罟之歌》。"《山海经》:"帝俊作歌,歌声永而导郁者也,猗吁抑扬永言谓之歌。"《史记》:"歌者,上如抗,下如坠,曲如折,止如槁木,居中矩,句中钩,累累乎端如贯珠。故歌之为言也,长言之也。"③

学海本"歌"注文第一句无出处,宝历本、四库本增加了夏侯玄和说明"歌者,声永而导郁者也"出自《山海经》。又如"五言诗,汉骑都尉李陵《与苏武诗》"条,学海本注:

> 《国风》"谁谓雀无角",五言之属也。《书》曰:"以出纳五言。"《文心雕龙》曰:"按《召南·行露》,始肇半章;孺子《沧浪》,亦有全曲;《暇豫》优歌,远见《春秋》;《邪径》童谣,近在成世;阅时取证,则五言久矣。"《诗品》:"《夏歌》曰'郁陶乎予心',《楚词》曰'名余曰正则',虽诗体未全,然是五言之滥觞也。逮汉李陵,始著五言之目矣。古诗眇邈,人世难详,推其文体,固自

---

① 《文章缘起》提要,《文渊阁四库全书》本。
② 本文引据中山大学图书馆藏清道光十一年(1831)六安晁氏木刻《学海类编》本,排印本见《历代文话》第 3 册,第 2522 页。
③ 《文渊阁四库全书》本。按"端"字宝历本、《史记》作"殷"。

炎汉之制，非衰周之倡也。诗有六义，一曰兴，二曰比，三曰赋。文已尽而义有余，兴也；因物喻志，比也；直书其事，寓言写物，赋也。宏斯三义，酌而用之，干之以风力，润之以丹彩，使味之者无极，闻之者动心，是诗之至也。若专用比兴，则患在意深，意深则词踬；若但用赋体，则患在意浮，意浮则文散，嬉成流移，文无止泊，便有芜漫之累矣。"①

宝历本、四库本注：

《国风》"谁谓雀无角"，五言之属也。刘勰曰："《召南·行露》，始肇半章；孺子《沧浪》，亦有全曲；《暇豫》优歌，远见《春秋》；《邪径》童谣，近在成世；阅时取证，则五言久矣。"《诗品》："《夏歌》曰'郁陶乎予心'，《楚谣》曰'名余曰正则'，虽诗体未全，然是五言之滥觞也。逮汉李陵，始著五言之目矣。古诗眇邈，人世难详，推其支体，固自炎汉之制，非衰周之倡也。" ②

两种版本注文第一句都没表明出处，实来自挚虞《文章流别论》"五言者'谁谓雀无角，何以穿我屋'之属是也"（《艺文类聚》卷五六），接着引刘勰《文心雕龙》、钟嵘《诗品》关于五言诗体的批评史料。宝历本、四库本注文篇幅较短，学海本篇幅较长，其所多内容，"《国风》……五言之属也"的"《书》曰：'以出纳五言'"；"非衰周之倡也"后的"诗有六义……便有芜漫之累矣"，均非罕见文献，与"歌"条所增夏侯玄《辨乐论》、《山海经》不同。从陈懋仁"好读书，老而不倦，尤喜摘抉隐义，网罗旧闻"的趣味看，盖仍当以宝历本、四库本为后出删减之本。

两种版本注文虽有详略之别，但注释体例无异，通过引用、排列史料阐明文体源流、文体写作特点。曹溶在《学海类编》"辑书大意"中说明该丛书乃"杂抄旧著成编，不出自手笔者不录"，陈懋仁的"文章缘起类"二书编在该丛书"集余"之三"文词"类中，该类小序曰："重立言也，学者博览群书多有不能濡笔者，皆由讲论之不精，体裁之未悉，阅是编可以登高能赋矣。"此说不免有射利意图，但也提醒我们从博览群书、悉文章体裁的角度认识《文章缘起注》。上一节说明陈懋仁注文博征史料，有对"讨其事名之因"和"具成篇而论"的两种文体纪原成果的集成追求。这里想进一步指出其注文在集成前人成果的基础上，也间有注家个

---

① 《历代文话》第 3 册，第 2520 页。
② 《文章缘起》，《文渊阁四库全书》本。

"文章缘起类"文献发微

人的特出之见。如"九言诗,魏高贵乡公所作"条注曰:

>《大雅》"泂酌彼行潦挹彼注兹",《文章流别》谓"九言之属"。按"泂酌"三章,章五句。《夏书·五子之歌》"凛乎若朽索之驭六马",九言也。

其"按"本自《毛诗注疏》卷二四:"《诗·大雅》:'泂酌彼行潦,挹彼注兹,可以餴饎。岂弟君子,民之父母。泂酌彼行潦,挹彼注兹,可以濯罍,岂弟君子,民之攸归。泂酌彼行潦,挹彼注兹,可以濯溉。岂弟君子,民之攸墍句。'《泂酌》三章,章五句。"将挚虞《文章流别》所举九言句"泂酌彼行潦挹彼注兹"断为两个句子:一五言句、一四言句,表明对九言长句易断为两句的警惕;并改以《夏书·五子之歌》"凛乎若朽索之驭六马"为九言句式典范。这种更改可从比陈懋仁时代稍早的王世贞(1526—1590)《苦热》一诗中得到印证:

> 六月苦热杜门复何道,科头解衣徙坐清阴边。为语诸君且莫河朔饮,我欲一枕上就羲皇眠。凛如足踏太行万古雪,恍若卧对匡庐千尺泉。长安道中襁褓者谁子,薰心炙手不畏天公权。①

"凛如足踏太行万古雪,恍若卧对匡庐千尺泉"恰是"凛乎若朽索之驭六马"句式。可见陈懋仁注并非四库馆臣所认为的"蔓衍论文,多捃拾挚虞、李充、刘勰之言",而是有所别择的。这里对挚虞《文章流别》九言句起源的否定,对《夏书·五子之歌》九言句的发掘,反映了明代文坛在九言诗句法上的新探索。

《文章缘起注》之外,陈懋仁还著有《续文章缘起》。由于该书专补《文章缘起》未见之文章体类,不涉及对《文章缘起》本身的注释、订误,故留后述略。下面先说建立在陈懋仁《文章缘起注》基础上的方熊补注《文章缘起》。

(二) 方熊补注《文章缘起》

方熊补注本《文章缘起》,今所见最早有国家图书馆藏清康熙三十三年(1694)侑静斋刻本。该本为前述清代《四库全书》所收《文章缘起》之底本。周作人《书房一角·文章缘起》云:

>《文章缘起》一卷,陈懋仁注,方熊补注,列雅书院藏板,卷首有翰林院

---

① 见《弇州四部稿》卷五三"杂体·九言"。

印,盖是《四库》底本。案《总目》卷一百九十五,《文章缘起》,两淮马裕家藏本,附存陈方两家注,与此正合。序下白文印曰'丛书楼',少上朱文印曰'结一庐藏书印',白文印曰'醒梦轩',本传首行下钤一印朱文曰"彦升",墨笔小注云"道光壬寅秋得此铜印",附印于此,东卿记。此殆叶氏物耶。

卷末有方熊后序,署康熙三十三年甲戌。旧得方氏刻本《陶诗》,中缝下端刻侑静斋三字,与此相同,或谓是咸同时刻,郭绍虞君根据查世标题字,以为当在康熙中,惟不能确定其年岁。今有此后序,便有确证可凭矣。《邵亭知见传本书目》中不列此本,可知其不常见也。①

侑静斋本和《邵武徐氏丛书》《文学津梁》所收《文章缘起》内容文字完全一样:题《文章缘起》,题下署"梁新安太守乐安任昉彦升撰、明参军嘉兴陈懋仁无功注、黄虞外史歙方熊望子集补注",该本后有方熊后序,称:

忆奉教于乳山林丈人,式瞻其嗜书深癖,不啻日与綦而身文绣,方其以梁任敬子《文章缘起》相授,喜欣欣见眉宇,谓"文章源流,莫若是书"。熊钞录成册。及读宋洪文惠题记:"《缘起》一卷,《隋经籍志》有录无书,尝欲刻识木石,慰邦人无穷之思。"则又叹贤者用心,非止一时,必及百世而无已也。后数百年有陈参军为之注,好尚之同盖如此。敬子文惠皆千载上宦于徽。熊,徽产也。生千载下,夫岂无文惠所谓无穷之思哉。爰考郡乘及文艺志,皆不载。好事藏书家询之,多不得见。岂非前之所云是非嗜尚有同有不同也。

参军注原制作之言,多取之常熟吴氏《文章辨体》,熊附录嘉兴沈氏《文体明辨》,间溢以己见,是书似于艺林不可少矣。盖昔贤用意,惟引其端,待来者竟其说,而其书愈佳。今则由参军之说而畅之耳。溯流寻源,殆备于是。敬子只在秦汉著眼,不及三代,今故于宋后篇目如经义、题跋皆不必续录。呜呼,文章之道大矣。一言以蔽之,曰古文者,可措而行之者也。由敬子缘其名目而疏其体要,体要者,反古之道也。世不讲于此道久矣。乃取古人书激扬叙列如此,人不指为迂,鲜矣。②

---

① 1941年7月8日作。见《周作人散文全集》8,广西师范大学出版社,2009年,第592页。
② 见国家图书馆藏清康熙三十三年侑静斋《文章缘起》,光绪年间徐幹《邵武徐氏丛书初刻·文章缘起》。

落款署"因□书时康熙三十三年甲戌长至日黄虞外史方熊望子撰",当即周作人所言"跋署康熙甲戌"者,康熙甲戌为1694年,《文章缘起注》成书亦当在其时。序中称其"奉教于乳山林丈人……以梁任敬子《文章缘起》相授",表明其对《文章缘起》的关注起因于林古度。不过从后序自述看,方熊之补注《文章缘起》,主要为校刻该书,有乡邦文献之思。故侑静斋只刻《文章缘起》,无陈懋仁《续文章缘起》。这是依据侑静斋本传刻的四库本、徐氏本、津梁本均无陈懋仁《续文章缘起》的原因所在。

方熊也与老师林古度一样赞同陈懋仁注,以为"于艺林不可少",因为任昉原撰"惟引其端,待来者竟其说,而其书愈佳"。故其补注体例基本同陈懋仁,罗列史料,多引用明代吴讷《文章辨体》、徐师曾《文体明辨》两部辨体著作中的各体序题之语。如"赞,司马相如《荆轲赞》"条,补注云:"按《字书》:'赞,称美也,字本作讚。'昔汉司马相如初赞荆轲,后人祖之,著作甚众。唐时用以试士,则其为世所尚久矣。其体有三:一曰杂赞,意专褒美,若诸集所载人物、文章、书画诸赞是也;二曰哀赞,哀人之没而述德以赞之者是也;三曰史赞,词兼褒贬,若《史记索隐》《东汉》《晋书》诸赞是也。刘勰有言:'赞之为体,促而不旷,结言于四字之句,盘桓乎数韵之辞。其颂家之细条乎?'"①全袭徐师曾《文体明辨》"赞"体②序题内容。乃至四库馆臣所批评注文"议论亦往往纰谬"之例,"谓'乡约'之类,当仿王褒《僮约》为之,庶不失古意,不知《僮约》乃俳谐游戏之作,其文全载《太平御览》中,岂可以为'乡约'之式,尤为乖舛"③,亦是承袭徐师曾序题。方熊补注比陈懋仁更着力于追溯文章"名号之所自始"的特点前文已述。此兹不赘。

(三)孙璧文《文章缘起之误》

孙璧文与方熊一样为安徽人,清光绪八年(1882)刻本《新义录》卷五九"文类二"载:安徽太平县孙璧文玉塘甫,一字玉堂,撰有《文章缘起之误》。

全书体例是先引任昉《文章缘起》原文条目,而后以按语形式表达其对该条的认识。引用条目从"赋始楚宋玉"开始,无语及三言诗、四言诗、五言诗、六言诗、七言诗、九言诗,故只见文章名76题。兹引其中数条以见其例:

---

① 《文渊阁四库全书》本。
② 《文体明辨序说》,人民文学出版社,1962年,第143页。
③ 《文渊阁四库全书》本。

赋始楚宋玉(按:《汉·地理志》屈原作《离骚》诸赋,似始于原)

　　诏始秦时(又手诏始汉高祖,见《隋志》。诏用黄纸始唐高宗,见《云仙杂记》)

　　玺文始秦始皇(传国玺)

　　表始淮南王(谏伐闽表。按纪:始三王以前谓之敷奏,秦改为表,似不始于汉)

　　上疏始汉东方朔。(按《董仲舒传》仲舒所著皆明经术之意,及上疏条教凡百二十三篇,仲舒与朔同时,似上疏即古之上书)

　　墓志始殷仲文作从弟墓志(按:《续事始》唐人得比干墓志,刻其文以铜盘,似墓志铭始于殷)

　　七发始汉枚乘(按:《文选注》七发者说七事以起发太子,犹楚词七谏之流,则词称七始于屈原)

　　玉篇始司马相如(凡将篇。辨见后)

　　图始汉河间相张人(玄图)

　　势始汉崔瑗(草书势。辨见后)

　　约始汉王襃(僮约)

可见孙璧文按语主要针对任昉所列文章体类之始篇而发。故而将任昉所标举始篇放入括号内,作为按语提头。按语多据他书如《汉·地理志》《续事始》《文选注》等,提出比任昉所列时代更早的始篇。这是延续周必大、吴子良从"讨其事名之因"视角指摘任昉《文章缘起》的做法,其中"墓志"条按语所提出的"比干墓志",即是周必大提过的。

　　书后全录《四库全书总目·文章缘起》提要,盖赞同四库馆臣所谓"检其所列,引据颇疏,如以表与让表分为两类;骚与反骚别立两体;挽歌云起缪袭,不知《薤露》之在前;玉篇云起《凡将》,不知《苍颉》之更古;崔骃《达旨》即扬雄《解嘲》之类,而别立'旨'之一名;崔瑗《草书势》乃论草书之笔势,而强标之一目,皆不足据为典要。"上引条目中"玉篇"[①]"图"、"势"、"约"括号内或无按语,或言"辨见后",乃因提要已指其误,"辨见后"是提醒读者参见后所录提要之指误。

[①] "玉"字衍,沿袭四库提要之误。详见前揭《任昉〈文章缘起〉考论》注2。

值得注意的是,孙璧文所用任昉《文章缘起》,并非《四库全书》本,表现在"诏起秦时"、"玺文秦始皇传国玺"作两条,无误。明万历丁酉(1597)周履靖叙刊《夷门广牍》收录《文章缘起》以来,这两条常被误为"诏起秦时玺文秦始皇传国玺"一条,陈懋仁注、方熊补注都沿袭该错误。孙璧文此本与之不同。从其中"图始汉河间相张人"一条,应是用《山堂考索》作为工作本。此可见《山堂考索》在清代的传播。

其按语间有发挥,如"诏始秦时"条按语曰:"又手诏始汉高祖,见《隋志》。诏用黄纸始唐高宗,见《云仙杂记》。"似非指误,反而补充秦代之后出现的"手诏"和"诏用黄纸"情况,是介绍诏体文化了。

(四)钱方琦《文章缘起订误》《文章缘起补》

孙璧文之后,更大张旗鼓指摘任昉《文章缘起》之误者当推晚清钱方琦。钱方琦,字观保,号骏华,又号访奇,江苏武进人。光绪二年丙子(1876)二月十九日生,光绪二十七年辛丑(1901)十一月二十六日卒,年二十六岁。其子钱建初称:"骏华公,太学生。博学工文,勤于撰述,弱冠著稿已盈箧,尤喜论当世之务,动辄数千言。谨按:《钱氏族谱》称著有《得天爵斋诗、古文集三卷》、《得天爵斋考》八卷、《庸言》三卷、《俚言考》四卷、《字说》一卷、《经说》二卷、《续读史兵略》二十卷、《行军急救法》二卷、《瘟疫论提要》上下卷,今仅存者计《续读史兵略》十八卷、《得天爵斋诗文集》三卷、《研经庐杂议》八卷、《方言拾补》六卷、《文章缘起订误》一卷、《白缠喉症治余说》一卷。"①可见钱氏治学之博杂,这些著作收在《得天爵斋丛书》②中。《文章缘起订误》前有王蘧常序,云:

> 予昔读任彦升《文章缘起》而诧其多误,史称彦升手校秘阁四部,又称家虽贫,聚书至万余卷,其多识前言可知,深识文章体要可知,乃于此书分类既多未协,推源自起,尤多疏舛,淹博如彦升似不应有此。后知纪河间已疑其假托,河间多訾其分类,而摘《缘起》之误,仅举挽歌始《薤露》不起缪袭,玉篇始仓颉不起《凡将》两事。宋王得臣《麈史》虽信其书而亦有所弹正,亦仅六七事而已。尝欲详正其误,俾后学不致迷误因循,至今未果也。吾友钱建初博士既整齐先德骏华先生遗书,予已娄序之矣。今年初夏复出此书请序,予为

---

① 《钱骏华先生年谱》,国家图书馆藏《得天爵斋丛书》本,第10页。
② 王蘧常编校,钱建初参订,张联芳精缮。《文章缘起订误》和《文章缘起补》收于此丛书。

> 大喜,不特王、纪所言皆多撷取,且遍及全书,匡正至三十余事,复为《补》,亦至三十余事,虽不言此书之不出于彦升而其意灼然。河间疑此书亡于隋前,今所传本盖出张绩理或然欤? 余既喜骏华先生之先得我心,又钦其埤益后学于无斁也。爰忘其谫陋而敬序之。一九五八年五月二十五日王蘧常。

即以《文章缘起》所举文之始为误,以此推断此书非任昉原作,这也是没有理解《文章缘起》以典范成篇为文章始的准则。钱方琦也因此进行订误和补正,《文章缘起订误》主要是用"事名"之始去纠驳任昉的"成篇"之始。如:

> 又谓铭始秦始皇会稽山刻铭,非也。骏案:《周礼·考工记》记载《韗铭》,《礼·大学篇》载汤之《盘铭》,《大戴礼》载武王《十七铭》,《左传》载《孔悝鼎铭》,此见于经者也。《事始》曰"灵后氏象形篆以铭钟鼎";《穆天子传》曰"天子观于春山,为铭迹于悬圃之上";《家语》曰"周太庙有金人缄口之铭";蔡邕《铭论》曰"昔肃慎纳贡铭之楛矢",又曰"黄帝有巾几之铭","甗鼎有丕显之铭","吕尚作周太师封于齐,其功铭于昆吾之治",《周礼·司勋》凡有大功铭于太常";"晋魏颗获秦杜回,于辅氏铭功于景钟"云云。据此则铭之不始于秦始皇可知。

可见钱氏几乎遍举此前经、史杂传关于"铭"之更早记载,甚至不管其是否有文辞可考者。再如其《文章缘起补》:

> 五言,《文选》注谓五言自李陵始,殆不然。骏案:《文心雕龙·明诗篇》曰:《召南》《行露》已肇半章。(下双行小字夹注"谁谓雀无角,何以穿我屋"之类是也)。孺子《沧浪》亦有全曲。(下双行小字夹注"可以濯我缨,可以濯我足"二语是也)是五言所始也。

以《诗经》偶见的五言句,作为五言诗之始。这是挚虞《文章流别论》就有的观点。对于这样的探源,罗根泽先生评曰:"挚氏之意,谓后世五言诗,与《诗经》杂于四言中之五言诗句,有渊源关系,而非谓《诗经》即五言诗;谓五言诗源于《诗经》,而非谓五言诗起于《诗经》。故曰:'后世演之,遂以为篇。'"①钱方琦对"文章缘起"的理解,也是着眼于文章之源,这与任昉以完整篇章出现作为文之缘起的思路是不同的,《文章缘起补》:

---

① 《五言诗起源说评录》,见《罗根泽古典文学论文集》,中华书局,1985年,第136—137页。

三言,骏案:《汤·盘铭》,以"新"字协韵,即是三言诗之始,至"江沱""振鹭"则大盛矣,晋夏侯湛作三字诗抑在其后。

与前引《麈史·论文》所载"任昉以三言诗起晋夏侯湛,唐刘存以为始于'鹭于飞,醉言归'"思路相承。由此我们产生了一种推测,唐张绩补《文章始》体例可能近似钱方琦此本《文章缘起补》,是对任昉原撰的补正订误,而非补亡之作。

总之,从刘存以来,指摘《文章缘起》之误,甚至予以补正之文献,大体都以经史文献中偶见题名、片段为始,与《文章缘起》以开风气之先的完篇作为文章体类之始篇的思路截然有别。不过这些所谓补正竭泽而渔钩稽经史著作及历代笔记乃至医籍中有关文章渊源所始的文献,呈现出各文类在早期文化土壤中萌芽的情况,显示了中国文章形态深远的根源和漫长的发展历程,别有意义。

(五) 陈懋仁《续文章缘起》

最后想介绍的是陈懋仁《续文章缘起》。这是一部系统续补任昉《文章缘起》未及文章体类之书。

任昉原撰系统著录秦汉以来"圣君贤士"沿着六经文体所创制文章名八十五题,随仅录其文体名及缘起时代、作者、篇名,极为简约,但也因此而能在较短篇幅内完成对传世文章体类的总览。事实上由于其分体精细,如书体分为"上书,秦丞相李斯《上治安书》","书,汉太史令司马迁《报任少卿书》",不仅能更准确地提供不同文章类型的写作典范,而且也非常及时反映出其时人臣进御之书与日常往来之书的区别,更准确反映了当时文体的发展概貌。

这种以著者认可的典范始篇,引导相关文章体类的创作;并简约准确反映文章体类全貌的著述体例,自问世之后即颇受认可。《隋志》著录在"总集类"的陈姚察《续文章始》,今虽不可得见。但"总集"定位看,应该如王得臣续"原"、"读"、"书"、"讼"、"订"者,遵循了文章学文体纪原取径,录任昉后新出文章体类之书。

不过如前所述,南宋以来的《文章缘起》衍生文献,大多糅合"具成篇而论"、"讨其事名之因"文体纪原思路,续作也不一定谨守"彦升之志"了。陈懋仁的《续文章缘起》,便既续补王得臣以后新出文章体类,也续补《文章缘起》舍弃的"秘异图纬之部"和"天下遗逸,自书契之始,考验神怪,及世间间里所说"涉及的文章体类。

《续文章缘起》版本如陈懋仁《文章缘起注》,有学海本和《陈懋仁杂著》本/宝历本前后两种版本系统。学海本陈懋仁《续文章缘起》续诗四十五题、文二十题，凡六十五题。书后姚士麟《续文章缘起题跋》提及"急就章、两头纤纤、五噫、十干、十二支、歇后及命、咒、质剂、券、契、千文、伶仃、示(过所)"等待补文章体类。陈懋仁晚年所定《陈懋仁杂著》本/宝历本《续文章缘起》吸收了姚士麟的建议，所续文章名增至一百零七题(详见附录)。这些文类从来源上看，可略分为两种，一类沿任昉《文章缘起》取径，及时著录唐以来发展起来的文体，如"绝句"、"律诗"、"词"等，将诗、歌诗等文体的新变体式吸纳进"文章缘起类"的文章谱系中；一类则是从先秦至明以来存在的历代文献中钩稽出来的，如原来总在"乐府"名下的"篪、曲、行、吟、怨"和"盘中诗"、"大言小言"、"宾戏"等，这些文章名当为任昉曾见，但《文章缘起》未予著录，盖是因其非经"圣君贤士""沿著"的权威典范之体。在《续文章缘起》中均被列为独立文体，与这些文章名在后世获得发展不无关系，同时也体现出"文章缘起"之学向纵深发展的趋势，陈懋仁盖有在"文章缘起"名义下集成古今文章体类谱系的意识。

《学海类编》本陈懋仁《文章缘起注·续文章缘起》前范应宾题辞云：

> 文之行于世也，如江河之行地，流衍洄洑，无所不有，其倏而涸，倏而泛滥，莫知其然而然。说者谓水与气相生灭，生灭不在水；文与神相去住，去住不在文。顾经不敢拟，经亡矣；子史不能拟，子史亡矣；其他摹古摘辞，拙者刻鹄，工者助澜。由两汉而还，文之体未尝变，而文渐以靡，诗则三百篇变而骚，骚变而赋，赋变而乐府，而歌行，而律，而绝，日新月盛，互为用而各不相袭，此何以故？则安在斤斤沿体为？体者法也，所以法非体也，离法非法，合法亦非法，若离若合，政其妙处不传，而实未尝不传。《易》曰："拟议已成其变化。"不有体何以拟议，不知体之所从出，何以为体，而极之于无所不变，此彦升有《文章缘起》，而吾乡陈无功为之注，又为之续也。呜呼。污樽土鼓，见为鄙朴，折杨皇荂，下士欣然笑之，无功独究心于此，岂直彦升功臣，兴起斯文，其为津筏大矣。无功嗜义笃古，工为诗，世必有共赏之者，不具论。长水范应宾识。

"拟议变化"是明代诗学的重要命题[①]，"不有体何以拟议，不知体之所从出，何以为体，而极之于无所不变"，事实上指出文章缘起类著作记录文类及其始篇，

---

① 详见萧华荣《中国古典诗学理论史》明代第六章"拟议变化"，华东师范大学出版社，2005年第2版。

目的在为后世作者提供"拟议变化"的基点。谢廷授《续文章缘起序》亦云:

> 文有万变,有万体。变为常极,体为变极,变不极则体亦不工。……伏羲极古今三才之变而《易》以工,尧舜极天下人文之变而《典谟》以工,故《书》起于《易》者也,《诗》起于《书》者也,《春秋》起于《诗》者也。春秋体极而《春秋》绝,诗体极而《诗》绝,书体极而《书》绝,易体极而《易》绝。《易》虽绝而如线之脉,犹寄于《书》《诗》之文,《书》读《诗》咏,理跃神传,玩《易》者有退思焉。《书》《诗》绝而《易》绝,《易》既绝而秦汉唐宋之文起,其体又万变矣,极其变而其体始备,体既备而其文始工。任彦升先生录其所缘起,备其礼者也。陈无功续其所缘起,极其变者也。

说明文章体类从六经著作化出演变。文章缘起类著作实乃对此演变结果的记录。以诗体为例,从《诗经》而后演出骚、赋、乐府、歌行、律诗、绝句各体,"文章缘起类"著作对之予以著录,及时追踪文章形态演变之极的意义。

晚清钱方琦《文章缘起补》也有续补任昉《文章缘起》之意,该书著录 32 个文章体类(详见附录)。不少与任昉《文章缘起》和陈懋仁《续文章缘起》重复,题中之"补"不仅仅是增补,也有认为任昉《文章缘起》著录条目有偏误,他重为补正的意思,这从其与《文章缘起订误》的重合条目可以见出:如"四言诗"条,《订误》谓:"又谓四言诗始韦孟《谏楚王戊诗》,非也。骏案:毛诗实为四言之祖。"《补》曰:"四言,始于《诗》。《文章缘起》谓始于汉韦孟《谏楚夷王戊诗》,非是。"《文章缘起补》是钱方琦沿"文章缘起类"著作"文章名+始篇"的著录方式,去完善他心目中的文章谱系。

上述以专书专卷探讨《文章缘起》者之外,明清也不乏关于《文章缘起》的零星讨论。如清祝文郁《(康熙)宁化县志·凡例》曰:

> 任昉《文章缘起》不载志,始于班固,此缺也。颜师古曰:"志,记也,积记其事也。"今读班氏十志,汇其事而以己意裁成之,叙议错行,首尾竟幅,窃意郡邑志当仿其体而为之,若零杂随录某事云云、某人云云,此胥史能之,无烦命笔矣。今每事建缀为一篇,微有裁断,非敢拟班,聊备一体云尔。邑有山川,如人有骨血,必肢节脉络,井井分明,其人精彩。[①]

提出"志"是文章之一体,始于班固《汉书》"十志",其功能是记载各类专门事项,

---

① 清同治八年重刊本。

写作特色是"汇其事而以己意裁成之,叙议错行,首尾竟幅";并建议"郡邑志"当仿其体而为之,亦即"沿著"班固《汉书》"十志"之体。这完全符合任昉《文章缘起》的著录准则,确实可备一体。

又如章太炎(1869—1936)《国故论衡》中卷"文学·辨诗"曰:

> 文章流别,今世或繁于古,亦有古所恒睹,今隐没其名者。夫官室新成则有发,丧纪祖载则有遣,告祀鬼神则有造,原本山川则有说。斯皆古之德音,后生莫有继作,其题号亦因不著。《文章缘起》所列八十五种,至于今日,亦有废弛不举者。①

指出"发"、"遣"、"造"、"说"是先秦礼仪场合常见之文章体类,只是后人没有沿著成文,这些文章体类之题名也逐渐隐没。② 这就如同南朝任昉《文章缘起》所列文章体类在晚清时"废弛不举者"。今日既然可以承认《文章缘起》所著录"废弛不举者"为文章体类之一,也就没有理由不承认"发"、"遣"、"造"、"说"的文体史地位了,故而也当增补。

综上所述,《文章缘起》及其续补著作所录文章类,剔去相同条目,仍有228种,他们的增补变化,可见古代文章体系的发展概貌。他们在续补过程中,每每有"文之体至此极矣"之类的慨叹,可见此类著作一脉相承的竭泽而渔地探索各种文章类之始的博识趣味,其中更蕴含着认识文章"体之所从出,何以为体,而极之于无所不变"批评价值。从这一"文章缘起类"文献对经史子集等文献所存在的文章名目及其体式渊源的近乎穷尽的征录,我们可直观见到宋代以来"大文章观"的文章学概貌。虽则至晚清已有诗、词、曲、散文与骈文等纯文章观念的发展成熟,钱方琦、章太炎仍发力订误、续补《文章缘起》,这提醒我们注意同期学术史中"大文章"一脉的不可忽视。可以说,这一"文章缘起类"文献,有助于我们了解中国古代文章形态的发展史及学术史,值得整理研究。

附录:"文章缘起类"文献所见中国古代文章名谱

任昉《文章缘起》:85题

三言诗、四言诗、五言诗、六言诗、七言诗、九言诗、赋、歌、离骚、诏、玺文、策

---

① 朱维铮整理、钱伯城审阅《国故论衡》中卷,上海书店出版社,2012年,第441页。
② 参见吴承学《中国早期文体观念的发生》,香港三联书店,2019年,第21—23页。

文、表、让表、上书、书、对贤良策、上疏、启、奏记、牋、谢恩、令、奏、驳、论、议、反文、弹文、荐、教、封事、白事、移书、铭、箴、封禅书、赞、颂、序、引、志录、记、碑、碣、诰、誓、露布、檄、明文、乐府、对问、传、上章、解嘲、训、辞、旨、劝进、喻难、诫、吊文、告、传赞、谒文、祈文、祝文、行状、哀策、哀颂、墓志、诔、悲文、祭文、哀词、挽词、七发、离合诗、连珠、篇、歌诗、遗命、图、势、约

王得臣《麈史》：5 题

原、读、书、讼、订（按：此"书"不同于《文章缘起》所录日常往来书信之"书"，而是与"读"相近的读后感一类文体，如王得臣所举柳宗元《书段太尉逸事》）

陈懋仁《续文章缘起》：65 题

诗类（45 题）：

二言诗、八言诗、三良诗、四愁诗、七哀诗、百一诗、操、畅、支、繇、曲、行、吟、怨、思、读、讴、谣、咏、叹、弄、盐、乐、唱、谚、别、词、调、偈、杂言诗、盘中诗、相承诗、回文诗、反覆诗、建除诗、四时诗、集句、联句、名诗、绝句、律诗、和诗、不用韵诗、题用古诗、大言小言、咏史

文类（20 题）：

制、敕、麻、章、略、牒、状、述、断、辩、法、典引、说难、诅文、对事、客难、宾戏、答讥、释诲、尺牍

姚士麟《续文章缘起跋》：14 题

急就章、两头纤纤、五噫、十干、十二支、歇后、命、咒、质剂、券、契、千文、伶仃、示（过所）

《陈懋仁杂著》本 / 宝历本陈懋仁《续文章缘起》：107 题

二言诗、八言诗、十言诗、十一言诗、三五七九言诗、三良诗、愁、七哀诗、百一诗、八（一曰极）、九、操、畅、支（朴）、繇、夏（胡雅切）、曲、散（去声）、行、吟、怨、思、讴、谣、咏、叹、弄、盐、乐、唱、谚、别、词、调、偈、杂言、盘中诗、相承诗、回文诗、反覆诗、建除诗、四时诗、集句、联句、名诗、绝句、律诗、排律、隔句对诗、和诗、成相诗、不拘韵诗、题用古诗、大言小言、咏史；子、制、敕、玺书、谕告、命、谧法、敕文、批答、御札、制策、麻、榜子、章、曌、符、牒、状、传别/质剂、券、契、述、断、判、原、辩、评、法、典引、注疏、笺、仪注、题、跋、乱、谇、慢、说难、考、腶、诅文、谶（符谶）、墓碑、墓表、对事、客难、宾戏、答讥、释诲、零丁、尺牍、骈语

（按：此中"传别""质剂"两题而一体，其解题曰："按《周礼·小宰》：'听称

责以传别。'……郑曰：'传别、质剂，皆今之券书也。'"所列文章名与《文章缘起》重复 1 题："玺书"；与王得臣《麈史》所补重复 1 题："原"；与姚士麟《续文章缘起跋》所补重复 4 题："命、质剂、券、契"，则此本乃陈懋仁接纳姚士麟建议后增补本可知，增补后比《学海类编》本《续文章缘起》多出如下"十言诗、十一言诗、三五七九言诗、八、九、夏、曲、散、排律、隔句对、玺书、谕告、命、谥法、赦文、批答、御札、制策、榜子、符、传别/质剂、券、契、判、原、评、注疏、笺、仪注、题、跋、乱、诔、慢、考、嘏、讖、墓碑文、墓表、零丁、骈语"42 个文章题；但比学海本少"别，杜工部员外郎杜甫作《无家别》"1 题。）

《文章缘起补》：32 题

骈文、送穷文、自祭文、招魂、解、尺牍、诗、吟、篇、行、曲、古乐府、联句、赠答、次韵、回文、香奁体、竹枝、诗用赋得、古诗注一解二解等字、一言、三言、四言、五言、六言、七言、八言、九言、一字至七字诗、一字至十字诗、五绝、词曲（按：此书中"篇"指乐府作品中题名有"篇"字者，不同于《文章缘起》之"篇"指字书之体；"古乐府"相当于《文章缘起》"乐府"，"词曲"相当于《续文章缘起》"词"。总计此书与《文章缘起》重复 7 类："古乐府、三言、四言、五言、六言、七言、九言"；与《续文章缘起》重复 7 种："吟、行、曲、联句、回文、八言、词曲"。）

清祝文郁《（康熙）宁化县志·凡例》续补 1 题

志

章太炎《国故论衡》中卷"文学·辨诗"续补 4 题

发、遣、造、说

后记：在 2008 年举行的"中国古代文体学国际研讨会"上，笔者提交了题为《"文章缘起类"文献简论——〈文章缘起〉续、补、注、订误著作研究》的论文。会议发表后不久，该论文被贴到网络上，至今"道客巴巴"、"文档投稿赚钱"等网站上仍可见该会议论文的 pdf 版。今全面修订，正式刊发于本书，敬请读者继续赐教。

庚子年闰四月初二改定，时距洪适始刻《文章缘起》八百六十周年

韩愈"五原"文体创新的思想意涵

中国社会科学院文学研究所 刘 宁

韩愈的《原道》《原性》《原毁》《原人》《原鬼》，被后人称为"五原"，是韩愈弘扬儒道的重要作品，在后世产生巨大影响。"五原"以探求本原为核心，文体形式颇为独特。这种独特的文体形式，在后世追随仿效者众，明人将之概括为"原"体文。但是，"原"体文究竟具有怎样的文体特性，韩愈创造"原"体文的思想基础该如何认识，宗密《原人论》与韩愈"五原"之间是何种关系，这些问题尚未得到清晰的梳理，本文尝试对此做出分析。

一、"原"体与正名

对于"原"体文，明人徐师曾有如下阐说："若文体谓之'原'者，先儒谓始于退之之五原，盖推其本原之义以示人也。……石守道亦云：'吏部《原道》、《原人》等作，诸子以来未有也。'"①徐氏指出"原"体文的核心特征是推原本义，但具体有怎样的文体特征，则言之未详。明人许学夷则认为"原"体与一般论说文没有明显差别，所谓"按字书云：'原者，本也，谓推论其本原也。'自唐韩愈作五'原'，而后人因之，虽非古体，然其溯源于本始，致用于当今，则诚有不可少者。至其曲折抑扬，亦与论说相为表里，无甚异也"。②许氏的看法显然过于笼统。"原"体文推原本义这一核心特征在文体形式上有怎样的体现，是一个值得深思的问题。

韩愈"五原"，虽内容有别，但从思想结构上看，都是概念解析之文，通过对

---

① 吴讷著、于北山点校，徐师曾著、罗根泽点校《文章辨体 文体明辨序说》，人民文学出版社，1998年，第44页。
② 同上书，第132页。

重要思想概念内涵的界定,以及概念间的"别同异",实现推原本义、破斥邪说的目的。《原道》以"仁义"界定"道德"之内涵,揭示佛、老之道与儒道的差异,表达弘扬儒道、攮斥佛老的鲜明意旨;①《原性》以仁、义、礼、智、信界定"性"之内涵,再以三品言性的方式,辨析中品、下品之性与上品之性的差异;②《原人》在与天、地的相互关系中,确立人的独特位置,再辨析人与禽兽的区别,提出"圣人一视而同仁,笃近而举远"。③《原鬼》从音声、形状、气息之有无等,确立鬼"无声无形"、一旦人有悖谬之举,则托于形声"而下殃祸焉"的内涵,对"鬼"与"物"做出辨析。④《原毁》指出"毁"之根源,在于违背儒家为己之道的荒忽懈怠与嫉贤妒能。文章在树立古之君子为己进取之义的同时,驳斥了今之君子有违为己之道的种种表现。⑤

"原"体有鲜明的破斥之义,韩愈的"五原"正是其弘扬儒道、攮斥异端的集中表达,但破斥并非通过往复曲折的复杂辩难来实现,而是在明确树立核心概念之本义的基础上,通过对本义与歧义邪说的"别其同异"来达成。例如《原道》之破斥佛老之非,并未对佛老之义理展开深细的辩难,只是指出其崇尚清静无为,"外天下国家",与儒家之道判然有别,是与作为天下之公言的儒道所不同的"一人之私见"。《原人》在天、地、人相互关系中确立人的位置,在此基础上辨析人与禽兽之关系,《原鬼》论鬼与物之别,都是在区别同异后不再更多申论辩难。《原性》对性之上、中、下三品,也以阐述其差异为主,不做更多讨论。

"原"体文这种不骋辩锋的特点,与论议、辩难等议论文体颇为不同。论体文强调对与所述之理相关的各种观点进行辩证讨论,辩、议等强调辩难议论的文体,则有更丰富的论辩内容。如果说所有的议论文皆是以明辨是非为旨归,那么一般的论议辩难之文,往往出之以丰富曲折的论辩,而"原"体文则注重揭示概念之间的差异。理解"原"体文的核心,不在于寻绎其是否具有复杂的论辩技巧,而在于深入理解其如何对思想概念进行界定,如何揭示概念之间的差

---

① 韩愈著,刘真伦、岳珍校注《韩愈文集汇校笺注》,中华书局,2010年,第1—4页。
② 同上书,第47—48页。
③ 同上书,第67页。
④ 同上书,第70—71页。
⑤ 同上书,第58—60页。

异。这种独特的文体特点,带有鲜明的名学色彩,折射出儒家正名思想的显著影响。

在中国古代名学的复杂思想世界中,儒家的名学追求始终以孔子的正名思想为核心。孔子将正名视为推行儒家伦理的重要手段,期望通过"正名"实现"正政"。与更具逻辑色彩的墨家名辨思想相比,孔子的正名思想带有鲜明的伦理教化色彩,具有在思想上对礼崩乐坏加以拨乱反正的显著用心。荀子在战国晚期,面对诸子争鸣、儒道不彰的局面,接续并大力深化孔子的正名学说,以期实现"正道而辨奸"①、"邪说不能乱,百家无所窜"②的目的。汉代董仲舒为了实现罢黜百家、独尊儒术,进一步接续正名之论,并做出独特的阐发。可见,汉唐以来,正名是儒家回应思想挑战、树立自身思想权威的重要思想武器。以复兴儒道、攘斥佛老为己任的韩愈,不仅积极继承了这一思想传统,而且根据中唐新的思想需要,对正名的内涵与方法做出新的调整,其"五原"正集中体现了他对正名思想的继承与创新。

二、推原本义:对思想概念做明确的本质定义

韩愈的"五原"志在推求所讨论的核心概念的本义,为了鲜明地揭示本义,这些篇章都用明确的本质定义的方式界定概念的内涵。《原道》提出"博爱之谓仁,行而宜之之谓义;由是而之焉之谓道,足乎己无待于外之谓德。仁与义为定名,道与德为虚位"。③ 这里,作为儒家德行的"仁义",被界定为"道德"的确定内涵。《原性》明确提出恒常不变的儒家伦理德性是人性的本体,以此回应各种关于人性的曲说浅见。《原鬼》则明确树立儒家的鬼神观,排除各种民间荒诞物怪之说的淆乱。

"五原"这种用确定的伦理本质来界定概念的方法,在儒家正名思想的发展史上,颇具特色。提倡正名的孔子,十分注重对概念的界定,但是面对许多道德、思想范畴的复杂内涵,他并未做出清晰确定的本质说明,例如对"性"与"道"

---

① 王先谦《荀子集解》,中华书局,1988年,第281页。
② 同上。
③ 《韩愈文集汇校笺注》,第1页。

这样的概念,孔子从未做出清晰的界定,子贡感慨"夫子之文章,可得而闻也;夫子之言性与天道,不可得而闻也"。① 孔子云"性相近也,习相远也"②,"道不行,乘桴浮于海"③,这些都不是对性、道的直接定义。孔子大量使用描述的方式来说明概念,例如他最为重视的"仁",即有多种描述,如"樊迟问仁,子曰:'爱人'"④、"克己复礼为仁"⑤等,又如何谓君子,《论语》中亦有大量的描述。他常常针对具体的对象,抓住概念的某一特征进行界定,例如对于叶公问政,他以"近者说、远者来"⑥作答。

荀子在深化孔子正名思想的过程中,进一步丰富了概念的界定方法,他"更多地是从一件事物的发生方面,或从它的作用方面,或从它和其它类似的事物的不同方面,互相对比,或用性质的分析来下定义"。⑦ 这对孔子侧重描述的概念界定法做出进一步推进,但仍与韩愈"五原"的伦理本质定义法,颇为不同。董仲舒将正名建立在天意的基础上,对概念的定义,常常借助声训、形训的方法,说明"名"所体现的天意,例如"名之为言,鸣与命也"⑧、"君者元也,君者原也,君者权也,君者温也,君者群也"⑨、"心止于一中者,谓之忠"⑩。这样的概念界定法,相较于孔、荀,增添了天意的基础和背景,但偏于描述式的基本界定特点没有改变。

韩愈"五原",在推原本义的鲜明追求中,改变了传统正名思想中描述式的概念界定法,对核心概念做出明确的本质界定。韩愈创造"原"体文这种独特的文体形式,就是为了标举和揭示这种对核心概念的本质定义,离开这一目的,"原"体文即失去其内在的文体意义。用原体的形式,提出核心思想概念的本质定义,体现了韩愈回应佛老挑战、弘扬儒道的深刻用心,这种本质定义的提出,也成为儒家伦理本体论的重要先声。《原道》以"仁义"为"道德"定名,就使在

---

① 刘宝楠撰、高流水点校《论语正义》,北中华书局,1990年,第184页。
② 同上书,第676页。
③ 同上书,第170页。
④ 同上书,第511页。
⑤ 同上书,第483页。
⑥ 同上书,第535页。
⑦ 温公颐《先秦逻辑史》,上海人民出版社,1983年,第283页。
⑧ 苏舆撰、钟哲点校《春秋繁露义证》,中华书局,2002年,第285页。
⑨ 同上书,第290页。
⑩ 同上书,第346页。

孔、荀那里未能定于一是的"道",获得了明确的本质定义。在《原性》中,韩愈用恒常不变的德性来界定人性的本质,同样体现了这样的用心,只是由于《原性》以三品言性的形式展开论述,如果不细致辨析《原性》与汉唐人性思想的复杂关系,就难以看出其揭人性德性本质的用心,故而在此稍做梳理。

韩愈《原性》将人性区分为上、中、下三品,这与董仲舒、王充的人性论思想十分接近。《春秋繁露》将人性区分为圣人之性、中民之性、斗筲之性。王充《论衡》则赞同周人世硕的意见,认为人性有善有恶,并将人性区分为中人以上、中人和中人以下三品,所谓"余固以孟轲言人性善者,中人以上者也;孙卿言人性恶者,中人以下者也;扬雄言人性善恶混者,中人也"。①

韩愈虽然在形式上与董、王近似,但在思想内涵上,则颇具新意。《原性》提出:"性也者,与生俱生也。情也者,接于物而生也。性之品有三,而其所以为性者五。"②所谓"为性者五",是指仁、义、礼、智、信五种德性。《原性》依据五种德性对人性三品的划分标准,做出了独特的说明:"上焉者之于五也,主于一而行于四;中焉者之于五,一不少有焉则少反焉,其于四也混;下焉者之于五也,反于一而悖于四。"③五种德性,以"仁"为核心,德性的有无及纯粹与否的状态,是人性品级划分的根本依据。韩愈相当明确地为人性确立了以仁为核心的德性本体。这与董、王性三品说有明显的不同。

董仲舒认为性是人先天具有的资质:"如其生之自然之资谓之性。性者质也。"④他肯定人有先天的善质,但善质并不等同于善,需要得到后天的教化才能成为善,所谓"善如米,性如禾。禾虽出米,而禾未可谓米也。性虽出善,而性未可谓善也"。⑤又云:"性有似目,目卧幽而瞑,待觉而后见。当其未觉,可谓有见质,而不可谓见。今万民之性,有其质而未能觉,譬如瞑者待觉,教之然后善。当其未觉,可谓有善质,而不可谓善,与目之瞑而觉,一概之比也。"⑥

董仲舒承认人先天具有善质,这与孟子认为人具有善端十分接近,但是孟

---

① 王充撰、黄晖校释《论衡校释》,中华书局,2006 年,第 143 页。
② 《韩愈文集汇校笺注》,第 47 页。
③ 同上书,第 47 页。
④ 同上书,第 291—292 页。
⑤ 同上书,第 311 页。
⑥ 同上书,第 297—298 页。

子认为善端即善,进而以人性为善,但董仲舒认为善端与善质皆不同于善,因此不能以善来定义人性,其《深察名号》云:"性有善端,动之爱父母,善于禽兽,则谓之善。此孟子之善。循三纲五纪,通八端之理,忠信而博爱,敦厚而好礼,乃可谓善。此圣人之善也。……圣人之所谓善,未易当也,非善于禽兽则谓之善也。……圣人以为无王之世,不教之民,莫能当善,善之难当如此,而谓万民之性皆能当之,过矣。质于禽兽之性,则万民之性善矣;质于人道之善,则民性弗及也。万民之性善于禽兽者许之,圣人之所谓善者弗许。吾质之命性者异孟子。孟子下质于禽兽之所为,故曰性已善;吾上质于圣人之所为,故谓性未善。善过性,圣人过善。"①

董仲舒以圣人的标准来确定善,这样的善,显然非万民本性中所具有的善质所可企及,他认为作为先天资质的性,只能由中民之性来规定,所谓"圣人之性不可以名性,斗筲之性又不可以名性,名性者,中民之性。中民之性如茧如卵。卵待覆二十日而后能为雏……性待渐于教训而后能为善。善,教训之所然也,非质朴之所能至也,故不谓性。……善出于性,而性不可谓善"。② 可见,董仲舒的人性论看重后天教化对人性的影响,他以人的先天资质来看待人性,这其中虽然也包含善质,但也有贪性,"人之诚,有贪有仁。仁贪之气,两在于身。身之名,取诸天。天有两阴阳之施,身亦两有贪仁之性"。③ 他通过对善端非善的剖辨,反对性善之说,淡化了善之于人性的根本意义。

王充《论衡》对前人的人性学说做了全面的批评,韩愈一定关注过王充的讨论,因为《原性》对性善、性恶说的批评,所举的例子,都与王充颇为一致。王充批评孟子性善说,举羊舌食我为例:"羊舌食我初生之时,叔姬视之,及堂,闻其啼声而还,曰:'其声,豺狼之声也。野心无亲。非是莫灭羊舌氏。'遂不肯见。及长,祁胜为乱,食我与焉。国人杀食我,羊舌氏由是灭矣。"④韩愈《原性》亦援引此例。王充又举"丹朱"与"商均",证明中人以下之恶,虽有后天善习,亦无法

---

① 《韩愈文集汇校笺注》,第303—305页。关于董仲舒的人性论思想,学界多有讨论,参见冯友兰《中国哲学史新编》第2册(人民出版社,2001年)、曾振宇《董仲舒人性论再认识》(《史学月刊》2002第3期)、王琦、朱汉民《论董仲舒的人性论建构》(《北京大学学报》2014年第5期)、黄开国《董仲舒的人性论是性朴论吗?》(《哲学研究》2014年第5期)等。
② 同上书,第311—312页。
③ 同上书,第294—296页。
④ 《论衡校释》,第132页。

改变;韩愈《原性》同样举出类似的例子,证明后天善习无法改变之恶。对于荀子之性恶说,王充以后稷为例言其非是,韩愈也援引了同样的例证。[①]

但是,王充用元气来说明人性,认为"人之善恶,共一元气"[②],"人禀元气于天,各受寿夭之命,以立长短之形"。[③] 人禀受的元气有厚薄多少之不同,因此人性有善恶贤愚的差别:"禀气有厚泊,故性有善恶也。残则受[不]仁之气泊,而怒则禀勇渥也。仁泊则戾而少愈,勇渥则猛而无义……人之善恶,共一元气。气有少多,故性有贤愚。"[④]这里的五常,是指元气中的五常之气,即仁之气、义之气、礼之气、智之气、信之气。人性作为人的自然材质,也含有道德的含义。但人性的根本是元气,元气有善有不善,人性亦有善有不善,可见,以元气为人性之本的王充,也不认为善之于人性,有根本的意义。

韩愈《原性》开篇虽然提出"性者,与生俱生也",[⑤]但他并没有从先天自然资质和禀赋的角度来理解性,而是明确提出"所以为性者五",以仁、义、礼、智、信五种德行来确立性的内涵,并认为中品之性所以为中品,在于五种德性不够坚牢纯粹;下品之性所以为下品,在于完全违背五种德性。从这个意义上看,他继承了孟子的性善论,确立了善之于性的根本意义。孟子认为后天之恶,在于善端的破坏与丢失,而韩愈以五种德性之多寡有无对中品与下品之性所进行的定义,与孟子以放心论后天之恶的思路,颇为接近。从这个意义上看,韩愈的三品说相对于董仲舒、王充有了明显的理论新意,对于宋儒的人性论有直接的启发。

然而值得进一步思考的是,韩愈的人性思考,虽然在理论内涵上相对于董仲舒、王充有了明显的变化,但在形式上,仍然采用三品言性的方式,以至于受到后人的许多批评。他这一做法有怎样的用心,还需要做深入的分析。

首先,以三品言性,使他能在继承孟子性善之说的基础上,进一步提出人不可变易的善性。韩愈虽然接续了孟子性善论的理论旨趣,但他仍然对孟子之说

---

① 关于王充的人性论思想,学界多有讨论,参见冯友兰《中国哲学史新编》第2册、丁四新《世硕与王充的人性论思想研究》(《文史哲》2006年第5期)。
② 《论衡校释》,第81页。
③ 同上书,第59页。
④ 同上书,第80—81页。
⑤ 《韩愈文集汇校笺注》,第47页。

提出批评,并将其与荀子性恶、扬雄性善恶混之说,一同归于对中品之性的言说,认为"三子之言性也,举其中而遗其上下者也,得其一而失其二者也"。① 这种不满的原因在于,孟子虽主性善,但多次谈到善端遗失所造成的后天之恶,主张求其放心。在韩愈看来,孟子所谈的善端是会变化的,其所论之性善,是会变化的善。主张性恶论的荀子,认为后天的学习、教化,可以改变先天之性恶,实现"化性起伪",因此对于荀子来说,性恶也是可以变化的。可变的善,与可变的恶,都只能是中品之性的特点,所谓"孟子之言性曰:人之性善;荀子之言性曰:人之性恶;扬子之言性曰:人之性善恶混。夫始善而进恶,与始恶而进善,与始也混而今也善恶,皆举其中而遗其上下者也,得其一而失其二者也"。② 因此,韩愈通过三品言性中的上品之善可以进一步提出不可变易的善性,这就更突出了人性之善的绝对性。

性三品说源自孔子的"唯上智与下愚不移"③,但无论是董仲舒、抑或王充,都未对上品与下品之性的"不移"给予充分的关注。董仲舒论性,着眼于中民之性,极少涉及圣人之性与斗筲之性;王充依据禀赋元气的多寡厚薄来品第人性,也极少从"不移"的角度看待中人以上与中人以下之性。他对于孟子与荀子人性论,主要从人有先天之善与先天之恶来反对孟荀的性善性恶论,所谓"性本自然,善恶有质。孟子之言情性,未为实也"④,"性恶者,以为人生皆得恶性也;伪者,长大之后,勉使为善也。若孙卿之言,人幼小无有善也。稷为儿,以种树为戏;孔子能行,以俎豆为弄。石生而坚,兰生而香。禀善气,长大就成,故种树之戏,为唐司马;俎豆之弄,为周圣师。禀兰石之性,故有坚香之验。夫孙卿之言,未为得实"⑤。这种批评的视角,和韩愈认为荀孟皆从变易言性,故所论止于中品之性的批评,其着眼点大为不同。韩愈借这也是对人性之德性本体的进一步充实。

可见,《原性》对汉唐的人性论思想进行了深入的改造,借助性三品说上品之善的恒定不移,确立了人性之善的绝对性,在这个基础上,《原性》明确用儒家

---

① 《韩愈文集汇校笺注》,第48页。
② 同上。
③ 《论语正义》,第678页。
④ 《论衡校释》,第120页。
⑤ 同上书,第138页。

伦理的五常之德规定人性的本质。这与其《原道》明确以"仁义"规定"道德"之本质,体现了完全一致的思想追求。

《原道》与《原性》明确用儒家伦理界定"道"与"性"的本质,这体现了韩愈对儒家正名理论的变化与调整,其间透露出对儒家伦理做本体化思考的内在趋势,这一点尤其具有回应佛老挑战的深刻用心。《原性》所提出的永恒不变的道德人性,在某种意义上可以看作是对佛教之佛性说的回应。佛教的佛性观,虽然有比较复杂的内涵,但很重要的一点即是佛性的常住不变,《佛性论》讲到"如来性"或"法身"的六种"无异":"一无前后际变异,二无染净异,三无生异,四无转异,五无依住异,六无灭异。"①天台宗智𫖮主张"三因佛性",《金光明经玄义》卷上:"云何三佛性？佛名为觉,性名不改,不改即是非常非无常,如土内金藏,天魔外道所不能坏,名正因佛性。了因佛性者,觉智非常非无常,智与理想应,如人善知金藏,此智不可破坏,名了因佛性。缘因佛性者,一切非常非无常,功德善根资助觉智,开显正性,如耘除草秽,掘出金藏,名缘因佛性。"②佛性之非常非无常,即是佛性不改之义。韩愈以恒常不移的上品之善界定人性的本质内涵,使道德人性同佛性一样具有常住不变的性质,这无疑呈现出回应佛教挑战,使儒家伦理更具本体论色彩的努力。

三、论证形式:别同异与明高下

韩愈"五原"对概念之本义与歧义邪说之间的辨析,在揭示其区别的同时,又强调其有高下之别,这种做法与正名思想"别同异、明贵贱"的旨趣有着密切联系。

《原道》在揭示儒道与佛、老的根本差异的同时,表达了对佛、老作为"一人之私言"的蔑视,鲜明地流露出儒道优于佛老的自信。《原人》对人与禽兽的辨析,也有主次高下之别,故云:"圣人一视而同仁,笃近而举远。"③对此呈现得最为鲜明的,当推《原性》的三品言性。

---

① 《大正藏》第31册,第806页下。
② 同上书,第39册,第4页上。
③ 《韩愈文集汇校笺注》,第67页。

先秦的人性论思考,并未形成为人性区分品级的做法,汉代以后董仲舒、王充则以品级论性。黄开国曾将先秦孟、荀为代表的人性论,称为"性同一说",将汉唐时期的人性论,称为"性品级说"。① 如果细致分析"性品级说"的内容与形式,就可以看到,为人性区分品级,是运用儒家正名逻辑与方法来认识人性的结果,体现了正名理论"别同异、明贵贱"的旨趣对人性论的深刻影响。

董仲舒《春秋繁露》有大量的正名思考,其《深察名号》一篇,全面阐述了其独特的正名思想:"治天下之端,在审辨大。辨大之端,在深察名号。名者,大理之首章也,录其首章之意,以窥其中之事,则是非可知,逆顺自著,其几通于天地矣。是非之正,取之逆顺;逆顺之正,取之名号,名号之正,取之天地,天地为名号之大义也。"②董仲舒对人性的讨论,即大量出现在《深察名号》一篇中。另一集中谈论人性的《实性》,也是以孔子"名不正则言不顺"开篇,体现出"正名"对其人性思考的深入影响。他运用"诘其名实,观其离合"③的方式,对"性"与"善"、"性含善质"与"性善"之同异,做了极为细密的辨析。他指出"性"与"善"有别,"性含善质"亦不同于"性善"。

董仲舒对人性不同品级的划分,正与其对"性"与"善"、"性含善质"与"性善"的深入辨析,在逻辑上相一致。正是有"善质"与"善"的不同,才有圣人之性、中民之性和斗筲之性的差别。可见,对性区分品级,是运用正名的逻辑和方法认识人性的直接产物。

如前所述,儒家的正名理论以伦理教化为目的,依据正名原则所进行的别同异、辨是非,并不完全是对客观实际的同异是非的反映,而更多地体现了主观上的价值标准和伦理原则。董仲舒对"性"、"善"等概念的辨析,也并不完全是在探索人性的客观实际,而是渗透了浓厚的教化民性的目的,他对"性含善质"与"性善"之差异的辨析,尤其体现了这一点:"天生民性有善质,而未能善,于是为之立王以善之,此天意也。民受未能善之性于天,而退受成性之教于王,王承天意,以成民之性为任者也。今案其真质,而谓民性已善者,是失天意而去王任也。万民之性苟已善,则王者受命尚何任也?其设名不正,故弃重任而违大命,

---

① 黄开国《儒家性品级说的开端》,《哲学研究》2009年第5期。
② 《春秋繁露义证》,第284—285页。
③ 同上书,第291页。

非法言也。"①可见,"性含善质"与"性善"的差异,体现了圣人希望以人间的君王来教化万民的用心,如果将这两个概念混同,上天教化万民之意就无法安置,设名不正,会导致"弃重任而违大命"的严重后果。在这个意义上,圣人之性、中民之性、斗筲之性三者之名,也不完全是对客观人性的概括,而是体现了圣人如何教化人性的伦理标准和价值体系。

董仲舒通过"正名"来展开人性思考,这与荀子的人性思考有相当直接的渊源关系。荀子提出制名之枢要,在于"明贵贱、别同异",所谓"异形离心,交喻,异物名实玄纽,贵贱不明,同异不别,如是则志必有不喻之患,而事必有困废之祸。故知者为之分别制名以指实,上以明贵贱,下以辨同异。贵贱明,同异别,如是则志无不喻之患,事无困废之祸,此所为有名也。"②

追求"明贵贱"的正名,是荀子明分使群思想的直接体现,荀子认为治国的关键,在于明分使群,即依据礼义确立名位职分,化解群体内部的纷争,所谓"离居不相待则穷,群而无分则争。穷者患也,争者祸也,救患除祸,则莫若明分使群矣"③,"上在王公之朝,下在百姓之家,天下晓然皆知其非以为异也,将以明分达治而保万世也"④。基于礼义的"明分",既包含差异,也包含贵贱,由此《荀子》一书中大量别同异的正名内容,既着眼于名与名之间的性质之别,也着眼其品级之异,例如荀子认为"辩"有圣人之辩、士君子之辩、奸人之辩。圣人之辩:"不先虑,不早谋,发之而当,成文而类,居错迁徙,应变不穷。"⑤士君子之辩:"先虑之,早谋之,斯须之言而足听,文而致实,博而党正。"⑥奸人之辩:"听其言则辞辩而无统,用其身则多诈而无功,上不足以顺明王,下不足以和齐百姓,然而口舌之均,噡唯则节,足以为奇伟偃却之属。"⑦类似这样品级分殊之论,在《荀子》一书中十分常见。

荀子对于人性的核心见解,亦出现在《正名》篇中,他提出人性可以靠后天的"知"与"勇"化性起伪而向善:"涂之人者,皆内可以知父子之义,外可以知君

---

① 《春秋繁露义证》,第302—303页。
② 《荀子集解》,中华书局,1988年,第276页。
③ 同上书,第113—114页。
④ 同上书,第157页。
⑤ 同上书,第56页。
⑥ 同上。
⑦ 同上。

臣之正,然则其可以知之质,可以能之具,其在涂之人明矣。今使涂之人者,以其可以知之质,可以能之具,本夫仁义法正之可知之理,可能之具,然则其可以为禹明矣。"①不同的人,因"知"与"勇"的不同,化性起伪的程度也出现差异:"小人君子者,未尝不可以相为也,然而不相为者,可以而不可使也。故涂之人可以为禹则然,涂之人能为禹,未必然也。"②

具体到"知"与"勇"的不同层次,荀子认为有圣人之知、士君子之知、小人之知、役夫之知,有上勇、中勇、下勇。圣人之知:"多言则文而类,终日议其所以,言之千举万变,其统类一也。"③士君子之知:"少言则径而省,论而法,若佚之以绳。"④小人之知:"其言也诐,其行也悖,其举事多悔。"⑤役夫之知:"齐给便敏而无类,杂能旁魄而无用,析速粹孰而不急,不恤是非,不论曲直,以期胜人为意。"⑥上勇则是:"天下有中,敢直其身;先王有道,敢行其意;上不循于乱世之君,下不俗于乱世之民;仁之所在无贫穷,仁之所亡无富贵;天下知之,则欲与天下同苦乐之;天下不知之,则傀然独立天地之间而不畏。"⑦中勇:"礼恭而意俭,大齐信焉而轻货财,贤者敢推而尚之,不肖者敢援而废之。"⑧下勇:"轻身而重货,恬祸而广解,苟免不恤是非然不然之情,以期胜人为意。"⑨这就辨析人们"化性起伪"之能力的不同品级层次,体现了以"明分"为核心的正名思考对人性论的显著影响。

荀子对人的"化性"能力所做的品级区分,和董仲舒圣人之性、中民之性、斗筲之性三品的品级区分,虽然在内涵上不无差异,但其间的联系也明显可见。运用正名思想来认识人性的荀子,虽然还没有明确对人性做品级上的区分,但其对"化性"能力的区分,在某种程度上,可以视为汉唐时代性品级说的先声。

《原性》以三品言性以及"五原"从整体上对概念之间"别同异"与"明贵贱"

---

① 《荀子集解》,中华书局,1988年,第296页。
② 同上。
③ 同上书,第297页。
④ 同上。
⑤ 同上。
⑥ 同上书,第298页。
⑦ 同上。
⑧ 同上书,第298—299页。
⑨ 同上书,第299页。

的重视,体现韩愈对荀子以来儒家正名思想方法的深入继承。如前所述,儒家的正名理论具有深刻的伦理教化内涵,荀子、董仲舒运用正名来认识人性,体现了教化人性的深刻用心。韩愈虽然上继孟子,强调道德的内在性,但他也通过弘扬师道,以新的形式,发扬儒家的教化传统,尤其是"五原"这组文章,是其弘扬儒道、攘斥佛老的核心表达,不仅要明辨儒道与佛老之异,更要强调儒相对于佛老更为重要的思想地位,既要"别同异",亦要"明贵贱",从而实现攘斥异端、弘扬儒道的深刻用心,这同样是儒家教化精神的体现。与荀子、董仲舒不同的是,教化之权不在圣人与圣王的手中,而在于"匹夫而为百世师"的韩愈本人手中,而其所要树立的,是儒道价值体系的权威。

可见,"五原"从思想结构上看,体现了韩愈对儒家正名思想的深刻理解与新创变,其对"名"做本质定义、直探本原,开启儒家伦理本体化的趋向,对"名"的别同异与明高下,树立了儒家伦理的权威地位,表达了弘扬儒道、教化当世的深刻抱负。"五原"的弘道意义,是由其内在的思想结构所奠定的。在韩愈的创造下,"原"体文成为一种由儒家正名思想所深刻塑造的、树立儒家伦理本体与权威地位的独特文体形式。它在后世所以获得广泛仿效,就在于其呼应了宋代以下思想领域重建儒学本体地位和权威地位的新需要。

四、宗密《原人论》与"五原"

与韩愈大致同时的佛教华严宗五祖及禅宗菏泽系传人宗密(780—841),作有一篇《原人论》。"五原"与《原人论》孰先孰后,学界一直存在争议。学界从《原人论》的思想内容,判断它是宗密的晚期作品,但由于"五原"的创作时间尚未有定论,因此争议一直未有定论。从文体形式上看,"五原"和《原人论》存在值得关注的差异,而这一差异反映了"原"体文和中古时期流行的"论"体文的不同,从这一角度,可以对两者的关系,获得进一步认识。

论体文的流行是从东汉开始,其基本特征是以辨析群言的方式,对抽象义理进行反思。[①]《文心雕龙·论说》将之概括为"述经叙理"、"弥纶群言,而研精

---

① 参见拙作《"论"体文与中国思想的阐述形式》,《北京大学学报》2010年第1期。

一理者也"。① "论"是一种反思性的文体,注重对群言的辨析,辩难论议的内容较为丰富。如前所述,"原"体文作为一种概念解析之文、正名之文,其辩难论议的内容是大大简化的。宗密《原人论》对儒道二教,以及人天教、小乘教、大乘法相教、大乘破相教等的批评,辨析深入,带有鲜明的辨析群言的特点,在这一点上,其"论"的色彩十分鲜明;例如其斥执迷第一、破斥儒道二教之妄:

> 儒道二教,说人畜等类,皆是虚无大道生成养育,谓道法自然生于元气,元气生天地,天地生万物,故愚智贵贱贫富苦乐,皆禀于天,由于时命;故死后却归天地,复其虚无。然外教宗旨,但在乎依身立行,不在究竟身之元由,所说万物不论象外,虽指大道为本,而不备明顺逆起灭染净因缘,故习者不知是权,执之为了。今略举而诘之。
>
> 所言万物皆从虚无大道而生者,大道即是生死贤愚之本,吉凶祸福之基。基本既其常存,则祸乱凶愚不可除也,福庆贤善不可益也,何用老庄之教耶? 又道育虎狼、胎桀纣、夭颜冉、祸夷齐,何名尊乎?
>
> 又言万物皆是自然生化非因缘者,则一切无因缘处悉应生化,谓石应生草,草或生人,人生畜等。又应生无前后,起无早晚,神仙不藉丹药,太平不藉贤良,仁义不藉教习,老庄周孔何用立教为轨则乎?
>
> 又言皆从元气而生成者,则欻生之神未曾习虑,岂得婴孩便能爱恶骄恣焉? 若言欻有自然便能随念爱恶等者,则五德六艺悉能随念而解,何待因缘学习而成?
>
> ……
>
> 又言贫富贵贱、贤愚善恶、吉凶祸福皆由天命者,则天之赋命,奚有贫多富少、贱多贵少? 乃至祸多福少? 苟多少之分在天,天何不平乎! 况有无行而贵,守行而贱,无德而富,有德而贫,逆吉义凶,仁夭暴寿,乃至有道者丧,无道者兴? 既皆由天,天乃兴不道而丧道? 何有福善益谦之赏,祸淫害盈之罚焉? 又既祸乱反逆皆由天命,则圣人设教,责人不责天,罪物不罪命,是不当也。然则《诗》刺乱政,《书》赞王道,礼称安上,乐号移风,岂是奉上天之意,顺造化之心乎? 是知专此教者,未能原人。②

---

① 范文澜注《文心雕龙注》,人民文学出版社,1962年,第327页。
② 《大正藏》第45册,第708页上—下。

韩愈"五原"文体创新的思想意涵

这里宗密将儒道二教的原人观归纳为大道生成论、自然论、元气论和天命论,逐一加以分析和批评,指出其理论矛盾及与现实之间的矛盾;具体针对上述每一种错误观念,宗密又区别不同层次加以辨析纠谬。例如对天命论的批评,分三层进行:一责问天的不公,二以死难生,三指出天命论的理论和实践的矛盾。① 这种行文结构,是"论"体文最典型的文体特征。

《原人论》与"五原"又一明显差异,在于它破斥各教的迷执与偏浅之后,揭示出真心的终极地位,再由真心出发,对所破斥的各教进行融合会通,其会通本末第四云:

> 所起之心,展转穷源,即真一之灵心也。究实言之,心外的无别法,元气亦从心之所变,属前转识所现之境,是阿赖耶相分所摄。从初一念业相,分为心境之二,心既从细至粗,展转妄计乃至造业,境亦从微至著,展转变起乃至天地。业既成熟,即从父母禀受二气,与业识和合,成就人身。据此则心识所变之境,乃成二分:一分即与心识和合成人,一分不与心识和合,即成天地、山河、国邑,三才中唯人灵者,由与心神合也。佛说内四大与外四大不同,正是此也。
>
> 哀哉!寡学异执纷然。寄语道流,欲成佛者,必须洞明粗细本末,方能弃末归本,返照心源。粗尽细除,灵性显现,无法不达,名法报身;应现无穷,名化身佛。②

这种破斥之后的会通融合,是佛教判教的思想追求。如前所述,"原"体文通过别同异与明高下,破斥异端曲说,运用儒家的正名思想来树立儒道的权威。儒家正名观的"别同异"与"明贵贱",与判教之追求会通圆融,旨趣颇为不同。

《原人论》是运用佛教的判教思维探求人之本原的作品,在文体形式上带有浓厚的"论"体文色彩。与韩愈"五原"以儒家正名论为核心的思维结构,以及由此形成的不尚辩论的独特文体形式,都有明显的差异。从这种文体差异来看,宗密的《原人论》很可能是出于"五原"之后,是宗密针对"原人"这样一个独特的话题,运用长期流行的"论"体形式,依据其佛教判教思维,写成《原人论》。韩愈

---

① 参见董群《〈原人论〉全译》,巴蜀书社,2008 年,第 13—27 页。
② 《大正藏》第 45 册,第 710 页下。

"五原"中的《原人》很可能在话题上启发了宗密的创作,宗密用他自己的思考和所掌握的传统文体形式,回应了这一话题。具有独特思想与文体形式内涵的"原"体文,其首创之功,当如后人所说,是属于韩愈的。

韩文札记二则

台湾大学中文系　何寄澎

二三十年来,我个人教学、研究的重心都在唐、宋古文,日积月累,不免有些一己的心得,虽多属刍荛之见,但其中或亦有可采者,因而不揣浅陋,暂以韩文为对象,草撰札记二则,敬供学者参考。①

一、《柳子厚墓志铭》

韩愈墓志之作,最能代表其变创新体,树立新古文典范之成就,学者论之已多,拙著《唐宋古文新探》②《典范的递承:中国古典诗文论丛》③二书中相关篇章中亦屡有触及,此处特拈《柳子厚墓志铭》一文,略予补述。

首先,《柳志》之题称,不依旧例称官,作《柳州刺史柳宗元墓志铭》,而以"字"称④,学者多从黄宗羲之说,以为"友人则称字"⑤。但我个人以为,如此解释,恐失之拘简。因为"柳州刺史"一职绝非宗元志业之所冀,甚且为其毕生之遗憾,则韩以知友之情,又如何能从俗以其最终、最高之官职称之?而此一称呼,又如何能表彰柳之生命价值?要之,此称"字",或不仅着眼于"友人",乃更体察称"官"不足以彰子厚之价值,不足以明子厚之心志也。王行《墓铭举例》卷

---

① 拙作《应酬与文学:韩愈古文改创的策略与实践》(收录于台大中文系编《林文月先生学术成就与薪传国际学术研讨会论文集》,台大中文系,2014 年,第 379—396 页)曾以《徐泗豪三州节度掌书记厅石记》《新修滕王阁记》《送杨少尹序》《送温处士赴河阳军序》《画记》《蓝田县丞厅壁记》《送廖道士序》《送高闲上人序》《殿中少监马君墓志》《试大理评事王君墓志铭》为例,阐论己见。本文所论,悉避上举诸例。
② 《唐宋古文新探》,台北大安出版社,1990 年;北京大学出版社,2010 年。
③ 《典范的递承:中国古典诗文论丛》,台北文史哲出版社,2002 年。
④ 按,韩文类似之例甚多,如《南阳樊绍述墓志铭》《李元宾墓志铭》等皆是。
⑤ 黄氏之言,见氏著《金石要例》"称呼例"。

一"柳子厚墓志铭条"云:"题不书官,其字重于官也。"王应奎《柳南续笔》卷四云:"以见其人不必以爵位为重,是亦所以贵之也。"可谓略识此旨。①

其次,《柳志》开章即自柳宗元七世祖述起,特别提及"曾伯祖奭为唐宰相,与褚遂良、韩瑗俱得罪武后,死高宗朝。皇考讳镇,以事母弃太常博士,求为县令江南,其后以不能媚权贵,失御史,权贵人死,乃复拜侍御史。号为刚直,所与游皆当世名人"。表面上,这是循旧例的"曰族出"②,但对照柳宗元"俊杰廉悍"的人格特质,恐怕隐然有托出"刚直"乃柳氏家风的深意在。

第三,《柳志》中有如下一段文字:

> 子厚前时少年,勇于为人,不自贵重顾藉,谓功业可立就,故坐废退。既退,又无相知有气力得位者推挽,故卒死于穷裔,材不为世用,道不行于时也。使子厚在台省时,自持其身已能如司马、刺史时,亦自不斥;斥时有人力能举之,且必复用不穷。然子厚斥不久,穷不极,虽有出于人,其文学辞章,必不能自力以致必传于后如今无疑也。虽使子厚得所愿,为将相于一时,以彼易此,孰得孰失?必有能辨之者。

韩愈在此特别述子厚初入宦途时为人处世的特质,及其迭遭不幸,终则"死于穷裔,材不为世用,道不行于时"的坎坷。值得吾人细加体会的是:字里行间,不断推想、推论,而此种种推想、推论,益增无比痛惜叹惋之情。而尤其令人感动者,乃结尾翻转,"其文学辞章必不能自力以致必传于后如今无疑也"二十一字

---

① 韩志柳墓以其"字"为题称的"用心",影响欧阳修甚深。一般而言,欧志至友多以"字"称,如《尹师鲁墓志铭》《张子野墓志铭》《黄梦升墓志铭》等,其中或亦有称官不足以重之之意。然亦有时翻转,故意称官而不称字,如《河南府司录张君墓表》。张君者,欧之至友张尧夫。题不称字而称官者,殆因尧夫早死,未达功名,然其官司录,却使河南人多赖之,是尧夫一生治绩最可称者在此,则虽卑官而称之,正用以表彰尧夫之功德;再者,尧夫乃欧阳初官西京留守推官时之同僚,题称"河南府司录",或正以记少年情,而写怀旧之思。再如《湖州长史苏君墓志铭》,其中有云:"以君文正公之所荐而宰相杜公婿也,乃以事中君,坐监进奏院祠神、奏用市故纸钱会客为自盗除名。君名重天下,所会客皆一时贤俊,悉坐贬逐。然后中君喜曰:'吾一举网尽之矣。'……居数年,复得湖州长史。庆历八年十二月某日,以疾卒于苏州,享年四十有一。君先娶郑氏,后娶杜氏。三子,长曰泌,将作监主簿;次曰液,曰激。二女,长适前进士陈纮,次尚幼。初,君被罪时,以奏用钱为盗,无敢辨其冤者。自君卒后,天子感悟,凡所被逐之臣复召用,皆显列于朝,而至今无复为君言者,宜其欲伸于地下也,宜乎述其得罪以死之详,而使后世知其有以也。"可知题称小官乃欲以伸苏舜钦之冤。凡此,余昔年所作《从韩欧古文心法的角度论元好问的碑志文》固已论之,该文收入拙著《典范的递承:中国古典诗文论丛》,学者自参。

② 参见王行《墓铭举例》卷一所云"凡墓志铭书法有例,其大要有十三事,曰讳、曰字、曰姓氏、曰乡邑、曰族出、曰行治、曰履历、曰卒日、曰寿年、曰妻、曰子、曰葬日、曰葬地,其序如此"。

一气而下,文不加点,一方面固仿太史公《刺客列传·豫让传》"将以愧后世人臣怀二心以侍其君者也"的澎湃健劲;一方面以铁口直断,确立子厚卓伟之成就、不朽之价值。我个人每阅此文,总觉得单凭此一翻转,韩即不愧为柳之知音矣。

最后,《柳志》文末特着裴行立与卢遵,盖承太史公附传之例。而铭文特殊者,除学者习知"破旧例以非韵文为之"①外,强调此墓室"既固既安,以利其嗣人",或亦有对照子厚一生转徙流离,从而兼寄痛切、安慰之意。

通览韩所作《柳志》,就文体改创言,固为极具代表性的作品,但韩文在其中所注的心血与感情,恐怕更值得吾人玩味。

二、《送李愿归盘谷序》

有关此文,较引后人异议者为苏轼之言,苏轼《跋退之送李愿序》②云:

> 欧阳文忠公尝谓晋无文章,唯陶渊明《归去来》一篇而已。余亦以谓唐无文章,惟韩退之《送李愿归盘谷》一篇而已。平生愿效此作一篇,每执笔辄罢,因自笑曰:"不若且放教退之独步。"

金·王若虚《滹南遗老集》卷三五云:

> 此诚有所让耶?抑其实不能耶?盖一时戏语耳。

清·汪武曹《八家文读本》二集云:

> 宋朝诸名家为文,无有不自韩文出者。苏公之称韩公,并比之孟子,而曰"文起八代之衰",谓之唐无文章,可乎?且《盘谷序》非韩文之最者,何故独推一篇?予谓此文必非东坡之言,如《万石君罗文》《江瑶柱传》之类,皆妄者记之耳。

王若虚认为苏轼推许韩《送李愿归盘谷序》,殆一时戏言;汪武曹则坚信苏轼之言乃后人伪托。二人看法虽有落差,但共同反映的是,并不同意《送李愿归盘谷

---

① 汉代以降,"铭"多用整齐韵语,韩"铭"虽仍多用韵,但已有不用韵如《柳志》者,亦有杂出者,如《李元宾墓志铭》。参见叶国良《韩愈冢墓碑志文与前人之异同及其对后世之影响》,收入氏著《石学蠡探》,台北大安出版社,1989年,第47—99页。

② 《苏轼全集校注·苏轼文集校注》第19册,卷六六,第7377—7378页。

序》有何特殊得以超越韩愈他作或唐人他作之精彩在。对此,清·储欣的看法略有不同,其《昌黎先生全集录》卷三评此文:"结构意趣,夫人知之,所难尤在设辞。欧阳、苏到此等处未免带俗,所以自笑曰不若,且放教退之独步。"我们不能了解储欣所谓的"带俗"究竟何指? 也或许不同意欧、苏"未免带俗"的看法。但储欣显然认为苏轼如此说,有其道理——而此中道理,就储欣来看,乃在此文的"设辞"之妙。

兹按,苏轼此跋,载诸其文集,学者并无疑义,比之《万石君罗文传》《江瑶柱传》恐为不伦,故汪武曹实以己见臆测之。至王若虚之说,我个人虽认为,苏轼此言,也许未必全无戏笑的成分,但应非单纯的戏谑语,其中恐大有其故在。以下谨述一己之得,就教方家:

苏轼此跋先引欧阳修"晋无文章,惟陶渊明《归去来兮辞》一篇而已"。考宋人于陶《归去来兮辞》至为赞赏,晁说之《答李持国先辈书》①云"大宋相公谓陶公《归去来》是南北文章之绝唱、五经之鼓吹"②,而宋人之所以赞赏,系兼人格、风格两端论之。试观叶梦得《避暑录话》卷上云"《归去来兮辞》云:'云无心以出岫,鸟倦飞而知还。'此陶渊明出处大节,非胸中实有此境,不能为此言也",许顗《彦周诗话》"陶彭泽《归去来辞》云:'既自以心为形役,奚惆怅而独悲?'是此老悟道处。若人能用此两句,出处有余裕也",皆就人格而许之。陈知柔《休斋诗话》:"陶渊明罢彭泽令,赋《归去来》,而自命曰辞。盖其词高甚,晋、宋而下,欲追蹑之不能。汉武帝《秋风辞》尽蹈袭《楚辞》,未甚敷畅;《归去来》则自出机杼,所谓无首无尾、无终无始,前非歌而后非辞,欲断而复续、将作而遽止,谓洞庭钧天而不淡,谓霓裳羽衣而不绮,此其所以超然乎先秦之世,而与之同轨者也。"朱熹云"《归去》一篇,其词义夷旷萧散,虽托楚声,而无尤怨切蹙之病,实用赋义,而中亦兼比"③,则就风格而美之。案钱锺书《谈艺录》有云:"渊明文名,自宋而极。"又云:"永叔推《归去来辞》为晋文独一。东坡和陶,称为曹、刘、鲍、谢、李、杜所不及。"王文灏、刘宁《从两宋和陶〈归去来兮辞〉看北宋初期至南宋中期文

---

① 《嵩山文集》卷一五。
② 李成晴以为"大宋相公"可能指欧阳修。见所著《宋人和陶辞考》,《北京社会科学》2016年第12期。
③ 郎瑛《七修类稿》卷三〇引。

人思想的转变》①一文则云:"宋人对陶渊明的人品和文学成就都推崇备至。……陶渊明是宋人发现的融汇了他们理想人格的人物。……陶渊明诗文平淡质朴而至味深远的风格符合宋人的文学理想。"综上,我们应当可以合理推测,欧阳修谓"晋无文章,惟陶渊明《归去来》一篇而已",当亦兼人格与风格而言,非仅就文章立论。在此,不妨就陶《归去来兮辞并序》再作诠释分析,或可有更明确的体认。

先论人格美。《序》中所谓"家贫,耕植不足以自给。幼稚盈室,瓶无储粟。生生所资,未见其术"固为生活实况之描写,殊非造作之言。而当亲故因之劝其为长吏时,陶亦"脱然有怀"——此则益见陶之"诚实"与不矫情。而类似的性情之真,自"犹望一稔,当敛裳宵逝"等语亦可见。由是,"怅然慷慨,深愧平生之志"、"饥冻虽切,违己交病",这种自我反思后的觉昨是而今非,便具有极度动人的力量。总之,我们从陶文这些"沛然如肺腑中流出"②的文字,可以清晰看到并深刻感受渊明真诚不欺,顺己之性以安身立命的人格。而这种人格在《辞》中亦不断显现——这包含对选择归去的"喜悦"与"欣慰"(如自"乃瞻衡宇,载欣载奔"至"策扶老以流憩,时矫首而遐观"),乃至平静接受随之而来的"孤独"与"辛劳"(如"景翳翳以将入,抚孤松而盘桓"、"请息交以绝游,世与我而相违"、"怀良辰以孤往,或植杖而耘耔"),读者细味自见,兹不赘论。

至于风格美,前引《休斋诗话》殆有二种重要含意:首先,就体类而言,《归去来兮辞》似"辞"而非"辞",似"歌"而非"歌"。参前揭朱子之言,实亦近"赋"。③由此可知,渊明此作,已然有破体、变体——或亦可谓融合各体的意义——此即所谓"自出机杼"也。而更难得的是,以一己高尚之志、真朴之情为底蕴撰而成文,极敷畅之能事——此亦所谓"无首无尾、无终无始,前非歌而后非辞,欲断而复续,将作而遽止"也。其次,就辞采言,陶文一方面颇多日常流易之笔,如"舟遥遥以轻飏,风飘飘而吹衣"、"僮仆欢迎,稚子候门"、"农人告余以春及,将有事于西畴"等;一方面又颇有精致深曲之笔,如"三径就荒,松菊犹存"、"引壶觞以自酌,眄庭柯以怡颜"、"怀良辰以孤往,或植杖而耘耔。登东皋

---

① 载《山东社会科学》2015 年第 4 期。
② 用宋李格非语,见李公焕《笺注陶渊明集》卷五引。
③ 前揭李成晴文已云:"在宋代《归去来兮辞》被看作是赋的一种。"

以舒啸,临清流而赋诗"等——此则所谓"谓洞庭钧天而不淡,谓霓裳羽衣而不绮"也。

如果欧阳修之独推陶《归去来辞》有如上的内在隐义,则苏轼引欧公话语后,于唐文独推韩愈《送李愿归盘谷序》,便可能正复追踪此一标准,檃括此一含义,并综合人、文两端而言之——盖李愿之人格差可拟渊明,而韩此文之风格则可拟《归去来兮辞》也。

先就人格言,李愿与渊明同为隐者。文章开篇释"盘谷"之得名,特言或即因"是谷也,宅幽而势阻,隐者之所盘旋,友人李愿居之"之故,可见韩推重之情。其下述李愿之言,先谓"利泽施于人,名声昭于时,坐于庙朝,进退百官,而佐天子出令"之大丈夫,"吾非恶此而逃之,是有命焉,不可幸而致也",表现出李愿的"坦诚",不自视高尚。继云:"穷居而野处,升高而望远,坐茂树以终日,濯清泉以自洁。采于山,美可茹;钓于水,鲜可食。起居无时,惟适之安。与其有誉于前,孰若无毁于其后;与其有乐于身,孰若无忧于其心。车服不维,刀锯不加,理乱不知,黜陟不闻。大丈夫不遇于时者之所为也,我则行之。"进一步勾勒出隐者的形象,显示李愿高洁的人格。事实上,我们比勘二文亦可发现:"穷居而野处,升高而望远,坐茂树以终日,濯清泉以自洁"四句,大类《归去来兮辞》之"园日涉以成趣,门虽设而常关。策扶老以流憩,时矫首而遐观";而"采于山,美可茹;钓于水,鲜可食。起居无时,惟适之安"六句,亦近于陶作之"倚南窗以寄傲,审容膝之易安"的"适然"。

再就风格言,韩愈此文,虽属少作[①],但已充分表现其变体、创体之伟铸。首先,整个"序"文,悉引李愿言辞,仅于结句云:"昌黎韩愈,闻其言而壮之。与之酒,而为之歌。"对此,明、清古文评点家已屡言其格奇,如茅坤云:"通篇全举李愿说话,自说只数语,此又别是一格。"[②]孙琮云:"《送李愿归盘谷序》止作一歌,是退之正文。其余篇中,俱借李愿自己口中说出三种人……退之并无二话说及李愿身上,而李愿之人品、李愿之志行,已自笔笔写出,手法绝奇。"[③]林云

---

① 贞元十七年作,时方三十四岁耳。见王士禎《居易录》卷二五引阎若璩《博湖掌录》之考证。而刘真伦、岳珍校注《韩愈文集汇校笺注》云"此篇作年,洪兴祖、樊汝霖、韩醇、方崧卿《年表》、《叙录》、王元启、方成珪系于贞元十七年,蒋抱玄系于元和十一年",并认定蒋说无据。
② 《唐宋八大家文钞·昌黎文钞》卷七。
③ 《山晓阁唐宋八大家选韩昌黎集》卷三。

铭云："此篇只闲闲写出盘谷之地可隐,落下李愿居之,即借愿之言滔滔汩汩,弄成一篇大文,若不知李愿为何许人者,人止羡其造格之奇,而不知良工之心于此有独苦也。"①吾人再细读此文,开章先描绘盘谷的位置、环境,宛如清幽仙苑,随即带出李愿"盘旋"于此(盘旋意同逍遥、徜徉),乃名"盘谷",笔致何其委蛇!又何其有力! 其下,文章的主体悉录李愿之言,拈出三种人物对照,映衬李愿"不遇于时者"之所择所乐,则李愿高尚的人格不唯自现,抑且使人有如浴清泉、如沐春风之感。至于行文之曲折富丽、精彩、惊艳,令人目不暇给——以句式言,长句、短句、奇句、偶句,参差错落,极富开阖收放、抑扬顿挫之美。以修辞言,不唯语句多有所本,如"喜有赏,怒有刑"本诸《左氏》"喜有施舍,怒有战斗";"粉白黛绿"本诸《列子》"粉白黛黑";"伺候于公卿之门,奔走于形势之途"本诸蔡邕《释诲》"卑俯乎外戚之门,乞助乎近贵之誉";"口将言而嗫嚅"本诸扬雄《解嘲》"欲谈者宛舌而固声,欲步者拟足而投迹"(详见宋·方崧卿《韩集举正》);且于人物、于情境之描写,率皆憬然在目,特富形象感——如"树旗旄,罗弓矢。武夫前呵,从者塞途"、"飘轻裾,翳长袖,粉白黛绿者,列屋而闲居,妒宠而负恃,争妍而取怜"、"足将进而趑趄,口将言而嗫嚅"之写各式人物;"穷居而野处,升高而望远,坐茂树以终日,濯清泉以自洁"、"采于山,美可茹;钓于水,鲜可食"、"起居无时,惟适之安"之写生活情境,俱可见矣。

最后,《序》后之歌,基本上以七言句式为主,而变化莫测,例如前半六组十二句,一、三、四、五、六各组皆三、四句式,第二组则为三、三句式,吾人合六组而诵之,既有歌曲绕梁的回环,而第二组的变化又使此一回环在发调之初即产生轻微的顿折效果,其中律动之感,至堪品味。其下第七组的"嗟! 盘之乐兮,乐且无殃"作为前半幅的小结,变句式为一、四、四,又极富唱叹之致,是至为贴切的神来之笔。且尤妙者,在此之前六组十二句,俱二句一韵;自此以下换韵,一韵到底,而此处之"殃",又正启下韵——这种作法一如鲍照《梅花落》:"中庭杂树多,偏为梅咨嗟。问君何独然? 念其霜中能作花,露中能作实。摇荡春风媚春日,念尔零落逐寒风,徒有霜花无霜质。"诗中四、五两句为一组,四句的"花",承上"嗟"韵,五句的"实",启下"日"、"质"韵,皆古来未有之创格。案,鲍照此诗

---

① 《古文析义》初编卷四。林氏此处误以李愿为西平王晟之子,左仆射诉之弟,故特于韩愈"良工独苦之心"阐释之。其解读虽误,亦欣之于一己之慧眼,但并未反对明人所谓"造格之奇"。

之创格,学者罕识。除上所揭押韵之"奇"外,全诗八句,前二句为一组,中间三句为一组,而"问君何独然"插入一问,其下二句即回答;乃至后三句为一组,但"摇荡春风媚春日"正方写梅花绽放之美,随即突转出诗人之悲——"念尔零落逐寒风,徒有霜花无霜质",亦堪称"奇"。韩此歌既有类似的奇绝笔调,况后半忽变楚歌体,又句法多变——四、四、四、三、五、五句式参差而出,诚可谓奇上加奇,则苏轼"每执笔辄罢,因自笑曰:'不若且放教退之独步。'"固非无因,盖对韩此作之奇有其特殊之体会也。

综合而言,我个人认为苏轼此跋有如上隐曲的美感意涵在,而其先举欧阳修评陶《归去来兮辞》为引,亦非偶然,毕竟陶、韩二作固有前述相似的内在精神与肌理。

朱子《楚辞辩证》卷下《远游》"屈子'载营魄'之言"条有云:"大抵后人读前人之书,不能沉潜反复求其本义而辄以己意轻为之说,故其卤莽有如此者。"本文对韩《柳子厚墓志铭》《送李愿归盘谷序》有如上的解说,其实也是长年以来对韩文沉潜反复,务求体会其个中真意之所得而已。但是否亦不免陷于卤莽而以己意轻为之说,则知我、罪我,悉由学者自择之也。

范仲淹《窦谏议录》探论

台北世新大学　王秀云

一、前　　言

　　理解作者志器怀抱的方式，文本（作品）应是最好的工具；作者以文本为载体，或抒襟抱，或寓情志，以传达为文理念；对接受读者而言，则是透过文本，上友古人，或洗一己块垒，或见贤以思齐，惕励淑世；文本的意义与传世价值正在于此。

　　抄录先祖之作，是否仍有为文之价值？录文本身的内容、体制、后世子孙抄录的动机，是否亦存在讨论的空间？

　　范仲淹（989—1052）《窦谏议录》见于《四部丛刊》影印明翻元刻本《范文正公集·别集》卷四，①文末作者自署云：

> 某祖与窦公故人，祖尝录于书册，以示子孙为法。惜其不传天下，故录以示好善者，庶见阴阳报应之理，使恶者知所戒焉。参知政事范仲淹述。②

知窦谏议（禹钧，874—955）轶事，先为范仲淹祖父（赞时）"录于书册"，而后仲淹再"录以示好善者"，并说明抄录用意。又楼钥（1137—1213）《范文正公年谱》"仁宗庆历三年"条下引此文，但题为《述〈窦谏议阴德录〉》，③与綦焕校定旧刻篇名略异。唯仅此一见，推测楼钥应是见范仲淹所署文字而修改。然就全文缘起而论，作者实为范赞时，范仲淹仅是抄录者耳。

　　其次，据"参知政事范仲淹述"一语析之，"述者，循也"，如《中庸》云"父作

---

① 《四库全书总目提要》集部·别集类："《文正集》二十卷、别集四卷、补编五卷，宋范仲淹撰。……淳熙丙午（1186）鄱阳从事綦焕校定旧刻，又得诗文三十七篇，为遗集，附于后，即今别集。"
② 范仲淹《范文正公集》别集卷四，《四部丛刊》本。
③ 见李勇先、王蓉贵点校《范仲淹全集》附录，四川大学出版社，2007年，中册，第744页。

之,子述之";"述"亦有"阐述"、"传旧"之意,如《论语》"述而不作"。《窦谏议录》既是先祖遗文,自是传家之宝不可妄改,故"遵循、传钞先祖所录窦谏议事旧文"乃是范仲淹身为子孙者无可旁贷之责。

据富弼(1004—1083)《范文正公仲淹墓志铭》:"苏州粮料判官梦龄,以才德雄江右,即公之曾王父也。判官生赞时,初聪警,尝举神童,位秘书监,集《春秋》洎历朝史为《资谈录》六十卷行于时。"[①]知范赞时著有《资谈录》六十卷,所撰《窦谏议录》或收在《资谈录》中。范仲淹在面对先祖遗文时,何以特别抄录《窦谏议录》一篇?《窦谏议录》内容与彰显的意义便值得探论。同时,抄录的时间(1043)上距窦禹钧轶事已近九十年,"后之称教子者,必曰燕山窦十郎",知窦氏积德福报事,当时已广播流传;既已为世所周知,范仲淹之"录"意亦值得讨论。

其四,就篇题而论,录者,"誊写也";[②]《窦谏议录》详载窦禹钧一生行事,足可视为"窦禹钧小传",不曰"传"而称"录",就文章体制表现而论,其特殊处亦可一并观察。

就学界前行研究而观,以范仲淹为主题之专著、纪念文集、单篇论文等早已获致高度的学术价值,数量亦极为可观,以《窦谏议录》或窦禹钧事为讨论主题之论文,则仅有近人建怀《窦燕山的家风》一篇。[③] 故本文拟以《窦谏议录》为中心,就上述所提各问题展开论述,借此以明范仲淹录文之价值。

二、《窦谏议录》析论

《窦谏议录》主要记窦禹钧一生行谊,起笔即交代窦谏议姓、名、族望、五子荣显,为传统传记之写法:

> 窦禹钧,范阳人,为左谏议大夫致仕。诸子进士登第,义风家法,为一时标表。冯道赠禹钧诗云:"燕山窦十郎,教子以义方。灵椿一株老,仙桂五枝芳。"人多传诵。禹钧生五子,长曰仪,次曰俨、侃、偁、僖。仪至礼部尚书,俨礼部侍郎,皆为翰林学士;侃左补阙,偁左谏议大夫,参知政事,僖起居郎。

---

① 富弼文见《全宋文》第29册,第56页。
② 张自烈编《正字通》卷一一戌集上·金部,北京国际文化出版公司,1996年,下册,第1278页。
③ 建怀《窦燕山的家风》,《晚报文萃》2014年第8期。

继而录禹钧仁厚待下、拾金不昧数事,如:

> 禹钧为人素长者。先,家有仆者,盗用过房廊钱二百千,仆虑事觉,有一女年十二三,自写券系于臂上云:"永卖此女,与本宅偿所负钱。"自是远逃。禹钧见女子券,甚哀怜之,即时焚券,收留此女,祝付妻曰:"养育此女,及事日,当求良匹嫁之。"及女笄,以二百千择良匹,得所归。后旧仆闻之归,感泣诉以前罪,禹钧不问。

又如:

> 公尝因元夕往延庆寺,烧香像前,忽于后殿阶侧拾得银二百两、金三十两,遂持归。明旦清晨,诣寺守候失物主。须臾,见一人泣涕至,公问所因,其人具以实告曰:"父犯刑至大辟,遍恳至亲,贷得金银若干,将赎父罪。昨暮以一相知置酒,酒昏,忽失去。今父罪已不复赎矣。"公验其实,遂与同归,以旧物还之,加以恻悯,复有赠赂。

凡此,皆可见其仁厚乐施之德。

窦氏治家则力求俭素,每岁所得除济人急难外,复致力于延儒兴学,培育人才:

> 于宅南构一书院四十间,聚书数千卷,礼文行之儒,延置师席。凡四方孤寒之士贫无供须者,公咸为出之,无问识不识。有志于学者,听其自至。①

经由其济助而登贵显者,"前后接踵来拜公之门,左右扶公坐受其礼",彰显出受窦氏感召,知恩而报的良善社会价值。

全文首揭"义风家法"四字,所谓"义"者,行之宜也;《淮南子·齐俗》"为义者,布施而德",故义与善同。以窦氏行事视之,焚去家仆卖女偿金之契券、归还拾得孝子葬父之金银,是"行己"有义;养生送死、赈济亲戚故旧,是"推己"及"族";兴学育才更是"推己及(众)人"。受其恩者"持心丧三年"实为仁义之风,以德化俗的具体展现。

窦氏扶贫济众的善行,无疑亦是对子孙最好的身教;冯道(882—954)《赠窦

---

① 以上引文均见《范文正公集》别集卷四,《四部丛刊》本。亦见李勇先、王蓉贵点校《范仲淹全集》别集卷四,第510页。

十》所云"教子有义方",精要地说明了禹钧行己以"义"为"教子家法"的示范性意义。《宋史》列传二十二载"禹钧五子":仪(914—966)"清介重厚"、"学问优博,风度峻整";俨(918—969)①"性夷旷,好贤乐善";侃(925—982)"有操尚"、"冲淡回翔,晚著忠说";②数子相继登科,均有功于朝,"五子八孙皆贵显于朝廷",是阴德有报,更是"义"——"家法"之所成。

三、体兼记、传

就《窦谏议录》篇名与内容之关系而论,全文所载乃窦氏生平轶事,"录"即"记事",可视为"记"体文。

录者,《说文解字》云"金色也,从金、录声"③,《正字通》云"又誊写曰录",④《说文通训定声》云"录,假借为彔,按今钞录字",是"录"本为"抄录"、"记录"表意之动词。⑤ 以"录"为文类,首见于任昉(460—508)《文章缘起》:

> 《志录》。扬雄作。

陈懋仁注:

> 志,识也。录,领也。《书》曰:"书用识哉。"谓录其过恶,以识于册。⑥

姚铉(967—1020)编《唐文粹》有"传、录、纪事"二卷,收孙樵(约867年左右在世)《孙氏西斋录》、⑦杜牧(803—852)《燕将(谭忠)录》二篇,显见古人视"录"为

---

① 《宋史》列传第二十二窦俨本传:"宋初,(俨)就转礼部侍郎,代仪知贡举。当是时,祠祀乐章、宗庙谥号多俨撰定,议者服其该博。车驾征泽、潞,以疾不从。卒,年四十二。"查太祖亲征潞州在开宝二年二月(969),依《宋史》所载,俨应卒于此年。故上溯四十二,得生年为928年。然文正公已明言窦氏五子次第为"长曰仪,次曰俨、侃、偁、僖",俨之生年晚于侃,显然于理不合。个人以为《宋史》所载"年四十二"或为"年五十二"之误,倘以五十二岁计,则其生年为918年,次于仪,长于侃,方符雁行之序。
② 见《宋史》卷二六三列传第二十二,台北洪氏出版社,1977年,第9092—9098页。
③ 许慎《说文解字》第十四篇上,中华书局,1998年,第294页。
④ 张自烈编《正字通》卷一一戊集上・金部,下册,第1278页。
⑤ 朱骏声《说文通训定声・需部第八》,台北艺文印书馆,1975年,第410页。
⑥ 任昉《文章缘起・注》,见吴讷等《文体序说三种》,台北大安出版社,1998年,第22页。
⑦ 姚铉编《唐文粹》卷一○○"《孙氏西斋录》"条下云:"孙樵谓陆长源《唐春秋》乃编年杂录,因掇其絮切峭独,可以示惩劝者,掷其丛冗秃屑,不足以警训者,自为十八通书,号《孙氏西斋录》。"台北世界书局,1989年,第647页。

"示惩劝"之载体。宋前,以录名篇者,除上列三篇外复有多作,其中入"子部·小说家"最多。(参附表一)四库馆臣复就小说家流衍,析分为三,《四库全书总目提要·子部·小说家类》:"迹其流别,凡有三派,其一叙述杂事,其一记录异闻,其一缀辑琐语也。"①杂事、异闻、琐语,皆由"人"出,并未脱离人物为主干,其性质实与"传记"近似。

至于范仲淹前,宋人以录名篇者,并不乏例;(参附表二)其中石介(1005—1045)《孙少傅致政小录》记孙奭(962—1033)致仕回到郓州优游里中的生活,②张庚(生卒年不详)《陈秦国公善政录》记陈省华(939—1006)任济源县令,勤政施仁,体恤民意,深得济源百姓爱戴事。③ 就详略而言,《窦谏议录》显然较完整地呈现了历史人物的一生。全文以义行为中心,兼及主人翁简要爵里、寿年、子孙大略;以记事为主体,记人为辅助;记事部分,有闻则录,长短随宜,不拘一格;记人部分,则概括大要,以事见人,彰显人物形象。贺复征(1600—1656?)《文章辨体汇选》卷六二五录一:

> 复征曰:"录,收籍也;事有散逸而无统者,则收籍之,使有可据也。而摭述一人所历,亦谓之录。"④

即说明了"录"可收籍逸事,亦可述一人所历的特质。《窦谏议录》兼记、传二体的表现,在文类的跨界与融通的表现上,无疑是一个很好的范例。其记事兼记人的笔法,亦为"录"的传统书写模式,做了有力的承接。

此外,值得注意的是全文多以"记言"的方式,细腻地呈现梦境的内容,如:

> 夜梦亡祖亡父聚谓之曰:"汝早修行!缘汝无子,又寿算不永。"……
>
> 后十年,复梦其亡祖亡父告知曰:"汝三十年前实无子分,又寿促,我尝告汝。今汝自数年以来,名挂天曹阴府,以汝有阴德,延算三纪,赐五子,各荣显,仍以福寿而终。"

---

① 《四库全书总目提要》卷一四〇,河北人民出版社,2000年,第3560页。
② 孙少傅为孙奭(962—1033);仁宗明道二年(1033)三月下旬致政归郓州,五月二十五日卒。所谓"致政小录"即述此段时间事。
③ 陈秦国公为陈省华(尧佐父,939—1006);司马光《陈氏四令祠堂记》:"始,秦公为济源令……四世凡七人莅官,于是故济源之人被陈氏之政为多,秦公尤有恩于民,能使其民既去而思之。"
④ 《文渊阁四库全书》本。

言讫,复祝禹钧曰:"阴阳之理,大抵不异。善恶之报,或发于见世,或报于来世。天网恢恢,疏而不漏,此无疑也。"①

录文以第三者全知的角度,具现了影响窦禹钧一生重要的两个梦境,"记言"的运用,辅助了梦境的真实性,加强了"信而有征"的说服力。就传统的叙事手法而言,"记言"有着突出细节,使行文生动的作用;就为文者而言,借由"记言",可以丰富情节的故事性、主人翁的价值观和作者的创作意图。"复梦其亡祖亡父告知曰……"证验行善有报的一段文字,没有说理,平实记来,却更近"人情",更易传达为文理念。就接受读者而言,透过"记言",读者获致了主人翁内在的心理反应及外在的行为趋向,"禹钧唯诺"、"禹钧不问(家仆盗钱)"、"禹钧愈积阴功",一方面深化窦氏积极行义,努力不懈,补足了传记部分的不足,一方面也充分理解"善恶终有报",文章所欲传达的核心价值,达到"示惩劝"的效果。以"录"的原始功能而言,《窦谏议录》与前人之作,可谓遥相呼应。

四、《窦谏议录》对范仲淹的启示

(一) 申仁义,劝风俗

范仲淹一生以事功著闻,其人品事业、道德文章卓绝一时。细读其传世文集,以仁义教化为文章内涵之用心,早已可见,如《奏上时务书》:

国之文章,应于风化;风化厚薄,见乎文章。②

《唐异诗序》亦云:

羽翰乎教化之声,献酬乎仁义之醇,上以德于君,下以风于民。③

亦提出文学应有羽翼教化、辅助仁义之实用功能。④《上时相(吕夷简)议制举书》:

---

① 《范文正公集》别集卷四,《四部丛刊》本。
② 李勇先、王蓉贵点校《范仲淹全集》文集卷九,第 199 页。仁宗天圣三年(1025)作。
③ 《范仲淹全集》文集卷八,第 185 页。仁宗天圣四年(1026)作。
④ 关于范仲淹的诗文观,可参黄启方先生《范仲淹的诗文观——从〈唐异诗序〉到〈尹师鲁河南集序〉》,见氏著《宋代诗文纵谈》,台北商务印书馆,1997 年,第 1—16 页。

> 今文庠不振，师道久缺，为学者不根乎经籍，从政者罕议乎教化，故文章柔靡，风俗巧伪。①

则直接指明文学之本应根乎六经，文学之内涵应关乎教化；故其始终主张应"延博雅之士，布于台阁，以救斯文之薄，而厚其风俗也"。② 庆历三年(1043)《答手诏条陈十事》中"精贡举"一项，再度重申风俗厚薄为第一要务：

> 臣请诸路州郡有学校处，奏举通经有道之士，专于教授，务在兴行。……浮薄知劝，最为至要。③

可知其念兹在兹者，即在兴复儒道，敦厚风俗。"仁义礼乐、孝悌忠信"既是载道以化俗理念的核心，亦是他为文的基本理念。

《窦谏议录》以"义风家法"四字为核心，"浮薄知劝"之立意极为明确。故就"录先祖遗文"而论，范仲淹既在彰明所有善行的初心，如宅心宽厚、俭以律己、济人急难、崇学尚礼等，实为仁义的表现，而"仁义"乃是"万世不可磨灭之理"。欲借文以"传道"之用意极明。"善恶之报，或发于见世，或报于来世"固然可"示好善者"以劝，但"天网恢恢，疏而不漏"实足以令"为恶者"戒慎；就文章的实用性而言，更增加了"劝善惩恶"教化的功能，可谓"用心"深远。富弼(1004—1083)《范文正公仲淹墓志铭》云："(公)作文章尤以传道名世，不为空文。"④ 由是观之，其录《窦谏议录》亦如是。

(二) 明济世之志

范仲淹"少有志操"，始仕之初"慨然已有康济之志"。⑤ 所谓"康济之志"，坦言之即是"救人利物之心"。⑥ 自其任官以来，始终"孜孜于善，战战厥心；求

---

① 《范仲淹全集》文集卷一〇，第237页。仁宗天圣八年(1030)作。又，文云："具位范某，再拜上书于昭文相公阁下"，查《宋史》表一·宰辅一："天圣七年二月丙寅，吕夷简自龙图阁直学士兼侍读、知开封府守本官加同平章事、集贤殿大学士。八月己丑，加昭文馆大学士、监修国史。"《宋史》卷二一〇，第5451页。
② 《奏上时务书》。
③ 《范仲淹全集》政府奏议卷上，第523—538页。仁宗庆历三年(1043)作。
④ 《全宋文》第29册，第56页。
⑤ 富弼《范文正公仲淹墓志铭》。
⑥ 吴曾《能改斋漫录》卷一三《记事》："范文正公微时，尝诣灵祠求祷，曰：'他时得相位乎？'不许。复祷之曰：'不然，愿为良医。'亦不许。既而叹曰：'夫不能利泽生民，非大丈夫平生之志。'他日，(转下页)

民疾于一方,分国忧于千里"。①对于富贵、贫贱、毁誉、欢戚,不稍动其心,"常自诵曰:'士当先天下之忧而忧,后天下之乐而乐也。'"②有着高度自觉强烈的时代承担。

作为一个以天下为己任的知识分子,范仲淹更追求人格的完善,这种怀抱志器表现在文章中,就是强调内省的功夫和自我修养。《南京书院题名记》阐释兴教讲学的微言大义,《桐庐郡严先生祠堂记》表彰严子陵之高风亮节,《清白堂记》激励官师的廉洁清白等,③无一不是自省修为的自我惕厉。《窦谏议录》中,侧重详记窦氏"济贫"、"兴学"两大作为,明写窦氏,实则亦反映了范仲淹"思欲天下匹夫匹妇被其泽"——"致君尧舜上",和劝学——"再使风俗淳"的自我期许。

范仲淹生二岁而孤,母谢氏(?—1026)贫困无依,遂改适朱姓;④于长白山僧舍读书时(真宗大中祥符二年,1009),"日作粥一器,分块为四,早暮取二块,断齑数茎,入少盐以啖之,如此者三年"。⑤处南都(睢阳,今河南商丘市)学舍时(真宗大中祥符七年,1014)"往往饘粥不充,日昃始食",其困苦力学若此。在被誉为"宋初三先生"之一的孙复(字明复,992—1057)的身上,⑥范仲淹更强烈感受到"倘因循索米至老,则虽人才如孙明复者,犹将汩没而不见也"⑦,"贫之为累亦大矣"的慨叹,实为感同身受,其悲天悯人之襟抱亦于焉而生。

(接上页)有人谓公曰:'大丈夫之志于相,理则当然。良医之技,君何愿焉?无乃失于卑耶?'公曰:嗟乎,岂为是哉。占人有云:'常善救人,故无弃人;常善救物,故无弃物。'且大丈夫之于学也,固欲遇神圣之君,得行其道。思天下匹夫匹妇有不被其泽者,若己推而内之沟中。能及小大生民者,固惟相为然。既不可得矣,夫能行救人利物之心者,莫如良医。果能为良医也,上以疗君亲之疾,下以救贫民之厄,中以保身长年。在下而能及小大生民者,舍夫良医,则未之有也。"台北广文书局,1970年,第4页。

① 范仲淹《邓州谢上表》,《范仲淹全集》文集卷第一八,第419页。庆历六年(1046)作。
② 欧阳修《资政殿学士户部侍郎文正范公神道碑铭并序》,洪本健校笺《欧阳修诗文集校笺》居士集卷二〇,上海古籍出版社,2010年版,第587页。至和元年(1054)作。
③ 三文分见《范仲淹全集》文集卷八,第191、190、193页。分作于天圣六年(1028)、景祐元年(1034)、宝元二年(1039)。
④ 范仲淹《求追赠考妣状》:"窃念臣襁褓之中,已丁何怙,鞠养在母,慈爱过人,恤臣幼孤,悯臣多病,夜扣星象,食断荤茹,逾二十载,至于其终。"见《范仲淹全集》文集卷一九,第430页。天圣九年(1031)作。
⑤ 江少虞《宋朝事实类苑》卷九,上海古籍出版社,1981年,第98页。
⑥ 欧阳修《胡先生墓表》,《欧阳修诗文集校笺》居士集卷二五,第697页。
⑦ 魏泰《东轩笔录》卷一四,中华书局,1997年,第159页。天圣五年(1027)事。

亦源于年少时读书不易，故而他对于士之充实与养成，极为重视，如其登第有诗云"乡人莫相羡，教子读诗书"①；释褐为广德军司理参军，即兴学育士，"郡人之进士擢第者相继于时"。② 此后陆续于苏州建郡学（仁宗景祐二年，1035）、建饶州郡学（景祐三年，1036）、润州郡学（仁宗宝元二年，1039）等，均是"重学"的具体作为。庆历三年（1043）八月丁未（十二日），范仲淹自枢密副使、右谏议大夫复除参知政事，奏《答手诏条陈十事》，其中"明黜陟"、"抑侥幸"、"精贡举"、"择官长"四项与拔擢人才有关，"均公田"、"厚农桑"两项则是思济天下的具体办法。同年所作《奏乞救济陕西饥民》细则，③则是其任官观察之所得。由此可见，范仲淹对《窦谏议录》中窦氏"济贫"、"育才"之善举，实有深刻之体会。

（三）具体实践"义田义学"

范仲淹秉性仁厚，有着民胞物与的胸襟，尤其关心贫困族人的生活，因而创设"义田"以济贫。《宋史·范仲淹传》卷三一四：

> 仲淹好施予，置义庄里中，以赡族人，泛爱乐善。

复据钱公辅（1021—1072）《范文正公义田记》所载：

> 范文正公，苏人也，平生好施与，择其亲而贫，疏而贤者，咸施之。……初，公之未贵显也，尝有志于是矣，而力之未逮者二十年。既而为西帅，以至于参大政，于是始有禄赐之入而终其志。④

说明此一崇高的构想，早在未贵显时即有志于是。所谓"既而为西帅，以至于参大政"乃是指出任陕西经略安抚使至参知政事这段时间（康定元年至庆历五年，1040—1045），因为禄赐日厚，有所积蓄，才能将构想付诸行动。就具体行为实践的时间点而言，实与录《窦谏议录》之时间暗相符合。

仁宗皇祐元年（1049）范仲淹以给事中、资政殿学士改知杭州，始置义庄，《太子中舍致仕范府君墓志铭》：

---

① 转引自楼钥《范文正公年谱》"大中祥符八年"条记事。原诗佚。
② 汪藻《范文正公祠堂记》，《全宋文》第157册，第242页。
③ 二文分见《范仲淹全集》政府奏议卷上，第523—538、542页。
④ 见《全宋文》第65册，第347页。

> 皇祐初，某来守钱塘，与府君（范仲温）议，置上田十顷于里中，以岁给宗族。虽至贫者，不复有寒馁之忧。

购置义田的经济来源，即是自己的恩例俸赐。赵善璙《自警编》卷三：

> 恩例俸赐，常均族人，并置义田宅云。①

以"俸赐"购置义庄田亩，此与窦禹钧"每量岁之所入，除伏腊供给外，皆以济人之急"之仁心全同。

范仲淹又自订《义庄规矩》，对诸房宗族供给衣食及婚嫁丧葬赈恤的细则，以及闾里知旧济贫的具体办法，可谓巨细靡遗，相当周延。如：

> 一．嫁女支钱三十贯，（七十七陌，下并准此）再嫁二十贯。
> 一．逐房丧葬，尊长有丧，先支一十贯，至葬事又支一十五贯；次长五贯，葬事支十贯；卑幼十九岁以下，丧葬通支七贯；十五岁以下，支三贯；十岁以下，支二贯；七岁以下及婢仆皆不支。

《窦谏议录》则云：

> 其同宗及外姻甚多贫困者，有丧不能自举，公为出金葬之。由公葬者，凡二十七丧。亲戚故旧孤遗有女未能嫁者，公为出金嫁之。由公嫁者，孤女凡二十八人。

两相对照，推溯"义庄规矩"细则，应源于《窦谏议录》，而"义庄规矩"又较前者更为周密。

范仲淹并在义庄中设立义学，以期族中子弟能得到完善的教育。元代牟巘（1227—1331）《范文正公义学记》：

> 范文正公尝建义宅，置义田义庄，以收其宗族。又设义学以教，教养咸备，意最近古。②

赡养与教育两者齐备，充分实践他"济人利物"的高尚情操。

范仲淹身体力行，终身实践"俭朴"、"济贫"的嘉言懿行。义庄的创设，不仅

---

① 《文渊阁四库全书》本。
② 牟巘《范文正公义学记》，《全元文》第 7 册，第 674 页。至大元年(1308)作。

是宗族制度的维护,亦是以"义"为"风"的最好示范。范直方(？—1152)《义田记跋》云:

> 先文正置义田,非谓以斗米匹缣使能饱暖族人,盖有深意存焉。……绍兴乙卯(五年,1135),自岭海被召至行阙,丙辰(六年,1136)春,出使至淮上,始过平江。时义宅已焚毁,族人星居村落间,一旦会集于坟山,散亡之余,尚二千指。长幼聚拜,慈颜恭睦,皆若同居近属。……然后知文正之用心,悟忠宣(纯仁)之知言也。①

在范仲淹去世后八十余年,族裔子孙犹能"长幼聚拜,慈颜恭睦",以义庄维护宗族凝聚力的仁爱公心,实功不可没。

(四)耀"祖"光"宗"

窦禹钧行"义"积"德",福延子孙,仙桂五枝,门庭壮大的典范,无疑对范仲淹产生了极大的启示。范仲淹二岁而孤,母子"贫而无依",显见至范仲淹时家道已中落。随母改适朱姓后,朱氏兄弟复不见容,楼钥《范文正公年谱》"大中祥符四年"条:

> 公以朱氏兄弟浪费不节,数劝止之,朱兄弟不乐曰:"我自用朱氏钱,何预汝事？"公闻此疑骇,有告者曰:"公乃姑苏范氏子也,太夫人携公适朱氏。"公感愤自立,决欲自树立门户。②

大中祥符八年,登进士第,释褐为广德军司理参军,始迎母归养,并请求还复范姓,实现其欲自树立门户的愿望。《续家谱序》云:

> 至仲淹窃蒙国恩,皇祐中来守钱塘,遂过姑苏,与亲族会,追思祖宗既失前谱未获,复惧后来昭穆不明,乃于族中索所藏诰书、家集考之。③

尽索散佚的家谱加以整理,表达了他对于恢复、维系范氏宗族的迫切与忧心。

范仲淹时时以"起家孤平"为念,并以重振家声自我惕厉。《与提点书》:

---

① 范直方《义田记跋》,《全宋文》第182册,第227页。绍兴十九年(1149)作。
② 李勇先、王蓉贵点校《范仲淹全集》附录,第716页。
③ 《范仲淹全集》补编,第731页。皇祐三年(1051)作。

> 门户才起立,宗族未受赐;有文学称,亦未为国家所用,岂肯循常人之情,轻其身,汩其志哉!①

"宗族受赐"是"光宗"的表征,"为国家用"则是"耀祖"的荣显。又如《与中舍书》一:

> 某近蒙制恩,擢贰枢府,此盖祖宗之庆,下及家世。②

将自己的成就荣耀先祖,展现了传统士人追远不忘本的敦厚美德。

范仲淹以"义庄义田"的具体措施维系着宗族的凝聚力,教育子弟更是不断强调行善的重要,《与中舍二子三监簿四太祝书》二:

> 自家好家门,各为好事,以光祖宗。③

又如《告子弟书》:

> 自祖宗来,积德百余年,而始发于吾,得至大官,若独享富贵而不恤宗族,异日何以见祖宗于地下,今何颜以入家庙乎?

"行善"既是追远,更是"垂远";必如此,方能"厥后其昌"壮大家声。

五、结　　语

本文主要以《窦谏议录》为中心,探讨窦禹钧积德行义轶事对范仲淹的启示。探论重点先据《窦谏议录》内容析论"积德行义"所彰显的价值,并论"录"在体式、表现手法上融通的特点。三则论范仲淹好学尚义、恤贫济困的崇高美德与《窦谏议录》的关系。所得结论如下:

一,窦氏所有的善行,乃是以仁义为出发点;仁义的本质,更是普世永恒的价值。积德有报固足以劝好善者,"天网恢恢,疏而不漏"更可以使行恶者知所戒慎。

二,侧重录窦氏义行的写作方式,承续着"录"以"示惩劝"的传统功能;记事兼记人的笔法,则是"记"、"传"不同文类相互融通的绝佳表现。

---

① 《全宋文》第18册,第386页。
② 同上书,第320页。
③ 同上书,第332页。

三,借窦氏义行,表明范仲淹"申仁义、劝风俗"的襟抱,同时亦是自己"济世利物"的道德承担。范氏"义庄义学"的规模、施行细则更是与窦禹钧"兴学育才"举措有着密切的关联。窦禹钧行"义"积"德",仙桂五枝,门庭壮大的典范,更是对范仲淹积善有报,耀祖光宗的最好启示。

倘由范赞时"录于书册,以为子孙家法"再续做观察:仲淹母谢氏"食断荤茹,逾二十载"、兄仲温"顾邻里乡党有急难,则竭力以济之"、长子纯佑(1024—1063)"(病)废卧许昌……犹能感慨道忠义"、①次子纯仁(1027—1101)"自为布衣至宰相,廉俭如一,所得奉赐,皆以广义庄"、②宗族子弟"慈颜恭睦",范氏所受窦禹钧义风家法的感召,可谓极深且远;义庄的设置更是为后世私人兴善树立了良好的典范。就窦氏而言,前有冯道赠诗,后有范仲淹录文,使潜德益彰,致成家喻户晓教子之模范,名传后世;于此,范仲淹抄录先祖遗文之价值益大矣。

附表一　(依《文渊阁四库全书》目次)

史部　载记类		
宋　陈彭年	江南别录	
史部　地理类　杂记之属		
唐　段公路	北户录	
子部　类书类		
梁　元帝	古今同姓名录	
唐　陆龟蒙	小名录	
子部　小说家　杂事之属		
唐　韦绚	刘宾客嘉话录	
唐　赵璘	因话录	
唐　郑处诲	明皇杂录	
唐　李浚	松窗杂录	
后蜀　何光远	鉴诫录	
宋　张洎	贾氏谭录	
宋　王曾	王文正笔录	

---

① 富弼《范纯佑墓志铭》,《全宋文》第29册,第66页。
② 《宋史》卷三一四《范仲淹传附》,第10293页。

续表

子部　小说家　异闻之属		
唐　钟辂	前定录・续录	
唐　康骈	剧谈录	
宋　徐铉	稽神录	
宋　吴淑	江淮异人录	
子部　小说家　琐记之属		
宋　陶谷	清异录	

附表二

厅壁记		
令狐杲	《大宋晋州神山县重镌玉兔古寺实录》①	《全宋文》第 3 册,第 196 页
宋祁	《寿州西园重修诸亭录》	《全宋文》第 24 册,第 391 页
边疆行记		
王曾	《行程录》②	《全宋文》第 15 册,第 388 页
传记		
释则全	《四明法智尊者实录》	《全宋文》第 19 册,第 324 页
石介	《孙少傅致政小录》	《全宋文》第 30 册,第 6 页
杂记杂说类		
张庚	《陈秦国公善政录》	《全宋文》第 19 册,第 148 页
杂记杂说类		
宋祁	《录田父语》	《全宋文》第 24 册,第 390 页
石介	《录蠹书鱼辞》③	《全宋文》第 29 册,第 306 页
石介	《录微者(丁简)言》④	《全宋文》第 29 册,第 313 页

---

① 太祖乾德三年(965)作。
② 大中祥符五年(1012)作。
③ 按:陈植锷《石介事迹著作编年》未系写作时间,个人以为应作于明道元年、二年间,时二十八九岁。
④ 陈植锷谱系在景祐四年(1037),时三十三岁。

从新发现欧阳修书简看周必大、朱熹关于范仲淹神道碑铭的论争

日本九州大学　东英寿

一、序　　言

一百五十三卷的《欧阳文忠公集》是南宋周必大(1126—1204)为本乡前贤欧阳修(1007—1072)编纂的全集,因为当时流传的欧阳修的全集多讹谬不可读,所以在绍熙二年(1191)到庆元二年(1196)的六年间,周必大重新编纂了欧阳修一百五十三卷的全集[①]。

在《欧阳文忠公集》的卷末,记载了负责"编定校正"工作的孙谦益、丁朝佐、曾三异、胡柯等四人,和负责"覆校"工作的葛潾、王伯刍、朱岑、胡炳、曾焕、胡涣、刘赞、罗泌等八名编订者的姓名,这些人均参与了全集的校正编纂工作。当然作为全集编纂的主要责任者还是周必大,他主导了编纂的方针并从各个方面对全集收录的作品进行详细的考察,因此对于欧阳修的作品他有丰富的认知,并且对全集的取舍选择也有充足的自信。

而比周必大晚四年诞生的朱熹(1130—1200),在之后的日子曾围绕欧阳修的作品,与周必大发生过激烈的争论。欧阳修曾为范仲淹作的《资政殿学士户部侍郎文正范公神道碑铭》(下文简称作"范公神道碑铭"),被范仲淹之子范纯仁任意删削,而对于这场公案,周必大对范纯仁的行为表示理解,而朱熹则持相反的立场。笔者留意到他们在各自主张自己的意见时曾论及笔者于 2011 年报

[①]　在庐陵刊行的欧阳修全集因为质量不佳,周必大意图订正,在《欧阳文忠公集》后序(《周必大全集(一)》,四川大学出版社,2017 年,第 492 页)中他记述道"庐陵所刊,抑又甚焉。卷帙丛脞,略无统纪。私窃病之,久欲订正,而患寡陋未能也"。

告过的新发现的书简①。

新发现的欧阳修书简因为未被周必大编纂的《欧阳文忠公集》所收录,其存在一直到今日才为人所知。又因为在周必大与朱熹的论争中曾被言及,所以可确认这些书简确实在南宋时存在,并且通过这些书简对于两人的论争可进行具体的考察,这些书简的取舍选择过程也可以从新的角度窥视周必大编撰《欧阳文忠公集》的过程。

本文将从之前未为人所知的新发现——欧阳修书简着手,对周必大与朱熹的论争进行具体的考察,并分析周必大编纂《欧阳文忠公集》的态度。

二、关于范公神道碑铭的文字删节

本文所探讨的周必大与朱熹的论争,起源于这样一个问题,即应该如何认识北宋的范仲淹与其政敌吕夷简之间的关系。朱熹在答复周必大的书简《答周益公》其一②中写道:

> 昨蒙宠喻范欧议论,鄙意有所不能无疑,欲以请教,而亦未暇。今遇此便似不可失,而病躯两日觉得沉重愈甚于前势,不容详细禀白。但窃以为范欧二公之心明白洞达,无纤芥可疑。吕公前过后功,瑕瑜自不相掩。若如尊喻,却恐未为得其情者。故愿相公更熟思之也。

从这封书简中,可以窥见朱熹强烈地反驳了周必大的意见,文章开头中朱熹所提到的"范欧议论",正是欧阳修《范公神道碑铭》的一部分文字为范仲淹之子范纯仁在刻石时任意删节一事所做的议论。以下对这件事的过程进行简单的确认。

范仲淹于景祐三年(1036)上"百官图"劾奏宰相吕夷简的人事问题,又先后

---

① 笔者于2011年10月8日在日本中国学会第六十三回大会上发表了之前一直不为人所知的欧阳修书简九十六篇。此次发表的内容刊登在2014年拙稿《欧陽脩の書簡九十六篇の発見について》(《日本中国学会報》第六十四集)。又2013年关于新发现书简的研究和九十六篇全文刊载在拙著《欧陽脩新発見書簡九十六篇—欧陽脩全集の研究—》(研文出版)中,请参考。

② 本文所用版本为《晦庵先生朱文公文集》(大化书局,1985年)。又朱熹答周必大书简《答周益公》有两篇,均收录在同书卷三八。本文中,为了不混同两者,按照卷三八的收录顺序,分别标记为《答周益公》其一(第618页)、《答周益公》其二(第618—619页)。

撰写了《帝王好尚论》《选任贤能论》《近名论》《推委臣下论》等四篇文章批评时政,被贬知尧州。而反对这次朝廷人事安排的余靖、尹洙、欧阳修也同样被贬谪。此后因为应对西夏的入侵,范仲淹于康定元年(1040)复归中央,任天章阁待制、知永兴军,五月改任陕西都转运使。此时的吕夷简第三次拜相,从他后来将范仲淹升任龙图阁直学士,并改任陕西经略安抚使等举措来看,应该是为了应对西夏的入侵欲与范仲淹合力。欧阳修在《范公神道碑铭》中有如下的记述①:

> 自公坐吕公贬,群士大夫各持二公曲直。吕公患之,凡直公者,皆指为党,或坐窜逐。及吕公复相,公亦再起被用。于是二公欢然相约,戮力平贼。天下之士皆以此多二公。

据欧阳修的记载,可知范仲淹之前虽因为吕夷简而被贬,但之后能与吕夷简合力共同平乱。可是在欧阳修《范公神道碑铭》中,包括以上这一段,关于范、吕二人和解的共计一百零三字全部被范仲淹之子范纯仁删去了②。

如后文所述,周必大不认可范仲淹与吕夷简的和解,对范纯仁删削《范公神道碑铭》一事表示理解。而另一方面,在前文所提朱熹答复周必大的书简中,朱熹的主张则是范、吕二人已经和解,认为"吕公前过后功、瑕瑜自不相掩",即吕夷简先贬黜范仲淹与后又起用的功绩均不可掩盖,并且认为周必大未得其实情,希望他更加慎重地考量。这里欧阳修所言"皆指为党"指的就是因吕夷简之贬范仲淹,而对此提出异议的余靖、尹洙、欧阳修先后被贬一事。他们当时被视为朋党,这起事件被认为是宋代朋党的开始③,因此范仲淹与吕夷简之争又被

---

① 本文使用天理大学附属天理图书馆所藏《欧阳文忠公集》。以下同。
② 欧阳修撰《资政殿学士户部侍郎文正范公神道碑铭》收录在《欧阳文忠公集》卷二〇,经过范纯仁删节的《资政殿学士户部侍郎文正范公神道碑铭》收录在今天的《范文正公集》(《四部丛刊》本)附录部分的《褒贤集》中。将两篇文章比较,即可清楚范纯仁所删节的部分。又,关于范纯仁的文字删节,可参考[日]竺沙雅章《范仲淹》(白帝社,1995年)第151—154页的说明。
③ 范仲淹被贬后,朝廷中有关系者皆被告发。以作为持相同主义的朋党被议论正是从这时正式开始的。又西京留守推官的蔡襄作《四贤一不肖诗》,四贤指的是范仲淹、余靖、尹洙、欧阳修,一不肖指高若讷。高若讷时在右司谏任上,却对范仲淹的左迁坐视不言,故被欧阳修移书谴责。因此越权行为欧阳修亦被贬谪。从蔡襄此诗可窥见当时"四贤"实被视为同一群体。又据《渑水燕谈录》(《唐宋史料笔记丛刊》,中华书局,1997年,第15页),蔡襄的《四贤一不肖诗》流传很广,人人竞相传写,书店以此获利甚多。

称为"范吕党争"。

三、周必大与朱熹的论争

上章所述的围绕"范吕党争"周必大与朱熹的论争，本章将更详细地论述其中的争论过程。

庆元二年(1196)周必大在写给汪逵(字季路)的书简(《与汪季路司业书》)中这样写道①：

> 惟吕范一节、朱元晦、吕子约屡以为言，终不敢曲从者，亦岂无说。历观近代，用心平直，如忠宣公可一一数。决不违父志，强削志文。又本朝正史惟两朝多出名公之手，最为可信。是时吕氏子弟，显用于朝者多，而于吕范列传，并无一言及此。

据此可知，周必大针对朱熹(字元晦)和吕祖俭(字子约)所持的吕、范和解论提出了反对意见。他认为：范纯仁(忠宣公)遵循父亲的意志删减欧阳修的《范公神道碑铭》是正当的，本朝的正史，特别是真宗、仁宗两朝实录多出自名公之手，是可以信赖的资料。并且朝廷中吕夷简的子弟得到重用之人甚多，因此知晓吕夷简的事的人应该很多。可是在由朝廷编纂的范仲淹与吕夷简的列传中，却对于范、吕和解的事情完全不予记载，可见二人和解并非事实。针对周必大的这一看法，朱熹在《答周必大》其二中，进行了如下的评述：

> 前者累蒙诲谕范碑曲折……今读所赐之书而求其指要则其言若曰……其后欧公乃悔前言之过，又知其诸子之贤。故因范碑托为解仇之语以见意。而忠宣独知其父之心，是以直于碑中刊去其语，虽以取怒于欧公而不惮也。凡此曲折，指意致密，必有不苟然者。顾于愚见有所未安，不敢不详布其说，以求是正，伏惟恕其僭意而垂听焉。

在前章所引用的《答周必大》其一中，以"昨蒙宠喻范欧议论"开篇，本简又以"前者

---

① 本文中使用的版本为《周必大全集》(四川大学出版社，2017年)。《与汪季路司业书》一文，在《周必大全集》中作《汪季路司业》(第1768页)，《全宋文》中作《与汪季路司业书》，本文从《全宋文》。后文中《与吕子约寺丞书》亦同。

累蒙诲谕范碑曲折"起首,朱熹均以周必大处所获"诲谕"为文章之始。周必大认为范纯仁独知其父范仲淹之心,是故删减欧阳修所作《范公神道碑铭》而取怒于欧阳修的看法,或许有相应的证据,但朱熹以为"愚见有所未安"并不完全认同。

朱熹在上述两简(《答周必大》其一、其二)中,分别以"昨蒙宠喻范欧议论"和"前者累蒙诲谕范碑曲折"开篇,可见围绕欧阳修所作《范公神道碑铭》一事,周必大提出了十分激烈的意见。检视周必大的全集《文忠集》,其中写给朱熹的书简有九篇。但是遗憾的是其中并没有可以引起朱熹反论的详细议论的作品,只有庆元二年(1196)周必大写给朱熹的文章(《与朱元晦待制札子》)中,有以下的内容:

> 如仁录乃名公笔削,非如近世传闻卤莽且有好恶之私,其于吕范营西事,若果为国交欢,岂非甚美。是时吕氏子弟亲戚布满中外,何故无一字誉及。必有难言,遂两忘耳。

在此处周必大以当时吕夷简的子弟与亲戚虽多,然范仲淹与吕夷简和解之事在仁录(仁宗实录)中并不见记载为由,认为范、吕二人并未和解。这与上文所引的《与汪季路司业书》主旨相同。值得注意的是,依据周必大《文忠集》的记载,此文章为庆元二年所作,而写给汪逵的书简也是在这一年。另一方面,关于朱熹答复周必大的两通书简(《答周必大》其一、其二),虽然在朱熹的全集中并无记载其写作时间,但是从周必大给朱熹、汪逵送的几封书简考虑,其创作时间可以推定为庆元二年之际。而不应忽视的是,这个时间正好也是周必大编纂《欧阳文忠公集》(绍兴二年—庆元二年)一百五十三卷的最后一年。可见周必大在编纂欧阳修全集的过程中,将欧阳修的《范公神道碑铭》与经过范纯仁笔削后的文本进行比较,从而得出了自己的结论,并与朱熹展开了争论。

四、周、朱论争与新发现欧阳修书简

新发现的欧阳修九十六篇书简,因为没有被收录在周必大所编纂的欧阳修全集中,所以其存在一直被人所遗忘[①]。

然而,在考察周必大、朱熹二人围绕"范吕党争"论争的过程时,其中的数篇

---

① 参见前注拙稿《歐陽脩の書簡九十六篇の発見について》。

书简却有着重要的资料价值。如前所述,此次论证开始的庆元二年十月,周必大在写给吕祖俭的一份书简(《与吕子约寺丞书》)中,有如下记述:

> 本朝诸公心平,如忠宣者几希。设有真迹,尚未敢必,况居仁所传耶。张续帖在谁家。如修性多病之句,良可疑。殊不喜居京,亦非六一语。苏明允帖若果有之,则黄门龙川志说碑处,自当具言,何必引张安道为证也。

在此文中,对于删减欧阳修文章的范纯仁(忠宣),周必大认为在"本朝诸公"中如没有似他这般"心平"者,接着又提出"张续帖在谁家"、"苏明允帖若果有之"等几个疑问,引出了欧阳修写给张续和苏明允的书帖的问题。

首先,关于"张续帖在谁家"的问题,周必大认为"修性多病"的语句是否是欧阳修之语颇为可疑,至于"殊不喜居京"则并非欧阳修之语。实际上,记载了以上这两句的欧阳修写给张续的书简,正保存在新发现的欧阳修书简中。新发现书简第八十五《与张续》①中,有如下记述:

> 修启。人至辱书,备见勤厚,且承经秋体履康义,至慰至慰。修性多病,加渐老益衰,殊不喜京居,深自勉强。亳枣远寄,多荷多荷。人回,偶书如此,不一一。修白张君足下。

此书简中,周必大质疑非欧阳修之语的"修性多病"②,以及断言非欧阳修之语的"殊不喜居京"(前文所载周必大书简中京居作居京)均在其中,由此可知周必大写给吕祖俭的书简中所提到的"张续书帖"正是新发现书简的第八十五封,又,同样是发给张续的书信也存在于新发现书简中的第八十六中,在此简中关于《范公神道碑铭》有如下记录:

> 脩向作范文正文字,而悠悠之言,谓不当与吕申公同褒贬。二公之贤,

---

①　新发现书简的编号,是据天理大学附属图书馆所藏《欧阳文忠公集》的收录顺序,在整理过程中所加的。参见前注拙著《欧阳修新发现书简九十六篇——欧阳修全集的研究》。

②　上文引《周必大全集》收录《与吕子约寺丞书》(第1768页)一文中记"修性多病",而据新发现书简则记为"脩性多病","修"与"脩"文字有异。这是缘于"欧阳修"还是"欧阳脩"的问题。小林义广《歐陽修か歐陽脩か》(《東海史学》三十一,1997年,后收录于同氏的《歐陽脩　その生涯と宗族》,创文社,2000年)认为,周必大依据欧阳修的《集古录》中所钤印的印记为"修"字来看,应以"欧阳修"为准。但另一方面以现存的真迹看,欧阳修自身更喜称"欧阳脩"。因此在《周必大全集》中收录的《与吕子约寺丞书》中,按照周必大的见解记为"修性多病",而欧阳修自己所作的新发现书简则记为"脩性多病"。据此"修性多病"与"脩性多病"的"修"与"脩"是表记上的不同。

修何敢有所褒贬。亦如此而已耳。后闻范氏子弟欲有所增损,深可疑骇。别纸所喻甚善。如范氏子弟,年少未更事,愿以此告其亲知,脩白。

在此封书简中,欧阳修叙述了曾作《范公神道碑铭》,而"后闻范氏子弟欲有所增损,深可疑骇",即对范纯仁擅自删减文字表达了强烈的不满。这对于认为范纯仁的行为是合理正当的周必大而言,这封可以窥出欧阳修本人强烈不满的书简,应该是绝对不会忽视的。因此对于欧阳修写给张续的一系列的第八十五、八十六书简,他引用了第八十五封中的语句,以"良可疑"发出疑问,并且强烈主张"非六一语"。

其次,前文提及的第二个问题,所谓"苏明允帖若果有之"之语,周必大在写完此书简两月之后的庆元二年十二月写给汪逵的书简中(《与汪季路司业书》),又将他的意见更加深化了:

吕居仁传欧公自志,再三志,子约实无亲笔,纵有亦是欧公自悔前疏太过,欲自解于正献兄弟,不须凭也。……子约已传欧公与苏明允一帖尤伪。盖明允初得欧公寄范碑,已论此事,尝赞其用心广大,岂待后来?

黄门龙川志记此甚详,殊不及也。

在这封书简中,周必大认为吕祖俭(子约)所传的欧阳修写给苏洵的书简("子约已传欧公与苏明允一帖")是伪作。其理由是因为吕祖俭所传的书简并非欧阳修亲笔,且当时苏洵已论述过《范公神道碑铭》之事,那么关联此事件的书简在当时不存在,只是到了后日才出现。再加上详细记载吕夷简与范仲淹之事的苏辙《龙川志》对此书简完全未提及,综合以上观点,周必大认为此简为伪作。

吕祖俭所藏的这封欧阳修寄给苏洵的书简,在新发现书简的第五十七中:

脩启。昨日论范公神道碑,今录呈。后为其家子弟擅于石本减却数处,至今恨之。当以此本为正也。修再拜明允贤良。

此简值得注意的是,关于《范公神道碑铭》被范纯仁擅自删减一事,欧阳修至今仍然表现出十足的不满。又此书简中,记述了欧阳修曾将未经删节的文本寄送给苏洵,而苏洵在写给欧阳修的《上欧阳内翰第三书》中记述了他看过了这件未经删改的文本:

所示范公碑文,议及申公事节,最为深厚。近试以语人,果无有晓者,每念及此、郁郁不乐。

苏洵在阅读过正本《范公神道碑铭》后，认为其中所写吕夷简（申公）的行事"最为深厚"，对于近来无人知晓此事而感到非常遗憾。在前述周必大的《与汪季路司业书》中所提及的"盖明允初得欧公寄范碑，已论此事"应该指的正是苏洵寄给欧阳修的《上欧阳内翰第三书》。对于一直认为吕、范二人未和解的周必大来说，范纯仁删节了《范公神道碑铭》的一部分文字是正当的，即使苏洵在收到（未经删节的）正文后，在《上欧阳内翰第三书》中阐述了自己的意见，也能理解为只是作为第三者的意见。但是新发现书简第五十七中，欧阳修本人对自己的文字被删除而直接表现出不满，从而对于范纯仁行为的原谅与否便成了一个疑问。总之，对于周必大而言，记载有欧阳修自己所表达不满的新发现书简第五十七封《与苏编礼》（即"子约已传欧公与苏明允一帖"）的存在，无疑会动摇自己的立场。因此他以质疑此书简非欧阳修亲笔为开始，指出了此书简一系列的问题，认为此帖"尤伪"，予以强烈的排斥。

此前周必大与朱熹围绕范纯仁删节欧阳修《范公神道碑铭》文字一事的争论，虽曾被关注，然而周必大在论争中所提到的"张续帖"与"苏明允帖"所指何物并不清楚，因此在两人的争论中，周必大为何要否定这些书简也无从考证①。现在由于新发现书简的出现，在"张续帖"与"苏明允帖"中出现了与周必大的意见相左的内容，故弄清楚了周必大在与朱熹的论争中强烈质疑这些书简为伪作的原因。

五、《龙川别志》与《上吕相公书》

上文中所引的《与汪季路司业书》中，周必大斥吕祖俭所传"欧公与苏明允一帖"（即新发现书简第五十七《与苏编礼》）为伪作之时，认为如果是真品则苏

---

① 比如讨论周必大与朱熹的论争的有夏汉宁《朱熹、周必大关于欧阳修〈范公神道碑〉的论争》（《江西社会科学》2004年第3期）。此论文第一节引述朱熹的《答周必大》，以引出与周必大的论争。第二节考察范仲淹与吕夷简之间是否存在和解。第三节论述欧阳修对于吕夷简的态度，以及对神道碑的创作态度。第一节的考察虽与本稿相关，但是朱熹与周必大论争中所提及的欧阳修的书简，即新发现书简因为未公布所以无法具体的考察。又本稿中，关于朱熹与周必大的论争，是以2011年笔者报告的新发现书简为焦点，具体考察论争为目的，与试图概括论争全体的夏汉宁氏的论文在主旨上有很大的不同。

辙应当在《龙川别志》(《龙川志》)中提及该书简。在《龙川别志》卷上有关于吕夷简与范仲淹和解经过的记载：

> （范文正公）自越州还朝，出镇西事，恐许公不为之地，无以成功，乃为书自咎，解雠而去。其后以参知政事安抚陕西，许公既老居郑，相遇于途。文正身历中书，知事之难，惟有过悔之语，于是许公欣然相与语终日……故欧阳公为文正神道碑，言二公晚年欢然相得，由此故也。后生不知，皆咎欧阳公。予见张公言之乃信。

在这里苏辙详细地记录了吕夷简（许公）与范仲淹（文正）的"解雠"，以及和解的经过。周必大在《与汪季路司业书》中，认为苏辙记述虽详细，但无一语谈及"子约已传欧公与苏明允一帖"（新发见书简第五十七），进而否定了此书简的真实性。又在写给吕祖俭的《与吕子约寺丞书》中提出"苏明允帖若果有之，则黄门龙川志说碑处，自当具言，何必引张安道为证也"的质疑，意在指出苏辙《龙川别志》记录的疑问。换句话说，周必大认为苏辙应该在《龙川别志》中具体言及的，为何却引张公（张安道）之言（"予见张公言之"）为证据呢？从中可知，周必大以为如果真的存在有写给自己父亲苏洵的欧阳修书简（"子约已传欧公与苏明允一帖"），那么苏辙应该直接以此为证据，而他忽略此证据，而转引他人之语来论述，说明当时的"子约已传欧公与苏明允一帖"（新发现书简第五十七）是不存在的伪作。然而，关于此观点，朱熹进行了反驳，朱熹在《答周必大》其二中有以下的论述：

> 况龙川志之于此，又以亲闻张安道之言为左验，张实吕党尤足取信无疑也。

因为张安道与吕夷简立场相同，是所谓的吕党中人，所以朱熹以为他的话最值得信赖。朱熹认为，苏辙是以可靠性最高的张安道之言为依据，来主张吕夷简与范仲淹之间的和解，所以周必大的见解是错误的。

那么，周必大与朱熹的论争哪一个才是事实呢？换句话说，吕夷简与范仲淹之间是否和解了？实际上是可以找到解决问题的资料的。以下是范仲淹写给吕夷简的书信（《上吕相公书》）：

> 昔郭汾阳与李临淮有不交一言。及讨禄山之乱，则执手泣别，勉以忠义，终平剧盗，实二公之力。今相公有汾阳之心之言，仲淹无临淮之才之力，夙夜尽瘁恐，不副朝廷委之之意重。

此简为范仲淹感激因吕夷简之力而被任用为陕西经略安抚副使时所写,其中范仲淹以过去的郭子仪(汾阳)与李光弼(临淮)之间曾交恶,不交一言,然而讨伐安禄山之乱时能"执手泣别,勉以忠义"为例,并言"相公有汾阳之心之言,仲淹无临淮之才之力",勉励双方能不负朝廷之期待。从此可知,范仲淹曾想与吕夷简合力共赴国难,可以说两人的关系已经和解。此封范仲淹的《上吕相公书》并未收录于范纯仁编纂的范仲淹全集《范文正公集》,而是收录在吕祖谦编纂的《皇朝文鉴》中,流传至今。

实际上,朱熹是知道这封《上吕相公书》的,在他写给周必大的书简(《答周必大》其一)中,有如下的记载:

> 向见范公与吕公书引汾阳临淮事者。语意尤明而集中却不见之。恐亦为忠宣所删也。

这里朱熹所言"范公与吕公书引汾阳临淮事",正是前文所引的范仲淹《上吕相公书》中所言郭子仪(汾阳)与李光弼(临淮)事,由此可知朱熹确认过范仲淹写给吕夷简和解的书信。然而此书简并不见于范仲淹的全集中,故朱熹言"恐亦为忠宣所删也",指出此书简被范文正公集的编纂者范纯仁所删。这里值得注意的是其中"亦"字的虚词效果,如前所述,范纯仁不认为其父范仲淹与政敌吕夷简曾和解,故将欧阳修所作的《范公神道碑铭》中关于范吕和解的共计一百零三字径自删除,之后范纯仁又在编纂全集时将《上吕相公书》也刊除,从中可以清晰地看出朱熹对于范纯仁数次删改的嫌恶之情。

六、从新发现书简看周必大编纂欧阳修全集的态度

宋代是木版印刷发展的时代,与书写时代不同,文人们的诗文集同时被大量印刷,并且当时的人也意识到这些诗文集将会长久地在后世流传[①]。所以全集的编纂者自然会想收录尽可能多的作品。范纯仁在为父亲范仲淹编纂全集

---

① 比如,南宋沈作哲《寓简》(《丛书集成新编》本)卷八"欧阳公晚年常自审定平生所为文,用思甚苦。其夫人止之曰,何自苦如此,当畏先生嗔耶。公笑曰,不畏先生嗔,却怕后生笑",由此可见欧阳修在编纂自己诗文集《居士集》时,很重视后人的评价。

的时候,应该也是这么想的,但是对于将吕夷简视为恶人宰相的他来说,考虑到暴露了与吕夷简和解的《上吕相公书》会有损父亲的名誉,因此违反了全集收录的原则,将该书简从全集中删掉。并且刊去了欧阳修所作《范公神道碑铭》中和解部分的文字,采取了改作作品的方法。为了将父亲作为名臣的形象在后代得到彰显,范纯仁删节了收录的作品,并改变了作品的内容。

另一方面,周必大编纂《欧阳文忠公集》一百五十三卷,编纂过程如前述是在与孙谦益、丁朝佐等人的协助下,收录尽可能多的作品。所以收录于《欧阳文忠公集》卷二〇的欧阳修为范仲淹所作的《资政殿学士户部侍郎文正范公神道碑铭》的文章,便是范纯仁删改之前的欧阳修的原作。如上文所述,虽然周必大对范纯仁的立场表示理解和共鸣,但是在编纂全集的时候,还是收录了欧阳修的原作。当然,这也许是他与范纯仁不同,并非当事人而只是作为第三者的缘故吧。谷敏在《周必大对小说与正史的态度——也谈"范仲淹神道碑"的删文问题》①中言:"这场围绕着范仲淹神道碑版本问题的论争,因为朱熹等参与,也因为周必大个人的虚怀若谷,最终有了一个较为圆满的结局。"谷敏认为周必大在编纂《欧阳文忠公集》之时,并没有收录自己更加认可的范纯仁改作的版本,而是选择了证明朱熹主张的范仲淹与吕夷简和解的原作《资政殿学士户部侍郎文正范公神道碑铭》,最终与朱熹的论争有了一个圆满的解决。

但是,如果关注新发现的九十六篇书简,则会发现事实并非如此。确实,九十六篇书简中的一部分是周必大编纂欧阳修全集之后被发现的,因此未被收录进全集,所以今日不为人知。比如第五十九—六十三的致张洞的五通书简,周必大在编纂欧阳修全集时不知其存在而全集完成之后才被发现。其理由是这五通书简的跋语是周必大于庆元六年(1200)所作,而如前所述,《欧阳文忠公集》是在四年前的庆元二年(1196)完成编纂的。由于在全集编纂完成之后发现了致张洞的书简,所以周必大将这些书简作了考证并写了跋文②。而与此相对,如本文所考证的,欧阳修新发现书简第五十七、八十五、八十六,均是全集编纂时周必大已经知悉其存在的书简。虽然如此,因为其内容与自己的意见不一

---

① 谷敏《周必大对小说与正史的态度——也谈"范仲淹神道碑"的删文问题》,《文献季刊》2007年第3期。

② 详细参见前注拙稿《欧陽脩の書簡九十六篇の発見について》。又,九十六篇书简未全部收录周必大编纂《欧阳文忠公集》的原因,有必要对每一篇书简进行分析,本文不作展开。

致,所以将之判断为伪作,从而没有收入欧阳修全集中。即使是与自己的意见更切合的作品,只要经过他人的改作,将其收入到全集中的行为是身为编纂者所不能允许的。而且,他之后被委任以校勘刊行《文苑英华》的工作①,在当时被视为在书籍编纂方面可以信赖的人物,在明知为改作版的情况下还收录进全集这样的行为是绝不会被允许的。但是如果认为并非欧阳修的作品,而判定为伪作的话则另当别论了。不将伪作收入全集中,是作为编纂者的当然的态度,这也最终导致了周必大将与自己意见不符的新发现书简五十七、八十五、八十六视为伪作,而未收入欧阳修全集中。

范纯仁在编纂父亲范仲淹全集时,将《上吕相公书》删除一事,因为该文被收入《皇朝文鉴》而流传至今日,对此已经有诸多考察②。然而很难设想周必大在编纂《欧阳文忠公集》之时会不收录一部分欧阳修的作品,特别是在没有确认作品实物的基础之上,所以之前一直未有研究。但是新发现书简实物的出现,可以具体地窥见周必大全集编纂过程的一环。上文所举谷敏氏言,在编撰全集之际,因为周必大个人的"虚怀若谷",最终论争得到了圆满的解决。虽然从周必大与朱熹激烈争论的过程来考虑,这样的可能是很小的,然而由于资料的限制不能作更深入的考察。但是,新发现书简的存在可以证明此论争并没有得到"圆满的"解决,即周必大在欧阳修全集的编纂之际没有收录范纯仁的改作版《范公神道碑铭》,但是一方面却将新发现书简的第五十七、八十五、八十六视为伪作而不加收录,这种所谓编纂者的良识的立场使得他坚持了自己的主张。这正是依据他与朱熹论争中所展现出的观点而选择的编纂行为。换言之,与朱熹争论时所持的见解,周必大并没有放弃,而是通过将欧阳修的部分书简判为伪作,从而在欧阳修全集的编纂中坚定地贯彻了自己的主张。

---

① 周必大在刊行《文苑英华》的序文中言"臣事孝宗皇帝,间闻圣谕欲刻江钿文海。臣奏其去取差谬不足观,帝乃诏馆职裒集皇朝文鉴。臣因及英华,虽秘阁有本,然舛误不可读。俄闻传旨取入,遂经乙览。时御前置校正书籍一二十员……后世者遂为定本",可见编撰之际颇受皇帝信赖。

② 在对欧阳修撰《范仲淹神道碑铭》被范纯仁删节一事的考察中,《上吕相公书》屡屡被论及,并且在几种论著中也被提到,这里只列举最近的几篇论文,比如刘德清《范仲淹神道碑公案考述》(《西南交通大学学报(社会科学版)》2015年第1期)、仝相卿《欧阳修撰写范仲淹神道碑理念探求》(《史学月刊》2015年第10期)等。又以从范仲淹与吕夷简是否和解论述的有王瑞来《范吕解仇公案再检讨》(《历史研究》2013年第1期),将欧阳修创作神道碑铭与作尹洙墓志铭的态度共同论述的有王水照《欧阳修所作范〈碑〉尹〈志〉被拒之因发覆》(《江西社会科学》2007年第9期)等。

七、总　　结

　　最后试着探讨一个问题,针对周必大认为范仲淹与吕夷简二人并未和解的意见,朱熹为何要强烈地表示反对？朱熹将宋代活跃的名臣的言行汇集为一书的《八朝名臣言行录》已经在乾道八年(1172)成书并刊行。在《八朝名臣言行录》中有对范仲淹言行明确的记载,其中也引用了之后在与周必大论争中出现的《范公神道碑铭》和《龙川别志》等材料。因此,在论争的当时,朱熹对范仲淹与吕夷简的和解已经有了自己明确的意见,并且《八朝名臣言行录》的成书时间在与周必大争论的二十多年前,该书在论争的当时应该是广泛流布的。在这种状况下,对于与自己意见相左的周必大的意见,朱熹认为有必要订正是非,并在这种驱动下写了答信。

　　朱熹在答周必大书简(《答周必大》其二)中,有如下的论述：

　　　　今不信范公出处文辞之实,欧公丁宁反复之论,而但取于忠宣进退无据之所为,以为有无之决,则区区于此诚有不能识者。

朱熹认为周必大基于范纯仁的无根之说而认定和解的有无是完全不知事实,相反,应该以范仲淹的"出处文辞之实"以及"欧公丁宁反复之论",即欧阳修多次的论述为依据。从现在保留的资料来看,周必大与朱熹的论争,无疑是朱熹一方的意见更为合理。

　　虽然此前有研究关注过周必大与朱熹的论争[①],但两人论证中所提到的欧阳修送张续与苏洵的书简内容不详,并且无法查明这些书简的存在。而依据新发现书简,这些都可以得到实际的确认,欧阳修写给张续与苏洵的书简内容也已清楚。这些对范纯仁的删减文字明确表现出不满的欧阳修本人的书简,对于朱熹来说也是"欧公丁宁反复之论"的一种,是自己意见的注脚。另一方面,对范纯仁的行为表示理解的周必大来说,这些表明欧阳修本人直接不满的书简的存在是绝不能承认的。如果承认,将会大大地动摇自己的主张。因此周必大在论争的过程中,以非欧阳修亲笔等理由强烈主张这些书简是伪作。正是因为这

---

① 比如前注夏汉宁论文。

个伪作的判断,周必大在编纂《欧阳文忠公集》之际,虽然知道欧阳修新发现书简中第五十七、八十五、八十六的存在,依然不予收录。如此,依据本次发现的欧阳修书简,之前周必大与朱熹论争中不清晰的一环,以及周必大编纂《欧阳文忠公集》的态度便能够得到明确。

"修庙"与"立学":
北宋学记类文章的一个话题
——从王安石《繁昌县学记》入手

复旦大学中文系　朱　刚

刘成国先生新出《王安石年谱长编》,系《繁昌县学记》于庆历七年(1047),考为"现存公学记中最早一篇"①。此文开篇即议论孔庙与学校的关系问题:

> 奠先师先圣于学而无庙,古也。近世之法,庙事孔子而无学。古者自京师至于乡邑皆有学,属其民人相与学道艺其中,而不可使不知其学之所自,于是乎有释菜、奠币之礼,所以著其不忘。然则事先师先圣者,以有学也。今也无有学,而徒庙事孔子,吾不知其说也。②

这是因为当时州县的学校,往往仅是孔庙的一个不常设的附属部分,而北宋朝廷兴办学校的政策,事实上也以修葺孔庙为先导,故王安石初作"学记",便首先要审辨"修庙"与"立学"的关系。庙事孔子,春秋释奠,似乎被看作中华礼乐文明的核心节目之一,然而若依王安石的思路,在三代制度的意义上理解礼乐,则祭祀孔子当然不可能是周公"制礼作乐"的原始内容。虽然说祭孔非礼,似乎有点惊世骇俗的味道,但其非三代之制,则可无疑。相反,"自京师至于乡邑"皆有学校,倒是经典明文记载的真正三代之制,而后世用以祭孔的释奠之礼,原本是学校里举行的一种体现学问传承意识的仪式,就算这种仪式以孔子为尊事的对象,那也应该是祭孔之仪附属于学校,不应该是学校附属于孔庙。所以王安石明确表示:"今也无有学,而徒庙事孔子,吾不知其说也。"在他看来,两者的关系

---

① 刘成国《王安石年谱长编》,中华书局,2018年,第182页。
② 王安石《繁昌县学记》,《临川先生文集》卷八二,《王安石全集》第7册,复旦大学出版社,2016年,第1454页。

被弄颠倒了,是一种错误。

作为一篇"学记",自须强调立学的意义,而且也不妨说立学远比祭孔重要,但因此而走到非议祭孔的地步,似乎并无必要。然而,王安石次年又作《慈溪县学记》,不但以更大篇幅展开了这个话题,甚且把庙事孔子形容为"四方之学者,废而为庙,以祀孔子于天下,斫木抟土,如浮屠、道士法,为王者象"①,几乎诋为异教了。可见他对待这件事的态度非常严厉,反映出他的思想与现实之间一个相当激烈的冲突点。王安石以这个冲突点为他撰作"学记"的起点,很值得我们关注。虽然其"学记"中更著名的一篇,也可以被看作宋代"学记"之代表作的,是将近二十年后所写的《虔州学记》②,但后者充分地展开其关于"学"的思想,全文不涉及"庙",则前后联系来看,扬弃孔庙而建立学校,是他撰写"学记"的总体思路。用他自己的话说,是"变时而之道"③,孔庙是"时"而学校是"道"。这就包含了批判和建树两个方面,《虔州学记》全力建树,之前的《繁昌县学记》《慈溪县学记》则更多地展示出批判性。

那么,以批判"修庙"为倡导"立学"之前提,是不是这位"拗相公"与众不同的任性表现,或者说独立主张呢?要回答这个问题,需要考察一下别人的同类文章是怎么写的。什么是同类文章呢?首先当然是题名为"学记"的文章。事实上,学术界已经注意到"学记"是宋代古文的一个重要品种,近年已有不少研究成果④,但为了考察"修庙"与"立学"的关系这一话题,除了题名为"学记"的文章外,我们还需要把有关孔庙的许多"记"或"碑"文也纳入视野,而且实际上宋人也有称为"庙学记"的文章,《全宋文》里面可以找到十余篇,如李堪《古田县庙学记》、蔡襄《福州修庙学记》《亳州永城县庙学记》等⑤,同时记叙"庙"与"学"的兴建。多年以前,就因为注意到这些"庙学记",笔者曾把宋代"学记"文类的

---

① 王安石《慈溪县学记》,《临川先生文集》卷八三,《王安石全集》第 7 册,第 1465 页。刘成国系庆历八年(1048),见《王安石年谱长编》第 192 页。

② 王安石《虔州学记》,《临川先生文集》卷八二,《王安石全集》第 7 册,第 1446 页。刘成国系治平元年(1064),见《王安石年谱长编》第 675 页。

③ 王安石《送孙正之序》,《临川先生文集》卷八四,《王安石全集》第 7 册,第 1489 页。

④ 详情请参考倪春军博士学位论文《宋代学记文研究:文本生态与文体观照》绪论第二节《研究现状》,复旦大学,2016 年。

⑤ 李堪《古田县庙学记》,《全宋文》第 10 册,上海辞书出版社、安徽教育出版社,2006 年,第 226 页。蔡襄《福州修庙学记》《亳州永城县庙学记》,《全宋文》第 47 册,第 190、195 页。

渊源推至前人的孔子"庙碑"或"庙记",然后经过"庙学记"这一过渡形态,发展出"学记"①。这个推想忽视了宋代以前题为"学记"的文章已经存在的事实,刘成国先生在《宋代学记研究》中亦已加以纠正②。然而,由于"庙"与"学"的纠缠在现实中也确实存在,故宋人所撰庙碑、庙记、庙学记、学记等,对此多有响应,在这个意义上,笔者以为仍可将它们视为同类文章,加以考察。③ 对于宋人来说,庙事孔子,而以学校附焉,是从前代延续下来的现实,对此现实的质疑是逐渐产生的,本文旨在梳理这个产生的过程,从而将王安石的批判置入历史语境,加以考察。

一、庙 事 孔 子

宋制,每岁国家祭祀分为三级:大祀三十、中祀九、小祀九,孔庙释奠属于"中祀"④。《宋史·礼志》记其沿革情形云:

> 至圣文宣王,唐开元末升为中祠,设从祀,礼令摄三公行事。朱梁丧乱,从祀遂废。后唐长兴二年,仍复从祀。周显德二年,别营国子监,置学舍。宋因增修之,塑先圣、亚圣、十哲像,画七十二贤及先儒二十一人像于东西庑之木壁。太祖亲撰先圣、亚圣赞,十哲以下命文臣分赞之。建隆中,凡三幸国子监,谒文宣王庙。太宗亦三谒庙,诏绘三礼器物、制度于国学讲论堂木壁,又命河南府建国子监文宣王庙,置官讲说,及赐九经书。真宗大中祥符元年,封泰山,诏以十一月一日幸曲阜,备礼谒文宣王庙。⑤

此处概叙了宋初三朝祭祀和建设孔庙的情况,只说是继承唐礼而来,并不追究

---

① 朱刚《士大夫文化的两种模式:〈虔州学记〉与〈南安军学记〉》,《江海学刊》2007年第3期。后编为《唐宋"古文运动"与士大夫文学》第三章第四节,复旦大学出版社,2013年。
② 刘成国《宋代学记研究》,《文学遗产》2007年第4期。
③ 把有关孔子庙的碑、记视为"学记"的渊源之一,似乎仍可考虑,参考倪春军《宋代学记文研究:文本生态与文体观照》第一章《宋代学记文的起源:从孔庙碑到孔庙记》。倪春军所谓"学记文",与本文"学记类文章"所指范围相近。
④ 《宋史》卷九八《礼志》一,中华书局,1985年,第2425页。
⑤ 《宋史》卷一〇五《礼志》八,第2547页。

更早的来历①。北宋文人所作学记,有的更具历史意识,如胡旦《儒学记》云:

> 汉魏以来,奉祀孔子,惟曲阜阙里。至唐开元始诏州县置庙,并像十哲、七十子,春秋释奠,载于典章。我宋因之。②

胡旦是太宗朝的状元,他对孔庙的形成历史有个简明的把握,就是从名人家乡所建的纪念馆,逐步发展为国家层面的祭祀项目。但显然,他并不像后来的王安石那样质疑孔庙的合理性。相反,对于唐代中央和地方州县普遍设置孔庙的做法,宋初士大夫多数予以肯定。这方面值得注意的,是唐代韩愈在《处州孔子庙碑》中提出的"通祀"之说:

> 自天子至郡邑守长,通得祀而遍天下者,惟社、稷与孔子为然。③

这个"通祀"说,在王禹偁作于咸平二年(999)的《黄州重修文宣王庙壁记》中便有响应:

> 韩吏部曰:"天下通祀者三,唯社、稷与夫子庙。"某敢轻议哉?④

其后,尹洙《巩县孔子庙记》亦云:

> 某按著令,县皆立先圣庙,释奠以春秋,唐韩文公所谓郡县通祀孔子与社、稷者也。自五代乱,祠官所领,在郡邑者颇废坠不举,间或增祀,率淫妄不经,独孔子、社、稷,其奠祭器币莫之能损益,真所谓通祀哉!⑤

"通祀"大约是中央和地方上下都祭祀的意思,突出了祭孔的普遍性、重要性。王禹偁、尹洙都是北宋前期的古文家,韩愈的《处州孔子庙碑》成为他们写作同类文章时明确意识到的典范。在中国崇奉孔子的历史上,唐代诏令州县立庙确实是个重要的里程碑,"通祀"的说法相当鲜明地揭示了这一里程碑的意义。

时至宋代,全国所有孔庙中,自以首都开封府的孔庙最为重要,但所谓太

---

① 关于孔庙的形成历史,可参看《孔氏祖庭广记》卷三"崇奉杂事",清光绪《琳琅秘室丛书》本。当代学界的相关叙述,有黄进兴《优入圣域:权力、信仰与正当性》第九篇《权力与信仰:孔庙祭祀制度的形成》,陕西师范大学出版社,1998年,第185页。倪春军《宋代学记文研究:文本生态与文体观照》第一章第一节分析了有关孔庙的早期文学作品。
② 胡旦《儒学记》,《全宋文》第4册,第8页。
③ 韩愈《处州孔子庙碑》,马其昶《韩昌黎集校注》卷七,上海古籍出版社,1986年,第490页。
④ 王禹偁《黄州重修文宣王庙壁记》,《全宋文》第8册,第77页。
⑤ 尹洙《巩县孔子庙记》,《全宋文》第28册,第30页。

祖、太宗皆三谒孔庙之事,目前并无相关记文留存。《全宋文》搜集的宋初修建孔庙之碑记,时间上最早的是刘从乂《重修文宣王庙记》,作于宋太祖建隆三年(962),所记为永兴军亦即唐代首都长安的孔庙,所以文中提到唐代的太学、石经①,这是长安孔庙能够直接从唐代继承的特殊遗产,非其他州县可比。作于太祖朝的还有梁勔《重修文宣王庙碑》,文末明记"时乾德二年(964)岁次甲子九月甲戌朔十八日辛卯",文中又有"明天子以关辅之地,为雄望之首"云云②,似乎也是长安的孔庙。另一个比较特殊的孔庙,就是孔子家乡兖州的文宣王庙了,太宗朝状元宰相吕蒙正撰有《大宋重修兖州文宣王庙碑铭》,时在"太平兴国八年(983)岁次癸未,十月癸未朔,十六日戊戌"③,记录了朝廷出资翻修兖州孔庙的盛举。不过撰于太宗朝的还有一些其他州县的孔庙碑记,如太平兴国八年(983)柳开《润州重修文宣王庙碑文》④、雍熙二年(985)徐铉《泗州重修文宣王庙记》⑤、雍熙三年(986)王禹偁《昆山县新修文宣王庙记》⑥、同年田锡《睦州夫子庙记》⑦等。田锡还写有《请复乡饮礼书》⑧,此礼的举行,需要孔庙、学校为场所,可以说是跟地方州县修葺孔庙相配套的活动。太祖、太宗朝留存的这些碑记,反映出孔庙释奠之礼从唐代继承下来,从中央和某些特殊地区(长安、兖州)向全国扩散的进程。

此后,王禹偁《黄州重修文宣王庙壁记》作于真宗朝咸平二年(999),是他自己担任知州时主持修葺的⑨;咸平五年(1002)段全为仙游县尉,也主持了孔庙徙址重修之事,并附建学校,作《仙游县建学记》⑩;翁纬作秀州海盐县的《县学记》⑪,在大中祥符元年(1008),此时作者亦为县令。这些都是地方官亲力亲

---

① 刘从乂《重修文宣王庙记》,《全宋文》第 3 册,第 183 页。
② 梁勔《重修文宣王庙碑》,《全宋文》第 3 册,第 143 页。
③ 吕蒙正《大宋重修兖州文宣王庙碑铭》,《全宋文》第 6 册,第 34 页。
④ 柳开《润州重修文宣王庙碑文》,《全宋文》第 6 册,第 397 页。
⑤ 徐铉《泗州重修文宣王庙记》,《全宋文》第 2 册,第 232 页。徐铉另有《宣州泾县文宣王庙记》(同前,第 219 页),但作于丁未(947)冬十月,尚在南唐时期。
⑥ 王禹偁《昆山县新修文宣王庙记》,《全宋文》第 8 册,第 65 页。
⑦ 田锡《睦州夫子庙记》,《全宋文》第 5 册,第 282 页。
⑧ 田锡《请复乡饮礼书》,《全宋文》第 5 册,第 80 页。
⑨ 王禹偁《黄州重修文宣王庙壁记》,《全宋文》第 8 册,第 77 页。
⑩ 段全《仙游县建学记》,《全宋文》第 9 册,第 410 页。
⑪ 翁纬《县学记》,《全宋文》第 15 册,第 130 页。

为、自撰记文的例子。值得一提的是后两篇已经不名"庙记"而题为"学记",但文章叙述的内容其实仍以修庙为主。也许,作为地方官的他们意识到修庙只是手段,真正需要完成的是振兴当地教育、向朝廷贡士的责任,所以原本只是附属于"庙"的"学",受到了一定程度的重视。

把祭孔礼仪推向高潮的,是大中祥符元年(1008)宋真宗封禅泰山,还至曲阜,亲祀孔庙之举。《续资治通鉴长编》卷七〇记:

> (十月)丙辰,次兖州,以州为大都督府,特赐酺三日。
>
> 十一月戊午朔,上服靴袍,诣文宣王庙酌献。庙内外设黄麾仗,孔氏家属陪列。有司定仪,止肃揖,上特再拜。又幸叔梁纥堂,命刑部尚书温仲舒等分奠七十二人、先儒,暨叔梁纥、颜氏。上制赞,刻石庙中。复幸孔林,以树木拥道,降舆乘马,至文宣王墓奠拜。诏加谥曰"玄圣文宣王",祝文进署,仍修葺祠宇,给近便十户奉茔墓。
>
> 丁卯,次范县,赐曲阜县玄圣文宣王庙九经、三史,令兖州选儒生讲说。①

皇帝亲自来到祖庭,再拜表敬,在礼仪上达到了极致。不过很明显,当时的兖州孔庙只具象征意义,其附属学校并不发达,连必备的书籍和教师都需要皇帝专门下令颁赐、选拔。当然,皇帝这么做,会带动各地纷纷响应,崇修孔庙,从现存记文来看,徐晟《大宋真定府藁城县重修文宣王庙堂记》署刻石时间在大中祥符二年(1009)二月②,孙仅《大宋永兴军新修玄圣文宣王庙大门记》作于同年六月③,二文都提到当今皇上尊崇孔庙是地方官修庙的动因,其中孙仅就是地方官本人。《续资治通鉴长编》卷七三又记,大中祥符三年(1010)六月"丙辰,颁诸州释奠玄圣文宣王庙仪注,并祭器图"④,可见州县守令已有需要获得标准的行礼程序和相关器具之形制。这一点在现存记文中也留下了印证,李庆孙《宁海县文宣王庙记》作于"皇帝东封之三年",也就是大中祥符三年,其中说:"学校载兴,庠序益严,诗书以存,弦诵以继。嗣而朝廷颁以祭器,故上下之礼,由兹而为

---

① 李焘《续资治通鉴长编》卷七〇,上海古籍出版社,1986年,第612页。
② 徐晟《大宋真定府藁城县重修文宣王庙堂记》,《全宋文》第13册,第382页。
③ 孙仅《大宋永兴军新修玄圣文宣王庙大门记》,《全宋文》第13册,第307页。
④ 李焘《续资治通鉴长编》卷七三,上海古籍出版社,1986年,第650页。

新庙之殊观也。"①他的说法是修庙带动了学校的复兴,但以上这些记文都不称"学记","学"还是"庙"的附属。

宋初三朝的记文作者,也有的像王安石那样,意识到庙事孔子作为一种偶像崇拜,性质上与"浮屠、道士法"相似,但他们中的多数以另一种思路考虑这件事:祭拜圣人的孔庙,居然还没有佛寺、道观那么庄严华丽,真是儒者之耻!宋初古文家柳开就为此痛心疾首,其《重修孔子庙垣疏》开篇即慨叹:"儒宫荒凉久矣。噫!天下太平,厥道斯用。"又云:"痛心释氏之门壮如王室,吾先师之宫也反如是哉!"②与佛寺比较的结果,是强调兴修孔庙的迫切性。在来自朝廷的倡导之外,这里出现了士人修庙的另一种动机:耻不如佛道。段全《兴化军文宣王庙碑》叙述了一个具体的实例:

> 咸平二年(999)冬十月,兴化军作文宣王庙,明年夏四月庙成。
>
> 先是,进士方仪以旧庙卑毁,不若诸浮屠、伯阳之祠,实将新而大之⋯⋯工止是而赀已竭。既而仪贡艺京师,因亟伏阙下,表其事,请出公钱以周是庙,以示文教于远人。上嘉之,以三十万俞之,命库帑出之,军之官其主之。
>
> 由殿之北,辟廊为室,以秘经籍,以休生徒。③

进士方仪因为耻孔庙之不如佛寺、道观,而出资兴修,后来因私力不足,求助朝廷,得到了真宗皇帝的支持,命官方完成此事。从记文来看,这种由士人自发兴修的孔庙,可能对附属学校比较重视。

与此相似的说法,也见于景德元年(1004)的孙昱《重修文宣王庙碑》:

> 夫庙者貌也,盖貌其形似,以致恭敬。释曰寺,道曰观,其实一也。噫!三教并兴于周,自周而下,斯须不可得而去者,孔子之教也,乃严其祠者,释道耳。何以日用其教,而日损其祠,于我先师孔子何薄欤!④

此文将偶像崇拜直接视为三教的一致性,而指责薄待孔子的现实。作于次年的李堪《古田县庙学记》,就更进一步,作者借其身为地方官的权力,"下车视事"不

---

① 李庆孙《宁海县文宣王庙记》,《全宋文》第 8 册,第 321 页。
② 柳开《重修孔子庙垣疏》,《全宋文》第 6 册,第 426 页。
③ 段全《兴化军文宣王庙碑》,《全宋文》第 9 册,第 411 页。
④ 孙昱《重修文宣王庙碑》,《全宋文》第 10 册,第 180 页。

久,即"薙佛宫、灰淫祠为之学"①。佛寺和某些民间祭祀的产业被他改造为孔庙的附属学校。这可能是最早名为"庙学记"的文章,也显示出此种动机下的修庙行为,往往比仅仅响应朝廷号召而修庙者更重视学校。但是,这些作者并不像王安石那样反思儒学与佛道宗教的差异。

在王安石的前辈中,梅尧臣曾经表示了对祭孔之礼走向宗教化、迷信化的不满,其《新息重修孔子庙记》云:

> 予思昔忝邑时,见邑多不本朝廷祭法,往往用巫祝于傍曰:"牛马其肥,疠疫其销,谷麦其丰。"渎悖为甚。②

在县级层面,祭孔的情形与所谓"淫祠"相去无几。虽然梅尧臣此文叙及庆历七年事,其写作时间未必早于王安石的《繁昌县学记》,但他描述的这种现象也许王安石亦曾目睹,而且这也说明,当时的士人已经开始反思一个问题:祭孔是否崇兴儒学的正确方法?

二、景德"庙学"

孔庙是个行礼的场所,作为其附属部分的学校,也主要完成礼仪功能,自唐以来,其实并非真正的教育场所。不过,在北宋兴盛起来,从而被诸多"学记"所描写的州县官学,又确实脱胎于孔庙之附属学校,这也是事实。此脱胎之过程,当然与北宋朝廷的"兴学"政策相关。目前教育史研究中,一般把北宋的教育政策概括为三次"兴学",即分别由范仲淹、王安石、蔡京主导的庆历兴学、熙宁兴学和崇宁兴学③。刘成国的《宋代学记研究》基本上也持此说。但这是专就朝廷下令州县"立学"的情况而言,若考虑到学校原是孔庙的一部分,而朝廷倡导"修庙"的时间更早,则北宋朝廷和士大夫的关注点如何从"庙"转到"学",便是一个值得考察的课题。我们研读学记类文章,可以为这样的考察提供一个切入点。

---

① 李堪《古田县庙学记》,《全宋文》第 10 册,第 226 页。
② 梅尧臣《新息重修孔子庙记》,《全宋文》第 28 册,第 164 页。
③ 比如陈学恂主编《中国教育史研究·宋元分卷》,华东师范大学出版社,2000 年。此书第二编以学校与科举的关系为视角考察宋代"兴学"的历史,本文取学校与孔庙的关系为视角,略作补充。

"修庙"与"立学"：北宋学记类文章的一个话题

现存的北宋学记类文章，其实记录了庆历以前的一次伴随着"修庙"的"立学"诏令，下达于宋真宗景德三年（1006），比其东封祭孔还略早一些。杨大雅《重修先圣庙并建讲堂记》云：

> 今皇帝嗣位之初，尝幸大学，召博士诸儒设讲榻，当御座之前，执经释义，赐帛有差。自是，大学之制一变，复古笾豆干戚之容，粲然大备。大学士王公钦若上言："王者之化，由中及外。古之立学，自国而达乡。今释菜之礼，独盛于上庠，函丈之教，未洽于四海。兴文之代，而阙礼若斯！"上以其言下之有司。去年诏天下诸郡咸修先圣之庙，又诏庙中起讲堂，聚学徒，择儒雅可为人师者以教焉。①

此文自署"时景德四年（1007）协洽岁林钟月吉日记"，则文中所谓"去年"当指景德三年，因为王钦若的建议，宋真宗下达了诏令，其主要内容：一是各州都要"修庙"，二是庙中要有讲堂，择教师，聚学徒，也就是"立学"②。

不知出于什么原因，《续资治通鉴长编》等史书并不记载此事。但其为史实，可以无疑，《孔氏祖庭广记》卷一〇至一一胪列"庙中古碑"，其中就有一块题为《景德三年敕修文宣王庙》的宋碑：

> 中书门下牒京东转运司：资政殿大学士尚书兵部侍郎知通进银台司兼门下封驳事王钦若奏："诸道州府军监文宣王庙，多是摧塌，及其中修盖完葺者，被勾当事官员使臣指射作磨勘司推勘院。伏以化俗之方，儒术为本，训民之道，庠序居先。况杰出生人，垂范经籍，百王取法，历代攸宗。苟庙貌之不严，即典章而何贵？恭以睿明继统，礼乐方兴，咸秩无文，遍走群望。岂可泮宫遗烈，教父灵祠，颇阙修崇，久成废业？仍令讲诵之地，或为置对之司，混捶挞于弦歌，乱桎梏于笾豆，殊非尚德，有类戏儒。方大振于素风，望俯颁于明制，欲乞特降敕命指挥，令诸道州府军监文宣王庙摧毁处，量破仓库头子钱修葺。仍令晓示，今后不得占射充磨勘司推勘院，及不得令使臣官员等在庙内居止。所贵时文载耀，学校弥光，克彰鼓箧之声，用

---

① 杨大雅《重修先圣庙并建讲堂记》，《全宋文》第10册，第329页。
② 倪春军博士学位论文《宋代学记文研究：文本生态与文体观照》第一章第二节已注意到这一次下诏，但误为景德二年（1005）。

洽舞雩之理。候敕旨。"牒：奉敕，宜令逐路转运司遍指挥辖下州府军监，依王钦若所奏施行。牒至，准敕，故牒。

    景德三年二月十六日牒。刑部侍郎参知政事冯拯、尚书左丞参知政事王旦。①

  碑文将中书门下的牒文完整上石，时间准确到年月日，还有值日宰执的签名，自可信赖。但一般情况下，这里引录的大臣起请之奏状，则并非全文，所以跟杨大雅引录的"大学士王公钦若上言"，当事人一致，具体内容却不同。鉴于碑文未涉及"庙中起讲堂"事，我们也不妨推测王钦若有两道奏状，皇帝所下的"修庙"和"立学"诏令也分成两次，故杨大雅也表述为"又诏"云云。然而即便是两次，大概也相距不远。重要的是，如杨大雅记文所显示的那样，景德三年诏令给人留下"庙"、"学"并修的印象。

  就诏令的实际效果来说，估计大部分州县地方官的应对措施，仍以"修庙"为主。前文已提到，大中祥符元年（1008）十一月宋真宗亲至兖州谒孔庙后，还有"赐曲阜县玄圣文宣王庙九经、三史，令兖州选儒生讲说"之举，则时隔两年半了，看来连这个儒学的发源地也没有在"立学"方面认真奉诏！即便只是"修庙"，也容易引起纠纷，《续资治通鉴长编》没有记录景德三年的诏令，却在卷六六记载了一次因"修庙"引起的诉讼，景德四年（1007）九月甲子朔，"知华州起居舍人张舒，与官属率民钱修孔子庙，为民所讼，并坐赎金。因诏诸州县：文宣王庙自今并官给钱完葺，无得辄赋民财"。② 这次诉讼的结果是规定今后"修庙"全由官方出资，那么可想而知，在官方资金不足的地方，就连"庙"也不修了，更谈不上"学"矣。

  然而即便如此，"庙"、"学"并修的景德三年诏令，还是给此后的相关建设和记文撰写带来显著的影响，现存的庙记、学记中可以找到不少痕迹，如青阳楷《改建信州州学记》云：

---

 ①《孔氏祖庭广记》卷一一《景德三年敕修文宣王庙》，清光绪《琳琅秘室丛书》本。其中奏状一段，《全宋文》第9册，第317页，以《请修葺及不得占射文宣王庙奏》为题，收入王钦若名下。

 ② 李焘《续资治通鉴长编》卷六六，上海古籍出版社，1986年，第578页。按，王禹偁《黄州重修文宣王庙壁记》云："世之有人以儒为戏者，谓文宣王庙慎不可修，修之必起讼。"大概就因为征集民间资金修庙，容易产生诉讼纠纷。

"修庙"与"立学":北宋学记类文章的一个话题

> 景德三年春二月,诏修天下夫子庙祀,今上枢八座太原公之请也。
>
> 先是,至圣遗像传之或失,乃稽乎载籍,按之图画,环姿其表,悉无所疑。至是从祀七十余人,以道不以位也。后则为讲堂,为书楼,为学舍,聚书千卷……①

此篇准确地记载了诏令颁发的年月,而"上枢八座太原公"就是景德三、四年间以尚书左丞知枢密院的王钦若,与上文所考合若符契。值得注意的是全文内容虽以"修庙"为主,却也涉及了"讲堂"、"学舍",而且题名为"学记"。这说明"庙"、"学"并修的诏令,也能促使"学记"的产生。提到了景德三年诏令的还有章得一《余杭县建学记》:

> 加王者之衮冕,建都邑之祠宇,春秋仲月行释菜之礼,唐室之旧典也;郡邑祠宇,咸建讲堂,召通经者展函丈之仪,圣朝之新制也……得一凤夜在公,鞅掌从事,方萌肯建之意,会天王降修讲堂之诏。②

与青阳楷不同的是,章得一身为县令,亲自主持了建学的工程。很显然,他对于诏令的关注点不在修孔庙而在修"讲堂",并认为建有"讲堂"的孔庙才是"圣朝之新制",所以题为"建学"。可见,在士大夫的关注点从"庙"转向"学"的过程中,景德诏令确实起到了作用,而且立竿见影,收效很快。

大概自此以后,无论名为"庙记"还是"学记",撰文者一般都会兼顾二者,呈"庙"、"学"并举之格局。陈执古《文宣王庙记》作于真宗朝晚期的天禧二年(1018),其中云"后遣殖庭之宇,用铺讲艺之筵"③。王随《通州学记》作于仁宗朝的天圣元年(1023),也先对真宗皇帝"景仰先圣,亲飨阙里","复诏属县,俾严庙貌"作了回顾,然后描写"前设斋宿之次,后立讲诵之宇"的建筑格局④。更晚的,有景祐三年(1036)夏始建的双流县文宣王庙,李畋作《记》云:"圣宋启运,文德诞敷,纂极建皇,一统万宇。爰自宇县,率诸郡邑,大藩小侯,汇奉明诏,建至圣文宣王庙,悉以学校肄焉。"⑤他理解的朝廷政令,就是建"庙"都要同时设

---

① 青阳楷《改建信州州学记》,《全宋文》第10册,第280页。
② 章得一《余杭县建学记》,《全宋文》第10册,第278页。
③ 陈执古《文宣王庙记》,《全宋文》第20册,第4页。
④ 王随《通州学记》,《全宋文》第14册,第135页。
⑤ 李畋《双流县文宣王庙记》,《全宋文》第9册,第269页。

"学"的。《全宋文》在传世别集之外搜集的这些散见记文,作者多为当时的基层士大夫,他们笔下的文字,有时候比大家巨匠的言论更能显示社会一般观念的变化。

当然,著名士大夫若留下较多的相关作品,则可能在一般观念之上更有独特思考。北宋士大夫中,写作了四篇学记、三篇文宣王庙记的余靖(1000—1064),可能是留下这类文章最多的。这七篇记文都作于仁宗朝,题名上虽有"学记"、"庙记"之别,但实际内容无一不是兼顾二者的,如《雷州新修郡学记》云:"春秋释菜,则先圣先师之像不可不严也;朝夕讲诵,则函丈接武之堂不可不广也。"①《惠州海丰县新修文宣王庙记》云:"退与诸生谋建新庙而崇学馆。"②而且,余靖似乎习惯于使用"庙学"一词,列举于下:

《浔州新成州学记》:"庙学既成。"③

《康州重修文宣王庙记》:"凡庙学之式参备焉。"④

《兴国军重修文宣王庙记》:"庙学草创而不完。"⑤

《惠州海丰县新修文宣王庙记》:"旧有庙学,处之西偏。"

这"庙学"一词,早见于唐代韩愈的《处州孔子庙碑》,也见于宋初柳开的《润州重修文宣王庙碑文》⑥,这当然与唐宋以来孔庙与官学合一的制度相对应,但事实上余靖以前的记文作者经常面对有庙无学的情况,而余靖能反复使用此词,则反映出真宗朝的"庙"、"学"并修政策在仁宗朝已见较大成效。考虑到余靖的同时人蔡襄还写过两篇"庙学记",则我们不妨认为,"庙学"一词反映出这一代士大夫对现实的概括。

不仅如此,对于"庙"和"学"的关系问题,余靖也已有思考,其《康州重修文宣王庙记》云:

古者立学必行释奠之礼,天子诸侯皆亲临之。周人祀周公,鲁人祀孔

---

① 余靖《雷州新修郡学记》,《全宋文》第27册,第57页。
② 余靖《惠州海丰县新修文宣王庙记》,《全宋文》第27册,第60页。
③ 余靖《浔州新成州学记》,《全宋文》第27册,第53页。
④ 余靖《康州重修文宣王庙记》,《全宋文》第27册,第58页。
⑤ 余靖《兴国军重修文宣王庙记》,《全宋文》第27册,第59页。
⑥ 柳开《润州重修文宣王庙碑文》:"自国都至州县,庙学生徒,诏使如一。"《全宋文》第6册,第397页。

"修庙"与"立学":北宋学记类文章的一个话题　　　　　　　　　　　　　　　171

> 子为先圣,自汉以来,遂采用鲁礼。……虽庠序废兴靡常,而庙食不绝者,教之存焉耳。

一方面,他认为"学"是古制,"庙"乃后起;另一方面,他也承认"庙"的优势,因为学校兴废无常,而孔庙祭祀之礼却能维持下来。不过,存"庙"而废"学",当然是他所反对的,《惠州海丰县新修文宣王庙记》又云:

> 唐室虽欲尊儒,而不得其本。春秋祭菜,专为孔子祠宫。已事而竣,郁生荆棘,因循其弊,以至于今。

此处直接批评唐朝专重庙祀的做法"不得其本",而为宋代的兴"学"张本。表述更为清楚的,是《洪州新置州学记》:

> 三代之制,天子之学曰辟雍,诸侯曰泮宫,党遂所居,必有庠序,释菜之奠,其来旧矣。盖孔子之道,万世师表,故黄唐氏尊之以王爵,奉之以时祀,而礼用祭菜。夫祭菜之义,本于太学,存庙而废学者,礼之失也。①

此文作于景祐三年(1036),而已经与十一年后王安石《繁昌县学记》表达的意思相近。当然,余靖的语气比王安石远为温和。

三、妥协:"无变今之法而不失古之实"

王安石的"学记"都作于庆历"兴学"之后,余靖所作以上记文,则或在其前,或在其后。二人都思考了"庙"与"学"的关系问题,其结论也相近,但王安石的表述更为尖锐、明确,批判性更强。那么,看起来具有划时代意义的庆历"兴学",有没有企图纠正"庙"与"学"的轻重关系呢?在王安石看来是这样的,《繁昌县学记》中说:

> 宋因近世之法而无能改,至今天子始诏天下有州者皆得立学,奠孔子其中,如古之为。②

恢复三代之制,以学校为本,而将孔庙附属于学校,这就是他对庆历"兴学"的

---

① 余靖《洪州新置州学记》,《全宋文》第 27 册,第 54 页。
② 王安石《繁昌县学记》,《临川先生文集》卷八二,《王安石全集》第 7 册,第 1455 页。

理解。

不过,庆历四年(1044)三月颁发的"兴学"诏令今存,其实未必能读出这样的意思:

> 诸路州府军监,除旧有学外,余并各令立学。如学者二百人以上,许更置县学。若州县未能顿备,即且就文宣王庙或系官屋宇,仍委转运司及长吏于幕职州县官内荐教授,以三年为一任。若文(无?)学官可差,即令本处举人,众举有德行艺业者充,候及三年,无私过,本处具教授人数并本人履业事状以闻,当议特与推恩。①

诏令只说,若州县缺乏学校的基础设施,可暂时借用孔庙办学。当然,言外之意是有条件的地方应该不依靠孔庙,单独建立校舍,这种校舍也势必要"奠孔子其中",如此可以勉强符合王安石的说法。但是,诏令并未表明新立的学校与当地原有的孔庙是什么关系。可以说,王安石按自己的思路解读了诏令,但下诏者的着眼点并不在此。这条诏令的更大意义,是允许各地推荐举人担任学官,而且这些学官三年之后可以入仕。这等于在科举之外另开一条通过学校入仕的途径,倒符合此后王安石自己主持改革时的思路。

"学者二百人以上,许更置县学"的规定,王安石在《繁昌县学记》和《慈溪县学记》中都提到了,并认为这一限制导致二县"不得有学,而为孔子庙如故"②。从这两篇"学记"也不难发现王安石所面临的困境,虽是为二县地方官所建之"学"作"记",但其实他们都先修孔庙,再建学校。也就是说,事实上"修庙"乃是"立学"的前提,所以王安石也不得不表示了一种妥协:

> 夫离上之法,而苟欲为古之所为者,无法;流于今俗而思古者,不闻教之所以本,又义之所去也。太初是无变今之法而不失古之实,其不可以无传也。③

在他眼里,学校是"古",孔庙是"俗"。复"古"苦于无法可依,随从于"俗"又不"义",怎么办呢?王安石肯定了繁昌县令夏希道(字太初)的做法,"无变今之法

---

① 刘琳等点校《宋会要辑稿》崇儒二之四,上海古籍出版社,2014年,第2763页。
② 王安石《慈溪县学记》,《临川先生文集》卷八三,《王安石全集》第7册,第1466页。
③ 王安石《繁昌县学记》,《临川先生文集》卷八二,《王安石全集》第7册,第1455页。

而不失古之实",其实就是建个"庙学"。可以说,"庙学"的普遍化,才是庆历"兴学"诏令的收效。

当然,由于"修庙"之令下得更早,各州县大抵已经有"庙",所以庆历诏令给人的印象主要是在"立学",这一点无可否认。作于庆历四年的相关记文,现存有曾巩之父曾易占的《南丰县兴学记》,从古代的"乡党学校",讲到北宋"兴学"的过程,再到该县县学的建立,完全以"学"为立足点展开叙述,中间只有一句"殿室森严,孔子、七十子像图以序其中"①,应该是指孔庙,但没有正面记叙"修庙"之事。同样始修于庆历四年的成都华阳县学馆,有张俞的记文,则从汉代文翁在蜀地建"学"的历史讲起,虽也涉及五代孟蜀"绍汉庙学",以及本朝"兴学饰像"②的做法,但全文都就"学"而梳理源流,"庙"已经不是作者的关注点。至于庆历"兴学"的核心人物范仲淹,次年亦罢政外任,而亲自主持了邠州州学的兴建,其《邠州建学记》是从国家培养和提拔人才的角度来讲述"立学"意义的,其中如"地为高明,遂以建学,并其庙迁焉"、"增其庙度,重师礼也;广其学宫,优生员也"③数句,仍可见"修庙"之事实,但与前两篇记文一样,其关注点显然都从"庙"转到了"学"。或者说,事实上修的都是"庙学",但他们写的都是"学记"。

就"庙学"本身而言,张俞"绍汉庙学"的说法,其实也不是很准确。清人王元启曾作《历代庙学考》梳理其源流云:

> 唐高祖武德二年,始诏国学立周公孔子庙,七年释奠,以周公为先圣,孔子配。太宗贞观二年,国学并祀周孔,前后凡十年,至是始用房玄龄议,罢周公,升孔子为先圣,以颜子配,如隋以前故事。四年诏州县学皆立孔子庙,此唐世州县学立庙之始……
>
> 庆历四年,诏天下州县皆立学。古者辟雍頖宫之制,有学无庙,释奠则于学中行事而已。北魏以来,始有庙,然徒设于国学。后齐时郡学亦得立庙。唐贞观中州县学皆立庙,其后学废而庙独存,遂至有庙而无学。至是始复诏立学。故自庆历以后,诸州县率庙学并称。④

---

① 曾易占《南丰县兴学记》,文末自署"庆历四年三月十日记"。《全宋文》第13册,第330页。
② 张俞《华阳县学馆记》,文末云"实庆历四年杨君始修之,后一年而沈君克成之,又一年晋人张俞为之记"。《全宋文》第26册,第153页。
③ 范仲淹《邠州建学记》,《全宋文》第18册,第421页。
④ 王元启《历代庙学考》,《祗平居士集》卷五,清嘉庆十七年刻本。

据其所考,我们大致可以把唐宋时期"庙"与"学"互相纠缠的历史概括为:唐代的"庙"依"学"而兴建,宋代的"学"随"庙"而复立。从本文所引的宋代有关记文来看,作者们也大体明白这样的历史事实,所以"庙"、"学"关系会成为记文的一个话题,对"庙"的质疑也时有发生,至王安石撰《繁昌县学记》而获得最鲜明的表达,但总体而言,庆历以降的中国官立学校并未因此改变其"庙学"的性质,其收获似乎是撰写记文的人倾向于更多地关注"学",而不是"庙",换句话说,也就是"学记"的真正勃兴。不过,毕竟孔庙祭祀之礼仍被继承,故后世也继续产生"庙记"、"庙碑",并未被"学记"所取代,而且元明以降,题为"庙学记"的文章比宋代还更为多见。

对照王元启梳理的"庙学"历史,笔者以为,可以就宋代"学记"的渊源问题加一点补充说明。正如刘成国先生所考,题名"学记"的文章在唐代已经存在,他找到的最早一篇是作于大历九年(774)的梁肃《昆山县学记》,而且该文还自述"昔崔瑗有《南阳文学志》,王粲有《荆州文学志》,皆表儒训以著不朽,遂继其流为县学记",明确表述了这个文类的渊源。① 专就"学记"而言,这当然不错,但如果考虑到"庙"、"学"关系,则在唐代"庙"依"学"兴之前,汉魏时期的崔瑗、王粲所记的学校未必伴有孔庙,其就"学"而记"学",殊为自然;但梁肃所记,观其全文,可知已是"庙学",这样的记文题为"庙记"还是"学记",未免有些偶然性,往往出于作者个人的偏好,或一时之习尚。而到北宋"学"随"庙"复之时,我们还是可以看到记文作者的关注点从"庙"逐渐转向"学"的一个过程,也就是宋代"学记"作为文类的真正形成过程。若在这一过程之中考察王安石的《繁昌县学记》,便不能不许可其意图在理论上摧陷廓清的努力。然而,对"庙"如此反感的王安石,身后却被图像于孔庙②,亦可谓事与愿违。

---

① 详见刘成国《宋代学记研究》,《文学遗产》2007 年第 4 期。
② 宋徽宗崇宁三年(1104)诏王安石配享孔庙,参考刘成国《王安石年谱长编》第 2228 页。

宋代贤良投献与策论文的传播
——兼论二苏"五经论"的著作权问题

厦门大学中文系　钱建状

一、宋贤良投献与策论文的传播

宋代士人为应制举而作的进卷,其传世情况,相对来说,是颇令人欣慰的。据朱刚教授对北宋一代贤良进卷的梳理与分析,其中进卷保存完整的有张方平、李觏、陈舜俞、二苏、李清臣、秦观等七人。其余夏竦、孙洙、吕陶等三人的进卷,也有零星的单篇传世[1]。南宋制举不兴,登贤良方正科者仅乾道七年(1171)李垕一人。李垕的文集不存,其进卷中的《改官论》收入《群书考索》。范浚、叶适二人所拟之《进卷》则保存非常完整:

1.《四部丛刊续编》本《范香溪文集》卷二至卷四收范浚《性论》《易论》《书论》《诗论》《春秋论》等二十余篇,卷一一至卷一五有《策略》、《应天》、《远图》、《任相》、《更化》、《庙谟》上下、《用奇》、《揆策》上下、《巡幸》、《形势》上下、《用人》、《朋党》、《封建》、《御将》、《赏功》、《劝武》、《募兵》、《节费》、《议戎》、《平籴》、《实惠》、《除盗》共二十五篇。范浚绍兴七年(1137)前后欲应制举[2],故后人又名其集曰《香溪先生范贤良文集》。其《策略》末曰:"臣抑尝观仁宗嘉祐中,司马光建言,国家本置六科,盖欲以上观朝政之得失,下知元元之疾苦。非为士人设此以为进取之阶也。因请取制举所试策,择其言合时务者行之,使四方知朝廷求直言之士,非以饰虚名,乃取其实用。光意若以谓国家于进士科外,复设六

---

[1] 参朱刚《唐宋"古文运动"与士大夫文学》第四章"北宋士大夫文学的展开(下):贤良进卷",复旦大学出版社,2013年。

[2] 范浚应制举,考见张剑《宋代范浚及其宗族考论》第五章"范浚、范端臣行年考",中国社会科学出版社,2014年。

科,正欲求言,傥略其言不加采用,则虽制举犹无益也。况今时方多艰,陛下又以天变诏求直言,使草茅贱士皆得论社稷之至计,可不留神审览哉。……惟陛下择之而已。"此正进卷口吻。

2. 叶适《水心别集》十六卷,内容包括《进卷》《廷对》《外稿》《后总》四部。其中《进卷》是叶适为应贤良科而精心拟就的。内有序跋一篇,策论五十篇。叶适拟进卷,清嘉庆《宛委别藏》本,集外单行,四卷,题曰《贤良进卷》。《序发》一篇系总序,其余《君德》《治势》《国本》《民事》《财计》《官法》《士学》《兵权》等共二十五篇。

今存的宋代贤良进卷,其流传的形成大致有四种:一是收入作家别集,如李觏的五十篇策论即收入其《直讲李先生文集》;一是在集外单行,如张方平的《刍荛论》;一是收入总集或选集。如李清臣的进卷,二十五篇论,二十五篇策,收入宋刻本《圣宋文选》,仍是完璧。田况进策单篇《内市》、孙洙进策中的《资格》《严宗庙》《择使》,钱彦远进策的单篇《敦俭》、苏轼进策中《策略》五,《策别课百官》三,《策别安万民》二、苏辙进策中《臣事上》第一道,《民政》下第一道,李清臣的进策《势原》《民责》,皆入选吕祖谦编《宋文鉴》。又宋刻本《国朝二百家名贤文粹》,集录两宋名贤二百家之文,上起赵普,下至孝宗之赵雄。其篇首有《世次》,多注明入选作家应制举之年,如夏竦、田况、张方平、李觏、吕陶、苏轼、苏辙、王当、侯溥、范致明、吴俦等,皆是如此。是书按文体类编,"旁搜类聚,总括精华"①,前四十二卷,皆按类收入宋人之论。北宋应制举人的论体文收入甚夥。如卷一、卷二"古圣贤论",收苏轼、孔文仲《伊尹论》各一篇、王当《太公论》一篇。卷二收应制举人苏轼、苏辙、孔文仲、王当《周公论》各一篇。其中二苏之论,可确定为进卷中的篇目。不少应制举人的文集早已失传,赖此总集,可管窥一二。有些论体文,从篇目之间逻辑联系、作者的叙述口吻,乃至于文体特征来看,是可以考定为当时应制举之进卷。如此书收熙宁三年(1070)应制举人侯溥之论,有《雅乐论》、《乐禁论》、《励节论》、《用材论》、《将臣论》、《相臣论》、《小臣论》、《郡守论》(上)、《郡守论》(下)、《荐举论》、《考课论》等,大致可归并礼乐、风俗、人才、选官四类。其叙述语气,常带有"臣闻"、"陛下"等进卷人常用的以臣事君的口吻,如《雅乐论》开篇曰"臣闻天下之事,固有古以为急而后世以为迂者,雅乐之谓也",《用材论》有曰"臣闻开及之君,必多得英雄豪士以为佐命"、

---

① 宋刻本《新刊国朝二百家名贤文粹》附刊书人《跋》。

"陛下必欲得英豪雄杰之人,以备任使",《励节论》有曰"臣切见比年仕至守宰而饕货被劾者",《小臣》曰"臣闻阉寺之设,其来久矣",等等,几乎篇篇如此。宋代应进士举者,其陈述对象是考官,绝对不允许用此口吻。自拟之习作,更是无须如此。从文体学的角度看,侯溥十一篇论,多用一格写成,一般开篇先引史实,然后转论时事,针砭得失,最后陈述己见,为朝廷出谋划策。如其《郡守论》上,先引述汉唐以来任用循吏之利弊得失,然后话锋转入指陈当下官守之失:"郡守犹失人者,其弊可指而谈。今夫州郡之从政者,才与不才,苟仕及六、七年而有荐举,则进而授之京曹,使之为邑于四方矣!"末了开出良方:"为今之策,无若谕禁近大臣,使每岁各举常参官一充郡守。苟有才用,虽县令、郡尉之资,皆可擢任。"此篇主旨,言宋代选官中的循资格之弊。名为论,实为策体。在写作策略上与张方平的《刍荛论》同是一格,但张方平进论,多在篇末影带时事。而侯溥之论,针砭时事几乎成为论之主体,史实成为引论,称之为时务策,更为恰当。总之,无论从论题之间的关联度,还是以臣事君的叙述语气,或者是以策为论的写作策略来判断。侯溥这十一篇论,当是其熙宁初进卷的一部分。《国朝二百家名贤文粹》所收其他应制举人的论,如王当的《太公论》《周公论》、孔文仲的《伊尹论》《周公论》等,因文献不足征,不敢遽断为其进论中的篇目。但这些论题,与二苏等现存的宋人进卷中篇目名称相同,将其视为进论的一部分,或与事实不甚相远。

由以上简论可知,现存宋代应制举人的进卷,存世的数量较多,文本流传的渠道也比较多样。进卷中论策齐备完整者,亦复不少。

宋人进卷,其传世数量较多,流传渠道较广,以及保存内容较完整,与宋代制举人重视行卷是分不开的。盖在自我传播与名人印可的双重影响下,制举人的行卷——正常情况下是进卷中的全部或一部分,会以抄本、单行本的形式流传于当世。从现代传播学的角度来看,这会大大增加作品传世的几率。试举几例。

例证一。康定二年(1041),李觏赴京师应制举,将策论五十首投献给舍人吴育、内翰王尧臣等两制官员,经京师闻人的延誉,当然也因其策论确有过人之处[①],

---

[①] 朱刚教授认为,北宋贤良进卷,实际上可以视为子书的复兴,甚至可以说,其层次性、体系性是高于先秦子书的,给予贤良进卷以很高的评价。笔者完全同意朱教授的意见。试以李觏的进卷《富国策》为例,十篇策,分别从节日用、尽地力、贵金帛、抑末冗(工商、佛老、胥吏、方士、声伎)、排佛老、行平籴、设义仓、绝盗铸、革盐政、通茶商十个方面,提出富国之策。分开独自成篇,合之构成一体。其思想体系的完整性,远胜于寻常举子的试策与拟策。

其进卷被考为第一。此次应制举,李觏虽未能通过阁试,但他在士林中的声望却迅速提升。当时在京师的一位举子曾用这样仰慕的口吻来形容康定年间李觏在士林中的影响:"十一月望日,长沙野人萧注致书陇西泰伯先生足下:注昨偕弟英求举于京师,闻足下应贤良预第一人召试,是时万口一发,万意一同,未有不心思目愿,欲识其面者。"其"《富国》《安民》《强兵》三策,《易》《礼》二论,合五十首,天下传诵"①。

例证二。嘉祐五、六年间,孙洙曾以策论五十篇向知制诰张瑰等人行卷,文名顿起。李清臣《孙学士洙墓志铭》曰:"(孙洙)既除调杭州於潜县令,诏以六科举士,包文肃公拯、欧阳文忠公修、吴孝肃公奎皆荐公可备亲策,所奏论说五十篇,善言祖宗事,指切治体,推往较今,分辨得失,抑扬条鬯,读之令人感动叹息,一时传写摹印,目曰《经纬集》。韩忠献公曰:'恸哭泣涕论天下事,此今之贾谊也。'"张耒《张右史文集》卷二二《读孙巨源〈经纬集〉》:"等闲咳唾烂成文,奏牍三千世共珍。"即当世"传写摹印"者。

例证三。宋人刘一止曰:"某弱冠游太学,得前辈制科进卷读之,其题曰《太平有为策》者,盖贤良都官陈公之文也。观其极论天下民物利疚,慷慨熟复,鄙心慕焉,今六十年矣,尚能记其仿佛公。"《宋史艺文志》著录《陈舜俞集》三十卷,《应制策论》一卷。所谓《应制策论》即为其集外单行本之《进卷》。

例证四。周必大《李焘墓志》:"会序郡国举贤良,公携五十策谒成都帅张焘,不果荐。"虽不获荐举,李焘的策论却因之流传于当世。晁公遡《嵩山集》卷四五《与李仁甫结交书》:"某再拜仁甫同年足下……某时固喜,愿交之,而尚疑其(王子载)言之夸,未决也。日者至泸上,始得足下所著《通论》五十篇,读之,其言闳大而不肆,深切而不迫,多言繁称而有统要,于是既不复疑,且恨千载知之有所未尽焉。"

例证五。刘宰《漫塘文集》卷三三《钱贤良行述》,钱弼,字圣俞。"乾道庚寅,虞公允文当国,上公所著《韬钤》之说,有旨下中书。……虞谓公当以大科进,乃以先朝所立洞明韬略运筹决胜科荐,未报。……公进卷既锓板,好事者家宝其书。太守有见之者,延致郡治,欲复上其名于朝。公以数奇倦游,喟然曰:'曩主吾者皆近臣,犹弗达,况远者乎!'即辞去。"钱弼虽应大科不果,然在其生

---

① 陈次公《李觏墓志铭》,《李觏集》附录。

前,其进卷已版行矣。

上举数例,互相印证,至少可以说明,宋代应制举之士人,一旦以《进卷》受知于当世闻人,其人会声名鹊起,其行卷——通常即是进卷中的策、论五十首,往往会被"传诵"、"传写",其作品的读者群会进一步扩大,即由当世名公进一步延伸至普通士人。而因着行卷这种手段,宋代应制举人的策、论,在其别集印行之前,其进卷的全部或一部分,已有相当数量抄本行世,或以单行本版行于世。宋代应制举人之进卷,作为政府档案,并不容易流传民间。因此,宋代公私书目著录的诸如钱公辅《钱贤良进卷》十卷、钱藻《贤良策》五卷、刘度《进卷》十卷等,其最初的文献来源,极有可能就是因行卷而流传于世的抄本或单行刻本。《宋史艺文志》著录杨上行辑《宋贤良分门论》六十二卷。若无大量的抄本、单行本流传于世,光从别集中辑录、编辑这样的总集,是有困难的。

二、二苏"五经论"的著作权问题

行文至此,可以提一下关于苏轼、苏辙兄弟《五经论》著作权的一桩公案。苏辙的进卷中,有《礼论》《易论》《书论》《诗论》《春秋论》,此五篇也见于《苏轼文集》。绍兴间刻本《重广分门三苏先生文粹》以及绍兴三十年(1160)饶州刻本《重广眉山三苏先生文集》皆将《五经论》归于苏轼名下。因此,苏辙或者苏轼,究竟谁是"五经论"的真正作者,学术界有争议。顾永新《二苏"五经论"作者考》[①]主张是苏辙作,刘倩《二苏"五经论"归属再考证》[②]则认为是苏轼作。朱刚教授认为,"二苏共同制作了两个进卷,所以,与归在苏辙名下的文章相似观点乃至文句,在苏轼其它文章屡能看到",因此,"两个进卷所表述的观点,现在也只能为二苏共持,不宜强加分别。当然,五经论被编在苏辙的进卷,则起初以苏辙作品的名义问世,是可以确信的"[③]。今按,苏辙《上两制诸公书》,前文已考证,苏辙作此书时,正为两制词臣看详其五十篇进卷之时。因进卷已从中书降至诸公之手,因此,不烦再次投献。此书有类似温卷的作用。书中有曰:

---

① 载《文献》2005年10月第4期。
② 《洛阳师范学院学报》2010年第4期。
③ 朱刚《唐宋"古文运动"与士大夫文学》,第276页。

辙尝怪古之圣人,既已知之矣,而不遂以明告天下而著之六经。六经之说皆微见其端,而非所以破天下之疑惑,使之一见而瘳者,是以世之君子纷纷至此而不可执也。今夫《易》者,圣人之所以尽天下刚柔喜怒之情,勇敢畏惧之性,而寓之八物,因八物之相遇,吉凶得失之际,以教天下之趋利避害,盖亦如是而已。而世之说者,王氏、韩氏至于老子之虚无,京房、焦贡至以阴阳灾异之数。言《诗》者不言咏歌勤苦酒食燕乐之际,极欢极戚而不违于道,而言五际子午卯酉之事。言《书》者不言其君臣之欢,吁俞嗟叹,有以深感天下,而论其《费誓》《秦誓》之不当作也。夫孔子岂不知后世之至此极欤?其意以为后之学者,无所据依,感发以自尽其才,是以设为《六经》而使之求之,盖又欲其深思而得之也。是以不为明著其说,使天下各以其所长而求之。故曰仁者见之谓之仁,智者见之谓之智。……至于后世不明其意,患乎异说之多而学者之难明也。于是举圣人之微言而折之以一人之私意,而传疏之学横放于天下。由是学者愈怠,而圣人之说益以不明。

宋代应制举行卷,其所附书信,本有以书代论、以书为序的功能,其目的是对行卷中的主旨加以申说,使受卷者一览而知之。苏辙此书谈前人解《易》《诗》《书》等六经之弊,其用意正是如此。苏辙进卷中,《易论》有云:"若夫七八九六,此乃取以为识,而非义之所在,不可强以为说也。"其《书论》曰:"故常以为,当尧舜之时,其君臣相得之心,欢乐无间,相与吁俞嗟叹,唯诺于朝廷之中,不啻若朋友之亲。"《诗论》曰:"自仲尼之亡,六经之道遂散而不可解,盖其患在于责其义之太深,而求其法之太切。夫六经之道,惟其近于人情,是以久传而不废,而世之迂学,乃曲为之说,虽其义之不至于此者,必强牵合以如此,故其论委曲而莫通也。"反对前人过于穿凿之说,正与《上两制诸公书》互相印证。此正可说明,苏辙进卷中,是有五经论的。顾永新、朱刚二位先生的判断更接近事实。问题是,苏辙的"五经论"是如何被宋人误以为苏轼所作?

我的看法是,二苏在应制举期间,抽取进卷中的一部分,投献两制等朝中要员。在投卷时,因投献对象的不同,卷轴的内容也有所区别,但其所附书信的内容是相同的。因此,二苏兄弟的投献书信今本皆笼统题为《上两制诸公书》。这正是宋代应制举人通行的做法。《国朝二百家名贤文粹》所收蒋之奇的两封投献信,分别题为《应制举投献第一书》《应制举投献第二书》,吕陶有《应制举上诸公书》也是如此。题为"应制举投献书"、"应制举上诸公书",是作者或其他人在编辑文集时,为省事,将行卷时内容几乎完全相同的书信归并为一类的结果。实际上,在行卷之时,这些书信因投献的对象不同,具体名称也不同。顾永新注意到,宋傅藻《东坡纪年录》嘉祐六年(1061)辛丑条云:

> 《上吴内翰书》曰:"今天春,天子将求直言之士,而某适来调官京师。舍人杨公不知其不肖,而采其鄙野之文五十篇,奏之天子,使与明诏之末。"

此所谓《上吴内翰书》实际上就是前引苏辙《上两制诸公书》。顾永新的这个比对,非常有文献价值。它说明,苏辙应制举时所写的书信,在流传过程中,曾被误认为是苏轼所作。由于投献时书信与卷轴是一并献给对方的。苏辙《五经论》很有可能就是在投献时而被误认为东坡所作。就行卷这个角度来看,宋代士人应制举时,将进卷的全部或一部分,"遍投侍从官",是一种正常的行为。二苏当然也不例外。而因着如此频繁的投献,同一个受卷者,特别是两制官员,会在相对集中的时间内,收到很多应制举士人的投献。随着抄本在民间的流传,相似的名字,作品彼此混淆,并非不可能。《国朝二百家名贤文粹》,不仅多收宋代制举人的进卷,同时还收录了其投献时所附的书信。如前文提及的夏竦《上两浙运使书》、冯山《上文太师求举贤良书》、蒋之奇《制举投献第一书》《制举投献第二书》,以及孙洙的《上张唐公书》、苏轼的《上富丞相书》等,皆是。由此表明,宋代的一些总集、选集,其所编辑、选录宋代应制举人之进卷,文献来源之一,正是当时的抄本。五经论的著作权问题,或者从宋代应制举士人行卷风尚中获得解释。顾永新引《直斋书录解题》中著录东坡集的一则材料:"麻沙书坊又有大全集,兼载《志林》《杂说》之类,亦杂以颍滨及小坡之文。"认为苏辙《五经论》混入《东坡集》,始于坊间刻本,此说有理。但我认为,坊间刻本未必是故意将苏辙《五经论》混入《东坡集》的。不排除这样一种可能性:因制举行卷而流传于世的苏辙《五经论》,在传抄过程中被误植在苏轼名下。

《灵源和尚笔语》书简受主考释*

上海师范大学人文学院　李　贵

《灵源和尚笔语》一书,不分卷,北宋禅僧灵源惟清(？—1117)撰。作者法名惟清,字觉天,自号灵源叟,洪州武宁(今属江西)人,俗姓陈。少入本县高居寺,十七岁受具足戒,即起游方。尝谒县内延恩院法安禅师,终往黄龙派祖庭黄龙寺(在今江西修水),嗣法晦堂祖心禅师,深受器重,诸方号为清侍者。通称灵源惟清、黄龙惟清。因长期住持舒州太平寺(在今安徽潜山),亦称太平惟清。主太平期间,法席极盛,四方僧徒争趋求谒。祖心寂后,惟清重回江西住持黄龙寺,不久称病退居昭默堂,以堂为号。卒葬本寺,赐号佛寿。

禅门身份,首重法系,惟清属临济宗黄龙派南岳下十三世,法系为:

六祖惠能——南岳怀让——马祖道一——百丈怀海——黄檗希运——临济义玄——兴化存奖——南院慧颙——风穴延沼——首山省念——汾阳善昭——石霜楚圆——黄龙慧南——黄龙祖心——灵源惟清

其生平事迹详见释惠洪《石门文字禅》卷二三《昭默禅师序》[1]、《禅林僧宝传》卷三〇《黄龙佛寿清禅师传》[2]、释普济《五灯会元》卷一七《黄龙惟清禅师》[3]。

《灵源和尚笔语》一书,前有南宋乾道五年己丑(1169)释了朴题识,云系"德进侍者所录"。[4] 全书录载惟清致程颐、陈瓘、徐俯、惠洪等31人书简共79通(另附虞蕃致惟清书4通),是考察北宋佛教文化史、僧徒与文人、佛教与儒林相互交流之重要资料。惟清著作世所罕见,南宋释净善淳熙间(1174—1189)重编

---

* 基金项目:国家社会科学基金项目"宋元禅宗文学研究"(16BZW059)。

[1] 惠洪《石门文字禅》卷二三,《四部丛刊》影明刊本。

[2] 慧(惠)洪《禅林僧宝传》卷三〇,《卍续藏经》第137册,新文丰出版公司,1995年,第563—565页。

[3] 普济《五灯会元》卷一七,苏渊雷点校,中华书局,1984年,第1133—1134页。

[4] 了朴系惟清裔孙,法系:灵源惟清——长灵守卓——育王介谌——慈航了朴。

《禅林宝训》，卷二摘录惟清语录及致黄庭坚、程颐等人书简计 18 则；①释晦堂师明嘉熙二年戊戌(1238)编《续刊古尊宿语要》，第一集"天"部有《灵源清禅师语》，收惟清语录 10 则。② 以上篇幅均极简。清释道古辑《缁林尺牍》，宋代部分载"黄龙惟清"致黄龙祖心、惠洪觉范等 11 名禅僧之书简共 16 通，然未注出处。③ 今人续有辑佚，《全宋诗》收"释灵源"诗 5 首，又录"释惟清"诗 12 首，④《全宋诗订补》补"释灵源"诗 2 首，⑤《宋代禅僧诗辑考》续补"释惟清"诗 15 首，⑥《全宋文》辑"释惟清"文 22 篇(包括《缁林尺牍》中全部惟清书简)。⑦ 以上诸书均不及《灵源和尚笔语》一书来源清晰、首尾完整、内容丰富。此书中国本土已佚，日本有五山版、江户刊本等，近年金程宇据静嘉堂文库藏五山版影印，收入所编《和刻本中国古逸书丛刊》"子部·释家·语录"类。⑧ 据椎名宏雄《宋元版禅籍之研究》考察，静嘉堂此本乃南北朝历应五年(1342)临川寺版，应系覆宋版，⑨价值甚高。天壤间孤本一朝化身千百，极便学者。

《灵源和尚笔语》一书所载书简受主众多，标题所指或隐或显，难以索解。日本禅僧多有为之作注者，其中阙名《灵源笔语别考》亦已收入《和刻本中国古逸书丛刊》，作为《灵源和尚笔语》一书的附录。日本学者编印《国译禅宗丛书》，有《灵源和尚笔语》排印本，将全书译成日文，并对书中某些词语、人名作出解释。⑩ 然以上人名注释多有未当或未尽处，或仅注出人名，无依据，无解释；或注释错误，人物张冠李戴。今对书中全部收信人逐一考释，兼及相关人物交游，以见当时僧徒之社交网络及儒释之交涉情况。

1.《答伊川居士》。程颐。3 通。323—331 页。

程颐(1033—1107)，字正叔，北宋洛学代表人物，世称伊川先生。

---

① 净善《禅林宝训》，《中华大藏经》汉文部分第 79 册，中华书局，1994 年，第 233—236 页。
② 师明《续刊古尊宿语要》，日本宫内厅书陵部藏戊戌年(1238)师明序刊本。
③ 道古《缁林尺牍》，《佛藏辑要》第 31 册影清康熙辛亥(1671)刻本，巴蜀书社，1993 年，第 177—181 页。
④ 《全宋诗》，北京大学出版社，1995 年，第 17 册，第 11752 页；第 20 册，第 13489 页。
⑤ 陈新等《全宋诗订补》，大象出版社，2005 年，第 277—278 页。
⑥ 朱刚、陈珏《宋代禅僧诗辑考》，复旦大学出版社，2012 年。
⑦ 《全宋文》，上海辞书出版社，2006 年，第 128 册，第 402—417 页。
⑧ 金程宇编《和刻本中国古逸书丛刊》，凤凰出版社，2012 年。
⑨ ［日］椎名宏雄《宋元版禅籍的研究》，东京大东出版社，1993 年，第 100 页。
⑩ 《国译禅宗丛书》第 2 卷，东京国译禅宗丛书刊行会，1919 年。

世传程颐曾向惟清问学,二人有书信往来,主要证据一直是《禅林宝训》所录惟清致程颐书简2通,钱锺书谓"退之与大颠三书,适可与灵源与伊川二简作对",①即指《禅林宝训》中语。今《灵源和尚笔语》起首载《答伊川居士》3通,又添新证。然此事古今学者、中日禅林素有争议,朱熹力主其伪,指所谓与伊川居士帖实为灵源致潘淳(字子真),黄庭坚尝录其语,以致后人误认;②久须本文雄则力证其真,并考证惟清5通书简的写作时间及信中"天下大宗匠"的具体所指。③聚讼纷纭,难以定谳。此亦儒学史、禅宗史上一大事因缘,不容不辨,个中细节可参见石立善的考辨。④

2.《答朱世英》。朱彦。1通。331—332页。

朱彦(？—1113),字世英,南丰(今属江西抚州)人,神宗熙宁九年(1076)进士。调舒州司法参军,累官给事中、显谟阁待制。两知江宁府,后知抚州、洪州、杭州、颍昌府、通州,政和元年(1111)召为刑部侍郎。张商英罢相,出知濠州,政和三年(1113)卒于任上。生平事迹材料及考辨详见周裕锴《宋僧惠洪交游人物考举隅》。⑤朱彦祖母曾氏,曾巩《夫人曾氏墓志铭》称之为"吾从女兄也",⑥知朱彦祖母乃曾致尧孙女、曾巩从姊。朱彦父轼,字器之,从曾巩学,仕为房州司户。⑦朱彦兄弟三人相继登第。⑧兄京,字世昌,登进士甲科,授太学录,擢监察御史,见者目为真御史,尝提点淮西刑狱,官至国子司业。《宋史》卷三二二有传。朱京提点淮西刑狱时,请惟清住持舒州太平寺,时在元符二年(1099)。⑨朱彦亦与僧徒交游密切,禅门视为佛教外护,⑩因问黄龙慧南法嗣真净克文佛法而有省,与惟清有同门之谊。惟清此简乃答复朱彦问疾,并论及保养身心

---

① 钱锺书《谈艺录(补订本)》,中华书局,1984年,第65页。
② 王星贤点校《朱子语类》卷一二六,中华书局,1986年,第8册,第3040—3041页。
③ [日]久须本文雄《宋代儒学の禅思想研究》第五章《程伊川と禅》,名古屋日进堂书店,1980年。
④ 石立善《程伊川学禅说考辨——禅僧灵源惟清与程伊川书帖五通之真伪》,陈义初主编《二程与宋学:首届宋学暨程颢程颐国际学术研讨会论文集》,华东师范大学出版社,2013年。
⑤ 周裕锴《宋僧惠洪交游人物考举隅》,《宋代文化研究》第16辑下册,四川大学出版社,2009年。
⑥ 曾巩《元丰类稿》卷四六,陈杏珍、晁继周点校,中华书局,1984年,下册第631页。《文渊阁四库全书》本作"吾从兄女也",倒文,当乙正。
⑦ 王梓材、冯云濠《宋元学案补遗》卷四,《四明丛书》本。
⑧ 祝穆撰、祝洙增订《方舆胜览》卷二一《建昌军·人物·朱轼》,施和金点校,中华书局,2003年,第383页。
⑨ 周裕锴《宋僧惠洪行履著述编年总案》,高等教育出版社,2010年,第46—47页。
⑩ 详见周裕锴《宋僧惠洪交游人物考举隅》。

之法。

3.《答陈莹中》。陈瓘。1通。332—334页。

陈瓘(1057—1122),字莹中,号了翁、了斋、了堂,南剑州沙县(今属福建)人,元丰二年(1079)进士。徽宗即位,召拜左正言,又除右司谏。崇宁中列名党籍,以气节名世,极为士林所尊。追赠谏议大夫,谥号忠肃。《宋史》卷三四五有传。陈瓘爱读佛经,交游多禅宗高僧,议论风生。宋代禅籍记载,陈瓘自号华严居士,"留神内典,议论夺席,独参禅未大发明,禅宗因缘,多以意解",酷爱黄龙慧南《语录》,"诠释殆尽"。①《佛法金汤编》载陈瓘嗣法惟清事,谓陈瓘参谒惟清后"乃开悟",寄惟清偈曰:"书堂兀坐万机休,日暖风柔草木幽。谁识二千年远事,如今只在眼睛头。"②禅林乃列陈瓘为惟清法嗣。③

惟清此简当作于政和五年(1115)或其后。书简起首云:

> 敬绎所示诸偈,皆《华藏》蕴藉醇全之旨,由是见存诚之所常胜尔,钦服感幸。《凤池华藏阁记》,尤示发玄关而布法施之妙利也。

惟清所称陈瓘《凤池华藏阁记》,乃陈瓘于政和五年所撰。《淳熙三山志》卷三八《寺观类六·僧寺·怀安县》载怀安县(今属福建福州)凤池寺华藏阁,下云:"政和五年承事郎陈瓘为记云:'罪窜之余,世念衰歇,惟致一内典而已。'时了翁在丹丘,方蒙恩自便。"④知陈瓘政和五年便自居于丹丘(今浙江台州),作《凤池华藏阁记》。元代陈宣子《陈了翁年谱》则系于政和六年,云是年"七月朔,作《福州凤池报慈院华严阁记》"。⑤知惟清此简作于政和五年或六年。

此简亦为陈瓘与《华严经》之密切关系添一明证。陈瓘侄子陈渊称,陈瓘酷爱《华严经》,"尝写《华严经》尽八十卷,不错一字"⑥。李纲《跋了翁所书华严

---

① 释道谦编《大慧普觉禅师宗门武库》,《大正藏》第47册,台北佛陀教育基金会出版部,1990年,第945页。

② 释心泰编《佛法金汤编》卷一三,《卍续藏经》第149册,第1952页。吴之琼《武林梵志》卷八"陈瓘"条全同。陈瓘此诗,《全宋诗》失收,《全宋诗订补》据《武林梵志》补辑(第2册,第297页)。此诗或云周敦颐呈东林常总偈,见《宋元学案》卷一二《濂溪学案下》。

③ 朱时恩《居士分灯录》卷下,《卍续藏经》第147册,第910页。

④ 梁克家《淳熙三山志》卷三八,《文渊阁四库全书》本。按,明刻本"华藏阁"作"华严阁","了翁"作"乃翁",误,今不从。见《宋元方志丛刊》第8册,影明刻本,中华书局,1990年,第8233页。

⑤ 吴洪泽、尹波主编《宋人年谱丛刊》第6册,四川大学出版社,2003年,第3478页。

⑥ 陈渊《书了斋笔供养发愿文》,《默堂先生文集》卷二二,《四部丛刊》影宋钞本。

偈》亦云:"谏议陈公留心内典,尤精于《华严》,手写数过,前后抄录其要,积累篇帙。平生践履,惟以泽物为心,处忧患如游戏,盖深解乎此。观其所书'世间法界'等语,真知言之要哉!"①可与惟清此简参证。

惟清所言陈瓘揭示《华严经》意蕴诸偈,惠洪诗题亦有提及,如《石门文字禅》卷三有诗题:"陈莹中由左司谏谪廉,相见于兴化,同渡湘江,宿道林寺,夜论华严宗。"卷一五有诗题:"了翁谪廉,欲置《华严》,托余将来,以六偈见寄,其略曰:'杖头多少闲田地,挑取《华严》入岭来。'次韵寄之。"知陈瓘寄给惟清者,乃讨论《华严经》奥义之偈语六首。"杖头多少闲田地"一首今存,见惠洪《冷斋夜话》卷七。②

此简末云:"师川寄龙舒,闻将还豫章,渠服道义为厚,应以取道为谒觐之便也。"据研究,政和前后,徐俯往来舒州、南昌两地,为豫章诗社骨干。③ 惟清此简可为佐证。

4.《徐师川》。徐俯。1通。335—336页。

徐俯(1075—1141),字师川,号东湖居士,洪州分宁(今江西修水)人。父禧,字德占,新党人物,旧党黄庭坚表兄。母黄氏,黄庭坚从姊。徐俯以父死国事,荫补通直郎,娶妻为新党吕惠卿侄女,南宋初赐进士出身,官至权参知政事。徐俯少有诗名,得舅氏黄庭坚称赏,客淮南时与郡守陈瓘为忘年友,入吕本中《江西诗社宗派图》。④ 徐禧、黄庭坚皆参晦堂祖心,亦皆师友惟清,徐俯少时即常侍父亲谒见惟清,听谈佛法终日,后来复因惟清开示而悟道。⑤ 黄庭坚尝致书徐俯,推介惟清,鼓励徐俯向惟清请教学道作诗之法:"太平清老,老夫之师友也,平生所见士大夫,人品未有出此公之右者。方吾甥宴居,不婴于王事,可数至太平研极此事,精于一而万事毕矣。"⑥据前述《答陈莹中》简末,惟清知悉徐俯行踪近况,知二人来往密切。又据宋代禅林笔记,惟清居黄龙寺昭默堂时,仍

---

① 李纲《梁溪集》卷一六二,《文渊阁四库全书》本。
② 张伯伟编校《稀见本宋人诗话四种》,江苏古籍出版社,2002年,第65页。
③ 吴肖丹、戴伟华《江西诗派主脉——豫章诗社考述》,《南昌大学学报》2011年第1期。
④ 伍晓蔓《江西宗派研究》,巴蜀书社,2005年,第248—252页。
⑤ 普济《五灯会元》卷一九,第1298页。
⑥ 黄庭坚《答徐甥师川》,《宋黄文节公全集》续集卷五,刘琳等校点《黄庭坚全集》第4册,四川大学出版社,2001年,第2029页。

常与徐俯"夜话"。①

此简亦见居士灯录摘抄。明初《佛法金汤编》"徐俯"条载:"尝扣问灵源清禅师禅道,师答以书,略曰:'古之达人所以鉴世间如影响、了圣道如邃庐者,无他,自彻心源而已。'云云。"②所引惟清答复即此简。

5.《洪帅张司成》。张邦昌。2通。336—339页。

洪帅,洪州(今江西南昌)知州。司成,即大司成,宋朝国子监祭酒之拟唐官称。考北宋后期洪州知州,官大司成之张姓知州只有张邦昌一人。张邦昌(1081—1127),字子能,永静军东光县(今属河北)人,元符三年(1100)进士,③《宋史》卷四七五本传:"举进士,累官大司成,……知光、汝二州。政和末,由知洪州改礼部侍郎。"④光绪《江西通志》卷九《职官表九·宋》:"张邦昌……知洪州,政和中任。据《宋史》本传补。"⑤《僧宝正续传》谓"政和末","大帅张司成"请应端主持黄龙寺,嗣法惟清。⑥ 又,《宋会要》云,政和六年(1116)九月二十九日,"知洪州张漂落职",⑦而惟清卒于政和七年(1117)九月十八日,⑧故张邦昌知洪州在政和六年十月以后。

张邦昌帅洪州期间,多次参谒或称赏灵源惟清、法轮应端、宝峰景祥、宝峰(草堂)善清等黄龙派名僧。⑨ 惟清复张邦昌书简共两通。第一通感谢张邦昌来寺见面,恳辞出任黄龙寺法席住持之请。第二通详细解释因病辞谢,自述"抱病闲居已十五年",近日"虽苟保未绝之气,而痰涎吐哕,时时不绝。同居闻其声,莫不起酸苦怜悯之念。其状如此,众所共知"。比对惠洪《黄龙佛寿清禅师传》所言惟清退居昭默堂,"闲居十五年",卒于政和七年(1117)九月十八日,知惟清此二简作于政和六年(1116)十月至七年(1117)九月之间,时惟清已病重。

---

① 释晓莹《罗湖野录》卷下,《卍续藏经》第142册,第992页。
② 释心泰编《佛法金汤编》卷一三,《卍续藏经》第149册,第1952页。
③ 杨倩描主编《宋代人物辞典》下册,河北大学出版社,2015年,第1073—1074页。
④ 脱脱等《宋史》卷四七五,中华书局,1977年,第13789—13790页。
⑤ 光绪《江西通志》卷九,《续修四库全书》本。
⑥ 祖琇《僧宝正续传》卷三《法轮端禅师》,《卍续藏经》第137册,第593页。"大帅",原作"大师",天头校勘记云"师疑帅",是。
⑦ 徐松辑《宋会要辑稿》职官六八,刘琳等校点,上海古籍出版社,2014年,第4893页。
⑧ 《禅林僧宝传》卷三〇,第564页。
⑨ 祖琇《僧宝正续传》卷三《法轮端禅师》、卷四《宝峰祥禅师》、卷五《宝峰清禅师》,第593、599、602页。

6.《答伯刚提举》。伯刚。1通。339—340页。

伯刚提举,不可考。惟清信中云"伏承示谕参秀、遇、楷",知伯刚曾参禅于法云法秀、法昌倚遇和芙蓉道楷。释法秀(1027—1090),云门宗青原下十一世,天衣义怀禅师法嗣,丛林号秀铁面,宋神宗赐号圆通禅师。① 释倚遇(1005—1081),云门宗青原下十世,嗣法北禅智贤禅师。② 释道楷(1043—1118),属曹洞宗青原下十一世,投子义青法嗣。③

7.《答洪刍父》。洪刍。1通。340—342页。

洪刍(1066—?),字驹父,南昌(今属江西)人,黄庭坚外甥。绍圣元年(1094)与弟炎同举进士,崇宁三年(1104)入党籍,五年,复宣德郎,靖康元年(1126)官谏议大夫。洪刍与兄朋、弟炎、羽并称"四洪",诗入江西宗派,有《老圃集》及《香谱》传世。④ 此简答洪刍有关参请优劣如何,举黄庭坚往年入蜀后之了悟以阐发,足见惟清对黄庭坚之禅悟评价甚高。

8.《答虞察院》。虞蓍。3通。352—357页。

此简前附虞蓍来信4通。第一通,起首云"蓍顿首启上灵源禅师",知来信人乃虞蓍(金程宇解题作"虞谟",误)。书简云,素仰惟清之道德,时值暑毒,请晏坐凝养。据其自述,服膺佛典已三十七八年,生长二浙,为官多在吴越,始仕即为会稽教官,其时已询叩浙江名僧。后得官京师,过相国大寺之慧林、智海二禅院,分别叩请德化、佛印二禅师。诵《法华经》而有省。大观三年己丑(1109),虞蓍在杭州居丧,真乘慧古(?—1136)禅师自惟清昭默堂来,二人朝夕论难,言及当年惟清住舒州令慧古阅疏山造塔话而领契之事,虞蓍廓然开泰,"乃知华严法界,不必外求,而近在方寸之间"。又云"某与真乘别已十年","行年五十矣,颇知四十九之非",而惟清卒于政和七年(1117)九月十八日,则此简作于政和六年(1116)前后。虞蓍自念开悟乃受慧古激发,而慧古系惟清之法嗣,故热望面谒惟清,"欲求一差遣至江西,终未能遂"。是以投书惟清,望能"远续法裔",祈

---

① 《五灯会元》卷一六《法云法秀禅师》,第1037—1039页。参见周裕锴《宋僧惠洪行履著述编年总案》,第14页。

② 《五灯会元》卷一六《法昌倚遇禅师》,第1022—1025页。生卒年据朱刚、陈珏《宋代禅僧诗辑考》,第62页。

③ 《五灯会元》卷一四《芙蓉道楷禅师》,第882—886页。参见周裕锴《宋僧惠洪行履著述编年总案》,第140—141页。

④ 张剑主编《宋才子传笺证·北宋后期卷》,辽海出版社,2011年,第368—374页。

惟清"相与证据"。第三通云洪州吴姓通判近期来访,知洪州有司备礼数再请惟清住持黄龙寺,惟清"坚卧不从"。结合前述惟清复张邦昌函,可断此简亦约作于政和六年。又云近见圆首座于祥符寺,得知惟清近况,黄龙寺已别请住持,遂致函一二监司,托他们关照惟清,俾得安居颐养。第四通谓往年请瑞岩住持龟峰寺,固辞,今再三延请慧古,亦不从。按龟峰寺在信州(今属江西上饶),属江南东路,知虞暮时知信州,则第三通所云祥符寺亦在信州。

惟清复函共3通。第一通称对方为"察院知郡大夫",知虞暮尝为监察御史,时任某州知州。下言感谢虞暮远道来信,前此已从慧古处知晓其入道因缘,自己已病愈难于书写,敬请原谅。第二通答复虞暮第二次来函所谓己意"如饮水,冷暖自知,不可以告人"的问题,并发挥教义。第三通言,因衰病,已拒绝洪州知州住持黄龙之邀,虽对虞暮请监司关照表示感谢,但认为纯属画蛇添足,并要求今后仅"以道相照",绝不许涉及丝毫世俗情识。至于再请慧古前去住持,亦予婉拒。《禅林宝训》载惟清《与虞察院书》,阐发诚信义理,不见于此《笔语》,盖为另一通之摘录。

今按,《宋会要辑稿》职官六八之三五载,政和六年三月十五日,"朝请大夫、前知信州虞暮追毁出身以来文字,特除名勒停,永不得收叙,送朱崖军编管"。可知虞暮致函惟清时任信州知州,二人书信往来在政和六年。信州龙虎山上清观天师张继先,徽宗朝赐号虚靖先生,有《答太守虞察院游仙岩诗》,尾联云:"谁拟上饶新太守,却因朝谒到山阳。"①亦系答信州知州虞暮。此虞暮为虞太熙子。王存撰太熙(1018—1085)墓志铭云:虞太熙父肃,祖籍上饶,致仕后卜居于阳羡之荆溪(今属江苏宜兴),有子五人,其一早亡,其四太微、太宁、太熙、太蒙,皆名文学,举进士。太熙字元叟,皇祐元年(1049)进士,历官当涂守,官至侍讲,子男四人,分别名芹、芝、莊、暮。②虞暮自谓"生长二浙",盖指出生长地为宜兴,并非祖籍;其祖籍为上饶。考乾隆《铅山县志》元祐榜:"虞暮,戊辰李常宁

---

① 《全宋诗》第20册,第13520页。
② 王存《宋故扬王荆王府侍讲朝散郎虞公墓志铭》,《江苏金石志》卷九,《石刻史料新编》第1辑第13册,新文丰出版公司,1982年,第9658—9659页。拓片存傅斯年图书馆,志6542,索书号T622.612147,参见邱佳慧《从"请铭"与"撰铭"探究宋代社会的伦常关系》,花莲《东华人文学报》2008年第12期。

榜第二甲,终鸿胪卿。"①又同治《铅山县志》:"虞蕃,字佩芳,铅山县新塘人,元祐三年戊辰科李常宁榜进士,鸿胪卿。"②铅山属上饶,正与虞太熙墓志所称祖籍上饶相符。虞蕃谓惟清,自己为官多在吴越,而《宝庆会稽续志·提刑题名》载:"虞蕃。崇宁元年十二月十六日,以承议郎到任。""虞蕃。政和元年七月十八日,以朝奉大夫到任,政和三年正月二十六日罢任。"③与虞蕃自述正合。

9.《上宝觉和尚》。释祖心。2通。358—360页。

黄龙祖心(1025—1100),俗姓邬,南雄州始兴(今属广东)人,嗣法黄龙慧南,退隐后名居室曰晦堂,因号晦堂禅师。卒,谥号宝觉大师,黄庭坚为撰塔铭并颂。此简篇名称"宝觉和尚",乃编者后加。惟清嗣法祖心,深得器重。第一通为向祖心报告首次住持寺庙、升堂说法之事,感谢老师教化奖掖之恩。中云"某此月二十八日入院,蒙郡官办开堂","今四来学众,粗成丛林。宰官檀那,咸垂资护"。据前引周裕锴考证,朱京(世昌)提点淮西刑狱,请惟清继法演主舒州太平寺,时在元符二年(1099),惠洪代朱京作《请灵源外(升)座》疏。则此简作于是年。

第二通问候祖心,提及"江东朱漕自金陵遣书,近到,令致意和尚","渠亦致书特来召某到金陵相聚,以乍此住持,不能往也"。所云江南东路朱姓转运使,即朱京。据《宋史》本传,朱京"历太常博士、湖北、京西、江东转运判官,提点淮西刑狱、司封员外郎。元符初,迁国子司业……固辞不拜。徽宗初立,复命之,逾月而卒"。④此简作于惟清主太平之后,时在哲宗元符二年或三年。

10.《上五祖演和尚》。释法演。3通。360—363页。

五祖法演(?—1104),绵州巴西(今四川绵阳)人,俗姓邓。白云守端法嗣,初住四面,迁白云,晚住太平,移黄梅县东山五祖道场,事具《补禅林僧宝传》。⑤第一简云"伏惟东山堂头和尚,尊候万福",知法演时住五祖道场。据前文,法演于元符二年移住东山,则此简作于元符二年或三年。第二简感谢法演赠送白云守端《语录》,自言"熙宁间尝披阅","二十年中每怀想之"。自熙宁元年(1068)

---

① 乾隆《铅山县志》卷九,《故宫珍本丛刊》第110册,海南出版社,2001年,第369页。
② 同治《铅山县志》卷一二,清同治十二年(1873)刻本。
③ 张淏《宝庆会稽续志》卷二,《宋元方志丛刊》第7册,第7107页。
④ 《宋史》卷三二二,第10453页。
⑤ 释庆老《补禅林僧宝传·五祖演禅师》,《卍续藏经》第137册,第565—566页。

下推 20 余年,正是元符年间。

11.《示卓禅人》。释守卓。12 通。363—380 页。

长灵守卓(1065—1123),俗姓庄,泉南(今福建泉州)人。嗣法惟清。面目严冷,诸方称曰卓铁面。尝住太平长灵室,丛林因以长灵称之。惟清第一、二简均呼之为"卓首座"。按《长灵守卓禅师语录》卷末附其门人介谌所撰《行状》载:"灵源迁住黄龙,师随侍十载,一日辞去。……既而复造太平,佛鉴勤禅师请居第一座。师以勤为知己,不固辞。"①"第一座",即"首座"。据考证,惟清迁黄龙在元符三年(1100),守卓随侍十载,辞去,当在大观三年(1109)。惠洪《石门文字禅》卷八有《送贤上人往太平兼简卓首座》诗,其中"卓首座"亦系此僧。② 第五通,惟清呼守卓为"甘露卓长老",对其受邀住持寺庙经过甚感欣慰,知作于守卓主舒州甘露寺期间。末署"庚寅十月望日",时维大观四年(1110)。据《守卓行状》,守卓初到太平任首座,"众皆疑骇。及闻说示,罔不钦服。太守孙公(杰)闻其名,偶以甘露阙人,请师主之"。益证守卓辞别惟清在大观三年(1109)、住持甘露在四年(1110)。故惟清致守卓书简之第五通作于大观四年十月十五日,第一到第四通作于大观三年到次年十月前。

第六至十二通亦可与《守卓行状》比对。《行状》载,孙杰邀请守卓前往住持甘露寺,佛鉴勤与众僧"咸以荒村破院,欲其无行"。守卓决意赴任,"腰包而往","衲子归之,各以巾橐长余,增修堂室。舒民素号难化,至是亦翕然信向,乐于不斁,竟化草菜为宝坊也"。随后记录惟清与守卓书简往来事:

> 开堂后,灵源睹书,则曰:"吾之责可付,而积翠之风可追矣。"遂以拂子表法信,示偈曰……又曰:"世称承绍者,多名存而实亡。予于此时,法尔不能忘,有望于汝,汝亦能不法尔所虑哉。"又曰:"执善应之枢,处会通之要。理须遵古,事贵适时。委靡结他缘,孤标全己任。是必自勉,不待吾言也。"次迁庐之资福、京之天宁,皆法席久废处,未几则向合如甘露。……尝谓众曰:"灵源嘱予:'当易众人之所难,缓时流之所急。'予终身佩之不敢忘。"

---

① 介谌《行状》,《卍续藏经》第 102 册,第 334 页。
② 周裕锴《宋僧惠洪行履著述编年总案》,第 138—139 页。

所记守卓广大甘露、弘扬佛法、备极艰辛诸事,惟清复函中皆见述及。所录惟清诸语,亦多存简中。"世称承绍者"数句,见第十简:"世称承绍者,多名存而实亡。予丁此时,法尔不能忘,而望于汝矣,汝亦能不法尔虑予之所虑哉。勉旃,勉旃。""吾之责可付"、"当易众人之所难"数句,见第十一简:"但弥坚操履,易众人所难,而缓时流之急,以孜孜建业,则积翠祖风行可追矣。勉旃。""积翠祖风",指惟清老师慧南之宗风。第六简言"积翠师翁",亦指慧南。慧南尝于新昌黄檗山溪上方结庵名"积翠"。

12.《示逢禅人》。释德逢。2通。380—383页。

通照德逢(1073—1130),洪州靖安人,俗姓胡,又称黄龙德逢,惟清法嗣。宣和六年(1124)诏移东都报恩寺,赐号通照。生平具祖琇《僧宝正续传》卷三《黄龙逢禅师》。《全宋诗》无其人,《宋代禅僧诗辑考》辑得颂古6首。惟清第一简呼"逢长老","昨领书,知寓止得所"。知是在德逢初主云岩时。据德逢本传,其首次长寺院乃在云岩:"政和初,出世云岩,唱灵源之道,宗风盛行。六年,有旨移余杭中天竺,以疾固辞。宣和初,江西帅徐任道请居天宁。"①又,李之仪《重修云岩寿宁禅院记》谓李孝遵知洪州分宁县,命蜀僧天游重修云岩寿宁禅院,政和二年(1112)夏工成,"因众所愿,请今长老德逢以承所付"。② 可见惟清此简作于政和二年。

13.《示德禅人》。释元德。1通。383—387页。

钦山元德,嗣法惟清。据灯录,惟清的禅门法嗣共18人,中有"钦山元德禅师"。③ 钦山寺位于澧州(今湖南澧县),惟清在简中称之为"长老",知作于元德住持钦山寺时。

14.《觉范》。释惠洪。4通。387—392页。

清凉惠洪(1071—1128),筠州新昌(今江西宜丰)人,俗姓彭,名乘;或姓喻氏。"惠"亦作"慧"。一名德洪,字觉范,时称洪觉范,亦以之自称。自号冷斋、明白庵、明白老、老俨、俨师、寂音、甘露灭、筠溪,又号石门精舍,简称石门。赐号宝觉圆明。生平经历及与惟清之交游详见前引周裕锴《宋僧惠洪行履著述编

---

① 祖琇《僧宝正续传》卷三,《卍续藏经》第137册,第594页。
② 李之仪《姑溪居士前集》卷三六,《文渊阁四库全书》本。
③ 释居顶《续传灯录》卷二三,《大正藏》第51册,第621页。

年总案》。

  15.《智海慧老》。释思慧。2通。392—395页。

  雪峰思慧(1071—1145),"思慧"又称"思睿",学者疑其本名思睿,进京后改名思慧,或因"睿"字为天子专用,故避之。① 字廓然,赐号妙湛,钱塘人,俗姓俞,法云善本法嗣。尝住持径山、净慈,诏居京师大相国寺智海禅院,移补黄檗、雪峰。《全宋诗》录诗12首,《宋代禅僧诗辑考》辑诗2首。生平具惠洪《石门文字禅》卷二三《临平妙湛慧禅师语录序》、正受《嘉泰普灯录》卷八《福州雪峰妙湛思慧禅师》②。惟清首简呼"智海堂头禅师慧公",又云"今闻演法都城,通真达俗,得四众之欢心",知作于思慧主汴京智海时。

  16.《宝峰祥老》。释景祥。2通。396—398页。

  泐潭景祥(1062—1132),真如慕喆法嗣,住持洪州泐潭宝峰寺。传见《嘉泰普灯录》卷八《隆兴府泐潭景祥禅师》、《五灯会元》卷一二。《全宋诗》录其诗2首,《宋代禅僧诗辑考》辑诗10首。

  17.《与死心和尚》。释悟新。5通。398—403页。

  黄龙悟新(1044—1115),韶州曲江人,俗姓王,号死心叟,黄龙晦堂祖心禅师法嗣,出住云岩、翠岩,政和初迁黄龙。与黄庭坚、惟清有深交。惠洪《石门文字禅》卷一九《死心禅师舍利赞序》曰:"余不识禅师,灵源以为法门畏友,山谷以为禅林奇秀。"事具《补禅林僧宝传》。《全宋诗》录诗1首。《宋代禅僧诗辑考》续辑37首,中有《送灵源》《和灵源瞌睡歌》《寄灵源》等3首。

  18.《端禅人》。释应端。2通。403—405页。

  法轮应端,惟清法嗣。据前引《僧宝正续传》卷三本传,死心禅师主云岩寺,灵源遣二三弟子前往佐之,应端为侍者。此第一简云:"端禅人乍舍恬寂,入彼尘劳,应不易为趣。即日作止四事,能随缘安适否?"佛教四事乃衣服、饮食、汤药、卧具,知彼时应端为死心侍者。死心主云岩在绍圣年间,故此简亦当作于此时。第二简作于应端父亲去世后。

  又《端禅人》2通,见第439—444页,亦系致法轮应端。首简称"端首座,闻为云岩作前导"。次简请对方"逢长老且为致意",复言"今汝俦既悟道之源,又

---

① 周裕锴《宋僧惠洪行履著述编年总案》,第48—49页。
② 正受《嘉泰普灯录》卷八《福州雪峰妙湛思慧禅师》,《卍续藏经》第137册,第142—144页。

晓修行之理,其成就特要勉耳",知德逢主云岩时,此前任死心禅师侍者的应端升任首座。

19.《与灵竹长老》。释德宗。1通。405—406页。

灵竹长老,盖系鄂州(今湖北武汉市武昌)灵竹德宗禅师,嗣法南岳法轮齐添。① 法轮齐添乃黄龙慧南法孙(黄龙慧南——泐潭洪英——法轮齐添),与惟清同辈,则灵竹系惟清法侄。

20.《安侍者》。释某安。2通。406—408页。

安侍者,生平不详。惟清在2通信中反复提及"东山古风",再三叮嘱安侍要久留彼处,助力共建,使佛法再还淳厚。此"东山"当指法演。据前述,元符二年(1099)法演移住黄梅东山,惟清继主舒州太平,安侍者本为惟清弟子,由惟清派去助力法演。

21.《空室道人》。释惟久。1通。408—410页。

空室道人智通(？—1124),宣城人,范珣之女,苏颂孙苏悌之妻,因从夫守分宁,遂参死心禅师于云岩,灵源禅师以空室道人号之。后于姑苏西竺寺削发为尼,法名惟久,嗣法死心悟新。②《全宋诗》录诗3首,《宋代禅僧诗辑考》辑诗2首。

22.《答佛眼》。释清远。5通。410—417页。

龙门清远(1067—1120),号佛眼,俗姓李,临邛(今四川邛崃)人,与佛果(圆悟)克勤、佛鉴(太平)慧勤同为法演高弟,世称"三佛"。事具李弥逊《筠溪集》卷二四《和州褒山佛眼禅师塔铭》、普济《五灯会元》卷一九。《古尊宿语录》收其语录多达8卷(卷二七—三四),是该集所选禅师语录之篇幅最多者。《全宋诗》录其诗3卷,《宋代禅僧诗辑考》补得2首,《全宋文》收其文2篇。

23.《与佛鉴》。释慧勤。5通。417—423页。

太平慧勤(1059—1117),舒州怀宁人,俗姓汪。五祖法演法嗣,与圆悟克勤并称"东山高弟两勤"。③ 住持舒州太平寺,政和二年诏住东京智海院,赐号佛鉴。事具《僧宝正续传》卷二。慧勤之"勤",或作"懃"。

---

① 释惟白《建中靖国续灯录·目录》卷下,《卍续藏经》第136册,第30页。
② 《嘉泰普灯录》卷一〇《空室道人智通》,《卍续藏经》第137册,第165—166页。
③ 惠洪《蜀道人明神过余甚勤,久而出东山高弟两勤送行语句,戏作此,塞其见即之意》,《石门文字禅》卷一二。

24.《古禅人》。释慧古。3 通。423—428 页。

真乘慧古(？—1136)，号灵峰，俗姓项，舒州宿松(今属安徽)人，嗣法惟清，事迹具《嘉泰普灯录》卷一〇《舒州真乘灵峰慧古禅师》，参见前《答虞察院》考释。《全宋诗》录诗 1 首，《宋代禅僧诗辑考》辑诗 6 首。

25.《才禅人》。释本才。1 通。428—430 页。

上封本才(？—1150)，福建长溪人，号佛心，惟清法嗣。生平见《五灯会元》卷一八。惠洪《石门文字禅》卷二六有《题才上人所藏昭默帖》，才上人即此僧。《全宋诗》录诗 20 首，《宋代禅僧诗辑考》补得 50 首。

26.《觉禅人》。释宗觉。3 通。430—434 页。

天宁宗觉禅师，《续传灯录》卷二三列为惟清法嗣。惟清信中称之为"宗觉禅者"。

27.《秀禅人》。释若秀。1 通。434 页。

广化若秀禅师，《续传灯录》卷二三列为惟清法嗣。

28.《然禅人》。释了然。3 通。434—438 页。

惟清第一简呼对方为"福唐连江然禅者"，第三简又称"了然禅者"，知对方名释了然。通读三简，知了然先参龟山晓津，晓津寂后转请参惟清，逢惟清病患，"掩室谢绝应缘"，惟清乃指示了然去往他处。了然来信，谓师兄渐觉名所居庵曰借庵，请惟清作颂。惟清颂云："了本元无物，随缘用不亏。百年资善贷，一念洞灵知。假有云兴处，真空海湛时。庵人标此旨，游客贵旋思。"此为惟清佚诗。

29.《答高居山主》。高居寺住持。1 通。438—439 页。

高居山主，高居寺的住持。据前引惠洪《昭默禅师序》《黄龙佛寿清禅师传》，惟清少时于本县高居寺出家，师事戒律师，十七岁为大僧，受具足戒，往依延恩院耆宿法安，愿留学法。黄庭坚对惟清的高居经历时常提及。其《赠郑交》诗云："高居大士是龙象，草堂丈人非熊罴。……开径老禅来煮茗，还寻密竹径中归。"任渊注云，高居大士是惟清，草堂丈人指郑交。又云：山谷与《欧阳元老帖》云："清师归所受业院武宁之高居，想甚得所也。"题下又注："山谷有《招清公诗》跋云：老禅，延恩长老法安师，怀道遁世，清公少时，盖依之数年。"①传世黄

---

① 《山谷诗集注目录·赠郑交》题下注，《山谷诗集注》卷一《赠郑交》，刘尚荣校点《黄庭坚诗集注》，中华书局，2003 年，第 1 册，第 5、69、70 页。

庭坚所谓《惟清道人帖》,实为致郑交函,其中亦言及惟清:"或问清欲于旧山高居筑庵独住,不知果然否?"① 凡此皆可补惟清早年经历及交游(更多材料详见下文)。

30.《权书记》。释善权。2 通。444—446 页。

释善权,字巽中,号真隐,洪州靖安(今属江西)人,俗姓高。因相貌清癯,人称瘦权。为南岳下十四世、黄龙慧南三传弟子,于惟清为法侄,以诗鸣,入《江西宗派图》。法系:黄龙慧南——东林常总——宝峰应乾——真隐善权。② 惟清此简称对方所住之"彼山"古多道人高士,又拈出庐山慧远之文集,以见昔日庐山丛林之盛况,而善权常住庐山,时地人名若合符契。《全宋诗》录"权巽"诗 2 首,作者实即善权,"权巽"乃"权巽中"之讹。③《全宋诗订补》补 2 首,《宋代禅僧诗辑考》续辑 10 首。

31.《与兴长老》。释智兴。1 通。446—448 页。

此兴长老与黄庭坚交游之兴上座、兴上人、释智兴当为同一人,太和(今江西泰和)僧。今胪列黄庭坚提及兴禅师之文字如下:

《跋亡弟嗣公列子册》:"智兴上人喜异闻,故以遗之。"④

《跋招清公诗》:"草堂,郑交处士隐处也。……老禅延恩长老法安师怀道遁世……清公少时盖依之数年……舟中晴暖,闲弄笔墨,为太和释智兴书。"⑤

《与死心道人书》:"兴、佺在彼否?此两道人却需要大剥净,未审如何?清公到高居,计无不安稳,亦颇为衲子追逐耶?然已是名满天下,恐终不得闲耳。"⑥

《答王观复》其三:"来人或翟户部不见访,即同兴上座奉谒。"⑦

其五:"见兴公。"⑧

---

① 故宫博物院编《故宫博物院藏品大系·书法编》第 2 册,故宫出版社,2012 年,第 174 页。
② 周裕锴《宋僧惠洪行履著述编年总案》,第 72、194、212 页。
③ 关于唐宋僧徒的法名字号称呼义例,详见周裕锴《宋僧惠洪行履著述编年总案》附录六《略谈唐宋僧人的法名与表字》,第 441—445 页。
④ 《黄庭坚全集》第 2 册,第 652 页。
⑤ 同上书,第 664 页。
⑥ 同上书,第 3 册,第 1850 页。
⑦ 同上书,第 4 册,第 2082 页。
⑧ 同上书,第 2083 页。

《答中玉金部简》其二:"兴上座本亦同入城,当乞饭承天耳。"①

《跋荆州为兴上人书赠郑郊(交)诗》:"癸亥岁,予解官太和,过武宁,闻清上人当来延恩,因谒郑子通问消息,题诗子通之壁。草堂,郑郊处士隐处也。"②

排比以上材料,此智兴禅师尝师事死心悟新,与黄庭坚过从甚密,与惟清亦为旧识,三人多有交集。惟清此简教示对方养病之法,径呼对方为"汝",系对后辈口吻,而智兴论辈分是惟清法侄,正合身份。简中言"计彼居近府城,多医药,必不失调治也",知兴长老所居在州府近郊,与黄庭坚在荆州时所云"入城"亦相切合。

以上考释了《灵源和尚笔语》一书所载79通书简之受主共31人,细读书简文本,广涉禅宗文献及士大夫作品,从中可见北宋禅宗之学术化、文字化与世俗化,亦可见儒者交往禅门之密切、浸染佛理之深入。这些书简不仅可以揭示出僧徒之社交网络,对理解禅门、政事、儒林及文苑四者之交互影响亦不无裨益。日本学者曾指出,惟清的书简真迹虽已无从目睹,但自宋以来的中土禅林乃至日本禅林皆有珍视书法墨迹的传统,其精神当源自惟清。③ 本文所论亦可作为佐证。

从以上考释尚可总结,考辨人物时,对士林文人,要区别里籍、仕履、官职;于释道方外,要强调法系传承及称呼惯例,庶几作者与文本各安其位。研究的前提是准确理解文本,首先是对"本文"的细读,找出关键信息;其次在作者的其他文本中发现相关信息,是为"互见";再次在其他作者的文本和其他媒介形式的文献文本中发现相关信息,是为"互文"。本文、互见和互文三者交相为用,始能准确定位、确定人物,然后始可言知人论世、阐释发挥。

(附记:承蒙周裕锴、朱刚二教授多方赐教,谨致谢忱!)

---

① 《黄庭坚全集》第4册,第2187页。
② 同上书,第2297页。
③ 长谷川昌弘《霊源惟清と墨跡》,《临济宗妙心寺派教学研究纪要》第4号,2006年7月。

人文思想与人类生存
——苏轼《六一居士集叙》的人文思考

上海交通大学人文学院 杨庆存

王水照先生早在 20 年前就曾指出,"苏轼是我国文化史上一位罕见的全才,是人类知识和才华发展到某方面极限的化身"①;南宋孝宗赵昚则称赞苏轼文章"力斡造化,元气淋漓,穷理尽性,贯通天人"②;每读《六一居士集叙》,常深以为然。众所周知,中国古代先贤曾把"立德、立功、立言"③,视为实现人生最大价值的三种境界。苏轼此叙就是着眼于"立言"的人文精神,落脚于"功德"的社会效果,来结构和安排全篇内容,同时又以"天地、大禹、孔子、孟子、韩愈、欧阳修"为轴心,展开论述,深刻阐明儒家思想推动社会文明进步的重大作用,揭示了人文思想与人类生存的紧密联系,反映了苏轼对人文思想与文明发展的深刻思考与独到见解。

一

苏轼《六一居士集叙》(下称《集叙》)堪称经典中的奇葩、名篇中的极品。全文构思立意、布局谋篇、思想境界、艺术效果都令人叹为观止,正如明代著名散文评论大家唐顺之所言:"体大而思精,议论如走盘之珠,文之绝佳者也。"④

《集叙》由三个部分组成。第一部分从开头到"况众人乎",主要论述了儒家

---

① 王水照《走进"苏海"——苏轼研究的几点反思》,《文学评论》1999 年第 3 期。
② 孔凡礼点校《苏轼文集》第 6 册,中华书局,1986 年,第 2385 页。
③ 《左传》,岳麓书社,2001 年,第 432 页。
④ 茅坤《唐宋八大家文钞评文一卷》,见王水照编《历代文话》第 2 册,复旦大学出版社,2007 年,第 1992 页。

人文思想对于人类生存的重要性,即儒家思想之"功与天地并"。第二部分从"自汉以来"至"非天其孰能使之",通过梳理自汉至宋的历史事实,突出欧阳修传承儒学思想的重大贡献。第三部分从"欧阳子没十有余年"至结尾,点明《六一居士集》的文化境界与编纂背景。

《集叙》以"言有大而非夸,达者信之,众人疑焉"开头,议论起笔,如高山坠石,气势恢宏,新奇精警。其中的"言"、"信"、"疑"三字,正是下面展开论述的根基。作者首先拈出孔子和孟子的两段著名言论论证"言有大而非夸"的观点。孔子受困于匡国之时,曾发出"天之将丧斯文也,后死者不得与于斯文也"的感慨。公元前496年,孔子从卫国到陈国去经过匡地,匡人曾受到鲁国阳虎的掠夺和残杀,孔子的相貌与阳虎相像,匡人误以孔子就是阳虎,所以将他围困,《论语》记此事"子畏于匡,曰:'文王既没,文不在兹乎?天之将丧斯文也,后死者不得与于斯文也;天之未丧斯文也,匡人其如予何?'"表现出孔子"斯文自任"的历史使命感、文化责任心和不惧危险与充分自信。

而孟子更加直接,"禹抑洪水,孔子作《春秋》,而予距杨、墨"。将自己批评杨朱、墨子学说与孔子作《春秋》这两件事来和大禹治水相比并,认为三者的功德与天地给予人类生存提供条件保障的功德一样大。大禹治水为人类生存创造了条件,正如李白《公无渡河》诗所言"大禹理百川,儿啼不窥家。杀湍湮洪水,九州始蚕麻",这是属于物质、物理方面的贡献;而孔子作《春秋》和孟子距杨、墨,则是属于人文精神、思想文化方面的,那么二者如何能相提并论呢?作者用这两个"大言"之例,提出"文章之得丧,何与于天?而禹之功与天地并,孔子、孟子以空言配之,不已夸乎"的疑问,以此说明"众人疑之"的合理性。

其后,作者以"自《春秋》作而乱臣贼子惧,孟子之言行而杨、墨之道废"的历史事实,说明了儒学思想的重要意义和社会作用,突出了舆论、道德、文化的社会影响力,凸显了儒家思想对于弘扬社会正气、推动人类文明健康发展所产生的巨大作用。然而,人们认为这是社会自然发展的结果,并不认为这是儒家思想影响所致,所以"不知其功"。接着,苏轼又引用申不害、商鞅、韩非之学对社会发展产生危害的历史事实,说明由于偏废儒家思想而对人类社会发展造成的严重后果。申、商、韩非之学各成一家之言,但相较于儒家学说关注社会、关注民生,推进社会有序发展的整体思维方式而言,又各有其偏颇之处。所以作者认为它们是"违道而趋利,残民以厚主,其说至陋也,而士以是罔其上",而君主又"侥幸一切之功,靡然从之",在这种情况下由于没有出现类似孔子、孟子这样的圣贤来"推其本末,权其祸福之轻重,以救其祸",致令申、商、韩非之学流行于世,导致社会动乱、生灵涂炭,"死者十八九,天下萧然",即使是洪水之患也绝达不到如此惨烈的程度。从而说明了"以孟子配禹可也"的科学性。此后则引用司马迁"盖公言黄、老,贾谊、晁错明申、韩"的论述,总结"邪说之移人,虽豪杰之士有不免者,况众人乎"的现象,回应开头"众人疑焉"的合理性。

在第二部分,作者缕述了自汉代以后,老庄思想或佛家思想成为治理国家的主流文化,导致社会动荡、家国灭亡的历史事实,所谓"晋以老庄亡,梁以佛亡"。汉代之后五百年,韩愈力倡儒学,认为"如古之无圣人,人之类灭久矣",强调了人文思想对于人类生存的重要性,因此学者将韩愈与孟子相比并。韩愈之后二百年,欧阳修出,其上承韩愈、孟子和孔子的儒家学说,通过"简而明,信而通,引物连类,折之于至理"的文章,来弘扬"礼乐仁义"思想,以合于儒家大道。欧阳修主张文章要"经世致用"、"切于事实"、"不为空言",面对"世之不说者,哗而攻之"的困境,欧阳修不改其志,正是在他的大力倡导下,"场屋之习,从是遂变"[①]。以传承儒家学说的韩柳古文传统在宋代得到了发扬光大,"自孔子至今,千数百年,文章废而复兴,惟得二人(韩愈、欧阳修)焉"[②]。将宋代文化推进到一个全新的境界,树立了一代士林新风,"天下争自濯磨,以通经学古为高,以救时行道为贤,以犯颜纳说为忠",突出了欧阳修在弘扬儒家思想,引导社会良性发展,推进人类文明进步的历史贡献和巨大影响。

文章最后一部分介绍了编纂《六一居士集》的文化背景和作序缘由,交代了欧阳修去世十多年后,其影响依旧深广,蔚成风气,同时借"天下之言"高度评价了欧阳修的文化造诣,并以欧阳修"六一居士"别号收束全文,说明以号名集。全文三部分紧紧围绕欧阳修文集的编纂,深入思考儒家思想与文明发展的关系,内容丰厚、层次分明,前后照应、逻辑严谨,浑然天成,具有很强的思想性和说服力。

[①] 脱脱等《宋史》第 9 册,中华书局,2000 年,第 8351 页。
[②] 苏辙《欧阳文忠公神道碑》,陈宏天、高秀芳点校《苏辙集》,中华书局,1990 年,第 1136 页。

二

《六一居士集叙》以思想深刻、境界高远、勇于创新著称。

书序作为一种文体,滥觞于两汉,发展于魏晋,兴盛于李唐而变化于赵宋。传孔安国《尚书·序》称"序所以为作者之意",大体昭示了序的功能。约成于汉代的《毛诗序》、《史记·太史公自序》、《汉书·叙传》、扬雄《法言序》等,大都立足全书,进行宏观的阐释、申述,或者兼及作者自身,是为常式。唐宋是序体散文的昌盛期,名篇迭出,尤其是宋代,书序的形象性、可读性、理论性比前代明显加强。黄庭坚的《小山集序》几乎通篇介绍晏几道的为人与性格;李清照的《金石录后序》更以抒情与描写兼胜、文学色彩浓厚见长;徐铉的《重修说文解字序》历述华夏文字自"八卦即画"至"皇宋膺运"长达数千年间的发展演变,注重宏观审视和发展规律的探寻,视野开阔;赵眘的《苏轼文集序》从论述"成一代之文章"与"立天下之大节"的关系入手,探讨"节"、"气"与"道"、"文"的联系,议论苏轼其人其文,整篇序文向议论化、理论化方向延伸;不同的作者往往会有许多不同的写法,从而呈现出多姿多彩的风貌。

由于"知人论世"的文化传统,为大家、名家作书序,难度甚大,尤其是像欧阳修这样的文坛巨擘,对其人其文的概括、定位就更难。《六一居士集叙》高屋建瓴、茹古涵今、立意高远、思考深刻,体现出苏轼"出新意于法度之中,寄妙理于豪放之外"的大家风范。其多方面的创新出奇,以下三点尤为突出。

其一,整篇文章着力强调儒家思想对于人类社会健康发展的极端重要性,蕴含着鲜明的"天人合一、以人为本、文以载道、人文化成"的中国古代哲学理念。全文运用丰富的历史事实,以时为序、由远而近,逐层展开论述,正如清代散文名家张伯行所言:"以孟子配禹,以韩文公配孟子,以欧阳子配韩文公,此是一篇血脉。"[①]体现出鲜明的系统性和深刻的思想性,从而说明人文思想对人类社会发展的巨大影响。

其二,苏轼在前贤人文思想认识的基础上,紧密结合已经发生的历史事实,将孔孟、韩欧主张继承弘扬的儒家思想及其对社会的积极作用,与杨朱、墨子、

---

① 张伯行编《唐宋八大家文钞》,远方出版社,2001年,第149页。

申不害、韩非,以及佛老思想对社会产生的负面影响作对比,表明积极的人文思想对社会文明发展的推动作用;又将采用儒家学说则社会安定,与不采用则"乱天下者多"的现象作对比,指出"邪说移人","洪水之患,盖不至此"的严重后果,突出儒家思想是人类社会健康发展的直接动因。唐宋时期都曾出现过儒释道三教并用的主张,但在社会历史的发展进程中,不恰当地运用都将给社会带来破坏性的灾难,通过正反对比,更具说服力。

其三,大视野、高境界。苏轼从中华民族文化发展史的高度来审视、考察、评论儒家思想对推动人类文明和社会发展的重大作用,同时又特别强调对中华优秀文化传承和弘扬的重要性,突出了孔孟、韩欧的文化贡献,而不仅仅局限于文学本身,其格局与气度的确如明代茅坤所说"不负欧公"①。

三

文化与人文思想对于人类发展的作用,始终是学人思考和关注的重要问题。诸如《周易·贲卦·彖传》提出"观乎人文,以化成天下"②;《论语》指出"诗可以兴,可以观,可以群,可以怨"③;刘勰《文心雕龙》认为"文之为德也大矣,与天地并生";曹丕《典论·论文》称文章"经国之大业,不朽之盛事"④;杜甫《偶题》也说"文章千古事",等等,都涉及文章的作用、意义和价值,但均稍显简单与模糊。入宋之后,人们对人文思想的思考渐趋深入和系统,关注到文化精神对人们心理意识的影响,王禹偁甚至提出了"主管风骚胜要津"⑤的深刻见解,强调思想文化对社会与人心的重大影响。尤其是理学家张载明确提出"为天地立心,为生民立命,为往圣继绝学,为万世开太平"⑥的主张,将文化的作用提升至空前高度。然而诸如此类的观点与见解,都没有展开深入、系统的论述。

与上述情形不同,《六一居士集叙》站在人类发展与文明发展的高度,阐发

---

① 《唐宋八大家文钞评义一卷》,《历代文话》第2册,第1992页。
② 周明邦《易经评注》,中华书局,1995年,第58页。
③ 杨伯峻《论语译注》,中华书局,1980年,第185页。
④ 郭绍虞《中国历代文论选》,上海古籍出版社,1979年,第61页。
⑤ 王禹偁《小畜集》上,商务印书馆,1937年,第123页。
⑥ 章锡琛点校《张载集》,中华书局,1978年,第376页。

儒家思想对人类生存、社会发展的重要性。正如清代著名理学家蔡世远指出的那样,"非具千古只眼者不能,是何等识力、笔力!"[①]尤其难能可贵的是,苏轼《集叙》首次将物质物理与精神文明并举,孔孟韩欧创造的思想文化全都属于意识形态属性,其对社会发展的影响并不像大禹治水那样容易被人承认,但其作用潜移默化,更持久、更稳定。从而突出了精神文化对人类健康发展的重要性、必要性和紧迫性,凸显了人的意识、精神、思想的重要性,强调了人文精神、人文修养对推动历史进步的重要意义,由此彰显出苏轼思想的深刻性和深邃性,正如宋代诗人范温所说"超然独立于众人之上"[②]。

苏联著名学者瓦西里耶夫在他的《中国文明的起源问题》一书中指出,"中国的历史是伟大的,它根植于遥远的古代。在千百万年中,中国一再表现出非凡的稳定性和对于古代传统的忠诚。在这个古代,在中国的远古时代,确实有不少稀世的、独特的、只有中国才有的东西,因而似乎可以明显地证明对古代中国文明百分之百的土著性表示任何怀疑都是不对的"[③]。苏轼《六一居士集叙》对于儒家思想的历史作用和人文精神的深刻思考,至今还有着重要的借鉴意义,启示我们一定要站在人类文明发展、健康发展、和平发展的高度,继承和弘扬中华民族优秀传统文化的思想精髓,创造新时代的新文化。

---

① 四川大学中文系唐宋文学研究室编《苏轼资料汇编(三)》,中华书局,1994年,第1237页。
② 范温《潜溪诗眼》,郭绍虞辑《宋诗话辑佚》上册,中华书局,1980年,第316页。
③ [苏联]瓦西里耶夫著、郝振华等译《中国文明的起源问题》,文物出版社,1989年,第366页。

苏轼两制文本的生成与流传*

四川大学中国俗文化研究所　戴　路

苏轼在元祐年间先后担任中书舍人和翰林学士，留下了《内制》十卷和《外制》三卷的丰富成果。长期以来，这部分文字因其高度的程式化和应用性，在苏轼文学研究中属于薄弱环节。但如果细绎其文本演化的轨迹，我们又能从中捕捉到文章创作中的不少理论命题，这又能突破通常宋四六研究中过于泛化的描述，深入文体的核心意涵。

一、问题的提出：苏轼内制两篇的异文

在通行的苏轼《内制集》中，两篇文章的版本颇堪玩味：《生擒西蕃鬼章奏告永裕陵祝文》与《故赠太师追封温国公司马光安葬祭文》。与石刻本相比，《内制集》所收文字存在相当程度的差异。自南宋洪迈、费衮以来，历代苏轼文集的阅读和整理者对这一现象多有关注。如俞樾《茶香室四钞》卷一一《东坡文稿》据费衮所载，取石刻文稿与东坡文集进行对校①。余嘉锡《四库提要辨证》卷二二据洪迈所言，比较异文的优劣②。中华书局1986版《苏轼文集》与河北人民出版社2010版《苏轼全集校注》在收录两篇文章时已进行过充分校勘。在版本甄辨的基础上，分析撰文者的写作态度，追寻文本生成与变异的过程，探讨庙堂文书区别于诗、词、古文的体式属性，这是将内制文献引入文章学视野的有效途径。在进行此种尝试之前，不妨将洪迈、费衮所见异文全部引出，以明缘由。

---

* 基金项目：教育部人文社会科学研究青年基金项目"南宋荐举官制与四六启文研究"（17YJC751005）。

① 俞樾《茶香室四钞》卷一一，中华书局，1995年，第1650页。
② 余嘉锡《四库提要辨证》卷二二，中华书局，2007年，第1361页。

关于《生擒西蕃鬼章奏告永裕陵祝文》,《容斋随笔·五笔》卷九"擒鬼章祝文"条下云:

> 东坡在翰林,作《擒鬼章奏告永裕陵祝文》云:"大狝获禽,必有指踪之自;丰年多廪,孰知耘耔之劳。昔汉武命将出师,而呼韩来庭,效于甘露;宪宗厉精讲武,而河湟恢复,见于大中。"其意盖以神宗有平唃氏之志,至于元祐,乃克有成,故告陵归功,谓武帝、宪宗亦经营于初,而绩效在于二宣之世,其用事精切如此。今苏氏眉山功德寺所刻大小二本及季真给事在临安所刊,并江州本、麻沙书坊大全集,皆只自"耘耔"句下,便接"憬彼西戎,古称右臂"。正是好处,却芟去之,岂不可惜。唯成都石本法帖真迹独得其全。①

洪迈将文集系统的眉山本、临安本、江州本、麻沙本与石刻法帖进行对照,指出前者删去了包含汉唐故事的"精切"一联。与洪迈时代相近的费衮也围绕此文详细对比过石刻本与文集本的差异。《梁溪漫志》卷六"蜀中石刻东坡文字稿"条下云:

> 蜀中石刻东坡文字稿,其改窜处甚多,玩味之,可发学者文思……《获鬼章告裕陵文》,自"孰知耘耔之劳"而下云:"昔汉武命将出师,而呼韩来廷,效于甘露;宪宗厉精讲武,而河湟恢复,见于大中。"后乃悉涂去不用。"犷彼西羌",改作"憬彼西戎"。"号称右臂",改作"古称"。"非爱尺寸之疆",改作"非贪"。自"不以贼遗子孙"而下云"施于冲人,坐守成算,而董毡之臣阿里骨外服王爵,中藏祸心,与将鬼章首犯南川",后乃自"与将"而上二十六字并涂去,改云"而西蕃首领鬼章,首犯南川"。"爰敕诸将",改作"申命诸将"。"盖酬未报之恩",改作"争酬"。"生擒鬼章",改作"生获"。其下一联,初云"报谷吉之冤,远同强汉;雪渭水之耻,尚陋有唐",亦皆涂去,乃用此二事别作一联云:"颉利成擒,初无渭水之耻;郅支授首,聊报谷吉之冤。"末句"务在服近而柔远",改作"来远"。②

根据费衮的比勘,通行版《告裕陵文》在石刻"文字稿"基础上进行了多处修改,

---

① 洪迈《容斋随笔·五笔》卷九,中华书局,2005 年,第 932 页。
② 费衮《梁溪漫志》,上海古籍出版社,1985 年,第 60—61 页。

不仅有三处整联的增删,更有多个字词的换易。"悉涂去"、"并涂去"、"皆涂去"等足见改动程度之大。无独有偶,苏轼另一篇内制文章《司马光安葬祭文》亦存在这种情况,如洪迈所载:

> 坡内制有《温公安葬祭文》,云:"元丰之末,天步为艰。社稷之卫,中外所属。惟是一老,屏予一人。名高当世,行满天下。措国于太山之安,下令于流水之源。岁月未周,纲纪略定。天若相之,又复夺之。殄瘁之哀,古今所共。知之者神考,用之者圣母。驯致其道,太平可期。长为宗臣,以表后世。往奠其葬,庶知予怀。"而石本颇不同,其词云:"元丰之末,天步惟艰。社稷之卫,存者有几。惟是一老,屏予一人。措国于太山之安,下令于流水之原。岁未及暮,纲纪略定。道之将行,非天而谁。天既予之,又复夺之。惟圣与贤,莫如天何。然其所立,天亦不能亡也。知之者神考,用之者圣母。驯致其道,终于太平。永为宗臣,与国无极。于其葬也,告诸其柩。"今莫能考其所以异也。①

两相对照,通行本在石本的基础上删掉了"道之将行,非天而谁"、"惟圣与贤,莫如天何。然其所立,天亦不能亡也"等句,增加了"名高当世,行满天下"、"殄瘁之哀,古今所共"等语。另将"存者有几"改为"中外所属","暮"改为"周","天既予之"改为"天若相之","终于太平"改为"太平可期","永为宗臣,与国无极。于其葬也,告诸其柩"改为"长为宗臣,以表后世。往奠其葬,庶知予怀"。可见,两个版本之间,既有字词的润色,又有叙述语气的调整。

关于上述两文的写作时间,《全集校注》一则系于元祐二年九月五日,一则推定为元祐三年正月十三日之前,均在苏轼担任翰林学士期间。苏轼和门人创造的元祐文学的辉煌已为人熟知,但两制文字因其程式化、礼仪性因素向来缺乏深度解读。因此从异文出发探讨骈体公文写作、修改、保存、流传的问题,对还原元祐文学的完整面相,认识苏轼作为词臣的作为与影响,具有积极意义。

二、一挥而就与涂抹改窜:苏轼撰制的两种图景

对两制词臣而言,敏捷的才思是理应具备的职业技能。洪迈《容斋随笔·

---

① 洪迈《容斋随笔·五笔》卷九,中华书局,2005 年,第 933 页。

三笔》卷四"外制之难"曰:"中书舍人所承受词头,自唐至本朝,皆只就省中起草付吏,逮于告命之成,皆未尝越日,故其职为难。其以敏捷称者,如韦承庆下笔辄成,未尝起草;陆扆初无思虑,挥翰如飞;颜荛草制数十,无妨谈笑;郑畋动无滞思,同僚阁笔;刘敞临出局,倚马一挥九制:皆见书于史策。"①从文章创作的角度看,据鞍而书、当食而奏,是每一个执笔者向往的理想状态,也是历代评文谈艺者津津乐道的话题。从翰苑文人的工作环境看,各类突发的军国大事,繁复细密的朝廷文书体制,也要求掌制执笔者有敏捷的反应力和遣词造句的熟练功夫。晚宋方逢辰《辞兼直舍人院奏》曰:"必有浑厚尔雅之体,然后可以润色国典;必有激昂婉切之功,然后可以感发人心。必挥翰如飞,然后可以备缓急之辞命;必涌泉不竭,然后可以应填委之文书。夫岂庸才可当是选?"②方逢辰提出翰苑词臣的四个标准,其中"涌泉不竭"强调思维的敏捷连贯,"挥翰如飞"要求动作的娴熟轻快。技臻于此,词臣会赢得足够的荣耀与光环,苏轼也不会例外。

苏轼曾称赞王禹偁和欧阳修"玉堂挥翰手如飞"③,而他自己当制时,也受到"挥毫百斛泻明珠"④的褒奖。据朱弁《曲洧旧闻》卷七所载:"吕惠卿之谪也,词头始下,刘贡父当草制,东坡呼曰:'贡父平生作刽子,今日才斩人也。'贡父急引疾而出。东坡一挥而就,不日传都下,纸为之贵。"⑤苏轼所撰吕惠卿谪词是元祐时期新旧党之间尖锐对立的一大表现,撰词者在享受笔锋"斩人"的快意时,更表现出"一挥而就"的创作姿态。另据王明清《挥麈余话》卷一所载:"元祐二年,东坡先生入翰林。暇日,会张、秦、晁、陈、李六君子于私第,忽有旨令撰《赐奉安神宗御容礼仪使吕大防口宣茶药诏》。东坡就牍书云:'於赫神考,如日在天。'顾群公曰:'能代下一转语否?'各辞之。坡随笔后书云:'虽光明无所不临,而躔次必有所舍。'群公大以耸服。"⑥类似的记载又见于杨万里《诚斋诗话》:"神宗徽猷阁成,告庙祝文,东坡当笔。时黄鲁直、张文潜、晁无咎、陈无己毕集观坡落笔云:'惟我神考,如日在天。'忽外有白事者,坡放笔而出。诸人拟

---

① 洪迈《容斋随笔·三笔》卷四,中华书局,2005年,第474页。
② 方逢辰《蛟峰集》卷一,《宋集珍本丛刊》第86册,线装书局,2004年,第661页。
③ 苏轼《次韵王滁州见寄》,《苏轼诗集》卷三四,中华书局,1982年,第1833页。
④ 黄庭坚《双井茶送子瞻》,《黄庭坚诗集注》卷六,中华书局,2003年,第219页。
⑤ 朱弁《曲洧旧闻》卷七,中华书局,2002年,第186页。
⑥ 王明清《挥麈录·余话》卷一,中华书局上海编辑所,1961年,第288页。

续下句,皆莫测其意所向。顷之坡入,再落笔云:'虽光辉无所不充,而躔次必有所舍。'诸人大服。"①这段记载增加了苏轼短暂离场、旋即返回续写的场景,座客的"莫测其意"反衬出撰文者才思的敏捷。作为词臣的典范,苏轼的这种敏捷才能在南宋受到广泛推崇②。这包含了一种以速度为中心的创作观。如陈善《扪虱新话》卷五"文章博远贵于精工"条下所言:

> 世传欧阳公平昔为文章,每草就,纸上净讫,即粘挂斋壁,卧兴看之,屡思屡改,至有终篇不留一字者,盖其精如此。大抵文以精故工,以工故传远。三折肱始为良医,百步穿杨始名善射。其可传者,皆不苟者也。唐人多以小诗著名,然率皆句锻月炼,以故其人虽不甚显,而诗皆可传,岂非以其精故耶?然人说杨大年每遇作文,则与门人宾客饮博、投壶、弈棋,语笑喧哗,而不妨属思。以小方纸细书,挥翰如飞,文不加点,每盈一幅,则命门人传录。须臾之际,成数千言,如此似为难及。然欧公、大年要皆是大手,欧公岂不能与人斗捷哉?殆不欲苟作云尔。予每见同舍临文之际,试就借观,则曰此草草牵课耳。予把定戏曰:"恐君精思,亦莫止此。"其人虽心不悦,然知其戏,亦卒无以应予。遂皆笑而罢。③

陈善提到"屡思屡改"与"挥翰如飞,文不加点"两种创作状态,前者使文章变得精工,后者则拥有"须臾之际,成数千言"的效果。值得注意的是,"斗捷"的创作更具有一种表演性,它不仅有"门人宾客"等观众,还有"饮博、投壶、弈棋"等与写作无关的干扰性因素,难度越大,愈见技艺之高。由此反观苏轼撰制的场景,《诚斋诗话》描述的见证者是黄、张、晁、陈四人,而《挥麈余话》则为张、秦、晁、陈、李六人,大致观众越多,越能增加文章创作的表演性。如前所述,《诚斋诗话》比《挥麈余话》增加了一个"外有白事者,坡放笔而出"的场景,不外乎增加干扰性因素,衬托思维的敏捷与技艺的高超。纵观宋人的记载,苏轼的翰苑写作大多以此种"一挥而就"、"挥翰如飞"的形象呈现。

然而,回到文章开篇所列两段异文,苏轼在撰制时是否存在一种异于大才式表演的创作情形呢?刘克庄的题跋能为我们提供一些线索,其《跋东坡玉堂

---

① 杨万里《诚斋诗话》,丁福保辑《历代诗话续编》,中华书局,2006年,第144—145页。
② 参见许浩然《南宋词臣"文统"观探析——以周必大书序文为线索》,《文学遗产》2015年第3期。
③ 陈善《扪虱新话》卷五,《全宋笔记》第五编十,大象出版社,2012年,第44页。

词草》曰:

> 坡公之文,使不善书者书之,亦可爱,况公自札乎?或疑此卷涂抹多而点画拙,似非公书。夫六十老人,词头夜下,揽衣呼烛,顷刻成章,岂暇求工于字画乎?公固云:"乞郡三章字半斜,庙堂传笑眼昏花。"则此卷乃真迹无可疑矣①。

刘克庄从玉堂词草的真迹中推断出苏轼在翰苑的写作场景。"揽衣呼烛,顷刻成章"更接近"挥翰如飞"的状态,但是并未达到"文不加点"的效果,反而是笔迹略显潦草,涂抹的痕迹较重。如果说"点画拙"显示出时间的仓促,那么"涂抹多"则代表思维的断裂、游离和反复,所谓"方其搦翰,气倍辞前,暨乎篇成,半折心始",缺乏笔记中描述的那种一气呵成的畅快感。

刘克庄的跋文让我们想起何薳《春渚纪闻》卷七"作文不惮屡改"的记载:"欧阳文忠公作文既毕,贴之墙壁,坐卧观之,改正尽善,方出以示人。薳尝于文忠公诸孙望之处,得东坡先生数诗稿,其和欧叔弼诗云'渊明为小邑',继圈去'为'字,改作'求'字,又连涂'小邑'二字,作'县令'字,凡三改乃成今句。至'胡椒铢两多,安用八百斛',初云'胡椒亦安用,乃贮八百斛',若如初语,未免后人疵议。又知虽大手笔,不以一时笔快为定,而惮于屡改也。"②此处,苏轼改诗的状态迥异于"一挥而就"与对客挥毫的表演形式,走的是欧阳修"屡思屡改"的路子。关于苏轼两种看似矛盾的创作状态,王水照、朱刚《苏轼评传》第五章已有讨论。③ 在这里,我们着重围绕骈体公文写作的独特性作进一步的辨析:

首先,从文本的留存形态看,结合前述洪迈、费衮所见石刻文字稿和刘克庄所见东坡词草墨迹的情况,可以推定苏轼在翰苑"一挥而就"的形象更多地出于南宋文人的塑造,尤其在南宋骈文兴盛、词臣文化自觉逐渐增强的形势下,一位才思敏捷的"苏学士"更符合时人的口味,那种"下笔辄成"、"初无思虑"、"动无滞思"的理想状态更容易受人推崇。

第二,从创作环境看,词臣多是在深宫锁院的封闭环境下奉旨撰制,尤其是涉及军国大事,文书的流传仅限于皇帝近臣,那种炫技斗捷的天才式表演不大

---

① 刘克庄《东坡玉堂词草》,辛更儒笺校《刘克庄集笺校》卷一〇五,中华书局,2011年,第4387页。
② 何薳《春渚纪闻》卷七,中华书局,1983年,第102页。
③ 参见王水照、朱刚《苏轼评传》,南京大学出版社,2004年,第476—478页。

容易出现。所谓"独坐黄昏谁是伴,紫薇花对紫微郎"的独创环境应是掌制者的常态。

第三,从两制文体的书写方式看,它又不同于一般的诗、词和古文,似乎不存在"旬锻月炼"、"悬壁卧看"的闲暇和空间。苏轼自言"微霰疏疏点玉堂,词头夜下揽衣忙"①,朝廷封拜除授的程序较为繁复和急迫,撰文讲究速成,留给词臣自由发挥的空间并不充分。以此视之,"玉堂挥翰手如飞"又是形势使然,它无法逾越制词的文体属性与应用功能。只不过,这种"顷刻成章"达不到一气呵成的完美状态,它充满了瞬间的焦虑与检讨。对创作者而言,这种紧张状态下的思维活动显得弥足珍贵,它是我们面对苏轼两制异文时不可忽略的前提。

三、文章修辞与历史叙事:制词改窜的双重维度

具体到两篇制词的异文,历代研究者已从文章遣词命意的角度讨论修改的意义。前引费衮所谓"其改窜处甚多,玩味之,可发学者文思"②,已提示读者注意文章的构思,从改动中体味撰文者的意图。洪迈认为《告裕陵祝文》删去了运用汉唐故事的"精切"一联,感叹"正是好处,却芟去之,岂不可惜"。③ 余嘉锡在辨析此段文字时特意下了一段案语:"既各本皆如此,恐是东坡所自芟,以去此四句,文气更遒健也。"④从文章语辞结构看,此联前后均为整饬的四六语句,符合庙堂文字便于宣读、典雅庄重的体式。而"昔汉武命将出师,而呼韩来庭,效于甘露;宪宗厉精讲武,而河湟恢复,见于大中"则为散文化的长联,体现出"宋四六"援散入骈的典型特征,但与上下文相较却显得有些格格不入。因此余嘉锡强调的"文气遒健",着眼于全篇语体风格的统一。而回到苏轼撰制的现场,我们又能捕捉到作者在"尊体"与"破体"之间相互拉锯的心理瞬间。

众所周知,苏轼在推动宋四六文体变革方面开拓颇深,欧阳修"委曲精尽,不减古文"和杨囷道"雄深浩博,出于准绳之外"的评价道出了东坡四六的特征。

---

① 苏轼《卧病逾月,请郡不许,复直玉堂。十一月一日锁院,是日苦寒,诏赐宫烛法酒,书呈同院》,《苏轼诗集》卷三〇,中华书局,1982年,第1600页。
② 费衮《梁溪漫志》,第60—61页。
③ 洪迈《容斋随笔·五笔》卷九,第932页。
④ 余嘉锡《四库提要辨证》卷二二,第1361页。

但制词属于"王言",规整的法度和庄重的措辞对掌制代言者构成必要的约束。研究者通常会注意到东坡四六"缚不住"的一面①,但通过《告裕陵祝文》和《司马光安葬祭文》的修改情况,我们又可以看到苏轼向文体规范"妥协"的一面,除了上述裁撤长联的行为,《祭文》删去"道之将行,非天而谁"、"惟圣与贤,莫如天何。然其所立,天亦不能亡也"等句,都是在尽力减少古文笔法的影响。《祭文》将"社稷之卫,存者有几"改为"社稷之卫,中外所属",亦是着力淡化个人立场,把自己对熙丰以来"老成人"逐渐殒逝的悲叹转化为君王兼顾各方、盖棺定论式的口吻。徐师曾《文体明辨序说》"谕祭文"云"天子遣使下祭之词也。或施诸宗室妃嫔,以明亲亲,或施诸勋臣大臣,以明贤贤而示君臣始终之义。自古及今皆用之,盖王言之一体也,故今采而录之。若其他臣庶相祭之文,则别为一类云"②。可见"谕祭文"与一般祭文的显著差别在于"君臣始终之义"的彰显。苏轼对措辞的修改,正是向"王言"的回归。此外,改本新增了"名高当世,行满天下"、"殄瘁之哀,古今所共"等语,更是秉持了居高临下、贯通古今的"王言"立场。杨树达《中国修辞学》第三章《修辞举例》"改易"一节曾将上述两篇文章的修改作为义例收入③。在这种修辞行为背后,我们不难想象苏轼在"揽衣呼烛,顷刻成章"的紧张环境中,一方面是行云流水的古文式书写,侧重才思与情绪的宣泄;一方面又不得不考虑"得体"的规范,充满自我审查与反思。修辞在此意义上,就不仅仅是文本的锤炼,更有思维的碰撞。

这种思维的碰撞,对于元祐更化时期的"王言"叙述者来说,最突出、最敏感的莫过于前朝神宗皇帝的历史定位问题。元祐与熙丰的国策形成鲜明对比甚至尖锐对立,如何在"王言"的表述中弥缝裂痕,形成前后互不否定的历史论述,这既是朝廷执政合法性的需要,又关系到苏轼个人的政治立场。元祐元年,苏轼所出策题中有关"仁祖之忠厚"、"神考之励精"的内容已招致"谤讪"之劾,加之他在元丰年间的坎坷经历,都使苏轼在制词的书写上不得不多斟酌,尤其是涉及神宗的表述。

前引苏轼当众"下一转语"的制词即可为证:"於赫神考,如日在天"赞叹神

---

① 参见尹占华《论苏轼的四六文》,《天府新论》1996年第6期。
② 徐师曾《文体明辨序说》,《历代文话》第2册,复旦大学出版社,2007年,第2089页。
③ 参见杨树达《中国修辞学》,上海古籍出版社,2006年,第15—30页。

宗的伟绩,"虽光明无所不临,而躔次必有所舍"则将神宗的改革举措拉回到"祖宗之法"的轨迹上。①《告裕陵祝文》首联曰:"大狄获禽,必有指踪之自;丰年高廪,孰知耘耔之劳。"郎晔《经进东坡文集事略》卷三七于句下注云:"此皆推本擒贼之由,以归功神考。"②这也是将熙丰与元祐贯通起来的历史论述。而《司马光安葬祭文》"知之者神考,用之者圣母"亦回避了神宗与宣仁太后、王安石与司马光在执政方向的差异和对立,形成了前后承继的论断。类似的基调亦见于苏轼所撰《司马温公神道碑》:"议者徒见上与太皇太后进公之速,用公之尽,而不知神宗皇帝知公之深也。"③旨在塑造神宗与司马光的君臣之遇。对此黄震赞叹道:"公之事业,郁于安石欺神庙之日,而伸于二圣更新法之初,苏子不特归重二圣之进用,而尤归重神庙之深知,尤高论哉!"④正如黄震所言,"高论"就是将熙丰政局的一切责任都归于王安石,而确保神宗的光辉形象。元祐年间,苏轼撰写了众多与神宗相关的制词,上述立场是贯穿其中的基本论调。在此论述中,不仅司马光深受神宗信任,苏轼本人也成为赏识的对象。如王巩《随手杂录》所记:

> 子瞻为学士,一日锁院,召至内东门小殿。时子瞻半醉,命以水漱口解酒,已而对,授以除目:吕公著司空平章军国事,吕大防、范纯仁左右仆射。承旨毕,宣仁太后忽谓:"官家在此。"子瞻曰:"适已起居矣。"宣仁曰:"有事要问内翰,前年任何官职?"子瞻曰:"汝州团练副使。""今为何官?"曰:"臣备员翰林,充学士。"曰:"何以至此?"子瞻曰:"遭遇陛下。"曰:"不关老身事。"子瞻曰:"必是出自官家。"曰:"亦不关官家事。"子瞻曰:"岂大臣论荐耶?"曰:"亦不关大臣事。"子瞻曰:"臣虽无状,必不别有干请。"曰:"久特要学士知此,是神宗皇帝之意。当其饮食时,停箸看文字,则内人必曰:'此苏轼文字也。'神宗忽时称之曰:'奇才!奇才!'但未及用学士而上仙耳!"子瞻失声,宣仁与上左右皆泣。已而赐坐吃茶,曰:"内翰,内翰,直须尽心事

---

① 参见王水照、朱刚《苏轼评传》第五章的相关解释,第453页。
② 郎晔《经进东坡文集事略》卷三七,文学古籍刊行社,1957年,第653页。
③ 苏轼《司马温公神道碑》,《苏轼文集》卷一七,中华书局,1986年,第514页。
④ 黄震《黄氏日钞》卷六二《苏文·神道碑》,《黄震全集》第6册,浙江大学出版社,2013年,第1909页。

官家，以报先帝知遇。"子瞻拜而出，撤金莲炬送归院。子瞻亲语予如此①。

在苏轼"失声"、宣仁与哲宗"皆泣"的场景中，熙丰年间新旧两党的激烈对立，乌台诗案给苏轼及其亲友带来的仕途挫折与人生打击，似乎都得到化解。王巩因乌台诗案牵连遭遇了比苏轼更为艰苦的贬谪生涯，不难想象他在聆听苏轼"亲语"时的复杂心情。而维护神宗的历史地位是元祐执政者的基本立场，苏轼因而拥有了神宗的"知遇"之恩，担任翰林学士、起草朝廷文书也成为报恩之举。

在此政治背景下，我们再来看苏轼撰写《告裕陵祝文》时的斟酌考量。如郎晔所注，苏轼开篇即用"指踪之自"与"耘耔之劳"突出神宗奠定的军功。接下来便是洪迈称赞的"精切"一联，运用汉武帝和唐宪宗泽被后世的故事，洪氏因而指出："其意盖以神宗有平喈氏之志，至于元祐，乃克有成，故告陵归功，谓武帝、宪宗亦经营于初，而绩效在于二宣之世。"②问题是，元祐时代是否需要享受这样的"绩效"？在鬼章就擒之时，苏轼就连上《论擒获鬼章称贺太速札子》《因擒鬼章论西羌夏人事宜札子》《乞诏边吏无进取及论鬼章事宜札子》，讲明安边息民的立场。如其中一札云："顷者西方用兵累年，先帝之意，本在吊伐，而贪功生事之臣，惟务杀人争地，得尺寸之土，不问利害，先筑城堡，置州县，使西夷憎畏中国，以谓朝廷专欲得地，非尽灭我族类不止，是以并力致死，莫有服者。"③虽对神宗有所回护，径斥"贪功生事之臣"，但否定熙丰开边政策的立场已非常鲜明。在《祝文》以及《生获鬼章文武百僚称贺宣答词》《批答宰臣以下贺生获鬼章表》中，"偃革息民"、"靖寇息民"、"函养中外"等字眼已经显示出休养生息的政策动向。在此历史关头，如何肯定神宗又不否定当下的国策，维持"祖宗家法"的连续性，就是词臣撰制时需要反复斟酌的。

因此，苏轼删去运用汉武唐宗故事的精切一联，除了文法上的考虑，何尝不是为了淡化熙丰军功的负面影响，抑制边境军民的冒进，维护安宁政局。以此视角看待"报谷吉之冤，远同强汉；雪渭水之耻，尚陋有唐"一联的删改，就更有意味。改后的文字云"颉利成擒，初无渭水之耻；郅支授首，聊报谷吉之冤"，仅突出报仇雪耻的意义，将对外作战的合法性控制在必要的限度内。而"同强

---

① 王巩《随手杂录》，《全宋笔记》第二编六，大象出版社，2013年，第57—58页。
② 洪迈《容斋随笔·五笔》卷九，第932页。
③ 苏轼《乞诏边吏无进取及论鬼章事宜札子》，《苏轼文集》卷二八，第801页。

汉"、"陋有唐"等措辞,分明是唤起神宗超越汉唐的帝王梦想,这在"函养中外"的元祐政坛是不需要凸显和歌颂的。

总之,淡化"己意"以回归"王言",维护神宗而又不否定元祐,这是苏轼修改制词的重要标尺。

四、文本变异与意义衍生:苏轼两制的流传

以上探讨了苏轼担任翰苑词臣时的创作状态,以及他在撰制时秉持的修辞与历史的立场,这些都是在考察文本生成时不可忽略的视角。而在文本传播的链条上,关注文本的物质载体与流传途径,分析文本变异与意义衍生的类型,又能拓宽文本的价值空间。就苏轼的两制文本而言,在通常的郎注本、七集本、全集本与《宋大诏令集》《五百家播芳大全文粹》等总集的编选之外,还有制集别行、集外单传、联句传诵等形式。如前所述,在刘克庄的时代,有单行的《东坡玉堂词草》流传,上有多处涂抹痕迹,刘克庄鉴定为苏轼真迹。单传的《东坡玉堂制草》又被元代文人袁桷所见,称为"玉堂底本":"淳化后,学士院纸贡从池阳。唐五代所用,乃矮麻纸。熙陵爱李氏澄心,遂易此制。苏公此卷,正号玉堂底本,桷见文潞公、吕申公辞免平章批答,有贾相私印,疑当时故家剪以修媚,与此纸无异。今留河东李士弘家。"① 刘克庄和袁桷是晚宋和元初的著名词臣,此类玉堂稿本独立于东坡文集系统之外流传,自然受到掌制代言者的特别重视。除单行的制词稿本外,苏轼两制文字中又有不少单篇流传。前引苏轼所撰吕惠卿谪词"不日传都下,纸为之贵"②,可见从元祐年间开始苏轼的单篇制词就已广泛流传。除上述洪迈和费衮所见的蜀中石刻东坡文字稿外,王明清、楼钥、魏了翁等人都见过单独流传的苏轼制文。如王明清所言:"《导引鼓吹词》盖亦是时作,真迹今藏明清处。"而《告裕陵祝文》的真迹被楼钥、魏了翁先后经眼。此外,苏轼两制文章中的警联通过口耳相告或转相传抄的形式流行于士人之中。《续资治通鉴长编拾补》卷九"哲宗绍圣元年"记载了殿中侍御史来之邵弹劾苏轼的

---

① 袁桷《东坡玉堂制草》,《袁桷集校注》卷四六,中华书局,2012年,第2041页。
② 朱弁《曲洧旧闻》卷七,第186页。

文字,摘引东坡制词的联句,称"凡此之类,播在人口者非一"①。这种"播在人口"的情形,可从当时笔记、诗话、四六话等"资闲谈"的记载中得到充分印证。

在制词的流传过程中,苏轼的文字产生了一些变异,他与神宗的敏感关系更是多次被拈出,修改文章时那种短暂的焦虑以另外的形式被揭示出来。据许顗《彦周诗话》记载:"在元祐间获鬼章,作《告永裕陵文》云:'将帅用命,争酬未报之恩;神灵在天,难逃不漏之网。'后人辄谓东坡以微文谤讪,天乎,宁有是哉!"②此联的文字与石刻本和文集本均有差异。石刻本作"盖酬",文集本作"争酬","争"字更能体现臣僚的积极性,又与"难"字对称,当是作者润色。文集本作"吏士用命"、"圣灵在天",而《彦周诗话》作"将帅"与"神灵",则是传抄过程中的文本变异。"吏士"的用词更加简省古雅,适合"王言"的书面表述。而"将帅"更适合理解和记诵,明显是在传抄过程中的人为改造。再如《沿路赐奉安神宗御容礼仪使吕大防银合茶药诏》,基本作"於赫神考,如日在天",《挥麈余话》的转录完全无误,但《诚斋诗话》却记为"惟我神考",与上述"将帅"的改动一样,都是朝着易于传诵的方向演化。再看"圣灵"到"神灵"的变化,很大程度上是受到衍生意义的影响。所谓"微文谤讪",无非是重提苏轼与神宗的微妙关系,将"不漏之网"与乌台诗案联系起来,从中挖掘出苏轼对神宗的不满情绪。从"圣灵"到"神灵",大概是"谤讪"之义产生后文本向"神宗"的自动靠拢。值得一提的是,苏轼撰制时涉及神宗议题时的谨慎,最后还是不能避开好事者的挑剔,他与神宗的历史关联,在文本变异的过程中,终究以这种方式呈现出来。

可幸的是,百年过后,尚有乡贤魏了翁能够读懂苏轼的良苦用心。《跋东坡获鬼章告裕陵文真迹》指斥了盲目开边的恶果,回到了偃革息民的立场。比起那些无谓的衍生,这算是对元祐国策的深刻理解了。

以上从苏轼两篇内制的异文出发,围绕撰者的创作状态、写作风格、历史立场,兼顾接受者的传抄和改动,试图为文本的生成和流传提供一种解释的可能和认识的视角。其背后涉及的骈体公文的文体规范、文章功能和文字载体等意涵值得深入挖掘。

---

① 黄以周等辑注、顾吉辰点校《续资治通鉴长编拾补》,中华书局,2004 年,第 401 页。
② 许顗《彦周诗话》,何文焕辑《历代诗话》,中华书局,1981 年,第 398 页。

宋佚文话《纬文琐语》考论*

复旦大学中文系 侯体健

李郛撰著的《纬文琐语》是一部诞生于南宋中期的文话著作,其所论专为古文,且是单独成书而刊刻流播的,这在目前可以考知的宋代文话著作中,并不多见。《历代文话》收录宋文话20种,除去专论骈文的四六话5种,以及附着于他书而单独成卷者10种,此类专论古文的单行文话仅5种而已①。从《纬文琐语》的书名中,我们可以揣摩作者的撰述态度,是颇具文章学自觉意识的。惜此书于明代亡佚,今可从他书钩稽若干条目,庶几可窥此书一斑,对认识南宋文章学风貌,不无裨益。本文就《纬文琐语》的作者生平、内容辑佚与文章学价值,略作考论,就教方家。

一、《纬文琐语》作者李郛考

《纬文琐语》的作者李郛,字子经,江西抚州宜黄县人,是一位未曾入仕的文士。关于其人,对比现存各种资料,尤以道光《宜黄县志》所述最为详细,其他诸书包括光绪《江西通志》、光绪《抚州府志》、同治《宜黄县志》乃至早于该书的康熙《宜黄县志》等记载均未出其范围。道光《宜黄县志》卷二二"人物"云:

> 李郛字子经,一字元功,仙桂渣浦人。幼敏慧,年六七岁日诵数千言,诸子百家一览辄记。尝赴科举,为文援引浩博,不能就有司程度。少有大志,著《北事罪言》三十篇,大概欲迁都建康,先取山东、关中,为恢复之计。

---

* 基金项目:国家社科基金重大项目"中国古代文章学著述汇编、整理与研究"(15ZDB066)、全国高校古委会直接资助项目"宋金元散佚文话辑考"(1552)。

① 即陈骙《文则》、王正德《余师录》、楼昉《过庭录》、陈模《怀古录》和吴子良《荆溪林下偶谈》,其中《余师录》乃汇编之作,《荆溪林下偶谈》除了谈文还谈诗,专论古文而具原创性者就只剩3部了。

遍游江淮，谒诸闻，见知于张于湖，欲上之，适值和议，再讲当路无主之者，又试贤良，不遇，遂退而著书。不事家人产，时人号为"书厨"。其所交游，若周平园、杨诚斋、谢艮斋、何月湖、陆放翁，皆当世名公，并引为上客。所著书有《洛诵堂文集》数十万言，藏于家。参政眉山李公壁尝跋其文云："李子经博学强记，文甚高，余来临川，恨识之晚。"眉山注王文公诗，先生修辑之功为多，今其诗刊于抚郡学。有《纬文琐语》，诚斋为跋，周益公刊行于巴陵郡学。其子梦白，以《春秋》领三举，取高第，仕至广东提干。（王志《儒林传》）①

这段小传提供了许多重要信息，兹结合相关材料，作进一步补充阐述。

首先是李郛的活动年代与《纬文琐语》的刊刻年代。小传言李郛遍游江淮，鼓吹"恢复"，见知于张孝祥（号于湖，1132—1170），时"适值和议"。宋金曾多次和议，据张孝祥生卒年，可知这里的"和议"只能是"隆兴和议"（即隆兴二年，1164）。小传又言李壁注王安石诗，李郛"修辑之功为多"，李壁乃是在1207—1209年谪居临川间注王诗的。倘若我们以"隆兴和议"时李郛二十岁记，李壁注王诗时，李郛六十出头，这应是符合常理的。也就是说，保守估计李郛不会晚于宋高宗绍兴十四年（1144）出生，至宋宁宗嘉定（1208—1224）年间仍然在世。又据康熙《宜黄县志》可知李郛子李梦白（字孝伯），登绍熙四年（1193）进士第②，以此推测李梦白与李郛的年龄差亦大体相当。小传又言《纬文琐语》"周益公刊行于巴陵郡学"，考周必大（益国公致仕）行迹，并未曾任职岳州巴陵郡，倘若材料可靠，最可能应是周必大通判潭州（1191—1193）期间事。如此，则《纬文琐语》当刊行于1191—1193年间，时李郛在五十岁左右。

其次是李郛的交游圈。小传依次言及张孝祥、周必大、杨万里、谢谔、何异、陆游、李壁等人，与李郛均有交往。特别是杨万里、周必大、李壁三人，或撰写跋文，或刊刻著作，或切磋学问，与李郛交情都不一般。今检索三人著作文献，其中仍尚存相关信息：

---

① 札隆阿、程卓樑等修纂《（道光）宜黄县志》，《中国方志丛书》华中地方第101号，台北成文出版社有限公司，1970年，第244页。段末所谓"王志"乃指王尚廉主持修纂的万历十九年刊《宜黄县志》，今已佚。据此，则道光志小传实出于万历志，较今日所见最早之《（康熙）宜黄县志》更早，故我们不取康熙志。另有嘉靖《宜黄县志考订》残本藏天一阁，经查，无李郛资料。
② 尤稚章、欧阳斗炤等修纂《（康熙）宜黄县志》卷五"人物志·科第题名"绍熙四年癸丑陈亮榜下，中国国家图书馆藏本。

杨万里诗集有《题临川李子经文稿》一首，诗云："圣经贤传紧关津，骚客诗家妙斧斤。总被先生漏消息，不令后辈隔知闻。都城一日纸增价，天下几人贫似君。不要绨袍却归去，平生笑杀《送穷文》。"①该诗作于淳熙十四年(1187)，所题"文稿"可能就是《洛诵堂文集》，小传言"藏于家"，则未曾刊行。诗中既言"圣经贤传"，又云"骚客诗家"，意谓李郛所著当囊括诗词文章各类。杨万里在诗中对李郛的学品人品给予了高度评价，虽是私交之言，不可全信，但也从侧面反映出李郛一心向学、君子固穷的品质。

周必大在绍熙四年(1193)所撰《跋南丰黄世成铭文》中提到了李郛，该文称赞黄文晟(字世成)云："不轻许可如陆子静，而序之以铭；老于文学如谢昌国，而吊之以文；杨廷秀，今之欧阳公也，挽君有诗；李子经，乡之泰伯也，哀君有辞。兼是四者，传之后世，非大幸与。"②将李郛视为"乡之泰伯"，亦见其晚年居乡时在抚州地区颇具声望。

李壁《雁湖集》不存于今，但所注王安石诗则有多种版本传世。李郛协助李壁注诗，其名亦存于《王荆文公诗李壁注》中。如卷六《读墨》题下注："友人宜黄李郛尝云：'介甫《读墨》诗，终篇皆如散文，但加押韵尔。'"③卷二二《题雱祠堂》"一日凤鸟去，千秋梁木摧"句下，李壁注云："临川李子经谓此诗属王逢原，恐非。"④另据巩本栋先生指出，台北故宫博物院藏宋刻残本李壁注卷二九卷后补注《详定幕次呈圣从乐道》"何逊能诗有世家"一句有云："予友李郛言，阴、何虽俱梁时人，然铿生稍后，犹逮事陈，则其诗律宜少变于前矣。"⑤以上李壁所引，都是李郛协助之证，可见小传所言不虚。

除了小传所及诸名流，我们尚可读到永嘉叶适《送李郛》七言古诗一首，云：

盖代才难看独手，众参闻见其来久。流风莫盛元祐时，崛起谁当绍兴后。嗟君探讨穷一生，心通文字难力争。雀啄雪篱阁笔坐，虫吟露草翻书行。已轻富贵须臾尔，万一姓名传野史。只愁垂老绝知音，自送青编满朝市。

---

① 杨万里《题临川李子经文稿》，《杨万里集笺校》，中华书局，2007年，第1198页。
② 周必大《省斋文稿》卷一九，原作"卿"，注云："张本作经。"原误，从张本。见欧阳棨刻《庐陵周益国文忠公集》本。
③ 《王荆文公诗李壁注》上册，上海古籍出版社，1993年，第421页。
④ 同上书，下册，第1025页。
⑤ 巩本栋《宋集传播考论》，中华书局，2009年，第128页注。

余之视君尚少年,题玉为珉何所贤。期君更尽未死日,举世不信方知天。①

叶适生于宋高宗绍兴二十年(1150),与李郛年龄相近,诗中所述如"嗟君探讨穷一生,心通文字难力争"、"已轻富贵须臾尔,万一姓名传野史"等也都符合李郛生平,基本可以确定此李郛即为宜黄李子经。全诗赞叹李郛才学超迈,同时也流露出对李郛未获重用的惋惜,且云"余之视君尚少年,题玉为珉何所贤",可见二人关系,亦非泛泛之交。

从以上的材料中,我们可以看出,李郛虽然科举失利,未能入仕,但读书敏记,学问颇精,是一位在当时文坛广有交游的地方文人。他所撰《北事罪言》《洛诵堂文集》《纬文琐语》等多部著作,均已散佚。我们现在能辑佚到的他的文字,除了下文要详论的《纬文琐语》外,还有两条材料可予留意。一是《项氏家说》卷一〇"封建府兵"条记云:

> 宜黄李郛子经言:"周之封建,唐之府兵,皆当以汉法考之乃通。盖王畿之外,不尽为诸侯国,时时有特封者。则未封之前,未必有掌其地者。计王朝命吏之在四方,如汉之太守、县令者,固不少也。但周官不明言之尔。府兵止西北诸郡为多,东方诸郡绝无而仅有,则民兵之在郡国,如汉之车骑材官者,必未尝废也。如江西、宣、润、剑南之兵,尚可考见。"子经此说可谓善言古者,必有以通于今矣。②

此段详论封建、府兵,颇具识见,项安世未明言所自,据其内容猜测,或即出自《北事罪言》一书。二是嘉靖《江西通志》卷二一"列女"记载一位徐氏抗声骂贼,李郛称赞"溅血不灭当时心"之句,此当为李郛所存唯一诗句③。这两则材料为我们认识李郛的才学,提供了更丰富的文本。

二、唐之淳《文断》与《纬文琐语》的辑佚

如前所述,《纬文琐语》当成于李郛五六十岁居乡期间,刊刻于岳州巴陵郡

---

① 叶适《叶适集》,中华书局,1961年,第44页。
② 项安世《项氏家说》卷一〇,中华书局,1985年,第110页。
③ 《全宋诗》第45册据王象之《舆地纪胜》卷八一收录"李孚"诗句"宫柳不知兴废事,春来还是绿纤纤",并言:"李孚,或作郛。"应乃袭《宋诗纪事补遗》卷五七而来,实则无法证明李孚即李郛,今不采。

学。然此书并未见载于目前传世的宋代官私目录,其佚文可辑者主要在明代唐之淳《文断》,存三十七则①。唐之淳(1350—1401),字愚士,浙江山阴人,建文二年(1400)以方孝孺荐授翰林院侍读,共领修书事,卒于官,是元末明初的一位重要文人。《文断》一书至迟在洪武十三年(1380)即已编成②,是一部汇编式文话著作。唐之淳在该书凡例中言及乃仿《文话》《文章精义》《文则》等书体例,调整编次,广罗文献,杂取诸家,随所得先后按类编排成书。《四库全书总目》评此书:"采掇前人论文之语,抄录而成,所引如《纬文琐语》《湖阴残语》之类,今皆不传,颇有足资考证者。"今检《文断》,确实保留了不少散佚的珍贵文献,如《观堂志林》《石林过庭录》《湖阴残语》《金石庵挥麈录》《丽泽文说》《蒲氏漫斋语录》等散佚典籍都有存录,孔凡礼先生还从中辑录出元好问《诗文自警》十余则佚文,显示出该书重要的文献价值。

唐之淳在《文断》中主张"文以理为主"③,并自称"特于宋文人类中首陈周、程、张、朱明理之言,以示作文者有所归宿云",具有鲜明的理学色彩。但该书又不主一家,书前有"援引书目"罗列典籍106种④,特别于韩、柳、欧、曾、王、苏六家最为推崇⑤,将他们比之于唐诗李杜,论此六家之篇幅,占全书一半。全书构架,亦在设总论作文法、杂评诸家文、评诸经、评诸子、评诸史、评唐文人文、评宋文人文七个条目之外,又单列评韩文、评柳文、评韩柳文、评欧文、评曾文、评王文、评三苏文,以及评韩柳欧曾苏王六家文等八个条目。这种框架设置,足见唐之淳在标举理学诸家之时,更重视古文家统绪的宣扬。而《文断》随类编排的编纂框架,也直接影响了我们对《纬文琐语》的辑佚,凸显出韩柳欧苏诸家评论在《纬文琐语》中的分量。我们可依照《文断》的编排顺序,辑录《纬文琐语》佚文如下:

  1. 学文须当以叙事为先,议论次之。盖叙事者未有不能议论,议论虽

---

① 明代唐顺之《荆川稗编》、高琦《文章一贯》、何良俊《四友斋丛说》、吴讷《文章辨体序说》四书中也存《纬文琐语》若干,但全部与《文断》所引重合,诸书或即转引自《文断》,不再单独考察。
② 参龚宗杰《唐之淳〈文断〉考论》,《古籍研究》2017年第1期。
③ 本文所引《文断》均据陈广宏、龚宗杰编校《稀见明人文话二十种》(上海古籍出版社,2016年)本,不再出注。
④ 核对全书内容与此"援引书目",绝大多数都能找到对应段落,唯独我们特别感兴趣的王铚《文话》一书虽列入"援引书目"却不见只言片语引及,非常可惜。
⑤ 虽称"六家",实是八家,盖"苏"指三苏。

高,叙事或不称。古人文字可见。(总论作文法)

2. 编中不可有冗章①,章中不可有冗句,句中不可有冗字。②亦不可有龃龉处。(总论作文法。又见《文章一贯》卷上、《荆川稗编》卷七七、《文章辨体序说》)

3. 一编不离一字③,一字不离一编。盖一即含多,多即入一。(总论作文法。又见《文章一贯》卷上)

4. 凡作文,不可令其中有龃龉处,才有龃龉一秋毫,即一秋毫皆坏了。(总论作文法)

5. 杂叙事犹易,若模写山川形势曲折,则已为难,若至于论次郊庙礼仪登降曲折,此又难中之难。学者苟不致意于此,终不能尽文章妙处。(总论作文法。又见《文章一贯》卷下)

6. 为文当要转常为奇,回俗入雅,纵横出没,圆融无滞,乃可与言远到④。(总论作文法。又见《荆川稗编》卷七七、《文章辨体序说》)

7. 作文须要血脉贯穿,造语用事妥帖,前世号能文者,无不知此⑤。今学者往往恃才不复措意。文章先须立体,体既已立,其中铺叙,要知起止,更识先后方可。(总论作文法。"作文"至"无不知此"又见《文章辨体序说》)

8. 文章中各有意思,语言不可窄狭,又如造屋须得间架均平乃善,不可一多一寡,一宽一促。(总论作文法)

9. (《韩非子》)辞气绵密贯通,如无间断,自是一种。(评诸子)

10. 战国文章,孟、庄而下,孙武、韩非所为最善,余人莫及。《孙武》十三篇,战国时书也,以比春秋时文差不类。苏、张游说文章,辩论皆有余。第不见其全书,为可恨。(评诸子。"战国文章"至"余人莫及",《四友斋丛说》亦引)

11. 庄、列辈多寓言,后世文士例将作实事用,必恐有所不可也。(评

---

① "编",《文章一贯》引作"篇"。
② 《荆川稗编》所引最后尚有"亦不可有龃龉处"一句。
③ "编",《文章一贯》引作"篇"。
④ "到",《荆川稗编》无。
⑤ 《荆川稗编》引此句而属《文章精义》,误。

诸子）

12.《战国策》载辩士语言甚有奇处，当为文章渊薮。（评诸史）

13.《三大礼》《封西岳》与《明堂》，《大猎》《大鹏》与《雕》诸赋，虽体调不同，子美、太白其才力正可相当，不特诗也。（评唐文人文）

14. 战国而下，议论通而正，无如陆敬舆，然惜其未免于有心计利害。（评唐文人文）

15. 韩文纵横奇正，皆不可名状。当时学者，如李习之只得正，皇甫持正只得奇。（评唐文人文）

16. 韩、柳、李、皇甫四人，皆于叙事中用力。（评唐文人文）

17. 退之、子厚才如太史公，习之才如班孟坚，而精至用文章工夫过。（评唐文人文）

18. 习之，韩之徒也，作《复性书》，时年未三十，可谓豪杰特出之士。以如斯之才，终身从事于学问间，用工夫于文章，不为不至。然不能并驱于韩，人才高下，信乎其有定限也。（评唐文人文）

19. 韩公行状，辞气平缓，质而不俚，胜于《新唐书》本传。（评唐文人文）

20. 习之质而缓，持正奇而不工。吾谓质而奇则有之，缓不工盖未见也。此郑毅夫云。（评唐文人文）

21. 杜牧之文豪，或失之粗。若皮公美，则近于狂易矣。（评唐文人文）

22. 退之不学《离骚》，然《复志》《闵己》二赋，细读乃字字句句合于屈、宋。（评韩文）

23.《原道》《原毁》《行难》《对禹问》《读荀子》《仪礼》《答张籍》《李翊》《孟简书》《送文畅》《王□序》，对文语意皆纯粹中和，似子思、孟子，战国而下罕见。永叔《本论》《答李诩论性书》等盖近之。（评韩文）

24. 子厚《贞符》去汉儒符命，《时令论》解驳《吕氏》旧说，见识高明，议论独出诸儒之表。（评柳文）

25. 读《子虚》《上林赋》与《晋问》，而后知子厚之才高，其文辞气势，直可以回山倒海也。（评柳文）

26. 学文者，常患韩柳难及。某谓如《进学解》《答李翊》《韦中立》《报

袁君陈书》,具道平昔文章,参学曲折,二公初无隐乎尔。(评韩柳文)

27. 尹师鲁文章自然典重严正,似其为人。晁无咎才力宏杰高远,三苏之流亚,不唯辞赋度越秦、张,他文亦出其上。(评宋文人文)

28. 永叔文,其原实出于韩,但得法后,更自加变态。古人之文,有专学一家者,有参取诸家者,有自出己意者。永叔虽学韩、柳,而博采古今,更自拔出机杼,故能曲尽其妙,成就一家之作,令后来人无复措手也。(评欧文)

29. 永叔文穷极古今变态,如卿云从风,卷舒万状,不可以常理待之也。(评欧文)

30. 范蔚宗论班孟坚云:"任情无例,不可甲乙。"欧阳公正然,碑志间属辞无复定体,意到言到。(评欧文)

31.《孙明复墓志》似放《西汉书》语。(评欧文)

32. 或问欧公学韩似否?某谓论文章,要识语脉,如永叔学韩,何处为似,何处不似?若言似,又何曾一一逼真;若言不似,亦且不相龃龉。试问今世深于文章者,若识别得,是大具眼目。如《范文正公神道碑铭》首云:"范于吴越,世实陪臣。俶纳山川,及其士民。"且文何似处?后云:"夏童跳边,乘吏怠安。帝命公往,问彼骄顽。有不听顺,锄其穴根。公居三年,怯勇臝完。儿怜兽扰,卒俾来臣。"则语与韩如出一手。学古人须如此。(评欧文)

33.《五代纪》中,诸辩论极为粗正,多先儒所未及。学者欲议义理,尤当注意于此。(评欧文)

34. 曾文大有淳厚深远、近三代气质处,如《唐论》,直须作孟、荀一等文字看。《秘阁》诸序,皆当优于刘子政,其文章议论甚严。(评曾文)

35. 苏明允文,驰骋七国而下,以议论为本,如杜子美诗,备成一家之作,交态不穷。《六经论》与《洪范》《太玄》诸论自各别,诸书亦然。《上皇帝十事书》,终篇皆切实无浮辞。《上韩丞相书》语意殊□质直。《权书》甚似孙子,《衡论》策大概如贾谊,而文辞更觉成就。《苏文甫字说》,中间说风水之处,如庄子,又如枚叔诸人。《族谱序》《亭记》,皆浑厚中和。《自尤诗序》,辞气尤为奇绝。其文有质处,有跌宕处,有深奥处,有明白处,有驰骋处,有安徐处。有文有质,有理有事。自云:"诗人之优柔,骚人之清深,孟、荀之温厚,迁、固之雄刚,孙、吴之简切,投之所向,无不如意。"盖实语也。四言诗甚善,铭、赞、祭文,盖其文章余事,而工夫不减韩、柳诸公。《族谱后

录》二篇,叙事甚工。其文章等第,则太史公也。(评三苏文)

36. 气势豪放而结体曲折,尽其关键,此大苏所长,不可及也。《鲜于子骏哀辞》意态宛转,极迫近楚人。(评三苏文)

37. 《毛颖传》全篇作太史公语,置之《史记》中,略不用辩。《天对》与《天问》,文章如出一手。《代侯公说项羽辞》《拟孙权答曹操书》,直可参之秦汉、吴魏间语。此数君子于文章材力,本过绝人,学又尽工夫,故能变态如此,至于不测。(评韩柳欧曾王苏六家文)

除了《文断》所存,宋代笔记赵与旹《宾退录》、王应麟《困学纪闻》、史绳祖《学斋占毕》三书中也有《纬文琐语》各一则:

1. 《唐》《五代》史书皆公手所修,然义例绝有不同者,一人之作,不应相去如此之远。议者谓《唐书》盖不尽出公意。(《宾退录》卷五)

2. 《原道》佛者曰"孔子吾师之弟子也",盖用佛书"三圣弟子"之说,谓老子、仲尼、颜子也。(《困学纪闻》卷一七)

3. 马融作《长笛赋》云"近世双笛从羌起",而《风俗通》以为汉武帝时丘仲所作,则非出于羌人矣。然《西京杂记》:"高帝初入咸阳宫,笛长二尺三寸,六孔。"又宋玉在汉前,而有《笛赋》,不始于武帝时丘仲所作。(《学斋占毕》卷一)

如此,我们可以辑得《纬文琐语》佚文合计40则[①]。这些佚文有一个明显的特点,就是偏重于对经典作家,特别是韩、柳、欧、苏四家的评论。就其论题的分布来说,或许是唐之淳选择的结果,但更重要的仍是李耆观点的展现,将之置于南宋文章学视野下观察,其意蕴颇堪玩味。

三、南宋文章学视野下的《纬文琐语》

南宋文章学著述有相当一部分是与科举考试密切关联在一起的,如大家所

---

① 当代各种茶书都转述了一则材料,谓《纬文琐语》曾云:"世称橄榄为余甘子,亦称茶为余甘子。因易一字,改称茶为余甘氏,免致混故也。"我们能检核的最早来源,是浙江农业大学庄晚芳教授发表于1987年的《茶的别号》(《茶人之家》1987年第4期)一文。然遍检文献,并未查考到原始出处。此则论茶异名的材料,似与《纬文琐语》的性质不相侔,故不采入。

熟知的《古文关键》《论学绳尺》等选本都是专为科考而编,即使是四六话如《四六谈麈》《辞学指南》等也和词科密切相关。而《纬文琐语》则属另一系统,与科举考试关系不大。作者李郯本就是一位科考失败者,所谓"为文援引浩博,不能就有司程度",因而《纬文琐语》论文旨趣也就不是场屋之文,而更多蕴含个人的文章思想和写作观念,其所表现出的学术品格更关心文章的艺术特质和审美风格,而非指向应用性与现实性。这一点或与陈骙在《文则》自序中所说有些类似,其文云:

> 余始冠,游泮宫,从老于文者问焉,仅得文之端绪。后三年,入成均,复从老于文者问焉,仅识文之利病。彼老于文者,有进取之累,所有告于我与夫我所得,惟利于进取。后四年,窃第而归,未获从仕,凡一星终,得以恣阅古书,始知古人之作,叹曰:文当如是。①

陈骙自述《文则》的成书过程,说自己年轻时为入仕而问"老于文者"为文之法,所得只是"端绪"和"利病","老于文者"所告也是为了"利于进取",作文的功利性很强。直到获得登第,才"恣阅古书",得窥古人文章奥秘,于是创作《文则》。陈骙乃绍兴二十四年(1154)进士第一,后又官至参知政事,李郯自然不可与他比。但《文则》这种淡化科举语境、抛弃"利于进取"的论文趣味,却是和《纬文琐语》一致的,而且这种趣味明显地反映在我们辑录的《纬文琐语》佚文之中。

《纬文琐语》佚文因《文断》的编纂类目,也可分作两大块,一是总论作文法,二是评述具体作家。在总论作文法中,《纬文琐语》有两点值得重视:

首先,是推重叙事,将善于叙事视为文章的最高境界。所辑佚文第一条即云:"学文须当以叙事为先,议论次之。盖叙事者未有不能议论,议论虽高,叙事或不称。古人文字可见。"李郯认为叙事当优先于议论,能叙事必能议论,而能议论不一定能叙事。其后第五条、第七条、第十五条、第三十五条,也都谈到叙事,以此作为衡鉴文章妙处的重要指标。这就与科举场屋之文,推重议论的取向颇不同。因宋代科举文章最重议论性极强的策、论文体,以至有"论学"、"策学"之称,所以为科举服务的文章学著作,都特别强调文章的"立意"。所谓立意,在宋代文章学的具体语境下,主要针对议论文,其实就是强调议论的观点需

---

① 陈骙《文则》,《历代文话》第1册,复旦大学出版社,2007年,第135页。

有新意。比如《止斋论诀》就说"凡论以立意为先"①，真德秀《西山读书记》也说"读书须先看古人立意"②，类似的表达在宋元文章著述中出现得非常频繁，这都与科举考试密切相关。李郛的主张，却将叙事提到最高，而将议论放于其次，这或许正是南宋中期出现的新的文章学思潮。我们能够看到类似的观点，是成书于乾道六年（1170）的《文则》所言"文之作也，以载事为难"③，与李郛大体同时的吕祖谦也曾说"作文字不难于敷文，而难于叙事"。④ 此后，真德秀《文章正宗》分辞命、议论、叙事、诗赋四类，陈绎曾《文章欧冶·古文谱》"式"下也分叙事、议论、辞令，叙事的地位都得到了一定重视。我们当然很难说是李郛等人的观点影响了后来者，但至少可以说李郛乃是推重叙事的文章学观念，较早的倡导者。宋代以后，对文章叙事的重视愈为突出，如明代归有光就说"学者作文，最难叙事。古今称善叙事者，惟左氏、司马氏而已"。⑤ 以至于清代而兴起了"文章莫难于叙事"之说。⑥ 重视叙事的价值，背后关乎文体。推重文章叙事，必然看重记、传诸文，其前代的典范也就指向了《左传》《史记》等。可见，对待叙事的态度，其实是一个非常核心的文章学论题，而《纬文琐语》的主张恰好反映出南宋中期文章学的新思潮。

其次，是强调字与句、句与篇的关系，也就是注重语句修辞与文章构架的互动。古文批评着意于篇章脉络、立意文眼者为多，推敲字句者少，明确标举一字一句对篇章整体的重要性者更少。《纬文琐语》这一点却颇显突出，既深刻认识到"编中不可有冗章，章中不可有冗句，句中不可有冗字"、"一编不离一字，一字不离一编"的基本道理，又包涵"一即含多，多即入一"的辩证思想。李郛认为字句使用必定影响篇章整体，"才有龃龉一秋毫，即一秋毫皆坏了"，又特别拈出"立体"与"间架"，指出文章铺叙讲究起止，语言圆融，结构均平。他甚至还提出了"为文当要转常为奇，回俗入雅"，不用说，这种转常回俗，也是依赖于一字一句的圆融无滞才能做到。这些论述虽然文字不多，但均是颇具识见的一家之

---

① 陈傅良《蛟峰批点止斋论诀》，《四库全书存目丛书》集部第20册，齐鲁书社，1997年，第4页。
② 真德秀《西山读书记》卷二五，《文渊阁四库全书》本。
③ 陈骙《文则》，《历代文话》第1册，第138页。
④ 《唐宋文醇》卷四〇"苏轼《范文正公文集序》"下引及，《文渊阁四库全书》本。
⑤ 归有光《归震川先生论文章体则》，《历代文话》第2册，第1719页。
⑥ 参看何诗海《"文章莫难于叙事"说及其文章学意义》，《文学遗产》2018年第1期。

言，集中反映出李郛总体性的文章写作观念。

除了总论作文之法，《纬文琐语》佚文的主体还是对经典作家作品的评论。从经史而诸子，由先秦两汉而唐宋，《纬文琐语》的评论涉及了南宋之前文章和文章家的重要代表，如《离骚》《孟子》《庄子》《列子》《韩非子》《孙子兵法》《战国策》《汉书》、苏秦、张仪、司马相如、贾谊、司马迁、班固、刘向、马融、李白、杜甫、韩愈、柳宗元、李翱、皇甫湜、杜牧、陆贽、皮日休、欧阳修、尹洙、曾巩、三苏、晁补之，等等。这一长串名字，几乎可以勾勒出南宋以前文章发展脉络，亦足见《纬文琐语》一书所论之广，不愧李郛"书橱"之名号。而其中最突出的论述，仍是集中于以韩柳欧苏为代表的唐宋八大家。如前所示，《文断》所存《纬文琐语》佚文37则中，"总论作文法"8则，"评诸子"3则，"评诸史"1则，"评唐文人文"9则，"评宋文人文"1则，余下15则均是评韩柳欧苏者（曾巩仅一则，无评王安石例），而"评唐文人文"9则其实也有5则涉及韩柳，"评宋文人文"1则也涉及三苏；非《文断》所存3则佚文，也有2则是讨论欧阳修、韩愈之文的。如此算来，《纬文琐语》40则佚文，论八大家者竟占去23则。从这个角度看，说《纬文琐语》是一部以唐宋八大家为评论重心的文话，应不算过分。这些作家评论也有几个要点值得注意：

一是标举韩愈文章的经典意义，揭示韩愈对后人文章的影响。李郛论文，韩柳并重，然从对后人影响的角度来看，韩胜于柳。他说"学文者，常患韩柳难及"，又言韩愈的《毛颖传》"全篇作太史公语，置之《史记》中，略不用辩"，而柳宗元的《天对》"与《天问》文章如出一手"，自然都显示李郛承认韩柳并驾，不分轩轾。他谈论柳文，认为柳宗元议论文"见识高明，议论独出诸儒之表"，《晋问》之作也是"文辞气势，直可以回山倒海"，可见从文章立论和语言艺术层面，李郛对柳宗元是推崇的；论韩文，则不但认为"纵横奇正，不可名状"，"语意皆纯粹中和，似子思、孟子，战国而下罕见"，而且还说李翱得其正，皇甫湜得其奇；又说欧阳修文章受韩愈影响极深，"永叔《本论》《答李诩论性书》等盖近之"，亦即意味着在同样肯定韩愈文章的创造性之外，《纬文琐语》更重视韩愈文章对后人的影响。特别是说到欧阳修文章时，既说他"虽学韩柳"，又更明确指出"永叔文其原实出于韩"。韩愈之于唐宋文章的经典意义，在此书中得到进一步确认。

二是善于总结作家风格，拈出文章源流，对欧苏诸家的艺术特点见解尤切。李郛说陆贽文章"议论通而正"，李翱"质而缓"，皇甫湜"奇而不工"，杜牧"豪或失之粗"、皮日休"近于狂易"、尹洙"自然典重严正"、晁补之"宏杰高远"、曾巩"淳厚深远"、苏洵"驰骋七国而下""有文有质,有理有事"、苏轼"气势豪放而结体曲折"等,这些评论都是用简洁的语言,总结出作家的主体风格,并且时能优缺点兼顾,大体符合作家们的创作实际。在总结风格的同时,《纬文琐语》还注意作家作品风格的历史定位,拈示源流。如欧阳修"学韩柳而博采古今"、《孙明复墓志》"似放《西汉书》语"、苏轼《鲜于子骏哀辞》"意态宛转,极迫近楚人"、晁无咎乃"三苏之流亚"等,都是从文章的艺术源流角度予以揭示。他论欧阳修学韩,又提出了"似"与"不似"的问题,认为"论文章要识语脉","似"不必一一逼真,亦步亦趋;"不似"也并非故意龃龉。欧阳修学韩乃得其神,能拔出机杼,成就一家。这种观点,不停留于表面的类似与否,而能深刻认识到文章语脉的相承相因,可谓卓识。论苏洵一段也很精彩,其云:"《权书》甚似孙子,《衡论》策大概如贾谊,而文辞更觉成就。《苏文甫字说》,中间说风水之处,如庄子,又如枚叔诸人。"苏洵文章有纵横家之风,李郛将苏洵代表作的艺术源头加以勾画,并且继续指出"其文有质处,有跌宕处,有深奥处,有明白处,有驰骋处,有安徐处",从多个角度全面认识苏洵文章。可以说,偏好论述作家风格与艺术源流是《纬文琐语》论文主张的一大特点。

三是与总论作文法推重叙事相呼应,《纬文琐语》重视韩柳欧苏的叙事之作。李郛说"退之、子厚才如太史公,习之才如班孟坚"均是将古文作家比之于史书作家,论《毛颖传》则说它"作太史公语,置之《史记》中,略不用辩",显然都是侧重叙事一体。论韩愈、欧阳修也特别留意其行状、碑志等叙事性文体,所谓"韩公行状,辞气平缓,质而不俚,胜于《新唐书》本传"、"(欧阳修)碑志间属辞无复定体,意到言到"等。他赞赏苏洵《族谱后录》两篇,也是因"叙事甚工"。这些关注点,足见其对叙事之作的重视。李郛当然也不轻视议论,他说柳宗元"议论独出诸儒之表"、说欧阳修《五代纪》"诸辩论极为粗正,多先儒所谓及"、说曾巩《秘阁》诸序"议论甚严"、说苏洵文章"以议论为本"等,都注意到议论的意义。但是在宋代文章学的整体视野下,看重韩柳欧苏诸家的议论,并不显得有多么特别,因为这是以科举考试为中心的文章话语主流。而能在注意议论的同时,重视韩柳欧苏的叙事之作,甚至说"韩、柳、李、皇甫四人,皆于叙事中用力",就显示出《纬文琐语》兴趣点的新趋向,这也是唐宋八大家作品经典化过程中,一股不容忽视的新的思潮。

除了论作文法、论作家风格之文,《纬文琐语》还涉及一些作品典故、语辞的考辨,如《困学纪闻》所存条讨论《原道》"弟子"之源,《学斋占毕》所存条辨析笛的创作时段等,均是此类。综上可见,《纬文琐语》论文话题并不单一,不局限于一般的文法和文章风格,是一部综论文章写作、作家风格、文辞考辨的重要文话著作,其论文主张淡化了科举意识,而更为强调文章语言、篇章、风格等本体特性,在文话初兴的南宋时期,表现出独特的论文旨趣和学术品格,是我们考察南宋文章学整体风貌不可忽视的散佚文话。

理学思潮中古文标准的重构：
南宋佚书《敩斋古文标准》考论

江苏省社会科学院　李　由

南宋时期涌现出不少古文评点选本，这是中国文章学成立于南宋的重要标志之一。清四库馆臣说："宋人多讲古文，而当时选本存于今者，不过三四家。"①这"三四家"即指吕祖谦《古文关键》、楼昉《崇古文诀》、真德秀《文章正宗》、谢枋得《文章轨范》等。然除了这四种古文评点选本外，南宋时期还出现过不少有影响力的选本，只是由于种种原因，湮没不传，《敩斋古文标准》就是其中一种。

此书不见于古今书目著录，惟有元代俞希鲁《（至顺）镇江志》载"《古文标准》四册"②，今已亡佚不存。侯体健先生《南宋评点选本〈古文标准〉考论》③一文从南宋王霆震所编《新刊诸儒批点古文集成前集》中辑录出《古文标准》相关佚文，并对其编选特点、文章学思想有精到深入的讨论，指出是书乃是评注结合的古文评点选本，有一定的求异心理，具有古文统绪观念，比较看重韩、柳古文的典范意义等。我们进而发现，除了《古文集成》外，台北故宫博物院藏宋刻孤本、南宋咸淳年间刘震孙所编的《新编诸儒批点古今文章正印》中，亦有多处引用《古文标准》，这一点侯体健先生亦有留意，并已将相关佚文补充到《中国古代文章学的阐释与建构——中国古代文章学三集》所收的同题论文中，为后续研究提供了详尽的文献基础。此外，在东亚各国产生广泛影响的《诸儒笺解古文真宝后集》以及宋刻孤本《二十先生回澜文鉴》（南京图书馆藏残本）中都有引用《古文标准》的情况，可见此书在后世颇具影响。借助这些材料，我们试图继续讨论《古文标准》一书的文章学史意义，尤其是在南宋后期理学逐渐成为官方意

---

① 《四库全书总目》卷一八七《崇古文诀》，中华书局，1997年，第2619页。
② 杨积庆等点校《（至顺）镇江志》，江苏古籍出版社，1990年，第440页。
③ 《北京大学学报》2016年第5期。

理学思潮中古文标准的重构：南宋佚书《敦斋古文标准》考论

识形态的背景下，以敦斋为代表的士人如何重构古文的"标准"，"标准"的重构又对古文与理学的关系、二者的传播与接受带来了怎样的影响。

一、《敦斋古文标准》佚文存目

台北故宫博物院藏宋刻孤本《新编诸儒批点古今文章正印》原为清乾隆藏书、天禄琳琅旧藏。据序文可知，此书由刘震孙编选，廖起山校正，宋度宗咸淳九年（1273）编选、刊刻。与《新刊诸儒批点古文集成前集》[①]相似，此书也是汇编式古文评点选本。二书编纂体例相同，均是在一篇文章的题目之下，列述前人关于此文的批语，文中则引用前人的夹批夹注。所引有吕祖谦、真德秀、楼昉、唐庚等知名人士，也有像敦斋、松斋这些今已难考的士人。在引用《古文标准》时，多以"敦斋《古文标准》评曰"、"敦斋曰"、"敦斋批"标明。经综合考察，二书在引用前人批语时，态度较为认真，可以据信。其中《古今文章正印》引用《古文标准》的篇数有18篇，其中与《古文集成》重合者11篇。为了详细展现《古文标准》的选篇情况，现将两书选录篇目作一统合[②]：宋玉（1篇）《对楚王问》，扬雄（1篇）《解嘲并序》，班固（1篇）《答宾戏并序》，王绩（1篇）《负苓者传》，韩愈（8篇）《获麟解》《进学解》《原性》《原人》《原毁》《对禹问》《守戒》《师说》，柳宗元（10篇）《送薛存义序》《沛国汉原庙铭》《设渔者对智伯》《敌戒》《三戒序》《临江之麋》《黔之驴》《永某氏之鼠》《梓人传》《种树郭橐驼传》，皮日休（1篇）《原化》，周敦颐（1篇）《爱莲说》，司马光（2篇）《保身说》《用法说》，王安石（1篇）《原过》，苏轼（1篇）《王者不治夷狄论》，张耒（1篇）《药戒》，朱熹（1篇）《江州濂溪书堂记》。综合《古文集成》《古今文章正印》，可辑得《古文标准》选篇30篇，在二书所引前人批语中，仅次于楼昉《崇古文诀》、吕祖谦《古文关键》，可见此书在南宋末期颇有影响力。

二、《敦斋古文标准》的编选时间与背景

众所周知，文学选本往往是一个时期文坛风尚的反映，而带有教导后学、服

[①] 本文所用本为《中华再造善本》之《新刊诸儒批点古文集成前集》。
[②] 具体评点佚文请参侯体健先生大著。

务举业性质的古文评点选本更与一时的科场风气、文学风气、政治气候密切相关。为了更好地理解《古文标准》的编选思想,并在文学史上给它定一个坐标,我们首先要讨论其编选的时间和背景。然而遗憾的是,目前尚未找到关于其编者敦斋的任何资料,只能推测他应非知名文人,而因为《古文关键》《崇古文诀》都产生于实际的教授举业过程中,可以推测敦斋也从事过此类的工作。而关于《古文标准》的编刻年代,侯体健先生根据《古文集成》没有收录汤汉《妙绝今古文选》(成书于1242年),推测《古文标准》的刊刻要早于1242年,而与《崇古文诀》刊刻先后难以确指。关于《古文标准》编选刊刻的时间下限,我们以为定在景定二年(1261)较为合适。原因在于,根据明代危素所撰《临川吴文正公(吴澄)年谱》"(景定)二年辛酉"条载:"(吴澄)十三岁大肆力于群书,应举之文尽通。公于书一览无不尽记,时麻沙新刻《古文集成》,家贫,从鬻书者借读,逾日而还之。"[①]今日我们所见到的《新刊诸儒批点古文集成前集》正是一部刊刻于福建的建本,其主要目的在于汇编各类文章,供学子备考科举,当是吴澄所读的那部《古文集成》。因此,《古文集成》的刊刻时间当在景定二年或稍前。此时汤汉《妙绝今古文选》虽已编成,但《古文集成》并未引用,个中原因不得而知,或许是因为《妙绝今古文选》在当时影响不大吧。

至于上限,尤其是与《崇古文诀》的先后问题则难以断定,我们仅能推测其编选的时代约在嘉定更化(1208年)以后。首先,该书选录了朱熹《江州重建濂溪书堂记》,而以《古文关键》《崇古文诀》等为代表的古文选本都未曾收录当时仍在世的"今人"的作品,可以推测,《古文标准》当编选于朱熹去世(1200年)之后。此外,从宋代其他古文选本对"古人"的时代界定看,《古文标准》的编选时代应该与朱熹谢世有约十年以上的时间距离。《观澜文选》《古文关键》《妙绝今古文选》选文至北宋而止,《崇古文诀》选择了胡寅(1098—1156)、胡铨(1102—1180)、胡宏(1106—1162)、赵鼎(生卒年不详,活跃于12世纪三四十年代)等四位南宋古文家,这些古文家的卒年距离《崇古文诀》初刊的宝庆三年(1227),有半个世纪左右,方颐孙《太学新编黼藻文章百段锦》(1249年序刊本)所选南宋作家如杨万里(1127—1206)、吕祖谦(1137—1181)、辛弃疾(1140—1207)、陈亮

---

① 危素《临川吴文正公年谱》,《北京图书馆藏珍本年谱丛刊》影印乾隆二十一年刻本,北京图书馆出版社,1999年,第318页。

(1143—1194)等人,他们的卒年距离选本刊年也有四十余年。从这些例子可以推测《古文标准》的编选很可能距离朱熹卒年有数十年时间,即可能是在嘉定更化(1208)以后编成的,而嘉定更化正是程朱理学官方化的重要起点。

庆元二年(1196)韩侂胄大兴伪学之禁,朱熹落职,科举考试中禁涉道学,直至嘉泰二年(1202),伪学之禁才逐渐解除。此后,韩侂胄被诛,宁宗改元嘉定,采取一些政治举措,革除韩侂胄时期的弊政,并越渐重视理学,追叙朱熹原官,赐以谥号,史称嘉定更化。《古文标准》选录的朱熹《江州重建濂溪书堂记》是程朱理学重要的理论文章,其中颂扬周敦颐承继道统,构建了程朱理学的传承统绪,且又选录周敦颐《爱莲说》,尊称周为"道学宗师",作为一部具有举业教材性质的古文评选本,《古文标准》的编选与政治气候、科场风气有着紧密的关系。能够选择周敦颐、朱熹的这两篇文章,除了敩斋本人的思想倾向外,应当也是在伪学之禁解除、朱熹及理学受到朝廷肯定、理学能够在科场上被运用之后。

总之,结合时代的政治气候,参考其他古文选本对"古人"的时间界定,我们将《古文标准》编选时间的上限定在嘉定(1208年)更化以后,是较为妥当的。

三、理学影响下古文"标准"的重构

吕祖谦《古文关键》作为现存古文评点第一书,对后世古文评点选本的编选影响甚大,而《古文标准》这一书名颇能显示编选者敩斋的雄心与企图,他显然是以《古文关键》为竞争、对比的对象,试图在"关键"之外,另立"标准",也即重构古文的典范、准则、榜样。据我们考察,其"标准"可概括为古文标准与理学标准并举、古文统绪与道学统绪并重,体现出南宋后期理学逐渐官方化背景下,古文编选者、教授举业者对"古文标准"的重构。

(一)

敩斋对"古文标准"的重构,首先体现在他对以《古文关键》为代表的旧有标准的认同和局部调整。他认同唐宋古文创作的历史统绪,推崇韩、柳的典范意义,其衡文的标准符合唐宋"古文"创作的传统,而较其他古文选本更重视对古文文体的追源溯流,从文体史角度展现"古文标准"。《古文关键》仅选韩愈、柳宗元、欧阳修、三苏、曾巩、张耒等唐宋八家之文,而《古文标准》除唐宋古文家外,还选择了宋玉、扬雄、班固的文章,且其选择并不随意,而是基于辨别文体源流的目的。所选的宋玉《对楚王问》、韩愈《对禹问》,以及扬雄《解嘲》、班固《答宾戏》、韩愈《进学解》、柳宗元《设渔者对智伯》形成了一个文体系列,从这个系列中,可以看到问对体、设论体的发展源流,以及二者之间的复杂关系。关于这一点,朱熹曾有过讨论:"《宾戏》《解嘲》《剧秦》《贞符》诸文字,皆祖宋玉之文(按:指宋玉《对楚王问》),《进学解》亦此类。"①宋玉《对楚王问》以与楚王之间的问答形式,辩解为何自己德行高洁却得不到"士民众庶"的赞誉,扬雄《解嘲》、班固《答宾戏》、韩愈《进学解》的文体形式皆与宋玉之文相近,因此朱熹认为宋玉之文乃诸文之祖。敦斋在评点《进学解》时引用樊汝霖之语曰"《进学解》出于东方朔《客难》、扬雄《解嘲》,而公过之",评点《解嘲》时说"《进学解》《送穷文》皆出于此",可见敦斋对这一文体的发展衍变有清晰的认识,他的选篇也体现出历史的眼光,是借助"原始以表末""选文以定篇"②的形式,在先秦两汉及唐宋之间,梳理古文文体的源流。除此之外,"原"这一文体的选篇同样体现出敦斋辨别文体源流的目的。一方面,他"释名以章义",解释"原"的涵义:"原者,所自始也"③,一方面,"原始以表末""选文以定篇",选择《原性》《原人》《原毁》《原化》《原过》等一系列文章,由韩愈到皮日休,再到王安石,颇可以展现"原"体在唐宋的历史发展轨迹。将并不以古文闻名的初唐人王绩选入《古文标准》,也当是考虑到他的《负苓者传》对柳宗元《梓人传》《种树郭橐驼传》的创作起到了导夫先路的作用。

虽然目前辑佚的选篇有限,但《古文标准》所标举的"古体"的标准仍然是非常清晰的。在敦斋看来,古文之古在于"古其体",源于先秦两汉的文体经过韩愈、柳宗元等唐宋古文家的继承、发挥,产生了古文的"标准"和典范。正如他评价韩愈说:"自先秦雅训之书不复作,而学者溺于浮靡之习,韩愈氏以古文起八代之衰。"④而他以历史的眼光,从文体的角度呈现了韩愈等唐宋古文家对"先秦雅驯"之文的继承和发展,构建了古文文体的统绪。与《古文标准》先后出现的《古文关键》《崇古文诀》《妙绝今古文选》等古文评点选本少有从文体的角度

---

① 黎靖德编《朱子语类》卷一三九《论文上》,中华书局,1986年,第3300页。
② 范文澜注《文心雕龙注》卷一〇《序志》,人民文学出版社,1958年,第725页。
③ 《古文集成前集》壬集八《原化》。
④ 同上书,壬集四《获麟解》。

对古文创作发展史进行考察的,他们的编选以时代为先后,按照作家排列,致力于展现代表作家的代表作,而非展现古文文体的发展脉络。从这一点看,敩斋的文本构建是新颖的,也符合唐宋古文运动发展的实际。

对古文文体统绪的重视,自然导向了敩斋"古文标准"的另一面,即以韩愈、柳宗元为标准。在所辑录的30篇文章中,韩愈有8篇,柳宗元有10篇,可见敩斋隐然以二者为古文的两座高峰。他对韩愈尤多赞美之词,如"韩愈氏以古文起八代之衰,至今天下师承之,此无他,盖其立意精严,措辞简古,铺叙缴结,句法圆转,如走盘之珠,后世虽有作者,未易造其阃域"①,接着苏轼"文起八代之衰"的说法,直接点明韩愈以"古文"起"八代"之浮靡文风,接续先秦的文学传统。并认为韩愈之所以能够取得这样的成绩,在于他杰出的创作才华,即立意的精严、措辞的简古、文章结构的抑扬开阖、变化圆转等,这些使得韩愈成为一代宗师,成为古文的典范和"标准"。对于柳宗元,也评价其《送薛存义序》"文势转圆,如珠走盘中,略无滞碍"②。在他看来,韩、柳古文创作的艺术成就有相同之处,尤其是在句法、文势的圆转上。

总之,敩斋辨别古文文体源流,推崇韩、柳古文创作的典范意义,其衡文的"标准"契合了唐宋古文的发展统绪,这一"标准"可谓之"古文的标准"。

(二)

如果说标举"古文的标准"体现出敩斋对以《古文关键》为代表的古文正典体系的重新阐释和局部调整,那么将"理学的标准"融入"古文的标准",重视"道学统绪",就体现了其在新的历史语境下所进行的具有文学史意义的革新。

首先,值得注意的是敩斋选择了周敦颐和朱熹这两位程朱理学家的文章,这一选择颇有深意,体现出其古文统绪与道学统绪并重,融合"古文的标准"与"理学的标准"的编选思想。在其前后出现的《古文关键》《崇古文诀》《文章正宗》《续文章正宗》《妙绝今古文选》《文章轨范》等南宋古文评点选本中,二位理学家的文章都未入选。只是在南宋后期,因为理学取得官方学术地位,全面影响到科举考试,一些旨在辅导举业的古文评点选本如《古文集成》《古今文章正

---

① 《古文集成前集》壬集四《获麟解》。
② 同上书,甲集一。

印》《二十先生回澜文鉴》等书中才选有周敦颐、朱熹的文章,而据我们的考察,这三种书都受到《古文标准》的影响,也就是说在选本中融合古文与性理之学上,敦斋是开风气的。

他选择了周敦颐的《爱莲说》,如今看来这已是众所周知的古文名篇了,但在《古文标准》之前,此文尚未见选于任何古文选本。敦斋评论说"先生道学宗师,其爱莲花,取其有君子之德,异乎众人之爱也",尊称周为"道学宗师",评价甚高。元初理学家郝经这样概述理学道统传承的谱系:"至宋濂溪周子,创图立说,以为道学宗师,而传之河南二程子及横渠张子,继之以龟山杨氏、广平游氏,以至于晦庵朱氏。"①可以看到周敦颐"道学宗师"的地位正是在这一道统谱系理论中确立的,而敦斋尊称周敦颐为道学宗师,也当是出于对这一谱系理论的认可。如果联系到他选取、评点朱熹《江州重建濂溪先生书堂记》,这种认可就更为明显了。淳熙四年(1177),江州知州潘慈明与通判吕胜己重建周敦颐濂溪书堂,朱熹为之作记,他首先对道的传承特点做出阐释:"道之在天下者未尝亡,惟其托于人者,或绝或续,故其行于世者,有明有晦。"即道不曾消亡,只是它寄托在人身上,因此有断有续,在人世间的流行也有明有晦,而周敦颐则"不由师传,默契道体",乃"天之所畀,而得乎斯道之传者"。他以周敦颐直接承续孔、孟道统,并以二程接续周敦颐,继承道统。此记集中而鲜明地阐述了朱熹心目中孔、孟、周、程的道统传承谱系,是程朱理学的重要思想文献,在后世极有影响。敦斋把握到了此文的要义,他点评说:"此篇论道未尝亡,惟托于人行于世,故有绝续明晦之异。中间铺叙濂溪不繇师传,默契道体,建图属书,根极领要,可谓见微识远之论也。"②可见他对朱熹的道统观是认同、推崇的,因此他推尊周敦颐为"道学宗师"也是自然而然的事。

除了这两篇程朱理学色彩极浓的文章外,《古文标准》还选录了两篇司马光的文章,即《保身说》《用法说》,而司马光在程朱理学的学术统绪里是占有特殊地位的。朱熹绍熙五年十二月(当 1195 年)作《沧洲精舍告先圣文》,中曰:"恭惟道统,远自羲轩。集厥大成,允属元圣。述古垂训,万世作程。三千其徒,化若时雨。维颜曾氏,传得其宗。逮思及舆,益以光大。自时厥后,口耳失真。千

---

① 郝经《太极书院记》,《全元文》卷一三〇,凤凰出版社,2004 年,第 339 页。
② 《古今文章正印》前集卷一〇。

有余年,乃曰有继。周程授受,万理一原。曰邵曰张,爰及司马。学虽殊辙,道则同归。"①以孔子、颜子、曾子、子思、孟子、周敦颐、二程为道统传人,以邵雍、张载、司马光为同道,并以周、程、邵、张、司马、延平七先生从祀孔子。朱熹将司马光看作周程理学同道的思想在程朱理学内部得到了继承。在理学之士的推动下,度宗咸淳三年(1267)即封司马光为郧国公,邵雍为新安伯,并列从祀。敩斋有取于司马光之文,当与朱熹对司马光的推崇有关。

在古文评点选本中,敩斋重视程朱理学的编选倾向显得十分特别,而在南宋后期出现的理学文选中,这一倾向却颇能找到同调。敩斋所选的周敦颐、司马光、朱熹的文章在南宋熊节编、熊刚大注的《性理群书句解》中皆有选录。熊节,字端操,建阳人,庆元五年(1199)进士,朱熹门人。熊刚大为熊节族子,"受业于蔡渊、黄榦,嘉定中登进士,自称觉轩门人,掌建安书院"②。《性理群书句解》一书以选录程朱理学家的性理之文为主,而选录司马光,"与后来讲学诸家持论迥异"③的原因,四库馆臣推测是因为朱熹推崇司马光,而熊节亲授业于朱熹,故遵从师训。《性理群书句解》一书约编成于理宗淳祐年间④,其目的在于通过编纂、注释程朱理学家们的著作,传播性理之学。虽然无法通过选文的共同性来确定《古文标准》与《性理群书句解》之间是否存在相互影响的关系,但《古文标准》的选文倾向确实异于众多古文评点选本,而接近于朱熹后学所编的理学经典文选,从这一点看,敩斋衡文所持的"理学的标准"十分明显。而与熊节等人不同的是,《性理群书句解》代表着理学文章作为学术思想载体的经典化,《古文标准》则重在理学文章作为文学文本的经典化。

不难发现,"古文的标准"与"理学的标准"、古文统绪与道学统绪之间存在矛盾和冲突。苏轼等古文家以韩愈、欧阳修接续孔孟道统,而朱熹《江州重建濂溪先生书堂记》则明确将二人排除在道统之外,敩斋既认同朱熹的道统谱系论,

---

① 朱杰人、严佐之、刘永翔主编《朱子全书》第24册《晦庵集》卷八六,上海古籍出版社、安徽教育出版社,2010年,第4050页。
② 《四库全书总目》卷九二"《性理群书句解》二十三卷",第1220页。
③ 同上。
④ 熊节族子熊刚大为此书所作注文中有"迩年皇上亲洒《白鹿洞规》以赐南康"之语,《宋季三朝政要》卷二载"淳祐元年……御书《白鹿洞规》",赐予太学诸生,此后通过摹录、刻石等方式传播至全国学校(王瑞来笺证《宋季三朝政要笺证》,中华书局,2010年,第124页)。又,《(乾隆)雅州府志》卷七载"淳祐六年,御书《白鹿洞教条》,颁天下学宫立石"(据清乾隆四年刊本)。则"迩年"当是淳祐年间。

又为何强调韩愈在古文创作中的"标准"、典范地位呢？可以看到,敦斋在评论韩愈时,仅言"以古文起八代之衰",而并未沿用苏轼"道济天下之溺"的说法,且很可能没有选择表现韩愈道统思想的《原道》①,这一做法当有深意。既然将韩愈排除在道统之外,自不当言"道济天下之溺",但韩愈在古文创作上,确实起到了改革文风的作用,是宋人师法的对象,"文起八代之衰"当之无愧。因此,在敦斋的思想中,"古文统绪"与"道学统绪"并重不悖,他既认同唐宋古文创作的历史统绪,推崇韩、柳的典范地位,也认同程朱理学的道学谱系,推崇周敦颐、朱熹在理学、文学上的成就,其《古文标准》融合了以韩、柳为代表的"古文标准"以及以周、朱为代表的"理学标准"。

（三）

敦斋的这一编选思想在文学史上颇有意义。文学与理学、辞章与义理、古文与道学从分裂对立走向融合共存是南宋中后期文学发展史上的一大趋势②,而《古文标准》是这一历史趋势中的重要节点。

淳祐年间刘克庄为楼昉《迂斋标注古文》作序说:"本朝文治虽盛,诸老先生率崇性理,卑艺文。朱主程而抑苏,吕氏《文鉴》去取多朱氏意。水心叶氏又谓洛学兴而文字坏,二论相反。"③程朱性理之学与以韩、柳、欧、苏为代表的古文之学间存在矛盾和冲突,性理与艺文一度水火不容。确实,程颐持"作文害道"说,程朱理学家也多有重道轻文的倾向,但在南宋中后期,无论是理学内部,还是其他学派,均对周程、欧苏之裂有所弥合。以朱熹为例,他既擅诗文,又颇具文学理论批评的素养,也有许多文章教学上的妙论。如对于韩愈,他既作《韩文考异》,又让人读韩文,说"今日要做好文者,但读《史》、《汉》、韩、柳而不能,便请斫取老僧头去",强调后学应"看得韩文熟"④等,十分看重韩愈、欧阳修、曾巩等人的古文典范地位。南宋后期程朱理学的大师真德秀所编《文章正宗》虽说以

---

① 《古文集成》《古今文章正印》均选了韩愈《原道》,但都没有择录敦斋的任何批语,故《古文标准》中应该没有选《原道》一文。
② 林岩《南宋科举、道学与古文之学——兼论南宋知识话语的分立与合流》（《中山大学学报》2013年第6期）指出南宋晚期古文话语努力向道学话语靠拢,试图与道学话语相结合。
③ 《全宋文》第329册,上海辞书出版社、安徽教育出版社,2006年,第125页。
④ 《朱子语类》卷一三九"论文上",第3300页。

理学家视角衡文,强调"明义理、切世用",但对文章的文学成就也颇为重视,多借助批点揭示文章之妙,其《续文章正宗》也多选欧、王、曾、三苏之文。淳祐九年(1249)吴渊评价理学家魏了翁之文:"其理到之言与!其有德之言与!程、张之问学,而发以欧、苏之体法与!"①认为魏了翁是以欧、苏的古文体法,阐发性理之学,实现了古文与理学的融合,他同时也批评南宋后期学子们"谓性外无余学,其弊至于志道忘艺,知有语录而无古今,始欲由精达粗,终焉本末俱舛,终则'言之无文,行之不远',亦岂周子之所尚哉",批评将性理与艺文完全割裂的做法是不符合周敦颐本意的。

而理学家吕祖谦也早就有心弥合这种分裂。吕氏思想"以理学为宗而博杂、务实"②,《古文关键》的编选也融入了他治道与义理并重的学术思想③,既重视文法等技术层面的剖析,又多选韩、柳、欧、苏等人有益治道之文。淳祐三年(1243)左右,吴子良就曾指出:"自元祐后,谈理者祖程,论文者宗苏,而理与文分为二。吕公病其然,思会融之。"④吕祖谦融合文章与义理的分裂的意图在其弟子楼昉那里也得到了继承,其《崇古文诀》编选的主要目的虽是以评点揭示为文之法,但同时也选择了程颐、胡寅、胡铨等人的文章,陈振孙为其作序时指出,之所以选择这些"非蕲以文著者"的原因在于他们"道统之传接续孔孟,忠义之气贯通神明"⑤,楼昉论文"非徒文而已"。刘克庄更加直接地指出楼昉是"尚欧曾,而并取伊洛"⑥。可见,无论是吕祖谦,还是楼昉,都有心弥合理学与古文之学的分裂。而其他学派的学者,如永嘉叶适、陈耆卿等人,也都进行过弥合分裂的努力。吴子良指出叶适"欲合周程、欧苏之裂",陈耆卿"探周程之旨趣,贯欧曾之脉络,非徒工于文者也"⑦,这些都能说明永嘉学派的思想旨趣。

总之,南宋中后期,无论是程朱理学内部,还是其他学派的士人,都有意弥合理学与文学、周程与欧苏的分裂和对立,《崇古文诀》《文章正宗》《续文章正

---

① 吴渊《鹤山集序》,《全宋文》第334册,第25页。
② 巩师栋《论〈宋文鉴〉》,《中国文化研究》2012年春之卷。
③ 巩师栋《南宋古文选本的编纂与文体学演进——从〈古文关键〉到〈文章正宗〉》,第五届中国文体学国际学术研讨会论文(中山大学),2016年11月。
④ 吴子良《筼窗集续集序》,陈耆卿《筼窗集》卷首,《文渊阁四库全书》本。
⑤ 日本静嘉堂文库所藏宋刊二十卷本《崇古文诀》卷首。
⑥ 刘克庄《迂斋标注古文》,《全宋文》第329册,第125页。
⑦ 吴子良《筼窗集续集跋》,《文渊阁四库全书》本。

宗》等古文选本也体现出选家们弥合的努力①。而敖斋"古文标准"与"理学标准"并举的做法，在这一文学思潮中又具有创新性、标志性意义，他将古文评点之学与程朱性理之学直接结合，推动了理学文章作为文学文本的经典化进程。虽然《崇古文诀》选择了程颐的《论经筵第一札子》《论经筵第二札子》《春秋传序》，然而这三篇文章或讲君主应当慎择善人而处，以便涵养熏陶为君之心，或阐述《春秋》乃"经世之大法"，先王之法备见于《春秋》，虽体现出理学的一些理路，但终究与治道更近，离性理之学较远，更接近于吕祖谦重视治道的思想。敖斋《古文标准》的着眼点就与此不同，他更重视能体现程朱性理之学要义的文本。正如我们前文所述，根据现有的文献，这是周敦颐、朱熹第一次进入古文评点选本，也是程朱理学道统谱系思想第一次在古文评点选本中得到呈现。并且这意味着敖斋既是从性理之学上，也是从文学创作上，对周、朱二位理学大师进行了肯定。他对二人的评点既有理学上的推崇，也有为文之法、为文之妙上的揭示，如在评点《江州重建濂溪先生书堂记》时，敖斋即指出朱熹"文正意老"、"发明本朝好"。作为一部具有教学性质的书籍，敖斋《古文标准》无疑向学子们传达了这样的信息，即不仅可以从周、朱等理学大师们的文章中学习性理之学，也同样可以学到为文之法，这些为文之法不只是在韩、柳、欧、苏等古文家那里才能习得。这显然比"程、张之问学，而发以欧、苏之体法"、"探周程之旨趣，贯欧曾之脉络"更进一步。在南宋后期理学逐渐官方化的历史背景下，理学对士人的吸引力、对科场的影响力自不待言，而从文学的角度看待理学家的文章，将古文评点之学与程朱性理之学相结合对于学子而言无疑是新鲜的，对于改变吴渊所说的那种"谓性外无余学，其弊至于志道忘艺，知有语录而无古今"、盲目割裂理学与文学的学风也是有益的。

敖斋的做法很快在《古文集成》《古今文章正印》《二十先生回澜文鉴》等书中得到响应，它们纷纷从文法的角度，用古文评点话语体系来看待、评价程朱理学家们的文章，号召学子们从文法、义理的双重视角学习理学家的文章。而这促进了理学家文章作为"古文"、文学的经典化，使得古文正典体系中，除了韩、柳、欧、苏等人外，还有理学家的身影。在元、明时代及东亚流传甚广的《诸儒笺解古文真宝后集》中，周敦颐的《爱莲说》就被选入，成为传世经典，而其篇下批

---

① 可参巩师本栋《南宋古文选本的编纂与文体学演进——从〈古文关键〉到〈文章正宗〉》。

语作"濂溪先生爱莲,取其有君子之德,异乎众人之爱也",这与《古文标准》的批语"先生道学宗师,其爱莲花,取其有君子之德,异乎众人之爱也。学者玩味斯文,当悟其旨"十分相似,当源于敩斋的批语。从这一个例子可以看到《古文标准》在促进理学传播、树立理学文章典范方面的作用。有意思的是,虽然朱熹批评吕祖谦的古文评点之学,一则认为"文章流转变化无穷"①,不可局限于某一种人为构造的"腔子"、结构,一则认为吕祖谦此举会助长"文字奸巧之弊"②,然而具有理学思想背景的敩斋却将古文评点施诸朱熹的理学文章,将古文评点之学与程朱性理之学相结合,最终更好地推动了理学文章的经典化。

四、《诸儒笺解古文真宝后集》引用《古文标准》考

敩斋《古文标准》虽已亡佚,但仍然以一种潜在的、无名的形式在中国乃至东亚汉文化圈保持着一定的影响力,其媒介是《诸儒笺解古文真宝后集》。《诸儒笺解古文真宝后集》在中国明代以前、日本、朝鲜半岛均有很大的影响,其中汇集了吕祖谦《古文关键》、楼昉《崇古文诀》、谢枋得《文章轨范》的批语,而据我们考察,在《古文真宝后集》中,也收录了《敩斋古文标准》的批语,只是未曾标出作者及书名。如《古文真宝后集》"解类"《获麟解》,其篇题下总批语有:

> 东莱云:"字少意多,文字立节,所以甚佳。其抑扬开合,只主'祥'字,反复作五段说。"○立意精严,措辞简古,铺叙缴结,句法圆转,如走盘珠。森然法度之文也。③

○后的这段文字未标明归属,不知是谁所说。而在《古文集成》卷六五、《古今文章正印》别集卷一四所收《获麟解》篇题下则有:

> 敩斋批:自先秦雅训之书不复作,而学者溺于浮靡之习,韩愈氏以古文起八代之衰,至今天下师承之,此无他,盖其立意精严,措辞简古,铺叙缴结,句法圆转,如走盘之珠,后世虽有作者,未易造其闻域。

---

① 《朱子语类》卷一三九《论文上》,第3321页。
② 《晦庵集》卷三三,第1452页。
③ 本文据日本国立公文书馆内阁文库藏南北朝刊本《魁本大字诸儒笺解古文真宝后集》,此版本源于元刊本,被认为是最接近于《诸儒笺解古文真宝后集》原貌的本子。

《古文真宝·获麟解》○后的文字显然是截取了敦斋的批语。再如《古文真宝后集·送薛存义序》题下有批语曰：

> 此篇文势圆，如珠走盘，略无滞。论吏者乃民之役，非以役民，议论过人远甚。中间以庸夫受直怠事为譬，且云"势不同而理同"，此识见最高。至于结句用"赏以酒肉而重之以辞"，亦与发端数语相应，学者宜玩味之。

这与《古文集成》卷一、《古今文章正印》后集卷一《送薛存义序》所引《敦斋古文标准》之评仅有数字之差：

> 《敦斋古文标准》评曰：此篇文势转圆，如珠走盘中，略无凝滞。加之论为吏者乃民之役非以役民，议论过人远甚。中间以庸夫受直怠事为譬，且云"势不同而理同"，此识见最高。至于结句用"赏以酒肉而重之以辞"，亦与发端数语相应，学者宜玩味。

且与之相比，《古文真宝》所引有明显的脱字，盖是转引造成的。这段未署名的题下批语的著作权显然应属《敦斋古文标准》。

再如《古文真宝·师说》题下批语有：

> 洪曰："柳子厚《答韦中立书》云：'今之世不闻有师，独韩愈不顾流俗，犯笑侮，收召后学，作《师说》，因抗颜为师，愈以是得狂名。'余观退之《师说》云'弟子不必不如师，师不必贤于弟子'，其言非好为人师者也。学者不归子厚而归退之，故子厚有此说耳。"如常山之蛇，救首救尾，段段有力。学者宜熟读。

与《古今文章正印》后集卷一五《师说》所引敦斋批语相比，文字几乎全同，只是《古文真宝》在"故子厚有此说耳"后删去了"此篇文字"四字，使得上下文不连贯，且容易误将"如常山之蛇，救首救尾，段段有力。学者宜熟读"这段话视为洪迈之语，而事实在《古今文章正印》中颇为清楚，即敦斋转引了《五百家注昌黎文集》中的洪迈之语后，以"此篇文字如常山之蛇"开头，点评《师说》一文的行文结构、起承转合的技法。《古文真宝》盖对敦斋的批语进行了删略。

又如《古文真宝·原人》题下批语作："论人者夷狄禽兽之主，圣人一视同仁。"而《古文集成》卷六八、《古今文章正印》别集卷一七所引《原人》题下批语作："敦斋批：此篇论人者夷狄禽兽之主，圣人一视而同仁。"显然《古文真宝》所引的批语是属于敩斋的。且《古文集成》《古今文章正印》此篇题下还有"东莱批增入"的字样,即文中夹注兼采《古文标准》与《古文关键》。通过与《古文关键》比较,可知其中"形于上者谓之天"下有夹批"鼎足立说","命于其两间"下有夹批"辨析三说",两处夹批均是敩斋的批语,而这两条批语被《古文真宝》引录时也未署名。可见,《古文真宝·原人》篇既用了《古文标准》的篇下批语,又用了其文中的夹批。

可见《古文标准》虽已亡佚不存,但仍然以一种特殊的形式影响着后世。除了《古文真宝》外,南京图书馆藏残宋刻《二十先生回澜文鉴》在评点司马光《用法说》《保身说》、张耒《药戒》、朱熹《江州濂溪书堂记》时,也借鉴、取舍、融化了《古文标准》的批语。可见除了《古文关键》《崇古文诀》外,《古文标准》是南宋后期另一部不可忽视的古文评点选本。

五、结　　语

敩斋《古文标准》体现了在南宋理学逐渐官方化的历史背景下,具有理学思想背景的士人对于"古文标准"的重构。这是周敦颐、朱熹第一次以古文家的面目进入古文评点选本,理学文章开始侧身于韩、柳、欧、苏等古文家文章之列,成为年轻的学子们学习、师法的对象,开始了其作为"文章"、"文学"的经典化之路。敩斋既对唐宋古文创作的历史统绪有清晰的认识,试图追源溯流,辨明唐宋古文文体的发展统绪,以韩、柳为古文典范和标准,同时又深刻认同朱熹所建构的道学统绪,推崇周敦颐的"道学宗师"地位,而排除韩愈在道统中的地位。他的编选可谓是"古文统绪"、"道学统绪"并重,"古文的标准"与"理学的标准"并举。敩斋的做法在南宋中后期各派士人试图融合理学与文学、周程与欧苏之裂的思潮中,可以找到同调,而其本身又是风潮中的弄潮儿。他将古文评点之学与程朱性理之学相结合,颇具新意和先锋性,使得《古文标准》成为这一思潮发展史中的一个标志。它意味着,理学家不仅具有学术思想史地位,也可以占有古文史、文学史地位,他们的文章不仅在思想性上,在艺术性上也可法、可传、可为经典。从《爱莲说》进入《古文真宝后集》、成为经典文本看,这种做法促进了理学文章的传播和经典化。随着理学在理宗朝逐渐成为官方之学,影响到科举考试,选择、评点理学文章的坊刻本越来越多,如《二十先生回澜文鉴》《古文集成》《古今文章正印》等,而它们皆受《古文标准》的影响。因此要讨论南宋后期理学影响下古文选本格局的大变动,也不得不追溯到敩斋《古文标准》,其在南宋文章学史、文学思想史上的意义,于此也可见一斑。

论金代王若虚的"辨惑"体著述

中国传媒大学人文学院 王 永

金廷"贞祐南渡"迁都汴京后，南宋的理学著述传入北朝，迅速风行，也触发了北方士人在学术上自树一帜的风气，以赵秉文、李纯甫、王若虚等人为先驱，而元好问、刘祁等人为之后劲。但赵、李二人实未成建树，元、刘则止于本朝之学，其中最有成就者还是王若虚，其"辨惑"体著述以破为立，代表了金代学术的高峰，与传统主流学术形成了一定程度的对话效应。

王若虚，字从之，号慵夫，晚年自号"滹南遗老"。河北真定藁城人（今河北石家庄藁城区），承安二年（1197）经义甲科擢第。任鄜州录事，历管城、门山二县县令，升国史院编修官，应奉翰林文字、著作郎等职，曾预修章宗《实录》，也曾奉命出使西夏。哀宗正大年间，历任平凉府（今甘肃平凉）判官、左司谏、延州刺史，入为直学士。金亡不仕，北归乡里，讲学交游为事，蒙古乃马真后二年（1243）年三月，东游泰山时恬然而逝。《四库全书总目提要·滹南集提要》云："《议论辨惑》《著述辨惑》皆品题先儒之是非，其间多持平之论，颇足破宋人之拘挛……统观全集，偏驳在所不免，然金元之间学有根柢，实无出若虚右者。"[①]可惜今人大多只知其经过郭绍虞先生整理出版的《滹南诗话》，对其全部学术贡献了解不深。

一、王若虚辨惑体著述遗存及其研究现状

王庆生认为王若虚于兴定五年（1221）48岁著《论语辨惑》，"辨惑"之体，自此肇端。[②] 舒大刚认为王若虚《滹南遗老集》诸《辨》当成于天兴元年壬辰

---

① 永瑢等《钦定四库全书总目》卷一六六，中华书局，1997年，第1421页。
② 王庆生《金代文学家年谱》上册，凤凰出版社，2005年，第509页。

(1232)59岁时①,其间之历程已难说清。蒙古乃马真后元年(1242)春,去世前一年,王若虚"以手书四帙见示(王鹗)曰:'吾平生好议论,向所杂著,往往为人窃去,今记忆止此,子其为我去取之'"②。今存《滹南遗老集》有《五经辨惑》二卷、《论语辨惑》五卷(疑首卷元初已佚,割次卷开篇为序及总论,独立卷首以补足原数)、《孟子辨惑》一卷、《史记辨惑》十一卷、《诸史辨惑》二卷、《新唐书辨》三卷、《君事实辨》两卷、《臣事实辨》三卷、《议论辨惑》一卷、《著述辨惑》一卷、《杂辨》一卷、《谬误杂辨》一卷、《文辨》四卷,虽卷名不一,但体式相近,故均可以"辨惑"体名之,占全书五分之四还多。

王若虚的《五经辨惑》《论语辨惑》《孟子辨惑》主要是针对宋儒而发,特别是针对南宋理学家而发。张九成、朱熹、胡安国、吕祖谦、叶适等人都是他的辩驳对象,多从公理常情出发,客观审视宋儒的观点,表现出务实的倾向,取得了突出的成绩。《论语辨惑》有唐明贵《金代王若虚经学特色探论——以〈论语辨惑〉为考察对象》③一文有所研究,上海师范大学王颖硕士学位论文《王若虚〈论语辨惑〉研究》④是最为全面系统的论著。周春健的《金人王若虚〈孟子辨惑〉考论》⑤是国家社科基金重大招标项目"中国孟学史"的前期成果。

经学及子学之外,王若虚的史学辨惑也取得了较高的成就。其《史记辨惑》共十一卷,分为采摭之误、取舍之误、议论不当、文势不相承接、姓名冗复、字语冗复、重叠载事、疑误、用虚字多不安、杂辨10类,多数条目,是言之成理的,但也不乏偏颇琐屑之处。"《史记辨惑》《诸史辨惑》《新唐书辨惑》皆考证史文,掊击司马迁、宋祁似未免过甚。或乃毛举细故,亦失之烦琐。"⑥颜克述《王若虚〈史记辨惑〉质疑》⑦分上下篇,选取了89条加以辨析。张建伟《论王若虚〈史记辨惑〉之史评》⑧辩证分析了司马迁与王若虚史学观念的不同,也指出了王若虚所发现的诸如《史记·朱建传》窜入郦生之事、《史记·司马相如传赞》中

---

① 舒大刚《王若虚年谱》,《宋代文化研究》(第五辑),巴蜀书社,1995年,第178页。
② 马振君点校《王若虚集》序,中华书局,2017年,第5页。
③ 唐明贵《金代王若虚经学特色探论——以〈论语辨惑〉为考察对象》,《辽金历史与考古》第四辑。
④ 王颖《王若虚〈论语辨惑〉研究》,上海师范大学硕士学位论文,2011年。
⑤ 周春健《金人王若虚〈孟子辨惑〉考论》,《国学学刊》2013年第3期。
⑥ 《四库全书总目》卷一六六,第1421页。
⑦ 《北京大学古文献研究所集刊》第一辑,北京燕山出版社,1999年。
⑧ 张建伟《论王若虚〈史记辨惑〉之史评》,《渭南师范学院学报》2011年第9期。

竟然评价到司马迁死后才出生的扬雄这样的问题。

文学方面,李定乾《〈滹南遗老集〉研究》①中有章节论述王若虚的散文观及散文创作,将其散文观概括为文体论与创作论两部分;慈波《论金源文化背景下的〈文辨〉》对王若虚论文的金源文化特征进行研究②;笔者博士学位论文《金代散文研究》③中有章节论述王若虚的散文理论和创作,此后,笔者又发表数篇文章就《文辨》对韩柳欧苏的批评进行了分析和总结④。王水照编《历代文话》据此收入王若虚《文辨》四卷。相对来说,《文辨》扬韩抑柳,宗欧崇苏,标举宋文,提出"宋自过江后,文弊甚矣"⑤的主张。王若虚《文辨》在学术上也表现出对两宋学者的不认同,有"宋末诸儒,喜为高论而往往过正,讵可尽信哉"⑥之语,在《文辨》对两宋文人的文学批评的述评中,表示不赞同的有12条,而赞同的仅有1条,对散文批评之质疑主要体现在对陈师道《后山诗话》、洪迈《容斋随笔》与邵博《邵氏闻见后录》等宋人笔记评语的批评中。

二、宋金学术前沿下的王若虚辨惑体撰作

金廷自熙宗起对儒学经典的重视,也为学术的发展,提供了良好的政治环境,在南北政权对立、军事对峙的状态下,学术交流依然是受到许可的。大约在南宋开禧年间前后,也就是在金国迁都汴京前后,理学著作陆续传入北方,像尹焞《论语解》、胡安国《春秋传》、张九成《论语解》、林之奇《尚书全解》、夏僎《柯山书解》、朱熹《四书章句集注》、张栻《癸巳论语解》、吕祖谦《左氏博议》、刘子翚《圣传论》、叶适《水心别集》等一大批南宋理学名著,都传至北国,引起赵秉文、麻九畴、杨云翼、李纯甫、王若虚等北方一流文人的广泛关注,产生了很大影响。王若虚的文坛前辈赵秉文有《易丛说》《中庸说》《扬子发微》《太玄笺赞》等多种

---

① 李定乾《〈滹南遗老集〉研究》,安徽师范大学硕士学位论文,2005年。
② 慈波《论金源文化背景下的〈文辨〉》,《邯郸学院学报》2007年第1期。
③ 王永《金代散文研究》,华东师范大学博士学位论文,2006年。
④ 王永《〈滹南遗老集·文辨〉韩愈批评论》,《江苏大学学报(社会科学版)》2014年第6期;王永《〈滹南遗老集·文辨〉欧苏比较批评论》,收入《语言文学前沿》,知识产权出版社,2016年,第107—117页。
⑤ 马振君点校《王若虚集》卷三七,中华书局,2017年,第449页。
⑥ 同上书,卷三四,第406页。

著述,有删集《论语》《孟子》解各十卷,已显示出金源学者向理学潮头追求的气象;麻九畴隐居遂平西山,潜心研究《易》学和《春秋》,享誉一时,可惜这些著作都已失传。李纯甫推扬郑厚之论,以郑厚的传人自居,自称"自庄周后,惟王绩、元结、郑厚与吾"①。他信奉佛教,为了批判理学,特意针对南宋人的《诸儒鸣道集》撰写《鸣道集说》一书,"就伊川、横渠、晦翁诸人所得者而商略之,毫发不相贷,且恨不同时与相诘难也"②,尽管立场值得商榷,但其学术勇气也是难能可贵的。

王若虚曾经衷心服膺宋学。南宋孝宗在位时的张九成的经解著作流入金朝后曾一度风行,金朝学人多曾研习讲论,经生傅起整理刊刻宋儒张九成经解著作为《道学发源》,请赵秉文、王若虚为之作序。王若虚盛称"自宋儒发扬秘奥,使千古之绝学一朝复续,开其致知格物之端,而力明乎天理人欲之辨。始于至粗,极于至精,皆前人之所未见。然后天下释然知所适从,如权衡指南之可信。其有功于吾道,岂浅浅哉!"③但随着时间推移,王若虚于经史之学浸淫日久,则已见日出,转而对宋学有客观看法。正如周春健所说:"在对待宋儒的态度上,王若虚实际经历了一个前期推扬、后期批判的变化。"④这对于我们认识王若虚的著述很有启发。

王若虚《论语辨惑序》云:"尝谓宋儒之议论不为无功,而亦不能无罪焉。彼其推明心术之微,剖析义利之辨,而斟酌时中之,委曲疏通,多先儒之所未到,斯固有功矣。至于消息过深,揄扬过侈,以为句句必涵气象,而事事皆关造化,将以尊圣人而不免反累,名为排异端而实流入于其中,亦岂为无罪也哉!至于谢显道、张子韶之徒,迂谈浮夸,往往令人发笑。噫,其甚矣!"⑤其中所嗤议的张子韶即张九成,这个态度的转变,与金朝学术的发展和王若虚自身学术的成熟直接相关。王若虚《论语辨惑序》云:"晦庵删取众说,最为简当,然尚有不安及未尽者,窃不自揆,尝以所见正失而补其遗。"不管怎样,两宋经学对王若虚经学著述的培育和激励作用都是直接的。元人苏天爵《默庵先生安君行状》云:"国

---

① 刘祁《归潜志》卷一,中华书局,1986年,第7页。
② 元好问编《中州集》卷四,华东师范大学出版社,2014年。
③ 《王若虚集》卷四四,第547页。
④ 周春健《金人王若虚〈孟子辨惑〉考论》,《国学学刊》2013年第3期。
⑤ 《王若虚集》卷三,第29页。

初,有传朱子《四书集注》至北方者,滹南王公雅以辨博自负,为说非之。"①这里的观点并不允当,因为王若虚《论语辨惑》和《孟子辨惑》"其间疑朱子者有之,而从朱子者亦不少,实非专为辨驳朱子所作"②。这是符合实际的看法。

三、王若虚辨惑之体及其成因

辨惑之名,起自《论语》,孔子答弟子子张和樊迟之要目。宋邵伯温著有《易学辨惑》,金李杲著有《内外伤寒论辩惑》,元谢应芳有《辨惑编》四卷,清黄宗炎《图学辩惑》。均有厘定正误、破除邪说之意。元人王复翁在王若虚文集序中曾称:"《滹南辨惑》一书,初江左未之闻也。"③元代色目人葛逻禄乃贤《河朔访古记》卷上云"有《慵夫集》(应为诗文集,元时已佚)及《经史诸书辩疑》行世"④,同乡人明代石珤亦只云"有文集若干卷及经史辨惑若干卷行于世"⑤,民国二十年上海大东书局印行新式标点国学门径丛书,编者候毓珣则割弃《文辨》《诗话》及六卷诗文作品,直接以"滹南辨惑"名其文集(按:编者认为其《文辨》与《诗话》是"文话"和"诗话"类的体式,但其实也是具有"辨惑"特色的,且《四库提要》也是与之前各卷一并论之,故不宜割去),并谓:"这些辨惑的东西不是文学的作品,只是随笔一般的记录,多的至数千言,短的却也许只一句话,只求说明了意见便完事……我们所以要为印行,贡献于现代的读者,就因为它是读书笔记,是读书而能消极的(批判式地)有所得的,这可以给现代的读者一种感发,因此也将这样去读书,这样去做学问。"⑥其中已经点明了王若虚"辨惑"一体的特色和价值。具体而言,元好问《王若虚墓表》云:"学无不通,而不为章句所困。颇讥宋儒,经学以旁牵远引为夸,而史学以探赜幽隐为功。谓天下自有公是,言破即足,何必呶呶如是?其论道之行与否云:'战国诸子之杂说寓言,汉儒之繁文末节,近世士大夫参之以禅机玄学,欲圣贤之实不隐,难矣。'经解不善张九成,史

---

① 苏天爵《滋溪文稿》卷二二,《文渊阁四库全书》本。
② 《四库全书总目》卷一六六,第1421页。
③ 《王若虚集》王复翁序,第7页。
④ 葛逻禄乃贤《河朔访古记》卷上,《文渊阁四库全书》本。
⑤ 石珤《熊峰集》卷一〇《王内翰若虚赞》,《文渊阁四库全书》本。
⑥ 候毓珣《滹南辨惑》导言,《国学门径丛书》,上海大东书局,1931年。

例不取宋子京,诗不爱黄鲁直,著论评之,凡数百条。"①概括起来,王若虚"辨惑"的立场就是言简意赅、超脱汉宋、独标一格。

考王若虚"辨惑"一体之成因,有生活环境与学术环境二端。

金朝建立后,为巩固统治,曾多次将东北地区的女真人迁往中原。规模最大的是1141年金宋和议达成之后,金熙宗以屯田军的形式,把女真、奚、契丹人迁至中原与汉人杂居。"凡屯田之所,自燕之南,淮陇之北俱有之,多至五六万人,皆筑垒于村落间。"②经过数代的繁衍生息,到金宣宗贞祐南渡时,"徙河北军户百万余口于河南,虽革去冗滥而所存犹四十二万有奇"③。当时王若虚所出生和成长的河北真定一带已经成为以汉族、女真族为主的多民族文化交融地带(真定府有数名女真进士即是明证),且作为统治者的女真族之文化,必定影响不浅。自然、纯直、雄健等正是女真文化带入北宋旧地的民族特色。生长于藁城的王若虚"自先世以农为业。考讳靖,质直尚义,乐于周急,乡人有讼,多就决之"④。出身农耕世家的背景易得地域风习之精华,这对王若虚有直接的影响,他日后的学术个性和立身行事风格应根源于此。

王若虚师从舅父周昂与古文家刘中,通过他们深受欧阳修、苏轼等人对经学态度的影响。王若虚《送吕鹏举赴试序》中指点后学说:"夫经义虽科举之文,然不尽其心,不足以造其妙。辞欲其精,意欲其明,势欲其若倾。故必探《语》《孟》之渊源,撷欧、苏之菁英,削以斤斧,约诸准绳。"⑤欧阳修即有《诗本义》《易童子问》这样的疑经之论和《新唐书》《新五代史》这样的创建,苏轼解经更是本于人情而多出己意。苏轼《中庸论》(中)云:"夫圣人之道,自本而观之,则皆出于人情。不循其本,而逆观之于其末,则以为圣人有所勉强力行,而非人情之所乐者,夫如是,则虽欲诚之,其道无由。"⑥《春秋论》一文既见于苏轼的文集,又见于苏辙的文集,顾永新考证其为苏辙所作⑦,但亦能代表苏轼的历史批评观念:"天下之人,以为圣人之文章,非复天下之言也,而求之太过,求之太过,是以圣人之言更为深远而不可晓。且天下

---

① 元好问《元好问全集》卷一九,山西古籍出版社,2004年,第443页。
② 宇文懋昭《大金国志》卷一二,中华书局,2011年。
③ 脱脱编《金史》卷一〇九《列传》四七《陈规传》,中华书局,1975年,第2407页。
④ 《元好问全集》卷一九,山西古籍出版社,2004年,第442页。
⑤ 《王若虚集》卷四四,第551页。
⑥ 孔凡礼点校《苏轼文集》卷二,中华书局,1986年,第61页。
⑦ 参见顾永新《二苏〈五经论〉归属考》,《文献》2005年第4期。

何不以已推之也? 将以喜夫其人,而加之以怒之之言,则天下且以为病狂,而圣人岂有以异乎人哉? 不知其好恶之情,而不求其言之喜怒,是所谓大惑也。"① 这些都是王若虚成长和师承方面成就"辨惑"一体的背景。王若虚《论语辨惑序》云:"夫圣人之意,或不尽于言,亦不外乎言也。不尽于言,而执其言以求之,宜其失之不及也;不外乎言,而离其言以求之,宜其伤于太过也。盍亦揆以人情而约之中道乎?"②《论语辨惑总论》中说:"圣人之言亦人情而已,是以明白而易知,中庸而可久。"③这正是传承发展了苏氏兄弟的《春秋论》中的解经立场。

言语论说是金代士人的重要交游内容,王若虚的朋友周嗣明、李献能、高永、冯璧、张毂、赵公权等人擅长此道,而纵酒谈辩更是文人们生活的重要内容之一。雷渊"善饮啖,然未尝见大醉,酒间论事,口吃而甚辩,出奇无穷,真豪士也"④,雷琯"为人议论刻深,然于文字甚工细,每酒酣,谈说今古,莫能穷"⑤。来自河北的赵秉文、李纯甫、王若虚都是饮酒燕谈的常客,这其间,王若虚俨然成为辩博的领袖,"李屏山(纯甫)杯酒间谈辩锋起,时人莫能抗,从之(王若虚字)能以三数语室之,使噤不得语,其为名流所推服类此"⑥。不仅如此,在学术上,王若虚以议论之长,也成为继赵秉文后的学术界领袖。所以元好问在《内翰王公墓表》中称"自公殁,文章人物,公论遂绝"。正如明人石珤《谒王滹南先生祠》所赞:"在昔金氏兴,豪杰稍驱集。惟公负雄才,辩博人鲜及。入掌丝纶言,侃侃激懦习,砥柱不随流,珪璋有操执。著书阐坟典,文义无蹈袭。"⑦这些素质和氛围,加上女真自建国起就拥有的征服民族的优势心理作用于文坛,以及金朝百年来的学术发展,遂涵养出了王若虚的"辨惑"之体。

余论:王若虚辨惑著述的影响

金亡之后,王若虚北归故里,讲习传授,在元初学术界地位很高。《河朔访

---

① 陈宏天、高秀芳点校《苏辙集》栾城应诏集卷四,中华书局,1990年,第1274—1275页。
② 《王若虚集》卷三,第29页。
③ 同上书,第30页。
④ 刘祁《归潜志》卷三,第22页。
⑤ 同上书,第10—11页。
⑥ 《中州集》卷六,王若虚小传。
⑦ 石珤《熊峰集》卷一,《文渊阁四库全书》本。

古记》卷上云:"国初遁此(真定藁城),自号'滹南遗老',笃志经学,尤长于经义,南北师尊之,以为法。"①元人吴澄云:"至今人诵其经义,以为法式。博学卓识,见之所到,不苟同于众,遗言绪论之流传,足以警发后进。"②元人王旭云:"玉堂遗老滹南翁,平生景慕恨莫从。著书辨明经史惑,议论至今学者宗。"③

　　元初受他"辨惑"精神影响至深的有二人。一为陈天祥。《四库总目提要·四书辩疑提要》引苏天爵《安熙行状》云:"国初有传朱子《四书集注》至北方者,滹南王公雅以辨博自负,为说非之。赵郡陈氏独喜其说,增多至若干言。……是书(陈天祥《四书辩疑》)多引王若虚说,殆宁晋陈天祥书也。"又谓:"苏天爵又谓安熙为书以辨之,其后天祥深悔而焚其书。今此本具存,或天爵欲张大其师学,所言未足深据也。凡《大学》十五条,《论语》一百七十三条,《孟子》一百七十四条,《中庸》十三条。其中……颇为疏舛。又多移易经文以就己说,亦未见必然。然亦多平心剖析,各明一义,非苟为门户之争。"④陈天祥之学片面地发展了王若虚质疑宋人的立场,且学术水平有限,故而影响不大。二为刘德渊。王恽《故卓行刘先生墓表》云:"先生讳德渊,字道济,襄国内邱人,性癖直,有操守,好学能自刻厉,及游滹南王先生门,思索辨惑等说,自是餍饫史学,为专门之业。"⑤刘德渊曾"敷析温公《通鉴》数百条",应该亦是"辨惑"之作,金初名士王恽、许衡均常游其门,仰慕其学,这是王若虚之学真正沉潜入元代学术的向路之一。

---

① 葛逻禄乃贤《河朔访古记》卷上,《文渊阁四库全书》本。
② 吴澄《吴文正集》卷三七《王滹南祠堂记》,《文渊阁四库全书》本。
③ 王旭《兰轩集》卷二《蜕仙岩》,《文渊阁四库全书》本。
④ 《钦定四库全书总目》卷三六,第469页。
⑤ 王恽《秋涧先生大全集》卷六一,《文渊阁四库全书》本。

陈绎曾文章学体系简论

上海财经大学人文学院 朱迎平

在科举制度变迁的背景下,宋元时期的文坛涌现出一大批文章学著述。这批著述,相当部分是文章评点和相关笔记,而在文章学专著中,除去文话、总集、文论汇编外,真正以专著形式研讨文章写作的屈指可数。其中,有的专论某种或某类文体的写作,如《声律关键》专论律赋,《作义要诀》专论经义,《词学指南》专论词科文体,《金石例》专论碑志文体;有的专论文章写作的某些方面,如《文则》主要论述文体起源、风格及作文修辞格,《论学绳尺》卷首《论诀》所辑"诸先辈"之说主要论述"行文法"等。[①] 而着眼囊括诸体,综论各方,并力图构建体系的文章学专著,还得数元代陈绎曾的几种著述。

陈绎曾的文章学著述,据钱大昕《补元史艺文志》著录有《文筌》《古文矜式》《文说》和《科举天阶》共四种。《文筌》八卷最早的版本为元代麻沙坊刻本,"此编凡分古文小谱、四六附说、楚赋小谱、汉赋小谱、唐赋附说五类……《诗小谱》二卷,据至顺壬申绎曾自序,称为亡友石桓彦威所撰,因以附后"。[②] 麻沙本将其刻于总集《新刊诸儒奥论策学统宗》之首,四库馆臣认为"颇为不伦",将其析出著录于存目,可惜均已不传。明初朱权则将其略作调整,将原来各称"小谱"均去"小"字,将《诗谱》与前诸谱连贯而非附录,又增入原来没有的《古文矜式》,并改题为《文章欧冶》。从此《文筌》得以以单行本流传,并流入海外,先后有朝鲜和日本翻刻本,《历代文话》中的《文章欧冶》即据和刻本排印,并参校依据朱权整理本的清抄本。本文所引依《历代文话》本,但在讨论陈绎曾的文章学理论时,仍以原名《文筌》称之。[③]《古文矜式》一卷曾经单行,因被朱权辑入《文章欧

---

① 参见祝尚书《宋元文章学》第一、二章,中华书局,2013年,第12—39页。
② 《四库全书总目》卷一九七《文筌》提要,中华书局影印本,第1799页。
③ 参考拙文《文筌:构建科举背景下的文体学体系》,《中山大学学报》2016年第6期。

冶》而得以流传。其内容分"培养"和"入境"两部分,"培养"又分养心、养力、养气三类,"入境"又分识体、家数二类。《文说》一卷本为单行,为答问"为文之法"而作,包括论"为文八法"(养气、抱题、明体、分间、立意、用事、造语、下字)和论"为学之法"(论科举为文需"随宜",分论读经、读史、读诸子、读文章)。《文说》有《文渊阁四库全书》本,《历代文话》即据以录入。[①]《科举天阶》一种已佚,据题意是将科举文写作当作登天的阶梯,估计是更为具体的写作方法指导。要之,陈绎曾的四种文章学著述主要均为指导科举考试而作,从今存三种的内容综合起来看,既有相互交错重复,亦有相互呼应补充,它们涉及文章写作的各个方面,涵盖了当时的各种文体,并初具规模,略成体系,在宋元时期的文章学著述中别具特色,自成一家。

《文筌》在陈绎曾的文章学著述中,篇幅最大,也有明显的构建体系的意图。全书以古文、四六、赋、诗四大文类构成四谱(其中四六、唐赋称"附说",应是为了推尊古体,而将近体降格,其论述结构与各谱相同;楚赋、汉赋、唐赋分列,或因三时期赋的体制特征鲜明而分述;《诗谱》的体例框架与《文筌》诸谱相仿,在陈氏构想中本当合为一个整体),以法、体、式、制、格、律等一系列写作理论要素展开论述(其中"体"、"式"均指文章的体制体式,"制"指文章的结构,"格"指文章的风格类型,"法"指文法,但各谱所论并不一致。这五项为各谱均设)。这样,以四大文体类别为经,以五项写作要素为纬,"四谱"和"五要素"纵横交错,构筑起《文筌》文章学体系的基本框架。文体和写作要素是这一体系的骨干,因此,《文筌》构建的既是文体学的体系,也是文章学的体系。《古文矜式》所论,一为"培养",二为"入境",都是写作前的准备,以养心、养力、养气为根本,以识体格、识体段为基础,以明历代诸家家数为蕴蓄。全书之论似为补充《古文谱》之说,这或许也是朱权将其辑入《文章欧冶》的原因。陈氏称《文说》"为文之法"为"所闻于先人者",确是继承总结了宋人论文法的精华,其中"养气"、"抱题"、"明体"诸法均可与《文筌》所论相呼应发明,而"分间"、"立意"、"用事"、"造语"、"下字"诸项"行文法",则《文筌》涉及不多,正可作为《文筌》的补充。至于论"为学之法"中也有不少对时世的见解和读书指导,可以作为作文"培养"的参考。总

[①] 本文所引陈绎曾语,均据王水照编《历代文话》第 2 册《文章欧冶》,第 1231—1329 页;《文说》,第 1338—1352 页。不一一出注。

而言之,三种著述虽不作于一时,但确是相互贯通,相互呼应的,其中以《文筌》的架构为核心,以《古文矜式》《文说》所论为增补,共同构建起一个研讨文章写作的体系。以下试将陈绎曾的这一文章学体系再作综合梳理,它主要包括作文培养论、文章体式论、文章结构论、文章风格论和文章行文论五方面。

(一) 作文培养论

作文并非搦翰即成,提笔之前需下大力气,做大量的功课。现今一般称为"作家修养",陈氏则称之为"培养",并将其置于三种著述之首,说明对其在作文中基础地位的重视。传统的"修养"论以"养气说"为中心,陈氏则提出"养心"、"养力"、"养气"的"三养论"。《文筌》要求作家"养元气以充其本",并通过"养心"增强涵养,即"地步(立足)高"、"见识高"、"气量高",从而达到"澄神"、"清识"、"定志"的境界(见《文筌·古文谱》),这是培养形而上的根本;与此同时,他又要求通过后天的学习实践培养学力和材力,所谓"读书多则学力富","历世深则材力健",乃至培养对"题气"(不同题材的总体风格)的把握。《文说》末尾读四部书指导,也是这一培养论的具体化。陈氏的作文培养论继承了历代"养气说",又有自己的发挥和创见,虽显驳杂,但比较全面,实践性强,是其文章学的一个亮点,值得充分重视。①

(二) 文章体式论

"明体"是写作的重要前提,对各种文章体式体制的辨析,是历来文章学的重要内容。陈氏的文体观念,首先是用"四谱"囊括当时的所有文体,将《诗谱》与诸谱并列,显示出陈氏虽为指导科举写作,但要综论一切文体的意图;而将"古文"列于四谱之首,且所论最详,不但是论文复古、"时文以古文为法"的需要,而且古文、四六、赋、诗四文类并列,在文章论著中更是首创。各谱根据不同的功用或表达方式区分文章体裁及其功能特点。如《古文谱》将古文体裁分为叙事、议论、辞令"三纲十八目",即叙事分叙事、记事二目,议论分议、论、辨、说、解、传、疏、笺、讲、戒、喻十一目,辞令则分礼辞、使辞、正辞、婉辞、权辞五目,每目下均有简要说明。又如《四六附说》区分唐体、宋体二大类,又详述诏、诰、表、

---

① 祝尚书《宋元文章学》第四章对陈绎曾的作家修养论有精彩详尽的阐释,可参考。

笺、露布、檄、青词、朱表、致语、上梁文、宝瓶文、启、疏共十三体,有的再作细分。此外,《文章矜式》的"识体"强调"体格明则规矩正",并列举各体文章的"体格",辨析的也是文章的体式。因此,囊括诸体、辨析细致,构成了陈氏文章学的重要基础。

（三）文章结构论

文章结构特点的讨论在《文筌》中占据了相当的篇幅。如《古文谱》"制"项将古文结构分为起、承、铺、叙、过、结六种体段,每种提出规范要求,并用人体作比喻;又表列"制法"九十字,细分各种结构行文之法,均作简要说明,如"引,先为虚词,引入本题;出,说出题外,或生意外;入,直入本题;归,复归题中,或生意中"等,并用符号指明其在各种体段、体式中的运用。又如《汉赋谱》中"汉赋制"将汉赋结构分为起端、铺叙、结尾三部分;起端"是一篇之首",又分为问答、颂圣、序事、原本等八种起端之法;铺叙"是一篇之实,物理为铺,事情为叙",又分为体物、叙事、引类、议论、用事诸法,每种再作细分,如体物分实体、虚体、象体、比体等;结尾"是一篇之终,收意结辞",分为问答、张大、收敛、会理等九种结尾之法,而每一类目均有简要说明。《文说》中"分间法"讨论的也是文章结构上的要求。对各类文章结构的剖析及结构手法的梳理细致入微,是陈氏文章学的一大特点,而为此前的文章学著述所不及。

（四）文章风格论

陈氏的文章风格论主要研究文章的风格类型特点。如《古文谱》"格"项分为未入格、正格、病格三部分。所谓"未入格"即指不合文格,下列六种。"正格"部分分为上上、上中至下下九等,每等再分若干种,各用一字概括,再进行说明,总计六十八种,如:"玄：精神极致,洞然无迹"、"圆：辞情理趣,圆美粹然"、"怪：常理之外"、"巧：组织小巧"、"熟：陈辞熟语",等等。"病格"部分条列晦、浮、涩、浅等三十六种,每种亦有简要说明。对风格分类的精细化是其根本特点,正格和病格的对举也颇有开创意义。又如《诗谱》之"格"项亦分甲、乙、丙、丁四等,每等再各分五种进行说明,总计二十种。此外,《古文矜式》的"家数"则分论时代风格和作家风格,《文说》的"明体法"则分列文体风格,则陈氏的风格论涉猎极广,而风格类型的精细化辨析可谓登峰造极。

(五) 文章行文论

文章行文是指从审题、立意、分间(安排结构),到用事、造语、下字、修改等整个作文过程,包含十分丰富,陈氏文章学均有论及。《古文谱》有"识题法"一节专论审题,首述区分虚题、实题,次论抱题,三论断题,对审题的各种思路、多方推敲进行了详尽的列举。《文说》中则有"抱题法"对此作补充论述。《文说》中又有"立意法"专论立意,提出立意必依景、意、事、情四者求之,"各随所宜,以一为主,而统三者于中"。而《诗谱》中则有专节分述景、意、事、情四者之类别和要求。《文说》"分间法"论安排文章头、腹、腰、尾之要求,而《古文谱》的"制"项提出"体段"的概念,并详列"制法"九十字,包括了文章结构布置中的种种细节,使之成为陈氏文章学的一大特色(详上文)。《文说》中又有"用事法"、"造语法"、"下字法"三节对行文中的引用、修辞、炼字三个环节作了较为详细的叙述,如分"用事"为正用、反用、借用、暗用、对用、扳用、比用、例用、泛用九类,并分别说明;"造语"则分为正语、拗语、反语、累语、联语、歇后语、答问语、变语、省语、助语、实语、对语、隐语、婉语十四类,各举经典为例;而"下字"则有谐音、审意、袭古、取新四种,各有要求。文章写完后还需修改,《古文谱》称之为"改润法",有翻、变、融、化、点、割、莹、熨、补、掇十字,如"翻:辞理已具,重新翻改;变:段语近排,加之变态"。此外,《诗谱》还广泛论及声律、音调、锻思、文病等问题,总之,贯穿行文全过程的各个环节,陈氏文章学几乎都有论及。

上述陈绎曾文章学的丰富内容,部分是陈氏的独创,如论培养的"三养论"、论结构的"九十制法"、论风格的"正格、病格"之分等,但更多的是对前人文章学著述、材料的综合、梳理、改造。其实,宋人大量的文章学著述中,有的已有追求系统性的意向,如止斋陈傅良所撰《论诀》,即分八项总结作论的方法:认题、立意、造语、破题、原题、讲题、使证、结尾,实际是讨论作论的行文过程及论文程式;欧阳起鸣的《论评》也分论头、论项、论心、论腰、论尾五项系统阐述论文的结构。而宋末元初一些诗话著述也开始向系统性发展,如严羽《沧浪诗话》分为《诗辩》《诗体》《诗法》《诗评》《考证》(又名《诗证》)五部分,构建起一个较为系统完整的诗学体系;又如旧题元人杨载所著《诗法家数》分为"诗学正源"、"作诗准绳"、"律诗要法"、"古诗要法"、"题材之法"、"总论"六部分,"作诗准绳"又分述立意、炼句、逐对、写景、写意、书事、用事、押韵、下字共九项,体现了较强的体系性,著者的意图亦似要构筑完备的诗歌作法体系。陈绎曾无疑汲取了前人这些系统性的文论成果,加之以自己的创造,努力构建一个涵盖所有文体的文章作法体系。陈氏著述的主要目的是指导科举写作,但又不局限于此。他将《诗谱》与诸谱并列,详尽列举文章的各种体类、各种结构、各种风格,显然已经突破了科举文的范围,而是就文章整体(包括古文、四六、诗赋)立论。虽然陈氏的行文论、培养论的大部分是为科举服务的,但他的整个体系仍可视为一般的文章学体系,具有更为广泛的价值。可以说,在科举背景下蓬勃兴起的宋元文章学到陈绎曾手中做了一个总结,形成了一个初步的体系架构,并为明清直至近代的文章学发展打下了基础。

毋庸讳言,陈绎曾的文章学体系虽有其开创性,但又是不成熟、不完备的。由于科举应试的急功近利,科举文体写作的实用性、通俗性和简易性,导致了陈氏体系的明显缺陷。首先是这一体系构思不够严整,缺乏理论深度。《文筌》全书整体构思不够严谨,各谱的不平衡、概念的不统一、篇幅的不齐整等问题所在多见,整体给人粗糙之感。《诗谱》也未经著者整合,在体例上差别更大。《文说》体例较为严整,但承袭多而创意少。由于整个体系着眼于"作法规范"的类分说明,少有文理的阐述,这就总体上缺乏理论上的高屋建瓴之势。其次《文筌》的体式是综合了谱录式和格法型两类著述的特点。"谱录式"著述注重事物的类别和系统,注重内容的条列和载录,从而能达到纲举目张之效果。"格法型"是指模仿唐宋以来盛行的诗格、诗法类著述的体式,用数词加名词构成的片语作为小标题(如十七势、十四例之类),以下再依次条列各项,并作简要说明。其特色是条分缕析,叠床架屋,不厌其详;概念迭出,但少有阐述,语焉不详。《古文矜式》和《文说》也基本如此。这种"纲目撮要"的著述体式,对大部分命题、名词都缺乏明确的阐释,甚至对关键性的核心概念也无明确界定,对重要的问题也未作深入的论证,整体像一份表面纵横交错的拼盘,缺少深层的理论贯通。对作法规范的条列说明,目的是指导初学者对号入座,快速上手,但实际效用恐怕十分有限。① 过细过密的条分缕析,加之说明简略,使人无所适从。四库馆臣评《文筌》"体例繁碎,大抵妄生分别,强立名目,殊无精理",②虽过于苛

---

① 参考拙文《文筌:构建科举背景下的文体学体系》,《中山大学学报》2016 年第 6 期。
② 《四库全书总目》卷一九七《文筌》提要,第 1799 页。

严,但还是颇中肯綮的。

中国自古是文章大国,探讨文章作法也是源远流长。齐梁时期诞生的《文心雕龙》是骈体文学时代研讨文章作法的体系严整的典范著作。唐宋科举兴起,写作科举文体以求取功名成为文坛关注的热点,科举写作指导也成为文章学的核心,从唐代的诗格、赋法到宋元的论诀、策学,莫不如此。陈氏文章学体系应运而生,顺应了时代的发展,其尝试建构体系的勇气可嘉,当然其严重的缺陷和不足也不必掩饰。这一体系的理论成就自然难以与《文心雕龙》相提并论,但在中国文章学发展史上仍应予以一席之地,并值得进一步探究。

"寻章摘句":明代文话的文本生成及其文章学阐释

香港浸会大学孙少文伉俪人文中国研究所　龚宗杰

一、引　言

近十年来,随着《历代文话》的编纂刊行,中国古代文章学的文献整理和研究已得到学界的广泛关注,并开始取得引人瞩目的成果。作为文章学研究的重要材料,文话及其体制特征、文献价值和理论贡献,也借此获得重新检讨和评估的契机。但从总体上看,当前的文话研究依然相当薄弱,不仅多数作品尚未能进入研究者的视野而得到充分的讨论,而且在方法论层面,如何利用和评价这类文献,认清文话这种区别于单篇文论、文章总集的批评类型之边界,也存在着较大的反思空间。

在传统的知识体系中,主要归属于"诗文评"的文话,按照以往被用作古代文学批评研究的取材标准,向来是不太获重视的。这当然与话体批评文献自身所具备的诸如形态零散、辗转传抄等天然缺陷有关。以明代文话为例,尤其是明中叶以后的多数作品,以讲说文章作法为主,内容重复蹈袭,形式琐碎烦冗,多被视为俗陋之书。对此,清人已有指斥,四库馆臣对为数不多收入《四库全书总目》的明人文话,均予以了很低的评价。如指出徐骏《诗文轨范》"其书杂采古人论文之语,率皆习见。所载诏、诰、表、奏诸式,尤未免近俗"[①],黄洪宪《玉堂日钞》"钞撮宋陈骙《文则》、李耆卿《文章精义》,明何良俊《论文》、王世贞《艺苑卮言》、吴讷《文章辨体》五家之言,共为一书","实则骙等之书具在,无庸此之复

---

① 永瑢等《四库全书总目》卷一九七,中华书局,1983年,第1799页。

陈也"①,朱荃宰《文通》"取古今文章流别及诗文格律,一一为之条析","然大抵摭拾百家,矜示奥博,未能一一融贯也"②,唐之淳《文断》"皆采掇前人论文之语,抄录而成",此书虽足资考证,"然桀误冗杂,亦复不少","则其由贩鬻而来,不尽见本书可知矣"③。馆臣的说法,抓住了明代文话传抄蹈袭,以及因此导致的原创性低下等多为后人所诟病的文本特性。事实上,明文话的这种"钞撮"与"摭拾"的文本生成方式,不仅限于馆臣所揭示的对前人文话、文论的取材,也包括对文章作品的摘录。

近代以来,随着西方文学理论的渗入,中国文学批评史的建设更注重对批评文献系统性、理论性的考量。如陈钟凡在那部象征着批评史学科创立的《中国文学批评史》一书中,指出《文心雕龙》《诗品》以后的论文之书,"如历代诗话、词话,及诸家曲话,率零星破碎,概无统系可寻"④,郑振铎《研究中国文学的新途径》一文中也认为:"后来诗话文话之作,代有其人。……然这些将近百种的诗话,大都不过是随笔漫谈的鉴赏话而已,说不上研究,更不必说是有一篇二篇坚实的大著作。"⑤正是在这种强调"统系可寻"和"大著作"的观念影响下,大量所谓"零星破碎"、"随笔漫谈"的诗文评文献,长期无人问津。自此以后,文话研究也基本处于停滞的状态。

以上简单描述了文话研究在很长一段时期内的惨淡局面。当前研究形势调整,文学观念更新,文献获取日趋便利,我们有责任重新审视和评估这些批评史料。笔者无意为前人已揭示的明文话文本重复冗杂等缺陷作出辩护,但反过来说,简单重复前人的评判也毫无意义。毕竟这些作品在当时曾被刊刻、流通,并且产生过影响,无论是抄掇、重组、衍生,抑或是其他文本生成方式,都可视为一种超乎内容囿限之上的有意义的批评形式。在此形势下,我们要做的,是以系统的文献梳理为基础,深入文本,了解明文话文本生成的各个环节及其具体语境,并借此探索明代文话与文章学研究的若干路径。

---

① 永瑢等《四库全书总目》卷一九七,中华书局,1983年,第1802页。
② 同上书,第1803—1804页。
③ 同上书,第1804页。
④ 陈钟凡《中国文学批评史》,中华书局,1927年,第9页。
⑤ 郑振铎《中国文学论集》,上海开明书店,1934年,第6页。

二、裁剪旧籍与宋元文章法脉之延续

　　从总体上看,四库馆臣所言"采掇前人"、"摭拾百家"这种可以称作"寻章摘句"的手法,确实是明人文话文本生成的重要方式。明代出现了为数不少利用宋元文章学文献加以改编及汇纂的作品,宋元旧籍在明代流布过程中,经由明人的裁剪与重组,衍化出了多种类型的文话文本。此类文话的制作,虽然原创性缺失的弊病不可避免,但作为文章学系统内文献传承与衍变的体现,仍不失为我们考察唐宋以来文章学系谱建构的重要环节之一。

　　这里所说的"衍变",强调的是文本材料从母体文献中剥离进而实现重新编排和组合的动态过程。学术研究视野下的古代文章学文献主体,包括文话、文章总集与评点、单篇文论(论文书、序跋等)。此三类文献虽形制不同,但在文章学系统内既有横向的跨文体交集,又存在着纵向的历时性孳乳。明人文话的写作对宋元文章总集的取资,主要是把辑出的评语作为文话的条目,如唐之淳《文断》辑录《文章轨范》的部分题辞、评语,曾鼎《文式》抄录吕祖谦《古文关键》卷首《看古文要法》等;对宋元单篇文论的吸收方面,如武之望撰、陆翀之续补的《新刻官板举业卮言》卷五"先贤文旨",截取欧阳修、王安石、苏轼等论文书,单行四卷本的谭浚《言文》,其卷四同样节录韩愈《答李翊书》、柳宗元《答韦中立论师道书》及《与友人论文书》、李德裕《文章论》、牛希济《文章论》、柳冕《答衢州郑使君论文书》、苏洵《上欧阳内翰第一书》等论文书。

　　本文重点讨论的,是明人的文话制作如何利用宋元文话进行裁剪和拼接的问题。宋元是文话撰述逐步兴起的时代,虽数量不及明清,但仍有不少重要作品在后世不断传播并产生影响。明初唐之淳在《文断》的凡例中提到:

　　　　是书之编,大概依放《文话》及《文章精义》《修辞鉴衡》《金石例》《文筌》《文则》等书。但《文话》太繁,《精义》无次,《鉴衡》详于诗法,《金石例》详于金石之文,《文则》《文筌》本为作文而设,似难尽采。今门类视《文话》为简,《鉴衡》《精义》各归其类,《文则》《文筌》间取之。①

---

① 唐之淳《文断》,明成化十六年(1480)唐珣刻本。

除了已亡佚的《文话》,此处所列均为明清时期较为流行的宋元文话作品。宋元文话传入明代,在一个由抄刻、阅读和收藏诸环节构成的庞大体系中,其自身面临着被不断改造和适应的过程。此过程主要通过两个层面展开:一是作品的收藏与传刻,二是文本的抄纂与改造。前者重在文献保存,其结果是不同版本的形成;后者是对材料的再利用,其结果则是新作品的产出。明季藏书、刻书之风盛行,宋元时期几部代表性的文话作品在明代均有传刻。如元人陈绎曾的《文筌》曾被明初朱权重刻并更名为《文章欧冶》;宋人陈骙的《文则》在成化、弘治间已有翻刻,至中晚明又经赵瀛、屠本畯、焦竑等人先后刻印。

在抄纂与改造方面,明人文话的编纂动机和社会功能,无论是通过典籍刊布来陈说立论,抑或是借商业出版来邀名射利,在很大程度上均受到来自教育、科举等制度层面的影响。在此前提下,明人对材料的编选标准也被框定,以《文则》《文说》为代表的宋元文法毫无疑问会进入编者的视野。陈绎曾《文说》"乃因延祐复行科举,为程试之式而作"①,陈氏自叙撰写缘由曰:"陈文靖公问为文之法,绎曾以所闻于先人者对,曰:一养气,二抱题,三明体,四分间,五立意,六用事,七造语,八下字。"②《文说》的主要内容即包括了上述"为文八法"以及紧随其后的为学读书之法。围绕这"八法"的内容,《文说》在明代文话的抄纂中呈现出双重衍生的路径:

其一是直承原作,明正统间徐骏编《诗文轨范》二卷,其卷一《文范·文说》便是直接抄掇自陈绎曾《文说》。与上引陈绎曾的自叙相近,《诗文轨范》此部分亦作有小引曰:"作文之法有八:一曰养气,二曰抱题,三曰明体,四曰分间,五曰立意,六曰用事,七曰造语,八曰下字。"③此后分别为"养气法第一"、"抱题法第二"以至"下字法第八"。二者的结构安排基本一致。

其二是借由赵撝谦《学范》对"八法"的补益,以一种间接的方式实现其衍变。《文说》收入《四库全书》,系从《永乐大典》辑出,其文本在《永乐大典》编成之前即已为明人加以利用。洪武二十二年(1389),赵撝谦编成《学范》二卷,此书分"教范"、"读范"、"点范"、"作范"、"书范"、"杂范"六类,为家塾私课之本。

---

① 《四库全书总目》卷一九六,第1791页。
② 陈绎曾《文说》,《历代文话》第2册,复旦大学出版社,2007年,第1338页。
③ 徐骏《诗文轨范》卷一,《四库全书存目丛书》集部第416册,第138页。

"作范"分"作文"和"作诗",赵氏在"作文"中对这部分内容之取材作了说明:"陈氏曰:'作文之法,一曰养气,二曰抱题,三曰明体,四曰分间,五曰立意,六曰用事,七曰造语,八曰下字。'……已上并陈伯敷《文说》。"①赵撝谦将陈绎曾《文说》的养气、抱题等八法编入"作范"的作文部分,其后又附以陈骙《文则》的"取谕法";又将为学读书法编入"读范"。

赵撝谦对《文说》八法的剪裁、将《文则》内容的补入,对《文说》在明代流布与抄纂的格局产生了重要影响。在《学范》之后,《文说》的另一衍生品是曾鼎在宣德年间所编的《文式》。据《文式》旧抄本自序,曾鼎曾先后获《文场式要》、李涂《古今文章精义》、赵撝谦《学范》三书,参订成《文式》二卷,上卷分二十一目,一至十论文,其后论诗。其中论文部分的第一至第九即上述《学范·作范》中抄录自《文说》的作文八法和《文则》的"取谕法",第十"总论文"则取自《学范·读范》的"读集"部分。可见曾鼎《文式》论文部分的主要文本,其源头虽是陈绎曾《文说》的作文八法,但直接取资则是《学范》。万历间,胡文焕刊《格致丛书》收有佚名《诗文要式》一卷,则是完全参照《文式》卷一抄纂而来。从《文说》到《学范》,再到《文式》《诗文要式》,在这一阶梯式的衍生路径中,《学范》扮演了重要的中介角色。另如杜浚编撰《杜氏文谱》三卷,卷二专论作文之法,在培养、入境(此二法全取自陈绎曾另一部文话《古文矜式》)、抱题、立意、用事、造语、下字(此五法取自《文说》)七目之后,同样增加了《文则》的取谕法,也可以看到《学范》的文本调整在《杜氏文谱》中渗透的痕迹。

与《文说》的情况相似,纯粹探讨古文修辞法则的《文则》也经明人系统改造,成为多被明文话沿用的文本。据《文则》书前自序,陈骙曾详考"《诗》、《书》、二《礼》、《易》、《春秋》所载,左丘、高、赤所传,老、庄、孟、荀之徒所著"②,将其中文字用例厘为十类,总结了一套以六经诸子为范本的文章法度。万历初年,王弘诲编《文字谈苑》四卷,其中卷一撰述古文文法,此卷即据《文则》裁割、编选而成,今以《文则》相比勘,可知此卷内容依次选取自《文则》"甲"九条中的第一、三、四、五、七、八、九条,"乙"六条中的第一、二、三、四条,"丙"四条中的第一、三、四条,"丁"八条中的第二、五、七条,"庚"二条中的第一条,"己"七条中的第

---

① 赵撝谦《学范》卷一,《四库全书存目丛书》子部第121册,第328页。
② 陈骙《文则》自序,人民文学出版社,1960年,第3页。

一、二、七条,"戊"十条中的第八条。再如徐朱在万历二十三年(1595)编成的《重校刻艺林古今文法碎玉集》二卷,"古文法"部分同样据《文则》辑成。徐朱的做法是将《文则》原本的条目打散重编,并把每一条的大意提炼成"凡例"以为全书纲目,如"文法有所自始者"、"文法有难于简当者"、"文法有雅健而不可增减一字者"等。为便于说明,现将二书所对应的条目列出如下:

《重校刻古今文法碎玉集》条目	对应的《文则》条目
"文法有所自始者"条	"甲"九"大抵文士题命篇章"
"文法有难于简当者"条	"甲"四"且事以简为上"
"文法有雅健而不可增减一字者"条	"己"四"雅健而雅"
"文法有含蓄其意者"条	"甲"五"文之作也"
"文法有词若重复而意实曲折者"条	"甲"六"《诗》《书》之文"
"文法有对偶而意相属者"条	"甲"七"文有意相属而对偶者"
"文法有事相类而对偶恰好者"条	"甲"七"有事相类而对偶者"
"文法有用助语词而句有力者"条	"乙"一"文有助辞"
"文法有倒用语者"条	"乙"二"倒言而不失其言者"
"文法有辞之缓急轻重而皆生于意者"条	"乙"五"辞以意为主"
"文法有各种取喻者"条	"丙"一"《易》之有象"
"文法有援引古语者"条	"丙"二"凡伯刺厉之诗"
"文法有详列其人之名实者"条	"丁"八"文有目人之体"
"文法有详列其人之姓氏者"条	"丁"八"有列氏之体"
"文法有评《檀弓》《左氏》优劣者"条	"己"一"观《檀弓》之载事"
"文法有句极长而不赘者"条	"己"二"长句法"
"文法有句极短而意尽者"条	"己"二"短句法"
"文法有助词用韵者"条	"己"六"诗人之用助辞"
"文法有数句用一类字者"条	"庚"一"文有数句用一类字"
"文法有各样体者"条	"辛"、"壬"、"癸"数条

以上通过文本比勘的方法,大致梳理了明人对《文则》《文说》等书进行切割和重编过程,实际情况应当会比这样平面化的展示更为复杂。就性质而言,《文字谈苑》和《重校刻古今文法碎玉集》均专为习文士子而设,王弘诲编《文字谈苑》也

明确指出"以授诸生,俾人持一编,时加览玩,以待面质"①。从这些的情形来看,应该说,以《文则》《文说》为代表作的宋元文法、文格类著作在晚明是占有市场的。事实上如祁承㸁《澹生堂书目》细分"诗文评"类为"文式"、"文评"、"诗式"、"诗评"及"诗话"五个小类,也体现出在诗文格法类著作颇具规模的形势下,晚明文人已有将文式、诗式独立出来的分类意识。祁氏又于文式类下著录了专论虚词用法的《助语词》和《茅坤语助》,至崇祯年间,署汤宾尹编的《汤睡庵太史论定一见能文》,即已将元人卢以纬的《助语辞》也收纳进来,题作"操觚字法",另如题张溥纂辑、杨廷枢参校的《新刻张太史手授初学文式》,也对诸如"之"、"乎"、"也"、"者"、"耶"等助语词的用法作了专门收录,足见在当时市场需求扩大的背景下,明人文话的材源及其所对应的知识谱系也在不断扩容。

以明文话编纂为视角,分析宋元文章学文本在明代沿袭、衍化的过程,可以看到宋元文话在明代的这种体系化衍生,主要是通过文本的裁剪、改编的形式完成的。当然,明人对宋元文话的取材,并不仅限于这一方式。如《文断》采录《文章精义》《修辞鉴衡》《金石例》《文筌》《文则》等几种文话,同时还广泛搜罗了宋元文人别集和笔记杂著等材料加以汇辑。借助这种文本的比勘与材源的稽考,我们不仅可以获知何种宋元文话、文论经过明人汰选而沿用下来,更可从中了解到这种文本重复性所反映的某一历史时段内的批评风气和习文趣尚。以《文则》《文说》为代表的宋元文法、文格,之所以在明人文话的编纂中反复呈现,与明人论文注重实用性密切相关,这种对文章写作实践的重视,实是近世文章学的重要面向之一。

三、汇选名家与晚明文章学的多维建构

利用现有资源进行编排的文话,在万历以后呈现出汇选本朝名家论说的崭新面貌。相比较于嘉靖前如唐之淳《文断》、高琦《文章一贯》等主要以宋元文献为材源的作品,万历以后汇编体文话的编纂出版呈现出的新变,是开始整合明中叶以来古文与时文这两方面资源。此时期文话的编刊,适逢书籍出版业的空前繁荣,使其所包蕴的文章学内容,得以借助出版媒介来实现在社会各阶层间的运转,

---

① 王弘诲《文字谈苑》自序,明万历刻《格致丛书》本。

由此呈现出晚明文章学中古文与时文相裹挟、理论与技法并重的多维格局。

明中叶以后,为适应普遍增长的习文需求,一批专用来指导文章写作的汇编类指南用书应运而生。据笔者考察,仅万历二十三年(1595)至四十三年(1615)这二十年间,就涌现出武之望《新刻官板举业卮言》、汤宾尹《读书谱》、刘元珍《从先文诀》、李叔元《新锲诸名家前后场肄业精诀》、汪应鼎《流翠山房集选八大家论文要诀》等数种围绕时文写作又兼及古文理论的汇编类文话。至明末,又有如汤宾尹《汤睡庵太史论定一见能文》、左培《书文式》等作品出版。这类注重文章写作实践的文话,其材料来源,尤以明代古文大家和时文名家的文评、制举类专书以及序文、论文书等单篇文论这两种类型为大宗。试举同样出版于万历年间的汪时跃《举业要语》为例,其选录专书者如项乔《举业详说》、袁黄《举业心鹄》、王世贞《艺苑卮言》、董其昌《九字诀》之类,而采录单篇文论者则有唐顺之《答茅鹿门知县》、陶望龄《王晋伯制义序》等。对此类文话文本生成模式的讨论,至少可以从以下两个方面展开:

其一是晚明"诸家谈艺"与时文批评之兴。正如上文所述,晚明汇编体文话选材的重心,已由宋元旧籍向明人新说偏移。这种材源的新旧更替,当与时文批评在明代中后期迅速发展密切相关。明中叶以来,随着科举考试竞争逐渐加重,包括程墨、房稿、社稿等文章选集和文章作法指南两大类在内的畅销书开始涌现。万历年间,还出现了将选文和论文两种样式合编的著作,如钱时俊、钱文光合编的《皇明会元文选》中,书末附有《谈艺》一卷,分"冯吴二会元谈艺"和"摘录诸家谈艺"两部分内容,先后收录冯梦祯、吴默以及茅坤、唐顺之、宗臣、沈位、袁黄等明代时文家的论文语。这些"诸家谈艺"所论之内容,多涉及时文写作技法,又往往出自时文名家或历科会元之手,堪称士子眼中的举业津梁、制义金针,一时颇具影响。

明人文话汇选"诸家谈艺"最突出的例子就是袁黄《游艺塾续文规》,此书收录万历三十一年癸卯(1603)科乡试及三十二年甲辰(1604)科会试墨卷加以评析,其后汇选明代中后期诸名家有关时文写作的论说,即卷首所揭示的:"旧日《文规》首列论文诸款,皆系唐宋诸名家论古作之说,今辑我朝前辈论举业者,汇而列之。"[①]强调了相比《游艺塾文规》多收前代文论,此续作更注重对本朝文论

---

① 袁黄《游艺塾续文规》卷一,《续修四库全书》本。

的收录。所选三十六家论文,属历科进士者三十四人,依次为:王守仁、王鏊、唐顺之、瞿景淳、薛应旂、茅坤、沈位、徐常吉、郭子章、袁黄、顾宪成、吴默、董其昌、王衡、张位、邓以赞、孙矿、冯梦祯、萧良有、李廷机、袁宗道、陶望龄、汤宾尹、顾起元、郭正域、周应宾、陈懿典、邵景尧、季道统、王肯堂、黄汝亨、刘尧卿、武之望。具体的科次分布为:成化一人,弘治一人,嘉靖五人,隆庆四人,万历二十三人为最多,且笼括万历二年甲戌(1574)科至二十九年辛丑(1601)科十科。

与《游艺塾续文规》类似,另外像汤宾尹《读书谱》,依次选录王鏊、王守仁、唐顺之、瞿景淳、宗臣、薛应旂、茅坤、沈位、徐常吉、王锡爵、邓以赞、郭子章、孙矿、冯梦祯、董复亨、顾宪成、张位、萧良有、李廷机、袁宗道、陶望龄、郭正域、周应宾、董其昌、吴默、陈懿典、顾起元、邵景尧、季道统、王肯堂、黄汝亨、刘尧卿、袁黄、王衡、葛寅亮、李栻、张鼐、武之望、汤宾尹,三十九人。其科次分布为:成化一人,弘治一人,嘉靖八人,隆庆四人,万历二十五人。

此外,还有汪时跃《举业要语》,亦选录项德桢、汪铠、吴默等三十六家之论文语,其中历科进士三十五人,科次分布为正德一人,嘉靖七人,隆庆三人,万历二十四人。《新锲诸名家前后场肄业精诀》卷二"亨部",也收录所谓"前辈诸先生,其谈论表着,有大关切举业者"①,有茅坤、沈位、杨起元等八人,其中科次分布为嘉靖、隆庆各二人,万历四人。刘元珍《从先文诀》收录王鏊、唐顺之、瞿景淳等二十二人,皆进士,其科次分布为成化一人,嘉靖四人,隆庆三人,万历十四人。《流翠山房集选八大家论文要诀》,则选录赵南星、袁黄、董其昌等八人,皆万历进士。

以上所举数种文话选录诸家的科次分布之情形,大致符合明代时文批评自嘉靖以后所呈现的诸家并起与众法兼备的局面。这种局面,即清人戴名世指出的隆、万两朝"能文之士相继而出,各自名家,其体无不具而其法无不备"②。对此,明人武之望已有察觉,他在《重订举业卮言》卷二"师范"中说到:

  人见名公文字,足以楷模一世,而不知其一生得力处,各有秘密诀,非浪作也。先辈如茅鹿门、沈虹台诸先生俱有论文要诀。后来袁了凡《举业

---

① 李叔元《新锲诸名家前后场肄业精诀》卷二,《稀见明人文话二十种》下册,上海古籍出版社,2016年,第645页。
② 《戴名世集》卷四,中华书局,1986年,第106页。

縠率》、正续《文规》,更着其详。近日董玄宰《华严九字诀》、焦漪园《文家十九种》、王缑山《学艺初言》、葛屺瞻《文体八议》、顾仲恭《时义三十戒》,凿凿名言,各极要渺之致,而其余诸名家亦时有一二精微之论。总之缕之虽繁,要约则一,皆举业家标准也。学者能虚心抽绎,极力钻研,未有不恍然悟、油然得者矣。①

其中提到的数种用来指导作文的文话,如王衡《学艺初言》、顾大韶《时义三十戒》、董其昌《九字诀》,在当时均有不小的影响。最值得一提的是董其昌的《九字诀》,又名《论文宗旨》,总结出文章写作的"宾"、"转"、"反"、"斡"、"代"、"翻"、"脱"、"擒"、"离"九字法,以讲授行文机巧为主。此书自刊行以来,传布甚广,武之望撰、陆翀之续补的《新刻官板举业卮言》,卷三"太史真谛"就收录了《九字诀》的全部内容。此外,对上文提到的《游艺塾续文规》《举业要语》《从先文诀》《流翠山房集选八大家论文要诀》等书也有不同篇幅的选录。这些现象也表明,武之望所谓的先辈"秘密诀"、诸家"论文要诀",以及它们所代表的时文文话,虽往往只讨论时文技法,缺乏一定的理论深度,但至少反映出一种注重实际功用的、以创作为导向的实践型文章学在晚明大行其道,这种文学现象同样值得关注。

其二是这类汇编体文话的编纂体例与特色。明中叶后文话汇编的编纂体例趋于精善,从上文分析来看,其内容之编选是以名家论说为主,因此依人编次即以批评家为序进行排列的方式,是较为常见的编辑体例。文话编纂者在采用依人编次这种方式时,也往往会再套用一种依时编次的方法,即依据论家的科第时间先后为序,把各条目统贯起来。如上文所引的袁黄《游艺塾续文规》,卷首小引已指出"辑我朝前辈论举业者,汇而列之",虽然并未指明具体的编排规则,但从所选诸家论举业者的排列情形来看,此书大致是以依人编次为原则,参考诸家的科第情况进行排列。其中如卷一至卷二共收录王守仁、王鏊、唐顺之、瞿景淳、薛应旂、茅坤、沈位、徐常吉、杜伟、郭子章十人,自王守仁至徐常吉分别依其进士及第的科次时间先后排列。卷七共收录十九人,其中自张位、邓以赞、冯梦祯、萧良有、李廷机、袁宗道、陶望龄、汤宾尹、顾起元十人,完全是依据会试

---

① 武之望《重订举业卮言》卷下,明万历二十七年(1599)刻本。

科次的时间先后排列,起自隆庆二年戊辰(1568)科,以至万历二十六年戊戌(1598)科。值得留意的是,这十人中,除了张位,其余九人皆为会元。《新刻官板举业卮言》中由陆翀之辑录的"会元衣钵",也收有如下十家:

标　题	会试科次
吴　默(壬辰会元)看书要论一章、作文要论七章	万历二十年壬辰(1592)科
邓以赞(辛未会元)论文柬一通	隆庆五年辛未(1571)科
孙　矿(甲戌会元)举业要言一章	万历二年甲戌(1574)科
冯梦祯(丁丑会元)评文体一章	万历五年丁丑(1577)科
萧良有(庚辰会元)论文一章	万历八年庚辰(1580)科
李廷机(癸未会元)论文书三通、正文体议一首	万历十一年癸未(1583)科
袁宗道(丙戌会元)文章妙悟一则	万历十四年丙戌(1586)科
陶望龄(己丑会元)论文二章	万历十七年己丑(1589)科
汤宾尹(乙未会元)论文五章	万历二十三年乙未(1595)科
顾起元(戊戌会元)论文二章	万历二十六年戊戌(1598)科

由此可见,陆翀之所辑十家,剔除了张位,而以万历二十年壬辰科会元吴默补入。吴默之文论亦见于《游艺塾续文规》卷六,且二书所收十家文论之具体文本基本雷同,于此可见此类文论作为一种公共资源在晚明传抄蹈袭之情形。

相比于《游艺塾续文规》与《新刻官板举业卮言》,汪应鼎《流翠山房集选八大家论文要诀》、左培《书文式·文式》所选诸家文论,则严格按照科第的时间先后进行排列。如左培《书文式·文式》辑选"历科诸先生文语"六十家,分别自成化十一年(1475)乙未科至崇祯四年(1631)辛未科。此书凡例指出:"名家诸论,它刻多寡不伦,或一人累帙,或数人一意,浩瀚无归,例难摹画。今刻意参详,细加删正,固鲜类同,亦无烦碎。"[①]可看出编者是在总结了前人编纂之得失的基础上,有意识地运用一套相对整齐和完备的体例进行编排。这种依人编次的编纂方式,优点在于便于读者掌握和辨析每一位论家的不同文章学观念,对于后

---

① 左培《书文式》,《历代文话》第3册,第3139页。

世研究者来说,则有助于我们通过对不同时期文章家论说的解读,来大致了解明代文章学思想演进以及时文理论发展的脉络。

除依人编次外,晚明文话作者采取的另一种编纂方式是依体制编次,主要针对八股之体制进行分段归类。如刘元珍《从先文诀》外篇"总式"即依据八股文之体段将诸多论文语分列于"破题"、"破承"、"起讲"、"提法"、"虚股"、"大股"、"过文"、"缴"、"小结"、"大结"类目之下。"总式"之前又有引言,摘录徐常吉、赵南星之论文语,来强调处理起承转合对于作文的重要性。在引言之后,刘元珍便将袁黄、王纳谏、徐常吉、沈位、赵南星、董其昌等人的论文语打散,依据时文体制重新编排。为便于说明,现将每一目收录文话条目的情形罗列如下:

  破题:徐常吉一则、沈位一则、袁黄六则、赵南星一则;

  破承:徐常吉一则、沈位一则、袁黄五则、赵南星一则;

  起讲:沈位一则、徐常吉一则、袁黄五则;

  提法:袁黄五则、徐常吉一则、董其昌一则、赵南星一则;

  虚股:袁黄三则;

  大股:袁黄五则、徐常吉二则;

  过文:袁黄一则、徐常吉一则、沈位一则、王纳谏二则;

  缴:袁黄五则;

  小结:袁黄二则;

  大结:袁黄一则。

另外如《新刻张太史手授初学文式》,卷首小引即指出:"取士首以八股,经生家父教子承,不啻家尸户祝矣。然求蒙之初,入门宜正,爰采先正论文要诀,汇成一篇,以为学文者式。"①此后按照"破题式"、"承题式"、"起讲式",至"作缴式"、"结题式",依次选录文家的"论文要诀"。相对而言,依体制编次的编纂方式更注重文话汇编的实用性,便于初学作文者把握八股文的体制特征。当然,无论是依人编次,还是依体制编次,均可以看到,晚明文话汇编之编纂,多与科举考试有关,也表明时文理论的发展自明中叶以来日臻成熟,参与时文论评的文人

---

① 题张溥《新刻张太史手授初学文式》,《稀见明人文话二十种》下册,第1365页。

群体不断扩大,对时文体制、技法的阐释也不断细化。如刘元珍《从先文诀》讲解八股文体式时多有摘录的袁黄《举业彀率》,便是明中叶以来时文理论精细化的典型代表,此书已分"论格"、"破题"、"承题"、"起讲"、"提法"、"小股"、"大股"、"过文"、"缴"、"小束"和"大结"等目,专论八股文法,且多援引嘉靖、隆庆间程文作为例证。

就文本形态而言,在某种意义上,汇编体文话可以说兼具了诗文评与总集这两种类型的某些体制特征。择取现有材料加以汇编的文话,在明代取得了长足的发展,无论是内容的不断翻新,抑或是编纂体例的渐趋精工,均有值得留意之处。汇编体文话的编纂体例至明代尤其是晚明才趋于成熟,对此已有研究者作出揭示①。这种"寻章摘句"式的编纂方式,虽说不一定能反映编纂者个人的文学旨趣与批评观念,但却能很好地折射出当时的社会文化需求。

四、摘句示法与八股技法研讨的精细化

上文讨论了明文话选录其他文话、文论等批评文献的生成方式,除此之外,摘录文句也是明人利用现有资源进行文话写作的重要方法,其中最值得关注的就是八股文话中的"摘句"现象。"摘句"是中国古代文学常用的批评手法,尤其作为诗话写作的重要方式,被广泛运用于诗歌之品评鉴赏,已引起海内外学者的关注。宋以来诗话对"佳句"的摘引,其背景之一当是唐人对近体格律诗在审美艺术方面的追求,继承发展了南朝沈约等讲求对偶、声律的诗歌形制特征,因而摘录"对偶句"成为历代诗话中最常见的摘句手法②。唐宋以后诗、文别为二体,诗学与文章学分为殊途,文话的书写方式也相应地表现出异于诗话的风格特征,其中摘句法的运用即有差异。如王鏊《震泽长语》曰:"先秦文字无有不佳。余所尤爱者,乐毅《答燕惠王书》、李斯《上逐客书》、韩非子《说难》,可谓极

---

① 参见侯体健《资料汇编式文话的文献价值与理论意义——以〈文章一贯〉与〈文通〉为中心》,《复旦学报》2009年第2期。
② 黄维梁《诗话词话中摘句为评的手法——兼论对偶句和安诺德的"试金石"》一文,指出诗话的摘句特征,"第一,是对偶句;第二,写的是景物"。载邝健行、吴淑钿编选《香港中国古典文学研究论文选粹(1950—2000)·文学评论篇》,江苏古籍出版社,2003年,第204—206页。

"寻章摘句":明代文话的文本生成及其文章学阐释

文之变态也。"①仅出篇名,而其评诗则用摘句曰:"摩诘以淳古淡泊之音写山林闲适之趣,如辋川之诗,真一片水墨不着色画,及其铺张国家之盛,如'九天阊阖开宫殿,万国衣冠拜冕旒'、'云里帝城双凤阙,雨中春树万人家',又何其伟丽也。"②关于诗话与文话在摘句上的显著差异,清人孙万春曾指出:

> 文话较诗话为难。诗话采之四方,易于成书。文话虽即凤所闻于师友者,因感触而发之,而究出于一人之见解,无朋友之互相投赠,无旁人之代为搜辑。且诗中多有可摘之句,遇佳句,摘出一联即成一段。文章可摘之句甚少,作法不过数条。故诗话可以盈篇累牍,文话意尽则止,不能强增也。③

历代诗话作者在论评诗人和作品时,往往会摘录名篇佳句作为材料用以成文,因而"采之四方,易于成书"。而文章因其篇幅较长和句式不一的特征,一定程度上限制了文话作者对断章摘句手法的运用。不过,也有一些特殊的例子,明中叶以来探讨八股文的时文话,普遍运用了摘句的书写方式,这是颇值得留意的现象。

文话不像诗话、词话那样可以摘句用来品鉴评骘的原因,除了古文少用对偶外,另一个重要因素是古人品评文章往往注重对章法、结构和布局的整体把握。从这个层面来说,与文本紧密结合,且包含标示精彩字句的"圈点"以及相关批语、评语的文章评点,实际上承担了品评文章的重要功能。而文话所摘引的句子,因其脱离了原文的内容框架,似不适合作为一种独立的语料用以品评。从现存的文献来看,文话摘句的主要功能之一是摘句为例,以示文法。现存第一部文话即南宋陈骙的《文则》,便大量摘取古代典籍中的语句作为例证,阐说古文之法。四库馆臣即指出《文则》的这种做法是"取格法于圣籍"④,这种手法也为明人所沿用,如谭浚《言文》卷上"设喻"、"事类"、"烦简"、"易凡"、"偶词"、"谐协"及"句法"等目,多摘引《檀弓》《孟子》《左传》的语句以为范例,徐朱《重校刻艺林古今文法碎玉集》,更可以说是一部效仿陈骙《文则》而编成的文话,所列

---

① 王鏊《震泽长语·文章》,《历代文话》第 2 册,第 1644 页。
② 同上书,第 1646 页。
③ 孙万春《缙山书院文话》,《历代文话》第 6 册,第 5873 页。
④ 《四库全书总目》卷一九五,第 1787 页。

"章法杂抄"、"学古杂抄"及"句法杂抄",他们所采用的方法都是摘取一二句,以作为文章句法和字法之例证。

如果说文格、文法类著作中的摘句,因其摘而不评,仅提供句法范例而显示出一种隐性的批评形态的话,那么万历以来诸多摘录八股文句的文话,则呈现出接近诗话、词话摘句批评的特征。具体而言,可以从以下三个方面展开:

第一,八股文话中"摘句"批评的机制及其成因。明文话中,袁黄所撰《游艺塾文规》便是其中运用摘句批评手法最为频繁的著作,此书卷二至卷一〇多摘录万历八年(1580)至万历二十九年(1601)乡会试程文墨卷的文句,用以论述破题、承题、起讲等作法。试举其所列破题摘句为例,袁黄论破题云:"前辈诸名公皆留意破题,故所传题意于主意之后,各作一破,盖书意明白,然后可以作破,此紧要工夫也。……今学文不可先学平淡,场中除元外,其余中式者,破题皆极奇极新。旧刻《墨卷大观》,一题凡百余篇,遍览诸破,皆各出意见,可喜可愕。今集文散佚,不得尽录,止录其现在者为式。"①此后罗列万历间历科试题并摘引中式者的破题加以评析说明,如:

> 我不欲人　一节
> 道之忘人我者,圣人为贤者难也。(顾起元)
> 贤者志于仁,而自许非其分焉。(何庆元)
> 心所当公,而公之亦未易也。(崔师训)
> 大道无人我,非可以易言也。(项惟聪)
> ……
> 贤者易言化境,圣人激之进焉。(张国儒)
> 以上诸破,会元平正典确矣。何说"贤者"而不说"圣人",此场中所鲜者。崔、项二破并"圣人"、"贤者"俱不说,而虚论其理,甚为超脱。梅、陈、张皆曰"进之",此题言未及者,圣人之词,欲进之者,圣人之意,故曰"抑之"者陋,曰"进之"者高。金云"正当自策",又胜"进之"。龚云"深致意于自信者",尤有含蓄。李破以"一"字立说,通篇文字借重"一"做,自是老手。不曰"贤者未及",而曰"圣人独信其难",不曰"未几",而曰"惟无易视之则

---

① 袁黄《游艺塾文规》卷二,《续修四库全书》本。

几",借能刮垢见奇,工在象外。①

所列为万历二十六年戊戌(1598)科会试题《子贡曰我不欲人之加诸我也 一节》,摘录顾起元、何庆元、崔师训、项惟聪等十二位中式者之破题,并对所摘之句加以评析,如评会元顾起元的破题"平正典确",崔师训、项惟聪两人的破题不说"圣人"、"贤者",自是与众不同。这种摘录乡会试程墨的句子并加以评析的方式,也见于庄元臣《行文须知》、武之望《重订举业卮言》等晚明专论八股文的文话作品。试举庄元臣《行文须知》"破题":

> 有正破,如沈一中《如有王者》破:"圣人化成天下,以久道得之也。"以"久道"破"必世",是正。有反破,如萧会元:"圣人尚论夫王道,无近功者也。"不说他久,只说他"无近功",是反破。有倒破,如曹会元:"大哉尧之为君,圣人赞帝配天而难名,而其大至矣。"把"大"字倒放在下句,是倒破。有破意,如《文莫吾犹人》程文云:"圣人以文胜为己愧,勉人之尚行也。"题若"以文自任",而实意"以文自愧",不破词而破意,此破中之绝佳者。②

由上引例文不难看出,《游艺塾文规》《续文规》《行文须知》等八股文话采用的摘句手法,已呈现出接近诗话写作常用的摘句批评的特征,而与前举《言文》《重校刻艺林古今文法碎玉集》等所谓"取格法于圣籍"的方式差异显著。

从文本生成机制的角度来说,摘句批评之所以适用于明代的八股文话的写作,与八股文的文体特征与明人时文批评的精细化密切相关。首先,八股文的结构体制决定了这一文体可以提供相对独立、完整的句子供文话作者摘引。关于八股文文体的规范化和程式化进程,后人多认为实现于成化、弘治年间。八股文的基本结构主要包含破题、承题、小讲、大讲、过文、小结和大结几个部分,其中大讲一般包括起股、中股、后股、束股这八个对偶的句子,即所谓的"排比对偶,接连而八"。这样一种层次清晰的结构也为八股文话的论述展开预设了一个框架。譬如刘元珍《从先文诀》"总式"即依照"破题"、"破承"、"起讲"、"提掇"、"虚股"、"大股"、"过文"、"缴"、"小结"、"大结"几个子目分开论述,庄元臣《行文须知》也从"破题"、"承题"、"起讲"、"提头"、"虚股"、"中股"、"末二股"、

---

① 《游艺塾文规》卷二,第26页。
② 庄元臣《行文须知》,《庄忠甫杂著》,清初永言斋抄本。

"收"八个层次展开。八股文中,每个部分作为独立的句群,承担着不同的功能,也包含了不同的写作要求和方法,武之望论八股文法即指出:"至于破承有法,起讲有法,提掇、过接,小讲、大讲,收缴、束结,俱各有法。"[①]张伯伟论述诗歌摘句的特征是"形象完整,在全篇中有相对的独立性"[②],从这个角度来说,八股文中各个部分实际上也具备着可以被单独摘录出来用以评析的特性。

其次则是明中叶以来八股文写作中注重章法、修辞等文学性因素的增加,进一步强化了人们对"隽句"或"佳句"的追求。武之望论作文尚"修词"曰:"修辞有四善:曰删繁而就简也,敛华而就实也,化腐而为新也,变庸而为奇也。故裁剪之工、点化之妙,修词者尚之。"[③]便是从修辞审美的角度对用词造语提出简实、新奇的要求。《游艺塾续文规》引顾宪成论"琢辞"亦强调对"佳句"的重视,曰:"况意不甚出人,而又无佳句以达之,甚为俚鄙可笑。"[④]袁黄摘句自言"新科墨卷,同一题目,而其破皆留神锻炼,各自争奇,新新迭出",也是从审美批评的角度对所摘之句予以肯定。

摘句入文话的方式一直延续到清代。梁章钜撰《制义丛话》,称文话、诗话、词话、赋话,层见迭出,"惟制义独无话,非无话也,无好事者为之荟萃以成书也"[⑤],因而汇名篇隽句、旧闻逸事为《丛话》二十四卷。对于摘引时文佳句,梁章钜在《例言》中也有所交代:"吾闽制义,自明前即有名家,如蔡介夫、周莱峰、田钟台、傅锦泉、李九我、许仲斗、吴青岳、苏紫溪诸家,久已旗鼓中原,余近辑《闽文复古编》,已详为甄录。我朝之李文贞公直接前徽,已录为此集名臣之冠,兹但就乾隆以来名篇俊语,以次采撷。时代愈近,气味愈亲,乡耋遗芳,师门旧制,尤钦钦在抱,寤寐不忘。凡录吾乡作者为第十六、第十七卷。"[⑥]对所谓"名篇俊语"的摘录,如卷一六第一则:

> 吾乡近日论时文者,必首推孟瓶庵师。……其《事君敬其事而后其食》元墨,吾乡后辈几于家弦户诵。起比云:"王者懔天工人代之思,论定后官,

---

① 《重订举业卮言》卷上。
② 张伯伟《中国古代文学批评方法研究》,中华书局,2002年,第328页。
③ 《重订举业卮言》卷上。
④ 《游艺塾续文规》卷六,第231页。
⑤ 梁章钜《制义丛话》卷首《例言》,上海书店出版社,2001年,第7页。
⑥ 《制义丛话》卷首《例言》,第9页。

位定后禄,每准劳逸大小之分,以为诏糈之典,故八柄必先驭富,原不惜天家升斗之奉,使贤才自奋于功名;君子矢受禄不诬之念,昼而考职,夕而计功,皆本严恭寅之意,以求癏瘝之能安,故六法既知尚廉,亦不谓朝廷颁禄之恒,为凤昔一偿其愿望。"高华沉实,复能含毫,邈然似度越吴、田、马、李而上。①

便是摘引乾隆间进士孟超然《事君敬其事而后其食》一文之起比并附以评语。《制义丛话》卷首有杨文荪序,称:"今大中丞梁茞邻先生辑《制义丛话》二十四卷,凡程式之一定、流派之互异,明宗旨,纪遇合,别体裁,考典制,参稽史传,旁及轶事,与夫诸家之名篇隽句,无不备载。"②从梁章钜所谓"就乾隆以来名篇俊语,以次采撷"的卷一六和卷一七来看,摘录的"俊语"及杨文荪所称的"隽句",往往属于大讲部分的起股、中股、后股和束股,这是值得关注的现象。

第二,八股文话对对偶句的摘引与股法研讨的细致化。明代八股文话的摘句,最为常见的也是对股对之句的摘引。从文体形态上来说,起讲后的"排比对偶,接连而八"是八股文的本质特征。顾炎武说:"股者,对偶之名也。"③明人吴宽曾抨击时文,也说:"今之世号为时文者,拘之于格律,限之以对偶,率腐烂浅陋可厌之言。"④虽然是批判之语,但恰好说明讲求"对偶"正是八股文写作的特点。因此,如何写好对偶句,即对"股法"的研讨,成为习举士子苦心经营之所在。

"对偶"的因素,使得八股文在文体形态上拥有某些类似律诗的特性,这为摘引对偶句提供某种合理性。明人对八股文"股法"的探讨,往往援引律诗作为类比,如袁黄《游艺塾续文规》引顾宪成"涉趣"说曰:"故予尝谓读书之暇,当观十四家唐诗与《蔡中郎传》《北西厢记》。盖古之律诗,即今之排比,所谓学诗者不惟得其严整,而其含蓄感慨之趣,每每令人心醉。"⑤袁黄也曾指出:"八股文字与天地造化相侔。首二比春也,次二比夏也,次二比秋也,末二比冬也。……

---

① 《制义丛话》卷一六,第311页。
② 同上书,卷首杨文荪序,第4页。
③ 顾炎武著、黄汝成集释《日知录集释》卷一六,上海古籍出版社,2006年,第951页。
④ 吴宽《家藏集》卷三九,《文渊阁四库全书》本。
⑤ 《游艺塾续文规》卷六,第232页。

推之而八句之诗亦然,八韵之赋亦然。"①对于大股的作法,袁黄也有类似的表述:"作大股当知起承转合之法,几句起、几句承、几句转、几句合,此章法也,毫不可紊。"②武之望也认为:"大抵股法不出起承转合四者,然起与承势不容疏,转与合机不容断,其要只在圆融耳。尝观弄丸者,见其起伏应接之妙、转移收合之神,而因悟文之股法犹是也。不独股法,即篇法亦如此。是在善悟者得之。"③这些论说,均强调起股、中股、后股和束股之间的前后衔接,脉络相贯,做到起承转合的章法圆融。

至于对具体二股作法的阐说,明人多强调虚实相生、浅深相贯来实现错综成文,以避免"合掌"之病。"合掌"之说,本就律诗中间对偶二联而言,如胡应麟《诗薮》云:"作诗最忌合掌,近体尤忌。而齐、梁人往往犯之。如以'朝'对'曙',将'远'属'遥'之类。初唐诸子,尚袭此风。推原厉阶,实由康乐。沈、宋二君,始为洗削,至于盛唐尽矣。"④至于如何避免合掌,《诗薮》引李梦阳之说加以阐释:"李梦阳云:'迭景者意必二,扩大者半必细。'此最律诗三昧。如杜'诏从三殿去,碑到百蛮开。野馆浓花发,春帆细雨来',前半扩大,后半工细也。'浮云连海岱,平野入青徐。孤嶂秦碑在,荒城鲁殿余',前景寓目,后景感怀也。唐法律甚严惟杜,变化莫测亦惟杜。"⑤八股文虽不写景,但在二股之中追求虚实、远近以及巨细等变化,则与律诗多有相通之处。如武之望论股法,即主张虚实、浅深相贯:

> 文字两比相对,易于合掌,语意须有虚实、浅深相贯如一股为佳。大抵前比虚、后比实,前比浅、后比深,由本生末,由源发流,此自然之次第也。如庚辰会试《如有王者必世而后仁》,谢会魁讲中前比云:"期月布政,非不可以耸动其耳目。"后比云:"三年考成,非不可以变易其志虑。"先"期月",后"三年",由近而久也;先"耳目",后"志虑",由外而内也。然"期月"只可以动"耳目","三年"始可以变"志虑",亦是自然之理。顾泾阳中二比前云:"就一地而言,必精神志虑,无一念不与王者洽,乃谓仁之。"后比云:"就天

---

① 《游艺塾续文规》卷六,第209页。
② 同上书,卷五,第219页。
③ 《重订举业卮言》卷下。
④ 胡应麟《诗薮》内编卷四,中华书局,1958年,第61页。
⑤ 同上书,第62页。

下而言，必远近亲疏，无一民不与王者洽，乃谓之仁。"由"一地"而及"天下"，由"一念"而及"众民"，语意皆先浅后深。其末二比前云："其始虽不免有积累之劳。"后云："其始虽不见有纪之绩。"先"劳"后"绩"，是由功而效也，亦似一比。此类甚多，不能殚述。①

武之望在这里以万历八年(1580)庚辰科会试《如有王者必世而后仁》题为例，先后摘录谢文炳和顾宪成二文的中股作为阐说对象，并对例句虚实、浅深相贯的特征予以分析。这种摘录大讲中的比对之句并作评析来阐说股法的方式，是晚明八股文话常用的写作手法。如庄元臣《行文须知》，录其论"中股"的部分段落：

> 有暗柱，如冯会元《子贡问士》："所任者纲常，而行不为苟合，盖凛乎以耻自防矣，而用于国家，则可以为使，一出而国体以重焉，此其蕴藉何伟也；所惜者名义，而名不为苟成，盖卓乎以耻自持矣，而至于他邦，则可以专对，一言而君命以伸焉，此其抱负何宏也。"先曰"任"，后曰"惜"，先曰"行"，后曰"名"，先曰"合"，后曰"成"，先曰"用于国家"，后曰"使于他邦"，先曰"可以为使"，后曰"可以专对"，俱有次第，移易不动，是为暗柱。②

从上举八股文话摘引对偶句的例子可以看出，作为八股文的核心部分，股对既是士子竭力展示文章才华之处，也是考官评核考校之重点，刘元珍《从先文诀》外篇论"大股"引徐常吉语云："中比须精确切题，敷敷畅畅，固不可小家数样。然亦当少带些含蓄，留些气焰，与后面作地步。若前面实语占尽，后面空谈无味，不惟主司见其单弱没气，作时亦自觉窘涩难成。"③而引袁黄论冯梦祯《行己有耻》"所任者纲常"二比，指出"曾阅本房批卷，极赞此二比擅场"④，均从考官批卷的角度来强调场中作文讲求股法的重要性。明人论八股多摘引股对，并对其对偶手法的细致研讨，正是在此种时文批评风气中形成的。

第三，文话中的"摘题偶联"与摘句为式。与明人论八股文多着墨于股对相匹配，晚明出现了专门摘编、荟萃对属句的工具书，为初学作文者提供句法范例

---

① 《重订举业卮言》卷下。
② 庄元臣《行文须知》，《庄忠甫杂著》，清初永言斋抄本。
③ 刘元珍《从先文诀》，《稀见明人文话二十种》下册，第1317页。
④ 同上书，第1317页。

以资临文。如李叔元《新锲诸名家前后场肄业精诀》,卷三"利"部"分类摘题偶联",摘录各题"合用对偶",包括"天地"、"鬼神"、"昆虫"、"草木"、"君臣"等四十余目,罗列甚广,以资造语构句之参考。编者称:"陈如冈曰:作文家有句法,有字法,句法欲精,字法欲稳。下句下字须对仗,抵敌得过,如兵家对垒,阵法稳当。稳当而不乱,将与将角,兵与兵抗。不则,抵敌不过,便不济事。今将本题合用对偶依类条列于左。"①这些"分类摘题偶联"实际上属于初学发蒙类的读物,类似的内容也见于署许獬所编的《新刻许会元课儿四书贯珠达观》首卷,题作"新锲类集课儿贯珠文章活套句法"②。汤宾尹编《汤睡庵太史论定一见能文》卷二也专收此类对属摘语,总题为"初学字句文式",今列"存理"一目如下:

存理

浑涵　道德　事理　大本　万端　密存养　完本然　须臾不离

依据　性命　物则　达道　四善　严省察　还固有　顷刻弗违

以先天论,此理原于帝降,而惺惺者长存;以后天论,此理惜于旦昼,而炯炯者不磨。　时有久暂,理无操舍;势有常变,心无离合。

不但争理欲之大介绍,而仅争纯驳之几微;不徒愧浅学于半途,而且闲高明于隐怪。③

《一见能文》在这部分"初学字句文式"之前,亦有解说曰:"昔人论诗云:'观之如明霞散锦,听之如玉振金声。'今时义亦须如此,然欲文如明霞散锦,当知炼字之法……近日冯惕庵、苏紫溪辈,专炼句炼字,故精采烁烁射人,今分类摘其粹字粹句,为都人士式。"④这种"分类摘其粹字粹句"并加以编排,以作为八股文偶对楷式一类摘句形式,也是在晚明八股文求精于股对写作的风气中发展而来的。

五、结　　语

本文讨论了明人文话常见的几种文本生成方式,即抄录文话、汇选文论和

---

① 《新锲诸名家前后场肄业精诀》卷三,第671页。
② 许獬《新刻许会元课儿四书贯珠达观》,明末书林叶天熹刻本。
③ 汤宾尹《汤睡庵太史论定一见能文》卷二,《稀见明人文话二十种》下册,第916—917页。
④ 《汤睡庵太史论定一见能文》卷二,第909页。

摘引文句,它们的共同特点,可谓是寻章摘句而汇为一书,都是利用现有的资源,或裁剪重组,或汇辑选评。事实上,若按以往的研究思路来考量,此类繁复蹈袭的批评文本,因其多采用杂纂汇抄的形式而存在着内容辗转相承、原创度低下,甚至文字错漏等诸多问题,似乎很难说得上有较大的研究意义。然而从书籍文化史的研究角度来看,文话编者的选材和编排以及因此导致的文本之重复与差异,亦可视为一种批评化的内容。因为尽管选录标准和编纂原则一定程度上取决于文话作者的个人阅读经验和文学素养,但总体上又与某个特定时期内以书籍为中心,由编纂、传播、阅读等诸环节构成的公共知识体系和社会文化需求裹挟在一起,而成为一种具备普遍意义的文章学的表达形态。上述文话的这种"寻章摘句"式的文本生成方式,所反映的,正是在明代尤其是中晚明整个社会习文需求不断扩张以及书籍出版业空前繁荣的大背景下,重视写作实践和文学表现功能的文章技法理论,开始向中下阶层渗透。这构成了文章学在近世发展演进的重要走向之一。

明代文章学研究的开展,仍须以清理一系列包括文话在内的文章学文献为坚实基础。这其中,如何评价上述多属文章格法一类的著作,当是建构明代文章学不可忽视的环节。在以往强调理论深度的批评史框架内,文话研究所能提供的,恐怕只是一些材料补充和知识增益。在这种究模式下,其话体批评的独特意义就面临着被消解的危机。因此,我们强调从文话自身的文本生成出发,去探讨此类看似粗制滥造、随意拼接的作品,如何构成一种与理论精深之大家名作相互对应的、面向更广大阶层的知识层面的文本,进而去分析士大夫精英的文章学理论向底层渗透,抑或是一般的文章学知识在庞大阅读群体中的传播普及,当不失为一种有意义的尝试。

"明文第一"之争*

中山大学中文系　何诗海

明人论文,好标榜"第一",如"唐人七律第一"之争、"唐人七绝第一"之争等,都是明代文论中的热门话题。自晚明钱谦益以"三百年第一人"推尊归有光后,"明文第一"之争又成为文学史和批评史上的重要论题,一直延续、贯穿于整个清代。由于这一争论不仅指向对归有光创作成就及文学史地位的评价,还涉及明清文学思潮的发展演变等重要问题,因此,梳理关于这一争论的因缘脉络,对于认识明清时期不同流派文学观念的对立冲突以及明清文学史、批评史的发展演变趋势等,不无参考价值①。

一、归有光"明文第一"地位的确立及非议

"明文第一"之争肇始于对归有光文学史地位的评价。归庄《吴梅村六十寿序》云:"先太仆府君,当嘉靖横流之时,起而障之,回狂澜以就安流……顾府君晚达位卑,压于同时之有盛名者,不甚彰显,虞山极力推尊,以为三百年第一人,于是天下仰之如日月之在天,后进缀文之士,不为歧途所惑,虞山之力为多。"②归有光虽文名早著,但科场蹭蹬,位卑言轻,且其文学思想与当时占主流地位的七子派格格不入,故生前名位不彰,直至万历以后,经钱谦益推举鼓吹,声望始重。归庄为震川曾孙,对钱谦益推尊乃祖之恩感戴有加,屡形笔墨。而钱氏本

---

*　基金项目:国家社会科学基金一般项目"明清别集编纂体例与文学观念研究"(17BZW010)。

①　从作家研究角度看,归有光"明文第一"之誉,已成一般文学史常识;但从批评史角度,系统考察"明文第一"说提出的背景、各家争论意见及其与明清文学思潮发展演变的关系等,尚未见相关成果发表。贝京《归有光研究》(浙江大学2004年博士学位论文)第一章《明清人对归有光的评价述论》论及清代学者与文章家评价归有光有明显差异,对本文有所启发。

②　《归庄集》,上海古籍出版社,1984年,第260—261页。

人也从不讳言自己表彰震川的肇始之功。《新刻震川先生文集序》曰:"余少壮汩没俗学,中年从嘉定二三宿儒游,邮传先生之讲论,幡然易辙,稍知向方,先生实导其前路。启、祯之交,海内望祀先生,如五纬在天,芒寒色正,其端亦自余发之。"①坦承自己由年轻时"汩没俗学",即"熟烂空同、弇州之书"②,到中年从震川门人嘉定诸先生游而改辕易辙,首倡推戴归有光的思想历程,字里行间,不乏自得之意。王应奎《柳南随笔》有"震川之文,钱尚书推为有明第一"之载③,可见钱氏之论为清人所熟知。钱基博则进一步指出,"桐城家言之治古文,由归氏以躐欧阳而窥太史公,姚鼐遂以归氏上继唐宋八家,而为《古文辞类纂》一书,胥出钱氏之绪论,有以启其途辙也"④,强调钱谦益发端表彰归有光之举,在归有光接受史及桐城派古文发展史上的重要影响⑤。

事实正是如此。自钱谦益揄扬归氏后,震川遂膺"明文第一"之桂冠,后世响应者络绎不绝。清初吴乔《围炉诗话》曰:"震川之文,明人之最善者也。"⑥郑梁《借得白沙子集赋寄》诗曰:"熙甫文章公甫诗,有明作者更推谁。"⑦曾焯《震川论文序》:"有明三百年来,作者比肩叠迹,而震川先生极其大成,语时文者必宗先生,语古文者亦必推先生。"⑧皆以震川为明文冠冕。清中叶后,此论益盛。刘大櫆《汪在湘文序》曰:"甚矣,文之难言也! 欧苏既没,其在明代,惟归氏熙甫一人。"⑨陶澍《绅士捐建书院请奖折子》:"明儒归有光人品淳正,学问文章,为有明之冠。"⑩姚鼐虽未明确倡言孰为明文第一,然其编《古文辞类纂》,于宋代之后,方苞之前,只选归有光一家,足见归氏在明代独一无二的地位。晚清徐世昌编《明清八大家文钞》,于明代也只选震川一家,显然因袭姚鼐。事实上,自桐

---

① 钱谦益《新刻震川先生文集序》,《牧斋有学集》中册,上海古籍出版社,1996年,第730页。
② 钱谦益《复遵王书》,《牧斋有学集》下册,第1359页。
③ 王应奎《柳南随笔·续笔》,中华书局,1983年,第208页。
④ 钱基博《明代文学自序》,《明代文学》卷首,上海商务印书馆,1934年,第2页。
⑤ 关于钱谦益发端表彰归有光之功,以及归有光文学思想和创作在明清时期的接受情况,可参阅沈新林《归有光评传·年谱》第六章,安徽文艺出版社,2000年;贝京《归有光研究》第一章,浙江大学2004年博士学位论文;孙之梅《钱谦益与明末清初文学》第二章,山东大学出版社,2010年等。
⑥ 吴乔《围炉诗话》卷六,郭绍虞编选《清诗话续编》第1册,上海古籍出版社,1983年,第668页。
⑦ 郑梁《借得白沙子集赋寄》,《寒村诗文选·见黄稿诗删》卷二,《清代诗文集汇编》第148册,上海古籍出版社,2010年,第17页。
⑧ 曾焯《震川论文序》,《习是堂文集》卷上,《清代诗文集汇编》第174册,第489页。
⑨ 《刘大櫆集》,上海古籍出版社,1990年,第55页。
⑩ 陶澍《绅士捐建书院请奖折子》,《陶云汀先生奏疏》卷二九,《续修四库全书》本。

城派主盟文坛后,归有光在整个古文统绪中承前启后的地位渐成共识,其影响已远远逸出"明文第一"这一断代定位。如程晋芳《学福斋文集序》:"有明古文,沿八家正脉,耐人寻讽者,终莫如震川。"①方东树《望溪先生年谱序》:"即以古文一道论之,能得古作者义法气脉,韩欧相传之统绪,在明推归太仆熙甫,昔人号称绝学。惟望溪克承继之,实能探得其微文大义不传之秘,以尊成大业。"②王拯《与梅伯言先生书》:"夫熙甫之文,昌黎、庐陵而后,本朝方姚氏未出之先,盖数百年一人而已。"③可见,在清人眼中,归氏文章不仅冠绝有明,也是八大家古文的正宗嫡传和桐城派唯一祖述的近世典型。古文统绪经此构建,则桐城派文章正统的地位不言而喻。

归有光获"明文第一"之誉,甚至被奉为传韩欧古文正脉的一代文宗,原因是多方面的,而其基本前提,则在于归有光古文创作的成就和特色。对震川多所贬抑的王世贞,晚年时有忏悔之意,曾作《归太仆赞并序》,赞美震川之文如"风行水上,涣为文章","不事雕饰,而自有风味",并以"千载有公,继韩欧阳"④肯定归氏。这种来自生前论敌兼文坛盟主的赞美,有益于归有光文学史地位的提高,为后来"明文第一"之誉打下了基础。王锡爵特别欣赏归氏"书写怀抱之文,温润典丽","如清庙之瑟,一唱三叹,无意于感人,而欢愉惨恻之思,溢于言语之外"⑤。钱谦益推奉震川,以其文本六经,而善学八家,又自八家上溯秦汉,尤好《史记》,"能得其风神脉理"⑥,迥然特出于有明作家之上。

钱氏之后,对归有光创作成就的探讨日趋热烈和深入。姚鼐指出,"文章之境,莫佳于平淡,措语遗意,有若自然生成者,此熙甫所以为文家之正传"⑦。彭蕴章认为,明代古文家"以震川为冠冕",一方面"以其言之醇粹也",另一方面,因震川"与世之有意为文者有别"。有意为文,往往言不由衷,为情造文;而震川言必由衷,"所谓修辞立其诚,故其品高也","冠冕一代,不亦宜乎?"⑧两家都强

---

① 程晋芳《学福斋文集序》,《勉行堂文集》卷二,《清代诗文集汇编》第343册,第455页。
② 方东树《望溪先生年谱序》,《考盘集文录》卷四,《清代诗文集汇编》第507册,第190页。
③ 王拯《与梅伯言先生书》,《龙壁山房文集》卷二,《清代诗文集汇编》第659册,第494—495页。
④ 王世贞《归太仆赞并序》,归有光《震川先生集·附录》,上海古籍出版社,2007年,第975页。
⑤ 王锡爵《明太仆寺寺丞归公墓志铭》,《震川先生集·附录》,第981页。
⑥ 钱谦益《列朝诗集小传》下册,上海古籍出版社,1983年,第559页。
⑦ 姚鼐《与王铁夫书》,《惜抱轩文集》后集卷三,《续修四库全书》本。
⑧ 彭蕴章《书震川文集后》,《归朴龛丛稿》卷一〇,《清代诗文集汇编》第577册,第689页。

调归氏情郁于中、自然为文的特色。张士元赞赏震川文不但"力抗欧曾,气追班马",而且拓展了古文的疆域和表现力,其叙"世俗琐事,皆古雅可观","得《二南》风度","读之使人喜者忽以悲,悲者忽以喜,不自知其手舞足蹈而不能已也"①。这不仅在明代,即使放眼唐宋以来近千年古文史,也是卓然特立的。又,宋荦论文,重"抑扬感慨之间,澹而愈古,隽而弥永"之美,"明人惟归震川能有此种风调"②,是以超绝一代。王鸣盛进一步发挥道:

> 画有逸品,有神品,有能品。逸品全以气韵胜,脱去形抚,品为最高。震川之文,画之逸品也。琵琶筝笛入耳喧喧,诎然而止,了无余韵。琴有泛声,乃在弦外。盐止于咸,梅止于酸,而良庖治之,恒令味溢于酸咸之外。震川之文,弦外有声,酸咸外有味者也。是故言在此而意在彼,节愈短而趣愈长③。

在王鸣盛眼中,归文富有弦外之声,味外之旨,似显实幽,语短情长,譬如画之逸品,气韵高绝,不仅冠绝有明,甚至超出唐宋诸大家之上。计东则从文道关系着眼,称赞归有光"早闻道于魏恭简,证道于程朱","能从经见道,而著之为文","其立言必贯穿六经之义,故其文足以继前人而信后世"④,蔚为一代文宗。不过,此类观点,在归有光接受史中并不常见,更多强调的是艺术水平,诚如陈用光所指出的,"格律声色,古文辞之末且浅者也,然不得乎是,则古文辞终不成,自韩欧而外,惟归震川得此意,故虞文靖、唐荆川皆莫逮焉"⑤。可以说,明清人推尊归有光,关注重心始终是艺术成就,而较少道学气息。

归有光的古文成就,固然足以名家,但能否居明文之冠,颇起争议。黄宗羲认为,明代文章,就一章一体论,不乏名家名篇,但就整体格局、文境论,没有唐之韩杜、宋之欧苏那样牢笼万有、巍然峙立的大家。归有光所长在叙事,其他文体,多受时文影响,尚不及宋濂。因此,他对"议者以归震川为明文第一",用"似

---

① 张士元《震川文钞序》,《嘉树山房集》卷五,嘉庆二十四年刻道光六年续刻本。
② 邵长蘅《文学明卿杨君墓表》文后评语,《邵子湘全集》青门旅稿卷六,《清代诗文集汇编》第145册,第438页。
③ 王鸣盛《钝翁类稿序》,张传元、余梅年《归震川年谱·附录》,商务印书馆,1936年,第95—96页。
④ 计东《钝翁类稿序》,《改亭诗文集》文集卷一,《续修四库全书》本。
⑤ 陈用光《答宾之书》,《太乙舟文集》卷五,《清代诗文集汇编》第489册,第599页。

矣"①这一暧昧之语,表示保留态度。在《郑禹梅刻稿序》中,黄宗羲又明确表示:"近时文章家,共推归震川为第一,已非定论。"可见并不赞成此说。在他看来,归有光于七子派喧嚣之际,虽有力挽颓波之功,其叙事文也别开生面,见重于世,"以其得史迁之神也,神之所寓,一往情深"②,但仅此不足以推至"明文第一"的高度。因为,黄宗羲论文,强调经史为本,学有根柢;虽重视抒情功能,但并不满足于抒写一己一时之性情,而是强调关注社会现实,记录时代风云,表现"万古之性情"③。悬此鹄的,则震川之作不尽如意。康熙时理学名臣李光地又从语言角度批评归文之弊:"看归震川、王道思古文,拖沓说去,又不明白,两三行可了者,千余言尚不了,令人气闷。顾宁人说明文不如元,果然。"④李氏论文重含蓄简洁,自然深厚。归文内容单薄贫瘠而语言冗长拖沓,称佳作者尚且不多,岂得居"明文第一"?又,方苞讥震川虽"辞号雅洁","仍有近俚而伤于繁者"⑤;近人章太炎曰:"震川之文,好摇曳生姿,一言可了者,故作冗长之语。"⑥批评归文语言冗复,皆承李光地之说。章氏进一步指出,论明代之文,"台阁体不足为代表,归震川闲情冷韵之作,亦不足为代表,所可代表者,为前后七子之作"⑦。七子派之文,能否代表明文的特色和成就,固可商榷,但此说显然消解了归有光"明文第一"的地位。

前文已论及,桐城派刘大櫆、姚鼐等都对归氏推崇备至。然而,作为"桐城三祖"之一的方苞,态度迥然有别。其《书归震川文集后》一方面欣赏归文善于表现人伦亲情,具有自然本色之美,取法欧曾而形超神越,能得司马迁之气韵,非生吞活剥秦汉文者可以企及,一方面又指责归氏乡曲应酬之文太多,袭常缀琐,难以"大远于俗"⑧。因此,方苞主张要恰如其分地评价归文,既反对以"肤庸"一语粗暴抹杀其成就,又不必推尊太过,实即否定了其"明文第一"的地位。这种否定,至曾国藩更为激烈。在《书归震川文集后》中,曾氏不承认归有光承接八大

---

① 黄宗羲《书归震川文集后》,陈乃乾编《黄梨洲文集》,中华书局,2009年,第388页。
② 黄宗羲《郑禹梅刻稿序》,《黄梨洲文集》,第353—354页。
③ 黄宗羲《马雪航诗序》,《黄梨洲文集》,第363页。
④ 李光地《榕村语录》上册,中华书局,1995年,第523页。
⑤ 方苞《书归震川文集后》,《方苞集》,上海古籍出版社,1983年,第118页。
⑥ 章太炎《国学讲演录·文学略说》,华东师范大学出版社,1995年,第243页。
⑦ 同上书,第248页。
⑧ 《方苞集》,第117页。

家的文统地位,也不赞成清人"归方"并称之誉。原因在于,归氏常年困顿场屋,僻居荒江虚市,交游不广,闻见有限,汩没于乡曲应酬之中,所作多赠序、贺序、谢序、寿序之类,虚辞溢美,无病呻吟,题材琐屑,格局狭小,乃"浮芥舟以纵送于蹄涔之水,不复忆天下有曰海涛者也"①,甚至倡言"宇宙间乃不应有此一种文体"②。如此激烈的抨击,使归氏"明文第一"的地位,遭受了严峻挑战。

二、推尊宋濂

对归有光"明文第一"的地位既有质疑,不少论家遂明确提出或暗示了各自心目中可冠明文的其他人选,如宋濂、方孝孺、李梦阳、唐顺之等。其中宋濂是归有光之外,被推奉频率最高的作家。

早在明初,刘基评当朝文人,即有"当以宋濂为第一"之论,明太祖首肯其说,目宋濂为"开国文臣之首"③。当然,这只是就国初作家而言,并非以完整或基本完整的明代文学史为考察对象,因此,严格而论尚不属"明文第一"说之范畴,但足见宋濂当时文学地位之高。明代中叶,七子派"文必秦汉"、"不读唐以后书"等口号甚嚣尘上,宋元以来的作家自然淡出主流文论的视野。到了明后期,随着唐宋派兴起和对七子派复古观念的摧陷廓清,宋濂的文学史地位又被重新发现。娄坚《答姚孟长太史》云:"某老矣,少时获闻长者之教,略知古文词。窃论宋文宪该博详赡,自南宋至今,实无其俪。"④认为宋濂古文超卓,自南宋以来,实无其匹,则已寓"明文第一"之义,只是未明确标举。又,艾南英在《答陈人中论文书》中,斥责陈子龙"株守一李于鳞、王元美之文",而"张口骂欧曾,骂宋景濂,骂震川、荆川","又痛诋当代之推宋人者","此犹蛆之含粪,以为香美耳",实"不知古文二字"。在艾氏看来,明文至李攀龙、王世贞时,"坏乱极矣",幸有"荆川、震川、遵岩三君子"奋起,使"古文一线,得留天壤"。至于宋濂,"佐太祖皇帝定制度,修前史,当时大文字皆出其手,我朝文章大家,自应首推其文",其

---

① 曾国藩《书归震川文集后》,《曾文正公诗文集·文集》卷一,《清代诗文集汇编》第641册,第458页。
② 曾国藩《复吴南屏》,《曾文正公书札》卷五,《清代诗文集汇编》第643册,第107页。
③ 徐咸辑《皇明名臣言行录·前集》卷二,《续修四库全书》本。
④ 娄坚《答姚孟长太史》,《学古绪言》卷二二,《文渊阁四库全书》本。

文"虽未足尽我明之长,然自今论之,未见有胜景濂者"①。可见,艾南英以宋濂为明文之冠,实有摧折七子派气焰、反击"文必秦汉"说,建构唐宋以来的近古文统,推尊唐顺之、王慎中、归有光等唐宋派作家的深层动机。又,归庄《简堂集序》云:"吾朝文章,自金华两公开一代风气,上与唐宋诸大家匹。"②《吴梅村先生六十寿序》:"文章之道,宋元以前无论。论近代,自宋金华开一代之风气,其后作者多有。"③所谓"金华两公",即浙东名士、《元史》总裁宋濂和王祎,"宋金华"则专指宋濂。自南宋吕祖谦、陈亮、叶适等开启浙东之学后,浙东文章,代不乏人,明代以宋濂、王祎、苏伯衡、方孝孺等最为杰出。其中宋濂因兼具儒学、政事、文章诸方面的卓异成就而尤获尊崇。在归庄看来,宋濂之文,上承八大家,下开有明一代风气,具有重要的文统地位。需要指出的是,娄坚为归有光弟子,归庄为震川曾孙;艾南英虽非吴人,但雅慕归有光。可见,在吴地归有光一派的心目中,宋濂作为浙东文统的代表,与唐宋古文一脉相承,是摧廓七子派复古思潮的重要文学史资源,故被引为同调,倍加推崇。

入清之后,随着文坛盟主钱谦益的去世和黄宗羲、万斯同、全祖望等浙东士人日益活跃,标举浙东文统,宋濂的文学史地位得到进一步加强。尽管黄宗羲在排击七子派、揄扬唐宋文统等方面,与钱谦益立场一致,也赞赏归有光古文的一往情深,但对钱氏推归有光"明文第一"颇存质疑。原因在于,浙东文士论文,既重性情,又重学问根柢,强调经史为本和经世致用。循此标准,则归有光实不能与宋濂匹敌。故在《明文海》稿本中,黄宗羲录宋濂文52篇,远多于归有光的22篇。李祖陶称"南雷论文薄震川而宗景濂"④,所谓"薄震川"只是相较宋濂而言,宋濂之外,黄宗羲最推重的就是归有光了。综合这些因素,则黄氏心目中的明文第一,应该就是宋濂。之所以推宋濂,除了文学观念使然,还有标举浙东文统的内在动力。李邺嗣《杲堂文钞自序》载黄宗羲之语曰:"今日古文,其学将绝,方藉杲堂之力,使诸贤或左或右,则斯文之统自在浙东"⑤。这种自觉而明

---

① 艾南英《答陈人中论文书》,黄宗羲《明文授读》卷二二,《四库全书存目丛书》集部第400册,齐鲁书社,1997年,第672—673页。
② 《归庄集》卷三,第217页。
③ 同上书,第260页。
④ 李祖陶《国朝文录·南雷文录》卷首小引,《续修四库全书》本。
⑤ 李嗣邺《杲堂文钞》卷一,《四库全书存目丛书》集部第235册,第495页。

确的地域观念和正统意识,自然会促使黄宗羲扬乡贤宋濂而抑震川。又,全祖望《文说》论八大家之后的作者曰:

> 作文当以经术为根柢,然其成也,有大家,有作家。譬之山川名胜,必有牢笼一切之观,而后可以登地望。若一邱一壑之佳,则到处有之。然其限于天者,人无如之何也。唐宋八家而后,作家多,大家不过一二。周平园、楼攻媿力为恢张,微近于廓;水心则行文有蹊径,同甫尤多客气。其余瘦肥浓淡,得其一体而已。有元一代,规矩相承,而气魄差减。明初集大成者,惟潜溪。中叶以后,真伪相半,虽最醇者莫如震川,亦尚在水心伯仲之间。独蒙叟雄视晚明,而拟之潜溪,逊其春容大雅之致。①

全祖望乃黄宗羲私淑弟子,论文重有经史根柢的学者之文,不甚强调情感抒发和表现技巧。八大家之外,宋文惟周必大、楼钥、叶适、陈亮勉称大家,而各有缺陷。明文最醇者归有光,但其地位仅相当于南宋的叶适,不能冠绝一代。钱谦益学富才雄,然不及宋濂从容大雅之致。故在全祖望心目中,若评"明文第一",非"集大成者"宋濂莫属,吴人归有光、钱谦益只能居其下风。这种观点,显然是对黄宗羲的继承和发展,而推尊乡贤的意旨更为明确。

当然,清人论文推尊宋濂的不限于浙东士人。康熙年间,吴中薛熙编《明文在》,选文最多者为宋濂,计56篇,其次归有光55篇。仅看数量,可谓伯仲之间,难以轩轾。然《明文在》序曰:

> 明初之文之盛,潜溪开其始,明季之文之乱,亦潜溪成其终。盖潜溪之集不一体,有俊永之文,有平淡之文,有涂泽之文。洪永以及正嘉朝之诸公,善学潜溪者,得其俊永而间以平淡,此明文之所盛也。隆万以及启祯朝之诸公,不善学潜溪者,得其涂泽而亦间以平淡,此明文之所以乱也,乱则亡,必然之理。所以明文之不可以不选也。选之惟何?取其俊永者十盖居其八矣。俊永者何?是乃所谓文也,不则即孔子之所谓言之不文也。平淡者取其备体,涂泽者取其不杂,不过十之一二而已。阅斯编者,必参以景濂先生之全集而读之,而知熙之苦心②。

---

① 全祖望《鲒埼亭集外编》卷四八,《清代诗文集汇编》第303册,第551页。
② 薛熙《明文在序》,《明文在》卷首,《四库全书存目丛书》集部第408册,第335页。

从序文可知,《明文在》之选编,在在以宋濂为圭臬,故其序拳拳致意,读此编必参读宋氏全集,方能体悟编者之用心。因为宋濂文诸体兼备,有俊永者,有平淡者,亦有涂泽者。善学其文,则明文兴盛;不善学,则明文乱亡。以一家制作,而关系一代文章之盛衰,足见其人举足轻重的地位。薛熙作为汪琬门人,虽受乃师影响,对归有光评价甚高,然而,若举"明文第一",仍非宋濂莫属。可见,晚明至清,代表着浙东文统的宋濂,作为唐宋文统的支脉,在吴中地区有着深远影响。

清人又有推崇宋濂弟子方孝孺者。如张云章评明代作家,最推方氏"学术醇正",具理学根柢和载道之功,能造高明正大之境。这种境域,无论其师宋濂还是后来文名卓著的唐顺之、归有光等都不能比肩。换言之,张云章心目中的"明文第一"非方孝孺莫属,故"于明代最爱方正学"①。朱一新认为,明文归有光体格最醇,宋濂博采秦汉及八家之长,精邃过人。唐顺之介于两家之间,而学犹博,才犹高,兼雄奇博大之美,非宋、归所及,故"荆川为明文之冠"②。以上两说,在明清时期较少同调,主要体现了个人的文学经验或审美感受,缺少普遍性,故不赘述。需要指出的是,不管是宋濂、方孝孺,还是唐顺之、归有光,都是唐宋文统中的杰出作家,与七子派鼓吹的秦汉文统,有着相当的距离。这种身份特征,颇为耐人寻味。

三、标举李梦阳

除归有光、宋濂外,李梦阳被推为明文第一,也值得特别关注。早在李氏叱咤文坛之际,吴中黄省曾即致书北面称弟子,推尊李梦阳"往匠可凌,后哲难继,明兴以来,一人而已"③。只是,这种当世之人的推举,多溢美和门户私见,正像胡应麟尊王世贞"战国以来,一人而已"④、吴伟业称钱谦益"集众长而掩前哲"⑤一样,不能援为主要论据。必待其人身殁、其势消歇,经过历史沉淀的后世之

---

① 张云章《与朱检讨竹垞》,《朴村文集》卷六,《清代诗文集汇编》第175册,第46页。
② 朱一新《无邪堂答问》,中华书局,2000年,第90页。
③ 黄省曾《寄北郡宪副李公梦阳书》,《五岳山人集》卷三〇,《四库全书存目丛书》集部第94册,第782页。
④ 胡应麟《弇州先生四部稿序》,《少室山房集》卷八一,《文渊阁四库全书》本。
⑤ 吴伟业《致孚社诸子书》,《梅村家藏稿》卷五四,《清代诗文集汇编》第29册,第236页。

论,方可作为更可信的探讨对象。万历十八年(1590),后七子领袖王世贞逝世,标志着七子派执掌文坛局势的终结。这一"横踞海内百有余年"①的复古流派,当其盛时,"推尊之者遍天下,及其衰也,攻击之者亦遍天下"②。袁宏道、归有光、艾南英、钱谦益、黄宗羲、吴乔等大批文论家都对前后七子展开猛烈抨击。反思、批判七子派流弊,成为明清之际文学批评的普遍风气和文学发展的强大动力。尤其到了乾隆时期,四库馆臣以官学和实学的权威姿态,通过编纂《四库全书》,刻意贬低复古派的文学史地位,凸显、夸大其理论缺陷、创作弊端以及门户倾轧之习,使复古思潮在文学史和一般常识层面被视为文学发展的逆流③。李梦阳、李攀龙、王世贞等前后七子领袖,也因此成为众矢之的,昔日牢笼天下、不可一世的声势一去不返。

当然,这种局势的变化,并不意味着七子派掀起的波澜已彻底消歇。事实上,万历之后,乾隆之前,由李梦阳等肇端的复古思潮虽不再主导文坛,但一直或隐或显地影响着文坛。梁维枢《玉剑尊闻》载:

> 李贽常云:"宇宙内有五大部文章,汉有司马子长《史记》,唐有《杜子美集》,宋有《苏子瞻集》,元有施耐庵《水浒传》,明有《李献吉集》。"或谓弇州《四部稿》较弘博。贽曰:"不如献吉之古。"④

李贽主张文学创作当绝假还真,抒发己见。李梦阳作为复古派主情论领袖,以其格高调古、崇尚真情的文学实践,在廓清萎弱庸滥、无病呻吟的台阁文风上居功至伟,因此,其文集被李贽推为可与《史记》《杜子美集》《苏子瞻集》媲美的宇宙大文章,代表了明代文学最高成就。此说已寓李梦阳"明文第一"之意。何良俊称《空同集》中《尚黄书传》《康长公墓碑》《徐迪功集序》等作品"极为雄健,一代之文,罕见其比"⑤;陈仁锡评空同文"英风劲气,不可向迩"⑥;龚炜称空同《双

---

① 《四库全书总目》,第1512页。
② 同上书,第1508页。
③ 详参何宗美、刘敬《〈四库全书总目〉中的明代文学思想辨析——以明代文学复古问题为例》,《江西社会科学》2010年第5期。
④ 梁维枢《玉剑尊闻》卷六,《四库全书存目丛书》子部第244册,第741—742页。
⑤ 何良俊《四友斋丛说》,中华书局,1959年,第210页。
⑥ 陈仁锡评李梦阳《拟二世答李斯书》,《明文奇赏》卷一六,《四库全书存目丛书》集部第358册,第95页。

忠祠碑》等文"卓识大力,一空当世作者"①。可见,李梦阳虽诗名盛于文名,然其文所蕴积的卓识、才力、气势,在明代作家中矫矫不群,实有不可企及处。又,王铎论诗推杜甫、论文推韩愈,认为"兼之者,明惟崆峒、于鳞",赞美李梦阳、李攀龙"超然复古,则左、马、子美后一人"。陈子龙为张溥集作序,以北地李梦阳为明文一盛,吴中王世贞为明文二盛,并以"三盛"期许张溥,相信他能"继大雅,修微言,绍明古今"②。这些议论,尽管未明确标举谁为第一,但李梦阳在明代文统中的崇高地位则殊无疑义。

入清之后,虽然批评界主流对七子派采取激烈的攻讦、否定立场,很大程度上遮蔽了复古派的贡献,扭曲了明代文学发展史的真相,但也有一些论家,如朱彝尊、王士禛、乔亿、沈德潜等,态度比较理性、客观。他们一方面批评七子派取径狭隘、模拟剽窃之习,一方面充分肯定其振衰起弊、复兴文教的功绩,而不像钱谦益、黄宗羲那样持完全否定态度。如王士禛赞美李梦阳、何景明等"一变宣正以来流易之习,明音之盛,遂与开元、大历同风",乔亿称赏李、何突破台阁体的牢笼,"力振颓风,倡为古调,一时群彦,莫不景从,虽真伪杂兴,瑜瑕莫掩,然而立志高、趋向正矣",当为"风雅中兴之冠",并痛斥钱谦益对七子派的诋毁,感叹"耳食之徒又群附和之,于今不息"③。可见,李梦阳等复古派领袖的文学贡献,是无法一笔抹杀的。又,蔡世远《书李杲堂集后》曰:

> 杲堂自谓喀喀病肺,奄奄不振,今观其作古文,气甚凌厉。夫文章有识有气,无识不可以立体,无气不可以致用。譬如大将,部分措置,量知彼已,识也;鼓三军而进之,率先为士卒前行,气也。杲堂有识有气,溯源于子长,规范于韩欧,可谓脱尽明季之习矣。明初诸家,方正学气烈近苏,刘青田属词近子,宋潜溪该贯浏亮,体势近欧,要皆词气疏畅,不肯作觙骸险僻。何李兴,遂为有明树帜。然何不及李远甚。王、茅、二川相继作,卒不能掩北地而上之④。

李杲堂乃黄宗羲甬上弟子,古文得力于司马迁、韩愈,在清初自成一家。蔡世远

---

① 龚炜《巢林笔谈》,中华书局,1981年,第106页。
② 陈子龙《七录斋集序》,《陈忠裕公全集》卷二二,嘉庆八年刻本。
③ 乔亿《剑溪说诗》,《清诗话续编》第2册,第1105页。
④ 蔡世远《书李杲堂集后》,《二希堂文集》卷一一,《清代诗文集汇编》第250册,第206页。

表彰其古文识高气盛,文势跌宕,而以明代作者为参照标准。在蔡氏看来,宋濂、刘基、方孝孺诸人,虽各自成家,然若衡以识见、气势、才力,则不过"词气舒畅",不作骫骳险僻语而已,非横放杰出者。直到何、李兴起,方为明文擎旗树帜。而何景明不及李梦阳远甚,其后王慎中、茅坤、唐顺之、归有光等也在李氏之下。可见,在蔡世远心目中,李梦阳当为"明文第一"。这既是对明清之际盛推归有光、宋濂之风的反拨,也是七子派复古思潮在饱受攻讦后的激烈回应。考蔡世远论文,虽不排斥唐宋,但最推崇两汉,尤重西汉,激赏"汉初文古质,中汉以后朴茂"①,赞美司马迁遒逸高老、无限神韵、"龙门文章,冠绝百代"②,贾谊"云蒸波涌,雄健畅达,经济文章,千古无两"③,刘向醇正典雅、"皆浑古之气"④。这种推崇,与七子派"文必秦汉"的主张声气相通,是蔡世远标举李梦阳的重要动力。只是,乾隆之后,类似的标举就很少再现了。

四、"明文第一"之争的动因

论文标榜第一,是一种极具吸引力和冲击力的文学批评方式,也是最容易引发争议的批评方式。俗语所谓"文无第一,武无第二",不同身份、地位、文学立场以及学养、历练、审美标准等的差异,都会深刻影响到对这一问题的判断,从而引起众口腾说,莫衷一是,故归有光、宋濂、方孝孺、李梦阳、唐顺之等都曾入选"明文第一"⑤。这些分歧,如果纯出于个人独特的文学体验,缺少普遍性,则其理论价值有限。只是,从争论的实际状况看,问题远非如此简单。许多论家的观点,既非仅为表达个人文学经验,更非为已逝的古人较量高下,其内在动因,是为了树立文学典范,干预当下文坛,引领未来发展,因此成为考察明清文学思潮、文学流派盛衰消长的绝佳视角。由钱谦益发端的归有光"明文第一"说,其初衷正是为了构建新文统、树立新典范以对抗、涤荡七子派复古思潮的影

---

① 蔡世远编《古文雅正》卷一,《文渊阁四库全书》本。
② 同上。
③ 同上书,卷二。
④ 同上。
⑤ 如在当代学者陈平原看来,"明文第一,非张岱莫属"。详参氏著《从文人之文到学者之文》,生活·读书·新知三联书店,2004年,第85页。

响而自觉采用的批评策略。这种策略,把握住了明清之际文学发展欲摆脱七子派桎梏、问途唐宋以开新局的历史趋势,因而成为最具影响力的论断。

正由于策略需要,文论家在表彰归有光文章艺术成就的同时,都反复强调其排击七子派、振衰起敝、变革文风的贡献。如钱谦益特别欣赏归有光在王世贞"主盟文坛,声华煊赫"之际,"独抱遗经于荒江虚市之间,树牙颊相撑拄","诋排俗学,以为苟得一二妄庸人为之巨子"①的坚定立场对抗姿态。在钱氏看来,这种对抗,具有挽狂澜于既倒的历史意义,也是推举归有光"明文第一"的重要依据。又,董正位认为,"古来文章家,代不乏人,要必以卓然绝出,能转移风气为上"。明代开国以来,文弊丛生,直至嘉靖年间,"有唐荆川、王遵岩、归震川三先生起而振之,而论者又必以震川为最",其文章"信乎卓然绝出,能转移风气者"②,故明文首推震川。王鸣盛《钝翁类稿序》赞美归文扫除了台阁体、七子派、道学体等的积弊,"盖文之超绝者也"③,是以横绝一世。四库馆臣认为,前、后七子执掌文坛近百年,导致稗贩剽窃、虚气浮响的伪秦汉体充斥艺苑,如河决鱼烂,几不可救。归有光以落魄举子的卑微身份"毅然与之抗衡",斥李梦阳"文理不通",诋王世贞"庸妄巨子",实为扭转文风的关键人物,"自明季以来,学者知由韩柳欧苏沿洄以溯秦汉者"④,归氏居功至伟,无出其右。而问途唐宋以谋求新生,是晚明及清代前、中期文坛的共识,体现了文学发展演变的内在要求和主导趋势,这是归有光"明文第一"说能得到广泛响应的根本原因。至于宋濂、方孝孺、唐顺之,都是唐宋文统中的杰出作家,也是批评家用以廓清七子派影响的文学史资源,因而也曾跻身"明文第一"之列。只是宋、方生在明初,未能参与排击七子派的理论争鸣;唐顺之虽在批判七子派、鼓吹唐宋文统上功勋卓著,但创作成就稍逊一筹。而归有光兼有创作和批评两方面的突出贡献,因此成为明清之际批评家心目中转移风气、垂范作则最理想的人选,也是"明文第一"呼声最高的作家。

李梦阳在明清之际重新得到推重,则是七子派复古思潮在遭受普遍讨伐后的强力反弹,体现了七子流裔对抗唐宋文统的不懈努力。从批评史演变轨迹看,七子派复古理论的局限和创作上模拟剽窃之弊,经唐宋派、公安派、竟陵派

---

① 钱谦益《列朝诗集小传》下册,第 559 页。
② 董正位《归震川先生全集序》,《震川先生集》卷首,第 3 页。
③ 《归震川年谱》附录,第 95 页。
④ 《四库全书总目》,第 1511 页。

及钱谦益等的冲击,到晚明已是有目共睹。因此,即使高倡"文当规摹两汉,诗必宗趣开元"①的云间派陈子龙,也未对前辈的主张一味盲从,而是在承七子余绪的同时,批评其"模拟之功多,而天然之资少"②,强调诗文独创和表现真情的重要性。当然,激起陈子龙更大不满的,是举世诋毁七子、鼓吹唐宋的风气。在他看来,七子派固有缺陷,但也有扫除积弊、振起斯文之功,"其功不可掩,其宗尚不可非"③。一概排斥、否定七子派的主张,亦步亦趋唐宋作家,不复知秦汉文之格高调古,实际上是矮人观场,走向另一种极端,会形成新的模拟剽窃、骫骳从俗。正因如此,陈子龙重搴七子派大旗,推尊李梦阳、王世贞为明文之一盛、再盛。宋琬《周釜山诗序》表彰陈氏反拨流俗之功曰:"云间之学,始于几社。陈卧子、李舒章有廓清摧陷之功,于是北地、信阳、济南、娄东之言,复为天下所信从。"④说七子派在晚明复为天下所信从,或有夸张,但陈子龙等的努力,对于补救因盲目追随唐宋文统而引发的新弊端,维持、赓续秦汉文统的一线生机,显然具有积极意义。

  入清之后,尽管取径唐宋已成主流,但是,大部分批评家,哪怕并非七子流裔,也多能采取理性的态度,充分肯定李梦阳等的历史贡献和地位。汪琬《说铃》载王士禛称"若遇仲默、昌谷,必自把臂入林;若遇献吉,便当退三舍避之"⑤,沈德潜赞美李梦阳、何景明、王世贞等"古风未坠","彬彬乎大雅之章"⑥,甚至连排诋七子不遗余力的四库馆臣,也有"平心而论,何、李如齐桓、晋文,功烈震天下,而霸气终存"⑦之见。这些评价,都体现了李梦阳等不可磨灭的影响。可以说,七子派作为文学流派虽已解体,但复古思潮中的合理因素,一直以某种特殊方式滋养、推动着明清文学的发展。尤其当后世为救复古派之弊而矫枉过正,滋生新的甚至更严重的弊端时,往往会引发对七子派文学史地位的重新发现和肯定,甚至不乏标举七子派领袖和核心人物李梦阳为"明文第一"者。这种标举,对于后人反思如何客观评价七子派的功过是非,恢复被钱谦益及四库馆臣等主流思想所遮蔽、扭曲的明代文学史真相,具有重要的启发意义。

---

① 陈子龙《壬申文选凡例》,《陈忠裕公全集》卷三〇。
② 陈子龙《仿佛楼诗稿序》,《陈忠裕公全集》卷二五。
③ 《仿佛楼诗稿序》,《陈忠裕公全集》卷二五。
④ 宋琬《周釜山诗序》,《安雅堂全集·文集》,上海古籍出版社,2007年,第374页。
⑤ 李圣华笺校《汪琬全集笺校》第4册,人民文学出版社,2010年,第2222页。
⑥ 沈德潜《明诗别裁集序》,《明诗别裁集》,中华书局,1975年,第1页。
⑦ 《四库全书总目》下册,第1490页。

朝鲜诗文选集《东文选》的编纂体例与文学价值

韩国启明大学中国语文学系　诸海星

一、徐居正与《东文选》

《东文选》是一部专选高句丽(公元前37—668)、百济(公元前18—660)、新罗(公元前57—935。以上史称"三国时代")、统一新罗(676—935)、高丽(918—1392)以及朝鲜朝(1392—1910)初期的韩国古代(文人、学者自称"海东")诗文作品的选集。《东文选》(正编)全书共133卷(目录3卷、本文130卷),朝鲜朝成宗九年(1478)开始编纂,至1481年完成,是为了收集、整理因外来侵略而散失的古书,将历代优秀诗文作品保存和传给后代而编纂的。纂集官共署有集贤殿的卢思慎(1427—1498)、姜希孟(1423—1483)、徐居正(1420—1488)、梁诚之(1415—1482)、崔淑精(1433—1480)等23人,而诗文作品选录工作主要由朝鲜朝初期著名学者、诗人徐居正一人完成。

徐居正,字刚中,号四佳亭、亭亭亭,庆尚北道达城郡(今大邱市)人。徐居正生于朝鲜世宗二年(1420),六岁时就能读书写句,世人都称之为奇童。十九岁中进士、生员两试,二十五岁中文科第三人,被选入集贤殿任职并兼知制教,后又陆续中文科重试、拔英试、登俊试,国主嘉赏,世人叹羡,仕途辗转,官至弘文馆大提学、艺文馆大提学、六曹判书、左赞成,封达城君,卒于成宗十九年(1488),谥号文忠。徐居正一生,历事六朝,侍经筵四十五年,主文衡二十六年,掌选二十三榜,为一代斯文宗匠。成宗七年(1476)明使祁顺、张瑾出使朝鲜,徐居正以能文充任远接使及馆伴,其文才深受明使赏识,祁顺评价他说"如公之才,求之中朝,不过二三人耳"①。晚年,仕途

---

① 《朝鲜成宗实录》卷二二三。

不顺,屡遭诟病,后索性辞官归故里,从此不问仕途之事,终日以作诗饮酒为乐,因此其晚年创作的诗文作品数量最多,而且文学艺术价值颇高。

徐居正诗文创作不落古人窠臼,风格雄赡富丽。任元濬(1423—1500)推崇徐居正诗文"规模之大,原委乎李、杜;步趣之敏,出入乎韩、白"(《四佳集序》)。其作品数量之多在韩国古代文人中甚为罕见,《四佳集序》称其"五七言古风、近体、歌行、绝句万余首,为诗集者五十余卷;序、记、说、跋、碑铭、墓志数百余篇,为文集者二十余卷"。今传《四佳集》是族孙徐文裕(1651—1707)等人于肃宗三十一年(1705)辑佚刊成,其中诗集 25 卷,文集 6 卷以时存成宗书芸阁活字旧版为底本,另有诗集补遗 3 卷、文集补遗 2 卷为徐氏后人多方汇集而来,所存仅为原集之一半。在诗歌创作上,他也有较高的成就,代表作品有反映农民辛勤劳动和贫困生活的律诗《苦雨叹》《老牛叹》《东家叹》等。此外,他精通性理学、历史、天文、地理、医药等,参与编纂《经国大典》《三国史节要》《东国通鉴》《新撰东国舆地胜览》和《东文选》诸书,皆为徐居正受命与时贤同撰,但大抵出于他一人之手。①

关于徐居正与《东文选》,因其在韩国古代汉文学史上涉及的莫大影响,就更需要作进一步的探讨。本文从《东文选》所选录的诗文作品及其文体分类,探讨其在编纂体例上的特点,并对其文学价值加以简要述评。

二、《东文选》的编纂体例

徐居正主持编选的《东文选》(正编)选录"采自三国,至于当代"②的辞赋诗文,实际收录的是自 7 世纪新罗统一三国(676)之后,至 15 世纪朝鲜朝成宗(1470—1494)之间的韩国古代辞赋诗文作品。后来在中宗十三年(1518)申用溉(1463—1519)等人续编《续东文选》23 卷 11 册,加收了"正编"之后约四十年间的汉诗文作品 1 300 篇。肃宗三十九年(1713)宋相琦(1657—1722)等人补编《东文选》,后来书名被称为《新纂东文选》。最终《东文选》共有 154 卷,45

---

① 《韩国民族文化大百科辞典》,韩国学中央研究院,1991 年。
② 《东文选序》:"臣等仰承隆委,采自三国,至于当代。辞赋诗文摠若干体,取其词理醇正、有补治教者,分门类聚,釐为一百三十卷,编成以进,赐名曰《东文选》。"《东文选》,首尔太学社,1975 年,第 1 页。

册,收录500余人的4 300余篇的诗文,为韩国最著称一部历代汉诗文选集。其中徐居正主持编选的《东文选》(正编)最有文献价值。可资参考的《东文选》的版本现有两种,一为韩国太学社对朝鲜刻本的缩印本,一为韩国民族文化推进会的标点排印本。①

《东文选》自卷一至二二收录了各种诗体的汉诗,自卷二三至一三三收录了各类文体的散文。所收汉诗,有高句丽名将乙支文德(？—？)和高丽的李仁老(1152—1220)、李奎报(1168—1241)、李齐贤(1287—1367)等不同历史时期的代表作家、文人的作品,还有作家虽不闻名而留下思想、艺术水平颇高的人所创作的汉诗作品。所收散文,有李奎报、林椿(？—？)、李崇仁(1347—1392)、郑以吾(1347—1434)等文人的传记和拟人传记体文学的代表作品。《东文选》共收录辞、赋(卷一—三)、诗(卷四—二二)、诏敕、教书、制诰、册、批答(卷二三—三〇)、表笺(卷三一—四五)、启、状(卷四六—四八)、露布、檄书、箴、铭、颂、赞(卷四九—五一)、奏议、札子、文(卷五二—五六)、书(卷五七—六三)、记、序(卷六四—九五)、说(卷九六—九八)、论(卷九九)、传(卷一〇〇—一〇一)、跋(卷一〇二—一〇三)、致语(卷一〇四)、辩、对、志、原(卷一〇五)、牒、议(卷一〇六)、杂著(卷一〇七)、策题、上梁文(卷一〇八)、祭文、祝文、疏(卷一〇九—一一三)、道场文、斋词(卷一一四)、青词(卷一一五)、哀词、诔、行状、碑铭(卷一一六—一二一)、墓志(卷一二二—一三〇)等48类文体的作品。

《东文选》将所收录的辞赋诗文作品分为48类文体,其中根据文章的目的或用途写给一定对象的文章和无固定对象、作者根据自己的意图写成的文章以及为特定的事件和活动而写成的文章等占绝大部分。写给一定对象的文章可分为:国王写给大臣的文章和大臣上奏国王的文章。第一种情况大部分是大臣代替国王写成的。另外也有官吏相互之间或写给老百姓的公务和私人文章。为特定事件、活动所作的文章,原来是以诗为主的,但因为在文章的背景或诗序中有相关的内容,所以也可收录到散文中来。根据作者的个人意图写的文章一般有记录某事的经过和对自己或他人的诗文、著作评价的文章,对某种观点进行分析研究、探究原委的文章以及人物传记等。尽管这些是徐居正在朝鲜朝初

---

① 《东文选》(朝鲜刻本),启明大学图书馆古文献室所藏善本等多种;《东文选》(朝鲜刻本缩印本),首尔太学社,1975年;《东文选》(标点排印本),首尔民族文化推进会,1994年。

期提出的散文的规范类型,但就当时而言,像金时习(1435—1493)著《金鳌新话》这样的韩国最初汉文传奇小说已出现,很难用他的 48 类文体去概括全部文学作品。朝鲜朝后期,小说、野谈等虚构文学和旅行记录等游记文的大量出现几乎完全突破了《东文选》所划分的文章体类。这也是《东文选》在文体分类和选文上的局限。[①]

与此相比,在中国古代,东汉以来"文"、"笔"问题的提出,则是文体归类、辨析的进一步发展。从《文心雕龙》起,研究中国古代文体的专著,多由"文"、"笔"分类。"文"、"笔"分类着眼点主要是作品的语言特点,即将各种体裁的作品按其语言有韵或无韵,分为"韵文"与"散文"两大类,似与"文学"和"非文学"的区分无关。萧统《文选》则更注意"文学"与"非文学"的限界,提出了"事出于沉思,义归乎翰藻"的选文标准[②],但所选录的作品未能包括所有文学作品。唐宋以后,文人、学者选文或着重"古文",或着重"骈文",或着重"韵文",因而往往失去了选文的全面性,又不在区分"文学"与"非文学"作品。至于小说、戏曲以及其他俗文学,由于被中国古代传统的文学观念排斥于"文学"之外,在文体分类上并未引起多大的变化。这些现象,都是根源于时代与传统文学观念的局限性,并非出于他们缺乏分类的科学性和全面性。

《东文选》是一部按文章体类选录诗文作品的选集,其文体分类与编排方法主要受到以《文选》为代表的中国总集类选本的影响。徐居正在《东文选序》中说:"秦而汉,汉而魏晋,魏晋而隋唐,隋唐而宋元,论其世,考其文,则以《文选》《文粹》《文鉴》《文类》诸编,而亦概论后世文运之上下者矣。"[③]由此可知《东文选》的文体分类与编排方法总体上仿效的是《文选》《唐文粹》《宋文鉴》《元文类》等中国传统诗文总集,这无疑来自《东文选》编纂者对这些中国诗文总集编纂体例的肯定和接受。韩国汉文学者普遍认为中国诗文总集多体现为三层编排法,即先列文类,后分子目,再按作家生卒年为序编选诗文作品。《东文选》则采用先分文类,再按作家生卒年为序选诗文作品的二层编排法,因而树立了韩国古

---

① 赵东一等著,周彪、刘钻扩译《韩国文学论纲》,北京大学出版社,2003 年,第 113 页。
② 《文选序》:"至于记事之史,系年之书,所以褒贬是非,纪别同异,方之篇翰,亦已不同。若其赞论之综缉辞采,序述之错比文华,事出于沉思,义归乎翰藻,故与夫篇什,杂而集之。"
③ 《东文选》第一卷,首尔太学社,1975 年,第 1 页。

代诗文选集在选录层次上的独特风格。①

尽管如此,《东文选》文体的设立与作品的选录兼具"因文而立体"与"因体而录文"的双重意识,又与编纂者对特定文体的好恶相关。《东文选》将所选录各类辞赋诗文都进行相应分类,并按照一定的顺序收录作品。如此分类收录有利于对大量诗文作品进行实际编排工作,也能充分体现出编选者对文体分类的深切认识。总体上看,《东文选》的文体分类既受到中国传统诗文总集及其文体论的影响,又具有自己独特的特色。其选文积极接受了中国总集类选本"因文而立体"的传统编纂方式,对韩国古代诗文作品的文体分类大体建立在本国实际创作的基础上。与此同时,《东文选》的选文也存在"因体而录文"的情况。《东文选》因体而选文的编纂意识还体现在对韩国古代实际创作中有而中国总集中没有的文体的慎重处理。徐居正曾说过:"今《桂苑笔耕》多有不解处,恐当时气习如此,或东方文体未能如古也。"徐居正的"不解"主要集中在《桂苑笔耕集》收录的"别纸"类作品与"委曲"类作品上。从《桂苑笔耕集》所载相应作品的内容进行分析,"委曲"与"别纸"一样具备书信的特点,所不同者在于"别纸"多为私人书牍性质,而"委曲"则多用于传达指令与勉励等意图,属于公、私皆可用的文体。徐居正等人参考的前代中国总集类选本中并无这样的文体名称,《东文选》选录新罗崔致远(857—?)的"委曲"、"别纸"类作品时,在重新辨析其文体特点以确认其文体归属后,将这些作品一并选入"书"类。这样的处理既反映出徐居正等编选者对这两种文体性质的准确把握,也可见他们对中国总集类选本中文体理论的仿效与尊重。②

关于《东文选》的文体分类状况,根据中国学者陈彝秋③的详细分析研究,可分三方面概括地说明。首先,《东文选》将"辞赋"别为辞、赋两类标目,并以先辞后赋的顺序收录作品,是颇有特点的。关于辞类作品,中国古代多将与赋类作品等同起来,如司马迁《史记·司马相如列传》称"景帝不好辞赋"、班固《汉

---

① 金锺喆《〈东文选〉文体分类的性质》(韩文),《退溪学与韩国文化》33,2003年。
② 陈彝秋《论中国选本对朝鲜〈东文选〉文体分类与编排的影响》,《南京师大学报》(社会科学版)2010年第3期。
③ 目前在中国国内唯一发表过几篇有关《东文选》研究论文的学者,代表论文有《徐居正与〈东文选〉》,《古典文学知识》2008年第6期;《论中国选本对朝鲜〈东文选〉文体分类与编排的影响》,《南京师大学报》(社会科学版)2010年第3期;《论中国赋学的东传——以〈东文选〉辞赋的分类与编排为中心》,《南京社会科学》2010年第3期。

书·贾谊传》论及屈原,称其"被谗放逐,作《离骚赋》"。这种辞赋一体的说法影响后世甚为久远。但实际上,辞、赋应为两类文体,魏晋以来的文体学者对此已有所辨析。如刘勰在《文心雕龙》里将赋(《诠赋》)和《离骚》(《辨骚》)区分开来进行论述,萧统《文选》亦在赋体之外,另立骚体以示分别,不过他们大多有意识地不使用"辞"这一名称。此后的总集编纂沿袭了《文选》的传统,如姚铉《唐文粹》、李昉等《文苑英华》、吕祖谦《宋文鉴》、苏天爵《元文类》等,皆以"骚"标目以示辞体与赋体实二。徐居正等人能在《东文选》中将辞类性质的作品明确标目为"辞",这反映了他们想将汉代以来辞、赋二体混淆标目的不当加以纠正的用意,颇有见地。其次,《东文选》"诗歌"部分以言为次,将所选作品细分为五言古诗、七言古诗、五言律诗、五言排律、七言律诗、七言排律、五言绝句、七言绝句及六言诗等九大子类进行收录。其分类上的谬误较少,仅有"词"误为"诗"、古体诗与近体诗混淆。虽然徐居正在《东文选序》中明确表示本书的编纂曾受到《文选》《唐文粹》《宋文鉴》《元文类》等中国诗文总集与《东国文鉴》《东人之文》等朝鲜朝前代诗文选集的影响,但上述总集及选集在诗体分类、标目与编排上均未能给《东文选》提供直接规范,徐居正等人应当有另外的参照。最后,《东文选》的"文章"分类格局吸收了《文选》等中国诗文总集的成果,又结合文体发展与本国创作的实际情况做出了相应调整。总体上各文体的排列遵循的是题材上由高到低、由生到死的顺序,这符合一般的多文体选集编纂常规。《东文选》所收录文章的45类辨体,都可以在《文心雕龙》及《文选》《文苑英华》等撰著中找到对应的文体论述和分类,由此可见中国传统文体分类观念在韩国古代朝鲜朝流传接受之一斑。《东文选》所收录文章的具体类序与徐居正等人参照的前代选集都不完全相同,这又体现了编选者立足本国实际情况对不同文体的认识与态度。①

总而言之,关于《东文选》的编纂体例,可分三方面简要说明。第一,按文体为序:不仅书名直接源自《文选》,《东文选》按文体为序选录诗文作品,总体上首赋、次诗、后文的编排体例也是仿效了《文选》《唐文粹》《宋文鉴》《元文类》等中国传统诗文总集。第二,次文类各以时代相次:《东文选》在各子类文体之下以作家时代先后为序收录作品,这符合《文选序》所说的"凡次文之体,各以汇

---

① 陈彝秋《徐居正与〈东文选〉》,《古典文学知识》2008年第6期。

聚。诗赋体既不一,又以类分。类分之中,各以时代相次"的传统编纂规范。第三,不录在世作家之作品:《东文选》所选作品年代最早的是无名氏的《百济上魏主请伐高句丽表》,此表因百济盖卤王十八年(472)遣使朝魏而作。最晚的是卒于朝鲜朝成宗八年(1477)的李石亨(1415—1477),选录其《呼耶歌》等作品。以李石亨作为选录的下限作家,说明《东文选》与《文选》等中国古代诗文总集一样,遵循的是不录在世作家之作品的编纂常例。

三、《东文选》的文学价值

徐居正在《东文选序》中说:"皇明混一,光岳气全。我国家列圣相承,涵养百年。人物之生于其间,磅礴精粹。作为文章,动荡发越者,亦无让于古。是则我东方之文,非宋元之文,亦非汉唐之文,而乃我国之文也。宜与历代之文并行于天地间,胡可泯焉而无传也哉!奈何金台铉作《文鉴》,失之疏略;崔瀣著《东人文》,散逸尚多。岂不为文献之一大慨也哉!"①他不仅强调朝鲜朝汉文学与中国汉文学之区别,而且还认为韩国古代诗文在形式、内容方面虽无不涉及中国古代诗文,但亦有不让于中国古代诗文的文学价值,其间流露出明显的民族精神和自主意识。正因为他具有这种民族精神和自主意识,所以才促使他编纂了这部诗文选集,并且所收皆为"采自三国,至于当代(即朝鲜朝初期)"文人的辞赋诗文作品。综观徐居正在《东文选序》中指出的编纂动机与目的,可知《东文选》的编纂很明显带有留存、发扬本国优秀文学遗产的用心。中国学者邵毅平曾对此作了些好评:"即使在汉文学领域里,朝鲜的一些古代文人也在努力学习和模仿的同时,并未忘记自己的民族主体性。他们一再提醒人们,即使是朝鲜的汉文学,也应有自己的特点,而不应是中国文学完全的复制品。这是因为孕育朝鲜汉文学的精神风度毕竟不同于中国大陆之故。而且,这种自己的特点应该受到承认和肯定,而不应该妄自菲薄。尤其是在朝鲜王朝时期,此类议论出现得最多。"②

---

① 《东文选》第一卷,首尔太学社,1975年,第1页。
② 邵毅平《地缘文化的命运与挑战——韩国的智慧》,台北林郁文化事业公司,2000年,第200—201页。

关于《东文选》的文学价值，大致可分以下几点简要说明。

第一，《东文选》不仅大量收录了众多韩国古文献中难以找到的高丽朝及其以前时期的汉诗文作品，同时也有助于研究韩国古代各个时期的文学体裁及其发展趋势和特点。由此可说，这部选集在一定程度上具备了韩国古代文学史的意义和价值，而且所收录的不少诗文作品关涉到中国古代的政治文化及文学艺术，所以又可视为古代韩国与中国历史文化交流的部分见证。

第二，《东文选》对保存韩国古代作家作品具有极其重要的意义。一些韩国古代文人、学者的文集在流传过程中散佚严重，在不能求得别集的情况下，《东文选》承担着保留作家作品的重要功能。如高丽诗人李仁老，史载其著有《银台集》20卷、后集4卷，《双明斋集》3卷，《破闲集》3卷等，但流传至今的仅有《破闲集》，其余文集皆佚。我们今天之所以能看到李仁老的诗文，完全依赖《东文选》等一些存世的选集。

第三，在韩国古代文学作品的辑佚与校勘上，《东文选》也有重要的价值。《东文选》用于辑佚的例子很多：如高丽后期学者李达衷(1309—1384)的今本《霁亭集》，不仅赋、文基本上辑自《东文选》，而且诗歌34首也来源于《东文选》。对于一些留存较好的别集，《东文选》也能起到补充作用，如《东文选》卷三二的《贺平定安南笺》与卷七六的《中宁山皇甫城记》就未见于李穑(1328—1396)《牧隐集》，可补其不足。另外，《东文选》在文学校勘方面的价值也很值得注意。一些作家的别集编纂，所据资料与《东文选》的来源有所不同，文字间有差异，可以比同勘异，或订正讹误，或择善而从。

第四，《东文选》还集中保存了许多重要的文学批评史料。在按文体收录作品的体例下，《东文选》中的文学批评史料往往是类聚在一起的，尤其集中于序、跋两类文体。通过《东文选》选录的这些作品，我们不仅可以对一些作家当时是否有文集传世产生初步认识，而且也可以了解到一些书籍的整理、编纂和刊刻的情况。这些作品既能反映作者的文学观念，也暗含编者对某些作家的整体评价，对进一步研究《东文选》乃至韩国古代文学史具有重要意义。[①]

作为一部历代诗文选集，《东文选》也有一些缺点。综观后世文人、学者的评价，其重点主要集中在两点：一是所收作品广博有余，精当不足，得到"是乃

---

① 陈彝秋《徐居正与〈东文选〉》，《古典文学知识》2008年第6期。

类聚,非选也"①的讥评;一是"主选者多以爱憎为取舍"②,有徇私不公之嫌。今天持客观态度去看《东文选》,类聚之弊端似已不必苛责,至于以爱憎为取舍,批评者的态度却也不无根据。举例说有几位作家,《东文选》只选录了他们与徐居正的唱和往还之作,如洪逸童(?—1464)的《效八音体寄刚中(徐居正)》、宋处宽(1410—1477)的《奉寄徐刚中》、尹子溁(1420—?)的《谪居次韵徐刚中学士见寄》等。虽说这在留存作家作品方面有积极意义,但据此认为主选者徐居正有爱憎与私心并不为过。这些部分缺点比起《东文选》的整体艺术成就和文学价值,毕竟显得微不足道。③

总之,《东文选》虽然有些缺点和局限性,但因是15世纪中叶朝鲜朝编纂的文学选集中所收诗文作品最多、文学史料庞大丰富、编纂体例井然有序,成了韩国民族的宝贵文学遗产。《东文选》保存了大量的韩国古代汉文学史料,总结了"始于三国,盛于高丽,极于盛朝"的韩国古代汉文学的历史成就。作为一部珍贵的文学选集,《东文选》使一些重要作家的作品得以流传下来,对保存韩国古代文学遗产作出了重大贡献。

众所周知,韩中两国是一衣带水、唇齿相依的邻邦,在几千年的历史长河中,两国间长期存在密切的友好交往,并为了一致的利益进行过斗争,因而在两国人民中间形成了许多相似的文化特点和传统。韩中文化交流有着悠久的历史,在世界文化交流史中像韩中文化交流那样有着密切的相互影响关系是比较罕见的。通过中国文章总集和文集以及别集的流传,中国古代文学作品也随着时代的变迁渐渐地传入韩国,特别受到韩国古代知识界人士的关心和推崇,为当时学术界所重视。尤其是当今从事中国古代文学、韩国古代汉文学研究的学者们均对这些中国文献长期进行着各方面的钻研,并获得了多方面的学术成果。文学作品的译注和翻译以及研究是文化传播的重要媒介,中国古代文学作品的大量译注和翻译及研究,不仅为韩国人民全面了解中国古代学术文化提供了极为有利的条件,而且通过中国古代文学的传播为韩国人民更进一步认识中国传统文化的发展历程作出了巨大的贡献。笔者认为我们要研究韩国古代汉

---

① 成俔《慵斋丛话》卷一〇。
② 李睟光《芝峰类说》卷七,经书部三。
③ 陈彝秋《徐居正与〈东文选〉》,《古典文学知识》2008年第6期。

文学选集或学人文集,一则应予以充分重视其本来的文献价值及文学艺术价值,二则应探究其与中国文学的相互关系,并对于其在韩中两国学术文化发展上占有的功能和价值以及影响等问题,做一番认真的检讨和客观的评价。

汪时跃及其所编文选、文话简述

北京大学中文系 张 剑

我国商业在明中叶以后出现显著发展,出版业也达到空前的繁荣,重要的商会城市中书肆林立,给许多文士提供了谋生的机会,不少人便靠编书来维持或补贴生活。汪时跃(1547—1613)就是其中的一员。

一、汪时跃其人

今天能见到的由汪时跃编纂的书籍尚有两种,一种是刻于万历年间的《举业要语》不分卷,二册,藏于首都师范大学图书馆,系孤本;一部是刻于万历四十二年的《镌昭代名公四六类编》二十四卷、《补遗》一卷,北京大学图书馆和浙江省图书馆有藏(详后)。但汪时跃生平资料较少,正史无载。幸运的是,《休宁西门汪氏宗谱》①保留了他的一些重要信息,再加上《举业要语》《镌昭代名公四六类编》和地方志的资料,多少可以勾画出其基本面貌来。

1. 生卒年

《休宁西门汪氏宗谱》卷六载有汪时跃小传数行:"时跃,字起潜,号震沧,万历丙子科举人,戊寅同嘉宾、廷诰汇大阪府判湘修汪氏统宗谱。嘉靖丁未生。配叶氏。"②据此知其生于嘉靖二十六年(1547)。其卒年,未见明确记载,但《镌昭代名公四六类编》卷首前有谢廷赞万历甲寅浴佛日所作《四六类编引》:"亡何君及遽蝉脱去,欲锓未竟。今春适君及有侄栗甫氏谒余维扬,云此乃先季父手汇《四六类编》也,小子敬杀青公海内,敢藉长者言弁诸简端。"又有汪起英万历甲寅端阳日《四六类编后叙》:"云胡竟以玉楼文夺兄去,杀青未果。兹侄栗甫付

---

① 《休宁西门汪氏宗谱》十四卷,顺治九年家刻本,汪澍、汪逢年等纂修,国家图书馆藏。
② 同上书,卷六。

剞劂,以公海内同嗜者,请叙于余。"万历甲寅浴佛日为万历四十二年(1614)四月初八日,"君及"当为汪时跃的字号。据此知谢、汪两人作序时,汪时跃当卒未久,考虑到汪栗甫刻版《镌昭代名公四六类编》所需时间,暂推汪时跃卒于万历四十一年(1613)为宜。

2. 家世

《休宁西门汪氏宗谱》叙及汪氏源流文字甚多,其中汪时跃亦撰有《统宗西门支谱辨真记实》①一文,综合梳理,可知汪时跃家世大致脉络如下:

(1) 汪氏之先出于姬,封鲁颍川侯,侯名汪,传三世,始以为姓,世远派繁,至汉龙骧将军文和渡江而居,始为谱牒。汪文和为汪氏三十一世孙,汉献帝兴平间破黄巾,封龙骧将军;建安二年,中原之乱,南渡,孙策表授为会稽令,封淮安侯,居始新。

(2) 汪氏第三十六世汪道献,晋元帝永昌间为黟县令,由始新至歙,传至第四十世叔举,宋孝武帝大明间为军司马,退居不仕,由歙迁绩溪登源汪村。至第四十四世汪华,城绩溪,为唐名臣,封越国公,谥忠烈。

(3) 至第五十世兵马使都虞候道安,又移镇婺源清华武口弦高诸镇,因家焉。其子三,长汪源,不仕,居婺源大田西山下,迁珠里;次汪渍,继世握兵,居大田。三汪淦,仕至银青光禄大夫,以追寇死难,无传。

(4) 汪渍公子四,长汪参无传;次汪中元,居大阪;三失讳;四汪高,世乱奔淮,至子汪程始迁回岭。

(5) 至第六十世汪颜,子四。长汪鼎,迁九江彭泽县;次汪茂,迁遂安县白济田;三汪皋,世居回岭;四汪接,宋初迁休宁邑治之西,世居焉,是为西门汪氏始祖。

(6) 汪接为汪氏第六十一世孙,又为西门汪氏始迁祖。汪接生怀简,怀简生德,德生言,言生汉(宋迪公郎),汉生九子:长文彬,不仕;次文义,饶州金判(其支名人有汪莘);三、四觞;五端礼,大理评事;六端智,将仕郎;七端信,集贤殿学士;八端仁,端明殿修撰;九体仁,进士,承奉郎,竹山县尹,皆为汪氏第六十六世(又为西门汪氏第六世)。

(7) 汪时跃为汪文彬之后,故此支系被称为大公支。汪时跃《统宗西门支

---

① 《休宁西门汪氏宗谱》十四卷,顺治九年家刻本,汪澍、汪逢年等纂修,国家图书馆藏,卷一。

谱辨真记实》即记大公支源流,《休宁西门汪氏宗谱》卷六亦为大公支世系图。汪时跃为汪姓八十二世孙(又为西宁汪氏第二十二世孙),其西门一支直系承传为:六十六世文彬(字章仲,事亲读书,不仕,宋元符庚辰生,乾道壬辰殁)——文彬生六十七世汝极(字子会,绍兴已巳生);汝功(字子庸)——汝极生六十八世烨、蕃、敬、苇、革——烨生六十九世洙——洙生七十世赓——赓生七十一世揆(字舜庸,中漕举,仕至登仕郎,博学工文)——揆生七十二世晦(字公才,以文学举国子学录)——晦生七十三世佛(字坚吾)——佛生七十四世庆(字积善,洪武己未殁,娶朱氏,有隐公德)——庆生七十五世观童——观童生七十六世武帅(字思美,有隐德)——武帅生七十七世源显(字希晦,洪武丁丑生,宣德壬子殁,娶吴氏)——源显生七十八世麒余(字叔正,宣德丁未生,正德辛未殁,娶戴氏)——麒余生七十九世福赐——福赐生八十世天赋(弘治丁巳生,嘉靖丙戌殁,娶朱氏,贞节)——天赋生八十一世春阳(祥符县主簿,字符和,号晴溪,娶王氏,万历丁丑造堂宇于旧祠前,因支裔繁衍,庚子大建宗祠,撤其旧而拓新焉)——春阳生八十二世时鸣、时跃。

(8) 时鸣字邦瑞,邑庠生,配胡氏,生八十三世尚宥、尚宾(字光甫,过继给时跃)。时跃,小传已见前引。尚宥生八十四世大禄、大受;大禄生八十五世旺老,大受生腊梨,后无闻。尚宾生八十四世若渊,字伯水,万历辛卯生,娶许氏,无后。

3. 生平

据前引《休宁西门汪氏宗谱》卷六汪时跃小传,知其字起潜,号震沧,配叶氏,万历四年丙子(1576)科举人;万历六年(1578)曾参与汪氏统宗谱的修撰。然据前引谢廷赞《四六类编引》,汪时跃另有字号曰"君及"。

汪时跃中过举人,这是他能依靠编书生活的底气。乾隆《江南通志》卷一二九《选举志·举人五》、康熙《徽州府志》卷九《选举志上》、道光《休宁县志》卷九《选举·举人》均载汪时跃为万历四年丙子(1576)科举人,《江南通志》《徽州府志》又载其"休宁人",《休宁县志》稍详,亦仅言其"字起潜,西门人"。这些都可与《休宁西门汪氏宗谱》中的记载相互参证。汪时跃在当时应该小有名气,汪起英《四六类编后叙》称:

余兄君及氏,髫年迄舞象,才雄绣虎,学擅雕龙,知交倾海内,许师相深器之。况宅志玄淡,不惹芬膻。挈家游武林,杜门谢请,日憩息湖上,翠峰接径,酣绿映眸,时时作羲皇想。因公车屡踬,益丰视逖听,精其业而不分,以故诸所结撰纂集,悉运奇心臆,衡法古先,名噪于艺林。

"舞象"指成童之年,成童一般谓十五岁,"绣虎"、"雕龙"均指擅长写作、词藻华丽者,许师相当为许国(1527—1596),歙县城东人;嘉靖四十四年进士;隆庆元年授翰林检讨;隆庆五年,奉命巡视徽州;万历四年主持顺天府乡试;万历十一年主持会试,同年四月升任礼部尚书兼东阁大学士,九月,晋升太子太保、文渊阁大学士;万历十二年授武英殿大学士。《举业要语》中载汪时跃按语云:"因记辛未秋,许师相奉使过家,余以门弟子执文请益。师相评余文云:结构之密,不遗一隙,淘洗之净,不赘一辞,清润而不削薄,显浅而不庸常,可与言文矣。"文中"辛未"当系隆庆五年(1571)辛未,汪时跃25岁,恰值许国奉使过徽州之际。由此叙可知汪时跃青少年时代即文采出众,深受后来的大学士许国的赏识。中举后的汪时跃多次参加礼部试不第,遂举家游寓杭州(武林),玩赏风景,编撰书籍,俨然隐逸之士。由于其撰写或纂集之书能够"运奇心臆,衡法古先",故能"名噪艺林"。序中"诸所结撰纂集"应该既包括汪时跃个人创作,又包括其所编选之书。

之所以判断汪时跃在杭州时曾编书谋生,不仅是现存《举业要语》与《镌昭代名公四六类编》均为坊间畅销书,前者面向广大举子,后者应用范围更广;而且还由于《镌昭代名公四六类编》卷二四中收有一篇汪时跃所作《名文征启》:

盖闻棘闱吁俊,龙变而淑气云蒸;薇省抡才,凤举而英声雷动。顾此主司之荐拔,实惟承学之精修。韫璞而冲斗凌虹,剖珍而驰风掣电。自非浚蓄,曷以沛施。固知陟昆圃者,目骇夜光;简组练者,神钦朝采。彼午未之既往,将酉戌之载临。艳大将于登坛,授谁无钺;奋元戎于前乘,挥各有戈。不佞以邾莒小方,观齐晋胜会。窃谓今日之文风盛矣,今日之新义寥然。唯是以会场为标,以甲科为毂,故十八房之京本一出,而数十家之选刻何多。其在沉思,味其腴而洞其髓;亦有浮慕,买其椟而还其珠。夫有一榜之贤良,必有一榜之声价;有一科之贡举,必有一科之人文。将来者岂但嗣彼徽音,振起者即是今之元哲。雍序之英尚潜颖而未试,而摩云劲翮已培九万之风;公车之彦正劝驾之有期,而荡日飞鳞直激三千之浪。家琮人璧,畴非冰玉之丰姿;竹简芸窗,应富蓬瀛之著作。

　　　　家侄某列肆武林,奉教文苑。聆芳名之孔凤,梓制义之必工。第以文体聿新,旧章若为习套;大题居要,妙作难以盈编。是用博访名家,觅玄珠于赤水;仰干记室,希白雪于丹丘。不佞俯揣声同,僭附交末。为之代请,讵云骊渊之求;倘不鄙遗,何啻鳣堂之锡。日边红杏,转盼而庆金门;天上青藜,先声而传玉署。

由此知其侄即在杭州开设书肆,而汪时跃依赖自己的交游和人脉,向当时的制义名家广泛约稿,启中有"彼午未之既往,将酉戌之载临"之句,可推此启写于万历三十六年戊申(1608)。其侄当即刻印《镌昭代名公四六类编》的"栗甫",其称汪时跃为"季父",而汪时跃胞兄时鸣有尚宥、尚宾二子,汪尚宾字光甫,过继给时跃,那么称"季父"者只能是汪尚宥。叔侄两人相互帮衬,亦易于杭州立足生存。

　　不过,汪时跃在杭州的生活并非纯然隐居的状态,就在万历三十五年(1607),即他发表《名文征启》的前一年,他又至北京应会试,还和同乡举子会文结盟,《镌昭代名公四六类编》卷二四附有其所作《本邑公车会序》云:

　　　　上御历三十五载,当会试天下士,功令申饬,视昔一新。吾邑同袍待诏公车,先期会于都门,谭艺论心,云蒸雷动。不佞跃最后至,聿观厥成。试既终,棘未撤,诸兄各藉年序为盟久要,以不佞齿先,令宣首简……

汪时跃万历四年中举,次年即有礼部试,至万历三十五年,他蹉跎于礼部试凡三十年,昔日的翩翩少年、风流才子,今日在同乡举子中竟已成为"齿先"的垂垂老者,科举似是误人匪浅。然而也许汪时跃并不这么认为,因为他至死都醉心于编撰此类书籍。"子非鱼安知鱼之乐"哉!

二、《镌昭代名公四六类编》

　　《镌昭代名公四六类编》二十四卷、《补遗》一卷,北京大学图书馆和浙江省图书馆均有藏,惟分册不同,北京大学馆藏为八册,浙江省图书馆藏为十六册。《中国古籍总目》第六册《集部·总集类·断代之属》著录为"明万历四十二年汪士晋刻本"[1],浙江省图书馆所藏系蔡鸿鉴"墨澥楼"藏本,目录页首行下钤"墨

---

[1] 《中国古籍总目》第 6 册,中华书局、上海古籍出版社,2012 年,第 3037 页。

瀣楼珍藏书画钤记"朱文印,但未见任何"汪士晋"的痕迹;北京大学藏本有"江西汪石琴家藏本"朱文印、"巴陵方氏碧琳琅藏书"白文印,前有汪起英序,末云"万历甲寅端阳日小弟起英识",亦未见有版刻和汪士晋信息,其电子编目附注"版刻年据明万历四十二年(1614)序"。或汪士晋当系"栗甫"的大名("尚宥"为族名),是耶非耶,只好留待以后判断。

四六文是明代社会的通行实用文体,举凡官场公文写作、日常应酬以及民间婚丧庆吊等,此文体皆不可或缺。因此,明代四六文选也颇为兴盛,存世的尚有近五十种①,比较有名的通代如王志坚的《四六法海》、李天麟《词致录》,有明一代如冯梦祯《四六徽音》、钟惺《四六新函》、李日华《四六类编》等。汪时跃所辑《镌昭代名公四六类编》,也是断代四六文选,选录有明一代280余人1200多篇四六书启,从卷数上来说,仅次于李自荣所辑《岳石帆先生鉴定四六宙函》三十卷,可谓洋洋大观。

该书分五十七大类,计:宗藩、内阁、詹事府、翰林院(附史馆 庶吉士)、座师、年谊(各职诸启仍附本职后)、殿试、春闱、秋闱、国子监、吏部(附仓场侍郎、仓粮、钞关、监兑)、礼部、兵部(附戎政侍郎)、刑部(附恤刑,漕运理刑)、工部(附分河,抽料)、都察院(附各省)、通政司、大理寺、六科、代巡(附各省,散差)、督学(附各省学道)、尚宾司、太常寺、光禄寺、太仆寺、鸿胪寺、苑马寺、京兆、京宰、中书科、行人司、钦天监、太医院、上林苑、兵马司、布政司(附分守、粮储)、按察司(附分巡、兵备、海防、江防)、运司(附盐提举)、群守、州守、邑令、儒学(附贡士、秀才)、勋戚、国戚、勋贵、总兵(附参游、留守、运总、守备)、锦衣卫(附京卫)、都司(附外卫)、武闱(附武学)、婚媾、乡饮、时令(以下各职诸启仍附本职后)、杂贺、饷赠、答谢、宴谢、杂启。

可以看出大致以所属官制分类,又杂以"婚媾"、"乡饮"、"时令"、"饷赠"、"答谢"、"宴谢"等日常应酬类别,逻辑并不严密。各卷选文篇数也颇悬殊,如卷一"宗藩"收文近百篇,卷二"内阁"收文近两百篇,然卷一五"勋戚"仅收文七篇,卷一六"勋贵"仅收文三篇,卷一九"乡饮"更是仅收邬元会《府请吴带河州牧乡饮酒》一篇。这可能是由于汪时跃尚在编集中而遽然物化,其侄草草收拾付梓于世所致。

---

① 参苗民《明代中后期四六选本综合研究》,南京大学2011年博士学位论文。

尽管如此,该书仍有不容忽视的价值。首先,所收作者280余人,大部分作者无别集传世或其集散佚,可据此书得窥一斑。如曾光鲁、曾寿贵、陈昌积、陈向廷、陈一简、陈宗契、成于思、程朝京、程子侃、戴文宗、丁鸿阳、杜承基、龚道立、龚三益、古之贤、郝世科、何如宠、贺灿然、胡仲合、黄道日、黄洪鸾、贾克忠、江一山、金忠士、李牧民、李元畅、连继芳、凌湛初、刘大受、刘国缙、刘仕骥、鲁省吾、陆应川、罗万化、吕鸣珂、潘廷圭、乔懋敬、施善教、史邦冠、宋兆祥、孙如游、唐文灿、汪起英、汪先岸、王接武、王之屏、邬元会、吴梦豹、项惟聪、许以忠、杨美稷、叶日新、于仕廉、余钟英、喻世卿、詹在泮、张梦鲤、张叔玺、章宗理、赵嗣芳、周家栋、朱翊铤、朱翊铄、左之龙等。有的虽有别集传世,但仍可补遗,如卷六所载汤显祖《上赵中丞启》一文,就不见于《汤显祖全集》。

其次,该书卷首谢、汪二序也颇重要,谢廷赞(1577—?),字曰可,江西金溪人。万历二十六年(1598)进士,授刑部主事。因上疏获罪,侨寓维扬,授徒自给。汪起元(1569—1631),字才仲,号钟阳,万历四十一年(1613)进士,安徽休宁人,系汪时跃族弟。谢序载有汪时跃对于四六文的看法,汪序载有对汪时跃四六文创作的评价,两序又体现出明代士大夫对四六文的一般性认识。兹全录如下:

四六类编引

尝观操觚工排偶者,佥寄梦笔花,游神汗竹,自诧为窥二酉而囊千古。嗟乎,谁识大块噫而万窍号,比吹以称于天籁则远;春气鱿而百昌遂,摹镂以称于大巧则迂。纵风云月露,镌冰楮叶,为剪采,为黎丘,要以伤雅漓真,纵骈俪将焉用之。

顷余游武林湖上,时交君及欢甚,盱衡尚论,累日不惫,君及间语余曰:"今冠盖酬答,四六尚矣,大都文不根情,伤于雅而漓于真,为远为迂,精牺同牢耳,食者久属餍于藜藿。然格宜辨也,识宜闳也,意宜远也,色宜妍也,响宜叶也。譬之风射窍而成声,水聚波而成潆,斯足贵焉。"出订选《四六类编》示余,余从宰割后品尝之。编中门分鳞集,俱搜昭代名硕鸿裁,泥蟠两汉,飚骇六朝。其体局则如商彝周鼎,吞浴日月,格辨矣;其包蓄则如武库初开,错落珠玑,识闳矣;其抒写则如千里晤言,江河行地,意远矣;其逸姿则如芙渠试风,映带绿水,色妍矣;其声韵则如云房石磬,杂以松吹,音叶矣。诚所云文根于情,雅真存而五善备。斯集也,盖探玄珠于赤水,掇群材于邓林,洋洋乎修辞大观也哉。

亡何君及遽蝉脱去,欲锓未竟。今春适君及有侄栗甫氏谒余维扬,云此乃先季父手汇四六类编也,小子敬杀青公海内,敢藉长者言弁诸简端。余顿深怀故之感,乌乎言哉,聊追忆曩昔所论述以塞其请云耳。若夫鼠璞淄渑,自有玄赏,无容不佞喋喋矣。

时万历甲寅浴佛日金溪谢廷赞题。(后钤"日可氏"朱文印、"戊戌进士"白文印)

四六类编后叙

人生戴圆履方,不悔者心,不朽者文。盖云汉为昭天之文也,花卉为贲地之文也,菁华为蔚人之文也。纵观操觚家,无论制艺,无论排偶,大都根心生文,旨足鞭金石而叶宫商,一造其极,则成风之桑林之舞,千古修词之司南云。

余兄君及氏,髫年迄舞象,才雄绣虎,学擅雕龙,知交倾海内,许师相深器之。况宅志玄淡,不惹芬膻。挈家游武林,杜门谢请,日憩息湖上,翠峰接径,酣绿映眸,时时作羲皇想。因公车屡踬,益丰视遂听,精其业而不分,以故诸所结撰纂集,悉运奇心臆,衡法古先,名噪于艺林,咸目为嚆矢。间尝遴集国朝名硕四六鸿裁,门分类别,差备昭代巨观。尤首工排偶语,每构思落笔,辄成云烟,惜稿有散逸,兹所附锓,特五彩之一斑耳。

余深维隋珠卞璧,识者珍焉,兄所汇集,禀经酌雅,洵作者与选者俱称双美。五侯之鲭,九鼎之脔,纸贵洛阳勿问矣。云胡竟以玉楼文夺兄去,杀青未果。兹侄栗甫付剞劂以公海内同嗜者,请叙于余。用是掇数语于简末,见绣指之不易也。若夫集中锦制藻丽,轶六朝典雅,驾两宋洋洋,修辞津筏,操月旦评者,则有谢比部之论在。

万历甲寅端阳日,小弟起英识。(后钤"才仲父"朱文印、"京闱进士"白文印)

四六文在明代应用既广,人们对之评价自然渐多,褒贬不一。从谢序看,汪时跃和谢廷赞对四六的态度还是较为辩证的,两人都认识到四六文对于"冠盖酬答"的重要作用,但又批评今日"操觚工排偶者"只知"摹镂"词句,摹声润色,却"文不根情,伤于雅而漓于真,为远为迂",不可取也。他们主张四六文要在"文根于情"的自然美学基础之上,再追求格律词藻的五善:"格宜辨也,识宜闳也,意宜远也,色宜妍也,响宜叶也。""格"、"识"、"意"、"色"、"响",是汪时跃对于四六文美学特性较为集中的表述,具有一定的启发性。

汪起英序,是考察汪时跃行历的重要材料,同时也评价了汪时跃的创作:"首工排偶语,每构思落笔,辄成云烟,惜稿有散逸,兹所附锓,特五彩之一斑耳。"《镌昭代名公四六类编》中共附汪时跃四六文九篇,计:卷一四《进学请邑侯》《阖邑贺李邑侯》《元宵请邑侯》《午节请邑侯》;卷二一《贺人生子》,卷二四《代祈雨疏》《名文征启》《谢吴季骢(代)》《本邑公车公序》。下笔确能不落俗套,文采斐然,如《代祈雨疏》:

民窘号天,望九重以溅泽;阳骄动地,愿一沛于灵膏。可怜焦土弘灾,正切油云盛望。素简上干于鸣造,丹衷下藉乎龙湫。某自惭如保,独抱先忧。虽无胞与之怀,窃有痌瘝之念。何自屡岁荒旱频仍,一春乏雨水之勤,三农讶耕犁之晚。当此青黄之未接,岂宜云汉之再歌。灵苗未分绿亩,空费鸠啼;高阪顿起黄埃,惟伤龟坼。日见阁云而不下,时忽盈涪而即干。胼胝不能施其劳,桔槔无所容其转。但恐西成画饼,只愁南土蒸沙。将为菹谷之悲,难免苴栖之叹。抚景徒膺于耿耿,当筹何惠于元元。

全文扣旱灾之重,扣盼雨之殷,扣忧民之深,虽系代作,情由衷出,对偶自然贴切,行文摇曳生姿,语言清丽可喜。确有许国所云"结构之密,不遗一隙,淘洗之净,不赘一辞,清润而不削薄,显浅而不庸常"之感,洵为佳制。

三、《举业要语》

《举业要语》二册,不分卷,是汪时跃所编一部时文文话[①],共选录三十七家论文要语(凡进士三十六名、举人一名),依出现先后为次,计:

项德桢(玄池,万历十四年进士)、汪镗(远峰,嘉靖二十六年进士)、吴默(因

---

① 汪时跃《举业要语》原版藏于首都师范大学图书馆,后收入陈广宏、龚宗杰编校《稀见明人文话二十种》,上海古籍出版社,2017年。

之,万历二十年进士)、袁黄(了凡,万历十四年进士)、黄志清(鹭峰,万历十四年进士)、季道统(太承,万历十一年进士)、刘孔当(喜闻,万历二十年进士)、郝敬(楚望,万历十七年进士)、陶望龄(石篑,万历十七年进士)、邹德溥(四山,万历十一年进士)、李尧民(雍野,万历二年进士)、潘士藻(雪松,万历十一年进士)、邓以赞(定宇,隆庆五年进士)、王锡爵(荆石,嘉靖四十一年进士)、冯梦祯(具区,万历五年进士)、李廷机(九我,万历十一年进士)、冯有经(源明,万历十七年进士)、王衡(缑山,万历十六年进士)、王肯堂(损庵,万历十七年进士)、高萃(南麓,万历二年进士)、顾宪成(泾阳,万历八年进士)、茅坤(鹿门,嘉靖十七年进士)、冯时可(文所,隆庆五年进士)、杜伟(静台,初姓沈,号虹野,嘉靖三十一年举人)、项乔(瓯东,嘉靖八年进士)、沈位(虹台,隆庆二年进士)、唐顺之(荆川,嘉靖八年进士)、陈子贞(怀云,万历八年进士)、冯叔吉(修吾,嘉靖三十二年进士)、王世贞(凤洲,嘉靖二十六年进士)、章士雅(阳东,万历十七年进士)、徐常吉(儆弦,万历十一年进士)、敖英(清江,正德十六年进士)、伍袁萃(宁方,万历八年进士)、李维桢(翼轩,隆庆二年进士)、蔡复一(元履,万历二十三年进士)、董其昌(思白,万历十七年进士)。

其中有的人不止录引一次,如袁黄,先后录引达十次,其他如吴默、王衡、沈位等引录次数也较多,董其昌虽只被引录一次,但将其评文《九字诀》完整引录,近五千字,属一次引用字数最多者。被征引者的科第分布情况,进士科次为正德一人,嘉靖七人,隆庆四人,万历二十四人;举人仅一名,为嘉靖三十一年杜伟(沈位之父)。科次最早者为正德十六年进士敖英,科次最晚者为万历二十三年进士蔡复一。因万历二十五年又有礼部试,若编于此后,当收录有该科人士,今未见,故可推测《举业要语》编刊于万历二十三年(1595)或万历二十四年(1596)。

该书名"举业要语",取材自然多来自科举专书或论文,如袁黄《举业心鹄》《答钱明吾论文》《诸子新艺叙》《与于生论文书》《宝坻训士》,陶望龄《王晋伯制义序》《汤会元易义引》《序钱心卓草》,邹德溥《壬辰门士文序》,潘士藻《大朴山房谈艺》,刘孔当《李长卿制义序》,冯梦祯《南雍课士序》,章士雅(阳东)《周茂实制义序》,冯有经《乙未门士文录序》,王衡《学艺初言》,茅坤《谕儿等习举业》,项乔《举业详说》,蔡复一《自叙制义》,等。但是,并不全然如此,亦有取材于一般写作学意义的文论专书或论文,如书中引王世贞《艺苑卮言》云:"首尾开阖,繁简奇正,各极其度,篇法也。抑扬顿挫,长短节奏,各极其致,句法也。点缀关键,金石绮彩,各极其造,字法也。篇有百尺之锦,句有千钧之弩,字有百炼之金,文之与诗,固异象同则。"即可通用于诗文。而所引冯时可《西征集自序》和《学语》,前者是为自己赴黔及在黔期间的诗文合集所作自序,后者更是论孔孟为学之道:

> 《中庸》称博学,孔子亦云思而不学则殆,学之不容已也。至孟轲氏,以学问之道,归之求放心,尤吃要哉!盖道无所缘则虚,学无所本则杂,人能收敛方寸,尽除欲根,使志气如神,万象毕照,于兹而学,则以闻见资吾心,而不以吾心溺闻见,始焉而博,终焉而约,始焉而求,终焉而化,孔孟所谓学也。后之学者支离汗漫,无复超悟,而矫之者遂欲糟粕经传,直窥心体,彼自以为圣人宗旨在是,而窅然茫然其何底竟,求之孔孟无有也。噫!适国者邮,济川者筏,舍筏与邮,而冀冲举,则缪悠哉。

此条在《举业要语》下册,汪时跃特作按语云:"前集统论举业,此卷参以艺文,其旁引曲证,益亲切著明矣。"而且即使上册统论举业之语,亦多具通用于时文与古文的普泛性。如上册曾引袁黄《举业心鹄》云:

> 文章小技也,然精神不聚,则不工;识见不高,则不工;理路不熟,则不工;涵养不到,则不工;有一毫俗事入其肺腑,则不工。故习之者必远尘冗,屏嗜欲,绵绵焉束心,一路精神全注于此。其未成也,如鸡抱卵,如龙养珠,虽未脱化,亦足以收吾放心。其既成也,如庖丁解牛,如大匠斫轮,不离技艺而超然有心领神会之趣。

论的是人的精神、识见、理路、涵养对文章的重要性,具有较大的普适性。再如上册又引吴默《文诀》云:

> 学者多以看书作文分为二项,故二者胥失之。不知二者虽有操觚与不操觚之辨,总之去肉见骨,去骨见髓,要以得解而止,非有二也。夫书义有思之而即得者;有思之竟日而所得者;有明日又思之而后得者;有力量未到累日思之不可通、停阁三月五月之后,识见增进,或重思之,或他书偶相触发而恍然有得者。始也无从而疑,既也疑,究也不胜其疑,至于不胜疑,而悟之门启也。愈悟则愈疑,愈疑亦愈悟。故学者非悟之难,而疑之难也。

其所谓疑与悟者何物也？是心窍中之生机也，机触则引而益长，窍开则迎而辄解。故随其所值，皆可推类以尽其余，真有日异而月不同之妙。大要只是追寻圣贤语意，要想圣人为何说此一句，为何下此字眼。圣人下字如化工肖物，有凿凿不移道理，看一章须讨关键在某处，看一句须讨上文如何，下文如何，通章血脉如何。但将白文从头至尾，及覆玩味，定是有见。

汪时跃于后特加按语云："五经四书备载天地间理道，故为古今文章宗祖。操觚家离此，即为无本学问，矧时义为圣贤代言者乎？必平时看书洞彻理奥，而后为文始入骨透髓。不然犹以画工素不识面之人，而今悬貌其眉宇，胡能肖焉。故看书为举业第一义。"虽然将此条与举业联系起来，但其内容实际是泛论读书对作文的重要性以及读书的方法，当然并非仅适用于时文。

汪时跃的按语在《举业要语》中有二十余处，多是引用前贤和时贤的其他论文之语以印证所引条目，偶尔亦参以己见。如下册引王衡《学艺初言》论"文意有一字诀乎？曰：紧……"一段后，汪氏连下三段按语，发挥王衡之言：

> 跃按：紧之一言，真文家妙诀也。世人不知，以拘挛紧则伤度，以操切紧则伤气。故曰"紧非以缩憃尺寸之谓，盖有所以紧焉"。《奕谱》云"妙莫妙于用松"，松固所以紧也。作文者，题目到手，须神闲气定，将题中所以然之故，熟思研究，然后从容展布，反复论议，不得一句少懈，亦不得一句道尽。如亚夫军中按辔徐行，自不失谨严气象。茅鹿门所谓得文之逸是也。不惟题意明尽，而天趣往往时露笔端。今人讲文，一入题，不周章无序，则急切不洪，只缘拿题不倒。故着意纾题，而反为题所纾，譬之水牛斗虎，仅力角触，死且不休。牛岂不爱余力哉？势出仓皇，惟恐虎不毙而反受其殃也。猫之获鼠，擒纵自如，跳踉戏嬉，宁有是耶？古人布局宽，结构紧，宽故松，紧故密，善学者自得之矣。

> 又按：……虽曰文场鏖战，握三寸管，如执锐挥锋，谁不欲先登飞捷？然穷日夜之力，即苦思七义，尽有余闲。惟在宁神定志，以静制动，以寂驭嚣。无思索旧文，或思之而不得，则反躁；无询问号友，或问之而不真，则反扰。躁则神浮，扰则志逐，虽欲暇得乎？不浮不逐，气自充满，气充则文机自流，而布格春容，命词条畅，断无秽芜急促蹇涩之病矣，是之谓众整，是之谓暇。

> 又按：近时凌驾之习兴，而题中字句失之疏漏，题中意旨失之偏枯者

多矣。余谓作文不必有心求异,惟是顺题发挥,铺叙严整,句劲而不流于稚,气雄而不流于弱,至于关锁处紧紧收括,不疏不漏,不偏不枯,便是佳文。

其中不乏精彩之见、经验之谈。值得注意的是,明代中后期,类似《举业要语》这类选辑、汇编型的文话著作呈现勃兴之状,现在尚传于世者亦有数十种之多;而像汪时跃这样,靠编纂书籍为业的文人也不在少数。其中反映出的时代变化和文化含义耐人寻味。龚宗杰曾做过很好的分析:

> 随着晚明求学应试人数的激增,科举体制所承载的负担日益加重,这导致了未能通过科考跻身官僚阶层的士人群体的扩大。对于这些本身具备一定文学素养的低级功名文人来说,从事出版编辑事业是他们重要的谋生途径……资料汇编一类的作品,因其采用杂纂汇抄的形式而存在着内容辗转蹈袭、原创性缺失甚至文字舛错等突出问题,向来被视为较低级的研究对象。然而从书籍史的角度来说,编者的选材、编排等属于技术层面的内容,同样可被视为一个批评化的过程,因为尽管文法汇编的选录标准和编纂原则一定程度上取决于编者个人的阅读经验和文学素养,但总体上又离不开某个特定时期内以书籍为中心,由编纂、传播、阅读等诸多环节构成的公共知识体系和社会文化需求。晚明诸多文法汇编所反映的,正是在整个社会习文需求不断扩大的背景下,基于日益发达的书籍出版业,属于文学表现功能的文法理论向中下阶层渗透,由此构成了文章学在近世发展演进的一种走向。①

学界对明代重商现象多有关注,普遍注意到不仅农村集市和小城镇的数量迅猛增长,而且非本地户籍的外商定居于大中型城镇的比重也大大增加,其中徽商最为活跃,遍布全国各地,尤其是商会城市更多。"今则徽之富民,尽家于仪扬、苏松、淮安、芜湖、杭湖诸郡,以及江西之南昌,湖广之汉口,远如北京,亦复挈其家属而去。"②"休宁巨族大姓,今多挈家藏匿各省,如上元、淮安、维扬、松江、浙

---

① 龚宗杰《晚明文法汇编的编刊与文章学演进》,《文学遗产》2018 年第 2 期。
② 康熙《徽州府志》卷二《风俗》,康熙三十八年万青阁刻本。有意思的是,到了道光《徽州府志》卷二之五《风俗》时,对于徽州重商现象就变得轻描淡写了,反而突出了徽州人尚义淳朴的一面;此不仅由于时代教化使然,亦因描述侧重点不同所致,须综合判断始能得其言外之意。

江杭州、绍兴、江西饶州、浒湾等处"①这些商人,服务对象广泛,又善于把握商机。明代中后期,科举文人数量增加,都市文化需求增高,当商人们看到知识越来越可以作为一种文化资本去利用的时候,开发书籍出版业也就成为题中应有之义,并很快形成了包含作者、出版者、读者在内的庞大的文化产业链。它为文化人提供了更多的生存空间,同时也改变着文化的生态,使其世俗化特征更加明显。汪时跃及其侄儿,虽并不属于巨族富商,但依然能靠编、刻科举或实用类书籍在繁华的杭州立足,也表明了这一点。

---

① 廖腾煃《海阳纪略》卷下《两江总制传安徽抚院江详文》,康熙浴云楼刻本。

略论清编清代古文选本"保存文献"的编纂旨趣*

常熟理工学院　孟　伟

《四库全书总目》认为总集具有"网罗放佚,使零章残什,并有所归"[①]的作用,通过"网罗放佚"而保存文献,是选本文献价值的重要体现。清人编纂了大量以清代古文为选录对象的选本,这些选本多以"保存文献"为编纂旨趣。正如王崇俭为《燕台文选》所作序文说:"今人之文未必不及古人,患其散轶而失传,思哀辑以行世。"[②]忧心今人文章散佚不传而辑为选本,明显具有保存文献的目的。注重对"幽隐"之士和乡邦古文的选录,是清编清代古文选本保存文献旨趣的重要体现,选本也因此保存了大量没有文集传世者的古文作品,发挥了保存文献的作用。

一、清编清代古文选本注重对"幽隐"之士文章的选录

所谓"幽隐"之士,就是社会地位不高,不甚知名于世,但才学优异的作者。这类作者或是没有文集刊刻,或是所刊文集流通不广,其所作文章难以为人所见,且极易散佚,因此,清人所编清代古文选本特别注重对此类作者的选录,很多作者的古文作品赖选本而得以保存,这是清人所编清代古文选本文献价值的

---

* 基金项目:教育部人文社会科学规划基金"清人所编清代文章选本叙录及序跋整理"(17YJA751023)。

① 永瑢等《四库全书总目》,中华书局,1965年,第1685页。田茂遇《燕台文选》,《四库禁毁书丛刊》集部第122册,第262页。

② 田茂遇辑《燕台文选》卷首,清顺治十三年刻本。

重要体现。

清初著名文人周亮工辑选《赖古堂文选》20卷,选录文章303篇,皆为明末清初人的古文作品,周亮工在所作凡例中说:"表扬近贤,意又以阐幽为最急,故虽名人巨公尤多取其未经传诵之作","对于当世不名之士,有美即收",①表明其编选此集有表扬"幽隐"的目的。《赖古堂文选》所录苏桓、周镳、黎遂球、陶望龄等近40家作者没有文集传世,发挥了保存文献的作用。

陈兆麒辑有《国朝古文所见集》,在所作凡例中表明其编辑此选的目的是,"一以显微阐幽,一以激扬后进"②,也就是一方面要表扬名声不著的古文作者,一方面要以此激励后进者从事于古文创作。此书共选录作者54人,其中没有文集传世的有胡镐、杨培锦、戴有祺、甘煦、侯敦复、张翼、周鸿覃等人,其古文作品赖此选得以保存。

李祖陶所辑《国朝文录》及《续编》收录作者达七十六家之多,其中大多为闻名于世者,但也有不为世人所知者,他特意收录那些不甚知名者的文章,明显有"表扬幽隐"的目的。在《白鹤堂文录引》中,李祖陶感慨自己所收都是天下繁华富庶地区作者的文章,因此有意要收录"卓然自为于荒江穷谷之中,而未行于世者"③之文章,便向友人致书索取,得四川彭端淑、云南刘大绅等人文章,予以收录,并给予较高的评价。李祖陶留意收录文集未经板刻者的文章。如刘㲄,行迹无考,从《丛桂堂文录引》中,可略知其生平事迹,其文集不曾刊刻行世,《丛桂堂文录》是李祖陶从其子所藏稿本中摘录而出,刘㲄文章因此得以保存。又如熊景崇,其文章仅见于《国朝文录续编·海崖文录》。李祖陶《海崖文录引》略叙其生平事迹,对其文章有较高的评价。感慨熊氏文章湮没无闻,说:"惟限于资力,其文不能板行,则虽有韩、苏之才,亦将与草木同腐,用是特加甄录,列为一家,世有识真者,知必不以予言为阿其所好也!"④对于这类不甚知名作者的收录,使《国朝文录》及《续编》发挥了保存文献的作用。

道光年间,王昶编选《湖海文传》75卷,选录181位作者。所作凡例表明其编选宗旨:"我朝崇尚古文,作者林立,余欲仿吕氏《文鉴》之例,辑订成书,俾无

---

① 周亮工辑《赖古堂文选》卷首,清康熙六年刻本。
② 陈兆麒辑《国朝古文所见集》卷首,清道光二年刻本。
③ 李祖陶辑《国朝文录》,《续修四库全书》本。
④ 李祖陶辑《国朝文录续编》,《续修四库全书》本。

散佚","其人本无专集,偶见他书,必急为采取,盖吉光片羽,弥足宝贵",①保存当代文献,尤其是保存没有文集刊印者的文章作品是王昶编纂《湖海文传》的主要目的。书前有姚椿所作序文,指出此书的编选宗旨是"一曰征文献,一曰重实学",②认为"传文以传人"是王昶编辑《湖海文传》的目的所在。

朱珔所编《国朝古文汇钞》初集176卷、二集100卷,是一部大型古文选本。此书前有道光六年(1826)朱珔自序,述其编辑经过说:"曩在史馆,与纂文苑传,甄采著述,遇稿本,每私抄录,由是随地访求,经今廿余年,积成巨帙,顾尝考四库书存目,胪列集名,按之十无二三焉,即诸家集中,为序,为传,凡所称道,按之亦十无二三焉。"③朱珔利用曾在史馆任职的便利,二十多年间抄录大量稿本文集,积累了丰富的文献资料,又有感于当代文集散佚严重,因此他立意编辑古文选本以保存文献。在道光二十六年(1846)朱珔序中,记吴江沈翠岭为之出资刊刻之事,认为"故是书之刻,上备当代之文献,中表先哲之幽隐,下佐后儒之稽览",在所作凡例中,朱珔又强调,"此编意在防散佚",表明保存文献、表扬幽隐是其编辑此选的目的所在。《古文汇钞》二集目次后有海宁杨文荪识语,可知杨曾尽出所藏诸家文集,请朱珔增补未备,且独任二集删订之任。在编纂过程中,他特别注重对稀见文献、稿抄本文献及散行文献的保存,说:"其中多明季遗献、国初硕儒,高隐不出,著述若存若亡,莫可稽核,或传写之本,仅存于乡里,外人无由得见者","或虽经刊行,久已散佚者","或名重当时,并无专集,仅于他处偶存一二篇者","皆广为搜罗,一一补入,以佐表彰幽隐之意。又如张次民(光纬),集既未刊,并无传写之本,各家选录亦俱未之及,几至埋没不彰,适于书肆故纸堆中检得半册,尚是次民手稿,亟为录存,俾名字留于简册"。对于近百年来,"学问精博,为一时通人而文未流播,恐日久渐至散失,特就其后人索取入选",④可见他忧心文献之不存,亟亟于编辑选本以保存文献,这是《汇钞》编选的重要目的。《国朝古文汇钞》初集选文626家,二集选文332家,选录文章近千家,其中李翱、李容、李法、傅谨斋、傅以成、毕宪曾等近150人没有文集传世。《国朝古文汇钞》以保存文献为编纂旨趣,较好地发挥了保存清人所编清代古文文献的作用。

---

① 王昶辑《湖海文传》,《续修四库全书》本。
② 同上。
③ 朱珔辑《国朝古文汇钞》卷首,清道光二十七年世美堂刻本。
④ 同上书,二集,清道光二十七年世美堂刻本。

二、清编清代古文选本重视对乡邦古文的选录

清人注重对乡邦古文的选录,编选了大量以清代乡邦作者为选录对象的古文选本,保存乡邦文献是此类选本的主要编纂旨趣。这类选本的编者,因为以乡邦文章为辑录对象,有"地利"之便,他们所搜求辑录的地方作者,其中有很多不甚知名于世,有的没有文集刊刻,有的虽有文集刊刻,却已佚失,其作品赖选本而得以保存。

道光年间,刘鸿翱辑《山左古文钞》8卷,在所作序文中,表达了保存乡邦文献的意愿:"余悲前代文章之逸,大惧吾乡之著作耳目所能逮者,复久而就湮。"①可知编者惧怕乡邦著作散佚不传,因此编辑此书,共计选录50位山东籍作者的241篇文章,其中孙宝侗、王棹、蒲立德等15人没有文集传世,其古文作品赖此选而得以保存。

道光年间,苏源生辑录《国朝中州文征》54卷,选录作者165家,文章770篇。苏源生所作序文认为河南自古以来"亦多有以著述自表见者,使不急为鸠集,吾恐阅世既久,散佚必多,而先正之法言,耆旧之行谊,将致无可考信于后世,岂不惜哉!"②表明他编辑此选就是要防止文献散佚,以保存乡邦文献,使之传于后世。《中州文征》所录没有文集传世的作者有宋锦、阎禧、彭始搏、彭始奋、王伯勉等近百人,很好地发挥了保存清代河南地方文献的作用。

光绪年间陈作霖辑录《国朝金陵文钞》16卷,卷尾有陈作霖所作叙录,谓金陵"地势雄奇,笃生人杰","洎兵燹之余,藏编亦零落殆尽矣,然元结中兴之颂,庾信江南之哀,摩垒交绥,犹张后劲,失今不葺,恐遂缺亡。于是掇撷英华,网罗散佚,目眵手茧,垂三十年",③在诸多"同志"协助下,最终编成此编。也是有感于太平天国运动之后,书籍残毁的状况,因此有志于"网罗散佚",尤其是对于没有文集刊刻的作者,"博览旁搜,多多益善"(卷首凡例),最终用三十年时间编成此书。秦际唐所作后序谓,"金陵自六朝以来,治古文词者代有其人,而独无总

---

① 刘鸿翱辑《山左古文钞》卷首,清道光八年刻本。
② 苏源生辑《国朝中州文征》卷首,清道光二十五年刻本。
③ 陈作霖辑《国朝金陵文钞》卷尾,清光绪二十三年刻本。

集汇纂之刻,抑亦憾事也,表幽阐微吾辈之责",以"表幽阐微"为己责,表现出编选者浓厚的乡土情结。对于坚持写作古文之人,"表而存之,庶不没其苦心,后之来者,沿流以溯源,则是书亦一代文献之征也",表明此书以表扬乡贤,保存乡邦文献为编选目的。《国朝金陵文钞》选录清代南京地区作者218家,其中张芳、张自超、张宝德、张曦照等近150人没有文集传世,其文章赖此选得以保存。

方宗诚所辑《桐城文录》76卷,未见刻本流传,方宗诚撰有《桐城文录序》,从中可知《桐城文录》收录作者83人,都是桐城籍的古文作家,明清兼收,而以清代为主。编者所作序文说:"当兵火之后,文字残缺,学术荒陋,使听其日就澌灭,而不集其成,删其谬,俾后之人有所观感而则效焉,其罪顾不重与?"①也是有感于太平天国运动之后,文集凋残,因此要将桐城作家作品及时汇集成书,留与后人观览,明确表达了保存乡邦文献的编纂旨趣。

三、清编清代古文选本以"保存文献"为编纂旨趣的原因

清人所编清代古文选本以保存文献为编纂旨趣,既受历史传统的影响,也与清代社会文化有直接的关系。

首先是对前代传统的继承。中国自古有编纂诗文选本的传统,历代所编选本发挥了保存文献的作用,最著名者如《文选》《玉台新咏》等。宋代以后,当代人编选当代文章选本渐成传统,如吕祖谦所编《宋文鉴》、苏天爵所编《元文类》、张时彻所编《明文范》等,都有保存本朝文献的目的。清代选家继承前代传统,所编当代古文选本也以保存文献为主要编纂旨趣。

其次是学术风气的影响。乾嘉时期朴学兴盛,学者多从事于典籍文献的校勘、整理,形成了重视文献的学风。受此影响,清人所编清代古文选本普遍具有较强的文献意识,有的选家,如王昶、朱琦、姚椿等本身是著名学者,他们在编辑当代古文选本过程中,特别注重对"幽隐"之士及未有文集刊印者文章的选录,这是他们文献意识的体现。

再次是战乱的促动。两次鸦片战争和太平天国运动,致使社会文化遭到破

---

① 方宗诚《柏堂集》次编卷一,《清代诗文集汇编》第672册,第140页。

坏,尤其是图籍、书板损毁严重,战乱之后,很多选家认识到保存文献的意义,选本编纂成为他们保存文献的重要方式。陈作霖《国朝金陵文钞》编纂于"兵燹之余",方宗诚《桐城文录》编纂于"兵火之后",王先谦编辑《续古文辞类纂》也是受到太平天国运动之后"祸延海宇,文物荡尽"社会现实的促动,而将乾隆以后作者的古文编纂成书。战乱对图书文物的破坏,促使有识之士特别注重对文献的保存,"保存文献"也因此成为清人所编清代古文选本的重要编纂旨趣。

清代古文辞禁论

安徽师范大学文学院　潘务正

清代文学理论中,出现众多关于禁忌的言论,尤其是正统文体。但相较而言诗禁并不突出,赋禁较多,而禁忌最多的为古文①。据清季王葆心《古文辞通义》所载,清代可视为古文禁忌的有汪琬《文戒示门人》、方苞的"七不可"、李绂《古文辞禁八条》、袁枚"古文十蔽"、章学诚《古文十弊》、吴德旋"古文五忌"、曾国藩古文"禁约"等,王氏在总结前人基础上又提出古文十四忌②。此外,王氏未提及的尚有刘熙载《艺概·文概》"文有七戒"、林纾《春觉斋论文》的"论文十六忌"、唐恩溥《文章学》下篇的"为文宜知十弊"、来裕恂《汉文典·文章典》卷二的为文四十忌等。其他片言只语者亦夥,如袁枚《与孙俌之秀才书》、杭世骏《小仓山房文集序》、邱嘉穗《东山草堂迩言》卷六《诗文·雅驯》、梅曾亮《惜抱轩尺牍序》、姚永朴《文学研究法》卷三《格律》等均有涉及。梳理这些禁忌,可以发现早期多是针对其他语体、文体入侵古文领地,为人熟知的方苞、李绂之论最为集中,影响最大;后来扩张到各方面,几乎无所不包。为论述的方便,本文姑取李绂之说,名为"古文辞禁"。论述的范围,以禁止语体、文体入侵古文为主,兼及其他各方面。

清代以前古文禁忌甚少,讨论较多的是不同文体之间相互渗透的问题③。古文辞禁与文体互参有一定的联系,即遵循着品位较高的文体拒绝其他文体渗

---

① 古文亦称古文辞(词),且有广义、狭义之别,广义的古文尚包括古诗、辞赋等文体。本文取狭义的概念,即以自韩愈、柳宗元以来视为"贯道"、"明道"、"载道"的古文为讨论的对象。
② 王葆心《古文辞通义》卷一,王水照编《历代文话》第 8 册,复旦大学出版社,2007 年,第 7060 页。
③ 关于这方面的论述,可参看吴承学《辨体与破体》《破体之通例》,收入其著《中国古代文体形态研究》,中山大学出版社,2002 年;蒋寅《中国古代文体互参中"以高行卑"的体位定势》,《中国社会科学》2008 年第 5 期。李伟《诗中有史不是史,史蕴诗心终非诗》(《安徽师范大学学报》2013 年第 5 期)涉及诗史二体关系的问题,亦可参看。

入的原则。但二者又有不同,辞禁除排斥其他文体外,尚包括语体、技法等方面,范围更为广泛。载道的古文包含着丰富的文化意蕴,它在某个时代成为话题,往往预示着某种文化形态的重大变化,清代古文禁忌的涌现关合着古文理论与创作的迁转流变,其所蕴含的文化信息值得作深入考察。

一、古文辞禁的理论依据及文化渊源

古文辞禁的独特之处在于,内容上,它与儒家思想观念相关联;形式上,它采用"戒"、"禁"、"忌"、"不可"等权威性的言说方式。

在所有文体中,载道的古文与儒家思想关系最为密切,古文理论亦贯彻着儒家文学精神。以方苞、李绂之论为代表的古文禁忌,究其渊源,当属对儒家传统文论的遵从。综括来说,方、李一方面反对过于文的语体掺入古文,另一方面又反对过于不文即俗的语体侵犯这种文体。方氏之言云:

> 南宋、元、明以来,古文义法久不讲。吴越间遗老尤放恣,或杂小说家,或沿翰林旧体,无一雅洁者。古文中不可入语录中语、魏晋六朝人藻丽俳语、汉赋中板重字法、诗歌中隽语、南北史佻巧语。①

李氏之八禁分别是:禁用儒先语录语、禁用佛老唾余、禁用训诂讲章、禁用时文评语、禁用四六骈语、禁用颂扬套语、禁用传奇小说、禁用市井鄙言。其中过于文者包括藻丽俳语、汉赋字法、诗歌隽语、南北史佻巧语等;过于不文即俗者包括语录语、传奇小说语及市井鄙言等。训诂讲章乃"三家村中蒙师俗子,经字未能全识,皆欲哆然说书"之语,时文评语乃"信手填缀,陈言满纸"之语,颂扬套语乃"世俗应酬文字……盖乞儿口语",为求取功名的世俗之体,故亦属于不文之列。至于"佛老唾余",李绂阐释此禁云:"《内典》《道藏》本自晋、唐以来浮薄文人窃取庄列荒唐之言,妆点文饰以为书,其言类为杳渺不可解之说以为高深。"借用佛老典籍中语汇,则其病在于"以艰深文其浅陋"②,文饰之过;不过方苞却云:"凡为学佛者传记,用佛氏语则不雅,子厚、子瞻皆以兹自瑕,至明钱谦益则

---

① 沈廷芳《方望溪先生传书后》,《隐拙斋集》卷四一,《四库全书存目丛书补编》第10册。
② 李绂《古文辞禁八条》,《穆堂别稿》卷四四,《续修四库全书》本。

如涕唾之令人欵矣。岂惟佛说,即宋五子讲学口语亦不宜入散体文。司马氏所谓言不雅驯也。"①将佛氏语与讲学口语并举,则指用语录体,其病在俗。方、李均反对古文语体过于文或俗,秉持的正是儒家传统文论的标准。

郭绍虞先生认为,孔门文学观最重要者有两点:一是尚文,一是尚用②。此语概括精到,然亦有可商之处。儒家虽在礼上讲究繁文缛节,且孔子固然有"情欲信,辞欲巧"(《礼记·表记》)、"言之无文,行之不远"(《左传》襄公二十五年)之类尚文的言论,不过出于尚用的目的,并非一味追求辞之巧、言之文,有时甚至反对辞巧言文。《论语·学而》载孔子之言曰:"巧言令色,鲜矣仁。"邢昺疏云:"此章论仁者必直言正色。其若巧好其言语,令善其颜色,欲令人说爱之者,少能有仁也。"③虽是对言辞的要求,亦可通之于文,即若过度追求言辞之巧好,反而会掩盖甚至违背真正的表达意图,达不到致用的目的,尚文需有一定的度。故于言辞方面,孔门认为"刚毅木讷近仁"(《论语·子路》),肯定讷于言。既重文,又反对过于文,这一"中庸"的状态,可用"文质彬彬"(《论语·雍也》)一语涵盖。作文与作为君子的美学理想类似,既不能过于追求文华,也不能过于趋向质朴,而是要文质参半。所以孔门论文,既有尚文的倾向,但出于尚用的目的,也不允许过度趋于文或质。这一文学精神,最适合载道的古文之体。

文质中和的理论随着儒家在思想界主导地位的滑落而遭忽视,六朝时对文的追求达到极致。一方面因文化权力垄断在受到良好教育的世家大族手中,故而崇尚文华;另一方面因士族蔑弃世事,崇尚虚无,文成为其逃避现实或愉悦情致的工具,儒家所强调的尚用功能消退。其时文笔之争体现出对这一状况的不满,力争为无韵之笔取得一席之地,然无改于重文而轻笔的风潮。唐代通过科举入仕的士子与政权的联系较六朝世家大族更为紧密,迫切要求参与社会意识形态建设,古文这一重实用的文体被韩柳等人发掘运用,必然对重文而无实的六朝文风大力批判,其宗旨正如柳宗元所云"文者以明道,是故不苟为炳炳烺烺,务采色、夸声音而以为能也"④,在"文以明道"这一尚用的文学观主导下,形式主义文风遭到他们强烈的排斥。方、李文禁中对过于文的语体之限制,无疑

---

① 方苞《答程夔州书》,《方苞集》卷六,上海古籍出版社,2008年第2版,第166页。
② 郭绍虞《中国文学批评史》上册,百花文艺出版社,1999年,第16页。
③ 《论语注疏》卷一,《十三经注疏》本,上海古籍出版社,1997年,第2457页。
④ 《答韦中立论师道书》,《柳宗元集》卷三四,中华书局,1979年,第873页。

就是承续此种传统而来。况且,过于重文的倾向并未随唐宋古文运动的兴盛而消失,明末清初文坛状况也需对此种倾向加以节制,方、李之论也有其现实针对性。

如果说唐代以前文坛的弊端在于过度重文的话,那么唐以后则表现在过于重俗。黄宗羲云:"余观古文,自唐以后为一大变。唐以前字华,唐以后字质;唐以前句短,唐以后句长;唐以前如高山深谷,唐以后如平原旷野,盖画然若界限矣。"① 黄氏此语正道出以唐为界古文风貌的差异。此种状况的产生,原因甚为复杂。中唐以降语言中虚词成分的增加,使得表达方式由文华而趋向质朴;同时,兴起壮大的市民阶层,有着不同于士大夫的审美趣味,与之相适应的文体如戏剧、章回小说、拟话本小说即通俗文学的蓬勃发展,促成文风的嬗变。这也对士大夫阶层的意识形态及惯用文体产生冲击、渗透,必然遭到他们的极力抵制。于是在反对过于文华的同时,古文理论中又增入排斥俗语、俗体等过于不文的风气。而寻找理论依据时,同样追溯至孔门,除"言之无文,行之不远"外,曾子遗言"出辞气斯远鄙倍"(《论语·泰伯》)一语也被拿来并赋予新的意味。按照郑玄的解释,此语本义为"出辞气能顺而说,则无恶戾之言入于耳也",则所谓"鄙倍"乃他人恶戾之言;然至清代,此语就成为反对古文语体俚俗的理论依据,李绂就本此立论,他说:"有明嘉靖以来,古文中绝,非独体要失也,其辞亦已弊矣。曾子谓出辞气斯远鄙倍,文则辞气之精者也,鄙且倍其可乎!"② 正是基于这一观点,他才提出上述古文辞禁八条。晚清方宗诚更进一步发挥云:"鄙对雅而言,倍对驯而言。说理论事言情,稍涉于粗陋伧俗浅近肤泛,皆鄙也;稍涉于支离偏辟浮伪淫遁,皆倍也。"③ 鄙倍已与作品的内容与形式相关,显见古文辞禁乃是立足于儒家传统思想之上。

在形式上,清代古文辞禁命名以"戒"、"禁"、"禁约"、"忌"、"不可"等用语为主,这与法律条文及宗教戒条等相关。法律条文常以禁约的形式规范大众行为,所以古代律条中亦常用"禁"、"禁约"等语,如《尚书注疏》孔安国注云:"人君故设禁约将以齐整大众。"④《唐大诏令集》就有《禁约》两卷。曾国藩明确地说

---

① 黄宗羲《庚戌集自序》,《黄梨洲文集》,中华书局,1959年,第385页。
② 李绂《古文辞禁八条》,《穆堂别稿》卷四四。
③ 方宗诚《论文章本原》卷二,《历代文话》第6册,第5650页。
④ 《尚书正义》卷一九,《十三经注疏》本,第250页。

自己制定古文禁忌是"私立禁约"①,就是借用具有强制性的法律形式推行古文的文体规范。宗教戒条对僧众亦有约束作用,晚清王葆心《古文辞通义》卷一《解蔽篇》开宗明义即云:"学散文先知所忌。"并注释云:"凡宗教皆有戒,佛家之五戒、十戒,道家有洞玄灵宝天尊之十戒、虚皇天尊初真之十戒,耶教之天主十戒,回教之五戒是也。"其提出古文禁忌,"援宗教法以喻文"②的意图极为明显。法律的强制性与宗教的戒律性使得古文辞禁本身具有一定的权威性。

然方、李古文辞禁论的提出,更与明清时期理学的统治地位及建设礼治社会的思潮密切相关。正如葛兆光所云,随着在权力与体制中的统治地位加强,理学成为政治权力控制之下的意识形态话语时,"天理"之类的绝对真理就会以权力的话语和话语的权力,"化为一种严厉的制度和训诫的规则"③,这"训诫的规则"鲜明地体现在乡约之中。乡约滥觞于北宋陕西蓝田吕大均兄弟制定的《蓝田吕氏乡约》,经朱熹增损之后,成为儒学教化的范本。明清时期,除徽州乡约盛行之外,自王守仁提出《南赣乡约》,在其后学的推波助澜之下,江西各地都制定了乡约。乡约是鉴于风俗浇薄、礼崩乐坏的局面,意图以儒家思想特别是理学思想改善风俗、维护乡村社会秩序的"德治教化方案"④,其内容既有正面的规范引导,亦有反面的训诫之辞,如《古灵陈氏教词》,在强调"为吾民者"该做哪些事情之后,接着就是不可以做的一系列事情:"无堕农业,无作盗贼,无学赌博,无好争讼,无以恶凌善,无以富吞贫。"⑤方苞有感于家族的分崩离析,而"粗立祠禁","违者挞之",且"禁不得入祠"⑥,其所倡立的古文禁忌,正与家族祠禁相类。

明清时期尤其是清代,建设礼治社会成为士人及统治者共同的追求。清初士人反思明朝衰亡的原因,将之归于阳明后学"放弃规矩,师心自用",导致"学术坏而风俗气运随之"⑦。至于医治之方,王夫之重提"惟礼可以已乱"⑧。由此

---

① 《复陈宝箴》,《曾国藩全集》第30册(书信之九),岳麓书社,2011年第2版,第566页。
② 《古文辞通义》卷一,《历代文话》第8册,第7060页。
③ 葛兆光《中国思想史》,复旦大学出版社,2001年,第303页。
④ 常建华《明代宗族研究》,上海人民出版社,2005年,第188页。
⑤ 转引自常建华《明代宗族研究》,第213页。
⑥ 方苞《教忠祠禁》,《方苞集》集外文卷八,第771—772页。
⑦ 陆陇其《上汤潜庵先生书》,《三鱼堂文集》卷五,清康熙刻本。
⑧ 《礼记章句》卷四,《船山全书》第4册,岳麓书社,1988年,第255—256页。

"礼"被着力提倡,"标举为思想及社会的核心价值"。① 清代统治者也认识到礼治建设的重要性,康熙、雍正对《礼记》《周礼》的关注,乾隆开"三礼馆"纂修礼书,对礼治社会的建设一以贯之。在此氛围下,出现诸多宣传礼治的小册子,且多以"约"、"戒"为名,如刘宗周《证人社约》、恽日初《续证人社约诫》、刘德新《余庆堂十二戒》等即是如此。方苞、李绂曾先后任"三礼馆"副总裁,自然容易以礼制形式规范古文写作。

方苞与李绂为利用古文宣扬儒家之道,在规整这种文体的弊端时,借鉴宗法乡约与礼治建设的手段而提出种种禁忌,意图以权威的表述方式引导古文重返正确的轨道。这一举措不仅体现了尊古文之体的用意,还蕴含着清代馆阁中人利用自己文坛宗匠的地位,整顿古文所载之道,主导古文发展方向的宏愿。

二、古文辞禁与尊体思潮

古文辞禁是在明清辨体思潮的背景中提出的,意在排斥其他文体、语体对此体的干扰,尊崇古文之体。古文辞禁的提倡者最早大概要数元人刘祁②,他在《归潜志》中说:"文章各有体,本不可相犯欺。故古文不宜蹈袭前人成语,当以奇异自强;四六宜用前人成语,复不宜生涩求异。如散文不宜用诗家语,诗句不宜用散文言,律赋不宜犯散文言,散文不宜犯律赋语,皆判然各异。"③宋代以降,文章破体已经成为趋势,与此同时辨体意识逐步兴盛。刘祁的出发点是"文章各有体",也即辨体思想,他认为前人成语、诗家语及律赋语等三种语体不宜进入古文。虽则仍属于反对文体互参之见,但涉及最多的是古文,故而亦属文禁之列。明代辨体观念盛行,在此氛围中,明人对古文文体的庞杂亦有所警觉,明季艾南英明确提出"道学语录入之古文序记传志中则不可,入之上执政等大书则不可"④,

---

① 王汎森《权力的毛细管作用》,北京大学出版社,2015年,第38页。
② 方东树《昭昧詹言》卷一云:"朱子论文,忌意凡思缓;(欧《六一居士传》)软弱;没紧要;不子细;辞意一直无余;肤浅;不稳;絮;(说理要精细,却不要紧。)巧;昧晦(荆公、子固)不足;(欧公)轻;薄;冗。(南丰改后山文一事,可思。)"(人民文学出版社,1961年,第11页)据此则最早提出古文辞禁的应属朱熹。但此为方氏总结概括之语,并非朱熹原语,故本文不取此说。
③ 《归潜志》卷一二《辨亡》,中华书局,1983年,第138页。
④ 艾南英《再答夏彝中论文书》,《天佣子集》卷二,《四库禁毁书丛刊补编》第72册。

"为古文辞而不得杂取《世说》、谐谈以自累"①,禁止道学语录语、小说语及谐谈语入古文,其禁戒内容及所用的"不可"、"不得"之语,已开清代古文辞禁的先声。艾氏又选《文剿》《文妖》《文腐》《文冤》《文戏》五书,虽已失传,但据其《再与周介生论文书》,则知这些也与文戒有关②。然元明时期,此仅为个别作家的主张,排斥的语体亦不多。

清代古文辞禁的提出,也是出于辨体以尊体的思潮。袁枚回顾文学史发现,"数十年来,传诗者多,传文者少,传散行文者尤少";且再往前延伸,则自北宋以来,古文"遂至希微而寂寥焉"。分析其原因,袁氏归结于"此体最严",所以"一切绮语、骈语、理学语、二氏语、尺牍词赋语、注疏考据语,俱不可以相侵"③,此已透露古文辞禁与尊体之间的关系。而曾国藩说得更为明确,他之所以"私立(古文)禁约",就在于"以为有必不可犯者,而后其法严而道始尊"④。倡古文辞禁以尊体,正可见出时人眼中此体地位的滑落,尊其体以挽救其命运为必由之路。

古文之体大坏,这是清初人反思前代及当下古文发展状况时一个触目惊心的感受。黄宗羲编选《明文案》时云:"唐宋之文,自晦而明;明代之文,自明而晦。"⑤朱彝尊亦云:"古文之学不讲久矣。"⑥二人所言还是总体的印象,时人亦有从体制上审视该体,指出其最大的弊端就是文体舛杂,也即其他文体、语体入侵古文。邵长蘅云:"数十年来,传变益出,有俳优之文,有应酬之文。其黠者往往剽猎二氏,荟萃驳杂,最上则援引经义,规橅唐宋,世翕然以文章家推之矣。"⑦此是俳优文、二氏语等掺入古文;潘耒《朴学斋稿序》云:"明之末造,学士大夫大率夸多斗靡,争新尚异,或矫而入于晦僻,或放而趋于缪悠,其中绳度者甚少。"⑧此是骈体之语掺入古文。陈玉璂比较了"古人之裂取止于六经传记,

---

① 《李玄云近艺序》,《天佣子集》卷一一。
② 《天佣子集》卷五。
③ 《与孙俌之秀才书》,《小仓山房(续)文集》卷三五,王英志主编《袁枚全集》第2册,江苏古籍出版社,1993年,第642页。
④ 《复陈宝箴》,《曾国藩全集》第30册(书信之九),第566页。
⑤ 《明文案序下》,《黄梨洲文集》,中华书局,1959年,第389页。
⑥ 《答胡司臬书》,《曝书亭全集》曝书亭集卷三三,吉林文史出版社,2009年,第395页。
⑦ 邵长蘅《重刻欧阳文忠公全集序》,《邵子湘全集》青门簏稿卷七,《四库全书存目丛书》集部第247册。
⑧ 《遂初堂集》文集卷八,《续修四库全书》本。

今人则泛滥而莫可穷诘,甚至释氏之言亦得窜入"之后,不禁感慨地说:"文体之败一至于此。"①戴名世分析"文章之衰久矣"的原因时总结出两点:"有学古而失之者,亦有背古而驰焉者",前者"徒从事于格调字句之间,一跬步不敢或失";后者"排偶骈丽之盛行,其节促以乱,其音淫以靡,学者相沿而不知怪,遂俨然以此为古文之体"②。前者为模拟之风,后者为骈俪之习。他们均不能接受古文中杂入二氏语及排偶骈俪之体,以及由此导致的"夸多斗靡,争新尚异"的不良习气。古文之体"败坏"到这般境地,有必要提出禁律加以整顿。方苞的古文"七不可",李绂古文辞禁八条,就是有感于古文之体舛杂而祭出种种戒律,以此尊崇其道。

古文之所以禁止这些文体、语体入侵,出于古文家眼中该文体的特性。古文之特性,与其名称的确立相关。吴伟业的话比较有代表性,其《古文汇钞序》云:

> 古文之名何昉乎?盖后之君子论其世,思以起其衰,不得已而强名之者也。……自魏、晋、六朝工于四六骈偶,唐宋巨儒始为黜浮崇雅之学,将力挽斯世之颓靡而轨于正,古文之名乃大行。盖以自名其文之学于古耳。……南宋后经生习科举之业,三百年来以帖括为时文,人皆趋今而去古,间有援古以入今。……彼其所谓古文,与时文对待而言者也。③

吴氏指出古文含义的两次变化,第一次是相对于四六骈文而言。韩愈在《题欧阳生哀辞后》中说:"愈之为古文,岂独取其句读不类于今者耶?思古人而不得见,学古道则欲兼通其辞。"④所谓"今者"即时下骈体之文。为抑制此风,而追溯先秦盛汉之文,此即吴伟业所云"自名其文之学于古"者也。名之为古,则不可侵入时下习气,故而其他文体可以接受的当代作风,在古文则必须摒除。第二次是南宋以后至明清时相对帖括时文而言,此层含义在清初更具有现实针对性。

清人严格区分时文与古文的界限,因为二者在品位上有天壤之别。魏禧

---

① 《与张黄岳论文书》,《学文堂文集·书二》,《清代诗文集汇编》第143册。
② 戴名世《再与王静斋先生书》,《戴名世集》卷一,中华书局,1986年,第20页。
③ 《吴梅村全集》卷三三,上海古籍出版社,1990年,第716页。
④ 马其昶《韩昌黎文集校注》卷五,上海古籍出版社,1987年,第305页。

云:"欲知君子,远于小人而已矣;欲知古文,远于时文而已矣。"①古文、时文之别,就如君子与小人。古文之优在于"古",时文之劣在于"时"。古文承担延续先圣所传之古道的重任,使命神圣;时文则为博取当下世俗功名的手段,目的庸俗。因追求的不同,故而取法的途径有异。古文非借径五经、《左传》、《史记》诸书则不可,时文仅猎取《四书》《性理大全》即可,黄宗羲《李呆堂文钞序》云:

> 科举盛而学术衰。昔之为时文者,莫不假道于《左》、《史》、《语》、《策》、《性理》、《通鉴》,既已搬涉运剂于比偶之间,其余力所沾溉,虽不足以希作者,而出言尚有根柢,其古文固时文之余也。今之为时文者,无不望其速成,其肯枉费时日于载籍乎?故以时文为墙壁,骤而学步古文,胸中茫无所主,势必以偷窃为工夫,浮词为堂奥,盖时文之力不足以及之也。为说者谓百年以来,人士精神,尽注于时文而古文亡。余以为古文与时文分途而后亡也。②

一般认为士人精力倾注于时文而致古文衰落③,黄氏则认为不以古人学古文之功夫学时文,却以今人作时文之根柢作古文,使得二者分途而古文消亡,实则两种观点所批判的症结一致。

然自明代就出现"以时文为古文"的现象④,清代延续此风。李绂反思当代古文之所以"尚未能沛然复古",即在于"八股文累之也"⑤。而袁枚追究古文衰败之因,也归结于"前明之时文"⑥。既然时文有妨古文,则必须与之划清界限。欲尊古文之道,剔除时文的影响一度成为清人的共识。正如袁枚所说,"古文者,别今文而言之也。划今之界不严,则学古之词不类"⑦。所以古文之体除禁骈文外,亦禁时文,以及与之相关的语体、习气。正因如此,李绂古文辞禁的八条中就有四六骈语、训诂讲章、时文评语等与时文有关。古文之体禁时文也成

---

① 《魏叔子日录》卷二,《魏叔子文集》(下),中华书局,2003年,第1125页。
② 《黄梨洲文集》,第340页。
③ 关于明清时文对古文的影响,可参看蒋寅《科举阴影中的明清文学生态》,收入《清代文学论稿》,凤凰出版社,2009年,第22—59页。
④ 《四库全书总目》卷一七二《山海漫谈》提要,中华书局,1965年,第1508页。
⑤ 《敬斋文集序》,《穆堂类稿》别稿卷二四。
⑥ 《与程蕺园书》,《小仓山房文(续)集》卷三〇,《袁枚全集》(二),第525页。
⑦ 《答友人论文第二书》,《小仓山房文集》卷一九,《袁枚全集》(二),第320页。

为清代古文辞禁的重要内容,朱珪"古文十弊"其九为"袭时文调",吴德旋"古文五忌"中就有"忌时文"①,王葆心古文第十四忌亦为"不能脱科举习气而虚枵无实际也"②。时文之"俗学"与古文之"古学"境界殊异,欲尊古文之体,时文必然在禁忌之列。

然从另一方面来说,清代古文辞禁亦受时文尊体思潮的影响。在时文领域,明清时期亦出现尊体现象,这就是晚明至清乾隆初年历朝厘正文体的举措。

时文就文体而言,至明中后期已掺入骈体、小说体、语录语等③,隆庆、万历时人于慎行对此极为反感,他说:"近年以来,厌常喜新,慕奇好异,六经之训,目为陈言,刊落芟夷,惟恐不力。陈言既不可用,势必归极于清空;清空既不可常,势必求助于子史;子史又厌,则宕而之佛经;佛经又同,则旁而及小说。拾残掇剩,转相效尤,以至踵谬承讹,茫无考据,而文体日坏矣。"④指出士子因厌弃六经之训,而从佛经、小说等中"拾残掇剩",导致文体日渐败坏。有鉴于此,其时重臣沈鲤、冯琦等上疏请正文体,万历皇帝责成礼部严办,礼部将字句"仍前诡异,杂用佛老百家,违悖注疏者","开送内阁覆阅",并建议"将提学官照例参治,本生定行黜退"⑤。措施不可谓不严,但后效并不理想。清代初年,此风仍旧盛行。顺治三年馆选翰林院庶吉士的魏象枢在其馆课《重经学端士习正文体议》中云:"文体之正不正,关士习风尚,根本经学,相因而成。经不明而有子史,有佛老,有语录,有稗官杂说,大文决裂,理趣茫然。两汉虽得事理之辨,而士习浸以流失,沿至挽近,填缀襞积,荒诞为奇,撦拾为富,牛鬼蛇神,尽蒙头面,文体之坏,良可痛哉!"⑥也是痛心于佛老、语录、稗官杂说对时文的侵袭。康熙曾询问是时制义文体如何,大臣对曰:"实多浮靡之辞,熟烂之调。"⑦反感时文中的骈俪习气。时文的这些风气,实际上就是使代圣贤立言的尊贵文体变得卑俗,于是为尊其道,清廷亦屡下厘正文体的诏书。雍正七年议准:"嗣后士子作文,以

---

① 吴德旋《初月楼古文绪论》,人民文学出版社,1959年,第19页。
② 《历代文话》第8册,第7122页。
③ 参见高寿仙《明代制义风格的嬗变》,《明清论丛》第二辑,紫禁城出版社,2001年;拙撰《方苞古文理论与清代翰林院之关系》,收入《清代翰林院与文学研究》,人民出版社,2014年。
④ 于慎行《谷山笔麈》卷八,明万历于纬刻本。
⑤ 《责成正文体疏》,俞汝楫《礼部志稿》卷四九,《文渊阁四库全书》本。
⑥ 魏象枢《寒松堂全集》卷一二,清康熙刻本。
⑦ 中国第一历史档案馆整理《康熙起居注》,中华书局,1984年,第1264页。

明理为主,放诞狂妄之语,应行禁止。"十年,鉴于"士子逞其才气词华,不免有冗长浮靡之习",便"晓谕考官,所拔之文,务令清真雅正,理法兼备。……支蔓浮夸之言,所当屏去"①。次年正月,雍正再次针对会试时文有可能出现的"但以华靡相尚,则连篇累牍,皆属浮词"之病颁发上谕②。乾隆即位伊始,即着意厘正文体,要求士子"勿尚浮靡,勿取姿媚"③。三年,类似的诏书再次颁布。最高统治者于此反复垂戒,说明此种文体出现的问题已经非常严重。

清代古文辞禁的主要倡导者方苞、李绂均参加了这一正文体的活动。乾隆元年,方苞奉诏编纂《钦定四书文》,"俾主司群士,永为法程"④。为此他筛选众多明清制义,排除伪体,标示正格。他还兼任翰林院教习庶吉士,职责之一就是制义之文的教学⑤。康熙四十八年李绂馆选庶吉士,散馆授编修,后多次以词臣身份任乡会试考官。方、李二人经历多与制艺之文相关。在正文体的背景下,必定考虑时文的禁忌。而以此眼光看待古文,则发现时文的诸多弊病,同样弥漫在古文中,必然将厘正文体的举措用之于古文。章学诚的理论可印证此点。章氏以"清真"为"古文之要",认为辞若不洁,则文难清真。辞之所以不洁,正是由于文体界限不明所致,仿效时文厘正文体势在必行:"盖文各有体,六经亦莫不然,故《诗》语不可以入《书》,《易》言不可以附《礼》,虽以圣人之言,措非其所,即不洁矣,辞不洁则气不清矣。后世之文,则辞赋绮言,不可以入纪传,而受此弊者,乃纷纷未有已也。"⑥由此可见,遵守清真雅正之训,必然严格讲究古文文体的规范。

清廷的正文体举措意在尊时文之体,古文辞禁也出于此种用意。古文就是陷在这样的矛盾中:一方面,清人极力划清古文与时文之间的界限,别今以尊古;另一方面,亦借用时文尊体的方式尊古文,融今而贵古。不论采取何种措施,为挽救文体大坏的古文,尊体是古文家首要的策略。

---

① 素尔讷等纂修,霍有明、郭文海校注《钦定学政全书校注》卷六,武汉大学出版社,2009年,第26页。
② 《清实录》世宗宪皇帝实录卷一二七雍正十一年正月丙午,中华书局,1985年影印本,第668页。
③ 《清实录》高宗纯皇帝实录卷五雍正十三年十月辛巳,第231页。
④ 方苞《进四书文选表》,《方苞集》集外文卷二,第579页。
⑤ 汪师韩《莲池书院课艺序》云:"昔尝从望溪先生游,先生于馆课间出四书题,谓他日将主文衡,制艺之学不可以登第而遂废不讲焉。"《上湖文编补钞》卷上,《续修四库全书》本。
⑥ 《评沈梅村古文》,《章学诚遗书·补遗》,文物出版社,1985年,第613页。

三、"古文辞禁"与唐宋文统的重构

古文之体不尊,还是表面的现象,是何原因导致其产生如此多的"流弊"?还得从古文的文体特性说起。

中国古代的各种文体,承载着不同的功用,大体为诗言志、赋体物、词为艳科;自韩愈、柳宗元倡导古文运动之后,就确立"文以载(明)道"的传统。"文以载道"有两个核心,一是道的规定性,一是文与道的关系。关于古文所载之"道",有学者认为与诗所言之"志"含义相近①,其实二者有根本的不同。志可以符合儒家传统观念,也可以与之相悖,如公安派及袁枚的性灵说所言之志就以一己之"私情"为主;但古文所载之道,乃尧、舜、禹、汤、文、武、周公、孔、孟相沿而来的道,尽管时有与儒家传统观念不一致之处,如韩愈"亦有戾孔、孟之旨"②,苏轼之道"其性质盖通于艺,故较之道学家之所谓道,实更为通脱透达而微妙"③,然其总体上仍执守儒家之见。对于言志与载道,袁枚区别得很清楚:"诗言志,劳人思妇都可以言,《三百篇》不尽学者作也。后之人虽有句无篇,尚可采录。若夫始为古文者,圣人也。圣人之文,而轻许人,是诬圣也。"④劳人思妇所言之志未必与儒家之道合,而圣人所作乃载道之文,诗与文的功用不同,古文所载之道有其规定性的内涵。

二是文与道的关系。古文家认为,道支配着文的风貌。韩愈曾说:"仁义之人,其言蔼如。"⑤移之评量载道之"文",正如欧阳修所云:"道胜者,文不难而自至。"⑥即充实的道决定文的风貌。韩愈评孟子、荀子、扬雄之文云:"孟氏醇乎醇者也,荀与扬,大醇而小疵。"⑦孟氏与荀、扬所以有醇与疵的差别,就在于其

---

① 参见朱刚《唐宋四大家的道论与文学》第180—190页(东方出版社,1997年)、《唐宋"古文运动"与士大夫文学》第28—30页(复旦大学出版社,2013年)。
② 《旧唐书》卷一六〇《韩愈传》,中华书局,1975年,第4204页。
③ 郭绍虞《中国文学批评史上文与道的问题》,《照隅室古典文学论集》(上编),上海古籍出版社,2009年,第183页。
④ 袁枚《与邵厚庵太守论杜茶村文书》,《小仓山房文集》卷一九,《袁枚全集》(二),第317页。
⑤ 《答李翊书》,《韩昌黎文集校注》卷三,第169页。
⑥ 《答吴充秀才书》,《欧阳修诗文集校笺》居士集卷四七,上海古籍出版社,2009年,第1177页。
⑦ 《读荀》,《韩昌黎文集校注》卷一,第37页。

文所载之道,曾国藩阐述云:"其文之醇驳,一视乎见道之多寡以为差。见道尤多者,文尤醇焉,孟轲是也;次多者,醇次焉;见少者,文驳焉;尤少者,尤驳焉。自荀、扬、庄、列、屈、贾而下,次第等差,略可指数。"①在古文家看来,道决定着文的风貌,载道之文必定是醇雅。"道"的偏离则会失去对"文"的约束力,于是"文"呈现出"傲诡幻怪,厄词蔓衍"及连篇累牍的"月露风云"②之貌,此种情况一般称为"道丧文弊"。同时,文也可反作用于道,文的过度修饰或趋于俚俗,亦会蒙蔽或叛离道,"巧言令色,鲜矣仁"就是此意,施闰章《陈征君士业文集序》亦云:"文者,道之见于言者也。……近世淫靡于文,浸刺谬乎道德。"此种情况一般称为"文弊道丧"③。所以,亦可由外在的文窥探内在的道之状况,此即方东树所云"词体之美恶,即为事与道显晦之所寄"④。就此来看方、李提出的古文辞禁,虽重在外在的文体、语体,其实是关合着背后深层的"道"。因此,由辞禁内容可以探知,自南宋至清代,因古文所载之道偏离儒家思想,导致文之层面出现种种"恶果"。

　　首先,佛道思想的盛行对古文的影响。韩愈面对中唐佞佛的社会局面而倡导古文运动,以期振兴儒学,古文所载之道自此就与佛道二教格格不入。然自宋以降,援佛道入儒成为潮流。明代统治者重道教,加之受阳明心学影响,中叶以后狂禅思想盛极一时,故至明季,"士大夫耽二氏者,十之九也"⑤,这势必对儒家思想及程朱理学形成冲击,以致出现"道学侈称卓老(李贽),务讲禅宗"的风气⑥,崇信程朱理学者"无复几人矣"⑦。就连代圣贤立言的八股时文,亦渗入佛道思想⑧。这引起部分正统士大夫的担忧,唐顺之云:"古之乱吾道者,常在乎六经孔氏之外;而后之乱吾道者,常在乎六经孔氏之中。……六家九流与佛

---

① 《致刘蓉》,《曾国藩全集》第 22 册(书信之一),第 7—8 页。
② 张廷玉《古文雅正序》,《澄怀园文存》卷七,清乾隆刻本。
③ 施闰章《学余堂文集》卷四,《文渊阁四库全书》本。
④ 方东树《书惜抱先生墓志后》,《考槃集文录》卷五,清光绪二十年刻本。
⑤ 《四库全书总目》卷一七九《四然斋集》提要,第 1621 页。
⑥ 《四库全书总目》卷一三二《续说郛》提要,第 1124 页。
⑦ 《明史》卷二八二《儒林传》,中华书局,1974 年,第 7222 页。
⑧ 梁章钜《制艺丛话》卷五云万历丁丑科进士杨起元"以禅入制义"(上海书店,2001 年,第 72 页);王夫之《显考武夷府君行状》云万历中年"新学浸淫天下,割裂圣经,依傍佛氏,附会良知之说"(《姜斋文集》卷二,《续修四库全书》本)。

之说窜入于六经孔氏之中,而莫之辨也。"①认为以佛道思想注解六经使得孔孟之道舛杂。二教的得势对体辞亦产生影响,一是引起语录体的流行。李绂就将此体追溯至佛门,并大加批判云:"'语录'一字,始见于学佛人录庞蕴语,相沿至宋始盛。其体杂以世俗鄙言……而儒者弟子无识,亦录其师之语为语录,并仿其体全用鄙言。"②且自南宋以来,语录体又侵入古文领域,《四库全书总目》在评价此一时段的古文时,对此多有訾议,亦可见风气之盛。二是耽佛道者以二氏语入文。李绂云:"明季文弊,好用二氏书,至国初钱牧斋而极。"明代如屠隆为王世懋《关洛记游稿》作序时,多采用内典道书,类似"万缘立尽"、"上根法器"等语不一而足③,而王著本身"亦全作二氏支离语",所以如此,"盖一时士大夫习气如斯也"④。清初此风尤盛,代表者为钱谦益,其文多用佛经中语,如出自佛典的"乳药"之喻就被反复运用⑤。方苞对此极为痛恨,咒骂为"如涕唾之令人殻矣"⑥。正统士大夫难以容忍此种习气,列之为禁体,通过改变文风,纯化儒家思想,排佛道而尊儒。

其次,王学左派思想及其对古文的入侵。晚明王学左派思想的盛行,官方理学面临严峻冲击。这一思潮波及文学领域,使得俗文学地位攀升。李贽及受其影响的公安三袁为提高俗文学地位而大声疾呼,《西厢》《水浒》被他们推至与《离骚》《史记》并尊的高度。三袁宣扬的"独抒性灵",主旨上偏于私生活的情趣;表达方式上主张"宁今宁俗,不肯拾人一字"⑦,"以信笔扫抹为文字"⑧。袁宏道之诗"戏谑嘲笑,间杂俚语"⑨,其实三袁之文亦类似,《四库全书总目》以"纤佻"二字括之,的为定评。由于提倡通俗文学,以俚语俗语入文亦是常态。袁宏道《听朱先生说水浒传》一诗云:"少年工谐谑,颇溺《滑稽传》。后来读《水

---

① 《中庸辑略序》,《荆川集》文集卷一〇,《四部丛刊》本。
② 《古文辞禁八条》,《穆堂别稿》卷四四。
③ 屠隆《白榆集》文集卷一,明万历龚尧惠刻本。
④ 《四库全书总目》卷一七八《关洛记游稿》提要,第1602页。
⑤ 分别见《鼓吹新编序》《俞嘉言医门法律序》《杨明远诗引》,《钱牧斋全集》有学集卷一五、二〇,上海古籍出版社,2003年,第710—712、718—719、855—856页。
⑥ 《答程夔州书》,《方苞集》卷六,第166页。
⑦ 袁宏道《冯琢庵师》,《袁宏道集校笺》卷二二,上海古籍出版社,2008年第2版,第781—782页。
⑧ 王夫之《夕堂永日绪论外编》三六,《历代文话》第4册,第3282页。
⑨ 《明史》卷二八八《袁宏道传》,第7398页。

浒》，文字益奇变。《六经》非至文，马迁失组练。"①由于酷爱《水浒》，乃至贬低六经、《史记》，语言趋于俚俗。李绂之"禁用传奇小说"，就是针对"明嘉隆以后，轻儇小生自诩为才人者，皆小说家耳"而发，所指正是以三袁为主。"小说俚言阑入文字，晚明最多"②，通俗小说的盛行，加以三袁等人的提倡，以之入古文风靡一时。及于清初，并由用小说中语发展为以小说之笔法为古文，此即黄宗羲批评侯方域、王猷定"文之佳者，尚不能出小说家伎俩"③，汪琬指责侯方域之《马伶传》、王猷定之《汤琵琶传》"以小说为古文辞"④。小说乃小道，代表的是市民阶层的世俗生活情调，与载道的古文体不相侔，因此被古文家悬为禁格。

第三，七子派重文而轻道亦背离古文传统。七子谓"古文之法亡于韩"⑤，遂"凭陵韩、欧"⑥，与唐宋文统决裂。他们重文而弃道，津津于"视古修辞，宁失诸理"⑦。董其昌谓其"置经术弗问，而取秦汉诸子之文，句比字栉，以相色泽，曰是可超唐宋之乘"⑧，排斥经术，借用秦汉文之语辞，提倡复古而走上模拟之习。七子派在明代文坛影响甚大，唐宋派、公安派中人及钱谦益等早年均曾为其吸引。顾炎武反思明代古文的流弊，认为七子派开启了不良风气："近代文章之病，全在摹仿。"⑨方苞对七子派极为反感，他教人作文从唐宋入，反对借途于七子，认为始学古文若效七子"求古求典"，则必流为"伪体"⑩，其禁止"汉赋中板重字法"入侵古文，即是针对模拟习气而言⑪。自方苞之后，禁止模拟成了文禁中的一项重要内容，袁枚所记朱珪"古文十弊"之四就是"优孟衣冠，摩秦仿汉"⑫，而曾国藩更是将"剽窃前言，句摹字拟"作为"戒律之首"⑬。严禁模拟，就在于其重

---

① 《袁宏道集校笺》卷九，第418页。
② 平步青《霞外攟屑》卷七下《瑜亮》，民国六年刻《香雪崦丛书》本。
③ 《陈令升先生传》，《黄梨洲文集》，第67页。
④ 《跋王于一遗集》，《汪琬全集笺校》钝翁前后类稿卷四八，人民文学出版社，2010年，第907页。
⑤ 何景明《与李空同论诗书》，《大复集》卷三二，明嘉靖刻本。
⑥ 黄宗羲《明文案序下》，《黄梨洲文集》，第389页。
⑦ 李攀龙《送王元美序》，《沧溟集》卷一六，《文渊阁四库全书》本。
⑧ 《八大家集序》，《容台集·文集》卷一，明崇祯三年董庭刻本。
⑨ 顾炎武著、黄汝成集释《日知录集释》卷一九"文人摹仿之病"，上海古籍出版社，2006年，第1097页。
⑩ 《古文约选序例》，《方苞集》集外文卷四，第614页。
⑪ 参见石雷《方苞古文理论的破与立》，《文学评论》2013年第5期。
⑫ 袁枚《小仓山房尺牍》卷三《覆家实堂》，《袁枚全集》（五），第67页。
⑬ 《复陈宝箴》，《曾国藩全集》第30册（书信之九），第566页。

文轻道之举背离了唐宋以来的古文传统。

上述三种倾向,对古文的"道统"与"文统"都构成了严重的威胁。明遗民思想家与清初统治者反思明代灭亡原因时,不约而同地将矛头指向前朝思想界,尤其是空谈误国的王学末流。由此顾炎武注重风俗教化于世道人心的作用,他说:"目击世趋,方知治乱之关,必在人心风俗。而所以转移人心,整顿风俗,则教化纪纲为不可缺矣。"①并由整顿风俗而提倡经学。最高统治者亦有鉴于此而确立治国思想。康熙六年,理学家熊赐履奏称明代"(士子)高明者或泛滥于百家,沉沦于二氏,斯道沦晦,未有甚于此时者也",建议"考诸六经之文,监于历代之迹,实体诸身心,以为敷政出治之本"②,主张以理学治国,康熙帝予以采纳,从而确立程朱理学的统治地位。在整顿思想使之重新回归儒家正统这一点上,遗民思想家与清初统治者大体一致。

意识形态领域要求变革的呼声和举措,必然在古文创作与理论中有所体现。对明文的批判,胜朝遗老与清初官宦也是一致的。顾炎武《文须有益于天下》云:"文之不可绝于天地间者,曰明道也,纪政事也,察民隐也,乐道人之善也。若此者,有益于天下,有益于将来,多一篇,多一篇之益矣。若夫怪力乱神之事,无稽之言,剿袭之说,谀佞之文,若此者,有损于己,无益于人,多一篇,多一篇之损矣。"③借批判明代无用之文而阐扬文须有益于天下的宗旨。四库馆臣回顾明代古文的流变,特别指出七子与公安派所造成的弊端:"古文一脉,自明代肤滥于七子,纤佻于三袁,至启、祯而极弊。"④明文表露出来的弊端,与唐宋古文传统相悖,视为文统的中绝亦不为过。

面对明代"道统"与"文统"失落与中断的局面,清初人再一次集体喊出"文以明道"、"文以载道"的口号,以期重振古文⑤。在这一思潮下,清人一方面将道与理学家的理相联系,张廷玉从文辞的产生来探讨其与性理之关系云:"文辞

---

① 《与人书九》,《亭林诗文集》文集卷四,上海古籍出版社,2012年,第141—142页。
② 《清史稿》卷二六二《熊赐履传》,中华书局,1977年,第9892页。
③ 《日知录集释》卷一九,第1079页。
④ 《四库全书总目》卷一七三《尧峰文钞》提要,第1522页。
⑤ 如施闰章云:"文者,道之见于言者也。"(《陈征君士业文集序》)魏禧云:"文章以明理适事。"(《恽逊庵先生文集序》)叶燮云:"夫文之为用,实以载道。"(《与友人论文书》)朱彝尊云:"文章之本,期于载道而已。"(《报李天生书》)邵长蘅云:"圣贤之文以载道,学者之文蕲弗畔道。"(《与魏叔子论文书》)等等。

之兴非偶然也,发天地之精华,而根之性命。"虽然前人将古文分为辞命、议论、论事、论理四类,但张氏认为均"贯于理";既然如此,古文"则内有以关乎身心意知之微,而外有以备乎天下国家之用"①,融体、用为一,其论透露出康熙年间崇尚理学的时代特色。另一方面,因明文背离六经传统,清人倡扬"通经学古"。方苞强调古文特性是"本经术而依于事物之理"②,他同朱彝尊都注意到通经与文风的关系,朱氏云:"文章不离乎经术也。西京之文,惟董仲舒、刘向经术最纯,故其文最尔雅。彼扬雄之徒,品行自诡于圣人,务掇奇字,以自矜尚,安知所谓文哉?魏晋以降,学者不本经术,惟浮夸是务,文运之厄数百年。赖昌黎韩氏始倡圣贤之学,而欧阳氏、王氏、曾氏继之,二刘氏、三苏氏羽翼之,莫不原本经术,故能横绝一世。盖文章之坏,至唐而反其正,至宋而始醇。……北宋之文,惟苏明允杂出乎纵横之说,故其文在诸家中为最下;南宋之文,惟朱元晦以穷理尽性之学出之,故其文在诸家中最醇。学者于此可以得其概矣。"③深于经术者,其文尔雅醇厚而不驳杂。文以明道与清初思想界文章经世之意志密切联系,虽然古文家文以载道与思想家以学术经世手段殊途,但其用心与追求则是同归的,不管是居庙堂之高的清廷官员还是处江湖之远的胜朝遗民,在此点上取得共识。

至此,古文家复"讲唐宋以来之矩矱"④。明清之际士人感叹古文衰落的同时,就开始无比期待着其复兴的一天。汤显祖就曾对古文之道表示过深重的忧虑,迷茫"其有兴乎";钱谦益热切期盼"古文兴复之几"⑤;万斯同期待如李杲堂那样的古文家模范天下,"庶几古文一道可以兴复"⑥;而廖燕读了魏和公父子"质奥奇峭淹博,上之可敌周、秦,而下亦不失为韩、欧"的古文,便欣喜"数百年来古文之衰,而忽盛于此"⑦。他们憧憬着唐宋文统的复兴,从中不难读出时人重振古文的热望。

方、李鉴于前代古文的弊端而提出辞禁,也是本着唐宋古文运动的精神。

---

① 《古文雅正序》,《澄怀园文存》卷七。
② 《答申谦居书》,《方苞集》卷六,第164页。
③ 《与李武曾论文书》,《曝书亭全集》曝书亭集卷三一,第382页。
④ 《四库全书总目》卷一七三《尧峰文钞》提要,第1522页。
⑤ 钱谦益《汤义仍先生文集序》,《钱牧斋全集》初学集卷三一,第906页。
⑥ 万斯同《李杲堂先生五十寿序》,《石园文集》卷七,《续修四库全书》本。
⑦ 廖燕《与魏和公先生书》,《清代文论选》(上),人民文学出版社,1999年,第395—396页。

韩愈针对当时骈文陈陈相因的风气,提出"唯陈言之务去";欧阳修则有意识地打击其时泛滥的太学体险怪文风。他们的努力,造就了文学史上声势浩大的唐宋古文运动。此以意识形态领域的变革为核心,然发端又是从语体入手。清代的古文辞禁,特别是方、李提出的种种禁忌,主要也是以语体为革新对象,意在对意识形态领域变革的回应,实际也是一场古文运动。方苞奉行"学行继程朱之后,文章介韩欧之间"的立身祈向,前者等同于道统,后者等同于文统,二者的合一,与唐宋古文运动精神一致;李绂之所以提出辞禁,则是"庶乎韩子去陈言之意",亦以韩愈主张为旨归。辞禁正是本着"古文不振,古人之道不行"[①]的逻辑,虽仅从"辞"即语体的层面对文加以规范,实则是在清初意识形态定于一尊,重回儒家传统之际,要求古文适应此种变革的举措。

正因古文辞禁是鉴于儒家之道的离失而提出,故而方、李之后,每当思想界偏离儒家正统,古文的禁忌就随之增加。乾嘉考据学在某种程度上是对宋学的反动,首先,温和的考据学者虽不反宋,但在学术方法上与宋儒立异;其次,戴震《孟子字义疏证》虽打着汉学的旗帜,却从根本上否定理学。二者均对古文家的道统构成极大的威胁。同时,以考证入文盛极一时,戴震甚至以考据为义理、文章之源,此种认识及为文之法不仅遭到宋学家的反驳,固守古文特性的袁枚亦反对考据入文,他总结古文被三者所误,第三就是"本朝之考据"[②]。馆阁要员朱珪评其古文无时下十弊,袁枚另增三弊:"征书数典,琐碎零星,误以注疏为古文,一弊也;驰骋杂乱,自夸气力,甘作粗才,二弊也;……写《说文》篆隶,教人难识,字古而文不古,又一弊也。"以注疏为古文,以古字为古文,就是对朱珪、朱筠兄弟及当时考据家为文风气的发难,故朱珪"知有所指,不觉大笑"[③]。因此袁枚提出的古文禁忌中就有"注疏考据语"一项;为其《小仓山房文集》作序的杭世骏赞同其观点:"文莫古于经,而经之注疏家非古文也;不闻郑笺、孔疏与崔、蔡并称。文莫古于史,而史之考据家非古文也;不闻如淳、师古与韩、柳并称。"[④]禁止考据入文,正关合着思想界的汉宋之争。

晚清西学东渐引发思想变革,语体、文体也获得解放,古文又一次面临挑

---

① 张谦宜《絸斋论文》卷一《统论》,《历代文话》第4册,第3870页。
② 《与程蕺园书》,《小仓山房(续)文集》卷三〇,《袁枚全集》(二),第525页。
③ 《覆家实堂》,《小仓山房尺牍》卷三,《袁枚全集》(五),第67页。
④ 杭世骏《小仓山房文集序》,《小仓山房文集》卷首,《袁枚全集》(二),第5页。

战。戊戌变法后,梁启超自称其文"时杂以俚语、韵语及外国语法",对于这种做法,"老辈则痛恨,诋为野狐"①。吴汝纶就将此视为"化雅以入于俗"②,并预言这不仅是文体的衰败,更危及固有的文化传统:"世人乃欲编造俚文,以便初学,此废弃中学之渐,某私所忧而大恐者也。"严复翻译为了追求雅驯,遇到"不可阑入之字",苦恼于"改窜则失真,因仍则伤洁"时,便向吴汝纶请教,吴氏告诫他说:"与其伤洁,毋宁失真。"③宁愿失真,也不愿阑入外国文字以伤古文之雅洁,其捍卫古文传统可谓坚定。于是,西学词汇及相关内容也成为古文辞禁的对象,王葆心所列古文第十二忌乃是"摭采新译字句,无雅言高义,徒矜饰外观也",第十三忌乃是"以东文省写标识诸法羼入纯粹之国文也";林纾《春觉斋论文·忌糅杂》云:"至于近年,自东瀛流播之新名词,一涉文中,不特糅杂,直成妖异,凡治古文,切不可犯。"④就是对思想界的这种趋势而言。古文禁忌与时俱进地扩充着内容,古文家时刻提防其他思想危害古文所载之道的忧危用心于此可见。

四、古文辞禁与清代的"文归馆阁"

从身份上来看,清代古文辞禁的提出者主要以翰林词臣为主。据沈廷芳所记,方苞教诲他古文禁忌正是在翰林院教习庶吉士任上;李绂翰林出身,担任过考官、学政,提出辞禁的乾隆三年前后任詹事府詹事,亦为翰林院下属衙门。另如朱珪、杭世骏、刘熙载、曾国藩等均为翰林出身。有些人虽非词臣,或当时已离开词垣,但其论均与馆阁有一定的联系。据袁枚所言,"古文十弊"乃是他记载朱珪对其文的评价,虽章学诚认为是袁氏伪造,但也承认其依据为李绂《古文辞禁八条》⑤,则受翰林院影响无疑。桐城派后学吴德旋在《初月楼古文绪论》中提出:"古文之体忌小说,忌语录,忌诗话,忌时文,忌尺牍,此五者不去,非古文也。"这亦源自方苞,观其又云:"诗赋字虽不可有,但当分别言之,如汉赋字

---

① 《清代学术概论》二十五,上海古籍出版社,1998年,第85—86页。
② 唐文治《国文大义》下卷《论文之戒律》,《历代文话》第9册,第8234页。
③ 《吴汝纶尺牍》卷二《答严几道》,《吴汝纶全集》(三),黄山书社,2002年,第235页。
④ 《春觉斋论文》,人民文学出版社,1959年,第112页。
⑤ 章学诚《文史通义》卷七《论文辨伪》,《章学诚遗书》,文物出版社,1985年,第63页。

句,何尝不可用",则很显然是针对方氏之论而作的修正。王葆心"古文十四忌"乃是"撮荟都凡"而成,其他如林纾、唐恩溥、唐文治的观点亦多受前人启发。清代古文辞禁由词垣中人提出,影响所及,获得整个社会的广泛认同。词垣中人着意于古文禁忌,意在将自明代下移的文学权力重新收回于馆阁。

明代古文创作中产生的种种"弊端",与文学权力的下移相关。与其他文体不同,古文所载之道需要一定的社会政治条件为其支撑,方可实施。经过金元明士大夫的努力,唐宋古文家所憧憬的政治文化理想获得体制上的支持,古文辞成为官方掌控的文坛话语权力。明代在制度上保证古文辞成为馆阁垄断的文体,永乐初年实行的庶吉士培养制度,明确规定于新进士中"简其文学之尤者为翰林庶吉士",并"日给笔札膳羞",以利其全身心"学古文辞",希冀他们"以其文章羽翼六经,鸣于当时,垂诸后世"①,为翰林院与内阁储养人才。因馆阁政治权重的增长,故要求他们具有德行、经术、政事及文章等多方面的人格修养与出色才能②。明代台阁体即是此种制度在文风上的显现,在"文者载道之器"③的理论主导之下,其文呈现出"和平雅正"、"平易正大"④的盛世之风,语言风格以雍容典雅为归。台阁体在明代前期占据文坛的统治地位,正彰显出"权归台阁"的文化态势⑤。但随后,台阁文风遭受严厉批判,地位急遽下降,掌控文坛话语权者从台阁下移到郎署、地方,最后又落到山人身上,台阁派所构建的唐宋文统亦随之瓦解。

首先,前七子以新进士任职各部主事,这一身份致使他们摆脱台阁体的束缚,并对其所代表的高度一统的国家意识形态提出挑战,他们"唱导古学,相与訾謷馆阁之体"⑥,于是"台阁坛坫移于郎署"⑦。文化权力的下移,文风亦随之改变,由于割裂文与道的联系,专事于文的追求,以模拟秦汉为归,故其文喜"钩

---

① 杨荣《送翰林编修杨廷瑞归松江序》,《文敏集》卷一三,《文渊阁四库全书》本。
② 关于元明馆阁唐宋文统的建构与制度化实施,可参看陈广宏《"古文辞"沿革的文化形态考察》,《文学遗产》2012 年第 4 期。
③ 倪谦《松冈先生文集叙》,《倪文僖集》卷二二,清《武林往哲遗著》本。
④ 彭时《杨文定公诗集序》,《明文海》卷二六〇,清涵芬楼钞本。
⑤ 参看黄卓越《明永乐至嘉靖初诗文观研究》第一章之"职分、体式与权归台阁"(北京师范大学出版社,2001 年,第 4—23 页)的相关论述。
⑥ 钱谦益《列朝诗集小传》,上海古籍出版社,1983 年,第 314 页。
⑦ 陈田《明诗纪事》丁签卷一《李梦阳诗》按语,《续修四库全书》本。

章棘句"①,一反台阁体平易正大之风。其次,公安派中虽袁宗道曾为馆阁中人,不过影响最大的袁宏道亦仅为知县、主事一类官职。他们追求惬意闲适之趣,与现实政治拉开距离,正如其诗中所云"邸报束作一筐灰,朝衣典与栽花市"②,其文化品位与庙堂远而与市井近;因之渴望打破文对道的依附,追求文体的自由。清人指责公安派与受之影响的竟陵派之文为"体尤纤僻,有乖闳雅沉博绝丽之作,盖无所有驯"③,就在于其文风趋于俚俗、轻佻。再次,晚明山人地位提升,成为文化权力的掌控者,他们"各以诗文书画表见于时,并传及后世,回视词馆诸公,或转不及"④,从而形成"角巾尊于冠冕"的局面⑤。山林文学代表小品文更是卸下"文以载道"的重负,"从对单词只句入手来抵消传统古文的压制"⑥,成为古文的反动。小品文在语言表现、文体规范上极为自由,"或绮语浮华,沿齐梁而加甚"⑦;或俚言俗语,袭语录语、小说体。方、李古文辞禁所反感的各种不良习气,在晚明小品中都能找到⑧。正是文柄的下移,儒家之道被遗弃,文与道的理想关系失衡,文的表达亦突破规范,变得几乎无体而不可以入。

　　清前期文坛尚延续着晚明文风。如黄宗羲、吴梅村等以小说入古文,吴梅村"古文每参以俪偶",张贞生《庸书》"所作多近语录",王令《古雪堂文集》"好用释典,颇杂宗门语录"⑨,钱谦益以佛语入古文,等等。时人对这些现象虽有批评,但亦不乏赞同之声。王士禛在《侍御梁晳次(熙)先生传》中云:"先生于古文不多作,其有作必合古人矩度,而于禅悦文字尤善,论者以为有苏文忠、黄太史之风。"⑩可见赞同佛语入古文者不止王氏一人。宋琬《严白云诗集序》云:"(钱谦益)暮年稍涉颓唐,又喜引用稗官释典诸书,于是后进之好事者,摘其纤疵微

---

① 《四库全书总目》卷一七二《遵岩集》提要,第1504页。
② 《显灵宫集诸公以城市山林为韵》其二,《袁宏道集校笺》卷一六,第651页。
③ 褚傅诰《石桥文论·文体》,《历代文话》第10册,第9626页。
④ 赵翼《廿二史札记校证》卷三四"明代文人不必皆翰林"条,中华书局,1984年,第783页。
⑤ 文震孟《国步綦艰圣衷宜启疏》,黄宗羲编《明文海》卷六二。
⑥ 张德建《小品盛行与晚明文学权力的下移》,《中国文化研究》2006年春之卷。
⑦ 《四库全书总目》卷一三二《续说郛》提要,第1124页。
⑧ 吴承学《晚明小品研究》,江苏古籍出版社,1999年,第422页。
⑨ 分别见《四库全书总目》卷一七三《梅村集》提要、卷一八二《庸书》提要、卷一八五《古雪堂文集》提要,第1520、1648、1684页。
⑩ 梁熙《晳次斋稿》卷首,《四库未收书辑刊》第五辑第28册。

瑕相訾謷,以为口实。"①宋琬认为钱谦益喜用稗官释典的现象并无不妥,那些批评他的人只是以此为借口攻击其节操罢了。这些影响文坛的人物对晚明文风趋之若鹜,在清初尚有市场,但随着清廷整顿文坛的文化政策的实施,必然遭到唾弃。

反思明代文学的发展,清初人普遍认为晚明文风是国家灭亡的写照,因此亟需清理文坛不良风气以匹配盛世气象。汪琬《文戒示门人》云:"昌明博大,盛世之文也;烦促破碎,衰世之文也;颠倒悖谬,乱世之文也。今幸值右文之时,而后生为文,往往昧于辞义,叛于经旨,专以新奇可喜,嚣然自命作者。"称此种"新奇可喜"风气为"文中之妖与文中之贼"②,呼吁文风体现昌明博大的盛世气象。在上者如康熙帝也意识到文风与政治的关联,在和翰林官讨论文章写作时,圣祖就以前明为戒:"明朝典故,朕所悉知。如奏疏多用排偶芜词,甚或一二千言。每日积至满案,人主讵能尽览,势必委之中官。中官复委于门客及名下人。此辈何知文义,讹舛必多,遂奸弊丛生,事权旁落,此皆文字冗秽以至此极也。"③惩于前代亡国的教训,清廷有意识地采取多种措施将文柄收归馆阁。首先,大量拔擢能诗善文之士进入词垣,清廷通过博学鸿词科考试、馆选庶吉士、特授馆职、召试等多种方式,一批才华卓异之士或潜力才俊成为翰林词臣,清代馆阁成了真正的"人才渊薮"。在回首明代馆阁不振,文化权力下移的历史时,清人为之感到耻辱:"自弘、正而后,一百五六十年,而文章之权不在馆阁,此亦古今所未有之辱也。"④而面对本朝翰林院人才济济的景象,又倍觉自豪:"翰林一官,疏为文学侍从之臣。班联亲近,职掌清华,尤蒙皇上顾待特厚,历科加意遴择,教育栽培。尚虑或有遗才,复旁求海内鸿博之士,尽充馆职。自古词臣之盛,未有如今日者也。"⑤能文之士汇集于词垣,昭示着文柄自草野统归于馆阁。其次,词臣以其职责发挥文坛导向作用。馆阁之臣自宋以来就有"学者宗师"之誉⑥,李东阳亦云翰林乃"典法所在"⑦,纪昀则更进一步明确"名场之声气,尤多

---

① 宋琬《严白云诗集序》,严熊《严白云诗集》卷首,《四库未收书辑刊》第七辑第 21 册。
② 《钝翁续稿》卷三〇,《汪琬全集笺校》,第 1665—1666 页。
③ 《康熙起居注》第 1156 页。
④ 郑方坤《国朝名家诗钞小传》卷三《怀清堂诗钞小传》,光绪丙戌(1886)孟夏万山草堂藏版。
⑤ 叶方蔼《拟上疏通翰詹官僚疏》,《叶文敏公集》,清抄本。
⑥ 李焘《续资治通鉴长编》卷七一,中华书局,1979 年,第 1589 页。
⑦ 《董文僖公集序》,《李东阳续集》文续稿卷三,岳麓书社,1997 年,第 180 页。

视翰林之导引"①,馆阁的文坛典范地位不言而喻。清廷不仅通过确立典范的人和文,且利用词臣担任学政、考官等职务的便利条件,引领整个文坛风气,翰林院又成为"文章渊薮",牢牢控制着文柄。

在此情势下,载道的古文再次获得制度的支持。清代承前明之旧,非翰林不入内阁,大学士多由词垣出身者充任,故在庶吉士的教习中,亦注重道德、经术、政事及文章多位一体的综合素质培养,古文被纳入庶吉士教学的课程中②,韩菼《瀛洲亭经说初集序》云:"往教习堂读书,听占一经,背诵所习诗、古文,《唐诗正声》,《文章正宗》。"③明代馆阁培养制度为清廷继承。至于具体的教学内容,曾任翰林院教习庶吉士的徐乾学在给学生制定条约时,于古文颇多提点:

> 昔人言文以气为主者,似矣,而未尽也。文以理为主,而辅之以气耳。立言者根柢于经学、道学,则当于理矣。不通经固不足语于文,不闻道亦不足语于文也。明之初年,宋学士、王待制皆游黄氏之门,以上溯考亭夫子之传。自是三百年来,论文者必合三者而言之,乃为正宗,非是则旁门邪径矣。遵岩、震川诸君子奉此规矩至谨严也,北地、历下数公,以才子自命,是其本原先误,毋怪乎拟古虽工,终少自得。而新会姚江以后,心学日盛,脱弃文字,渐以六经为糠秕,则又高明者之过也。别裁伪体,谅诸君雅有夙心,加慎焉而已。④

徐乾学强调"文以理为主",正是清初理学统治地位的体现。在对古文进行"别裁伪体"时,推崇宋濂、王祎及唐宋派为韩柳古文统序的"正宗",而斥七子派、公安派等为"旁门邪径",推崇馆阁文风、绍述唐宋文统之意甚明。

清代词臣为改变前明鄙陋的文风,大力提倡雅驯之文。明代之文,清人以一字尽之,即俗。俗有语俗,有意俗,邱嘉穗云:"禅经、坊曲、语录、邸抄皆窜入文字中,是词不雅也。高者宗异端虚无寂灭之教,卑者袭策士纵横捭阖之论,是意不雅也。"⑤不雅即是俗。不但以语录、俚语、时文等俗体俗语入文是俗,就是

---

① 纪昀《端本导源论》,《纪晓岚文集》第1册卷七,河北教育出版社,1995年,第137页。
② 第一历史档案馆藏顺治时《庶吉士进学条规》规定庶吉士习五经,"外加古文、唐诗",参见邸永君《清代翰林院制度》,社会科学文献出版社,2002年,第130页。
③ 《有怀堂文稿》卷二,《四库全书存目丛书》集部第245册。
④ 徐乾学《教习堂约条》,《憺园文集》卷三六,《续修四库全书》本。
⑤ 《东山草堂迩言》卷六《诗文·雅驯》,《四库全书存目丛书》集部第259册。

诗赋等高雅文体入古文也是俗,张谦宜云:"古文对淫艳排偶之文而言,不独八股一种。……仅有词皆选练,典故现成,官腔稳重,而不免于俗者;又有故作清态,能为雅语,而益见其俗者。"①救俗之方即是雅驯。潘耒指出对于明代"夸多斗靡,争新尚异,或矫而入于晦僻,或放而趋于缪悠"的文风,清代"纂言君子"则"思救之以雅驯之文"②,斥俗崇雅成为馆阁风尚。方、李辞禁之论,亦在于此。李绂的辞禁八条,直斥"鄙倍";方苞鉴于南宋元明以来的古文"无一雅洁者"而提出"七不可",并明言本于"司马氏所谓言不雅驯"。雅驯传统由来已久,司马迁《史记·五帝本纪》云:"文不雅驯,荐绅先生难言之。""荐绅先生"本指高级官吏,可知这一文风本来就是地位较高阶层的欣赏口味。馆阁的清华地位,以及拟制诏诰等职任,均要求文风的雅驯,所以清代自庶吉士起就规定其为文"务须典雅醇正,勿为险怪纤巧"③。而雅俗之辨,从更深的层面来说,实关乎文与道的离合。宋人认为"枯槁憔悴"的山林草野之文,"乃道不得行,著书立言者之所尚也";而"温润丰缛"的朝廷台阁之文,"乃得行其道,代言华国者之所尚也"④。清人邵长蘅亦云:"文之用在上,则文与道合,而其文极盛而不可加;文之用在下,则文与道偲离偲合,而其文亦多驳而少醇。"⑤馆阁因其地位,实现文道合一,其文呈现出典雅和平的气象。古文辞禁就是以反对"憔悴枯槁"的山林之文,而达到彰显"温润丰缛"的台阁之文的用意。尽管文学史对明初台阁体评价甚低,但清代馆阁中人却极为推崇。如《总目》评杨士奇《东里全集》云:"仁宗雅好欧阳修文,士奇文亦平正纡徐,得其仿佛。"评杨荣《杨文敏集》云:"逶迤有度,醇实无疵,台阁之文所由与山林枯槁者异也。"评金幼孜《金文靖集》云:"雍容雅步。……其时明运方兴,故廊庙赓飏,具有气象,操觚者亦不知也。"⑥所欣赏的正是台阁雅驯文风。

方、李论文宗旨正是馆阁文学精神的体现。方苞道其学术祈向云:"学行继程、朱之后,文章介韩、欧之间",此正糅合了前代馆阁文学的宗旨。元翰林承旨

---

① 张谦宜《絸斋论文》卷二《细论》,《历代文话》第 4 册,第 3882—3883 页。
② 潘耒《朴学斋稿序》,《遂初堂集》文集卷八。
③ 《庶吉士进学条规》,引自邸永君《清代翰林院制度》第 131 页。
④ 《宋朝类苑》,收入叶元墺《睿吾楼文话》卷九,《历代文话》第 6 册,第 5450 页。
⑤ 《钞古文载序》,邵长蘅《邵子湘全集》青门籁稿卷七,《四库全书存目丛书》集部第 247 册。
⑥ 《四库全书总目》卷一七〇,第 1484 页。

王恽"语性理则以周、邵、程、朱为宗,论文章则以韩、柳、欧、苏为法"①;永乐帝勉励二十八位庶吉士云:"为学必造道德之微,必具体用之全;为文必并驱班、马、韩、欧之间"②,正是方氏之言的先声。因馆阁所拥有的政治权重,必然要求其中之人合德行、经术、政事以及文章于一体。方苞为翰林院教习庶吉士期间,曾上《请定庶吉士馆课及散馆则例札子》一疏,请求在散馆考试中,对庶吉士试以经济实用之学:"政事、文学,皆人臣所以自效,而政事之所关尤重。"其论承续着前代馆阁文化的致用意识。由此反观其提出的学术祈向,古文"七不可",及馆阁中人所提倡的禁忌,不难发现其背后所蕴藏的"文归馆阁"的努力。

正因为馆阁的隆崇地位,词垣中人才往往以不容置疑的口吻斥责文坛不良风气,导之走上理想的发展方向,古文辞禁所用之戒、禁、禁约等语体现出的权威性,正在于此。西方文学中亦有此类现象。法国十七世纪文学批评家布瓦洛《诗的艺术》一书中用了很多"应当"、"必须"、"不准"等语,就在于为树立以宫廷趣味为中心的审美标准,而"制定了各种文类的严格的文体规范"③,布瓦洛就是其中的代表性人物。清代古文辞禁所具有的馆阁特性与之相类。

同时,因馆阁为典法所在,故而馆阁雅驯文风易被普遍接受。阮葵生云:"高沙孙舍人护孙选《古文华国编》,专取馆阁一派,颇具规则……近日学子每薄制体不为,徒从事于吟风弄月,为急就之章,'胡钉铰'、'张打油',宁不自镜其丑耶?"④高、阮二人并未有翰苑经历,但为改变俚俗文风,他们转而接受馆阁之体,词垣对文坛影响可窥一斑。馆阁的"学者宗师"地位,使得文禁易于为普通文士接受,其纷纷涌现也就不难理解。

五、余　　论

随着古文辞禁范围的扩大,逐渐不限于语体、文体,篇章、格调、作法等方面的规定也严格起来。袁枚记载朱珪之论的"古文十弊",除了语录语、俳语、饾饤

---

① 王秉彝《秋涧先生大全文集后序》,王恽《秋涧集》卷末,《四部丛刊》本。
② 黄佐《翰林记》卷四《文渊阁进学》,傅璇琮、施纯德编《翰学三书》(一),辽宁教育出版社,2003年,第36页。
③ 陶东风《文体演变及其文化意蕴》,云南人民出版社,1994年,第76页。
④ 《茶余客话》卷一一"馆阁体",中华书局,1959年,第308页。

成语、时文调、钩章棘句等外,尚有不属于辞禁的部分。章学诚之"古文十弊"为妄加雕饰、八面求圆、削趾适履、私署头衔、不达时世、同里铭旌、画蛇添足、优伶演剧、井底天文、误学邯郸,则不限于语体。他如曾国藩的"古文禁约"、王葆心"古文十四忌"、唐恩溥"学文十弊"、林纾"论文十六忌"等,又加入诸多其他成分。晚近来裕恂在《汉文典·文章典·文诀·文基篇》第三章《文忌》中甚至提出四十忌,分别是鄙、庸、佻、弱、艰、冗、乱、怪、混、硬、夸、尽、涩、蔓、秽、躁、板、促、散、旧、琐、凿、平、枯、浮、懈、晦、粗、蠢、突、复、剽、浅、讦、肆、龙、空、靡、滞、迂等①,则更是笼括各个方面。可见直至晚清,古文禁忌成为一种普遍风气,涉及的范围更广,对古文创作的约束更为严格。

　　固守道统、文统的古文每逢思想活跃的时代,便遭受强烈的冲击,晚明、晚清即为典型的例子。至新文化运动时期,此体首当其冲受到胡适、陈独秀等激进思想家致命的攻击。陈独秀在《文学革命论》中,将"文以载道"视为与"代圣贤立言"的八股文为"同一鼻孔出气",明清时期十八位古文家被冠以"妖魔"的恶谥。方、李以降所反对的为文"恶习"白话文,成为他们追求的目标。而经此番冲击,古文禁忌并没有完全消失,传统文化恪守者将此作为维护安身立命之本的手段。钱锺书云:"康雍以后,文律渐严,诗可用文言小说而不可用白话小说,古文则并不得用文言小说。……余童时闻父师之教亦尔。"②林纾、来裕恂、唐恩溥、刘师培等均可视为钱氏师长辈,他们企图通过古文辞禁来"力延古文之一线"③,看似迂腐的行为中,实隐含着良苦的用心。

　　古文这种散体之文适用范围最广,且还可吸收其他文体因素而衍生出多种变体,这本是一种极富生命力的体裁。不过古文家固守"文以载道"的传统,拒绝其他用途与文体新变,并以禁忌的形式维护其尊贵的地位。随着禁忌的增多,古文的创作无疑会举步维艰,并与社会发展严重脱节。意在维护道统与文统的古文辞禁,终究无力改变古文及其所载之道消亡的命运。

---

① 《历代文话》第 9 册,第 8608—8616 页。
② 《谈艺录》,中华书局,1984 年,第 559 页。
③ 林纾《送大学文科毕业诸生序》,《林钦南文集·畏庐续集》,中国书店,1985 年。

钱谦益：一个有待认识的骈文家

河南大学文学院　李金松

钱谦益(字受之)是明清之际的大手笔,诗文创作均为一代宗师。对于他的文章书写,学术界更多的是探讨他的古文创作,鲜有涉及他的骈体之作,只有李金松在《钱谦益对散文艺术的开拓》一文中,指出钱谦益"还精于骈文创作",并作了一定的分析,但不曾进行深入的讨论。① 近几年来,清代骈文研究渐成为学术界的热点,涌现出了两部颇具分量的研究著作,即杨旭辉的《清代骈文史》与路海洋的《清代江南骈文发展研究》,对清代骈文或清代的江南骈文创作进行了较为系统而深入的研究,但是,这两部著作均未论及"江左三大家"之一钱谦益的骈文创作,不能不说存在相当的缺失。事实上,钱谦益的《牧斋初学集》《牧斋有学集》中,收入的骈体之作(包括10卷外制在内)近五百篇;数量之多,在清代骈文家中,是非常罕见的。因此,对钱谦益的骈文创作进行探讨,无疑能拓深钱谦益以及清代骈文史的研究。

一、钱谦益骈文文献的钩稽与分析

钱谦益之所以与当时许多文人士大夫有别,而擅长骈文创作,这源自其家学的熏陶。据他追述其父："年十二三,能暗记五经、《史记》、《文选》,凡百余万言。"②受父亲的影响,钱谦益自然对《文选》也下过较深的工夫,并认为《文选》乃是"云礽六经,鼓吹百氏者也",③极为推崇。《文选》所选的文章,大部分是骈体文。而大凡对《文选》下过较深的工夫者,多擅长骈文创作,钱谦益也不例外。

---

① 李金松《钱谦益对散文艺术的开拓》,《华南师范大学学报》(哲社版)2012年第4期。
② 钱谦益《请诰命事略》,《初学集》卷七四,上海古籍出版社,1985年,第1635页。
③ 钱谦益《文选瀹注序》,《牧斋杂著》,上海古籍出版社,2007年,第642页。

清初陆元辅说"钱牧斋之文,初宗六朝",①即是指此。即使钱谦益后来转向古文创作,但仍不时地进行骈文书写。然而,钱谦益所书写的骈文之作,除了官翰林学士时的 392 篇外制勒为 10 卷有所编次之外,其余均与他的古文作品混杂在一起。因此,要想对钱谦益的骈文创作进行讨论,我们必须尽可能地从卷帙浩繁的《牧斋初学集》与《牧斋有学集》中钩稽出钱谦益书写的骈文文献,在此基础上进行研究。

《牧斋初学集》中骈文文献,除了卷第九一至卷一〇〇的 10 卷外制之外,卷二七有《富责主人文》《节妇文氏旌门颂》《节妇韩氏旌门颂》《金节妇钱氏旌门颂》《双节堂铭》《义冢碑铭》《第五公画像赞》《杖铭》《又》《浒墅关重修关壮缪庙碑铭》,卷二八有《开国群雄事略序》,卷六五有《都察院右副都御史巡抚云南钱公神道碑铭》,卷七六有《文林郎湖广道监察御史钱府君墓表》(约一半为骈体文字)、《郑令人墓志铭》,卷七七有《祭于忠肃文》《祭傅文恪公文》《祭高阳公文》《再祭高阳公文》《祭都御史曹公文》《祭南昌刘宫保文》《祭孙文介公文》(骚体)、《祭唐太常文》《祭翁太常文》《祭王二溟方伯文》《祭于惠生文》《祭徐元晦母王夫人》《祭姚母文夫人》,卷七八有《瞿少潜哀辞》,卷七九有《贺福清相公启》《答方长治启》《贺任文昇侍御考满帐词》《与京口性融老僧书》,卷八〇《寄长安诸公书》《永丰詹京兆七十寿帐词》,卷八一有《五台山募造尊奉钦赐藏经宝塔疏》《西方莲社小引》《化城寺重建大殿疏》《一树庵募造佛殿疏》《天台山天封寺修造募缘疏》《华山寺募缘疏》《重修虎丘云岩寺募缘疏》《北禅寺兴造募缘疏》《募建表胜宝恩聚奎宝塔疏》《追荐亡友绥安谢耳伯疏》《为卓去病募饭疏》,卷八二有《憨山大师真赞》《清源好德何氏历世画像图谱赞》《王氏世德赞》《仰田高士真赞》《张元长真赞》《刘西佩僧相赞》《御史族兄汝瞻画像赞》《瞿元立画像赞》《宋主事画像赞》《傅右君画五老石戏赞》《题滕公逊像》《戏为广陵张李二生小像赞》《张真吴真赞》,卷八七有《蒙恩昭雪恭伸辞谢微悃疏》《微臣荷恩谊重恋生主情深谨沥丹诚仰祈天鉴疏》,卷八九《拟上留北直隶诸处本年应解内帑税银以二分充军饷一分赈饥民廷臣谢表》等,计 61 篇。将这些骈体篇什与 10 卷外制的骈体篇什合计,共 452 篇。

《牧斋有学集》中的骈文篇什,卷一四有《建文年谱序》《玉剑尊闻序》《艺林

---

① 陆陇其《三鱼堂剩言》卷三,《续修四库全书》本。

汇考序》,卷一五有《注李义山诗集序》《瞿留守贻引》,卷一六有《浩气吟序》《佟氏幽愤录序》《高寓公稽古堂诗集序》,卷二〇有《吕季臣诗序》《陈乔生诗集序》《李梅公唱和初集序》《许夫人啸雪庵诗序》《赠黄皆令序》,卷二六有《西田记》,卷二七有《地藏庵记》,卷三三有《长沙赵夫人张氏墓碑》《诰封安人熊母皮氏墓志铭》,卷三七《祭萧伯玉文》《祭虞来初文》《严宜人文氏哀辞》,卷四〇《与惟新和尚书》《致憨大师曹溪塔院住持诸上座书》,卷四一有《大报恩寺修补南藏法宝募缘疏》《募刻大藏方册圆满疏》《永定寺兴造募缘疏》《乾元道人祠屋疏》,卷四二有《关圣帝君像赞》《雪夜访赵普图赞》《阁学文文肃公画像赞》《大司成开之冯先生赞》《阎宁前画像赞》《王烟客奉常像赞》《吴节母王夫人赞》《陈昌祺画像赞》《周安期画像赞》《周安石画像赞》《毛子晋像赞》《何总戎画像赞》《姚将军采药图赞》《顾子东画像赞》《戏作朱逃禅小影赞》《长老白法琮公画像赞》《汰如法师画像赞》,共42篇。《牧斋初学集》《牧斋有学集》中所有骈文合计,共495篇。如果将《牧斋杂著》中包含的骈文计入,那么,钱谦益创作的骈文则在550篇以上。

撇开《牧斋初学集》10卷外制公文的392篇与《牧斋杂著》中的骈文不论,仅上述统计的上百篇骈文篇什,钱谦益应该以他的骈文书写而在中国骈文史或清代的骈文史上占有一席之地。钱谦益创作了这么多的骈文作品,而不以骈文著称,这除了被他作为古文家的声誉遮蔽外,还有一个很重要的原因,即乾隆时期,他的著作遭到禁毁,①一般文人学士难以觅到他的诗文集;即使有幸获得了钱谦益的诗文集,在当时森严的文网之下,又怎敢冒着巨大的风险刊行或选录钱谦益的诗文篇什呢?所以,乾嘉时期曾燠编选《国朝骈体正宗》,就没有入选钱谦益的骈文篇什,从而使得钱谦益在骈文创作上取得的成就没有得到应有的重视,以至人们认为他只是一位古文家、诗人,而不是一位颇有成就的骈文

---

① 王先谦编《东华续录》(乾隆朝):"丙辰谕:钱谦益本一有才无行之人,在前明时身跻膴任。及本朝定鼎之初,率先投顺,洊陟列卿,大节有亏,实不足齿于人类。朕从前序沈德潜所选《国朝诗别裁集》,曾明斥钱谦益等之罪,黜其诗不录,实为千古立纲常名教之大闲。彼时未经见其全集,尚以为其诗自在听之可也。今阅其所著《初学集》《有学集》,荒诞背谬,其中诋谤本朝之处,不一而足。……钱谦益业已身死骨朽,姑免追究,但此等书籍悖理犯义,岂可听其流传?必当早为销毁,着各该督抚等将《初学》《有学》二集,于所属书肆及藏书之家,谕令缴出汇齐送京。至于村塾乡愚僻处、山陬荒谷者,并着广为出示,明切晓谕定限二年之内,俾令尽行缴出,毋使稍有存留。钱谦益籍隶江南,其书板必当尚存,且别省或有翻刻印售者,俱着该督抚即将全板尽数查出,一并送京,勿令留遗片简。"清光绪十年(1884)长沙王氏刻本。又杭世骏有诗《向阶初学集狂诋本朝辄焉发指新奉谕旨钱谦益诗文概行销毁不胜欢跃敬纪一律》,见所著《道古堂诗集》卷二六,《续修四库全书》本。

家了。

　　就以上所述的钱谦益的骈文文献来看,如果不计外制,那么,他的骈文书写涉及的文体有文、颂、铭、赞、碑铭、序、神道碑、墓表、墓志铭、祭文、哀辞、启、帐词、书函、募疏、疏、记等,达17种;其中,以赞、序(引)、募疏、祭文这四种文体最多。除文、记这两种文体属于审美性书写(仅3篇)之外,其它15种(100篇),均是属于实用性书写。由此不难看出,钱谦益的骈文书写是以实用性为主的。他的这种艺术追求与其不作纯粹审美性的辞赋(其存世诗文集无一篇辞赋。像黄宗羲、王夫之这样道学气味非常浓厚的人,文集中还有几篇辞赋,而钱谦益却无一篇辞赋之作,不能不令人啧啧称奇)的文学实践是相一致的。

二、从应用性书写到兴亡之感的抒发

　　钱谦益是万历庚戌(1610)殿试的探花,官翰林编修,三十出头,以文章书写为世所称。远在江西的汤显祖在《张元长嘘云轩文字序》中说:"近吴之文,得为龙者二:龙有醇灏丰烨,云气从,瀹郁而兴,幽毓横薄,不可穷施者,钱受之之文也……"①在《答钱受之太史》书牍中,他说:"捧读大制,弘郁之文,深微之旨,丰美者如群凤萃萋,而朝阳溢其采;简妙者如高鸿巀嶭,而灵露发其音。渴者饮其情澜,倦者惊其神岳。翰天飞而不穷,卮日出以无尽。粲矣备矣!"②以一位文坛宿将的身份对后进钱谦益的文章极为推崇、赞美。汤显祖对钱谦益文章的推崇、赞美,自然包括了其骈体文。而钱谦益的文章得到了汤显祖这样文坛宿将的如此推崇、赞美,这说明当时其包括骈文在内的文章书写确实获得了极为广泛的声誉。

　　由于身历了明清易代,因此,钱谦益的一生以明朝灭亡为界,分为两个时期,前期他的身份是明朝的达官显宦,官居礼部尚书;而后期,他的身份是贰臣、遗民。他的骈文创作,也以明亡为界,分为前后两个时期。前期的骈文创作主要集中于《牧斋初学集》(明崇祯十六年九月由钱氏门人瞿式耜刻成),后期的骈文创作主要集中于《牧斋有学集》。通过对钱谦益书写的这些骈文篇什进行深

---

① 汤显祖《汤显祖集》,上海人民出版社,1973年,第1079页。
② 同上书,第1447页。

入的考察,我们不难发现,他的骈文书写在前后两个不同时期,有不同的表现,即前期尽管偶尔会有审美性的书写,但更多的是属于应用性书写的范畴,充分地发挥"四六者,应用之文章"①的文体功能;而后期,尽管仍然是以应用性书写为主,但有些篇什是借应用性的书写来抒发自己明清易代的深沉感慨,这是钱谦益后期骈文书写与前期的根本性区别。

就钱谦益前期的骈文书写来看,可以分为这四大类:一,颂、碑志。这类文体,主要表彰节义忠孝,表现政治关怀意识,进行意识形态的建构,履行一个正统的文人士大夫基本的文学职责。这些骈文篇什如《节妇文氏旌门颂》《节妇韩氏旌门颂》等,歌颂妇女的贞节与人品的高贵。在《节妇韩氏旌门颂》中,叙述了韩氏在丈夫死后,坚守贞节,"力作以奉舅姑,血泪以育孺子",含辛茹苦五十多年。后来,有司上报旌表她的材料,吏胥向其家人索贿,"家人欲与之",而遭到她的反对:"'吾誓死守节,若以贿得旌,是毁吾节也。'乃骂绝之。且死,戒子孙勿复言旌表事。"②拒绝吏胥的索贿要求而放弃即将到手的旌表光荣。其品格之正直高贵,令人肃然起敬。《都察院右副都御史巡抚云南钱公神道碑铭》叙写了云南巡抚钱士晋在刑部供职以及为地方官时的廉平正直、排击权奸的种种事迹,歌颂了他的精明强干与公忠谋国的奉献精神。《题滕公逊像》则歌颂滕公逊在作者陷入牢狱之灾时,"君独奋袂,相送入狱"的义举。像这些骈文作品可以说是一种意识形态叙事,其中的艺术事实涵贯了儒家的政教观念,具有教化的意义。二,募疏。这类文体主要是赞颂佛法广大,导扬宗风。募缘疏这一文体,依照徐师曾的说法,是"广求众力之词……凡非一力独成者,必撰疏以募之。词用俪语,盖时俗所尚"。③ 钱谦益在进行募缘疏的书写中,既有散体,也有骈体,其骈体即如前所述。为了能达到募缘疏应有的募缘效果,钱谦益在文中尽可能地渲染佛法的功德无量。如《一树庵募造佛殿疏》:"黄白之山林无恙,金银之气色如新。凡此皇恩,谁非佛力?当知昔年之水火,并众生之业识所招;则今日之清宁,正我佛之光明所被。诚欲迎和而避杀,无如植福以种因。"④幸福安宁源

---

① 孙梅著、李金松点校《四六丛话》,人民文学出版社,2010年,第532页。
② 钱谦益《初学集》,第835页。
③ 徐师曾《文体明辨序说》,见《文章辨体序说　文体明辨序说》,人民文学出版社,1962年,第172页。
④ 钱谦益《初学集》,第1722页。

自佛力的庇佑。因此,要想获得幸福安宁,"无如植福以种因"。而响应募缘,贡献绵薄之力,建造佛殿,实际上是"植福以种因",一定会获得佛力的庇佑。《募建表胜宝恩聚奎宝塔疏》"凡我邦国之敉宁,孰非佛力之加被?惟兹塔庙,号曰支提。用以表胜而报恩,亦能灭恶而生善"①云云,亦是此意。钱谦益在文中称颂佛法的广大及其庇佑之效,其实隐含了劝导善男信女们踊跃捐助的意图。《天台山天封寺修造募缘疏》指出自紫柏、云栖、憨山"三老既没,魔外烦兴",而"唤迷头者必资明镜,刮眜目者必仰金篦",因此,修造天封寺可以使"台教聿兴","以治狂禅";②《北禅寺兴造募缘疏》则是"深修五定,净持七支"的"熙远胤公……属余为唱导之文",所以,在文章的最后,作者指出兴造北禅寺,不仅能够"重耀昏衢之烛,尽爇弥戾之车",而且"不惟珣、梵诸老,衣钵常新;抑亦灵山一会,俨然未散"。③可见,这些募缘疏文导扬宗风之运思是豁然的。三,书启、贺词等。这类文体基本是交际应酬。在钱谦益的骈文书写中,不少篇什是属于交际应酬的范畴。如《贺福清相公启》是祝贺首辅叶向高多次乞归终于得允,《答方长治启》是对方长治"猥赐示问"④的回复,《贺任文昇侍御考满帐词》乃祝贺任文昇三年考满。《与京口性融老僧书》则是同僧性融讨论佛学著述,纯属论学,但这也是僧性融"承示教著述种种,属累流通证明"的交际性产物。此外,《蒙恩昭雪恭伸辞谢微悃疏》《微臣荷恩谊重恋生主情深谨沥丹诚仰祈天鉴疏》等,虽然是向皇帝谢恩,但就文体而言,乃属奏启,因此,亦属书启类文。这些骈文篇什,充分发挥了这一文体本有的应用功能。四,祭文与赞体文。这类文体主要是抒哀悼与赞美之情。钱谦益前期所书写的骈文篇什中,有相当一部分是祭文与赞体文。这些骈体之作,或是哀悼师长朋侣,如《祭傅文恪公文》、《祭高阳公文》、《再祭高阳公文》、《祭都御史曹公文》、《祭南昌刘宫保文》、《祭孙文介公文》(骚体)、《祭翁太常文》、《祭王二溟方伯文》、《祭于惠生文》等;或赞美尊长友好,如《仰田高士真赞》《张元长真赞》《刘西佩僧相赞》《瞿元立画像赞》《宋主事画像赞》《戏为广陵张李二生小像赞》《张真吴真赞》等。在《祭翁太常文》这篇

---

① 钱谦益《初学集》,第1731页。
② 同上书,第1724—1725页。
③ 同上书,第1729—1730页。
④ 同上书,第1696页。

祭文中，钱谦益借对往事的回忆，抒发了自己对太常寺少卿翁兆隆"缠绵恻怆"①的哀悼之情；在《仰田高士真赞》这篇赞体文中，描述了郑仰田"蓬头突鬓，垢面跣足，行及奔马，健如黄犊。藐王公如僮儿，视礼法如桎梏"②的不修边幅、狂豪不羁的形象，字里行间表达了作者由衷的赞赏之情。像这些骈文，就文体而言，虽然仍属应用范畴，但却涵具了抒情的审美内涵，能激发读者的想象与情感体验。尽管如此，但这些骈文篇什，其性质基本上仍是属于应用。

入清以后，钱谦益像在晚明时期一样，在进行散体古文书写的同时，也不时地进行骈文书写。在其书写的骈文之作中，仅据《有学集》，可知涉及的文体有书序、募疏、赞、墓碑以及记。而这五种文体中，除了《西田记》这篇纯粹属于审美性书写外，其它诸篇（包括记体《地藏庵记》）均为实用性书写。然而，尽管这些骈文书写属于实用性，与钱谦益明亡前的骈体之作似乎没有多大的差别，但是，钱谦益却在有些骈体的书写中寄寓了自己明清易代后深沉的兴亡之感，尤其是那些易代之际的人物或事件，往往能激起他无限感慨。如《陈乔生诗集序》这篇骈体，大约作于钱谦益八十岁时（篇中有"念我八十耋老"语，故云）。在这篇俪体之作里，钱谦益先用一百多字叙述作序缘起（除两联为骈体外，其余文字为散体），然后，用骈偶文字铺排自己的感慨：

> 嗟乎！铜马竞驰，金虎横噬。九婴暴起，十日并出。心穷填海，力尽移山。原轸之归元如生，霁云之断指犹动。千秋而下，徘徊凭吊，靡不骨惊肉飞，发植毛竖，而况于同官为僚，耶许伙助，大厦并压，横流胥溺者乎？又况于一死一生，冥明长慕，恨不得抗词同日，舐面视含者乎？读乔生之诗而想见其已事，恸哭誓师，剑残饮血，既已怒为轰雷、笑为闪电矣；炎风朔雪，俨然传芭伐鼓。楚祀未艾，陈庭之矢，集隼而终楛；周府之玉，化蜮而能射。自悼之章，《七哀》之什，长怀平陵，永言《金鉴》，鲁阳之落日重挥，耿恭之飞泉立涌。岂犹夫函书瘗井，但记庚申；恸哭荒台，徒传乙丙而已哉！

这段文字，虽然役使了繁多的典故，但细细品读之下，辞意还是明晰的。"铜马"以下四句，叙明末大乱，黎民百姓灾难深重，处于水深火热之中。然而，即使像

---

① 钱谦益《初学集》，第 1676 页。
② 同上书，第 1738 页。

精卫、愚公那样费尽填海移山之力,奋勇杀敌,但文中述及的陈子壮(即"忠文公")还是无法挽救大明王朝的危局,最后为国牺牲了,"原轸之归元如生,霁云之断指犹动",即是指此。中间骈语与散句兼施,叙陈乔生诗集所涉的与陈子壮有关的慷慨激昂的战斗生活。而"自悼之章"以下四联,评论陈乔生诗集的情思意涵,譬之为王粲的《七哀》与张九龄的《千秋金鉴录》;尤其是最末一联,以南宋遗民郑思肖的《心史》与谢翱的《登西台恸哭记》作为事典映衬陈乔生诗集的内涵。郑、谢二人的这两篇作品借对文天祥的追思,表现了深沉的黍离之悲,诚如元末明初学者张丁在《登西台恸哭记注》中所说的那样:"若其恸西台,则恸乎丞相也;恸丞相,则恸乎宋之三百年也。"①尽管"岂犹夫函书瘗井"这一联只是作为映衬来评论陈乔生的诗作情思意涵,但其中包含的黍离之悲则是无可否认的。钱谦益用这一联评论陈乔生的诗作,实际上在某种程度上表达了自己绵深的兴亡之感。

如果说《陈乔生诗集序》对兴亡感慨的表达还不够显明的话,那么《高寓公稽古堂诗集序》中呈现出的兴亡意识则是十分强烈的。这篇序文约一半为骈偶文字。中间一段,钱谦益认为高承埏的诗作:"身异沉湘,心同哀郢。朱嚼之哭,移语亭为西台;鱼腹之悲,指月波为厓海。"以屈原、杜宇、谢翱等事典作比,指出高氏诗作中充满了浓厚的黍离之悲。而紧接此两联之后的"谓我何求?吁其悲矣!"②一联,直接用《黍离》中"谓我何求"这一语典,点明意旨。然后,引述《续哀江南赋序》(沈世涵作,详谈迁《枣林杂俎》圣集)"兼年累月,怅切南冠;饮恨吞声,私修汉腊。……五都冠盖,邈矣风华;万里缦缨,此焉戎俗"③等联语。这些联语,极写易代之后的深哀巨痛,不独国家灭亡,山河迁改,而且衣冠易为"戎俗",可谓是沉痛之极了。钱谦益对这些联语的引述,其实表明这些联语以及高承埏的诗作引起了他情感上的强烈共鸣,这其实是借他人之酒杯,浇自己之块垒,以间接的方式抒发自己深沉的兴亡之感。而《瞿留守赙引》《浩气吟序》《佟氏幽愤录序》等,则是直抒兴亡之感的。如《瞿留守赙引》表彰门生瞿式耜的忠义,首联即是"百年榆塞,驾鹅怒飞于晋郊;一夕桃林,石马汗趋于唐寝",用《晋

---

① 张丁《白石山房逸稿》,《文渊阁四库全书》本。
② 钱谦益《有学集》,上海古籍出版社,1996年,第749—750页。
③ 同上书,第750页。

书·五行志》苍、白二色鹅与《新唐书·五行》昭陵石马汗出二事,抒写自己兴亡盛衰的感慨;《浩气吟序》虽然是序南明永历大臣瞿式耜与张同敞相互酬唱的诗集《浩气吟》,但文中"空坑被执,《吟啸》之集频烦;柴市归全,《正气》之歌激越"①一联,将瞿式耜比作文天祥,并在"皓首师生,肠断寝门之哭;萧晨冰雪,神伤绝命之词"一联中对之表达的哀悼之情极为沉痛。因此,根据前举张丁《登西台恸哭记注》的解读逻辑,笔者认为,钱谦益《浩气吟序》之悼瞿式耜,其实即悼明之沦亡,表达的是与其诗"海角厓山一线斜,从今也不属中华"②一样的深哀巨痛。

应当承认,就钱谦益《有学集》中的骈文书写来看,抒写兴亡之感的篇什并不多,虽然只是寥寥数篇,但体现了这一时期其骈文书写与入清前有明显的变化。而之所以出现这种变化,显然是与明清易代的惨痛现实伴随而来的心灵痛楚所致。由此不难看出,钱谦益的骈文书写与这一时期他的古文、诗歌的主题保持了一致。他的包括《初学集》(不计10卷外制)在内的骈文篇什与古文之作在编次上混合在一起,而不是独立成编,大概是出于意旨相同或相近的考虑。

三、形式的灵活与风格的多样化

据前举陆元辅所言,钱谦益早年为文是宗尚六朝的。不过,钱氏早年诗文被其焚毁,③我们无法予以考论。然而,钱氏在中年以后,骈文书写则是取法唐宋的。对自己骈文书写的这一转型,他在《外制集序》中说得很清楚:"天启元年,少师高阳公以宫庶领外制,创为严切典重之文……余以史官承乏,从公之后,大端皆取法于公。而参酌质文,规橅唐、宋,则窃有微恉焉。"④所论虽然是其"辞必四六,以便宣读于廷"⑤的外制之文,但与其书写的一般意义上的骈文是相融相通的。因此,总体而言,钱谦益的骈文是融汇了六朝与唐宋骈文的书

---

① 钱谦益《有学集》,上海古籍出版社,1996年,第742—743页。
② 钱谦益《后秋兴》之十三,《牧斋杂著》,第73页。
③ 瞿式耜在《牧斋先生初学集目录序》中云:"吾师牧斋先生……年及强仕,道明德立。阅天人之变,通性命之理。……一旦摒挡箱箧,胥二十余年之诗文,举而付之一炬。自时厥后,凡有撰述,师友千古,与世抹杀,不复以华耳目、膏唇舌为能事。"见《初学集》,第52页。
④ 钱谦益《初学集》,第1882页。
⑤ 吴讷《文章辨体序说》,《文章辨体序说　文体明辨序说》,第36页。

写路数的。而他的这一骈文书写路数,决定了其骈文呈现出形式灵活与风格多样化的艺术风貌。

钱谦益骈文形式的灵活主要体现在篇章结构方面。在骈文书写中,钱谦益根据表达的需要,进行结撰,这其中在篇章结构上固然有遵循规范的骈文体式,如《与京口性融老僧书》《寄长安诸公书》等,除一二联为隔句对之外,属对多为上、下单句对,近于俪体初成时"俪语、散文相兼而用"①的魏晋体;《贺任文昇侍御考满帐词》《李梅公唱和初集序》等,则是"通篇以四六间隔作对"②的齐梁体。而与这以魏晋体、齐梁体为代表的六朝体骈文相比较,钱谦益"规橅唐、宋"的骈文在篇章结构上更为灵活,更多地融合了散体文的建构形式。如《初学集》卷七六《文林郎湖广道监察御史钱府君墓表》前半叙钱岱生平行实,用俪偶骈文,后半为钱岱辩白,则用散行古文。《有学集》卷一四《玉剑尊闻序》计有 30 联,开头一段 7 句为散体古文;主体部分的中间三段基本上是由对偶句子组成,95 句中,除 1 句为当句对外,单句对、隔句对的句子有 26 联 58 句;最后一段 25 句,共有 4 联 12 句;从整篇来看,时而单句,时而偶句,单句与偶句交错融合,在句式与篇章结构上极灵动之致。而钱谦益的骈体之作中,篇章结构最为灵活的篇什以《艺林汇考序》最具典型意义。这篇作品首段以联语与散句错互,叙沈留侯编《艺林汇考》之缘起,而中间一段则是全文的主体,由作者与沈留侯的对话构成:

> 书成,就正于蒙叟。叟告之曰:"子之书,有四便焉。便于好学者一,便于不好学者一,而便于蒙叟者二。"沈子曰:"何谓也?"叟曰:"四部五车,津涉则浩如烟海;九流《七录》,披剥则棼如缕丝。吞纸或困于无资,间市则苦其难遍。子今济以舟舆,定其衢术。放新丰之鸡犬,自知阡陌;指建章之门户,如列画图。……忉利有杂林之苑,诸天入此,则上妙欲尘杂类俱至,此书即吾之杂林也。取彼欲尘,助我禅悦。故曰:便于蒙叟者二。"

其中的对话,自然是钱氏的评说为主了;钱氏的评说虽然其间穿插了少量的散行单句,但却是以属对为主体。最后一段,以沈留侯对钱氏评说进行肯定的"沈

---

① 《四库全书总目》,中华书局,1965 年,第 1719 页。
② 张仁青《中国骈文发展史》,浙江大学出版社,第 294 页。

子曰"寥寥数语作结。《艺林汇考序》全篇基本上是以对话建构起来的。《有学集》卷一五《注李义山诗集序》也是作者与注李商隐诗的源公对话结撰而成，篇章结构与《艺林汇考序》类似。以对话的形式结撰骈体，虽然在钱谦益的骈文中数量不多，但却充分地体现了他的骈文书写篇章结构上不拘一格，及其努力追求骈文形式的灵活。而他的这一努力，突破了骈文格式的成规，不能不说是骈文发展史上的一个重要创举。由此，我们足以认识钱氏骈文形式灵活这一艺术事实了。

如前所述，钱谦益的骈文书写融合了六朝与唐宋的路数，因此，其骈文在风格形态上显现出多样化的特点。如《有学集》卷二〇《李梅公唱和初集序》序李元鼎与其妻朱中楣唱和诗集云：

盘根仙李，长庚新谪于人间；积庆璇源，张星旧驻于天上。媲兹嘉耦，嗣以徽音。思美人兮西方，降帝子兮北渚。阳律六，阴律六，吹凤管以参差；前唱于，后唱喁，拊鸾歌而叶应。珊瑚笔格，绿沉之管交挥；玳瑁书签，云母之笺双劈。花深网户，每刻烛以分题；燕乳绮疏，或摊书而征事。芙蓉秋水，笔花与脸际争妍；杨柳春山，烟黛并眉间俱妩。东吴才子，金闺传内史之篇；南国佳人，《玉台》写令娴之什。珠林琪树，洵彤管之美谭；金柯玉枝，实天潢之盛事。

这段文字是篇中的第一段，由9联组成，除了"媲兹嘉耦，嗣以徽音"、"思美人兮西方，降帝子兮北渚"两联为单句对与"阳律六，阴律六，吹凤管以参差；前唱于，后唱喁，拊鸾歌而叶应"为长联对外，其余6联均为四六、或四七隔句对，在形式上相当整饬；几乎每句用典，不过是以语典为主，如"积庆"化用《周易》"积善之家必有余庆"，"徽音"语出《诗·思齐》"太姒嗣徽音，则百斯男"，"前唱于，后唱喁"则源自《庄子·齐物论》"前者唱于而随者唱喁"，"南国佳人"则语出曹植《杂诗》"南国有佳人，容华若桃李"等；而且颇为注意色彩藻饰、形态藻饰与比拟藻饰，如"绿沉"、"云母"、"金闺"、"《玉台》"具色彩之美，"珊瑚笔格"、"玳瑁书签"具物态之美，"芙蓉秋水"、"杨柳春山"分别比拟女性眼睛与眉黛之美等。篇中的其他两段与这一段情形类似。可见，《李梅公唱和初集序》通篇整丽典赡，藻彩纷披，与徐陵的《玉台新咏序》相比，不遑多让，可以说是典型的齐梁体。此类风格的骈文，《初学集》卷七六有《郑令人墓志铭》，《有学集》卷二〇有《许夫人啸雪庵诗集序》等多篇。

整丽典赡的齐梁体之外,钱谦益的骈文书写另有骈散融合、平实清畅一路,如《有学集》卷一六《佟氏幽愤录序》(共四段,今录第二段):

> 东事之殷也,江夏公任封疆重寄。一时监司将吏,皆桅言蜡貌,不称委任。江夏按辽时,佟公为诸生,与同舍杨生昆仁,筹边料敌,画灰聚米,慨然有扫犁之志。江夏深知之,以是故呺咷叫呼,援以助我。而公自以世受国恩,谙知辽事,盱衡抵掌,乐为之用。当是时,抚、清虽燔,辽、沈无恙。以全盛之辽,撼新造之建,以老黑当道之威,布常蛇分应之局。鹬蚌未判,风鹤相疑。传箭每一日数惊,拂庐或一夕再徙。公将用辽民守辽土,倚辽人办辽事,赦胁从,招携贰,施钩饵,广间谍。肃慎之矢再来,龙虎之封如故。经营告成,岂不凿凿乎有成算哉!天未悔祸,国有烦言。奸细之狱,罗钳于前;叛族之诛,瓜蔓于后。公既以狱吏搏书,衔冤毕命,驯至于一误再误,决河燎原,辽事终不可为矣。

这段文字叙佟观澜受熊廷弼之邀,助其守辽以及被诬遇害。如果不是其中的骈偶文字占半数以上,很怀疑它是否为骈俪之体。但事实上,此段包括当句对、单句对(含领字)以及隔句对的文字字数远远超过了散行文字,所以不能不被视为骈体。从这段文字的表达来看,以骈偶文字为主干,错以散体,骈散融合;而骈偶文字,除"鹬蚌未判"一联运用了事典之外,其余诸句或不用典,或剪裁古典成语,如"天未悔祸,国有烦言"、"决河燎原"等,语意明晰,这正是钱基博在《骈文通义》中指出的宋代骈文"运用成语,隐括入文"[①]的特色。因此,此段(或者说整篇)文字晓畅典则,将唐代陆贽与宋人骈文不同的书写路数熔于一炉,平实自然,奇偶如意,虽然在形制上为骈体,但却充满了散文的气韵,清畅质健,绝无晦涩浮艳之病,与前举《李梅公唱和初集序》大异其趣。这类具有宋调风格的骈文在《初学集》《有学集》并不鲜见,仅《初学集》就有卷二八《开国群雄事略序》、卷七八《与京口性融老僧书》、卷八〇《寄长安诸公书》、卷八一《北禅寺兴造募缘疏》以及《郑仰田高士真赞》等多篇赞体文。

[①] 钱基博《骈文通义》,见莫道才《骈文研究与历代四六话》,辽海出版社、中华书局,2005年,第487页。

不管是齐梁体还是唐宋体,而一旦涉及易代之际为国捐躯的志士仁人,钱谦益的骈文书写风格往往一变为悲壮沉郁,以六朝之体,抒悲怆哀伤之情。如《瞿留守赙引》:

> 於乎!百年榆塞,驾鹅怒飞于晋郊;一夕桃林,石马汗趋于唐寝。楼桑羽葆,仿佛苍梧;仙李盘根,矇瞳丹桂。于斯时也,有劳人焉。奋半臂以回天,百身枝柱;援弱翰以画日,八载拮据。移象纬于岭边,区分禹迹;整权舆于规外,开展尧封。风动滇云,星连越峤。夹毂则黄、侬、邕、管,稽首翠华;飞笺则庸、蜀、匡、雳,输心赤伏。运蜀相之筹笔,呕血酸辛;佩李公之靴刀,誓心赤苦。警传风鹤,军化沙虫。溃苢徒闻泱辰,及郓不关三战。于是角巾就縶,奋袂致辞。曼声长啸,呼南八为男儿;泼墨赋诗,喜臧洪之同日。握颜公之爪,死不忘君;剖弘演之肝,死犹报命。盖皇天畀以完节,而尼父谓之成仁。厥维艰哉!呜呼伟矣!
>
> 烽烟乍戢,旅榇还归。婞妇斮面以过车,蛋人典衣而醊奠。洛阳城外,寄昔梦于思乡;瞿唐峡中,写新哀于怒水。渴葬非礼,权厝有时。哀此藐诸,创深痛钜;矧兹遗卵,劫尽穷尘。未营七尺之高坟,且掩一抔之浅土。丙舍四壁,纁帐安依?甲第他人,瓦灯安寄?徒使前潮后浪,载胥、种之忠魂;忍见野烧荒磷,伴苌弘之碧血。是在后死,敬告同人。束缊火于西邻,敢云求贶;分绩光于东壁,亦曰通财。但是匍匐有丧,哀同复矢;况复平生知契,泪重脱骖。睠顾芦中,行看汗简之方新;剑动亲身,尚想飞鸣而图报。数行老泪,一纸哀词。聊以当乘韦之先,应不哂扣门之拙尔。

此文前半叙瞿式耜在南明永历朝的危亡之际,"奋半臂以回天,百身枝柱",力挽狂澜于既倒,呕心沥血地支撑永历危局,但最终由于兵溃而"角巾就縶"。"握颜公之爪,死不忘君;剖弘演之肝,死犹报命"一联,作者以唐颜杲卿、春秋时卫懿公臣弘演作比,抒写瞿式耜忠君报国,从容就义,极为悲壮;后半叙瞿式耜之"旅榇"归葬,只是一抔浅土掩埋,与"野烧荒磷"相伴,颇为冷落、荒凉,字里行间充满了悲凉的意绪。《浩气吟序》与《瞿留守赙引》类似,也是以六朝之体,抒悲怆哀伤之情,风格也是悲壮而沉郁的。

钱谦益对骈文的书写中,他往往根据题材的不同,作不同的艺术处理,因而不同的骈文篇什,艺术形式与风貌也大多各自不同。即如同是赞体文,《王烟客奉常像赞》(《有学集》卷四二)将当时以画著称的王时敏方之为王羲之、王维(当家故事),通篇以四言构成,出语典雅清朗;而《戏作朱逃禅画像赞》(同上)全篇不过109字,联语均为单句对,三字联、四字联、六字联、七字联相互交错,最后以两句散语作结,句式随机变化,流转无定,笔触雅俗兼采,笔致诙谐活脱。尽管不是所有的《初学集》《有学集》赞体文在艺术风貌上具有上述两篇鲜明的特点,但钱谦益在骈文书写中有意识地摆脱风格千篇一律的努力则是有目共睹的。

  作为一个骈文家,钱谦益的骈文书写自晚明以迄清初,长达半个多世纪,现存骈文篇什数量之多,为历代作家之冠。即使他的被视为古文的作品,不少篇什往往有一二联或数联骈语,如《初学集》卷三三《徐仲昭诗序》有"言不出口,身不胜衣"、"叹阮籍之狂,嗟陈琳之老"两联,《有学集》卷二〇《徐子能黄牡丹诗序》有"都会焚毁,英俊凋伤。郑生侠骨,久付沙场;黎子文心,尚余碧血"、"按湖湘红豆之歌,听秦淮商女之曲"三联,而《侄孙钱遵王诗集序》中骈语多达10联,等等,这就是毛先舒所批评的"虞山之文,往往散行之中,忽缀骈耦;流近之调,阑入左、马"①的艺术现象。钱谦益的古文书写之所以出现这一现象,这只能说明他中年以后虽然"覃精研思,刻意学唐、宋古文",②但早年宗尚六朝的骈文家积习难以改变,因而在古文书写的过程中不知不觉地流露了出来。然而,长期以来,钱谦益骈文家的身份被古文家的身份给遮蔽了,在清代骈文史或中国骈文史上失踪了。事实上,失踪的骈文家不只是钱谦益一人;像钮琇,其《临野堂文集》10卷,包括4篇赋在内,骈文作品在80篇以上;如果算上其中的《竹连珠》30则,每则算一篇骈文的话,其骈文则在百篇以上了。应该说,钮琇也是一位很有骈文创作实绩的骈文家了。像钱谦益、钮琇这样的骈文家在清代还有多少?这需要我们在浩如烟海的清代文献中不断地去寻找;而这样的寻找,将不断地推进对清代骈文或中国骈文史的研究。

---

① 毛先舒《与吴锦雯书》,《潠书》卷五,《四库全书存目丛书》集部第210册,第709页。
② 钱谦益《答山阴徐伯调书》,《有学集》卷三九,第1347页。

帝王心术与文本阐释*
——康熙《古文评论》的批评观念论析

北京师范大学文学院　诸雨辰

康熙二十四年(1685),康熙编选《古文渊鉴》并率徐乾学等人对选文加以评骘,这一举措可以视为其在弘扬文治方面的重要实践。康熙不仅编选了《古文渊鉴》的篇目,还亲自参与了对选篇的评点,并由大学士张玉书汇编为《古文评论》一书,凡十八卷,共1 391条,该书较为全面地体现了康熙在文学与政事、思想等方面的主张。其后清代文学史与思想史中的诸多命题,都可以在这部书中找到痕迹[①],而康熙的思想观念,也正是清代士风形成的重要因素[②]。那么,《古文评论》的文学观与中国传统文学观究竟有何异同?进一步追问,康熙编选并评骘古文总集的目的又何在呢?

一、《古文评论》的文章观

康熙自己标榜:"朕一生所学者为治天下,非书生坐观立论之易。"(《朱子全书序》)[③]而《古文评论》的选篇标准,直接体现的也是经世致用思想,康熙在《御制渊鉴类函序》中明确说道:"尝谓古人政事、文章虽出于二,然文章以言理,政

---

* 基金项目:教育部人文社会科学研究青年基金项目"清代散文批评的理论演进及文献研究"(18YJC751073)。

① 比如蔡德龙从文章学的角度分析了《古文评论》中文道论、文体论以及雅论的理论内容及特点,及其对后世影响。见蔡德龙《康熙〈古文评论〉的文章学思想及其意义》,《民族文学研究》2010年第4期。

② 比如王亚楠拈出"古雅"、"得体"等文学批评,讨论了其对清代"清真雅正"文学风气之形成的影响。见王亚楠《〈古文渊鉴〉评点意向与影响刍论》,《郑州大学学报》(哲学社会科学版)2013年第6期。

③ 康熙《康熙御制文集》卷二一,台北学生书局,1966年,第2296页。

事则理之发迹而见远者也。"①其文章观首先是实用的,是与义理、与政事密不可分的。因而《古文评论》评《左传》《国语》等文章篇目,多以阐发德政、治道为主,如从郑庄公看君主失德,从季梁、宫之奇看贤人政治,从韩之战看君子有礼等等。至于汉代以后的文章,则首列帝王之诏书,其次是臣子之奏议与政论之文,无关政教的文章则一概不录,比如司马相如以大赋名家,但《古文评论》却单选其《谏猎书》一篇,且评曰"相如文类春华,此则秋实矣"②;又如王羲之以书法著名,文学则以《兰亭集序》流芳千古,康熙则不选《兰亭集序》而选其《止殷浩再举北伐书》《与会稽王笺》和《遗谢安书》三篇,且称赞其"具有经济之才,非徒以文雅见长","觞咏风流,雅兴逸致,乃能留心实政,不祖尚清虚,真中流砥柱矣"。③ 毫无疑问,标榜经世济用之"实"而非文采风流之"华",这才是康熙御选古文的根本宗旨。

在具体的政事评价上,康熙也更追求务实之举,比如魏相与丙吉都以持宰相大体、"镇之以清静"著称,但是二人的代表性事件不同,丙吉以问牛喘而不问百姓斗殴闻名,而魏相则有谏止汉宣帝伐匈奴之举。二者都是宰相的重要职责,《史记·陈丞相世家》载陈平语:"宰相者,上佐天子理阴阳,顺四时,下育万物之宜。外镇四夷诸侯,内亲附百姓,使卿大夫各得其任职焉。"④丙吉注意的是"理阴阳,顺四时"的天道层面,魏相关注的则是"外镇四夷诸侯,内亲附百姓"的现实政治层面,在汉代人看来前者似乎还更重要。而康熙评论魏相的《谏伐匈奴书》则说:"案,今年以下,真宰相语也。丙吉问牛喘,视此不太迂阔耶?"⑤很明显,在康熙看来更务实的征伐匈奴事重,而燮理阴阳之事则务虚而迂阔无用,这是其务实观念在政治方面的又一体现。

至于康熙所关注的政事,则主要是选贤任能与抚恤百姓。前人已指出《古文评论》评《左传》之文,充满了对选贤任能的重视⑥,其实不仅评《左传》,整部《古文评论》都在强调人才的重要性,比如:

---

① 张英、王士禛《御定渊鉴类函》,《文渊阁四库全书》本。
② 康熙《古文评论》,《圣祖仁皇帝御制文集》,《文渊阁四库全书》本。
③ 同上。
④ 司马迁《史记》,中华书局,1963年,第2061—2062页。
⑤ 康熙《古文评论》,《圣祖仁皇帝御制文集》,《文渊阁四库全书》本。
⑥ 黄建军《致治之道,首重人才——从〈古文评论·左传〉看康熙的人才观》,《船山学刊》2007年第2期。

> 人材者,国家之桢干,储蓄而器使之,惟患其不广。高帝时取士之法未备,宜其求之若渴也。(评汉高帝《求贤诏》)
>
> 政无大小,得人为本,自是要言不烦。(评汉章帝《地震举贤良诏》)
>
> 太学,人材所自出,唐宋以来,以名贤处之造就,多士德舆,此书可谓知本之论矣。(评权德舆《答柳福州书》)①

一方面是广聚人才,一方面是培养人才,康熙之重才可谓全面而有持续性,当然这也是最易得人心之处,体现了他对政治精英队伍的重视。

此外,康熙还特别重视抚恤百姓,对这一内容的评价也在《古文评论》中不断出现,比如:

> 蠲租一事,乃古今第一仁政,下至穷谷,荒陬皆沾实惠。然必宫庭之上,力崇节俭,然后可以行此,文帝赐田租之半,盖由此道也。(评汉文帝《赐民田租之半诏》)
>
> 有勤恤之实心,故能有丐贷之实政,非泛然仁心仁闻也。(评北魏孝文帝《免租算诏》)
>
> 请罢四镇远戍,以息百姓,命意与贾捐之《罢珠崖对》同,而文之顿挫古郁亦近之。(评狄仁杰《请罢百姓戍四镇疏》)②

赋税与征戍是古代百姓头上的两座大山,康熙的《古文评论》中不断强化着对百姓的宽恤,是其在基层政治方面的着眼点。

与文章内容上的崇实相应,康熙在文章风格上也有对尚雅与尚质的标榜。"雅者,正也,言王政之所由兴废也。"③政事之文的最高审美原则就是典雅,康熙继承了儒家的美学追求,如评《左传·晋师旷论卫人出君》"典重醇茂处似《国语》",评《国语·宣公夏滥于泗渊》"通篇典丽谨严,洵文章极则",评刘向《条灾异对事》"辨而裁,雅而赡"④,等等。而因为务实而杜虚,所以传统文质论中对简质的崇尚也被康熙所认同,他评《国语·桓公欲从事于诸侯》"简练典重",评汉文帝《策贤良诏》"诏辞简质,犹见古人风旨",评萧子良《陈时政启》"简洁峭

---

① 康熙《古文评论》,《圣祖仁皇帝御制文集》,《文渊阁四库全书》本。
② 同上。
③ 朱熹《诗集传》,中华书局,2017 年,第 15 页。
④ 康熙《古文评论》,《圣祖仁皇帝御制文集》,《文渊阁四库全书》本。

劲,有裨民隐"①。可见,该书康熙论文深受儒家文论影响,呈现出以"雅"为尚、以"简"为宗的价值追求。

但与此同时,康熙在文章写法与风格问题上,却有着多元的审美趣味,并没有限定在传统儒家文论之中。他同样欣赏那些纵横捭阖之文,如评《战国策·苏秦以合从说赵》"文势忽断忽连,若长江万里,波澜无尽"。这番评价出自明代归有光《史记例意》之语,明显是以文学为标准而非理与道的标准。康熙还喜欢弘博华赡之文,如评陆机《五等论》"文特弘博姸赡,英锐高逸,洵是词场贲育"。而对于骈俪之文,康熙也没有以文体而薄文章,比如评唐德宗《西平王李晟东渭桥纪功碑》"叙戡定之烈,奕奕精采。文虽以偶丽见胜,而西京遗轨犹存"。② 所选陆贽的奏议也多为骈文。可见康熙并未在骈散之争的框架下论古文,也并没有明代盛行的秦汉文优于唐宋文的观念。无论是典丽谨严还是波澜无尽、弘博姸赡,康熙对各种文章风格都持开放的赞许态度,对于文法、文风与文体而言,康熙心中基本上没有太多的偏见。

某种意义上说,康熙对于文章的这种态度,与历史上北朝、隋、唐一系君主对待南朝文学的态度相似,他们一方面以坚持简约朴拙的"质"作为思想政治的根基,一方面又对南方的"文"欣羡不已。作为少数民族政权,他们更自觉地坚持儒家思想,从而在文化的意义上把自己"中国化"、"正统化"。康熙极欣赏韩愈的《原道》,恐怕与韩愈的这句"诸侯用夷礼则夷之,夷而进于中国则中国之"③不无关系。而历史上往往是形成夷夏之辨的时间节点上,这种"文质"之间的对立统一就愈加明显。

这样一来,康熙的文论就呈现出多元的批评张力:他对文章内容的选择极为正统,非有关世教人心者不选,他的文论继承了儒家美学标准,以崇雅尚质为核心。但同时,他亦倾心于纵横逸宕、波澜壮阔的文风,甚至不无遗憾地感慨像《战国策》那样的文风,"若移此神志,明内圣外王之道,仁义礼智之功"④将会如何精彩,全然不理会儒家美学对"作文害道"的警惕,这一批评的张力赋予了《古文评论》独特的批评个性。

---

① 康熙《古文评论》,《圣祖仁皇帝御制文集》,《文渊阁四库全书》本。
② 同上。
③ 刘真伦、岳珍校注《韩愈文集汇校笺注》,中华书局,2010年,第3页。
④ 康熙《古文评论》,《圣祖仁皇帝御制文集》,《文渊阁四库全书》本。

二、道理与人格：文品的内在来源

　　康熙以为"若长江万里,波澜无尽"的《战国策》之文,亦可"移此神志",用于言道德义理,这种看法说明他并未完全理解"文贵简"的美学核心。儒家美学讲"文贵简",是因为唯有文章简洁不枝蔓,才能最恰当地表述、启发"道",程颐讲:"言贵简,言愈多,于道未必明。杜元凯却有此语云:'言高则旨远,辞约则义微。'大率言语须是含蓄而有余意,所谓'书不尽言,言不尽意'也。"①因为"道"本是抽象的真理,是无法直接用语言描述的,所以"明道"就唯有靠"辞约而义微",以含蓄的方式启人深思,这是接近"道"的唯一方式。至于藻丽、骈偶之文,徒炫人耳目,没有启人深思、通达至道的高度,则为程颐所不屑,因为这些都不是有效阐发道理的手段,在儒家文论中,文章之内容与形式是高度统一的。

　　然而在康熙的古文评论中,文辞优劣却不必与内容高下相一致,二者甚至可能是分裂的。典型的例子就是《左传》中晏婴与叔向论齐、晋两国内政,两位贤人都深刻地道出内政危机的苗头。对于二人的这段对话,康熙也表示了肯定:"晏婴、叔向论齐、晋之失,切中情事,可谓智矣。"但是对这两位贤人的忠诚则提出了质疑:"二子皆国之大臣,明知其失而不能救,体国之忠之谓何?"以为二人不能救弊,称不上是忠臣,所以对这段文章,康熙给出了"词语古藻劲峭,《左氏》之腴也"②的评价。换言之,文章的内容是高明、有识见的,语言虽然也"古藻劲峭",但是其文品仍不免华腴浮夸,落了下乘。再如康熙号称倾心王道,自称"朕向意于三代"③,于是他评《国语》中齐桓公合诸侯一段,认为齐桓公"亲睦诸侯,全是以谋以力,王霸之所由分也",达不到王道的标准,所以这段文字在内容上称不上多高明。但是康熙觉得其文章风格却还不错,"至文之简练典重,洵是《史》《汉》纪传之祖"。④ 又如晁错的《贤良对》,康熙以为晁错杂以霸道出之,"以帝王霸配合策问,似亦偏驳",其水平远不及贾谊和董仲舒以王道论政

---

①　程颢、程颐《二程集》,中华书局,2004 年,第 221 页。
②　康熙《古文评论》,《圣祖仁皇帝御制文集》,《文渊阁四库全书》本。
③　《圣祖仁皇帝实录》卷一九○,康熙三十七年戊寅十月丙子。《清实录》第 5 册,中华书局,1985 年,第 1016 页。
④　康熙《古文评论》,《圣祖仁皇帝御制文集》,《文渊阁四库全书》本。

事,但是单就文章来说,却可谓"文甚古劲"①。

在康熙看来,文章的品格不完全由其内容或语言决定,那什么是衡量文章的标准呢?从《古文评论》的批语来看,康熙所秉持的宗旨是儒家文论传统中的"有德者必有言",比如:

> 毅报惠王书,虽急于自明,其情志悱恻,文辞深婉,固书牍之祖也。(评《战国策·乐毅去燕适赵》)
> 大义耸然,文辞亦极典美,使华歆辈读之,能无赧汗?(评诸葛亮《正议》)
> 磊落英爽,真卿多劲节,故文亦似之。(评颜真卿《论百官论事疏》)
> 汾阳有功而让,忠诚贯于始终,故其文亦绝无剿饰乃尔。(评郭子仪《辞太尉疏》)②

这些评论的基本逻辑,即作者的忠诚决定了文辞品格,乐毅、诸葛亮、郭子仪都是有功于国的大忠臣,所以其文辞能深婉、典美、无剿饰。对颜真卿一文的评价,更直接道出了"真卿多劲节,故文亦似之"的"人品"即"文品"理论。当然,在康熙的批评中,所谓人品主要还是指臣子对君主的忠诚。

康熙把儒家文论中文道一体的一面忽略,而突出了"有德者必有言"的一面。其效果就是文学批评中,文章内容与文章风格的直接联系被削弱,文品直接和人品,特别是忠诚度挂钩,这是康熙古文批评的内在理路。在这一理路之下,文学风格的多元化固然被承认了,但却是以无关大体的前提而被承认的,康熙评价陆贽《论前所答奏未施行状》一文极有代表性:"补牍而陈忠恳之情,溢于行墨,词义茂美,直余事耳。"③陆贽是忠恳之臣,而文章也是"词义茂美",但问题在于其前提——"直余事耳",换言之作臣子的有一片忠恳之情就够了,文章之好坏则并不是康熙所看重的。

三、文统、道统与治统

将康熙的文章论置于中国传统文学批评的理路中,就会注意到其中存在某

---

① 康熙《古文评论》,《圣祖仁皇帝御制文集》,《文渊阁四库全书》本。
② 同上。
③ 同上。

种断裂性。自刘勰《文心雕龙》开始就讲"原道心以敷章,研神理而设教",讲"道沿圣以垂文,圣因文而明道"①,形成道、圣、文三位一体的文道论观点。中唐以后,柳宗元直接道出"文者以明道"(《答韦中立论师道书》)的口号②。韩愈则在《原道》中确立了尧、舜、禹、汤、文、武、周公、孔、孟、荀、扬的道统之后,又在《送孟东野序》中几乎原样复制了伊尹、周公、孔子、臧孙辰、孟轲、荀卿的文统,当然其范围扩大到了先秦诸子、司马迁、相如、扬雄乃至唐代的一批文人。至宋代欧阳修标榜韩愈的一番话,更把文的传承与道的传承合而为一:

> 呜呼!道固有行于远而止于近,有忽于往而贵于今者,非惟世俗好恶之使然,亦其理有当然者。而孔、孟惶惶于一时,而师法于千万世。韩氏之文,没而不见者二百年,而后大施于今。此又非特好恶之所上下,盖其久而愈明,不可磨灭,虽蔽于暂而终耀于无穷者,其道当然也。(《记旧本韩文后》)③

道有显隐而文有传没。文成为道的辅翼,其彰显与否本乎道,而不会随着时间的流逝而埋没。宋代以来的文人们自觉地以文寄寓道,也经由"道"的修行而强化了自身的道义担当,而藉由阐发道统、天理的话语权,士林阶层更在其文化主体性基础上,发展出了高度的政治主体意识,营造出一种"得君行道"、"共治天下"④的政治生态。如王夫之所说:"儒者之统,与帝王之统并行于天下,而互为兴替。其合也,天下以道而治,道以天子而明;及其衰,而帝王之统绝,儒者犹保其道以孤行而无所待,以人存道,而道可不亡。""儒者之统,孤行而无待者也;天下自无统,而儒者有统。"(《读通鉴论》)⑤在王夫之看来,士大夫的道统甚至可以凌驾于君主的治统,"道"系于儒者而非帝王,这也是宋明以来士大夫抗颜为政的理论基础。

《古文渊鉴》的选文都是有益于时事政治、世教人心的实用与义理之文,这些文章正是阐发"文以明道"的直接载体,按理说是继承了传统文论的思维方

---

① 周振甫译注《文心雕龙》,江苏教育出版社,2006年,第56页。
② 柳宗元《柳宗元集》,中华书局,1979年,第873页。
③ 洪本健校笺《欧阳修诗文集校笺》,上海古籍出版社,2009年,第1927—1928页。
④ 余英时《从政治生态看宋明两型理学的异同》,《中国文化史通释》,生活·读书·新知三联书店,2012年,第26—29页。
⑤ 王夫之《读通鉴论》,中华书局,1975年,第1127、1130页。

式,康熙的《古文渊鉴序》中还说了一番"夫经纬天地之谓文,文者载道之器,所以弥纶宇宙,统括古今,化裁民物者也"①的大道理。但是落实到具体批评层面,他却割裂了文与道的关系。那么,这一裂痕背后是否有更深层的意图呢?

在道、圣、文的三位一体中把文的地位削弱,而且康熙削弱的还不是一般意义上的抒情文、山水文、小品文、八股文,而是那些堂堂正正的庙堂之文、载道之文,这样一来,道统的阐释权就不在"文"这边,而与治统结合得更紧密了。康熙的不少言论都明确表达了以治统统合道统的意思,比如:

> 朕惟古昔圣王所以继天立极而君师万民者,不徒在乎治法之明备,而在乎心法道法之精微也。执中之训,肇自唐虞,帝王之学莫不由之。言心则曰人心惟危,道心惟微;言性则曰若有恒性,克绥厥猷,惟后盖天性同然之理,人心固有之良,万善所以出焉。本之以建皇极则为天德王道之纯,以牖下民,则为一道同风之治,欲修身而登上理,舍斯道何由哉?(《性理大全序》)

> 朕惟天生圣贤作君作师,万世道统之传即万世治统之所系也。……道统在是,治统亦在是矣。历代圣哲之君创业守成莫不尊崇表章,讲明斯道。(《日讲四书解义序》)②

康熙虽然崇尚程朱理学,刊行《性理大全》,裁定《性理精义》,还为《朱子全书》作序,但正如杨念群所述,康熙的崇理学是为了去掉自身的"蛮夷"气,从而获得统治的合法性,而他不承认宋儒所承担之道统可以拥有抗衡君权之治统的权力③。于是,康熙把"道"追溯到古昔圣王的时代,从而确立了"继天立极而君师万民者"才有资格言"道"的理论逻辑,所谓"道"的解释权,也就被限制在了"历代圣哲之君"的范围内。换言之,所谓"万世道统之传即万世治统之所系",其说的核心要义在于剥夺了士大夫对道统的解释权,道统、治统合一意味着君权才是"道"的唯一占有者。

康熙的文章评论中也直接透露出以治为道的观念,他在评刘辅《谏立赵倢

---

① 康熙《古文渊鉴序》,《御选古文渊鉴》,《文渊阁四库全书》本。
② 康熙《康熙御制文集》卷一九,台北学生书局,1966年,第303—304、306页。
③ 杨念群《何处是"江南"?:清朝正统观的确立与士林精神世界的变异》,生活·读书·新知三联书店,2010年,第133、196页。

仔疏》时指出:"自非有德之世,不可以奉神灵之统,而树宫壶之仪。"①批评的虽然是汉成帝,但很明显"奉神灵之统"、"树宫壶之仪"指的都是政治权力,而政治权力的基础来源于道德权力,这正是其治统与道统合一理论的体现。此外,把文统的一环去掉,其实也为康熙提供了一个有效的言说手段,使他在面对治与道的不和谐情况时,可以方便地顾"文学"而言他,比如《史记·伯夷列传》就是很好的例子。

司马迁在《伯夷列传》中提出道德与政治相矛盾的问题,伯夷、叔齐是有道之人,却饿死于首阳山上,司马迁由此对天道产生了质疑:"余甚惑焉,倘所谓天道,是邪非邪?"在伯夷、叔齐的立场上看,武王伐纣是不合法的,因为"父死不葬,爰及干戈,可谓孝乎?以臣弑君,可谓仁乎?"②因而伯夷、叔齐的悲剧,其背后有一条根源就是政治权力与道德力量的矛盾。康熙鼓吹"奉神灵之统"的合法性基础在于"有德之世",而伯夷、叔齐的例子恰恰有颠覆这种理论的可能。面对这种不和谐,康熙的处理方式就是巧妙地将批评归结于文法精妙:

> 表章伯夷,实始孔子,故此传专以孔子为据,"怨"字即从孔子语中拈出,又从"怨"字生出天之报施意,从天道生出一段议论,逐节相生,错综变化。③

通篇不谈道德、不谈义理,而专从章法入手,讲行文的错综变化,这在《古文评论》中实属少数。讨论《伯夷列传》的义理将不可避免地使自己陷入治与道不统一的尴尬,所以这时评论一下作为"余事"的文法,反而是更安全的批评策略。

与文学批评占领道统话语权相同步,康熙也把中国传统的"经筵会讲"中"道"的话语权从士大夫手中抢夺过来,将讲官进讲而皇帝听讲的模式,颠倒为"讲官进讲时,皇上随意或先将四书朱注讲解,或先将《通鉴》等书讲解,俾得瞻仰圣学。讲毕,讲官仍照常进讲"的模式,而大学士对此的态度是"则义理愈加阐发而裨益弘多矣"。④ 这样等同于帝王彻底剥夺了士大夫对经典、对"道"的

---

① 康熙《古文评论》,《圣祖仁皇帝御制文集》,《文渊阁四库全书》本。
② 司马迁《史记》,中华书局,1963年,第2123—2125页。
③ 康熙《古文评论》,《圣祖仁皇帝御制文集》,《文渊阁四库全书》本。
④ 《圣祖仁皇帝实录》卷六七康熙十六年丁巳五月己卯,《清实录》第4册,中华书局,1985年,第857页。

解释权,士大夫则不自觉地成为帝王思想的修正补充者,同时也是崇拜者。大儒汤斌甚至在参与"经筵会讲"后写下"经陈谟典天心正,学阐勋华帝道昌。敢向圣朝称管晏,何须文藻继班扬。恩深覆载安能报?诵读衡茅志未忘"(《辛酉二月初侍讲筵纪事二首》)的诗[①],足见士大夫阶层已完全沦为帝王思想的膜拜者[②]。

　　本质上说,康熙对经师解经是不以为然的:"说经之家,往往凿空骋异,使圣人之道不明于天下。"这句话出自他评论唐明皇《孝经正义序》,康熙借评论同样贵为天子的唐明皇之文,微妙地表示了帝王的批评反而能切中经师的要害,反而"简贵可传"[③]。也正是从康熙开始,清代宫廷经筵中受教育者的角色由皇帝变成了臣子,皇帝掌握了解释经典的权力,而士大夫对道统的解释权则逐渐丧失。而这一切的最终结果,是在清前期的话语场域中,政治话语逐渐收编了儒家以"道"为核心的学术话语,并且隐然把文学话语排斥于话语场之外,这可以说是《古文评论》所呈现出的深层话语意涵。

　　总之,康熙的古文批评,不仅是一种文学批评。他把文章内容限定在经世致用的范围内,注重务实的政道,而在文学风格上崇尚典雅、简质,在此基础上兼美其他风格。这一批评过程可以视为某种政治"软实力"的体现,意在形成某种非强制性但却能使人心甘情愿地接受新朝的文治力量,确立清政权统治的合法性,而唯有其在观念层面上获得了"道"的权威,才算真正完成了王朝的建立。

四、士人立场与批评合法性

　　康熙的文治思考根源于当时文人的文化观念。其执政之初即面对一个政治难题:遗民宁可出家为僧也不愿出仕新朝。出处问题成为明遗民的道德困境,邵廷采说:"出处之际,难矣!士不幸遭革命之运,迫于事会,不获守其初服,惟有其爱民循职,苟可以免清议。若没没贵富,入而不返,更数十年面目俱易,

---

　　① 《汤斌集》,中州古籍出版社,2003年,第694页。
　　② 关于清初"经筵会讲"所呈现出的话语权转变,杨念群有精彩而独到的研究,参见《何处是"江南"?:清朝正统观的确立与士林精神世界的变异》,第91—102页。
　　③ 康熙《古文评论》,《圣祖仁皇帝御制文集》,《文渊阁四库全书》本。

则君子羞之。"(《陈执斋先生墓表》)①遗民一旦入仕,就难免受到清议的指摘,成为失节文人。对此,康熙当然唯有以圣人之道来标榜士人仕清的合法性,他借评论曾巩《徐孺子祠堂记》的机会说:"出处,士人之大节也。必一衷于圣人之道,则干禄不为污,而洁身不为忍矣。"②康熙承认出处问题是士人的大节,但是关键是为谁守节?士人的守节,不是忠于一家一姓的王朝,而是应当忠于圣人之道。那么,只要证明了清政权合乎圣人之道,也就彻底消解了遗民清议的道德立场。

  问题在于,圣人之道的确认依赖于对政治行为与道德义理的阐释,谁有权力阐释"道"也就成了关键。中国古代士人,"一直在利用道统所赋予他们的'解释权'对治统实施批评和一定程度的干预。换言之,'治教合一'的理想及道统的存在是士人与皇权周旋甚而抗衡的理论支点"③。但是康熙则坚持强调治统与道统的合一,而有意忽略文统与道统的关系,很明显是要从士大夫手中夺取对"道"的阐释权。文士的话语权来源于"道"的权威与经典的传承,因为"道"借由"文"而彰显,修辞以立诚,所以"文"才有其不可撼动的地位。但是经由康熙的转化,"文"从"道"的同位一体而降格为与内容分裂的形式,文品的高低取决于人品优劣,而人品这一抽象概念又被康熙具象化为对朝廷忠贞的品格。经过这样一番置换,文士批评的话语权可以说已被降低到历代批评传统中相当卑下的位置。在这个意义上观察康熙朝理学家之论文,正鲜明体现出对官方意识形态的靠拢,亦可视为士大夫对于康熙文学观的应和。

  李光地与李绂皆是清初理学家,亦是康熙朝重要的政治人物。尤其是李光地为康熙编校《朱子大全》《性理精义》《周易折衷》等书,是康熙所信用之人。康熙十九年(1680),正是李光地向康熙提出了道统与治统合一的主张,他歌颂康熙说:"至我皇上,又五百年,应王者之期,躬圣贤之学,天其殆将复启尧、舜之运而道与治之统复合乎?"(《进读书笔录及论说序记杂文序》)④把康熙期许为"圣人",期许为道统的传承人。张舜徽评价李光地此论:"若斯之论,可谓工于谄上

---

① 邵廷采《思复堂文集》,浙江古籍出版社,1987年,第439页。
② 康熙《古文评论》,《圣祖仁皇帝御制文集》,《文渊阁四库全书》本。
③ 罗志田、葛小佳《东风与西风》,生活·读书·新知三联书店,2017年,第28页。
④ 李光地《榕村集》,《文渊阁四库全书》本。

矣。故其一生论学,亦惟视人主之意为转移。"①李绂则比李光地更进一步。他甚至歌颂康熙超越了尧、舜:"惟我皇上于尧、舜事功之外,探天性之秘奥,抉圣道之渊微,于十六字心传,默契无间。"(《谦德传跋》)又说:"皇上以天亶之姿,继天立极,上接尧、舜以来之统,而尤惓惓表章程朱之书","其真圣学昌明之会,至盛而无以复加者乎"(《理学策》)。② 在李光地那里还只是含混地"劝进",而李绂则是直接承认康熙治统与道统的合一了。

如此论学,则其文论亦是附庸的文学、颂扬的文学。在李光地的文学观念中,一个核心就是"文章与气运相关",他说:

> 文章与气运相关,一毫不爽。唐宪宗有几年太平,便有韩、柳、李习之诸人。宋真、仁间便生欧、曾、王、苏。明代之治,只推成、弘,而时文之好,无过此时者。至万历壬辰后,便气调促急,又其后则鬼怪百出矣。……所以一番太平文章,天然自变。如战国文字,都是一团诈伪,不知何以至汉,便出贾、董、马、班。至唐诗之变,六朝宋文之变,五代皆然。若周、程之道学,韩、柳之文,李、杜之诗,皆是中兴时起,力量甚大。总之,其人在庙堂者即关气运,至孤另的便不相干。如晚秋之菊,寒冬之松柏,不关气候,是其物性。如大乱之时,忽然生一圣贤,乃天以此度下一个种子,恐怕断了的意思。③

文运论的观念早已有之,无论是《毛诗序》讲"治世之音安以乐,其政和;乱世之音怨以怒,其政乖;亡国之音哀以思,其民困"④,还是刘勰讲"时运交移,质文代变","文变染乎世情,兴废系乎时序"(《文心雕龙·时序》)⑤,文学与政治相关的命题早就被无数人说过了。但是李光地的文运论明确标榜的是政治昌明的时代,文学就盛,反之则衰。李光地甚至为了配合韩、柳之文兴而硬把中唐时期的唐宪宗朝说成是"几年太平",并得出"所以一番太平文章,天然自变"的结论。这却与古代"变风"、"变雅"的理论相出入。

---

① 张舜徽《清人文集别录》,中华书局,1963年,第84页。
② 李绂《穆堂别稿》,《续修四库全书》本。
③ 李光地《榕村语录》卷二九,《文渊阁四库全书》本。
④ 朱熹《诗集传》,中华书局,2017年,第14页。
⑤ 刘勰《文心雕龙》,第610、617页。

《诗经》中既有颂美时代的内容,更有讽刺时弊的兴刺之辞,二者皆被孔子肯定。前者被认为是"正风"、"正雅",而后者则是"变风"、"变雅"。古人一般不否认"变风"、"变雅"的价值,比如刘勰就认为"雅好慷慨"的建安文章"良由世积乱离,风衰俗怨,并志深而笔长,故梗概而多气也"。[1] 又如,韩愈也有"和平之音淡薄,而愁思之声要妙;欢愉之辞难工,而穷苦之言易好也"(《荆潭唱和诗序》)的表述[2]。入清以后,士人也多有关于文运论的表述,比如黄宗羲的"元气"说:

> 夫文章,天地之元气也。元气之在平时,昆仑旁薄,和声顺气,发自廊庙,而蛰浃于幽遐,无所见奇;逮夫厄运危时,天地闭塞,元气鼓荡而出,拥勇郁遏,坌愤激讦,而后至文生焉。故文章之盛,莫盛于亡宋之日,而皋羽其尤也。[3]

黄宗羲反而认为乱离之中,文章最盛,也最容易元气充沛,"故文章之盛,莫盛于亡宋之日"。又如其《陈苇庵年伯诗序》云:

> 向令《风》《雅》而不变,则诗之为道,狭隘而不及情,何感天地而动鬼神乎?是故汉之后,魏、晋为盛;唐自天宝而后,李、杜始出;宋之亡也,其诗又盛;无他,时为之也。[4]

在黄宗羲看来,承平之际的诗歌反而难以凸显真情,难以获得感天动地的力量,而乱世之诗,却正好"元气鼓荡"。黄宗羲的表述可能更偏向"变风"、"变雅"一侧,难免走向另一个极端,但是中国批评传统中,对于文学与政治的关系,绝不是一一对应的[5]。对比来看,则李光地之说的差异就显而易见了。李光地的文运论,是刻意强调盛世之文好,他驳斥韩愈的"不平则鸣"说,也以上古三代为例,证明夔作《韶》,说不得"不平",很明显有迎合康熙,渲染"清文"之意。

---

[1] 刘勰《文心雕龙》,第614页。
[2] 《韩愈文集汇校笺注》,第1121—1122页。
[3] 《黄宗羲全集》第10册,浙江古籍出版社,2005年,第34页。
[4] 同上书,第48页。
[5] 李光地亦曾明斥黄宗羲:"万季野于明文推宋金华、黄梨洲,而以黄为更好。其实黄何能比宋,宋尚能造句,至黄议论之偏驳粗浅,又无论矣。"虽然没有明说黄宗羲什么观点"偏驳粗浅",但二人观点之矛盾,是见诸明面的。见《榕村语录》卷二九,《文渊阁四库全书》本。

李光地另一个主要观点,可以概括为文品即人品,这也与康熙在《古文评论》中的表述高度相似。他称赞诸葛亮之文,因为诸葛亮之忠诚,反之则斥责王维仕伪朝。又如他称赞韩愈的《送董邵南序》,也认为这是"关系忠孝"之文。而以"忠"论人品、文品,此不正是康熙的基本文家观吗?进言之,李光地还觉得文人命运也与文章风格挂钩,比如韩愈和柳宗元:"昌黎在潮,诗文依然肃穆平宽。子厚永、柳诸作,便不免辛酸凄苦。其后昌黎飨用不穷,而柳竟卒于贬所,可悟文章气象之间,关人禄命。"①认为韩愈的亨通源于其在贬所诗文的"肃穆平宽",柳宗元的短命则因其处贬所诗文的"辛酸凄苦"。"肃穆平宽"即雅正之文,"辛酸凄苦"则类似"变风"、"变雅",在李光地的逻辑中,文章风格、作者人品、命运、时代风尚完全是一一对应的。当然如此一来,李光地的文论也就与康熙保持了高度一致,其观点自然获得了合法性保证。

同样的观点亦见于李绂的文学观念中,他在《陶人心语序》中,称赞内务府唐公之诗文,"读《除夕忆禁中直宿》,见公不忘君恩之心;读《悼亡诗》四章及《忆两兄》诗,见公笃于人伦之心;读《崔节孝》诗、《施贞孝赞》,见公重节孝、端风化之心;读《龙钢记》,见公好古之心。盖公之诗文,皆公之心所发见者也"。② 文章的好坏显然源于人品是否端正,当然衡量人品的则是君臣之义、人伦之心等,此亦与其师李光地所论如出一辙。而为了强调忠君感恩,李绂在反驳方苞《韩文公文集评》时,还着力回护了历来颇受批评的韩愈《潮州刺史谢上表》。以为"公言触所忌,几陷不测,释以为刺史,不当感君恩耶?且君既已明著其罪,则天下无不是之君父,负罪引慝,以日陈于君父之前,体固宜尔"(《与方灵皋论所评韩文书》)。③ 此说虽对韩愈作文之特殊语境有所同情,但是搬出"天下无不是之君父"的道理,甚至以为韩愈此文是真心对皇帝感恩戴德,则或者是迂腐,或者是谄媚了。

出于道治合一的思路,李绂还坚持文道合一,主张:"立言以明道也,道行于天下则为治,立言又将以论治也。"(《说嵩序》)④如此,则是文、道、治三位一体的文学观,其政治倾向性是非常明显的,所以他肯定的文章也多是有益于政治

---

① 李光地《榕村语录》卷二九,《文渊阁四库全书》本。
② 李绂《穆堂别稿》,《续修四库全书》本。
③ 同上。
④ 同上。

之文。比如在《秋山论文》中,他强调说:

> 盖惟有德者而后有言,下笔为文,亦亲切而有味。六经而下,若宋元明诸儒所述是也。功必达而在上,方有表见,顾所以立功之具,则须预为讲贯。凡齐治均平之理,礼乐兵农之法,务求了然于中,然后见之文字,坐言可以起行。若范文正公《万言书》、王荆公《上仁宗皇帝书》、苏文忠公《上神宗皇帝书》,生平措注施设,具见于此,学者取以为法,庶无愧于立言之旨矣。①

可见其论文相当强调事功,而如此论文,则文章的话语权自然也就被所谓"德"与"功"所控制,并且这种控制呈现出"德"与"功"对"文"单方面的统摄,从而置换了传统文论中"文以明道"、"文以载道"之文道相应相生的理论模式。并不是文人以"文"而得以弘道、行道,而是把"文"作为了道与治的工具②。

李光地与李绂自觉地把文运的发展趋势以及文章的根本价值归诸政治,其内在理路便是将文统的脉络归诸治统。就其论文而言,其作为士大夫的独立人格远不及黄宗羲。而同为理学家,"二李"论理学的独立性也远远比不上清初的吕留良,留良在《四书语录》中论君臣道义云:"是而义合则为君臣、朋友,非而义离则引退,义绝则可为寇仇。"③可见他是坚持"道统"对"治统"的监督,士人在道德层面与君主平等,而"二李"则要求士人对君主的忠诚与颂美。吕留良的程朱是批判性的理学,而"二李"的程朱是附庸性的理学。

这便是政治权力强大的"引力"所在,在康熙朝的文学与理学的话语中,对"道"的解释权已收归治统,沦为政治的附庸了。那么当我们在学术与文学话语权的视角下重新审视御批的《古文评论》,则其所产生的影响也就不仅仅如前人所述,是形成了清代文学"清真雅正"的文学观这么简单了。我们清晰地看到士人以道自任之价值观的变化,也看到了他们在无形中丧失的政治批判的立足点,这是令人无奈而又感到惋惜的。

---

① 李绂《秋山论文 古文辞禁》,王水照编《历代文话》,复旦大学出版社,2007年,第3999页。
② 常威对李绂文学观的讨论,认为其融摄心学、政治与文学之间,以"立言须兼德与功求之"的思想为主,亦结合"诗文,心之所发见"的心学思维与考据方法,对李绂的文论亦多有发明。详见常威《心学、政治、文学的张力与融摄——李绂文章观的维度建构》,《文艺理论研究》2018年第1期。
③ 吕留良《天盖楼四书语录》,周在延辑,康熙金陵玉堂刻本,《四库禁毁书丛刊》经部第1册,北京出版社,1997年,第89页。

文章复古论的分歧
——围绕荻生徂徕的"古文辞"之争

日本同志社大学 副岛一郎

日本人的汉诗文的写作能力是在江户时代的中期至晚期,也即公元18世纪至19世纪后期达到高峰。进入江户时代,武士阶级无论身份高低都很重视高水准汉诗文能力,到了江户时代中后期,学问也普及到一般的市民、农民阶层,从中出现了能撰写相当高水准的汉诗文、并进行独创性研究的人[①]。之所以造成这种社会状况,当然是因为随着稳定的德川政权的建立和社会发展,国民的识字层日益扩大,但仅有这种政治经济的因素是不足以说明问题的。日本没有采用中国的科举制度,担当行政实务的武士在业务工作中并不需要高水平的汉诗文能力,而一般的市民和农民更无此种需要。而且在江户时代之前,汉文也吸收了日语的句法,出现了日式汉文,在日本国内这样的文体已经足够实用了。那么江户时代的人们努力学习正规的汉诗文理由何在呢? 值得注意的是,当时学习汉诗文的中心并不是诗,而是文章(古文)。如果是汉诗,它作为一个文艺样式而受到人们的喜爱,这还可以理解,事实上也出现了众多爱好者;但是日本人并没有把古文当作一种文艺样式来喜好和写作,而是把写作汉文文章当作一种非做不可之事[②]。直截了当地说,日本人试图用"载道"的古文来实现社会的再生[③]。其倡导者中成就最高的就是京都的伊藤仁斋,随后把复古思想彻底化、提倡"古文辞"的是身居江户的荻生徂徕。荻生从诗文创作法的"古文

[①] 江户时代前期的代表性学者伊藤仁斋(1627—1705)就是市民(商家)出身。在大阪由市民开设了学问所怀德堂,培养出了富永仲基(1715—1746)、山片蟠桃(1748—1821)等学者。江户末期甚至出现了添川廉斋(1803—1858)这样的人物,他出身于农家而当上了安中藩的宾师(藩主之师)。

[②] 伊藤仁斋曾论述道:"诗以言志,文以明道,其用不同,诗作之固可,不作亦无害。若文,必可不作。非言无以述志,非文无以传道。"(《童子问》下,第四十章)

[③] 参见拙稿《日本江户时代中国文章论的接受及其展开》,《中华文史论丛》2009年第4期。

辞"出发构筑起独特的儒学说,但他的"古文辞"虽然在当时风靡一世,却没有后继者,在江户时代早已受到了边缘化。如下文所述,实际上"古文辞"在当时受到了严厉的批评,其中最为本质的批判是来自曾被荻生所否定过的宋学文章论的观点的批判。两者就本质而言都是复古主义,可以说"古文辞"是把宋学的复古思想进一步彻底化,那么两者为什么会形成这样严重的对立关系呢?从结论上来看,原因在于两者关于复古观念存在着认识上的差异。荻生因此而创立了独特的儒学说,同时他的复古观也导致了他的"古文辞"必遭挫折的命运。

一、荻生徂徕的盛名

荻生徂徕,宽文六年(1666)—享保十三年(1728),物部氏,名茂卿,通称惣右卫门,是日本思想史上划时代的学者。他的学术功绩主要有以下三点:

A. 他主张废除"训读"这一日本式的汉语解读法,提倡直接用华音读汉文。

这种主张是对传统训读法的否定,是现代式的外语学习方法的先驱。

B. 他在日本倡导明代李攀龙、王世贞等人的古文辞派。

最早把明代古文辞引介到日本的并不是荻生徂徕,但他是最积极的提倡者和实践者。

C. 他主张用经书成书之时的语法和字义来解读经书。

① 他认为那种"圣人是任何人都能学而能至"的看法是虚妄无稽的,人的气质是不变的,应该发挥各人的天赋个性。

② 他认为所谓"道"就是先王为经世济民而制定的礼乐刑政。

尤其是 C 的第二个观点,由于他把儒学与个人道德切离开来,视为一种政治制度(方法),这种独特的视角历来受到高度的评价。直至现代对徂徕的评价依然居高不下,不仅出现了大量的研究著述,还出版了普及性的评传①,找不到一位可与荻生徂徕在世俗声誉上相匹敌的学者,可以说他是一个特例人物。在日本思想史上,贡献之大可以与荻生徂徕相比肩的还有伊藤仁斋等学者、思想家,但在世俗声誉上,荻生徂徕是独冠群贤的。

荻生的学问在生前就极有声誉,广受欢迎。开始时还局限在以江户为中心

---

① 普及性的评传有 2014 年出版的[日]佐藤雅美《知性的巨人——荻生徂徕传》(角川书店)。

的关东地区,在伊藤东涯(伊藤仁斋的长子)所在的京都则被视为新奇之说而不被接纳。但是十几年之后状况大变:

> 徂徕之说自享保中顷以后,可谓风靡一世。然京都盛传,则在徂徕殁后的元文初年至延享、宽延年间,此十二三年为甚。世间人人悦其说,传习如狂。(那波鲁堂《学问源流》①)

荻生徂徕之所以会让世人如此的倾倒,其主要原因当然由于上述他那些学术功绩。荻生的儒学"并不是单纯的作为史实的古代儒教学说,而是把他本人的针对现状的政治论强烈地注入到对经书的解读之中"②,与时代密切相关。不但如此,荻生徂徕本人更是常接近于政治权力的中枢,取得了作为儒者所少有的仕途功名,我们在考察其学术声望的成因时,这一状况也不可忽略而过。与终生为京都一市民(布衣)的伊藤仁斋、东涯父子不同,荻生曾任德川将军的左右手柳泽吉保的儒臣,通过柳泽的推荐而得到第五代将军德川纲吉的赏识,以后第八代将军德川吉宗也曾向他咨询国政,他也积极地献猷献策③。

同时荻生还具有善于引导关怀晚辈的长者风范,他门下培养了许多个性鲜明、才高学优的弟子,其中不少人成为经学、文学等各个领域的领军人物,而这也是扩大荻生学说影响力的一个重要因素。弟子的成功往往会推进老师声誉的上扬。

荻生徂徕无疑是日本思想史上的巨人,但是对于现当代(二战以后)的徂徕研究状况,江户时代的学者恐怕会有异议。也就是说,现代往往强调荻生思想的独特性和伟大,而缺乏批评意见。事实上在江户时代,荻生虽然赢得了上述那样的巨大声誉,但同时也引发了激烈的反对之声。然而,对于江户时代的有关荻生的负面评价,现代的大部分学者似乎漠不关心④,可以不过分地说,荻生徂徕的独特性和伟大,似乎已成了现代荻生研究的默认的前提,对于他的崇尚

---

① 收入《少年必读日本文库》第六编,博文馆,1892年。
② [日]日野龙夫《江户人的乌托邦》,朝日出版社,1977年,第94页。
③ 其成果集结为《政谈》一书。
④ 二战以后,考察研究江户时代的有关荻生徂徕负面评价的论文有[日]日野龙夫的《文学史上的徂徕学·反徂徕学》(收入《日本思想体系·徂徕学派》,岩波书店,1972年),单行本行世的则有[日]小岛康敬《徂徕学和反徂徕》(鹈鹕社,1994年)。小岛此书在众多对荻生徂徕持肯定态度的研究中实属例外。二战后的荻生形象的形成,是受到了[日]丸山真男《日本政治思想史研究》一书的巨大影响。

古文辞这一主张,也因作为"徂徕学"的一部分而被赋予种种的价值意义。本文首先摒除撇开这种默认的前提,来考察荻生徂徕获得声誉之由和遭受批判之因。一般来说遭受激烈批判者,其中必然存在着某种本质性的大问题。

二、荻生徂徕与唐话[①]

如后所述,荻生徂徕的"唐音直读"和"古文辞"这两大主张是他引起世人瞩目的重要因素。但是值得注意的是,当时会说唐话的绝非荻生一人,除了专业的日中翻译者"长崎通事"外[②],有正统派儒者之称的雨森芳洲、安积澹泊等也通晓唐话。雨森芳洲的唐话曾受到这样的称扬:"盖我邦博学多才而善操华音者,莫若对国(指'对岛藩')雨伯阳(雨森芳洲)焉。(荻生)茂卿之徒,皆为退舍不翅三四。"(中井竹山《闲距余笔》"华音"条[③])而安积澹泊则是明末流亡日本的学者朱舜水的得意门生。但尽管如此,却唯有荻生一人备受世人瞩目,关键就在于他是在政治中心的江户提倡唐音直读,而不是在地方上[④]。雨森兼通唐话、朝鲜话,尤其他是从 24 岁开始学习唐话,并用唐音教授学生,鼓励学生使用唐音直读,但是他身处对岛这一偏僻之地;至于安积澹泊,他在水户藩的彰考馆从事《大日本史》的编纂长达五十四年,毕生精力全部奉献给了修史事业。另外,当时的江户虽然也有一批如长崎通事的子弟等通晓唐话的学者,但是他们没有荻生那样的社会背景。作为权臣柳泽吉保的亲信荻生徂徕,有德川将军、权臣柳泽作为后盾,加上柳泽本人也相当重视唐话[⑤],所以唐音直读的主张,一

---

① 江户时代称当时的中文口语为"唐话"。本稿中,把口语的会话内容称为"唐话",对于口语的发音则称"唐音"或"华音"。
② 长崎通事,是在长崎从事对外事务的翻译官。
③ 收入《日本儒林丛书》第四卷,凤出版,1978 年。
④ 参照[日]德富苏峰《近世日本国民史》第二一卷《第十五章 文教普及的大功臣》,时事通信社,1964 年。
⑤ 将军德川纲吉屡屡驾临柳泽吉保府邸,听儒臣们讲义,其时儒臣们也曾用唐话进行讨论(《常宪院殿御实纪》附录·中,收入《续国史大系》第一二卷,经济出版社,1903 年,第 999 页)。据[日]计善之助《柳泽吉保的一个侧面》载,不必通过翻译就能了解问答的大意只有柳泽一人(《人物论丛》,雄山阁,1925 年,第 361 页)。荻生的弟子太宰春台曾指出,荻生世俗声望的获得与柳泽对他的赏识有很大的关系:"自非柳泽公之知遇,先生之穷达未可知也。"(《与子迁(服部南郭)书》第三书,《近世儒家文集集成》的第六卷《春台先生紫芝园稿》后稿卷一二,鹈鹕社,1986 年)

经荻生的倡导就引起社会的反响。

下面就来看一下荻生本人直读唐音或说唐话的水平问题。他虽然出生于江户,但13岁至25岁生活在房总半岛南部(今千叶县南部)的偏僻小村,荻生自述这一时期他缺师少书,只能反复阅读《大学谚解》一书①,可以说并不具备学习唐话的环境。据他说,他的唐话老师最初是鞍冈元昌(号苏山),后来是安藤东野②。鞍冈之父是长崎通事,鞍冈元昌在元禄十一年(1698)19岁时来到江户,入荻生徂徕之门。据此,荻生接触唐话,最早也是在33岁之时。鞍冈的唐话非常畅达,几被人怀疑是华人的后裔。元禄十六年(1703)二月十三日,鞍冈作为柳泽的儒臣在德川纲吉前用唐话讲解《大学》小序,此时担任翻译的就是荻生③。但是38岁的荻生恐怕不可能胜任这项口译工作,尽管他天资聪颖,但三十多岁开始学习外语口语,要在数年间真正掌握,是难以置信的④。此后徂徕又师从中野撝谦继续学习唐话⑤,并熟习俗语⑥。通过这样的学习而掌握的唐话知识对他以后解读《明律》起了很大的作用,不过,作为成果的《明律国字解》一书,表面上是荻生所译,显示了他的唐话实力,但实际上是得到了他的另一位唐话老师冈岛冠山的协助才成书的⑦。荻生是江户唐音直读的倡导者,这一点毫无疑问,但是对于他那些唐话能力的自夸之词,恐怕不能信以为真⑧。其实,荻生提倡和实践唐音直读,并不单纯是学术方法论上的取向,还有着自我宣传这一目的。他25岁只身回到江户,必须在没有任何背景之下设法立足于社会,

---

① 《译文筌蹄》卷首,收入《荻生徂徕全集》卷二《言语篇》,美笃书房,1974年。
② 《徂徕集》卷一〇《送野生之洛序》。
③ 《乐只堂年录》元禄十六年二月十三日条,《史料纂集·乐只堂年录第四》,八木书店。
④ 据《乐只堂年录》卷一五九载,宝永二年二月五日,40岁的徂徕在德川纲吉面前与鞍冈用唐话问答,不过他的唐文原文上用平假名标注着唐音,可以想见,他事前作了反复的练习,才得以在将军面前做出这样的展示,而非真有这样的会话水平,我们倒不妨把此则轶事看作是荻生刻苦钻研的一个实录。
⑤ 中野撝谦是华人林道荣的外甥,据说他是长崎通事中翻译能力最高的人。
⑥ 《送野生之洛序》。
⑦ [日]石崎又造《近世日本的支那俗语文学史》,清水弘文堂,1967年,第126页。冈岛以翻译《忠义水浒传》闻名,是白话最有权威的学者。
⑧ 荻生自夸自己已经掌握了唐话,不会犯一般日本人学唐话时常犯的错误:"(吾党)只以汉语会汉语,未尝将和语来推汉语。故不但把笔必无误,平常与同人辈胡讲乱说,语语皆汉语,莫有一字颠倒差误者。侍史从旁录之,灿然文章忽成卷轴。……吾党学者虽睡中呓语亦不颠倒。"(《徂徕集》卷二六《与入江若水书》其五)我们必须看到荻生有自我吹嘘之好这一面。

当时他的贫穷之状,甚至成了"落语"(日本的一种说话曲艺)里的一个话题素材①。以后即使成了柳泽家的儒臣,他也必须得到柳泽及同僚们的认可。既然主君柳泽本人如前所述的那样对唐话非常感兴趣,那么作为臣下的荻生,自然也会重视起唐话来。

三、荻生徂徕与古文辞

下面来看荻生所倡导的古文辞为何风靡一世的缘故。荻生最初接触到古文辞是在宝永元年(1704)或二年,其时清朝已经到了康熙四十三年。荻生所推重的李攀龙是嘉靖二十三年(1544)的进士,王世贞是嘉靖二十六年(1547)的进士。王世贞的《弇州山人四部稿》的出版大概是在万历(1573—1620)之初,如果以此作为明代古文辞流行的一个标志,那么荻生是在一百多年之后才倾心于古文辞的。这样说来,古文辞在当时的日本是新事新知吗?虽然江户时代对外贸易有一定的限制,但日清之间顺利地进行着定期的贸易交往,书籍等也相当迅速地传入日本②,荻生得知李、王古文辞的契机,据说就是收购了某位藏书家的全部藏书③,由此读到了《沧溟集》和《弇州山人四部稿》。虽然荻生把这次相遇称为"天之宠灵"(《辨道》),但李、王的古文辞在当时绝非新事新知,江户时代(1603—1867)初期藤原惺窝、林罗山等人已对李、王著述产生过兴趣,不但从中国进口,还有日本版的刊行④。李、王古文辞虽然在荻生之前没有流行起来,但也并非知者寥寥,而且当时的日本人也已经知道了古文辞在明以后的中国文坛上的评价,比如与荻生徂徕同时代的儒者室鸠巢(1658—1734)的《骏台杂话》中就有相关的议论。他在正德元年(1711)得到同在木下顺庵门下的新井白石的推荐,担任了幕府的儒官,新井白石倒台后他依然受任用,成了德川吉宗的侍讲,继续参与幕政。室鸠巢学识高超、性格温厚笃实,其《骏台杂话》是江户时代

---

① 这就是著名的落语《徂徕豆腐》。
② 当时在清出版的书籍翌年就出口到日本,这种事并不少见。据德富苏峰记载,比如《明季遗闻》等书即如此(《近世日本国民史》卷二一,第 364 页)。
③ [日]汤浅常山《文会杂记》卷之一上,《日本随笔大成》第 14 卷,吉川弘文馆,1993 年,第 185 页。
④ 蓝弘岳《德川前期明代古文辞派的接受与荻生徂徕的"古文辞学"——李、王相关著作的传入和荻生徂徕的诗文论的展开》,《日本汉文学研究》第三卷,二松学舍大学,2008 年。

具有代表性的和文(日语)随笔集之一①。此书虽执笔于享保十七年(1732),但内容却是对往年他与弟子们之间言谈议论的一个汇集。其中《文章盛衰》(卷五)一节可谓是一部简明中国文章史,他的见解在当时的日本具有正统性、普遍性。下面引用其中一段有关明代文章的论述:

> 李攀龙、王世贞出,厌斥其(明代文章)平易卑俗,相与造作奇怪之文,放言狂荡之论,洸洋自恣,鼓动一世,四方之士靡然归依,号称文章盟主。沧溟、凤洲亦常褒扬韩柳欧苏之文,终不闻有非议之辞。凤洲晚节与文友论文,稍悔少作,有归平正之志而不果,此事见钱谦益《列朝诗集》。然则今以文章自许者,拾掇王氏之弃余而以其四部稿为祖师,此乃违凤洲之心,而诋毁韩欧,实乃匪夷所思。②

最后的"今以文章自许者"一语显然是指荻生徂徕一派的人。在室鸠巢那样的学者看来,荻生徂徕标榜古文辞,不过是故意标新立异、引人注目而已。更何况古文辞在明代后期已经遭到摈斥,徂徕等人的主张实在是贻笑大方之事。但是出乎室鸠巢的意料,古文辞却受到了世人的推崇,究其原因,德富苏峰早作了如下的分析:

> 根据惯例,日本受中国的感化,大概有一百年左右的间隔。比如中国宋代时,日本尚吟诵着唐代白乐天的诗;中国明代时,日本尚品赏着宋元之绘画。以此类推,中国清朝初期,日本推崇万历七子,也绝非不可思议之事。都会的俚谣既遭遗忘之时,恰是乡间传唱之始;都会的流行退潮之后,则是乡间渐行之际。由此看来,在中国已经无人问津的李、王,却在日本走红,这也并不奇怪。③

德富苏峰对荻生与古文辞关系的看法,比起二次大战后的荻生研究来较为冷静,曾作了含有嘲讽口吻的观察和分析:

---

① 《骏台杂话》是室鸠巢晚年享保十七年(1732)所撰,殁后宽延元年(1748)刊行。本文依据岩波文库森铣三校订版(岩波书店,1936年)。
② 《骏台杂话》中有室鸠巢本人对李、王的评论:"以博闻自傲,其文唯务驰骋文辞而缺乏义理,虽矫饰其辞,文采夺目,变化百出,而明眼人一见便知其猥浅,不值一读。沧溟、凤洲之文是也。"(卷五"昙阳大师"条)
③ [日]德富苏峰《近世日本国民史》卷二一,第364页。

> 据我们的观察，李、王完全成了徂徕耍弄计谋的道具。徂徕正欲标新立异，在他人的蹊径之外开辟出自己的道路，此时恰好遭遇李、王，便立刻高举起来，作为威吓他人之资。换而言之，李、王也罢，唐音也罢，对于徂徕来说，都不过是一种方便之具而已。①

德富的这一观察分析不无道理。一般水准的读书阶层姑且不论，荻生徂徕在当时日本儒者中，在博学多识上也决不比新井白石、室鸠巢逊色，也就是说，荻生不会不知道明代古文辞派后来遭到怎样的命运②，因此他义无反顾地倾倒于古文辞派，大力宣扬，不能不说是一种奇行③。顺便一提，荻生从诗文创作之法的古文辞出发、最终形成自己独创的儒学说，还要在十年之后，因此可以推想，在推崇古文辞之初他还没有把古文辞当作创立新学说的方法论这一意图。从复古这一点来看，荻生所走的路径与伊藤仁斋大致相同：伊藤只完成对《论语》《孟子》古义的阐明就不幸辞世，而荻生则能把这种阐明推进到经书，换言之，即使没有古文辞派，只要彻底地推行复古主义，最终一定会走到探明经书的本义和先王之道这一目的地。

尽管如德富所分析的那样，荻生有把古文辞当作自我宣传的工具这一面因素，但他毕竟是位才识卓越的学者，却为什么还要对终遭世人摒弃的古文辞信奉不渝呢？是相信古文辞必定会在日本获得成功，还是认为古文辞虽然在中国遭到摈斥，而日本则是必要之学说？关于这一点，蓝弘岳先生提出了以下饶有意味的看法：

> 徂徕之所以对李、王的崇尚盛唐诗和秦汉以前文的诗文论产生共鸣，

---

① [日]德富苏峰《近世日本国民史》卷二一，第364页。
② 上引蓝弘岳论文中说"（徂徕）十来岁所读的《史记评林》《前汉书评林》等书中，已经记载了对王世贞、李攀等古文辞派文学的意见……二十多岁已经抄写了《唐诗训解》"，可见徂徕早就知道李王之名。另外，比徂徕年少十四岁的弟子太宰春台批判古文辞时，就明言道："古文辞之患，在用古人成语，不其然乎？李、王尚以是取败，况其他乎？"（《文论》第四篇）
③ 荻生在元禄十六年(1703)38岁时曾向他敬慕已久的伊藤仁斋写信求教。但是伊藤没有回信，并于第二年去世，而且这封信未经荻生同意就作为《古学先生碣铭行状》的附录而出版(宝永四年[1707]，荻生42岁)，此事使荻生大为恼怒（《蘐园随笔》二）。两年后，随着德川纲吉去世，主君柳泽吉保被罢免，荻生也不得不离开柳泽藩邸，并在45岁时开设学塾蘐园。荻生对古文辞感兴趣大概是在他39岁左右，如果这个推断正确，那么荻生一味地推崇明代古文辞派也许有着要凌驾于伊藤仁斋之上的野心和经济方面的动机。

是因为李王的诗文论不是单纯的复古诗论,其中还潜藏着某种可能性,即提供一种方法,以帮助日本人克服写作汉诗文之际所面临的和训之弊。①

江户时代的日本人为了写出与中国人一样的汉诗文(尤其是文章),费尽了心血。具体地说,当务之急就是要排除"和习"。伊藤仁斋的古义堂成为当时有名的学塾的原因之一就在于它的文章指导法,荻生的崭露头角也是靠着他的汉文写作指导书《译文筌蹄》。对于那些千辛万苦才能写出一篇像样汉文的日本学子来说,一种能够消除"和习"的方法,无疑是极具魅力的,更何况这种方法还是中国文人所认可的。

即使是当代,学外语的终极目标也是要达到像母语般的水平,不过,江户时代的日本人学习汉语的热情,不是达到外语学习理想目标这一单纯的动机所能解释而尽的。事实上,他们既不会去外国旅行,除了贸易商以外,日常也无与外国人接触的机会,那么他们为什么要如此勤勉地学习汉文?

前面曾引用了德富苏峰关于中国文化传入日本的时间差这一说法,朱子学的接受也可作为一个例证。朱子学虽然在镰仓、室町时代已经传入日本,并有室町时代(1336—1573)的禅僧进行了热心的研究,但当时尚未推广开来;到了江户时代情况大变,日本终于具备了需要朱子学、接受朱子学的社会条件。同样到了荻生徂徕的时代,接受古文辞的环境也成熟了。从江户初期起儒者们在古文复古思想的引导下,希望凭借着中国古文来建立社会秩序。既然古代理想社会是通过"载道"的中国古文得以实现的,那么汉文中的"和习"就无论如何也要排除掉的。伊藤仁斋的古义堂实施一种叫"复文"的文章学习法,这种方法也正体现了为了求得"圣贤之道"而必须摆脱日式汉文的一种努力。所谓"复文",就是把汉文先翻译成日语的训读文,然后在不看汉文原文的情况下,再把日语的训读文还原到汉文。但这种方法有个缺点,即无法体会到富有音律美的文章格调。如何写出格调雅正的古文,日本人在各种尝试之后发现了古文辞。

荻生学习唐话的目的之一,当然也是为了剔除汉文写作中的"和习"。他这样论述道:

> 此方自有此方言语,中华自有中华言语。体质本殊,由何吻合?是以

---

① 上引蓝弘岳论文,第 55 页。

和训回还之读,虽若可通,实为牵强,而世人不省,读书作文一唯和训是靠。即其识称淹通,学极宏博,倘访其所以解古人之语者,皆似隔靴搔痒,其援毫撼思者,亦悉侏离鸟言,不可识其为何语。……故学者先务,唯要其就华人言语,识其本来面目。(《译文筌蹄》卷首①)

由此可见,荻生徂徕们已经意识到汉语与日语是性质完全相异的两种语言,并痛感传统的"和训回还之读"的功效有限,他们已经步入了一个新时期。另外,当时儒者中最擅长唐话的雨森芳洲也强调唐音直读的功效②,他说:

书莫善于直读,否则字义之精粗,词路之逆顺,何由乎得知?譬如一个助字,我国人则目记耳。韩人则兼之以口诵,直读故也。较之,我国人差矣。(《橘窗茶话》卷下)

可见,当时的儒者们意识到同样的问题。

由于荻生徂徕等人过于热心地提倡华音直读,就受到了这样的非难:"(荻生)茂卿以通华言为文章第一义,故使其徒皆娴象胥,然其实诳世恐吓末学之资尔。文章巧拙,始不系于此也。"(中井竹山《闲距余笔》"华音"条)中井竹山的批评虽然夹杂着对荻生声名隆盛的嫉妒,不过从文章学的观点来看也是切中要害的。因为如果熟习唐话就能写出好文章,那么中国人应该人人都是作文能手了。事实上,当时确有人误以为会唐音唐话,就能作诗撰文了,雨森芳洲给他人的回信中就指出要注意这种误解:

来书又云,能通唐音诗文不难作。余亦窃以为不可。夫作文之道,才学为首,唐音余事耳。中原人岂必人人能文乎?……要之才学优给,兼能音读,然后乃可庶几尔。……足下喜为文章,又学唐音,窃恐其误蹈庸人之辙,故唐突至此。(《答藤官师书》,收入《橘窗文集》③)

---

① 《译文筌蹄》初编六卷是正德五年(1715)荻生49岁时刊行。
② 雨森芳洲在另一方面也强调日本人学习唐话的困难,他介绍自己的经验说:"余用心唐话五十余年,自朝至夕不少废歇,一如搏沙难可把握。七十以上略觉有些意思,也是毡上之毛了。"(《橘窗茶话》卷下,堺屋定七等刊,1786年,国立国会图书馆藏)并认为外语并非人人学而可得:"从上往下读,就能理解文意,这不是任何人都能做到的,不能当作万国通用之法。"(《多波礼草》卷三,《日本随笔大成》第二期第七卷第13册,第234页)
③ 珍书同好会,1916年,国立国会图书馆藏。

的确,通晓外国现代口语并不等于就能用那种语言写出佳篇杰作,更何况江户时代注重的是使用古典语言的汉文写作,那么语言与文章更是两个层面的东西。中井竹山曾经列举雨森芳洲的汉文语法错误,进而断言学唐话与写文章无关:

> 予既不解华音,则所作文字,故当不免邦习,然其差谬显著,未至如彼之甚焉。可见作文别自有准则,不关华音也。(《闲距余笔》"华音"条)

他们这种"作文之道,才学为首"、"作文别自有准则"的主张当然是正确的,但是能理解这种主张的,只有富有才学、懂得作文之道的一小部分人。即使在当今社会,也有很多人误以为外语的会话能力与作文能力没有多大的区别。由此可以说,唐话、古文辞的流行在某种方面来看确实是德富苏峰所称的"徂徕计谋"奏效的结果。当然这种现象不能简单地指斥为轻佻浮薄,因为复古思想是一种古代信仰,古代成了人们全身心所归依的对象。而就信仰来说,主张最为彻底的人会被尊奉为指导者。荻生说道:

> 吾奉于鳞氏之教,视古修辞。习之习之,久与之化,而辞气神志皆肖。辞气神志皆肖,而目之眲,口之言,何择?夫然后千岁之人,旦莫遇之,是之谓置身仲尼之时,从游夏亲受业也。是之谓与古为徒也。亦何假彼之故为?(《学则》二①)

> 圣人亦唐人,经书亦唐人语,故不熟习文字,则难得圣人之道。若欲熟习文字,须体会古人著述之心,故不作诗文者,则难晓古人之心。只学经书者,其辞多艰涩不畅,其理亦粗杂生硬。以是诗文之于日本学者,至关重要。(《答问》中②)

荻生主张不只是"道",连古人之心(感情),也必须彻底理解,化为己物。正是这种彻底性使他成了时代的宠儿。在这里必须注意的是,荻生的走红反过来说明当时的日本需要荻生所具有的这种彻底性。日本自古以来是学习着中国而发展起来的,但在江户以前的学习儒学不得不说形似的色彩较浓,到了江户时代才开始了把外来物化为自身血肉的搏斗。当时搏斗的内容是朱子学,是"载道"

---

① 收入《荻生徂徕全集》第一卷。
② 同上。

的古文,而两者的根底是以探求真正的"道"为目标的复古思想。这既然是一种信仰,就必须付诸实践,日本人书写中国"古文"就是一种对信仰的实践。不过,与古代的朴素信仰不同,近世的信仰需要合理主义的支撑。伊藤仁斋是早于荻生的"古文"高水准的实践者,他虽然不过是与政治权利无关的一介布衣儒者,但他的学问在全国得到了众多的赞同者、共鸣者。他的实践是建立在绵密的文献批判和对古代语言的科学研究的基础之上,正是有了这样的合理主义,他的学问才获得了巨大的社会影响力①。而当这种合理主义一旦走向原理主义,就会要求无论是文章的语汇、修辞还是音律都必须是维持古代的原状原貌,可以说荻生的提倡唐话、古文辞是时代发展的必然。复古的终极目标,于社会是要实现"古道",于个人是要把自己与古代同一化,荻生声誉隆盛的理由就在于,他为正在进行全身心搏斗的日本人提示了实现目标的一个(被认为)"合理的"方法,并予以实践。但是近世的合理主义与"复古"的原理主义之间的蜜月并没有持续多久。假设古代曾有过理想社会,如要在后世实现这种理想,首先就必须承认和接纳时代和社会的变化,然后做出相应地改变,去实现这种理想。如果这是立足于现实的合理的观点,那么它必然与纯粹教条的极端复古思想难以并存。

四、古文辞论争

对荻生徂徕的古文辞主张非难最多的就是它有剽窃之嫌②,甚至连他的门人太宰春台(1680—1747)也对此展开了系统地批评。下面来看太宰的几个批评要点。他说:

> 自古文辞之学作也,属辞家,一句一字,必取诸古人。……今吾党学者,才知弄笔,即言古文辞,观其为文,乃抄古人成语,而联缀之而已。文理不属,意义不通。……吾尝戏目之为粪杂衣。……比之一匹锦,未始裁割,

---

① 参见拙稿《〈文章轨范〉在日本——日本近世近代精神的源流之一》,收入《中国古代文章学的衍化与异形——中国古代文章学二集》,复旦大学出版社,2014年。
② [日]服部苏门《燃犀录》、[日]中井竹山《闲距余笔》等。

则其高下,宁同日之论哉?(《文论》第二篇①)

春台也批评蘐园派(蘐园是荻生所开设的学塾)的古文辞只知抄撮拼凑古人之语,文理欠通。古文辞这种方式的主要问题在于必须使用规定范围内的古语用例,由此造成了文理构成上的困难。太宰把古文辞贬斥为"粪杂衣",这绝不是"采撷古语是剽窃"这一层面上的非难,而是认为作品的一字一句如果是从不同的织机、用不同的编织方式编织出来的一个个断片,那么即使这些断片是彩锦,作品也会出现条理不顺之弊,这才是问题的关键。太宰认为正确的做法是:

> 作文辞者,取法于古人,而发诸己心,出诸其口,然后命诸笔,著诸篇。苟得古人之体与法以修辞,虽今言,犹古言也。是谓自我作古。故善属辞者……令读者不觉其为古辞,此以其文理条贯,有伦有要故也。夫文之有理,犹人身之有血脉也。人苟或血脉不属,则手足不用,谓之废疾,谓之不成人。文辞而无理属,其为不成文亦明矣。《书》曰,辞尚体要。余亦曰,文在理属。故善属辞者,犹织工也,取法于古,而机杼由己。不善属辞者,犹缝人也,以联缀为务也。(《文论》第二篇)

太宰把文章视为一个有机的整体,一匹锦必须出自同一个机杼,一篇文章也必须出自一己之心。此外,太宰还把老师荻生徂徕所敬奉的李攀龙、王世贞拉上批判的舞台,极力阐述古文辞之弊端。他虽然是荻生的门人,但性格刚毅狷介,又与荻生年龄相近,所以敢于直言,不避老师之嫌。他的《文论》虽也全面地探讨汉文文章,但中心内容就是古文辞批判,这也正是他撰著的动机所在。②

那么对于太宰批评的这几点,荻生是如何看待的呢?荻生对于古文辞比较全面的论述,见于他给京都儒者堀景山的一封书简中。其中有一节说:

> 夫六经者辞也,而法具在焉。孔门而后先秦西汉诸公,皆以此其选也。……韩柳二公倡古文,取法于古,其绌辞者,矫六朝之习也,然非文章之道本然。……宋欧苏,学韩柳者也。但不求诸古,而求诸韩柳,所以衰

---

① 收入《日本儒林丛书》第十二卷,凤出版,1978年。
② 太宰春台与荻生徂徕之间有感情不和的传闻,太宰曾记述自己受到徂徕的"鸡肋视"(《与子迁(服部南郭)书》第三书,《紫芝园漫笔》卷六"徂徕先生见识卓绝"条,收入《崇文丛书》第一辑之四十六,崇文书院,1927年)。以往的研究也时时涉及这一问题。但这恐怕不是太宰撰写《文论》、对荻生高揭反叛之旗的最关键的因素。

也。其文以理胜,不必法,而其绌辞者自若。夫文以道意,岂患无理? 西汉以上深矣,俾人思而得之。宋人乃欲瞭然乎目下,是以浅矣。蹊径皆露,其所长议论耳。纵横驰骋,肆心所之,故恶法之束也。……明李、王二公倡古文辞,亦取法于古,其谓之古文辞者,尚辞也。主叙事,不喜议论,亦矫宋弊也。(《答屈景山书》①)

太宰主张"作文辞者,取法于古人",荻生当然也主张"六经者辞也,而法具在焉",两人的出发点是一致的。但是荻生对宋文以议论为主的这一特点表示不满:"其文以理胜,不必法……夫文以道意,岂患无理?"也就是说,荻生认为文章不必文理太明豁,对此太宰则认为"文辞而无理属,其为不成文亦明矣",没有文理就不成文章,从正面否定了老师的文章观。对比两人的文章观,荻生的文章观显得比较特异②。他的"西汉以上深矣,俾人思而得之",是说西汉以前之文以叙事为主,不很重视文章的逻辑展开,因而读者必须要努力领会"古人之意",这也是文章深奥之由。这样的观点搞不好就会得出缺乏逻辑性的、难懂晦涩之文就是好文章的结论。而且荻生认为应该从叙事中去体会出作者之意,从现代普通的文章观来看,这种看法是相当逆潮流而行的。荻生认为"夫六经者皆事也,辞也"(同上),只可从这里求取文章构成之法。他否定后世表达技术的进步,这种态度如果用菜肴来打比方,就等于说为了要再现古代菜肴,就必须原封不动地使用古人的食材。而太宰的"苟得古人之体与法以修辞,虽今言,犹古言也"这一论述,则等于说即便使用了现代食材,只要制作方式相同,就能做出古代菜肴。这两种观点哪种更为现实、更易为世人所接受,自不待言。

太宰春台《文论》的问世是在荻生去世(1728)约十年后的元文四年(1739),这或许是太宰毕竟也不敢在老师生前出版此书之故,或许是他本人在学古文辞

---

① 《日本思想体系36 荻生徂徕》收入了《答屈景山(第一书)》,岩波书店,1973年,第528页下—529页上。此信的收信人"屈景山"就是堀景山。当时日本儒者往往用中国方式来称谓自己的姓名,比如"堀"字去掉"土"字旁,便成了中国式的姓氏;而荻生是物部氏,所以称为"物徂徕",他俩的来往书信被称为"屈物书翰"。

② 另外荻生在《与薮震庵书》(第七书)中也批判宋儒的议论文:"大氐宋儒之学,主言之。凡主言之者,贵尽理。务明白其理,使人瞭然于其所言,庶足以服人而无敌,是其病根已。"(收入《日本思想体系36 荻生徂徕》,第507页)。关于荻生的古文辞观,阐说最为详密的是吉川幸次郎教授的《徂徕学案》(《吉川幸次郎全集》第二三卷,筑摩书房,1976年),此书中也指出荻生这种讨厌议论的想法是"特殊的思考"(第33页)。

时终于意识到它的局限性①。除此之外批判荻生古文辞主张的著述,还有服部苏门《燃犀录》(明和六年,1769)、中井竹山《闲距余笔》(享和元年,1801)等,但是这些著述只停留在列举荻生文章中的剽窃部分和语义语法的谬误之上,相比之下,太宰春台的批判更具本质性。为什么这种本质性的批判不是其他批判者所为,而恰恰是在荻生死后出自其弟子之手呢? 尽管荻生的学说风靡一世,但也不可能人人对之心服口服,因而这种状况多少有点不自然。

前已引用的《答屈景山书》曾作为《徂徕先生学则》的附录刊行(1727),又收入《徂徕先生集》卷一七(1737),而广为人知。《徂徕先生学则》成书于享保二年(1717)左右,荻生本人肯定过问过编集工作。当时已有了批判荻生的议论,但奇怪的是堀景山的给荻生的原信却始终未见人提及或称引②。这封对荻生学说提出质疑的书简长期以来被认为已经佚失,但到了1974年终于被发现,然而发现之后仍是无声无息,直到2017年此信的内容才为世人所知③。

堀景山(元禄元年1688—宝历七年1757)在享保十一年39岁时,向荻生写信请教有关文章之事,这就是我们今天所知的《与物徂徕论文书》④。他从正统

---

① 太宰在徂徕生前也曾对老师进行过激烈的批评。《与子迁(服部南郭)书》第三书(前已出)中痛斥荻生道:"纯(太宰本名)近得见徂徕先生《赠于季子序》,盖始叹其属辞之工,读之反覆,终而不悦。……夫文,道之舆也。辞之不可以已也尚矣。虽然,圣人有不言之教焉,文辞之于道末也。……今(徂徕)先生与人争不以君子之道,而修章句以求胜人,何其污也。"让太宰不满的这篇《赠于季子序》,大概是荻生60岁时所作([日]平石直昭《荻生徂徕年谱考》,平凡社,1984年,第149页)。另外太宰在《书徂徕先生遗文后》(《春台先生紫芝园稿》后稿卷一〇)中也批判了荻生的文章,并警戒后人:"其人(徂徕先生)有好奇之癖,而又悦今世古文辞家之言。故其所为文不免有出于法度之外。……后学为文者以先生所为为法则,又恐其有误。此不可不知也。"(第222—223页)

② 痛骂荻生的中井竹山也引用过《答屈景山书》,但似乎没有见到过堀景山的原信,未曾言及。

③ 昭和四十九年(1974),美篶书房的编辑小尾俊人在京都大学和静嘉堂文库发现了写本。当时正在撰写有关本居宣长的随笔《铃舍私淑言》的吉川幸次郎教授得到这个消息后,立即在随笔中介绍了此信的内容概要,这是因为堀景山是本居的汉学老师。吉川教授也认为这封书简的内容很重要,而且荻生也是很认真地写了回信,故作了介绍。但是由于随笔的主题是本居宣长,又兼杂志连载、篇幅有限,所以吉川教授的介绍极为简单。后来当这些连载由筑摩书房集结出版单行本《本居宣长》时,便把堀景山的给荻生的书简《屈物书翰》作为附录收入,但只加了简单标点,未做注释。堀景山的汉文水平很高,但在现代日本即使是研究中国古典的专家也不一定能立刻读懂,而且吉川教授的全集在收入有关本居宣长的文章时,没有收入《屈物书翰》,这也减少了此信为世人所知的机会。换言之,在荻生与堀景山的议论交锋中,历来只关注荻生的阐述(日本思想史的专家们在探讨荻生的古文辞和思想时,限于管见,似乎无人提到堀景山这封书简)。不过到了2017年,出版了高桥俊和撰著的《堀景山传考》(和泉书院),其中收入了《屈物书翰》,并有高桥氏的详细译注,现代日本人终于可以比较容易地了解此信的内容了。

④ 关于"物徂徕"这一称呼,参见前文"夫六经者辞也……"一段之注。

的朱子学立场对声名隆盛的荻生徂徕提出疑问。他说：

> 仆窃以为古之时无所谓文人，而不复以文论人。何则，未尝有蕲于文也。故古之有文，皆哃于涵毓蕴郁，而彪于议论告诫。文理自然，欲已而不得者也。……一部《论语》是古今天地间大文章，而虽复《周诰》《殷槃》其蔑以加于此矣。孟子之言云，予岂好辩哉？予不得已也。夫子尝欲无言，而未敢无言焉。犹且自云，文[莫]①吾犹人也。子贡亦谓夫子文章可得而闻也。其有文也，亦即欲已得邪？（《与物徂徕论文书》）②

堀景山在探讨文章之初就指出，古代之文是"欲已而不得"的产物，都"文理自然"。这里暗含着古代文人与后世文人截然不同之意，后世文人是为了名声而撰写艺术至上主义的文章。堀景山继续论述道：

> 王仲淹有曰，文乎文乎苟作云乎哉？必也贯乎道，其所以贯，乃一气贯之也。所谓欲已而不得，必至之势，是乃一气所在也。是以文章必以一气为尚也。然则凡得已而不已者，焉能所见其气象乎？夫古之文靡一弗出于不得已而不已。而其气凛然，以能动人，所以死且不朽也。故文之古不古也，斯亦验诸一气也与？③

这里值得注目的是，堀景山认为文章是"一气贯之"的，同时他还认为"文之古不古也，斯亦验诸一气也与"，即他认为判断是不是古文，这不是单纯的语汇、修辞表达这种层次上的问题，即便用现代语汇也能写出古文。这与太宰春台的对荻生的批判如出一辙。有意思的是，太宰春台的《文论》中也反复强调作者的"一意（气）贯之"：

> 今观其（今世古文辞家）文，非不工也。惟其字与句俱有法，而其章与篇或失法，此其故何也？字句皆出于古人，而缀之在今人故也。夫积句成章，章有短长，必须一意贯之……积章成篇，其要在过接，尤当谨之，虽多转折，而条理不紊，一意贯之，无有间断。譬如人之一身，虽有关节曲折，而血脉不乱，一气贯之，无有拥塞。（《文论》第四篇）

---

① 《论语》原文是"文莫吾犹人也"，堀景山的引文脱"莫"字。
② ［日］高桥俊和《堀景山传考》，和泉书院，2017年，第139页引。
③ 同上书，第144页引。

此外，太宰还认为只要取则"古法"，就能写出真正的古文，语汇、表达等根本不是个问题：

> 今观其（汪伯玉、李攀龙）为文也，犹且不免类俳，况他人哉？凡古文之工者，叙事则令后之读者如亲见之……（持论则如亲闻之、状物则如画等等）……自先秦古文，以至韩柳二家，其孰不然？唯为古文辞者则不然。……故为文者，要在了古法。……故今之作者，立言行辞，苟取法于古人，而步趋不失矩矱，则虽言古人所未始言可矣，虽构新辞可矣。何用古人成语为？（《文论》第四篇）

那么太宰所说的"古法"是指什么呢？简要地说，不是那种俳优般的演技，而是"首尾若出己口"（同上），用自己的语言写出"条理不紊，一意贯之"的文章。太宰的文论与堀景山基本一致，只不过他在篇法、章法、句法、字法等上多有针对初学者而发的具体琐碎之议论。不惮辞费再举一个两人观点相似的例子。堀景山批评李攀龙、王世贞的文章时这样说道：

> 若李、王于文，徒逞辩博工缀辑，务为骪骳难读，钩句摘事，昫妪陶化，蒲卢之弗克过焉。……愈诵而愈俾人憪。无佗，是一气之贯不及古，所以能喜人而不能动人也。究之，庸讵知非其衣冠抵掌之优孟也？①

这里，堀景山也和太宰一样把古文辞比作俳优的演技，两人的议论多有重合。堀景山的文学观原本就属于宋学的正统派，不是他所独创，因而两人虽然使用了同样的比喻，也不能由此断言太宰春台的古文辞批评一定是蹈袭了堀景山的观点。但是我们也不妨推测，太宰极有可能看到过堀景山的这封书简。我们再看一下前引的太宰的论述：

> 作文辞者，取法于古人，而发诸己心，出诸其口，然后命诸笔，著诸篇。苟得古人之体与法以修辞，虽今言，犹古言也。

太宰的这个论点，可以拿来与堀景山的下面一段议论相比一下：

> 设以体制论焉耶。……盖人之所以为心，各自不一，则文之具体也，不得人人固不异。故与论其文辞之古不古，孰若验其一气之贯之为要

---

① ［日］高桥俊和《堀景山传考》，第149页引。

矣。……夫今之与古邈矣,而人心之灵,弗能有异,则其一气之于古,亦将无不同也。①

堀景山认为"人心之灵"是古今无异的,"一气之于古,亦将无不同也",可以说这种论述为太宰春台的今人能"得古人之体与法"、"虽今言,犹古言"的主张提供了理论依据②。

关于堀景山与太宰春台的观点相似的探讨暂且到此为止,不过需要注意的是,堀景山对古文辞的批评触及了事物的本质,如果这封书简在当时就有机会为世人所知,那么荻生死后古文辞是否还能如此流行,则是个未知数。做一个刻薄的推测,荻生及其门大概不愿意堀景山的这封信被世人所知吧。当然堀景山有可能存留着给荻生书信的底稿,不过他没有公布出来③。

从文章学的角度来看,应该说堀景山、太宰春台的观点具有正统性,更重要的是他们的文论对实际写作具有有效性。荻生去世后,诗歌方面由弟子服部南郭继承古文辞之法,但在文章方面却没有一个有影响的后继者,这也从反面证实其学说缺乏有效性。太宰春台原被视为荻生经学的后继者,但他却在老师去世后走到了反对者的阵营。在此假设一下,如果荻生能够预测自己死后日本文运的走向,他会反省自己的学说吗?答案是否定的。对荻生来说,那种指斥古文辞是"模拟剽窃"(《答堀景山书》)的批评,根本不值一驳。他这样论述道:

> 道之大,岂庸劣之所能知乎?圣人之心,唯圣人而后知之,亦非今人所能知也。故其可得而推者,事与辞耳。(《答安澹泊书》第三书④)

他认为,圣人之道唯有圣人可知,今人能推而知之的只有事和辞。他更进一步指出六经所传的就是"事"和"辞"。如果要获知圣人之道,方法只有一个,就是

---

① [日]高桥俊和《堀景山传考》,第154页引。
② [日]太宰春台《紫芝园漫笔》卷五中有一文开篇云"三代以前无文人"(收入《崇文丛书》第一辑之四十六,崇文书院,1927年),这与本文前曾引用的堀景山的"仆窃以为古之时无所谓文人,而不复以文论人"这一表述难道是偶然的一致吗?太宰此文接着阐述道:"此三代以前操觚者,所以个个可目以文人也。如游、夏二子在孔门以文学称,而未敢以文人目之。"由此,太宰很有可能读到过堀景山的书简。
③ 不公布的理由可能有二:一是堀景山很尊敬荻生徂徕,二是他的曾祖父与荻生的父亲有交游关系。不过最大的理由还在于堀景山的为人。他才学卓越,德行高洁,从不做沽名钓誉之事(参照《堀景山传考》,第711页)。据说他的弟子本居宣长对景山先生是绝对的敬仰信赖。
④ 《日本思想体系36 荻生徂徕》,第537页下。

文章复古论的分歧

与经书中的事、辞融为一体：

> 夫六经者，皆事也，皆辞也。苟娴辞与事，古今其如视诸掌乎。(《答屈景山书》第一书①)

他还说：

> 宋儒传注，唯求理于其心以言之。夫理者无定准者也，圣人之心不可得而测矣。唯圣识圣，宋儒之所为，岂不倨乎？……夫道则高矣美矣。谫劣之资，不可企及，故卑卑焉求诸事与辞。后贤之说，虽高妙乎，其于事辞有不合也，何以知其于圣人之心与道必合哉？(《答屈景山书》第一书②)

在他看来，既然圣人之心和道不可测，那么无论从经书中求得什么样的"理"，这个理是"无定准"的，它总有不合于圣人之心和道之处。而且他还认为不可能用"今言"、"倭言"来记述古圣人之道，因为语言在终极的境界上是不可翻译的：

> 古言简而文，今言质而冗。雅言之于俚言也，华言之于倭言也，亦犹如是欤。夫华言之可译者意耳。意之可言者理耳。其文采粲然者，不可得而译矣。(《答屈景山书》第一书③)

由此荻生追求的目标就是把自己的语言与古圣人时代的语言一体化。所谓"模拟剽窃"其前提就是有了彼此之别，既要保持着"此"，又要模仿着"彼"，这就是模拟剽窃。但荻生是要完全成为"彼"，泯灭彼此之别，因而就无所谓模拟剽窃了。再来看荻生以下的论述：

> 久而化之，习惯如天性，虽自外来，与我为一。(《答屈景山书》第一书④)

由此看来，荻生的古文辞论是从一种单纯的剔除和习的汉文写作方法论，进而发展成为一种追求与古圣人之道完全一体的思想方法。从历史、地理来看，由于这个古圣人的出现是局限于一时期、一个地域，因此那种认为"苟得古人体与法以修辞，虽今言，犹古言也"的看法，在荻生来看根本就是错误的。不过依照

---

① 《日本思想体系 36 荻生徂徕》，第 529 页下。
② 同上书，第 530 页上。
③ 同上书，第 530 页下。
④ 同上书，第 531 页上。

古文辞原则而写出的文章不免有晦涩之嫌,做不到古文辞派奉为典范的西汉以前之古文那样的"文理自然",这样的结果具有讽刺性。此后的日本无论是汉文还是和文,都是朝着太宰春台所主张的方向发展,尽管对荻生徂徕来说这是个遗憾,但这是理所当然的归结。

所谓复古思想原本只能产生于"近世"。正如前文所述,复古是近世人对"现代"的一种否定,是一种试图通过回归古代来克服"现代"的危机的思想,因此这种思想只能产生在与古代相距遥远、性质迥异的时代。而如果要探究一下"近世"与古代世界的本质性差异究竟何在时,我们可以认为"近世"是一个对理想化的古代世界的信仰和科学的合理主义两者共存的时代。对于身非圣人、无从得知圣人之道的后世之人来说,先世留给自己的只有经书中的事和辞,因此采用古文辞来叙事,把古文辞与自己同一化,荻生徂徕的这一主张是具有某种合理性的,也获得了社会影响力。但是荻生主张中的圣人之道就等同于"黑匣子",他所认为的古代语言里寄寓着古圣人之道的这种主张不过是一种"言灵"信仰①。而对于既抱有回归古代的热忱,同时也萌发了合理精神的近世人来说,真正的"古道"必须要加以实证性的阐明。更关键的是,近世人已经开始注重逻辑思考,对文章的要求也必须是理路明晰。然而,荻生却提出了这样的主张:

> 后世文辞,义趣皆露,莫有隽永。故惯读后世文者,止见一条径。熟读古文辞者,每有数十路径,瞭然乎心目间,条理不紊,及读到下方,数十义趣,渐次不用,至于终篇,归宿一路。故非胸襟阔大,能含容几多义理,眼力精明,能使几多义理不致隐匿,能使几多义理不致紊乱,不致忽忘者,决不能读。(《译文筌蹄》初编卷首题言②)

虽然古文辞最终也是"归宿一路",但在终结之前却有数十条路径。吉川幸次郎教授曾解释说,荻生的古文辞"是一种浑然不分的文体,这种文体包容了文章的旨意会向各种方向伸展的可能性","文章的旨意是向数十个方向放射的"③。

---

① "言灵"信仰,是古代日本将语言神格化的一种民间信仰。言灵,就是依附于语言的一种神秘的灵力。这种信仰认为当话语出口时,语言中的灵力就会发挥作用,使得说出的话得以实现。
② 《荻生徂徕全集》第二卷,第13页。
③ 《吉川幸次郎全集》卷二三,第338页。

如果近世的典型的思考方式是科学性的逻辑,那么其特征恐怕应该是从起点到终点单向性地、条理一贯地论证,而文章也应该是"一条径"式的明晰。从根本上说,古文辞是一种与近世人的思考方式不相吻合的表现样式。

江户时代异学者皆川淇园的文章学

四川大学俗文化研究所　张　淘

一、皆川淇园其人与著作

日本江户时期开始兴起一股汉文学习创作的热潮,不仅翻刻中国的文章学著作,①也催生了不少日人创作的文法书籍。②荻生徂徕、伊藤东涯、皆川淇园三家于此用力最深,影响最大。前二者皆有不少论述,唯有淇园的成就尚且关注较少。皆川淇园(1734—1807,名愿,字伯恭,又号有斐斋、笄斋、吞海子,通称文藏,京都人)是江户中后期的鸿儒兼文人,涉猎广泛,著述斐然,有对四书的"绎解"(集解)以及《老子绎解》《诗经绎解》等;易学方面有《易学开物》《易学阶梯抄》《易原》等;文学方面有《淇园诗集》《淇园文集》《六如淇园和歌题百绝》《三先生一夜百咏》《唐诗通解》《淇园诗话》等;③史学方面有《迁史庋柁》等;医学方面译定过《补正医案类语》,文集中还有不少类似的为医书所作的序跋。④门人

---

① 如宽永二十一年刊高琦《文章一贯》;元禄元年刊陈绎曾撰、尹春年注、伊藤东涯点《文章欧冶》;享保三年刊左培《书文式·文式》;享保十三年刊王守谦《古今文评》;元文二年刊王世贞《文章九命》等。皆收入《和刻本汉籍随笔集》,东京汲古书院,1972 年。

② 王宜瑷《知见日本文话目录提要》记录了三十种日本文话(王水照编《历代文话·附录》,复旦大学出版社,2007 年,第 9807—9826 页)。卞东波《江户明治时代的日本文话探析》(《文艺理论研究》2013 年第 4 期)一文概述了江户至明治时代的文话类著作。但这些只是冰山一角,明治年间广池千九郎编《支那文法书披阅目录》记日本文法书 85 种。人见友竹《训蒙文家必用》《重镌文家必用》、穗积以贯《文法直截真诀钞》、山县周南《作文初问》、斋宫静斋《初学作文法》、宇都宫遯庵《作文楷梯》等都还没有进入学者研究视野。

③ 讨论其文学成就的主要研究有:櫻井进《皆川淇園の文学論》(《待兼山论丛(日本学篇)》17,1983 年 12 月)、范建明《中日詩壇における"新格調派"について——沈德潜·皆川淇園を中心として》(《电气通信大学纪要》36,2007 年 12 月)、羊列荣《淇园汉诗学述论——以其画论和易学为背景》(《文学研究(九州大学)》106,2009 年 3 月)等。

④ 不过淇园在《伤寒论经传晰义序》中自称不懂医术。见《淇园文集》卷一,文化十三年序刊本,日本国文学研究资料馆藏本。

弟子超过三千人。① 他提倡的学问称为开物学,即开名物之义,②认为"《易》有开物之道,而其道要由文字声音乃可得入也",从微观的视点出发,将语言与人类心理的关系解剖清楚。他追究古文文字及行文的内在倾向,在语言学方面有着深厚造诣,有《太史公助字法》《左传助字法》《诗经助字法》《虚字解》《续虚字解》《助字详解》《实字解》等九种字书,③与伊藤东涯并称为"近世两位优秀的汉字学者"。④

他在文章学理论上的成就也不容忽视,菊池五山《五山堂诗话》中云"淇园虽以经术自任,其说系一家私言,其所长却在文章上"。⑤ 他留下了丰富的文章学资料,文章理论和技法主要见于《问学举要》《淇园文诀》等著述中的阐述,前者本是批评朱熹的经学注释而作,但涉及不少文章理论,如同总纲领。后者原为日文,相当于文章技法的具体指导书。此外还有《习文录》《欧苏文弹》等作品是对古文大家的文章进行评注,是运用实例,可以对照参看。笔者从《问学举要》《淇园文诀》梳理出其文章学的主要观点,解释其中的一些观点和存在的问题,同时结合他的其他著作中与文章学有关的内容分析他对待文章的态度。

从学问而言,淇园反对朱子学,是一位异学者,⑥开物学独树一帜,在当时甚至被人故意音讹为"怪物学"。从性格而言,他特立独行,放荡不羁,广濑淡窗《儒林评》云:"皆川行状放荡","予友原士萌举人之说曰:皆川放达出于弄世,谢安东山携妓之类也"。他的文章学理论和批评也具有特异性,有许多生造的

---

① [日] 松村操《近世先哲丛谈续编》卷上,明治十五年刊本。
② 淇园屡次在文章中阐述开物之义,如《送寺尾显融归江户序》中云"夫易者,圣人所用以开名物之具也。名物者何? 道德仕义诸名之物是也。名之兴也自上世,上世之民有感道德义之物而象之以声气,用以为其名,是故名物之义者,性命之所由以著而道德之所由以辨者矣"(《淇园文集后编》卷二)。
③ 淇园在语言学上的成就已得到日本学界的关注,如中村春作等《皆川淇园・大田锦城》(《日本の思想家》26,1986 年)。[日] 佐田智明《助字詳解とあゆひ抄——淇園の助詞の扱い方をめぐって》(《国語学史論叢》,1982 年 9 月)、《皆川淇園の助字観について》(《国語国文研究と教育》19、20,1987 年 12 月)、《皆川淇園の語義把握の過程——"象を立つる"ことを中心に》(《福岡大学日本語日本文学》第 5 卷,1995 年 12 月)、《〈助字詳解〉の諸本について》(《福岡大学人文論叢》27-1,1995 年 6 月)、《〈虚字詳解(写本)〉等に見える意味記述ー皆川淇園の語分析の方法・その二》(《福岡大学人文論叢》25-1,1993 年 6 月)等。
④ [日] 中村幸彦《語義と用語例ー江戸時代語研究批判ー》,收入《中村幸彦著述集》第十三卷,东京中央公论社,1984 年,第 49 页。
⑤ 《五山堂诗话》卷五,《日本诗话丛书》,东京文会堂书店,1920 年,第 532 页。
⑥ 宽政二年年老中松平定信推行的"异学之禁",独尊朱子学,朱子学以外的其它学问被视为"异学"。可参看[日] 柴野栗山等《宽政异学禁关系文书》,《日本儒林丛书》第三卷,凤出版,1978 年。

术语,理论颇有新创之说。淇园以前的江户儒者如荻生徂徕、伊藤东涯等大都对本国文章存在的"和臭"问题进行检讨,而《欧苏文弹》转向矛头对准历代古文的代表大家——一直以来被视为典范的欧苏,江户后期斋藤正谦《拙堂文话》中评价"近世有一种文章家,专蘗字义,其解穿凿迂缪,不止王介甫《字说》。虽时有所得,至于篇章之法,懵乎不知,而高自标置,下视欧、苏以下,痛加雌黄,可谓妄矣",①大概便是指淇园。他的理论有时繁复而琐细,批评有时严苛而主观,甚至有些吹毛求疵和穿凿。不过有不少中肯之处,为后世开启了重新诠释文章的可能性,或许能使唐宋八大家的文章得到重新审视和评价。

二、《问学举要》《淇园文诀》中的文章学理论

《问学举要》②中说"凡学文之要,大略有六",即立本、备资、慎征、辨宗、晰文理、审思。立本的"本"即是"笃志以成物于己者",物是指六经之文,他强调"道者自修己之道,学者自长其智之学",即不受世俗偏见的干扰,不生希世干誉之心,才能发现前说的谬误。他敢于对欧苏等古文权威大家进行挑战,也是出于这种思想。

淇园将写文章看成"立象",出自《易·系辞》"圣人立象以尽意",认为凡物皆有纪、实、体、用、道,出自九筹,象可分为作者心中的象和受众通过阅读等体验获得的象。立象后有明界与暗界之分,"明界"是指众人可见的形体以外的事物,"暗界"是指体内或者心中等无法用肉眼看见的事物,而区分明界、暗界时便可以用"纪、实、体、用、道"。③这些在他的《易原》《名畴》《诗经助字法》等著作中有详细解释,也可以套用来解释文理。他的经学、辞学、文章学是三位一体的,打破任何一方都会破坏整个体系。④

以下从文章观、文法论、创作论、文体论等方面进行具体介绍:

---

① 《历代文话》第 10 册,第 9844 页。
② 《问学举要》使用的是《日本儒林丛书》第六卷所收版本,《淇园文诀》的成书更晚,在安永八年(1779)以后。本文使用的是酒田市光丘文库本。所引二书内容皆不一一注明页码。
③ 《问学举要》中解释"凡物皆靡不有其纪其实其体其用其道,纪为一,实为二,体为三,用为四,道为五",这与中国经学及文论中的体用论相通。
④ 中村幸彦《清新论的文学观》一文中称皆川淇园的文学观是其开物学的一部分,即"诗求之于兴象,文求之于道义"(《中村幸彦著述集》第一卷,第 381 页)。

（一）本体论：文者言辞也

皆川淇园在《淇园文诀》中曾自述习文经历：年轻时最初并不愿成为文人，仅因父命难违，为此，作文时随心所欲，只求让人读懂便可。十七八岁时写了一篇文章给朋友，被人大加批判，由此发愤研究文章写法，尤其注意助词的使用，经过一年多时间，已经能够分辨出本邦人文章中的不足。字学是他文章学的出发点，也是核心内容，藤原资爱在《淇园文集序》中称"文者言辞也"，这也可作为淇园文章观的概括。

他在《问学举要·备资》中提出要精辨字义、略通其世、知古韵。他尤其强调要准确了解每一个字的含义并正确运用，否则会影响到整篇文章："盖一字失义，累及全章。譬犹棋失一着，则全棋俱败。为文者亦然，一字不当，则全言皆涩。"他在批评文章时尤其注意字义，他认为古代许多名贤大儒往往以文义来解古书，这会导致文理错误。其子皆川允在《虚字解·凡例》中曾说过"家先生学发周易，明开物之法，因音寻义，瞭然象意，征诸古籍之所用众字之辨，犹如皦日"，淇园精通《易》学，根据中国古代汉字假借的特点，又以音声相求，来解释各种虚字的含义。他认为《说文》等字书在释义时皆取诸近似而已，"率非真诠"，所以他提出的方法是"求之其声之象数者上也，求之其书之形状者其次也，又皆兼须多按古书使用之例，以参验其实"。他对于后人用古文写作持谨慎态度也是出于怀疑汉以后文字已失去古义的角度，"学者若欲用读汉以后文字之法，以为古文，则其误解者必多矣"（《问学举要》），他对欧阳修、苏轼等人的文章中存在的问题进行订正出于这一观点。由于在经学上他主张汉儒传经可疑之说甚多，在文字上他认定从东汉以后开始，名物之类已经变得非常繁复了，后世许多儒者在释字义只能采用"连熟"的方法，即若符合上下文意或者二字经常连用已成熟语，这给释义带来了很多的弊端，学习古文者若不直承三代之文，则容易用错字词。他认为古文与后世文的区别在于"古之文其辞简，西汉以后之文其辞繁。简者之法精，精在其字，繁者之法粗，粗在其句。前贤乃未悟此字句精粗之有异。而其为古文，亦犹如为后世之文，是以其亦未尝不言循拟之为善。而说之成夫立意要旨之陋，乃莫之能自知"（《问学举要》）。因此他也批判明代的古文辞派，认为他们是刻意地深其言迂其辞，而不出于欲尽其意的目的。

(二) 文法论：晰文理十五事

相对于字义，皆川淇园认为文理"因字义而成"，是比字义次要的因素，不过他也并非不注意文理，在《淇园文诀》中他强调文理是极其重要的，在方法探索上也颇多创造性理论。《问学举要》中更是特设"晰文理"一节，分为十五事，《文诀》中也有具体示例。他还运用到了实际的批评活动中，如果将《欧苏文弹》与《问学举要·晰文理》的内容对照来看，许多难懂之处便会迎刃而解。以下分条列出此十五事，并对与中国文章学的关系稍作阐释。

（1）言物各依其部界：他认为文章的目的在于"章物"，言物贵在有别，"凡其大小远近，动静恒遽，外内主客之属，并皆不得相混言"。根据淇园所举示例，这里的部界划分是根据上下文脉来确定，即确定句子当中的内部结构。元代陈绎曾《文章欧冶》《文式》"论作文法"条中提到"文字一篇之中，须有数行整齐处……上下、离合、聚散、前后、迟速、左右、彼我、远近、一二、次第……"①皆讨论文脉逻辑，淇园对之加以简化整理，并有具体示例。

（2）冒、斜插、补添：冒指"欲言其委者先言其源"。此法或者源于文话中的抱题或冒题，但强调叙述事情的源委，这在抱题法中是没有的内容。补添即"为接应上势先言其用，既复恐其物杂乱失其旨之所归，下因复明其物，是名补添"。此法接近归有光《文章指南》中的"前后相应则"，即"凡文章，前立数柱议论，后宜补应"，②但归有光此书至江户后期才有和刻本，因此淇园受此书影响可能性很小。斜插指"用冒若补添之法，以弥缝两言中间，而以成章者，是名斜插"，此法在《文诀》对此有诸多实例，未见他书有类似说法。

（3）分量广狭：指文中语辞的含意可广可狭，"大抵文中语意，系一人而言，则是为分量狭，系众人而言，则是为分量广"，因此同样的语辞，用在不同的位置，其义不同："凡文之所措其辞，唯随其位所在，而其意乃成不同。"此说特异，不见前人有此说法。

（4）伏应含蓄：此条含义与中国文话中强调的"照应"与"含蓄"大体相同，但淇园论述的尤为详细具体，指出"譬若只言二三者，一乃为之原状。若先言

---

① 《历代文话》第 2 册，第 1577 页。
② 同上书，第 1724 页。

一,则十乃为之终应,如十一乃为别起,不得为终应也。若先言一而次言三者,则二乃为之含蓄。若言一二者,则三为未起,未起则不得为含蓄也",这并非简单的理论指导,而是在行文时可以作为具体指导方法。

(5) 同字一律:他认为东周以前的文章,"一章之间,字同而叠出者,其旨必归于一律。一篇之间,句同而累见者,其意必会于一途",战国以后文始多出奇谲,"然至其大段,决无前后别调者"。此法未见他书。

(6) 增减展缩:此法强调行文以简要为主,一字增损皆有目的,"如或虽所经言,仍复称之者,其必亦语势或已不相接承。或外虽仍接,而今将欲别从其内举其情者也。诸如是之类,古文例皆改其辞端,别起其称"。此法与文话中的炼字法有相通之处,但又与文法逻辑有关。

(7) 辞之略析:"略析"二字是淇园的发明,"文有略析者,其所略析文字,或伏在其上文,或伏在下文",分为"略析"和"可略析",有以原伏为略析者,又有以反对为略析者,此法最为复杂,亦不见有前人提及。

(8) 言之顺逆:顺逆比较容易理解:"如曰大小上下者,是顺言也。如曰小大下上者,是逆言也。"但是淇园强调"凡顺言者,其情皆静,逆言者,其情皆动",这点前人从未提及。

(9) 意之向背:这是从文意的完整而言:"譬若先言一次言三者,其意自反求其二。是其意为背。若先言一次言二者,其意自趣其次之三,是其意为向。若先言三而不言一二者,则其所伏之一二,实乃若在三中,故其意仍不反求而趣其次之四,此名孤起,而其意亦为向。"亦未见前人提及。

(10) 势之接承:"凡文势相接承,有以自接承者,有以敌接承者。自者仍不离其物事而言者是也,敌者以他物他事与前接应而言者是也",以自接承者即按照纪、实、体、用、道的顺序,以敌接承者则要审前文虚实之势。此法与文法中的顺承逆承相比,更为复杂琐碎。

(11) 虚实:这条论述"文字有虚实死活",实活是指"万物就其所含灵而言",实死是指"万物只就其体质而言",虚指"凡物无本质只有其象"。"虚与实相依,则为之诸气色声味之属者,皆是虚死。宣之作动之用者,皆是虚活"。陈绎曾《文章欧冶·汉赋制》中有"实体:体物之实形,如人之眉目手足,木之花叶根实,鸟兽之羽毛骨角,宫室之门墙栋宇也。惟天文惟题以声色字为实体","虚体:体物之虚象,如心意、声色、长短、动静之类是也。心意、声色为死虚体,长短、高下为半虚体,动静、飞走为活虚体"。《文章欧冶·诗谱·变》中也列出了"四字变",即为虚、实、死、活。① 淇园应该是将这些概念进行统合改造之后提出的,并且引申出了文法规律"大抵句头实者,其意内而其势泛。句脚实者,其意外而其势定"等。

(12) 既正未:即既往之事、未来之事、正当之事:"既往为已定而静,未来为未定而动。"相当于语法当中的过去式、将来式、现在式。淇园关注到此点与训读有关,江户前期儒者贝原益轩的《点例》卷上就有"既往、见在、将来的テニハ(日语助词)例"条,并举出了《论语》语句作为示例。②

(13) 反语:即反问句。陈绎曾《文说》"造语法"中有"反语"条:"《论语》'学而时习之,不亦说乎?'又曰'爱之能勿劳乎?'与《尚书》'俞哉!众非元后何戴?'此皆反其意而道,使人悠悠致思焉。"③江户时代的穗积以贯《文法直截钞》中亦言及反语,不过未下定义。但淇园的特别之处在于提出"反语有不用语助者"。

(14) 篇章之旨:即篇、章、句皆有主旨。此条较常见。

(15) 拟议:"拟议"一词出自《周易·系辞上传》:"拟之而后言,议之而后动。拟议以成其变化。"明李攀龙曾据此倡导古文辞,徐师曾撰《文体明辨》刊行时,赵梦麟、顾尔行作序时都不约而同地提到了拟议并加以论述,淇园则引申为:"文辞之变,千言万语,都不出于拟议之二法。拟者拟之其物之形容之谓,议者议之其道之变动之谓也。"

尽管淇园的文法论有一部分内容借用自前人的文话,但总体而言,仍然有许多是他自己的新创设,这些理论并不是孤立而空洞的,不仅皆引用经学著作中的句子作为示例,还应用在了具体的文章批评上,可谓系统而新颖。

(三) 创作论:"心神的妙用"与"文字锁之貌付"

至于作文之法,他在《淇园文诀》中提出了一种概念,即"文字锁之貌付"。此为作者自创术语,"貌付"大体相当于印象的意思,"文字锁"大体相当于文章

---

① 《历代文话》第 2 册,第 1282、1312 页。
② 贝原益轩《点例》,京都柳枝轩,早稻田大学图书馆藏本。
③ 《历代文话》第 2 册,第 1344 页。

间的逻辑联系。他与其他文章学家一样指出习书文章关键在于宋代欧阳修所说的三多（看多、做多、商量多），并指出初学之人还要读多、解多、做多，因为文章中有"文字锁之貌付"，即作者在写文章时，神气会在心思考如何作辞时，不知不觉地产生出各种新奇的作辞条理来，虽然神气在心中，但会使作者对文章更加用心，也会使创作更顺利。这可以称之为"心神的妙用"。而要达到这种心神的妙用，必须多读古书，熟记各种"文字之锁"，在开始写文章时，这些记忆中的古文"文字锁之貌付"便会在恰当的时候浮现在心中，引导笔尖如何书写。如果不具备足够的"心神的妙用"和"文字锁之貌付"，不管你有怎样的才能也是写不出文章来的，因此不得不多读。

然而，"心神的妙用"所能引导的结果不过是如音乐节拍那样，对待变化莫测的条理，也应该像古文的"貌付"那样，将那些熟记下来的文字的义理预先仔细地解读并且记住，直到完全掌握。若非如此，在神气引导作者创作时，所写出来的辞（锁的雏形）虽然与开始创作时的节拍是相合的，但是文中会出现很多与神理并不符合的节拍。而且仅靠这种方法进行创作的话，写出来的东西虽然与"貌付"相符，但与神理不合，由此便会产生许多"刷违"。

所谓的"刷违"是指：或者用辞迂远、意理暗滞，或者言说不足、道理无聊，记述未闻的事情时大多写一些无法使人读懂的文字。如果能多解熟记，浮现出来的"貌付"自然会与其要写作的机宜①和条理恰到好处地吻合。因此不可不多解。然而读和解终究只是内心的技法，写文章是要使心里的东西表达出来，二者会有出入和不同，因此如果不练习如何从内心抽出条理作出文辞，便无法下笔。要想顺畅地下笔，当然必须积累多读多解之功，不过这譬如足痿症者蓄杖，对写文章没有效果，因此必须多做。以上就是对初学之人来说非常关键的"三多"。

这里强调的"神气"概念是与他在《易原》等书中提出的哲学观念一致的，而古人认为心是思考的器官，"心之官则思"，所以心神的妙用是作者的主观意志对于创作的影响。"锁"的概念可能源自诗学中的"钩锁"，元代范梈《木天禁语·六关·七言律诗篇法》中有"数字连序，中断，钩锁连环"，文字之间并不是松散的关系，而是有着文脉在里头，从他对欧苏文章的批评，也能看出他多处强

---

① 《淇园文诀》中解释"机宜"意为：其上下先后及明晦等与自然和天地上下、四时昼夜之道协调，与天下人民的性情相合。

调此点。

他既重视主观精神的作用,也认为这是可以通过学习积累的。对于如何积累提出了各种实践方法。如先分类抄录古书,大约经过一年左右时间,便会自然记住很多"文字锁之貌付"。在创作时要始终在文中保持"意"的一贯,文章不仅是文字,还是反映心中事物的条理,心到则笔到,心不到则笔不到。

淇园认为初学作文之人应该从练习写尺牍入手,其次是记事文,记事文写不好的话,议论文也写不出来。这点与宋代吕居仁提出的议论文才是有用文字大相径庭。淇园之弟富士谷成章(字仲达,号北边,又号层城,出继富士谷氏)是一位和歌家,淇园受其影响,曾将记事文比作和歌里的四季杂歌,初学者易懂,将议论文比作和歌里的恋爱,初学者比较难懂。当时江户儒者间有一股重视《史记》的风潮,淇园也认为初学作文者应以《史记》为宗,其他各类文章可分别参照。① 这些理论既强调语言受到思维影响,即主观化(subjectivity)特点,又重视经验在其中发生的作用,综合起来形成了一个立体的创作思想。

(四) 文体论

皆川淇园以《史记》《汉书》之类正史作品为记事文里的"正文",他曾与好友清田儋叟(1719—1785,名绚,字君锦、元琰,又号孔雀楼主人)切磋文章作法,"吾学攻于经,而君锦长于史,常获说而玩者,与事可喜者,必交出而互告,如贾之贸易以殖其货者。吾尝与论文谬相推奖以为无以间然矣",② 可见二人在文章论方面经常互相沟通交流。淇园的文章学观点以经为本、重视史记,著有《史记助字法》二卷、《史迁戾柁》三卷。③

淇园认为《水浒传》和日本的《源平盛衰记》《太平记》一样都属于俗文体,特点是其中有许多琐细的与事实无关的描写。唐传奇则别有一种风味,属于雅文。而当时江户书肆出现的明代瞿佑《剪灯新话》④《余话》和刚刚舶来的《聊斋

---

① 所列书目如下:记类《名山胜概记》《游名山记》,墓铭类《金石三例》,论文类《古论大观》,战斗类《武备志战略考》(列出这一类可能与江户是一个武士时代有关),赋类《赋汇》《赋珍》,书画序跋类《书画谱》,而要了解文体则可读《文体明辨》。
② 《送清君锦(清田儋叟)赴越藩序》,《淇园文集初编》卷一,明和三年作。
③ [日]小川贯道《汉学者传记及著述集览》,东京名著刊行会,1977年,第490、491页。
④ 《剪灯新话》与《游仙窟》《五朝小说》等一起被称为雅文小说。

志异》等则是模仿唐人小说而作的,虽然并非"正文体",但却比俗文体更能学习到如何自由书写文章,学写传奇文体是学写"正文"的手段。俗语小说虽然有许多语言鄙猥的地方,但也应该兼读,因为其中琐碎的描写能够如实地反映人的"鄙情"(即人的情感),玩味这些文字便会生出创作氛围,达到精神的活用。江户前期,学习唐话(汉语,当时主要是南京话)的人多从读《水浒传》《通俗三国志》《西游记》等白话小说入门,被称为"小说家"或"稗官"。当时冈白驹、松室松峡、冈岛冠山、朝枝玖珂、陶山南涛被人称为稗官五大家。到了后来,出现了一些虽然不懂唐话但仍然可以读懂白话文学的人,清田儋叟就被人称为小说通。淇园与儋叟从小一起泛读各类小说如《水浒传》《禅真逸史》等,称金圣叹评《水浒传》为天下才子必读书。享和二年(1802)六十多岁时他为门人本城维芳刊行的《通俗平妖传》作序①,其中就记载了这些往事。淇园之弟富士谷成章也曾根据《石点头》创作翻案小说《白菊奇谈》。他们对待通俗白话小说的态度无疑也影响到了淇园的文体观,因此尽管他划分了正(雅)与俗,但是对俗语文绝对不是轻视的态度。

淇园认为四六文起自六朝,北周庾信别出机巧,使四六文体为之一变,唐人的四六多为庾体。有韵之文包括赋、颂、箴、铭、赞,大多是由散文演变而来。赋原来是像买卖往来书信式教科书②那样的内容,逐渐追求文饰,司马相如等人创造了赋体,至唐则别出律赋体,平仄对句等的加入更增添了难度。颂有终篇同韵的,也有每四句换韵的,还有仿照离骚之辞的,这些有韵之文的用韵法都与《诗经》的用韵不同。序有用四六文书写的宴序,还有王勃《滕王阁序》等,从韩柳开始,用散文形式写作宴序送序开始盛行。而诏也分为四六和散文两种。此外在他还关注各类文体的写作方法,如尺牍、记、墓铭等。文体之间的差别也是他批评的标准之一。

三、淇园的古文批评:《欧苏文弹》

淇园的手稿本《欧苏文弹》是对欧阳修、苏轼、苏洵文章进行批判和修正的

---

① 《淇园文集》卷六《书通俗平妖传首》。
② 往来书信式私塾教科书的一种,日本江户时代,汇集商业书信、商品种类和商人须知等内容的商人教科书。此处比喻,其义不明。

著作,能够最直观地反映出其文章学的成就。"弹"字取自奏疏类中的"弹文"之名,明代吴讷《文章辨体序说》中有"弹文"条,①这里意为弹劾过错之意。据《汉学者传记及著述集览》,淇园另有《物服文弹》,当是对荻生徂徕和服部南郭的文章进行弹劾的著作,可惜今已不传。

本书主旨亦在订正批评,涉及文章包括苏轼《三槐堂铭》《范增论》《留侯论》、欧阳修《纵囚论》《读李翱文》、苏洵《管仲论》共六篇,从编排未见明显逻辑次序来看,当非一时所作。稿本在删去的部分用方框标注,用红笔表示直接修改原文的地方。弹劾的内容和原因用日文以夹注的形式写在各句之后,有针对助词虚字的,也有根据行文逻辑、上下文照应关系、古文写法等进行订正的。

欧阳修、苏轼、苏洵皆为古文大家,文章为学文者必须熟读的典范。国内文人学者的批评多从文与道的角度出发,如叶适《习学记言序目·皇朝文鉴二·诰》中批评欧文:"余尝考次自秦汉至唐及本朝景祐以前词人,虽工拙特殊,而质实近情之意终犹未失。惟欧阳修欲驱诏令复古,始变旧体。"②朱熹也曾说"苏文害正道"。金王若虚是最早对欧苏行文用词进行质疑之人,《文辨》中云"欧公散文自为一代之祖,而所不足者精洁峻健耳。《五代史》论,曲折太过,往往支离嗟跌,或至涣散而不收。助词虚字,亦多不惬。如《吴越世家论》尤甚也","欧公多错下'其'字……","东坡用'矣'字有不妥者"等。③

淇园少年时期曾因当时盛行李王古文辞,一段时间内务为模拟其体,后心悟其非,以为"古文唯韩柳为近乎醇矣,次则欧苏二家而已",④便与儋叟一起校订《欧阳文忠公文集》,⑤但从《欧苏文弹》中他称欧氏不知古文省字之法,语势多有不顺之处,又认为"宋人文中此类名目无理之处甚多"等语来看,至少这一时期他仍然对欧苏文存在偏见,而他大刀阔斧的修改显然是最严厉的批判。

---

① "按《汉书》注云:'群臣上奏,若罪法按劾,公府送御史台,卿校送谒者台。是则按劾之名,其来久矣。梁昭明辑《文选》特立其目,名曰弹事。若《唐文粹》《宋文鉴》,则载奏疏之中而已。追后王尚书应麟有曰:"奏以明允诚笃为本。若弹文,则必理有典宪,辞有风轨,使气流墨中,声动简外,斯称绝席之雄也。"是则奏疏弹文,其辞气亦各异焉。观者其尚考诸!'"(吴讷《文章辨体序说》,人民文学出版社,1998年,第40页)
② 《历代文话》第1册,第258页。
③ 同上书,第1144、1143、1146页。
④ 《近世先哲丛谈续编》卷上。
⑤ 东英寿曾撰论文《皆川淇園における欧陽脩——江戸時代の欧陽脩評価に関する一考察》(《鹿儿岛大学文科报告》第1分册,1992年),但其中并未涉及《欧苏文弹》。

这种批判出自淇园的古文观,他认为"古文只是古人之言语耳",学习者应追溯直承自上古三代之文。东汉以后语义发生变化,后人学习古文时必须精通上古三代的作品:"精识字义。而以多读古书,则古文之法自在其中矣。后世所称文法者,率多皮相之语,不足采也。"韩柳复古,既追求"辞"亦追求"气",故其文自然气格高,其步骤古人之处颇多,从欧阳修开始,鄙弃辞趣,稍乏古气,其流文辞之弊在于他们的全篇结构成了熟套,且唐宋八大家不知古文有略析,故其文与古不同。

他认为苏轼天赋在欧阳修之上:"大抵欧辞多婉曲,旨尚隽永,而苏乃辞气宕逸,旨喜痛到。此二家之异也。然要之,苏天资俊迈,十倍于欧。"不过苏文也有缺点:"然朱晦庵乃尝讥苏文用字多疏漏,以余观之,实有如朱言。且以其行文之法论之,其奏议书疏之类,条达明畅,无可议者。至如其余辞体效古文者,其错辞先后相承之间,以其神理之不属者、强作缀缉者甚多。盖虽读惯古文而其解旨疏略之过也。此不唯苏而欧亦不免有之,盖以古今言语繁简异势,虽其所含理自然不同而读者不知其辨,则以读之所可得粗略为其旨已尽故也耳。"可见他对欧苏的批判主要是针对他们的古文。《欧苏文弹》是淇园古文理论的实际运用,并且体现了他对欧苏文章的看法。笔者拟在将来把其中的弹文翻译成中文,以介绍给读者。

四、探本溯源:皆川淇园文章学与古义学派

尽管淇园的古文理论与批评有许多特异之处,但他的批评方法和理论却并非也不可能完全脱离前人经验。中村幸彦曾提到"受古注学影响的学者当中最具独创性的就是皆川淇园。他将古典研究的基本置于言语,这点有可能是受徂徕古文辞的主张和伊藤东涯名物学与小学研究的影响",[①]伊藤东涯比淇园早六十多年出生,二人同为京畿文化圈内的文人,皆为反对朱子学的儒者,在文学上皆为反古文辞派,从学脉上而言淇园是对古义学派的继承,如淇园的《名畴》六篇与东涯的《名物六帖》,皆解释儒学中的道德诸"名物"如孝悌忠信等字词的含义。从他的文章批评和理论上更可看出他与东涯一派之间存在的影响痕迹。

---

① 《近世后期儒学界的动向》,《中村幸彦著述集》第十一卷,第415页。

淇园锻炼弟子们的方法采用"射复文"的方式,此法乃起自东涯之父伊藤仁斋,东涯在《作文真诀》中早已介绍过这种方法,即:原文—译文—复文。东涯同样重视下字与语境的关系,他有诸多字书存世①,《东涯漫笔》卷上有云:"后世之词,与古不同,故文字之道,元明不及唐宋,唐宋不及秦汉,秦汉不及三代……虽古今之变,如此其不同,而同是中国之辞,四方之语,与中国不同,各从土语,译以汉语,以日本之语,习中国之词,固隔一重。以今日之语,摸上世之词,亦隔一重。呜呼,日本人学古文字,亦难矣哉。然中国之言,一字各有其义,音训相须,其义易辨,不如四方之言,连合众音,成此一义也,且自汉以来诸儒注解、义解,最是明悉,传之今日,无所迷惑。"②《作文真诀》中云"中原读书者训同而字异,盖、肇、俶、载、创,皆初也,而义则各异,咨询、谋略皆计也,而意皆不同。吾国读书者徒认训之或同而不察我之各殊,此用字之所以为难也"。这两种说法皆是承认汉字意义的古今之变,也是两人文章学的基本出发点。淇园将文章分为正(雅)与俗的区分方式与东涯在《操觚字诀》中的做法如出一辙。他们也都有具体的示例和学习书目,皆主张通过分类抄书的方式来学习。

不同之处在于,东涯的方法更为传统,而淇园在文理文法的探索上远远比东涯要深入得多。又如东涯之父伊藤仁斋认为文本于《尚书》,"文以诏奏论说为要,记序志传次之。尺牍之类,不足为文,赋骚及一切闲戏无益文字,皆不可作,甚害于道。叶水心曰:作文不关世教,虽工无益。此作文之律,看文之绳尺也"。③ 而淇园则认为初学作文之人应该从练习写尺牍入手,并且不反对创作赋骚等文章。

淇园的文章学还有很多资料未开发,如《助字详解·总论》《习文录》等,有许多难题等待解决,如他的理论究竟如何评价,是否与现代语言哲学有内在关联等,这些问题都有待学者深入探究。

---

① 如《异字同训考》《训幼字义》《助字考注释》《助语义》《助辞考》《助字考小解》《助字考略》《字诂襍集》等。
② 《甘雨亭丛书》第四集,山城屋佐兵卫,嘉永六年刊本。
③ 伊藤仁藤《童子问》卷下,[日]井上哲次郎、蟹江义丸编《日本伦理汇编》卷五,东京育成会,1901年,第158页。

洪亮吉的骈文思想与骈文创作
——以游记为中心

湖南师范大学文学院 吕双伟

自民国至今的骈文史或骈文概论中,洪亮吉一直是研究重点。他著述等身,跨越儒学、文苑,是乾嘉时代经学、诗歌、骈散文难得兼备的名家。骈文方面,他以内容的丰富性、文体的创造性和情感的私人化等为骈文的发展开辟新境,引领后人,标志着清代骈文的新变。近年来,洪亮吉的骈文研究成果突出,主要有倪惠颖对洪亮吉的生平、交游、文学理论、骈文创作和常州骈文派特征等作了全面论述[①],杨旭辉对洪亮吉的骈文特征及洪氏家族的骈文成就作了简要概括[②],路海洋对洪亮吉生平、成就,特别是从句雕字琢,工于属对;大才使典,融化无迹;骈散交融,纵横如意;篇章布局,曲尽抑扬;绣口锦心,擅发妙论;情景相生,表里浑融;尚气爱奇,动多振绝七个方面细致分析了其艺术成就和文学史地位。[③] 然而,已有成果多局限于洪亮吉本人的生平与骈文成就分析,多笼统地概述其文学思想和艺术特征,较少整体上把握洪亮吉的骈文思想、创新与常州派骈文形成的关系,缺乏历时性的史识判断。本文拟从洪亮吉的骈文观念、体类新变来思考其在清代骈文发展史上的重要地位。

一、洪亮吉的骈文思想

自康熙中期陈维崧的"陈迦陵俪体文集"刊行后,宜兴出现了一些以"俪体"命名的别集,如徐瑶《爱古堂俪体》、谢芳连《风华阁俪体》等。加上汪芳藻的《汪

---

① 曹虹、陈曙雯、倪惠颖《清代常州骈文研究》,江苏人民出版社,2010年,第144—192页。
② 杨旭辉《清代骈文史》,人民出版社,2013年,第344—354页。
③ 路海洋《清代江南骈文发展研究》,中国社会科学出版社,2016年,第247—266页。

蓉洲骈体》、章藻功的《注释思绮堂四六文集》等问世以及陈维崧、吴绮等人的四六的宣扬,到乾隆前期,骈文的观念可以说深入人心。这也是四库馆臣为什么对"四六"、"骈体"评价较多,较为肯定的时代原因。洪亮吉是乾嘉时代公认的"汉魏六朝文"大家,但骈文理论和批评很少,别集中没有提到"四六"、"骈体"、"俪体"等,只在《北江诗话》中提到"骈体文"两次:

> 又有似同而实异者:燕、许并名,而燕之诗胜于许;韦、柳并名,而韦之文不如柳;温、李并名,而李之骈体文常胜于温。此又同中之异也。诗与骈体文俱工,则燕公而外,唯王、杨、卢、骆及义山五人。①

将唐人的诗歌与骈体文对举,比较作家创作的同异,可见他具有明确的骈文体裁意识。在《上内阁学士彭公书》中,洪亮吉提到"妃青丽白"的骈文特征:"夫类书行,而不知俪青妃白之外更有经史;选本盛,而不知寸牍尺简之外更有文章,此读书者之大病也。"②在给彭元瑞的书信中,他表达了对类书与选本影响读书人治学作文的忧虑。虽然在诗文别集中没有提到"骈体",但在经史著述中,洪亮吉还是有所涉及。如在《四史发伏》中解释《后汉书》"南匈奴传"时,提到"骈体":"卷注与他卷迥别,惟详历帝元年及改元,余悉从略。又注中时用骈体及议论,疏谬处殊属三家村学究气。"③又对于"骈"与"俪",精通训诂之学的洪亮吉多次运用。④ 可见,洪亮吉对于"骈体"、"骈体文"虽然心中有数,但并不常用。即使对于自己的骈文文集,他也没有用骈体或骈文命名。同籍好友孙星衍,文集中提到"骈体文"几次。如《章宗源传》有曰:"又言辑书虽不由性灵,而学问日以进,吾为此事久之。亦能为古文,为骈体文矣。"⑤在《李子(李悝)法经序》中说道:"唐设律学博士,前明至国初试士以判尾,亦欲其通解令甲格式。后以判

---

① 洪亮吉《北江诗话》卷六,刘德权点校《洪亮吉集》,中华书局,2001年,第2310页。
② 刘德权点校《洪亮吉集》,第250页。
③ 洪亮吉《四史发伏》卷八,清光绪八年(1882)小石山房刻本。
④ 洪亮吉《晓读书斋杂录・二录》卷下中解释"骈、骿,古字一也。"(清道光二十二年刻本)《汉魏音》卷二解释"隹部"曰:"离,读如俪偶之俪。"(清乾隆五十年刻本)《比雅》卷八中也提到"伉,对也,俪,偶也。韦昭《国语注》。"(清《粤雅堂丛书》本)专门对并列释义的角度来解释俪的含义。其《春秋左传诂》十一对"妇人曰:鸟兽犹不失俪"中的"俪"也诂曰:"郑玄《仪礼注》及《广雅》:俪,偶也。"(清光绪四年授经堂刻本)
⑤ 孙星衍《孙渊如先生全集・五松园文稿》卷一,《四部丛刊》本。

文骈体,仕宦之由他途者,或不解或不能为,故浸寻废之。"①但同样没有以骈体文来命名其文集。吴鼒选录的《八家四六文钞》,八位名家中,只有吴锡麒用"骈体文"命名其文集,袁枚、曾燠都用"外集"也没有用"骈体"命名。这似乎是乾嘉时代骈文界的普遍现象,即骈文家往往有创作之实但无骈文之名,作家求实而不求名。

洪亮吉对历代文体有自己的看法,那就是多以时代、作家文风为依据,不用骈体、散体对举的方式论文。在《吕广文星垣文钞序》中,他评价同里孙星衍、杨芳灿和吕星垣的文学成就曰:

> 三人者,皆肆力于诗、古文辞,而各有所独到。孙君能为说经辨驳之文,以匡稚圭(匡衡)、刘子政(刘向)为宗。杨君能为梁、陈、初唐之文,尤以徐孝穆(徐陵)、王子安(王勃)为宗。君之文则不名一体,其上者则敬通(冯衍)《问交》、士衡(陆机)《辨亡》也;其次则皇甫持正(皇甫湜)之寺碑、孙可之(孙樵)之书壁也;至义关惩劝,旨寓抑扬,则洒洒千万言不止,此又君之自命,而人亦以此推君者矣。②

皇甫湜为文得韩愈之奇,为裴度写了《福先寺碑》,孙樵为皇甫湜的嫡传,为文追求辞高意新,写了《书褒城驿壁》。该文为晚年退居乡里所写,"古文辞"的指向明显包括汉代的说经论辨之文、梁、陈、初唐的骈文以及中晚唐的碑志、杂记之文。并有意将汉代说经辨驳之文、梁陈初唐骈体和中晚唐碑志、杂记之文区分开来。在 1795 年为包士曾所写的《包文学家传》中,洪亮吉也提到"古文辞",则主要是与八股文对举而言:"先生少开敏,有大志,学务该博,不名一家,居恒讽诵不辍,寒则纳履束稿中,至夜分不寐。岁壬戌,补博士弟子员,有声庠序间。顾七试皆报罢,遂专力诗、古文辞。"③汉魏六朝文自明代中后期以来,多视为"古文辞"的一部分,如吴中文派和复社、几社文人都如此。清初至乾嘉年间,"古文辞"包括汉魏、六朝骈体的现象较多出现。正如吴承学先生指出,"'古文'的内涵也非常复杂。'古文'在文体上并没有明确的限定与排他性,甚至很难找到古文与骈文在具体文体上的确切差别。……唐宋古文家心目中的古文,主要在于高古的

---

① 孙星衍《孙渊如先生全集・嘉谷堂集》卷一,《四部丛刊》本。
② 刘德权点校《洪亮吉集》,第 977 页。
③ 同上书,第 214—215 页。

艺术旨趣方面,只要是符合这种旨趣的,都可以称为古文。中国古代的各种文体本身,都不带价值评价,比如说'诗'、'文'、'辞'、'赋'这些具体的文体,都可能产生优劣作品。但'古文'却是带有肯定性价值判断的概念,即是载古道之文或古雅之文,'古文'本身并没有明确的文体分类含义,在文体学上具有开放性、含糊性和弹性内涵的特色"。① 洪亮吉这里的"古文辞",当包括汉魏六朝骈文。

洪亮吉还用"六朝文"来指代骈体文。如《北江诗话》卷一中记载:"杨比部梦符,好学六朝文,小诗亦极幽峭。……卒后,其子以比部遗命,乞余为六朝文格以表其墓。末云:'访将军之巷,大树犹存;过邗水之桥,溪流半涸,亦足以凄怆伤心者矣!'即指此也。"② 该文即《刑部江苏司员外郎杨君墓表》,所举例子为五四言隔对,且使用了典故,节奏点上的军、巷、树、存平仄相对,且与下联对应位置的字也平仄相对,这就是洪亮吉所说的"六朝文格"。洪亮吉创作的骈文,也被袁枚视为"汉魏六朝之文"。乾隆五十一年(1786),四卷本的《卷施阁文乙集》刊刻,袁枚作序,有曰:

> 君善于汉魏六朝之文,每一篇出,世争传之,以倦于钞写。兹友人为刊其乙集四卷,以予素嗜其文,因请序于予。……至其文之渊雅,气质之深厚,世皆能知之,予不赘述云。③

袁枚是洪亮吉的长辈,非常欣赏洪的才华。晚明吴中行弹劾座主张居正居丧时夺情,袁枚对此不满,洪亮吉则赞同,两人为此于1776年至少三次写信往复辩论。这里,袁枚的正面评价不多,并无溢美之词,但从中可见洪亮吉骈文渊深高雅、气质深厚,在乾隆末期就备受欢迎。同时,袁枚以"汉魏六朝"文来代指洪亮吉文章的文体特征,说明《卷施阁文乙集》具备骈文初创期和成熟期的特征,体式多样。

二、洪亮吉的骈文创作概况

骈文种类,自晚唐出现"四六"之名后,宋元明四六主要指表奏笺启等公牍、

---

① 吴承学《中国文章学成立于古文之学的兴起》,王水照、侯体健主编《中国古代文章学的衍化与异形——中国古代文章学二集》,复旦大学出版社,2014年,第25—26页。
② 刘德权点校《洪亮吉集》,第2252页。
③ 袁枚《卷施阁文乙集序》,刘德权点校《洪亮吉集》,第265页。

应用文章。南宋博学宏词科考试虽扩大了四六,但到元代陈绎曾的《文章欧冶·四六附说》中,还是将四六分为台阁(诏、诰、表、笺、露布、檄)、通用(青词、朱表、致语、上梁文、宝瓶文)与应用(启、疏、札)①三类十四体。其中没有序、记、书等宋元时代常用散体的文类。晚清骈文家姚燮(1805—1864)《与陈云伯明府书》有曰:"燮尝以骈俪之文,自唐以还,若宋若元若明,非排比平通,墨守制诰之体,即敷衍卑陋,规橅公牍之辞。虽夹有鸡群之鹤,棘亩之兰,然可称专门名家者,实罕其侣。逮乎国朝,自湖海楼陈氏而下,流为思绮、林蕙、善卷诸家之觞,已滥而不可为训。洎四家(按:胡袁洪彭)作,然后辟重冈之积莽,开九陌之通逵,回数世之狂澜,转一时之风气。人稍稍知两汉六朝之学,而于是鸾与皇谐奏,圭与璋并陈。"②对宋元明骈文主要是制诰及表启公牍的现象颇为不满,指出清代骈文自胡天游、袁枚、洪亮吉和彭兆荪出现,才开辟新衢,岿然独立。姚燮推崇的这四位骈文家中,地位最高、影响最大,且得到清人公认的是洪亮吉。他不仅扩大了陈维崧等清初骈文家的创作内容,更推动了清代骈文体类与风格的发展。

  洪亮吉骈文数量丰富,质量一流,多被今人视为与汪中并驾齐驱的清代骈文双子星座。他的骈文主要集中在《卷施阁文乙集》和《更生斋文乙集》中。《卷施阁文乙集》八卷为门下吕培、谭正治等校字,乾隆六十年(1795)刊于贵阳节署。《更生斋文乙集》四卷为其门下谭时治、谭贵治等校字,嘉庆七年(1802)刊于洋川书院。③ 前集共71篇,根据以题为名及以类相从的原则,体类、数量如右:叙录1、后叙1、考叙1、集序22,归为序跋类25篇;碑1、碑文1、碑记1、墓碣1、墓表6、神诰1、志铭1、墓志铭1、圹志1,归为碑志类14篇;书7、启1、笺1,归为书启类9篇;颂3、赞5,归为颂赞类8篇;连珠1、七体1、赋2,归为辞赋类4篇;哀诔1、祭文2,归为哀祭类3篇;此外,还有赠序3篇;杂记2篇;箴铭2篇;传状1篇。④ 这些文章基本写于洪亮吉青年至50岁之间,数量最多的是序

---

① 王水照编《历代文话》,复旦大学出版社,2007年,第1269页。
② 姚燮《复庄骈俪文榷》卷七,《续修四库全书》本。
③ 刘德权点校《洪亮吉集·前言》,第9页。但《卷施阁文甲集》卷一〇收录《西溪渔隐诗序》有曰"亮吉廿年前与先生同举京兆试……今先生官维扬,与亮吉里居咫尺,而亮吉又远戍乍归,一意杜门,感恩省咎",可以判断此文作于1800年,与《卷施阁文甲集》刊于1795年不符,或为此后窜入。
④ 以题为名即以一题为一篇,如卷一开篇"连珠三十二首"视为一篇,"淳化县志叙录十八首"视为一篇;以类相从,即主要根据清末王先谦《骈文类纂》所分十五类骈文来合同类项。

跋、碑志、书启和颂赞。宋元明文人四六中常见的诏诰表没有一篇，公牍应用色彩淡化，个体抒情议论功能加强，与诗词功能相契合。后集共34篇，包括：游记13、堂、馆记2，即杂记类15篇；书4、诫子书1，即书启类5篇；图序2、集序2，即序跋类4篇；赞4；铭3；扩志铭1、墓表1，即碑志类2篇；赋1篇。和《卷施阁文乙集》相比，《更生斋文乙集》数量及体类较少，影响也较小。光绪初，洪亮吉曾孙洪用勤以《续集》或《补遗》补刊洪亮吉的遗漏之作，与其他经史之作汇编成《洪北江全集》共220卷，其中也录有骈文。因为洪亮吉本人并没有以"散体"、"骈体"来命名其甲、乙文集，文集中也没有提到骈、散之分；同时，甲集中也有标准的骈文，如《卷施阁文甲集》中的《上石经馆总裁书》《乾隆府厅州县图志序》《汉魏音序》《与朱笥河先生书》等。因此不能笼统地说洪亮吉文甲集为散体，乙集为骈体。纵观全集可知，甲集为洪亮吉的经史训诂、论辨之作，多用散体；乙集为讲究骈偶的诗文序跋、杂记和碑志等，几乎全用汉魏六朝骈体。从内容上说，洪亮吉骈文的最大特色就是"真"，情感真挚，涉及的人、事、物、景大多与自己经历紧密相关，不做无病呻吟之语。从体式上看，洪亮吉扩展了唐宋元明"四六"的文类范围，写下了较多的序、书和记类骈体。从风格上看，洪亮吉骈文体格典雅，气韵高古，自然清新中见浑厚沉郁。虽然他没有直接评论骈文的话语，但以杰出的创作实践，奠定了他在清代骈文史以及中国骈文史上的大家地位，堪称"桃李不言，下自成蹊"。马积高先生指出："清朝一些骈文家既有意与古文家争席乃至争文统，凡六朝已用骈体来写的体裁固然用骈体来写；唐宋古文家所开拓的文章领域，他们也试图用骈体来写。"[①]游记正是唐宋古文家开拓的文章领域，洪亮吉用骈体创作且取得了突出成就。这里以游记为例，说明洪亮吉骈文的新变。

三、洪亮吉骈体游记的突出地位

在中国古代文体中，名实兼备的"记"文成体较晚。元朝潘昂霄曰："记者，记事之文也。西山先生曰：'《禹贡》《武成》《金縢》《顾命》，记之属似之。'《文选》止有奏记，而无此体。《古文苑》载后汉《樊毅修西岳庙记》，其末有铭，亦碑文之

---

① 马积高《清代学术思想的变迁与文学》，湖南人民出版社，2002年第2版，第109页。

类。至唐始盛,独孤及《风后八阵图记》,后拟题仿之。"①可见,后世杂记类而不是奏记类文章,到东汉才出现,唐代才兴起,特别是柳宗元以散体游记成名成家,影响深远。宋代记文较多,但多不以叙事,而以议论为主。陈师道指出:"退之作记,记其事尔。今之记,乃论也。"②这与宋代诗文走向议论化的潮流一致。南宋真德秀沿袭之,指出:"记以善叙事为主。《禹贡》《顾命》,乃记之祖。后人作记,未免杂以议论。"③这里的"后人"当指宋人。吴讷在前人记文批评的基础上指出记文"正体":"叙事之后,略作议论以结之。"④不管是唐宋,还是元明,记文主要是散体叙事或议论,很少使用骈体。因此,章学诚《评沈梅村古文》说:"记序之文,因事命篇,理趣自足。然记山水游宴,形容景物,要使文不入靡,琢不伤朴,大则班氏志地,小则郦氏注水,皆当观法。最忌辞赋藻丽骈体,工巧字句,破坏古文法度。"⑤俨然将记序视为古文的当固有领地,不容辞赋、骈体侵犯。晚清王先谦将历代骈文分为十五类,其"杂记类"序目曰:

> 齐梁文苑,始创记体。树寺造像,休文有作。孝标《山栖》,亦名曰志。(刘子玄所谓"山栖一志,唯论文章者也"。《法海》选录,标以志名。《文钞》下加序字,谬矣。)志、记一也。杂记之流,盖于兹托始。唐代亭、堂、石、瀑,咸被文章。斯则记例宏开,不仅山川能说矣。又或追存曩迹,畅写今情。逮乎国朝,其流益夥。但游集之记,恒与序相出入。董子诒《泛月舣舟亭序》,李恧伯《游龙树寺记》,即其证也。大抵专纪述者,乃登记目;缀吟咏者,方以序称。此虽流别之至微,所当部居而不杂。⑥

认为齐梁时代才有"记体",以沈约的《湘州枳园寺刹下石记》《竟陵王造释迦像记》、刘峻的《东阳金华山栖志》为代表。刘峻此文虽以"志"名,实为记体。⑦唐代记体拓展,叙述亭堂楼阁的营造始末及描绘自然风景都可以用记体来书写。但序文内容广泛,体例多变,常与记文特征重合。王先谦从专门纪述和后缀诗

---

① 潘昂霄《金石例》卷九,《文渊阁四库全书》本。
② 陈师道《后山诗话》,明《津逮秘书》本。
③ 吴讷著、凌郁之疏证《文章辨体序题疏证》,人民文学出版社,2016年,第160页。
④ 同上书,第162页。
⑤ 仓修良编《文史通义新编》外篇一,引自《文章辨体序题疏证》,第163页。
⑥ 王先谦《骈文类纂序目》,《骈文类纂》,浙江古籍出版社,1998年,第19页。
⑦ 王先谦在题目下曰:"此记体也,《文钞》误入序,辨见例目。"《骈文类纂》,第705页。

歌的角度来区分记和序之名,言简意赅。《骈文类纂》共收历代杂记3卷64篇,其中南朝至北宋徐铉共15篇,其余49篇全部属于清代。可见,清代骈体记文在历代表现最为突出。南朝只录沈约的《湘州枳园寺刹下石记》、刘峻的《金华山栖志》,唐代收录张说《东山记》、李邕《端州石室记》、达奚珣《游济渎记》、窦公衡《石门山瀑布记》、李逊《游妙喜寺记》、武少仪《王处士凿山引瀑布记》、吕温《虢州三堂记》、冯宿《兰溪县灵隐寺东峰新亭记》、裴通《金庭观晋右军书楼墨池记》各1篇,李德裕《易州候台记》《怀崧楼记》《平泉山居诫子孙记》3篇,宋代只收徐铉《毗陵郡公南原亭馆记》1篇。南朝没有游记,唐宋记文中,有一些是典型的游记,如达奚珣、窦公衡所作就是。这些游记篇幅不长,句式整齐而较少四六骈俪,多白描写景,较少隶事用典,整体风格轻倩。虽然柳宗元山水游记取得了杰出成就,但因为是散体,因而一篇都没收。清代记体文占了《骈文类纂》的绝大部分,选录2篇以上的情况如下:

作者	篇名	数量
洪亮吉	《城东酒垆记》《钼月阁记》《南楼赠书图记》《青芝山下卜邻图记》《贞寿堂记》《题襟馆记》《东阿寻西楚霸王墓记》《游京口南山记》《游消夏湾记》《游城北清凉山记》《游幕府山十二洞及泛舟江口记》《琴高溪夜游记》《自下洋川取道至九华山记》《游天台山记》《黄山浴朱砂泉记》《游庐山记》《青山庄访古图记》《游武夷山记》《游南湖记》	19
刘开	《游石钟山记》《北园记》《雩都行记》《孔城北游记》《查口记》《艺园记》	6
李慈铭	《三山世隐图记》《壬申七月北海郑司农生日集郑庵记》《极乐寺看海棠记》《重五日游龙树寺记》《息荼庵记》《轩翠舫记》	6
周寿昌	《曾涤生侍讲求阙斋记》《枌东老屋校书图记》《嘉梧室记》	3
乐钧	《芳阴别业记》《白云寺读书记》	2
吴锡麒	《航隝山居记》《张船山池南老屋图记》	2
赵铭	《周氏竺桥丙舍图记》《守梅别墅雅集记》	2

此外,该书还收录刘嗣绾《颐园读书记》、查揆《西湖岳忠武庙合祀流芳、翊忠二祠栗主记》、彭兆荪《天池记》、董祐诚《游牛头山记》、梅曾亮《万松丙舍记》、谢质卿《静乐轩玩月记》、皮锡瑞《游空灵峡记》、苏舆《药库新修石路碑记》。从上可知,洪亮吉是清代最早大量创作骈体杂记的作家,也是王先谦认为成就最高的作家。清初陈维崧、吴绮和章藻功当时号称名家,但骈体记文很少。如《陈

《迦陵俪体文集》共10卷,收录15类骈体167篇,记文只有《遂安方氏健松斋记》1篇。山水游记自中唐以来主要用散体,而洪亮吉所选19篇记文中,绝大部分是游记。流放伊犁之前,其游记成就主要体现在"序"文中,这里不论;流放伊犁中及归家里居之后,其游记主要体现在以"记"为题的文章中。

四、洪亮吉骈体游记的成就

洪亮吉流放伊犁虽然痛苦,但沿途饱览了西域风光,欣赏了与江南及中原迥然不同的壮美河山;放还之后,洪亮吉备尝人间冷暖,看透世事,心态平和,优游山水,从而写下了大量名实相副的山水游记。如《游消夏湾记》全文如下:

> 余以辛酉(1801)七月来游东山,月正半圭,花开十里。人定后,自明月湾放舟西行,凉风参差,骇浪曲折。夜四鼓,甫抵西山,泊所为消夜湾者。橘柚万树,与星斗并垂;楼台千家,共蛟蜃杂宿。云同石燕,竟尔回翔;天与白鸥,居然咫尺。舟泊水门,岸来素友。言采菱芡,供其早餐;频搜鱼虾,酌此春酒。奇石突户,乞题虫书;怪云窥人,时现鳞影。相与纵步幽远,攀跻藤葛。灵区种药,往往延年;暗牖栽花,时时照夜。晚辞同人,独俗半舫。莲叶千干,游鱼百头。怪响出波,奇香入梦。盖至夜光沉壑,湖浪冲霄。悄乎若悲,默尔延伫。此又后夜渔而燕息,先林鸟而遄征者焉。是为记。①

全文自然是骈文,但乍一看却找不到传统骈文雕琢辞藻、对偶工整、隶事丰富和格律严谨的特征,感觉到的只是顺着游踪,欣赏一路优美风景,表达作者澄澈襟怀。不管是叙事、写景还是摹状物态,抒发悲喜情感,基本使用四言单句对或四言隔句对,夹杂四言散句,因而文章摆脱了四六骈体呆板凝滞的俗格,辞藻清新,文意流畅,是洪亮吉骈文"轻倩清新"风格的典型代表。这种风格,与刘峻(463—521)的《东阳金华山栖志》相似。如该文开头曰:"夫鸟居山上,层巢木末;鱼潜渊下,窟穴泥沙,岂好异哉?盖性自然也。故有忽白璧而乐垂纶,负玉鼎而要卿相。行藏纷纠,显晦踳驳,无异火炎水流,圆动方息。斯则庙堂之与江

---

① 洪亮吉《更生斋文乙集》卷一,刘德权点校《洪亮吉集》,第1061页。

海,蓬户之与金闺,并然其所然,悦其所悦。乌足毛羽,疮痏于其间哉!予生自原野,善畏难狎,心骇云台朱屋,望绝高盖青组。且沾濡雾露,弥愿闲逸。每思濯清濑、息椒丘,寤寐永怀,其来尚矣。蚓专噬壤,民欲天从,爰泊二毛,得居岩穴,所居东阳郡金华山。东阳,实会稽西部。是生竹箭,山川秀丽,皋泽坱郁。若其群峰叠起,则接汉连霞;乔林布濩,则春青冬绿。回溪映流,则十仞洞底;肤寸云合,必千里雨散。信卓荦爽垲,神居奥宅,是以帝鸿游斯铸鼎,雨师寄此乘烟。故涧勒赤松之名,山贻缙云之号。"①自然为文,善于描写,多用四言,不求工整,这是没有骈四俪六化的骈文初期形态。

洪亮吉对骈体游记的突破,不仅在于句式、格调和风格的新变,还在游记末尾加入赞文,强化其清新流丽特征。《游京口南山记》为洪亮吉1801年和僧人巨超、慧超、恒赞三人同游镇江南山而作。首先叙述自己从伊犁归乡之后,即思屏迹息游。但杜门思过一年之后,又忍不住为百里之游。先是"避暑焦山者,旬有六日"。焦山位于江心,四面辽绝,东观海门,远及百里;晴雨昏旦之变,让人快乐。但是没有奇石峭壁,不能跨凌星辰,隐显日月之光,且半山以下,湿气严重,蛇虺出入水波,鼋鱼爬游上岸,幽翳荒远,不能久居。于是"初秋复泛太湖,游洞庭东西山,往返浃日"。这里石奇但岩壑殊浅,林邃而奥窔太深。登山则参居半天,览物易尽;观水则深入九地,回皇万端。确实是缒幽凿险的好地方,但这不是遐荒归家不久,惊魂未定之"我"所能养性乐生之境。经过对焦山、太湖洞庭山两地游览的扬抑、铺垫之后,洪亮吉才转入正题:

若地近而势阻,迹幽而心逸者,其惟京口南山乎?夹山、招隐、鹤林,皆六朝以前旧刹也。益之以莲洞之幽奇,兽窟之雄峭,八公之清邃,九湾之曲折,山不甚高,而石脉万窍;水不甚广,而泉灵一盂。林壑之美,无心自呈。日夕所需,不求已给。升山采菌,便可盈斛;沿境拾果,先能满怀。故人驰书,时贻京口之酒;同学问字,频馈新洲之鱼。此则京岘左右,实包良积书之岩;渭湖东西,为庞公上冢之路,不亦去住两便,心形俱逸哉!夫人生恒干七尺,有所自来;浮踪百年,倏焉已往。而必欲于阛阓之中,房闼之内,奄然待尽,识者惜之。此昔人所以寓悲于钟漏,寄兴于驹隙也。②

---

① 王先谦《骈文类纂》卷三四,第705页。
② 洪亮吉《更生斋文乙集》卷一,刘德权点校《洪亮吉集》,第1059页。

写景与哲思交融,平淡语句与通脱态度相映。镇江南山人文底蕴深厚,自然景观优美,六朝旧刹林立,加上洞窟幽奇、雄峭,山水清邃、曲折,"林壑之美,无心自呈。日夕所需,不求已给",堪为画龙点睛。"去住两便,心形俱逸",更是慧根之语。对此,洪亮吉不禁感慨人生来去无踪,忽然而已,不必只想待在市场之中与家庭之内,应该遨游天地,纵情山水,与造化同尽。王之绩在论游山记时曾引明代学者曹学佺之语曰:"曹能始曰:'作文为游山记最难。未落笔时,搜索传志,铺叙程期,洋洋丽丽,堆故实于满纸。但数别人财宝而已,于一种游情,了不相关。'"①这种游记具有铺叙程期,丽藻纷纭和堆砌故实的特征,当属骈体。在曹学佺看起来它很难写作,但到了洪亮吉的笔下,却如行云流水,意到笔随中展示了骈俪文采,文质彬彬。同样,本文用典融化无迹,让人悄然不觉。最后几句中,"阛阓"指市场,左思《蜀都赋》:"阛阓之里,伎巧之家。""房闼"指宫闱或闺房、寝室。《汉书·循吏传序》:"孝惠垂拱,高后女主,不出房闼,而天下晏然。""钟漏"比喻残年、暮年。徐陵《答李颙之书》:"残光炯炯,虑在昏明;余息绵绵,待尽钟漏。""驹隙"指时间飞逝,来自《庄子·知北游》:"人生天地之间,若白驹之过隙,忽然而已。"这些典故的灵活运用,使得洪亮吉骈文具有气韵高古而不通俗的特征。记文写完之后,洪亮吉还在后面附录七篇赞,即《竹林寺赞》《藏经阁赞》《狮子窟赞》《莲花洞赞》《八公洞赞》《深云庵赞》《招隐寺赞》。赞文都是四言韵文,主要是精致的对偶组成,语言流丽。如前面四赞依次为《竹林寺赞》:"天风动地,水气漫山。月缺窥牖,星疏掩关。禽声分树,虫响各滩。初芬岩桂,犹芳砌兰。疲踪暂歇,独鹤与闲。"《藏经阁赞》:"前惟竹林,此则经藏。百盘斯陡,八牖以旷。披帷孤眠,攀树遥望。沙日以飞,江日以涨。金、焦两丸,如流岸上。"《狮子窟赞》:"松涛驱云,竹屋披雾。花才破暝,石已断路。如古畸人,中含盛怒。嵚崟历落,底蕴悉露。一寸灵台,湛然可睹。"《莲花洞赞》:"桑下三宿,松间屡来。崖亏日漏,树劈门开。花光作镜,香雾成台。云心顿剖,石胁疑摧。人方踯躅,鸟亦徘徊。"②这些赞文是对游览胜境的补充,偏重于白描写景,赋体铺陈,刻画对象堪称穷形尽相,惟妙惟肖。在游记后附录赞体,对游记内容进行补

---

① 王之绩《铁立文起》,王水照编《历代文话》,第 3665 页。
② 洪亮吉《更生斋文乙集》卷一,刘德权点校《洪亮吉集》,第 1059—1060 页。

充或深化,是洪亮吉对游记文学的重要创新。①

洪亮吉善于用赞体文来描绘山水景色,文章结构一般为两大部分,前为序记,后为赞文。不管是内容还是写法,都似山水游记。不过,用赞体来写更能表达洪亮吉喜悦和惊叹的心情。《少寨洞赞》《师子崖赞》《黑神河赞》《白水河赞》《游京口南山记赞》《游城北清凉山记赞》《游幕府山十二洞及泛舟江口记赞》《自下洋川取道游九华山记赞》《黄山浴朱砂泉记赞》等都是其赞文代表。洪亮吉任贵州学政时,面对奇丽风景,撰写了系列赞体文章。《洪北江先生年谱》"五十九年甲寅,先生四十九岁条"中有曰:"黎平以岁科并试,留四十日,乃行。中途历游南泉山、少寨洞、狮子崖诸胜,奇丽皆目所未睹,先生并有游记。"②他不仅写了游记,还写了系列赞文,如《少寨洞赞》《师子崖赞》《黑神河赞》《白水河赞》等。一般开头有骈体序文,结尾为四言韵语赞体,序文的长度超过赞文。如《少寨洞赞》全文曰:

> 黎平府西四十里有少寨河,河左数里有洞焉,门险若劈,崖危欲倾。入数十步,则左涂右溪,径益深邃,陆可乘马,川能棹舟。土人云:"桃花水时,鱼则麕至。"寻源而进,势及百里,惜未获穷其胜也。徒观其积崖万丈,无一尺之坦;悬瀑百仞,靡暂时之停。荒寒接天,阴翳匝地。虽思狂搜,不觉瑟缩。又未至少寨以前,景亦奇丽。石径百折,蟠如怒蛇;危桥十寻,衬以鲜羽。绕岸居者,凡数百家。牖接渔艇,楼通鸟巢,花红上床,苔绿入灶。人禽俱蛮,莫辨啁啫。土石尽赭,尤凌景光。名花夥于种人,鹅鹜繁于沙石,则又楚南之秀壤,荒外之奇觐云。赞曰:左涂右溪,石作郛郭。鱼长于人,陡向崖落。黑尽生白,光如爨烟。呀洞阴杳,疑为墨天。春波如雷,千尺逆上。樵丁方樵,堕入渔网。③

序文先交代山水名称和地点,接着叙述游览经历和所见所闻。写景奇丽,寻幽访胜之心历历可见。在流放伊犁的路上,洪亮吉同样忘不了新疆的奇山异水,也忍不住对之描写、评论。其《更生斋文乙集》开篇即为《天山赞》《瀚海赞》《冰

---

① 关于洪亮吉将游记与赞体结合成篇的特征,参曹虹、陈曙雯、倪惠颖《清代常州骈文研究》,第175—183页。
② 吕培等《洪北江先生年谱》,刘德权点校《洪亮吉集·附录》,第2342页。
③ 洪亮吉《卷施阁文乙集》卷八,刘德权点校《洪亮吉集》,第374—375页。

山赞》和《净海赞》四篇赞文。和在贵州所写山水赞文不同,在那里,洪亮吉是主动寻幽览胜,所以重在描写山水之奇;而流放新疆,经过沙碛之地,虽也写当地的奇秀景色,但多为贬谪感伤之作。如《天山赞》主题是"天地之奇,山川之秀"①有待怀奇负异之士发扬。

洪亮吉的游记类骈体,在遣词、句式和风格上大多具有浓郁的汉魏风貌。"朱竹君筠督安徽学,赏其文似汉魏,与黄景仁俱延入幕。"②所谓汉魏,即骈文初成时的东汉魏晋时骈散不分的风貌。结合洪亮吉文章,可以说朱筠慧眼独具,一语中的。王昶《蒲褐山房诗话》也说:

> 稚存少孤失怙,为母夫人守节教养而成。是以刻意厉行,确苦自持。每当丝竹长筵,辄徐引退,而于取与尤严,盖古之狷者也。性好奇山水,如天都、华岳皆登其巅,必缒幽历险而后已。作文具体魏晋,作诗五言古仿康乐,次仿杜陵。七言古仿太白,然呕心镂肾,总不欲袭前人牙慧。至于经史注疏,《说文》地里,靡不参稽钩贯,盖非仅以词章名世者。③

指出了洪亮吉文章"具体魏晋"及其诗歌和经史的不凡成就。对于骈文的对偶句式,嘉道以来,逐渐形成以通篇使用四六隔对或者其他隔对为非古、俗调的观点。光绪元年(1875),张之洞《輶轩语》叙述"赋"中"忌每段四六联太多"条目曰:"多则重腒滞塞。若以唐法论之,每韵中四六隔对,止宜用一联。今难如此深论,但不必过多耳。近代名家赋中,一段往往有三四联四六者,实皆非法。读书嗜古,洞悉文章流别者,自能知之。"④虽然是谈律赋,但对于四六骈文同样适应。

记体自柳宗元大力创作以来,多用散体。南宋博学鸿词科考试,加剧了记文的散体化。祝尚书先生认为"在词科考试中,规定记、序必须用古文写作。这大约是因为古文典雅宜于立言的缘故。正因为记、序是考试科目,于是与辞赋、四六、策论等一样,引起文章家们的研究兴趣和热情"。⑤这导致记文用散体,

---

① 洪亮吉《更生斋文乙集》卷一,刘德权点校《洪亮吉集》,第1053页。
② 法式善《皇清奉直大夫翰林院编修洪稚存先生行状》,刘德权点校《洪亮吉集·附录》,第2355页。
③ 王昶《湖海诗传》卷四〇,清嘉庆刻本。
④ 张之洞撰、程方平校《劝学篇》附《輶轩语》,北京师范大学出版社,2014年,第130页。
⑤ 祝尚书《宋元文章学》,中华书局,2013年,第357页。

成为宋元明时的主流状态,也成为今人的一种普遍印象。洪亮吉对骈体游记的创新,还可以修正当代学人对游记的某些论述。王立群先生认为"运用散体,是山水游记记写发展的必然选择。运用散文,更能发挥记体的文体功能,即与诗歌、骈文等音律形式等要求较严的文学样式比较,更能发挥叙写游踪、模山范水、抒情议论的功能"。① 将骈体游记排除在外,这是不符合古代文学发展的实际的。乾嘉时代,以洪亮吉为首的常州派骈文家改用"汉魏体"骈文来创作游记,将游记当作诗歌来写,重在写景抒情,体物写志,拓展和丰富了历代骈文体类与内容,反映了清代骈文对历代骈文,包括六朝骈文的超越。

---

① 王立群《中国古代山水游记研究》(修订本),中国社会科学出版社,2008年,第13页。

传统文话的虚词批评与
近代文章学的新诠

上海市社会科学院文学研究所　常方舟

西汉毛亨、孔安国用"辞"训释《诗经》中不具有实在意义的词,也写作"词"或"语词",凸显了"非义训词"区别于"义训词"的特征①,渐启古代汉语史上实词与虚词的概念之分。《说文解字》释"词"谓:"词者,意内而言外也。"段注云:"此谓摹绘物状及发声助语之文字也。"在古代汉语语境之中,"词"一般指涉助语文字,直到近代才取代"字"(word)的内涵,成为兼具形式与内容、声音与意义的语言符号概念。东汉郑玄训释《礼记》"何居",创为"语助"一词:"居,读为姬姓之姬,齐鲁之间语助也。"②亦作"语之助"。在训诂学和汉语史的范畴内,词、语助、助字、助词、助语辞、虚字等诸多专名的能指虽是人言言殊,其所指大致与汉语虚词③的范畴相当。对文言虚词的客观体认虽源于传统经学阐释学,文言虚词作为古典诗文的重要组成部分,在中国古代诗学和文章学理论始终占有一席之地。历代文话中的虚词批评固然有别于传统训诂学和现代语法学的虚词研究视角,且较之于诗话和词话仅囿于字法层面的虚词批评也更为宏深。本文尝试爬梳古文文章学的虚词批评理论,凸显文言虚词在古文之学中的修辞面向,并从清代虚词阐释修辞派和训诂派的差异出发,考察修辞派对虚词和文章辞气关系的阐发,继而通过近代文章学融合修辞语法要素对虚词批评的理论

---

① 参见孙良明《中国古代语法学探究》,商务印书馆,2005年,第49—53页。
② 参见郑玄注、孔颖达疏《礼记正义》,北京大学出版社,1999年,第167页。
③ 现代汉语的词类划分标准尚未完全统一,不同学派对虚词的界定亦有差异。古代汉语虚词分类标准也自成体系,如郑奠、麦梅翘编《古汉语语法学资料汇编》(中华书局,1964年)区分语助和虚字,又将虚字划分为起语辞、接语辞、转语辞、衬语辞、束语辞、叹语辞、歇语辞等。而语助和虚字都属于现代汉语语法学中的虚词。本文沿用现代汉语词类划分的一般标准,将没有实际意义、仅承担语法功能的词称为虚词。

创新,揭示处置文章学传统概念范畴的现实意义,以期凸显传统文章学整体性认知和阐释的理论思路。

《文心雕龙·章句》为专论语助之始:"至于夫、惟、盖、故者,发端之首唱;之、而、于、以者,乃扎句之旧体;乎、哉、矣、也,亦送末之常科。据事似闲,在用实切。"此段文字初步揭示了语助在文章之中以无用为用、为实义之助的基本特点,充分肯定了文言虚词在行文中发挥的修辞作用。从文学创作的角度认识文言虚词的作用,表征了古代文章学虚词批评的一次突破性发展。刘知幾《史通》云:"夫人枢机之发,矗矗不穷,必有徐音足句,为其始末。是以伊、惟、夫、盖,发语之端也;焉、哉、矣、兮,断句之助也。去之则言语不足,加之则章句获全。"①认为虚词具有补足词句完整性的作用。柳宗元《复杜温夫书》提出,文章助字用法有规律可循,故于写作至关重要:"但见生用助字,不当律令,唯以此奉答。所谓乎、欤、耶、哉、夫者,疑辞也;矣、耳、焉、也者,决辞也。今生则一之。"②明确标举助字使用关乎文章技法,并按照语气将助字划分为疑辞和决辞两类。与唐代出现的零散虚词批评材料相比,宋代文话中的虚词批评不仅篇幅剧增,并且由于同时语言学所取得的进展在批评理论方面亦更为深入。南宋郑樵云:"凡语辞,惟哉、乎、兮、於、只、乃有义,他并假借。以语辞之类,虚言难象,故因音而借焉。"③明确将虚词视为调节文章音节的手段,为此后将虚词与文章音节乃至文气概念相联系的文论作了铺垫。可以说,在早期训诂学和文章论的基础上,唐宋古文运动为虚词在文章中的技巧性运用提供了丰富的范式和鲜活的用例,对虚词的关注和体认正是在中国古代文章学的成立期得到凸显。

一、唐宋文章学的虚词批评

唐代古文运动的领袖人物韩柳对虚词在古文创作中的运用已有相当的自觉意识。韩愈《祭十二郎文》连用三"邪"字、三"乎"字、四"也"字、七"矣"字,《画记》连用数十"者"字,《贺册尊号表》连用八次"之谓",此外,其《南山诗》连用五

---

① 参见刘知幾著、浦起龙通释、王煦华整理《史通通释》,上海古籍出版社,2009年,第146页。
② 《柳宗元集》第3册,中华书局,1979年,第890页。
③ 郑樵著、王树民点校《六书略》,《通志》,中华书局,1995年,第331页。

十多个"或"、"或如"和"又如",其诗文创作皆体现出炫技式虚词使用的自觉。韩文叠用虚词的现象又曾为后世如南宋陈骙《文则》等多种文话反复指陈和强调,由自觉的创作技巧演化为相对成熟的理论总结。由于虚词技巧被视为古文修辞的题中应有之义,韩诗的虚词迭用也成为造就韩愈以文为诗这一定评的重要原因。唐宋时期的诗歌创作出现了大量以虚词入诗的实践,罗大经《鹤林玉露》"诗用助语"条云:"诗用助语,字贵妥帖。如杜少陵云:'古人称逝矣,吾道卜终焉。'又云:'去矣英雄事,荒哉割据心。'山谷云:'且然聊尔耳,得也自知之。'韩子苍云:'曲槛以南青嶂合,高堂其上白云深。'皆浑然帖妥。"①钱锺书曾指出诗用助语的现象,在唐代五言诗尤为特出"五言则唐以前,斯体不多",而从其胪列的唐前诗赋杂体歌行来看,诗中语助多半仅仅集中在"而"、"之"、"哉"等数字。他以王安石诗为例,指出以虚词入诗是韩愈和王安石打通诗文界限的重要方法之一:"荆公五七古善用语助,有以文为诗、浑灏古茂之致,此祕尤得昌黎之传。"②明代李东阳说:"诗用实字易,用虚字难。盛唐人善用虚,其开合呼唤、悠扬委曲,皆在于此。"③虚词入诗、诗用助语,实际上是将散文习用的一种句法或字法引入到篇幅有限的诗歌之中,从而塑造了特殊的文学景观,遂打开了以文为诗、破体为新的一条通路。不过,历代诗话虽不乏虚词入诗的零星批评材料,但往往拘于字法,且远不及文话之盛,这与诗歌篇幅所限难以施展有关,也与虚词更偏重句法功能结构有关。前揭柳宗元《复杜温夫书》对后世亦影响深远,开启后人论文专讲助字之风气,如洪迈谓助字之开合变化难以言喻,"使人之意飞动,此难以为温夫辈言也"④,元人胡长孺为卢以纬《语助》作序,也首引柳书为证⑤。至于柳文,虽不似韩文反复叠用虚词,其虚词之用亦属意匠经营,确有心得,楼昉即谓柳宗元《答韦中立论师道书》《答严厚舆论师道书》二书之助辞虚字"过接斡旋、千转万化"⑥。

以韩柳为代表的唐代古文家对虚词的运用规律总体仍处于欲道还休的状

---

① 参见罗大经《鹤林玉露》卷二乙编"诗用助语"条,中华书局,1983年,第145页。
② 钱锺书《谈艺录》,生活·读书·新知三联书店,2008年,第69—70页。
③ 李东阳《麓堂诗话》,中华书局,1985年,第7页。
④ 洪迈《容斋随笔》,中华书局,2007年,第47页。
⑤ 胡长孺《语助序》,《助语辞集注》,中华书局,1988年,第183页。
⑥ 楼昉《过庭录》,王水照编《历代文话》第1册,复旦大学出版社,2007年,第454页。

态,而建立在对唐代古文运动及其创作容受的基础上,宋代尤其是南宋文学批评家明确将虚字批评建构为古代文章学理论的重要一环,通过对文中虚词的增删改订而获得"牵一机而动全身"的行文效果,不少都传为文坛佳话。"《昼锦堂记》成,已送韩公矣。继而又取去,云欲重定。其重定本初无大改易,唯于首二句各增一而字耳。《岘山亭记》一置兹山之上,一沉汉水之渊,初云一置兹山,一沉汉水,因章子厚言而增改焉。"①两者都成为欧文勇于猛改的典型范例。欧阳修为韩琦作《相州昼锦堂记》,初作"仕宦至将相,富贵归故乡",后改作"仕宦而至将相,富贵而归故乡",添两"而"字,较之原文增添了"文义尤畅"的表达效果。此事经过最早载于范公偁《过庭录》②中,其后经久传诵不衰,清人《宋稗类钞》《退庵论文》皆辗转辑录。章惇分别以"壮士斟酒之体"和"美人斟酒之体"形容《岘山亭记》一文修改前后,足见虚词对古文音乐性和形式美的造就,起着举足轻重的作用③。又如王铚《默记》卷下记载:"熙宁初,欧公作史照《岘山亭记》,以示章子厚。子厚读至'元凯铭功于二石,一置兹山,一投汉水',曰'一置兹山,一投汉水'亦可,然终是突兀。惇欲改曰'一置兹山之上,一投汉水之渊'为中节。文忠公喜而用之。"增补"之上"、"之渊"后,语句音节有所延展,文气亦复逡巡绕梁,较之原文既平添几分婉约风韵,也与欧阳修的一贯文风更为契合。虚词的使用习惯直接影响了作者的散文风格,欧文常有纡徐委曲之态,及其所获"六一风神"的定评,与其善用虚词有着不言而喻的关联:"永叔情致纡徐,故虚字多。"④

随着文言虚词在文章的篇章、句式、语汇层面发挥的修辞性效用日益凸显,南宋大量文章学专书及撰述深入阐发文言虚词在篇章句法层面的修辞功能。唐宋时期文本于经的思想深入人心,四书五经等儒家经典成为文学创作和批评鉴识的典范性文本,批评家的论述对象亦由唐宋古文扩展至更为宽泛的散文系统,虚词使用典范化的时间节点不断前移,更有以唐宋古文为津梁而上溯先秦两汉散文之势。陈骙《文则》云:"文有助辞,犹礼之有傧,乐之有相也。礼无傧

---

① 严元照《与汪汉郊书二》,《悔庵学文》卷一,《清代诗文集汇编》第 508 册,第 470 页。
② 范公偁《过庭录》,中华书局,2002 年,第 325 页。
③ 李强《宋元散文批评视野下的〈醉翁亭记〉》,收入王水照、朱刚主编《中国古代文章学的成立与展开——中国古代文章学论集》,复旦大学出版社,2011 年,第 273 页。
④ 蒋湘南《与田叔子论古文第二书》,《七经楼文钞》,中州古籍出版社,1991 年,第 135 页。

则不行,乐无相则不谐,文无助则不顺。"①大量引据《礼记》《论语》《孟子》《左传》经典中频用助辞句,从文章修辞的角度细致阐发虚词的意义和作用,如其标举《礼记·檀弓》"美哉奂焉"、《论语》"富哉言乎"等四字句,谓"助辞半之,不如是,文不健也",通过对经文原典的征引来证成虚词批评的重要性。

南宋楼昉《崇古文诀》评李斯《上秦皇逐客书》云:"此先秦古书也。中间两三节,一反一覆,一起一伏,略加转换数个字,而精神愈出,意思愈明,无限曲折变态,谁谓文章之妙不在虚字助词乎?"②秦汉文章固然奠定了文言语法的基本轨范,成为古文写作的取法章式,但毋庸置疑唐宋时期是虚词技巧闪现成为文章学理论焦点的关键节点。不仅文言虚词在唐宋诗文中得到有意识的广泛运用,也正是从唐宋时期开始,着眼于虚词技巧的文章学批评渐入佳境,虚词批评理论的迭进也有助于从侧面印证中国古代文章学成立和发展的时间断限。此一时期,通过对虚词的调整而改变行文表达效果的例子不再囿于古文,亦延伸至时文领域。吴曾《能改斋漫录》记载范镇与宋祁同赋《长啸却边骑》,范镇"破题云'制动以静,善胜不争'",宋祁虽自认不敌,仍然提出改进意见:"公赋甚善,更当添以二'者'字,蜀公从其说,故谓之制动者以静,善胜者不争。"③添二"者"字后,通过调整句中停顿,使得节奏铿锵而更有力度。则虚词不仅在唐宋文章学的批评语境中独擅胜场,亦适用于时文创作与批评领域,这也为其之后招致的指摘和引发的反思埋下了伏笔。

擅用虚词成为唐宋古文创作的特点和文章学理论的重点,部分需要归功于对古代汉语语法规律认知的深化。宋代多种笔记明确提出了"实字"、"虚字"等术语④,丰富和完善了以训诂学为本的传统语义学框架,并为以虚词为切入点的文章学批评的展开奠定了基础条件。陈骙《文则》论及语助修辞的部分后来悉数为明代朱荃宰《文通》所纂辑,而它所采用的"列条目、排例证的方式实为汉语'词例式'虚词研究的滥觞"⑤。以陈骙《文则》、陈绎曾《文说》、朱荃宰《文通》等为代表的一系列传统文话虚词批评,既凸显了虚词的修辞作用,又证以大量

---

① 陈骙《文则》,王水照编《历代文话》第1册,第142页。
② 楼昉《崇古文诀》,王水照编《历代文话》第1册,第461页。
③ 吴曾《能改斋漫录》卷一四,《丛书集成初编》本。
④ 龚千炎《中国语法学史稿》,语文出版社,1987年,第7页。
⑤ 孙良明《中国古代语法学探究》,商务印书馆,2002年,第295页。

经典文字对虚词使用规律进行类推,在一定程度上回归到虚词由经典训释词例累积而创生意义的原始训诂学语境,融合修辞作用与训诂类比为一体。现存最早的古汉语虚词研究专著为元代卢以纬《语助》一书,书序云"是编也,匪语助之与明,乃文法之与授",点明助词是关涉文法(即作文方法)的一大枢纽,并用字词训释、句中位置、表达效果、经典举例等分析路数辨析常见助词的使用规律,虽有语焉不详处,如释"初"、"始"、"先是"三者,"意则同,但随文势用之"①,也反映出文言虚词理论认知的深入对着眼于修辞效用的文章学理论产生的积极影响。

伴随唐宋古文的大量创作实践,作为修辞技巧之一的虚词运用也引发了不少负面反弹议论。如南宋费衮《梁溪漫志》将虚词泛滥视作流行一时的文病:"文中字用语助太多,或令文气卑弱。典谟训诰之文,其末句初无'耶'、'欤'、'者'、'也'之辞,而浑浑灏灏噩噩,列于六经。然后之文人,往往因难以见巧。"②金人王若虚《文辨》四卷纵论唐宋古文名家诸作,对各家虚词用法亦有严格分说。其论欧阳修文云"《五代史论》曲折大过,往往支离蹉跌,或至涣散而不收。助词虚字,亦多不惬。如《吴越世家论》尤甚也"③,认为欧文过度信用虚词,反有损于六一风神。即便于其推赏备至的苏轼文亦有说焉:"东坡用'矣'字有不安者。"复引《超然台记》《大悲阁记》《韩文公庙碑》句,谓"此三'矣'字皆不安,明者自见,盖难言也"。此虽为一家之见,文气脉络和语感节奏也往往难以言喻,却如实反映了对唐宋古文以虚词为修辞技巧的范式反拨。

祝允明响应明代复古文学思潮,否定唐宋古文,即力陈滥用虚词,以至枯瘦一项:"正言曲证,前引后申,所引不过举业之书,所申不过举业之义,实义无几,助词累倍。'乎'、'而'矗矗,'之'、'也'纷纷,皆滥觞于韩氏,而极乎宋家四氏之习也。"④将虚词泛滥的矛头对准唐宋古文。同时,由于虚词的使用技巧被引入时文写作,极易引发消极后果。明清举子为另辟蹊径,或从题中虚字入手破题,剑走偏锋,如刘熙载《艺概·经义概》云:"题有题眼,文有文眼。题眼或在题中

---

① 卢以纬著、王克仲集注《助语辞集注》,中华书局,1988年,第77页。
② 费衮《梁溪漫志》卷六,《学海类编》本。
③ 王若虚《文辨》卷三,王水照编《历代文话》第2册,第1144页。
④ 祝允明《祝子罪知录》卷八,《续修四库全书》本。

实字、或在虚字、或无字处;文眼即文之注意实字、虚字、无字处是也。"①《缗山书院文话》亦谓:"文之奇妙在虚字,不在实字。"②和虚词入诗制造以文为诗这一观感路径颇为相似的是,时文对虚词技巧的推崇和运用,是在以古文为时文的实践中逐渐生发的,从侧面再次确证了虚词与古文创作之间的密切关系。清人严元照《与汪汉郊书二》曾举"逸马杀犬于道"为例③,指出为避免时文习气而刻意削减助字数量的做法,反于古文创作有所滞碍。可见,虚词在明清时文中的浮泛运用导致的消极影响颇为严重,甚至倒逼古文作者有意减少虚词以示与时文创作的区隔。

二、清代虚词阐释的修辞派与文气论

尽管虚词的文章学批评理论在唐宋时期发展迅速,虚词阐释研究仍然受制于训诂学的整体发展水平。随着古汉语语法体系渐趋成熟,清代虚词研究蔚为大观,虚词研究专著不断涌现,如张文炳《虚字注释》、丁守存《四书虚字讲义》、吕坚《虚字浅说》、谢鼎卿《虚字阐义》等,而其中影响最大的当属刘淇《助字辨略》和王引之《经传释词》两书,通过将虚词从具体作品的语境中抽绎出来,归纳一般语法规律,代表了清代汉学在考据和训诂方面取得的成就和高度。古汉语研究者曾将文言虚词的研究著作划分为训诂派和修辞派:"卢以纬的《语助》和清代袁仁林的《虚字说》属于修辞派;刘淇的《助字辨略》和王引之的《经传释词》属于训诂派。"④这一分类标准主要是基于虚词词例的生成类比方式,修辞派着眼于虚词的修辞功能,而训诂派渊源于传统语文学的治学方法。

如前所述,元代卢以纬《语助》作为最早的虚词研究专著,实兼有修辞派和训诂派的立场。而以刘淇《助字辨略》、王引之《经传释词》为代表的清代虚词研究训诂派,客观上侧重揭示虚词在上下文的搭配规律,昭示文言语法典范,不太关注行文的修辞效果,所论虚词皆建立在训释词例的基础上,成为训诂派的嫡传。另一方面,以作文修辞为最终目的尤其是遵循辞气探究虚词使用和搭配的

---

① 刘熙载《艺概·经义概》,同治十二年《古桐书屋六种》初刻本。
② 孙万春《缙山书院文话》,王水照《历代文话》第6册,第6013页。
③ 严元照《悔庵学文》卷一,《清代诗文集汇编》第508册。
④ 何九盈《中国古代语言学史》,广东教育出版社,2000年,第280页。

研究路数,与训诂派相对者为修辞派,因考据未精,其在汉语史上的影响远不及训诂派之盛。清代虚词研究修辞派尤其侧重于阐发虚词传递的辞气,与训诂派的理论分歧也趋于明显:训诂派"重视虚词词义的考证",修辞派"注重考查虚词的运用及语气神情"①。

刊行于清康熙四十九年(1710)袁仁林《虚字说》即为清代虚词阐释修辞派的代表。《虚字说》序云:"圣贤垂训,学士摛辞,事理多端,语言百出。凡其句中所用虚字,皆以讬精神,而传语气者。通其实虚,容不审乎?"②开宗明义,阐发从语气角度切入分析虚词的基本立场。袁仁林结合虚词不具有实际语义的判断,提出"气即义"的观点:"虚字诚无义矣,独不有气之可言乎?吾谓气即其义耳。"他之所谓"气",渊源于韩愈"气盛则言之短长与声之高下者皆宜"的文气论③。《虚字说》全书共阐释一百多个文言虚词,大都遵循经由文气以求得文义的阐释方法。其通行撰述体例为,从文气的角度对一组相近的虚词进行以类相从的汇辑,再一一辨析虚词传达的语气,务求析出其间锱铢毫末的异同:"句尾如'嗟乎'、'嗟夫'、'善乎'、'善夫'之类,所争似属毫芒。然试取相较,'乎'之气空洞无著,悠长圆满,能写我意之无穷;'夫'之气回翔虚指,轻清平缓,能写我意之盘旋。"④紧扣文气加以申发。又比如分说"乎"、"与"、"耶"等三字差别时,亦由气之一字入手:"论其分界不同处,'乎'字气足,'与'字气嫩,'耶'字气更柔婉。"⑤若此之类,都是遵循气的不同属性和意义来分辨虚词用法。较之原先相对抽象的文气论,这些辨析具体而微,虽然不乏主观臆断的成分,但都是从辞气出发,落实在行文的语气和口气。据此,袁氏进而提出依托虚字的古文声情说:"虚字者,所以传其声,声传而情见焉。"⑥直接挑明虚词技巧和古文音节之间的关系,奠定了清代虚词阐释修辞派的重要理论根基。

虚词阐释训诂派与修辞派的分化与清代学术史上的汉宋之争也有着相当密切的关联。清代汉学和宋学在治学思想方面的分歧影响深远,波及亦广。从

---

① 王莹《古代修辞派与训诂派虚词词典释词方法研究》,《辞书研究》2011年第6期。
② 袁仁林著、解惠全注《虚字说》,中华书局,1989年,第11页。
③ 孙良明《中国古代语法学探究》,商务印书馆,2002年,第405页。
④ 《虚字说》,第2页。
⑤ 同上书,第32—33页。
⑥ 同上书,第128页。

经典的诠释方式来看,汉学擅义诂而宋学究义理,明训诂与审辞气遂成为研判文献、解经诠经的两种区别性治学路径。就文统和学统的关系而言,清代桐城派诸家上承唐宋韩、柳、欧、苏构建的古文道统,在治学取向上与宋学支持者过从甚密①。乾嘉考据学者和桐城派古文之士始终有着潜在的对立关系:"夫经说尚朴质,而文辞贵优衍。"②从清代古文文章学思想的发展来看,从修辞或者辞气的角度阐发虚词与古文创作关系的理论,在桐城诸家已有先行构拟的尝试。

姚鼐虽将声音之道列为文之粗者,前于此如刘大櫆则谓:"神气者,文之最精处也;音节者,文之稍粗处也;字句者,文之最粗处也……盖音节者,神气之迹也;字句者,音节之矩也。"③并下论断"神气不可见,于音节见之",之后被总结为广为流传的"因声求气"说。其将文气与音节要素相勾连,又曰"文必虚字备而后神态出,何可节损,然枝蔓软弱,古人厚重之气,自是后人文渐薄处",遂在虚字与行文神气之间建立起直接联系,与袁仁林《虚字说》颇有合辙之处。姚门四弟子之一梅曾亮亦谓:"其能成章者,一气者也。欲得其气,必求之于古人。周秦汉及唐宋人文,其佳者皆成诵乃可。夫观书者,用目之一官而已,诵之而入于耳,益一官矣,且出于口,成于声,而畅于气。"④对古文声气说又有进一步阐发,诵读由是成为体认文气论的不二法门。虚词作为调整古文音节的手段,则是勾连抽象文气和具象辞气的枢纽。其时持反论者亦有之。盛百二《柚堂续笔谈》云:"济州黄洸洲维祺云:文章虚字,夫盖、然、而之类,如弩之牙,帆之脚,户之枢,盖所借以转动者。其字原有限,贪用则易复,故可不用处则且不用。"⑤谓虚字虽能使文章流转,亦不可贪多滥用。又云:"古人文字以神气为转折,不甚用虚字,如《诚意传》是也。宋儒文字则好用虚字,如《补格物致知传》是也。看此两章可知古今文字之别。"也从侧面反映出清代宋学及古文之士与汉学之间的对立关系。包世臣《石笥山房集序》云:"其小文短章则字棘句钩,急切不能了

---

① 漆永祥《乾嘉考据学家与桐城派关系考论》,《文学遗产》2014 年第 1 期。
② 章太炎《检论·清儒》,《章太炎全集》(三),上海人民出版社,1984 年,第 475 页。
③ 刘大櫆《论文偶记》,王水照编《历代文话》第 4 册,第 4109 页。
④ 梅曾亮《与孙芝房书》,《柏枧山房文集》卷二,台北华文书局,1969 年,第 91 页。
⑤ 盛百二《柚堂续笔谈》卷三,《丛书集成续编》本。

其指归。其要领在乎节助字。盖多借助字,意与词适,以熟易滑,节之则词生意窈。"①可以见出,通过节用助词追求行文拗折的表达效果,在古文修辞学原是另辟蹊径、剑走偏锋的做法。

按照训诂和修辞划分虚词阐释的研究范式,在当时亦非畛域严明。主张汉宋调和的阮元为王引之《经传释词》作序云:"高邮王氏乔梓,贯通经训,兼及词气"②,称赞其在通达训诂之余,同时能够考虑到文章辞气的问题,因此对经义的理解更为全面,是平衡训诂与修辞因素的表述。李调元谓:"训诂之文,非词章之学也。而深于训诂者,词章亦不外是焉。"③也是主张训诂与词章并重的持平之论。刘师培《论文杂记》曰:"近世巨儒,如高邮王氏,确山刘氏,于小学之中,发明词气学,因字类而兼及文法,则中国古代亦明助词、联词、副词之用矣。"④他指出刘淇《助字辨略》和王引之《经传释词》都是兼字类与词气而论,故可通之于西方语法学。细绎两书,确也不乏经由辞气"参臆解"的词例,章太炎亦曾指出《经传释词》多有仅凭文气妄下臆断处。不过,由于这些虚词阐释著述往往仅充当工具书的角色,其用法全在读者自择自取而已,如近人叶德辉为《助字辨略》撰序,谓其"本为考据家之作,而实足为词章家笔削之资"⑤,即把该书重心由训诂学和文字学拨向偏于修辞的文章学(词章学),视其用者而定的取向也正与"诗无达诂"的诗学命题相通,在训诂不足以确证的情况下借助文章学的阐释循环返求大意,与经由完整辞气锁定句中虚词意义的逻辑一致。

三、近代文章学的虚词论:修辞语法因素的融合

伴随西方语言学的传入和比较语言学的产生,虚词在文学创作和批评中的规律和作用,在不同语言文字的彼此参照中得到了更为"科学"的分梳,传统语文学内容的革新主要体现在初步判分虚词的语法规律和修辞作用,即划定语法和修辞的界限。近代文章学是我国文章学思想的转型期,此时产生的文章学思

---

① 钱仲联主编《清诗纪事》(八),江苏古籍出版社,1989年,第4824页。
② 阮元《经传释词序》,《经传释词》,岳麓书社,1985年。
③ 李调元《十三经注疏锦字序》,《童山文集》卷四,《清代诗文集汇编》第384册。
④ 刘师培《论文杂记》,王水照编《历代文话》第10册,第9482页。
⑤ 叶德辉《助字辨略》序。

想,既有传统文章学资源的丰沛滋养,又面临西学东渐新思潮的挑战,具有典型的过渡时代学术思想特征。就知识构成而言,近代文章学受传统文章学学术形态的影响,往往基于涵盖语言学、文学乃至哲学等"大文学"综合性框架展开,包孕广泛。面对西学分而治之的特点,近代文章学多以整体性的理论思路把握民族文学的固有属性,对虚词在古典文章中的功能性探讨充分体现了这一点。重温这一理路尤能洞见中西文化思维的优长与局限,以经验感物、综合连类、互文隐喻为特点的整体性认识论和阐释学,适足以反击西方逻各斯中心主义的一元标准和差异崇拜,甚至消解反逻各斯中心主义的碎片解构和无尽循环。

晚清民初的国粹派文章学思想大多与桐城派、湘乡派关系匪浅,其对虚词作用的阐发基本没有脱离清代虚词阐释修辞派观点的范围。如林纾《春觉斋论文》"用字四法"末两则专就"决辞"之"矣"、"也"用法而发,分别以《汉书》与《史记》为例,详细分析"矣"、"也"在上下文中所起的作用,至有微言大义的妙处。他指出,《刘敬叔孙通传》"于是高帝曰:'吾乃今日知皇帝之贵也'"一句中的"也"字,是"以英雄作伧父语气"[①],如此贴近人物口气,方有活灵活现之效,由此得出结论:"留心古文者,断不能将虚字略过。"王葆心《古文辞通义》援引邵博《邵氏闻见后录》"文用助字,柳子厚论当否,不论重复"[②]的观点,进而提出"助字以传达其神气,灵变其文心",也是承续清代修辞派的见解,认为古文神气之妙尽系于虚词一途,对袁仁林《虚字说》亦有重点阐发。

在语法学东渐的刺激下,中国近代第一部用现代语言学理论系统研究古代汉语语法的专著《马氏文通》应运而生。《马氏文通》序云:"凡字无义理可解,而惟用以助辞气之不足者,曰虚字。"在作者看来,助字是汉语特有的属性:"助字者,华文所独,所以济夫动字不变之穷。"该书亦单独辟出助字卷,将助字界定为"凡用以结煞实字与句读者"。而从马建忠对助字的读解来看,书中的大部分观点与清初修辞派袁仁林《虚字说》一脉相承[③],按照助字传达的语气划分词类。《马氏文通》对助字与语气关系的强调,且在论述中并不严格区分语气、辞气、口气三者等特点,日后也成为其被指摘为臆断且"不科学"的重要理由之一[④]。尽

---

① 林纾《春觉斋论文》,王水照编《历代文话》第7册,第6435页。
② 邵博《邵氏闻见后录》卷一四,转引自《柳宗元资料汇编》上册,中华书局,1964年,第65页。
③ 麦梅翘《〈马氏文通〉和旧有讲虚字的书》,《中国语文》1957年第4期。
④ 陈望道《试论助辞》,《陈望道语言学论文集》,商务印书馆,2009年,第215—220页。

管清代考据派在文字学方面成就斐然,马建忠从文章写作的角度深诋汉学者行文误用虚字实字,未明字法根本:"读王怀祖、段茂堂诸书,虚实诸字,先后错用,自无定例,读者无所适从。今以诸有解者为实字,无解者为虚字,是为字法之大宗。"①这部曾招致"忆了千千万、恨了千千万"讥评的专著,以拉丁语系框架条理文言文材料,抉发出许多新议题,在虚词问题上,其以修辞为文法的倾向在此后数十年间持续引发争议。

尽管《马氏文通》以助字为汉语所独有的结论不久就被比较语言学的实证研究结果所推翻,但虚词与古典散文的关系曾引起当时语言学界广泛的关注。并且,伴随近代语言学的迅速发展,根据中国语文的特殊性质建立本国修辞语法体系的呼声也随之高涨,如1938年陈望道主持的文法革新讨论核心议题即在于此。尽管有学者主张修辞语法之学的研究对象应同时兼容古典与现代文学②,但在语文学的实际应用中,对文言文和白话文对象分而论之的做法显然更具有现实的可操作性,也更合乎学理。围绕文言虚词与修辞面向展开的传统文章学思想经历了科学化、系统化的知识去魅,褪去了感性经验和光环,转向更能确证实存联系的理论选择。具体到虚词阐释,修辞派对虚词意义近乎直觉的演绎和诠释,逐渐转向须由个别例证导引出一般规律的归纳逻辑。基于现代语言学理论产生的新文言修辞学对清代修辞派和近代国粹派文章学思想皆有相当程度的吸收和化用,而对以虚词为媒介的"文气论"的重新诠释即是这一理论思路具象化的呈现。

与传统古代文章学思想有所不同的是,近代文章学并非一味固守"大文学"综合性立场,而经历了一个先分后合的过程,是在知识分科的认知基础上返求和合。近人杨树达曾云:"余尝谓训诂之学,明义诂为首要矣,而尤贵乎审辞气。"③其《词诠》之作,仿照《经传释词》著述体例,秉承"训诂治其实,文法求其虚"的原则④,注意将传统语文学训诂方法和现代语言学文法加以区别。而在处理文言文对象时,其所著《汉文文言修辞学》"增益"条,曾引及欧阳修《昼锦堂

---

① 马建忠《马氏文通校注》,中华书局,1988年,第2页。
② 如张世禄主张用一套语法修辞学解释古汉语和当代汉语,郭绍虞认为汉语语法的特点需要把古语和今语沟通起来看。见申小龙《人文精神,还是科学主义》,学林出版社,1989年,第208—210、233页。
③ 杨树达《淮南子证闻后序》,《积微居小学述林》卷七,中华书局,1983年,第297页。
④ 杨树达《词诠》,中华书局,1954年,第5页。

记》增补虚词例,谓添两"而"字后,"'仕宦'、'富贵'语意加重,全文意思加多"①。两相比较可知,《词诠》是虚词训释的训诂学工具书,兼示文法规范,而《汉文文言修辞学》虽亦区分词类,其著述纲领则以追求修辞效果为要津,二者同是畅论虚词,前者以训诂义解为纲,后者以文辞之美为目,明确体现了将语法与修辞分立的意图:"语言之构造,无中外大都一致,故其词品不能尽与他族殊异,治文法者乃不能不因。若夫修辞之事,乃欲冀文辞之美,与治文法惟求达者殊科。"在他看来,中外文法虽可以类推,但各语种的修辞方法皆具自身民族特色,未可盲目求同。

正是在这样的逻辑先导之下,虚词在古文修辞学中发挥的功能性作用得到了进一步的梳理和凸显,并体现在对"文气论"内涵和外延的更新之中。作为传统文章学的重要范畴,文气论的源头可以追溯到《论语》"出辞气,斯远鄙倍矣"中的具象辞气,在文论思想的漫长发展过程中逐渐被提炼并演化为抽象玄虚的宇宙因素②。类似文气论这般由形而下的指涉对象转为形而上的精神要素是古代文论范畴演变的常见路径,前述桐城派诸家如刘大櫆、姚鼐等亦以精粗之义划分文气论的上下乘,亦与此间暗含的等级观念一致。

然而,文气之缥缈玄远使得文气论除讽诵方法外几于无迹可寻。基于对科学系统的文章教授法和研究法的时代热望,文气论遂又回向形而下的畛域,而虚词正是在近代文章学和现代修辞学之间起到联结作用的关键所在。近人何家昇《古文法纲要·炼气第八》谓:"若专弄虚字,而无真气以振拔其间,则恐又如病夫之对客,辍息待续,其有不令人厌倦者几希。"③点明虚词和文气之间的关联。现代语言学的发展进而催化了虚词和文气论的学理性联系。郭绍虞指出,"文气论"主要是针对非韵文而言,因文气能够替代声律发挥作用,而骈文本有严格的声律要求,因而毋需文气为之周转:"古文家之好论文气,也不外利用语势之浩瀚流利,以自然的音调见长而已。"④徐复观也认为文气范畴对古文而言较之骈文尤为重要:"古文家为矫骈文的藻饰太过,势必以声调的变化,代替色泽的华美。于是气的艺术性,对古文家而言,较骈文家更为重要。加以气

---

① 杨树达《汉文文言修辞学》,中华书局,1980年,第32页。
② 汪涌豪《中国文学批评范畴及体系》,复旦大学出版社,2007年,第526页。
③ 何家昇《古文法纲要》,1923年澳门经香学舍刊本。
④ 郭绍虞《照隅室古典文学论文集》(上),上海古籍出版社,1983年,第121页。

行于散文中者,较之行于骈文中者,实容易而显著。"①而虚词则是实现古文文气贯通的具体落脚点,"助词的作用不仅可以帮助复音语词的增减,同时更可帮助复音语词的变化",尤其是"分用重言,使音节舒长"②。他指出,虚词在音律节奏方面的修辞作用越出了遵循语法规律的层面:"中国语言随语急语缓的分别而有助声之辞,只在音节上有足句的作用,不在语法上有意义的作用。易言之,只表现语句之神态,而不表现语句之意义。"因此,虚词成为古文文气的重要载体和表征。如此一来,神而明之的"文气论"也有了颇为实在的归宿。他以明代唐宋派的古文创作为例,反复申说虚词在古文修辞方面所起的枢纽作用:"唐宋派之学秦汉文则不然,先从唐宋文入手,善于运用助词,所以觉得丰神摇曳能表达语言的神态。又善于运用连词,所以对于起伏照应开阖顺逆种种变化也能在文章中表现出来。"③从语法上把握虚词的用法固然有其必要性,但虚词承载的修辞功能才是文章关键所系,是读解古典文章的枢机所在。就文言虚词而言,其修辞和语法要素实为密不可分,既要考虑语词搭配的横向组合关系,也要把握修辞联想的纵向聚合关系。

"文气论"是古文文章学的枢纽性范畴。朱自清曾指出,韩愈"力求以散行的句子换去排偶的句子,句逗总弄得参参差差的。但他有他的标准,那就是'气'"。④范宁也指出,古文运动是文章"笔化"的经过,而以风骨和性情为内涵的文气范畴的产生和笔体的兴起几乎在同一时期,因此古文和文气始终相辅相成⑤。尽皆主张文气范畴为古文所特有,乃古文精神之所系。刘师培曾谓:"文之音节本由文气而生,与调平仄讲对仗无关。有作汉魏之文而音节甚佳,亦有作以下之四六文而不能成诵者,要皆以文气疏朗与否为判。"⑥他反对把"文气论"仅视为古文的专属范畴,出于一力为骈文张目的初衷,这一驳论恰从反面印证了时人对"文气论"和古文密不可分的共识。因此,从虚词的角度解读和把握"文气论",不啻是打开古文批评和鉴赏门户的一把钥匙。只有通过修辞和文法

---

① 徐复观《中国文学中的气的问题——〈文心雕龙·风骨〉篇疏补》,《徐复观全集 中国文学论集》,九州出版社,第310页。
② 郭绍虞《照隅室语言文字论集》,上海古籍出版社,1985年,第95页。
③ 同上书,第231页。
④ 朱自清《经典常谈》,《朱自清古典文学论文集》(下),上海古籍出版社,2009年,第714页。
⑤ 范宁《文笔和文气》,《范宁古典文学研究文集》,重庆出版社,2006年,第29—33页。
⑥ 刘师培《汉魏六朝专家文研究》,王水照编《历代文话》第10册,第9574页。

因素的融合,才能完整揭示虚词在古文创作和批评当中的特殊作用。

可以说,《马氏文通》"以修辞为文法",是造成该书启发性远超现实操作性的根本原因,其对虚词的大肆阐发也不例外。近代文章学吸收了清代修辞派和国粹派文章学思想,适当借鉴现代语言学框架,通过对"文气论"的科学化追索还原虚词在古文中的修辞作用,尝试弥缝中西新旧文学思想的罅隙,揭示了古典散文的固有特性。这不仅是郭绍虞之所以提出中国古代"有文字学而无语言学,有修辞学、训诂学而无语法学"这一论断,并坚持主张将修辞因素融入汉语语法分析之中的原因,揭示了民族思维的认知和阐释特点,也是抉发古代文章学的现实意义所在。

复旦大学图书馆藏钱振伦《制义卮言》叙论

复旦大学中文系　陈维昭

一、版本与作者

复旦大学图书馆藏《制义卮言》，钱振伦撰，清稿本，封面有钱恂题识"制义卮言二册"，复旦大学图书馆藏本仅存第一册（卷一至卷四），为海内孤本。卷五至卷八已经迷失。钱振伦在《樊南文集补编自序》中说："庚申，贼扰江浙，仓促渡江而北，平生书箧，悉付灰烬，而此本居然独存。"钱仲联先生曾忆道："余幼时先父曾命我抄写五、六部，以半数寄伯父（指钱恂——引者）处。日本侵华，我家全毁于炮火。《唐文节钞》无一留存，伯父处计亦无有矣。"[①]《制义卮言》之卷五至卷八可能即于某次战乱中散失。此稿本每页十行，每行二十二字，誊写工整。此书题名前后不统一，卷一、卷三和卷四，题作《制义卮言》，卷二则题作《制艺卮言》。

钱振伦，原名福元，字仑仙，后字楞仙。浙江归安（今湖州）人。生于嘉庆二十一年丙子，卒于光绪五年乙卯。道光十年取入归安县学，十五年乙未恩科中式本省乡试举人，十八年戊戌会试中式贡士，改翰林院庶吉士，二十年散馆授职编修，二十四年甲辰充四川乡试正考官，以大考二等开列在前升国子监司业，三十年庚戌丁母忧回籍，终制不出。生平淡荣利，不谐于俗。为体仁阁大学士翁心存婿，协办大学士翁同龢姐夫。

生平著作有《樊南文集补编笺注》十二卷、《示朴斋骈体文》六卷、《示朴

---

* 基金项目：教育部重大攻关项目"清代稀见科举文献整理与研究"（17JZD047）、国家社科基金项目"宋元明清程墨评点与文论的关系研究"（15BZW103）。

① 钱仲联《〈示朴斋骈体文〉未刊集外文》，《学术集林》第四辑，上海远东出版社，1995年，第79页。

斋骈体文续存》不分卷、《示朴斋制义》四卷、《制艺卮言》八卷、《鲍参军集注》、《示朴斋骈体文剩》。此外,曾撰有《吴兴钱氏家乘》,未付刊,岁久抄本亦不完,后钱恂续以成编。曾任同治十三年《续纂扬州府志》主纂。据钱仲联先生所记,其祖父尚有《唐文节钞》十册,今佚(钱仲联《〈示朴斋骈体文〉未刊集外文》)。复旦大学图书馆古籍部吴格先生曾将他购得的《示朴斋剩稿》复制赠送钱仲联先生,钱先生剔除其中李联琇一文,以《〈示朴斋骈体文〉未刊集外文》为题,将其整理本发表于《学术集林》第四卷。钱振伦对后世产生较大影响的是他的《樊南文集补编笺注》《鲍参军集注》和骈文。张之洞曾称"《示朴斋骈体文》用唐法",以钱著为清人骈文宗唐法之代表(《书目答问·别录》)。

钱振伦的制义在当时已颇有影响,"《示朴斋制义》之刻,早已不翼而飞,有目共赏"。① 钱恂称《示朴斋制义》四卷初刊于咸丰七年,已佚;再刊于同治七年,微有不同(钱恂《吴兴钱氏家乘》卷二)。但今湖南图书馆藏有同治四年刻本,苏州大学图书馆藏有同治五年刻本,均为四册不分卷。同治五年刻本前有吴昆田序,称其制义"于国朝则追步方朴山、陈勾山,而有明正嘉之格义、隆万之机法、启祯之才气,亦备具于中焉"。

相比之下,钱振伦的制义批评与理论则较少受到关注,这或许是因为《制义卮言》一书一直未刊,传播范围不广。然此书在清代制义文论史上有着里程碑式的意义。

二、主要内容

《制义卮言》卷首有咸丰九年(1859)作者自叙,表明此书与梁章钜《制义丛话》之不同:"乃取梁氏之书读之,见其上述列圣之敷言,旁稽名宿之绪论,体裁掌故,殚见洽闻。于斯事之源流固已详且尽矣。惟中丞生长乾嘉之际,当时墨体以铿訇藻丽为工,后则敭历中外,恒欲藉是以觇经世之学。其于因题立制,惨淡经营之处,或不尽以告人。视余之约言卑论,呶呶焉惟恐弗喻者。固质性之敏钝不同,抑亦处境为之已。昔徐廉峰侍御论列八韵诗,为《试

---

① 魏大缙《跋》,钱振伦《示朴斋骈体文》,同治六年金陵崇实书院刻本。

律卮言》。兹所追录不及梁氏之赅博,因名之曰《制义卮言》,盖将出其穴见以相质。而梁氏所已言者,间亦申其义,纠其失焉。"可以说,梁章钜《制义丛话》代表了道光时期制义批评的最高成就,钱振伦的《制义卮言》则代表了咸丰时期制义批评的最高成就。钱振伦清楚他与梁章钜之间的不同。梁著是"上述列圣之敷言,旁稽名宿之绪论",在体裁、掌故、源流方面甚为着力,而"于因题立制,惨淡经营之处"着墨不多。钱著采取详者略之,略者详之的策略,建构自己的批评特色。

全书共八卷。第一卷为总论,作者对制义有清醒的定位:"制义为文之一体,谓其于道未尊则可,必谓天地间不应有此一种文字,则过也。兑之戈、和之弓、垂之竹矢、欧冶之剑、秋之奕、宜僚之丸、疴瘘丈人之蜩,皆以精思运于无间,不自知其所营为艺也。若夫宋之斤、鲁之削,则习之者多耳。今之时文几于斤、削矣,而能臻于和、兑之流者谁乎?"第二卷专论明代制义,仿唐诗学之初、盛、中、晚的分期法,分明文而论之。认为这样做"不特穷是体之正变,亦可资以论世焉"。制义之流变与时世之变迁、与文风士习相呼应。第三卷论清代制义与明代制义之衔接承续,从而揭示清文宗法明人,或师其意,或变其法。认为制义之流变本处于自身的渊源承续之中,不能以时代人为地割断。第四卷专论顺治至雍正间制义,着眼于其雍容华贵的开国气象。其间以方苞之奉敕选文为集大成之盛举。卷五至卷八已佚,据该书《叙例》,第五卷述乾隆至近人之制义,指出乾、嘉间墨体多闳丽,道光间墨体多清转,"风气所趋,为干禄计耳"。乾、嘉、道之八股文风尤为人所诟病。"桐城、金坛辈即返制义于王、唐、归、胡",显然是出于对时文之不满。第六卷分题类而述作法。以题类为纲领去展开对制义文法的论述,这是清代制义理论的一大特点。第七卷仍属制义文评,专录一些能独摅己见而仍确当书旨者。第八卷则为艺林笑谈杂记,"有冗碎无可附丽与夫忍俊不禁者,姑汇入焉。睡余酒半,可资谈枋,可供轩渠"。可以看出,该书第一卷为总论,第二卷至第五卷,以制义家为纲目,纵论明清制义之流变与风格之多样性。第六至第七卷为制义文法论、风格论。第八卷则为附记。

全书构架恢宏,论说精当,是一部明清制义批评史。它以制义家为纲目,以历史演进为线索,褒贬予夺,持论公允。立场鲜明而不作过激之论。

三、文献价值与文论价值

（一）文献价值

钱振伦为清代咸同间著名的诗文选家与骈文作家、制义名家，其生平著述之传世者主要是《樊南文集补编笺注》《鲍参军集注》《示朴斋骈体文》《示朴斋制义》。这部未刊的《制义卮言》可以让我们看到钱振伦在制义文论方面所取得的成就，使我们认识到，钱振伦不仅是咸丰间一位著名的八股文名家，也是一位见识独到的八股文批评家。它为我们全面了解、评价钱振伦的文章学思想提供第一手的文献。

关于清代制义批评史，学界主要关注陈名夏、吕留良、储欣、王步青、梁章钜、路德等人。除梁章钜外，这些人主要以选、评八股文而著名。梁章钜的《制义丛话》采用话体的形式，直接承续诗文批评中的话体，在道光朝的制义批评中独树一帜。钱振伦的《制义卮言》则是咸丰间制义话体批评的典范之作。这一文献使我们对咸丰朝的制义批评有更加准确而全面的认识。

（二）学术史范式，学术性立场

关于制义之历史功过，明末清初以来，有以顾炎武、王夫之为代表的狂风骤雨式的怒批。这种怒批自有其思想文化方面的考虑。但如果把明清制义写作史和批评史作一种历史的、客观的评估的话，学术史的范式和学术性的立场显然更为重要。这一方面，康熙时期俞长城的《可仪堂一百二十名家制义》可谓开其先河，梁章钜的《制义丛话》则更以"话"体形态作历史总结。钱振伦的《制义卮言》承梁著的范式而来。全书由总论、作家论、类型论、作法论、制义文论、艺林杂记（近乎史料记述）构成。它不是简单地排列作家作品，而是以"初、盛、中、晚"的流变框架描述明代制义史，以清真雅正与流变去描述顺、康、雍之开国气象和乾、嘉、道之闳丽多变乃至"干禄"之风。有相对成熟的学术史范型，在史述中传达相对理性的历史评价。

在讨论作家作品及其流变时，不偏执于个人兴趣，而是把史家的客观立场与个人的历史判断相统一。比如对于明代，王夫之曾经针对"成弘法脉"对成化、弘治间的制义进行猛烈抨击。他首先对成、弘间两大代表性人物王鏊(守溪)、钱福(鹤滩)进行否定。明代以来,一直有"钱王两大家"的说法,王夫之举出钱、王之作的浅俗处,认为他们之所以著名,是因为"陋儒喜其有墙可循以走"①。"世所谓'成、弘法脉'者,法非法,脉非脉耳。"②王夫之之所以力贬成、弘,是因为其制义不能真正揭示儒家经典之微言大义。不致力于经学,而斤斤于法与脉,因而"一代制作,至成、弘而埽地矣"。③ 作为一位经学家、史学家,王夫之的批评可谓一针见血。然而如果从写作史、批评史的角度,这种批评显然不能称为公允的学术立场。

对于明代各时段的制义,方苞的评价是:

> 明人制义,体凡屡变。自洪、永至化、治,百余年中,皆恪遵传注,体会语气,谨守绳墨,尺寸不逾。至正、嘉作者,始能以古文为时文,融液经史,使题之义蕴,隐显曲畅,为明文之极盛。隆、万间,兼讲机法,务为灵变。虽巧密有加,而气体荼然矣。至启、祯诸家,则穷思毕精,务为奇特,包络载籍,刻雕物情,凡胸中所欲言者,皆借题以发之。就其善者,可兴可观,光气自不可泯。凡此数种,各有所长,亦各有其蔽。故化、治以前,择其简要亲切、稍有精彩者;其直写传注、寥寥数语,及对比改换字面而意义无别者不与焉。正、嘉则专取气息醇古、实有发挥者;其规模虽具、精义无存,及剿袭先儒语录、肤廓平衍者不与焉。隆、万为明文之衰,必气质端重、间架浑成、巧不伤雅,乃无流弊;其专事凌驾、轻剽促隘,虽有机巧而按之无实理真气者不与焉。至启、祯名家之杰特者,其思力所造,途径所开,或为前辈所不能到。其余杂家,则俪弃规矩以为新奇,剽剥经子以为古奥,雕琢字句以为工雅,书卷虽富,辞气虽丰,而圣经贤传本义,转为所蔽蚀。故别而去之,不使与卓然名家者相混也。④

每一时段的制义文风均有其利弊优劣。自洪、永至化、治之制义文风,作为制义文体之初创期,诸法未备,文风简朴。从积极的方面说,"皆恪遵传注,体会语

---

① 王夫之《夕堂永日绪论外编》,《船山全书》,岳麓书社,第844页。
② 同上书,第845页。
③ 同上书,第844页。
④ 方苞《钦定四书文·凡例》。

气,谨守绳墨,尺寸不逾",简要亲切;从消极的方面说,拙劣之作则"直写传注、寥寥数语,及对比改换字面而意义无别"。方苞的评价是公允的。只是为了示范后学,他的《四书文》只选各时段的优秀之作。

钱振伦在该书的一开始即说:"有明一代,化、治专衍注疏,正、嘉始开风格,隆、万尚机法而流为纤佻,天、崇尚才情而过于驰骋。"(卷一)稍有贬抑之意,但其实是为了褒扬"本朝"之久道化成。而在实际的批评中,钱振伦既不像王夫之那样立足经学而贬抑技法,也不像方苞那样只选杰作佳构,而是直面各历史时段各家制义之优劣、评断其高下。他认为,那种认为"文莫盛于天顺以前,至成、弘渐衰"的说法,"无异诋建安之绮丽,薄羲之之姿媚矣",都是缺乏历史发展的辩证眼光的。"要知法久弊生,凡事皆然。补偏救弊,固扶持世道所与有责耳。"(卷一)项煜为制义名家,但其人品则为时贤与后人所诟病。钱振伦说:"项水心(煜)文不惟好与大注作难,并好与白文作翻。塾师以此讲授,谓可救子弟文笔之平,此大谬也!所恶于平者,特用笔无曲势耳。岂全篇议论皆与圣贤背驰而后谓之不平哉?且文即平,不过一艺之不工耳。专学项稿颠倒是非,流为小人之归,所失不尤大耶!"(卷一)又指出:"韩敬、周钟辈,揣摩元诀,则文中之乡愿矣。"(卷一)褒贬予夺,立场鲜明。

评断公允、观点鲜明,这是史家应有的态度。

(三)义理与文法并重

八股取士制度的原初设计,是通过经义考试使儒生在应试的约束下专注于儒家经典的学习与理解,从而达到信仰与人格的培养。康熙间理学家陆陇其说:"制义者,所以发挥圣贤之理也。能言圣贤之言者,必能行圣贤之行。以若人而寄之股肱耳目,托之民人社稷,则必有安而无危,有治而无乱。是取制义之意也,是五六百年来所以行之而不废也。"[①]嘉道间陈用光说:"国家以四子书命题取士,盖导以庸行庸言之谨,而勖以温故知新之业。士修其业,宜皆能励实学以应上之求矣。"[②]"学莫先于穷经。《四子书》,穷经者之所首务也。国家取士,

---

① 陆陇其《黄陶庵先生制义序》,陆陇其《三鱼堂文集》卷九,康熙刻本。
② 陈用光《重刻一隅集序》,陈用光《太乙舟文集》卷六,清道光十七年刻本。

沿前朝旧制,以《四书文》觇学者之蕴蓄。"① 由科举之文进而求于经史之贯串,以穷经为致用之本。

面对这一制度设计,作为应试教育的批评与理论专著,出现了两种理路:第一种理路是一种"顶线思维",即把应试视为通经之途,只有对儒家经典有深入具体乃至富于个人特点的理解、感悟,才能写出既符合经典又别开生面的八股文。首场三艺之题出自《四书》,同题的现象屡见不鲜(截搭题只不过是同题以不同部件的面目出现而已)。面对相同的试题,数百年来的无数制义之间出现了水平高低有别、风格各异的情形,其根本原因即在于考生的经学水平与文史修养,乃至子、集趣味之不同。钱振伦说:"稼书理题文或疑近于语录,然《执射乎二句》乃似史记。"(卷四)指出陆陇其之制义与其理学家修养分不开。第二种理路则是一种"底线思维",即认为只要掌握应试秘笈,起码可以入选中式。这一类书被称为"揣摩"之作,是清代十分流行的制义文论形态,也被鄙称为"干禄"之书。钱振伦的《制义卮言》属于第一种批评理路。他说:"《时文绪论》以姚姬传《四书文选》前数则为最精,近刻何义门有数则似专论前明之文选。又《八铭塾钞》及《立诚编》前各有数则,皆可启迪初学。若项水心《论墨》、朱岵思(锦)《会元薪传》之类,则揣摩陋本耳。""乃唐翼修(彪)《读书作文谱》犹极言不可删,《丛话》引其说而是之。唐氏干禄之书,持论甚鄙,独于大结意在复古,可谓进退无据。"但他并不拒斥文法之论。

荐举与科举、素质教育与应试教育,两种不同的人才观和培养、选拔方式衍生了两种不同的评价尺度,形成了两种不同的批评理念。不同的出发点,决定制义选家、批评家对待制义的态度。历来之制义论家,大体采用三种立场:第一种是视制义为经义,制义乃是表达对儒家经典之精义的领悟,因而视技法为第二义,更蔑视琐碎之八股文法书。王夫之说:"有皎然《诗式》而后无诗,有《八大家文钞》而后无文。立此法者,自谓善诱童蒙,不知引童蒙入荆棘,正在于此。"② 第二种是视八股文之选评旨在"度人金针",视制胜于场屋为举业之目标,注重技术性、规律性、注重效率,以最经济的方式获得效果的最大值,清代那些汗牛充栋的制义文法书可为代表。第三种是在前两者上寻求最合理的姿态

---

① 陈用光《重订姚先生四书文选序》,陈用光《太乙舟文集》卷六,清道光十七年刻本。
② 王夫之《夕堂永日绪论外编》,《船山全书》,第847—848页。

与范式,以经义为旨归,以技法为筌筏,既强调义理,又重视文法,采取"就文词章句之末而推极于身心性命之际"策略。钱振伦的《制义卮言》可归入第三种。

论家的这些不同立场实来自对于科举取士制度的不同态度。关于科举取士之利弊,即使是官方内部也有不同看法。乾隆三年,兵部侍郎舒赫德言:"科举之制,凭文而取,按格而官,已非良法。况积弊日深,侥幸日众。古人询事考言,其所言者,即其居官所当为之职事也。时文徒空言,不适于用,墨卷房行,辗转抄袭,肤词诡说,蔓衍支离,苟可以取科第而止。士子各占一经,每经拟题,多者百余,少者数十。古人毕生治之而不足,今则数月为之而有余。表、判可预拟而得,答策随题敷衍,无所发明。实不足以得人。应将考试条款改移更张?别思所以遴拔真才实学之道。"然而礼部的答复则是:科举之弊,固然如舒赫德所言,但是,能否得真才,关键在于"责实"。"若惟务徇名,虽高言复古,法立弊生,于造士终无所益。今谓时文、经义及表、判、策论皆空言剿袭而无用者,此正不责实之过。凡宣之于口,笔之于书,皆空言也,何独今之时艺为然?"(《清史稿·选举志》)礼部的这一答复是最为务实的。高言复古、高言经学旨归,倘不责实,也是空言。"以古文为时文者",不见得其人格境界或者道学精神比一般人高尚。应试教育有其自身特点,其最鲜明的特征是它主要服务于阶段性目标,它可以暂时悬置经学旨归,而把学习与考试规划成一个技术性处理的过程。至于"侥幸日众",我认为那也是科举(乃至一切应试考试)作为一种人才选拔方式所应该有的"成本预算"。

应试教育的人才培养、选拔方式至今仍是最有成效的方式,因而王夫之式的决然否定的态度并未在后世的制度层面产生实质性影响。那些把人才培养简化成应试秘笈的传授态度与作法,自然是祸定人才的,正如钱振伦所说的:"时文之《八铭塾钞》,犹唐诗之《别裁集》也,皆可束缚中材,不能牢笼上智。余尝与人论及,或谓平庸已甚,何从觅径寻途?或谓模范不逾,究胜横驱别驾,试平心参之。"

相比之下,第三派才是最有建设性的。钱振伦《制义卮言》属于第三派。因而对于不同的制义选本与批评,他都能以兼容而通观的态度予以评断。他说:"前明书家多以思翁为第一。若谓守晋人之绳尺,则以允明为第一可也;谓得吴兴之正传,则以仲温为第一可也。即如制义斯事,开山作者,谓圣可以守溪为第一;原本古文,包埽一切,可以震川为第一;能大能小,变化无穷,可以正希为第一。至本朝文家林立,与书家同,必推何人第一,定论殊难,故孔谷园(继涑)论书云:'文运方隆,会当俟诸异日。'"他注意到文有"传世"与"荣世"之别:"熊、刘所以为开国元音者,以其真气盘结,小有疏舛,不足为累。储礼执所评两家文稿,论多造微。吴兰陔以可入读卷绳之,则取便揣摩,无关宏旨矣。惟言'传世之文,熊较真;荣世之文,刘较近'二语颇允。"

他强调制义的经学根基,作为这种理解之延伸的,则是他对制义体有特别的认识,他说:"诗家不妨涉禅,而时文忌之。诗家不讳绮语,而时文忌之。其体似较尊矣。然诗家亦以落言诠、涉理路为戒,古文多尚议论,而时文忌近策略,其指为较醇矣。然古文家又以语录平弱为戒,故知各营其业者,专门之学也。兼通其蔽者,通人之见也。"在"以古文为时文"的强势话语面前,钱振伦甚至认为时文"其体似较尊矣"。所以在《制义卮言》中,他常以诗文书画传统去诠释时文现象。制义论家吴懋政曾仿元好问《论诗绝句》以论时文,钱振伦以其不称体,遂仿梁武帝《书论》,评明代及清代制义各四十家,如:"王守溪如禅家初祖,作者为圣。钱鹤滩如三代法物,质而有文。唐荆川如天马鸣銮,驰驱不失。薛方山如良玉离璞,磨琢无瑕。诸理斋如独行之士,一意孤行。嵇川南如直谏之臣,昌言不讳。茅鹿门如高手写生,神采焕若。瞿昆湖如名卿对客,词令斐然。""熊次侯如昆仑原积,磅礴万山。刘克犹如旭日初升,光芒六合。王迈人如峭壁千寻,藤萝莫附。戚价人如良金百炼,渣滓全融。"(卷一)他又以古文传统模拟、评说时文,如:"姚姬传《古文辞类纂》、李申耆《骈体文钞》,如邹阳书、贾谊论之类,往往互见,故知文之至者,无所谓骈,抑无所谓散也。方侍郎奉敕选《四书文》,专取大题。王巳山《塾课分编》八集专取小题,而时文名篇亦未尝不互见,故知文之至者无所谓大题,抑无所谓小题也。"以"至文"连结古文与时文。他以诗论模拟制义论:"渔洋《古诗笺》五言详于汉魏六朝,至唐而止;七言则唐以前较少,而下迄宋元。缘作之多寡不同,而选家因之也。王氏《八编》启蒙只选明初,别无下集;式法行机率选隆、万;精诣以下则多选天、崇,而本朝文以类从焉——亦因其自然之势耳。"诗选与时文选在编纂上有相同的难题。他把时文比书法:"时文以整比为正,犹字以楷书为正也。"在把制义与诗文、书画传统相模拟时,制义之尊也自然而然地被呈现。

道、咸是清代制义史上的一个特殊时期。梁葆庆于道光十二年(1832)说:"应举之文,前十数科雅尚奥博,堆砌饾饤,竞以子史隐僻语角雄长。戊寅、己卯,渐归清真,曩时强凑撦拾恶习,淘汰几尽。"①认为乾隆后期至嘉庆时期的制义"雅尚奥博,堆砌饾饤,竞以子史隐僻语角雄长",嘉庆末年,文风始归清真。则道、咸时期乃是一个拨乱反正时期。早在雍正朝,世宗即对其时的文风深表担忧,"屡以清真雅正诰诫试官"(《清史稿·选举三》)。方苞奉敕编《四书文》之后,"行之既久,攻制义者,或剽窃浮词,罔知根柢……嘉庆中,士子捃撦僻书字句,为文竞炫新奇"(《清史稿·选举三》)。身处道、咸这个拨乱反正时期,钱振伦的《制义卮言》不作偏激之言,站在学术史的立场,去反思此前的制义史。可以说,钱振伦的《制义卮言》,是继梁章钜《制义丛话》之后的一部重要的制义文论之巨著,代表了咸丰时期制义文论的最高成就。

---

① 梁葆庆《墨选观止》,道光壬辰刻本。

唐文治谈古文作法

复旦大学中国古代文学研究中心　陈尚君

1月底到交通大学出版社开会,获赠《唐文治国学演讲录》一册(上海交通大学出版社2017年4月出版),真是喜出望外。早就听闻有《唐蔚芝先生演讲录》六集,遗憾无缘见到,现在经仔细整理,书前更有虞万里教授长达四万字的导读,以《尊孔读经与治心救国》为题,阐发全书之奥旨,有便理解唐先生这段长达四年连续演讲之寄意所在。

抗战初起,唐先生率无锡国专南迁,年迈目盲,中道归沪。时交大困在孤岛,艰难生存,谋改私立,与敌周旋,校长黎照寰设特别讲座,敦约唐先生回校为学生作讲座。国难方殷,唐先生向以砥砺士节教导学生,此时更感责无旁贷,乃以74岁高龄,双目失明之病躯,承允开讲。讲座设立的名义是讲授传记、游记、书札及《四书》,而先生日记中表达则"以救民命为宗旨"。当时交大已在日人监视下,唐先生取经史讲解的方式,借古喻今,如讲《吴越春秋》,倡在强邻入寇时尝胆复国,激励青年学生的护国之心。《演讲录》内容极其丰博,我这里仅介绍谈古文作法的部分。

朱东润师曾说少年时随唐先生上古文课,反复诵读,不讲内容,因此得悟古文喷薄之美与情韵之美。估计是因授课对象不同,少年应熟读吟诵,大学生则应告以文章作法。《演讲录》总共134讲,文学类有51讲,大多情况下是选取一篇古文,唐先生先吟诵一过,再讲文章大意与具体作法。唐先生之古文源出桐城(方苞、姚鼐)、湘乡(曾国藩),早年曾问学于曾门高足吴汝纶,本师王紫翔也曾告以为文当"涵濡于四子、六经之书,研求于《史》《汉》诸子百家之言"。他在《演讲录》讲古文第一讲《读文法纲要》中,即以曾国藩《作文八字诀》,即雄、直、怪、丽、茹、远、洁、适八字为中心,特别强调"文章音节,应古时乐律,有抑扬、吞吐、抗坠、敛侈之妙",而究其奥妙,则用"阴阳刚柔"足以概括。他进一步解释,则认为"文章之妙在神、气、情三字",用十六字诀说三者关系:"气生于情,情宣于气,气合于神,神传于情。"对于初学者,这些很难领会,他认为要先学"运气炼气",最直接的办法是反复诵读文章,最初口中吟哦而心难体会,逐渐能体会古文段落顿挫之后,必有一提一推,细加体会,能理解其中之起承转合之法,体会古文之"纵横奔放,高远浑灏"。他特别重视诵读,原因即在于此。

在具体文章讲解中,有更具体之论列。

欧阳修《苏氏文集序》写于亡友苏舜钦逝后四年,最为后世古文家推重。唐先生讲解此文,揭出四点,中心是"总论作诗文集序法",认为"仅作赞美之词,品斯下矣",认可者有四点:一,于人心、世变、时局确有关系;二,交情诚挚,发于至性,足以感人;三,提要钩玄,表其人之微,摘抉全集之精奥;四,引他人作陪衬,或在题外凭空发议,结处到题。他认为第四点已落下乘,欧序则并用前二法,"叙世变则抑扬反复,叙交情则悲壮淋漓",感人而以意胜。至具体技巧,则揭示填句法与感叹停顿法。他认为欧文所以丰神独绝,"大都盘旋作势,不肯数语说尽"。就《苏序》言,在"至其文章则不能少毁而掩蔽之也"下,本可直接"公其可无恨"作结,却填入"凡人之情,忽近而贵远,子美屈于今世犹若此,其伸于后世宜如何也"一段,更觉逶迤有致,唱叹有味。至于感叹停顿,唐先生特别指出韩愈《送李愿归盘谷序》"大丈夫遇知于天子"、"大丈夫不遇于时者"数句,即用此法,《苏序》首段用"公其可无恨"作结,二段用"此其可以叹息流涕"三句作结,三段用"独子美为于举世不为之时"四句,最后用"而子美独不幸死矣,岂非其命也,悲夫"深沉感叹,各段盘旋作势,作顿处皆凄婉神伤,动人之至,推为少阴文之第一篇。

上述少阴文是指阴柔情韵之文,相对的太阳文则指阳刚雄伟之文,《演讲录》选了贾谊《过秦论》和韩愈《原道》为代表。《过秦论》讨论秦二世而亡的历史教训,分三篇,分别讲始皇、二世与子婴,原文太长,《演讲录》仅讲上篇,提出四法,一为翕纯皦绎法,就是条理始终贯穿晓畅,如"八音齐奏,络绎不绝"。二曰抑扬擒纵法,讲始皇之功业,扬之甚高,纵之愈远,引出始皇殁后之遽衰,乃有千钧之力。唐先生说:"文章家开阖变化,驰骋纵横,终不外此。"三为用虚字作线索及偶句迭句法。唐先生认为"魏晋以后文,多用偶句而文体衰;唐宋以后文,多用单行而文气弱",都不如汉初文之纯任自然。四为全篇起法结法,唐先生举了许多例子,说《过秦论》此章从直叙开始,几经转接,最后以"身死人手,为天下笑者,何也?仁义不施而攻守之势异也"作结,评曰:"如千山万壑赴荆门,江汉朝宗于海,又如万骑奔腾,悬崖勒马,可谓雄奇已极。"非深于文者难以道此。《原道》追溯儒家学术之本旨,高张攘斥佛老之宗帜,是韩集第一篇大文字。唐先生要指出的是,此篇有"子书之精深,无子书之沉闷",韩愈如何将其写得"纵横驰骤,出奇无穷",所列段落法、线索法、设喻佐证穿插法及迭句对句法,都从细节分析着眼,恕不能一一介绍。

  文章作法有理论,更多要靠实践,要在广泛深密地阅读历代古文中体会技巧,要在大量写作经验中领会手段。唐先生《演讲录》中有许多经验谈,值得今人仔细体会。他中年后双目皆盲,仅凭早年的记诵,坚持授课三十年,所有内容都熟记于心胸,这种旧学积累,足让今人讶异。惟其如此,得具卓见。

  唐先生生活在剧变的时代,个人难以拧违时代。在五四后,他坚守国学,传授古文,有少数追随者,无法成为主流,可以理解。百年倏忽,现在回看,更感到他当年坚持之难能可贵。文言、白话都是祖国语言文化的组成部分,何必互为敌对、你死我活呢?古文讲文气,讲情韵,重辞章,重吟诵,又有何不好呢?古文在今日之再生,似乎比诗词更艰难,我觉得试作者不妨从文白相间中起步。我近年之作文,以白话为主,常穿插古文句法,文言构辞,虽然没有师承与家法,偶然也会觉得别有兴味。

  王水照先生近年努力提倡文章学研究,第四届文章学研讨会4月14日在复旦举办,谨述此以为祝贺。

涛声彻耳逾激昂
——海外体验与梁启超《少年中国说》的产生

复旦大学中文系　查屏球

梁启超《变法通议·论不变法之害》与《少年中国说》都是近世名篇,后者因收入中学课本,影响更大,其开篇即有一惑很少有人关注,其曰:"日本人之称我中国也,一则曰老大帝国,再则曰老大帝国。是语也,盖袭译欧西人之言也。呜呼！我中国其果老大矣乎？梁启超曰:恶,是何言！是何言！吾心目中有一少年中国在。"[①]但是,在前文中,老大帝国说,却是他认可的说法:"印度,大地最古之国也,守旧不变,夷为英藩矣；突厥地跨三洲,立国历千年,而守旧不变,为六大国执其权,分其地矣……中国立国之古等印度,土地之沃迈突厥,而因沿积敝,不能振变,亦伯仲于二国之间。"前者作于1896年,后者作于1900年,相隔五年,一受一拒,迥然有别,原委何在呢？近检梁氏年谱与《饮冰室文集》,觉得与这与梁氏环境变化相关。其时,梁启超已在日本度过十四个月了,甲午战争后日本社会充斥了对清朝的轻蔑与歧视,"老大帝国"是常用的蔑称,如日人汉诗有言:"邦土山川徒老大,鸟雀无声四百州。"(末松星舍《灵鹰行》)"老大顽愚兮四百洲,姑息偷生兮伴食辈。"(伊藤贞治《心耿耿行》)"乘他轿子倩人抬,老大形躯何壮哉。"(广田澹洲《时事》)"老大无成皆如此,四百余州亦困弊。"(1894年9月15日《每日新闻·诗月旦·大象毙》)[②]一个流亡者,天天面对异邦人歧视的眼光,其民族认同感与自尊可能会变得更加敏感,之前他已撰文反驳此论,如其1899年《论支那独之实力与日本东方政策》言:"支那二千年来之历史,其人民皆富于统一的思想,虽有纷分割据,恒不及百数十年,辄复合一,故在支那

---

①《饮冰室合集》文集第一册(五),中华书局,1936年初版1988年重印本,第7页。
② 见查屏球编《甲午日本汉诗辑录》,凤凰出版社,2017年。

人民,惯受制于一政府之下,而不惯受制于数政府之下。又千年以来,被他族之统治者,虽数数见,然决不与统治之他种同化,而恒使彼统治者反而同化于被治之人。"①《论中国人种之将来》又言:"中国人种之性质,与其地位,决非如土耳其阿非利加之比例,欧人欲以前此待诸国之例待我中国,决非容易之事。且不宁惟是而已,他日于二十世纪,我中国人必为世界上最有势力之人种,有可预断言者。"认为"他日变更政体,压力既去,其固有之力皆当发现,而泰西人历年所发明之机器,与其所讲求之商业商术,一举而输入于中国,中国人受之,以与其善经商之特质相合,则天下之富源,必移而入中国人之手矣"。② 一个衰国流民仍能作此自信之论,应是海外经历刺激的结果。又,《少年中国说》初刊于《清议报》三十五期,前一年的 11 月 21 日出刊的三十三期后记言:"又本馆火警后迁往山下町(即元居留地)二百五十三番今因修筑铺事,三十四期报俟 12 月中旬方再发行,伏愿代派诸君代为推广切祷。"但实际上《清议报》三十四期到新年初一才出刊,《清议报》是旬刊,三十四期勉强可归为 12 月下旬刊,12 月份上旬、中旬两刊都阙付了,这是因为主笔梁启超离开日本到檀香山了。他于 1898 年 12 月 19 日(农历十一月十七日)出发,经十天海上航行到达,约经一月才安顿下来。③ 三十三期应在他出发前已编好了,三十四期是委托他人所编的,无他本人当时所撰文字,三十五期上才有他在檀香山之文。三十五期注明的发行日期是光绪二十五年(庚子)正月十一日,考虑檀香山到日本的邮程与刊物编印时间,本文应是作于前年十二月下旬,即初达檀香山一月之内。这一期是庚子年编发的第一期,《少年中国说》作为"本馆论说"的第一篇,也有新年祝词之意。他需要向读者报告自己在新环境里的新感受,本期还发表了他航行日记《汗漫录》首章,也是此意。因此,海外体验应是产生本文的重要因素,也是理解本文的重要背景。对照相关文献看,这些因素在文中主要表现在以下几点。

一、寓日一年博收新知的兴奋感

他拒绝老大帝国说,是因为他认为自己已不属于过去的中国人,而是未来

---

① 《饮冰室合集》文集第一册(四),第 67 页。
② 《饮冰室合集》文集第一册(三),第 48 页。
③ 参见丁文江《梁启超年谱长编》,上海人民出版社,1983 年。

的中国人,之所以有这一信念就是因为到了异邦之后他的思想有了飞跃与转变。梁启超自小具有较强的求知欲与学习能力,十二岁中秀才,十七岁中举人,十八岁时拜三十五岁的老秀才康有为为师,探究新学,二十三岁随康有为入京发动公车上书运动,助康有为办强学会,宣传变法,并于二十四岁时任《时务报》主编,发表《变法通议》,声名大噪。二十五任湖南时务学堂总教习,二十六岁赴京参与"百日维新",是维新派的代表性人物,也是其时最有吸引力的思想家与宣传家。流亡日本后,马上又创办《清议报》宣传变法,再次站到舆论的顶峰。在日本十四个月里,切身感受到变法维新后给日本带来的巨大变化与进步;同时,阅读了大量日本维新志士与当代思想家、政论家的论著以及日译西方论著,广泛汲取了近代启蒙主义自由民主理念,思想与学力大有提升,开始从更高的层次与更宏阔的知识视野论述中国变法的问题,对中国政治的弊端有了更深刻的认识,对现代民主政治的先进性有了更深入的理解。其离开日本时即以日本为第二故乡,并总结了这一阶段的思想收获:"又自居东以来,广搜日本书而读之,若行山阴道上,应接不暇。脑质为之改易,思想言论与前者若出两人。每日阅日本报纸,于日本政界学界之事,相习相忘,几于如己国然。盖吾之于日本真所谓有密切之关系。有许多之习惯印于脑中,欲忘而不能忘者在也。"(《汗漫录》)①来到新地方,他急于要将自己的新思想与人分享,本文就体现一个学人因自感学力精进后的兴奋,似一个跋涉者回首一顾后就为已越过的长壑巨岭而欣喜欢呼,以今视昔,其自信心也更强了。

  关于这一点,将《变法通议》与本文比较即可见出,《变法通议》言:"变法之本,在育人才;人才之兴,在开学校;学校之立,在变科举,而一切要其大成,在变官制。"其思想核心在于改变教育制度与官制,而于整个国家制度与社会层面并未涉及。又言:"泰西诸国并立,大小以数十计,狡焉思启,互相猜忌,稍不自振,则灭亡随之矣。故广设学校,奖励学会,惧人才不足,而国无与立也;振兴工艺,保护商业,惧利源为人所夺,而国以穷蹙也;将必知学,兵必识字,日夜训练,如临大敌,船械新制,争相驾尚,惧兵力稍弱,一败而不可振也;自余庶政,罔不如是,日相比较,日相磨厉,故其人之才智,常乐于相师,而其国之盛强,常足以相敌,盖舍是不能图存也。"他所认识的西方国家的先进性,只是因国小而产生的

---

① 《饮冰室合集》专集第五册,中华书局,1936年,第186页。

竞争力,对于其民主化进程与制度也未有认识。而《少年中国说》里理想之国是:

> 欲断今日之中国为老大耶?为少年耶?则不可不先明国字之意义。夫国也者何物也?有土地;有人民;以居于其土地之人民而治其所居之土地之事;自制法律而自守之,有主权,有服从,人人皆主权者,人人皆服从者。夫如是斯谓之完全成立之国。

这时他认为人民才是国家的主体,有独立之人、独立之家才会有独立之国。在家国天下顺序里,他已抛弃了传统的先国后家、先君后臣的伦理观念。他已从国家构成层面认识民主化的意义,形成了比较现代化的国家理念。由相关文章看,这应是他刚刚形成不久的国家理念,他在两个月前的《论近世国民竞争之大势与中国前途》中展示了他的新思想:

> 国家者,以国为一家私产之称也。古者国之起原,必自家族。一族之长者,若其勇者,统率其族以与他族相角,久之而化家为国,其权无限,奴畜群族,鞭笞叱咤,一家失势,他家代之,以暴易暴,无有已时,是之谓国家。国民者,以国为人民公产之称也。国者积民而成,舍民之外,则无有国。以一国之民,治一国之事,定一国之法,谋一国之利,捍一国之患,其民不可得而侮,其国不可得而亡,是之谓国民。①

在接受了这一种现代国家理论后,梁启超感到极度兴奋,自觉可以为老大帝国找到了病根,也发现了根除顽疾的良药,并为之兴奋不已。

《变法通议》作于1896年,梁启超才24岁,仅能借助各种中文译作了解西方与日本,对现代政治制度尚缺乏具体与整体的感知。到日、美之后才认识到政治制度的落后是中国问题所在,集权专制是造成中国脱离于世界现代文明进程的根本原因,认为现代民主化道路必定给中国带来新飞跃。因此,他对中国信心大增,一扫对现实的失望,也对异邦的老大之说厌恶不已。如文中所说:

> 如其老大也,则是中国为过去之国,即地球上昔本有此国,而今渐渐灭,他日之命运殆将尽也;如其非老大也,则是中国为未来之国,即地球上

---

① 《饮冰室合集》文集第一册(四),第56页。

昔未现此国,而今渐发达,他日之前程且方长也。

在他看来,所谓的老大帝国是将死之国,理想的中国则在未来,这是一新型之国,是具有现代民主制度的国家,相比其过去古老的历史,她仍是一少年之国。这是基于现代国家意识之上形成了新型的理论自信,充满了社会进化论色彩。

二、师生热血情谊而生发的青春自信

写作本文时,梁启超28岁,他属年少老成型的,但将此却写了激情洋溢的少年颂,这种青年崇拜意识不是出于少年轻狂,而是缘自那个年代人对进化论思想的膜拜。同时,也与他在日本亦师亦生的经历相关。

梁启超来日之前主要追随康有为,交往对象多比他大十几二十岁左右。在戊戌变法前后也曾结交李鸿章、张之洞这些老臣,但深感这些老官僚之无望。其1899年1月19日作《政变原因答客难》言:"夫此诸事者,则三十年来名臣曾国藩(1811—1872)、文祥(1818—1876)、沈葆桢(1820—1879)、李鸿章(1823—1901)、张之洞(1837—1909)之徒,所竭力而始成之者也,然其效乃若此。然则,不变其本,不易其俗,不定其规模,不筹其全局,而依然若前此之支支节节以变之,则虽使各省得许多督抚皆若李鸿章、张之洞之才之识,又假以十年无事,听之使若李鸿章、张之洞之所为,则于中国之弱之亡,能稍有救乎?"①他认为中国掌握在这类老臣之手是无望的。清廷闹建储之剧,他作《上鄂督张制军(之洞)书》言:"阁下之所以必不能行者何也? 亦曰全躯而已,保位而已,然以启超计之,阁觍然湎然尔然为妾妇之容以媚逆贼,而所谓全躯保位之道遂果得乎?"《上粤督李傅相(鸿章)书》对李鸿章言:"公位极人臣,名满天下,今行年且七十余矣,番番老翁复何所求,今以末路晚节,乃更欲屈身于逆贼所拥立九岁乳臭不识汉语孺婴之伪朝,且从而为之效死力。"②他已看透了这些老臣自私固位之面目,极尽批判与讽刺之事,全然不给自己留后路。

作为年少成名者,他很早就有青年人的使命意识与冲动力,他由日本维新历史中已感受到年轻人应是社会变革的主要力量。来日前作《记东侠》一文,称

---

① 《饮冰室合集》专集第一册(一),第81页。
② 《饮冰室合集》文集第一册(五),第55、63页。

道日本维新志士僧月性、僧月照、西乡隆盛、浦野望东、驹井跻庵等人的豪侠之气。他逃亡到日本后,取日本名以田松荫、高杉晋两人名合成为吉田晋。这两人是师生关系,前者是老师,是思想家,后者是学生,是行动家,在三十岁之前就牺牲了,都在日本幕末倒藩运动中都起到了至关重要的作用。梁启超这一方式表达了对两位英雄的崇拜,并时时也以这些青年志士自励,如他在离开日本时作《别西乡隆盛铜像一首》,自注曰:"像在上野公园,吾于行之前一日,独诣其下,顶礼而去。"诗云:

> 东海数健者,何人似乃公,劫余小天地,淘尽几英雄! 闻鼓思飞将,看云感卧龙。行行一膜拜,热泪洒秋风。①

从历史进程看,他是一个扭传历史走向的大英雄,而从个人角度看,西乡又是一个失败者,当时是几乎被人遗忘,他却于夜间独自为之行礼、洒泪、赋诗,就是因为这是一个他崇拜已久的英雄。梁启超作《东侠传》才23岁,27岁时身临其地,自己流亡经历也颇相似,少年的朝气与热血又一次被鼓动起来。

在日本期间,他交往对象也发生了变化,对年轻朝气感受更强。初来时他就与康门弟子12人在日本江之岛的金龟楼上义结金兰,宣示效忠帝党,立志实现大同理想,反对慈禧太后暴政,形成保皇党的十三太保,其齿序第五,这是一个以年轻人居多的群体,都颇有豪侠之气。1899年二月后,康有为离日去新加坡,他开始与之前畏之如虎的孙中山、章太炎等革命党人交往,救国心更急切。他又为留日青年创办高等大同学校,既为老师,又当学生。不久,梁启超在湖南的学生蔡锷(1882—1916)、范源濂(1875—1927)、唐才质以及林圭(1875—1900)、李炳寰(1876—1900)、田邦璿(1879—1900)、蔡钟浩(1877—1900)、周宏业、陈为益、朱茂芸(1877—1923)、李渭贤等冒险由国内跑来跟随他。这是一批更年轻的热血学生,他们的到来让梁极兴奋。这些学生后来参与唐常才自立军起义,大半牺牲,蔡锷后来则成了再造民国的大英雄。当时他们天天在一起以天下为己任,议政论学,朝气勃勃。梁启超在事后多年回忆这段经历时言:

> 戊戌之役,我亡命日本,时时务学堂曾办了三班,第一班四十人吃我的迷药最多,感化最深,第二班,我也教授过,第三班,我全未教过,其中有十

---

① 《饮冰室全集》文集第十册(四十五下),第4页。

余人,要到日本来找我,因为家庭不许,他们差不多带宗教性质的,与家奋斗,借钱逃出来,有的到上海,便无钱吃饭的,有的衣服破烂好像叫化子的,当他们出门时,他们不知我在日本何处,一直跑到上海,打听了我的住址,通信告我,我就想尽方法筹钱接到日本,日间尚住在一间房子。继续讲时务学堂的功课外,又学学日本文,晚间共同睡在一个大帐子内,过了八个月。(1922年9月1日《湖南省立第一中学讲堂演讲》)①

我在那个时候,正是一个亡命的人,自己一个钱都没有,不过先将他们请来,再想方法。他们来了之后,我在日本小石川久坚町租了三间房子,我们十几个人打地铺,晚上同在地板上睡,早上卷起被窝,每人一张小桌,念书。那时的生活,物质方面虽然很苦,但是我们精神方面异常快乐,觉得比在长沙时还好。(《蔡松坡遗事》)②

与之前侍奉于老师身边,周旋于老宦之中的经历相比,这种朝夕相处、同甘共苦的师生生活,是一种全新的充满生机的生活,让他真真切切体验到老少之别,看到青年人的希望,也时时激发了他自己的少年热血与激情,故《少年中国说》先言:

欲言国之老少,请先言人之老少:老年人常思既往,少年人常思将来。惟思既往也,故生留恋心;惟思将来也,故生希望心。惟留恋也,故保守;惟希望也,故进取。惟保守也,故永旧;惟进取也,故日新。惟思既往也,事事皆其所已经者,故惟知照例;惟思将来也,事事皆其所未经者,故常敢破格。老年人常多忧虑,少年人常好行乐。惟多忧也,故灰心,惟行乐也,故盛气。惟灰心也,故怯懦;惟盛气也,故豪壮。惟怯懦也,故苟且;惟豪壮也,故冒险。惟苟且也,故能灭世界;惟冒险也,故能造世界。老年人常厌事,少年人常喜事。惟厌事也,故常觉一切事无可为者;惟好事也,故常觉一切事无不可为者。老年人如夕照,少年人如朝阳;老年人如瘠牛,少年人如乳虎;老年人如僧,少年人如侠;老年人如字典,少年人如戏文;老年人如鸦片烟,

---

① 见1961年12月《湖南文史资料》第二辑唐才质《湖南时务学堂略志》,1922年9月3日《大公报》载《湖南教育界之回顾与前瞻》。

② 梁启超口述、周传儒笔记《蔡松坡遗事》,《晨报·蔡公松坡十年周忌纪念特刊》1916年11月8日第4版;《梁启超年谱长编》,第186页。

少年人如波兰地酒;老年人如别行星之陨石,少年人如大洋海之珊瑚岛;老年人如埃及沙漠之金字塔,少年人如西伯利亚之铁路;老年人如秋后之柳,少年人如春前之草;老年人如死海之潴为泽,少年人如长江之初发源:此老年与少年性格不同之大略也。

这种概括不只是他对年老与青年生理与心理特征的认识,而是出于他当时的人生体验,因为与这一批学生相处和他与自己老师相处的情景是全然不同的。康有为是他的学术思想引路人,大梁15岁,其在学术上的特立独行与大胆思维对梁启超启发甚大,而借今文经学之法建孔子托古改制之说,倡导变法,这一学术门径也深深影响了年轻梁启超,但是,康的创新也到此为止了,基本上没能越出儒家经学范围。其自言"吾学三十岁已成,此后不复有进,亦不必有进"①,顽固地坚持保皇保教的主张,梁启超在日本时,曾与康门弟子一起给老师写了一封信言:"吾师春秋已高,大可息影林泉,自娱晚景。启超等自当继往开来,以报恩师。"②显然,他已感到老师已落伍了,改造中国的使命应由年轻人来承担,但康有为不仅不退,还时时指责他的新论。几次书信争辩几轮后,梁启超觉得说服老师几乎是不可能的,但碍于师生情分,只能是口服而心不服。昔日崇拜的老师竟成了难以跨越的障碍,这使他对老者的顽固有了切身感受。所以,这里讲的年老者恋旧固执,不只指顽固的清王朝,而且还包括他那顽固的老师。所以,以上老少对比,既是出于对时兴的进化论的理解,又是有心讲给他老师听的。正因如此,他后来与老师展开了更激烈的论争,如其1900年4月29日致康有为信言:

> 来示于自由之义,深恶而痛绝之,而弟子始终不欲弃此义。窃以为于天地之公理与中国之时势,皆非发明此义不为功也。……夫子谓今日"但当言开民智,不当言兴民权",弟子见此二语,不禁讶其与张之洞之言甚相类也。夫不兴民权,则民智乌可得开哉?其脑质之思想,受数千年古学所束缚,曾不敢有一线之走开,虽尽授以外国学问,一切普通学皆充入其记性之中,终不过如机器砌成之人形,毫无发生气象。……故今日而知民智之

---

① 《清代学术概论》,商务印书馆,1930年,第92页。
② 《冯自由回忆录:革命逸史(上)》,东方出版社,2011年,第184页。

> 为急,则舍自由无他道矣。中国于教学之界则守一先生之言,不敢稍有异想;于政治之界则服一王之制,不敢稍有异言。此实为滋愚滋弱之最大病源。此病不去,百药无效,必以万钧之力,激厉奋迅,决破罗网,热其已凉之血管,而使增热至沸度;搅其久伏之脑筋,而使大动至发狂。经此一度之沸,一度之狂,庶几可以受新益而底中和矣。①

可见,在与一群热血青年同处共学的过程中,他的思想跳脱了师门羁绊,并在独立中获得了更大的自信。紧接其后1990年2月20日所作的《呵旁观者文》言:

> 割数千里之地,赔数百兆之款,以易其衙门咫尺之地,而曾无所顾惜,何也?吾今者既已六七十矣,但求目前数年无事,至一瞑之后,虽天翻地覆非所问也。明知官场积习之当改而必不肯改,吾衣领饭碗之所在也。明知学校科举之当变而不肯变,吾子孙出身之所由也。此派者,以老聃为先圣,以杨朱为先师,一国中无论为官、为绅、为士、为商,其据要津、握重权者皆此辈也,故此派有左右世界之力量。一国聪明才智之士,皆走集于其旗下,而方在萌芽卵孵之少年子弟,转率仿效之,如麻疯、肺病者传其种于子孙,故遗毒遍于天下,此为旁观派中之最有魔力者。②

他认为麻木根源是自私心理,不肯为己利之外付出,最可悲者这一腐症具有极大的传染力,竟使少年子弟也转率仿效。他又说:

> 今之拥高位,秩厚禄,与夫号称先达名士有闻于时者,皆一国中过去之人也。如已退院之僧,如已闭房之妇,彼自顾此身之寄居此世界,不知尚有几年,故其于国也有过客之观,其苟且以媮逸乐,袖手以终余年,固无足怪焉。若吾辈青年,正一国将来之主人也,与此国为缘之日正长。前途茫茫,未知所届。国之兴也,我辈实躬享其荣;国之亡也,我辈实亲尝其惨。欲避无可避,欲逃无可逃,其荣也非他人之所得攘,其惨也非他人之所得代。言念及此,夫宁可旁观耶?夫宁可旁观耶?吾岂好为深文刻薄之言以骂尽天下哉?毋亦发于不忍旁观区区之苦心,不得不大声疾呼,以为我同胞四万万人告也。

---

① 《梁启超年谱长编》,第234—235页。
② 《饮冰室合集》文集第一册(五),第69页。

他将那些麻木自闭的高官名士称之为过去之人,以吾辈青年为新中国的主人,正是对《少年中国说》的发挥。在之前他多以哀时客为笔名,在此以"少年中国之少年"为笔名,表明因《少年中国说》一文而激发的热情仍在延续。

梁启超离开日本的晚上,他的学生都为他送行,其《汗漫记》言:"是夕大同学校干事诸君,饯之于校中。高等学校发起人诸君,饯之于千岁楼。席散,与同学诸君作竟夕谈于清议报馆。"他也写诗告别,曰:

《壮别》:丈夫有壮别,不作儿女颜。风尘孤剑在,湖海一身单。天下正多事,年华殊未阑。高楼一挥手,来去我何难。

《再示诸门人一首》(诸子相从,多逃家艰辛而来,今皆自隐其名。于余之行也,咸有恋恋不舍之色,以此慰之):患难相从我,恩情骨肉亲。变名怜玛志,亡邸想藤寅(吉田松阴又名藤寅,早年因与同志结漫游,逃亡其邸,被削籍)。愧我乏恒德,半途又离群。丈夫各独立,毋为吾苦辛。

可以想象,当时这群年轻的大丈夫一定是豪气冲天,作为老师,要告别已生死相依八个月的学生,一定百感交集。一个月后,写作新年发词语,心目中设定的第一读者就是这一批志同道合的年轻人,他相信一个年轻的民主共和国必将由这一代人创造出来。

三、旅美航行与夏岛独处的遐思

梁启超视檀香山之游为人生一大事,《汗漫录》序言:"去年九月以国事东渡,居于亚洲创行立宪政体之第一先进国,是为生平游他国之始。今年十一月乃航太平洋,将适全地球创行共和政体之第一先进国,是为生平游洲之始。于是生二十七年矣,乃于今始学为国人,学为世界人。曾子曰:'任重而道远。'吾今者上于学为人之途,殆亦如今日欲游阿美利加,而始发轫于横滨也。天地悠矣,前途辽矣。"他以此行为人生的一个新起点。其旅行日记记录了在船上的感受:

二十三日,风如故,然既已安之,能饮食行坐,无大苦。因思人之聪明才力无从阅历得来,吾少时最畏乘船,每过数丈之横水渡,亦必作呕,数年以来,奔走燕齐吴越间,每岁航海必数次,非大风浪,则如陆行矣。此次之

> 风色,为生平所仅见,然不数日习而安之,知习之必可以夺性也,历观古今中外许多英雄豪杰少年皆如常儿耳。董子曰:勉强学问,勉强行道,吾因此可以自慰,可以自厉。(《汗漫录》)

他由航行体验想到了古今中外英雄豪杰少年之事,进而激起励志之心,这已进入到《少年中国说》前期构思阶段了,他在船上又作长诗《太平洋遇雨》言:

> 世界风潮至此忽大变,天地异色神鬼瞠。轮船铁路电线瞬千里,缩地疑有鸿秘方。四大自由(谓思想自由、言论自由、行为自由、出版自由)塞宙合,奴性销为日月光。……物竞天择势必至,不优则劣兮不兴则亡。水银钻地孔乃入,物不自腐虫焉藏。尔来环球九万里上一沙一草皆有主,旗鼓相匹强权强。惟余东亚老大帝国一块肉,可取不取毋乃殃。……我有同胞兮四万五千万,岂其束手兮待僵。招国魂兮何方,大风泱泱兮大潮滂滂。吾闻海国民族思想高尚以活泼,吾欲我同胞兮御风以翔。吾欲我同胞兮破浪以飏。……海云极目何茫茫,涛声彻耳逾激昂。①

梁启超有意采用破格体,以齐散交杂的句式展示了一个年轻人不断求索的思维状态,表达了他在认识新世界后的兴奋与思考。在他看来世界不仅因物质技术有了极大的发展,而且社会意识也发生了很大的变化,自由思想已与轮船铁路一样改变着世界;他急切感受到中国正处不优则亡的竞争世界里,认识到中国若以老大帝国自居,不思进取,只能是供他族争夺的一块肉。所以,他希望能以年轻的热血,唤醒沉醉的国人,让同胞思想飞翔。可以说,《少年中国说》所言正是他海上遐想的扩展:

> 历史家所铺叙,词章家所讴歌,何一非我国民少年时代良辰美景赏心乐事之陈迹哉。而今颓然老矣,昨日割五城,明日割十城,处处雀鼠尽,夜夜鸡犬惊,十八省之土地财产,已为人怀中之肉,西百兆之父兄子弟,已为人注籍之奴,岂所谓"老大嫁作商人妇"者耶?呜呼!凭君莫话当年事,憔悴韶光不忍看,楚囚相对,岌岌顾影,人命危浅,朝不虑夕,国为待死之国,一国之民为待死之民,万事付之奈何,一切凭人作弄,亦何足怪。

---

① 《饮冰室合集》文集第五册(四十五下),第7页。

如人老了只好回忆往日辉煌一样,当时中国也只能把光辉留在史书中了,事实上已成为人怀中之肉了。诗文对照,不难见出这篇名文中正含有他在海上航行中激昂的思绪。

到了檀香山后,梁启超对美国政治又有了更真切的感受,《汗漫录》言:"此都(檀香山)十年以来,经三次革命,卒倒旧朝,兴新政府。其事历历接于吾邦人之眼帘,印吾邦人之脑膜。故政治思想,比他处人为优焉。观于此,而知法国大革命之风潮,其影响所及,披靡全欧者数十年,决非无故也。观于此,而识改铸国民脑质之法矣。"他由一岛之变感知到世界风潮,认识到推动国民自觉意识的必要。他又由夏威夷王国之亡生发感慨:"自古之亡国,则国亡而已;今也不然,国亡而种即随之,殷鉴不远,即在夏威。咄彼白人,天之骄子,我东方国民可不儆惧耶。自革命以来,岛中商务日盛,谋生容易。彼蚩蚩之土民,方且自以为得意,而岂知其绝种之祸,即在眉间耶?生存竞争,优胜劣败,天下万世之公理也。彼白人者,岂能亡夏威域,亦夏威人之自亡而已。"这种优胜劣汰的民族危机意识,也深深渗入《少年中国说》一文中:

> 夫以如此壮丽浓郁翩翩绝世之少年中国,而使欧西、日本人谓我为老大者何也?则以握国权者皆老朽之人也。非哦几十年八股,非写几十年白摺,非当几十年差,非捱几十年俸,非递几十年手本,非唱几十年诺,非磕几十年头,非请几十年安,则必不能得一官,进一职。……待其脑髓已涸,血管已塞,气息奄奄,与鬼为邻之时,然后将我二万里山河,四万万人命,一举而畀于其手。呜呼!老大帝国,诚哉其老大也。……今之所谓老后、老臣、老将、老吏者,其修身、齐家、治国、平天下之手段,皆具于是矣。……以此为国,是安得不老且死,且吾恐其未及岁而殇也。

他再次将批判的矛头指向老大腐朽的官僚体制,更多的是教育体制与思想教育的问题,戊戌变法一项主要内容就是废除以经学为中心、以八股为内容的科举,兴办现代学校,檀香山之行后,益发认识到这种教育与官制会将中国带入死途。他作为清廷通缉的政治犯,入境时冒用了日本人姓名与护照,人生地不熟,且不懂英语,本感寥落,其时,檀香山当局又因防疫之事正施行排华限华之策,其民族自尊心倍受煎熬,对造成国族屈辱的老朽益发义愤,这才形成上引一段中那种强烈的亡国灭种的危机感。足见他在海上激起的诗情许久都未平息。

四、海外讲演与演说体的行文风格

本文是这一期《清议报》的第一篇,相当于新年发刊词,这一期栏目有:本馆论说、汗漫录、闻戒录、猛省录、地球大事记、殖民杂俎、来稿杂文、政治小说、诗文辞随录等。其中"本馆论说",应具有现在新闻体中"社论"的功能,其文体与文风也带有这一新闻体特色,所不同的是本文更具有演说词的风格。这又与梁氏文体意识与海外演说经历相关。

作者到檀香山目的是为自立军筹款,到后就在华人社团中连续做了几场演讲。梁氏之前就视演说为宣传利器,其《传播文明三利器》言:"太养木堂语余曰:日本维新以来,文明普及之法有三,一曰学校,二曰报纸,三曰演说。大抵国民识字多者,当利用报纸,国民识字少者,当利用演说。日本演说之风,创于福泽谕吉。在其所设之庆应义塾开之,当时目为怪物云。此后有嘤鸣社者,专以演说为事,风气既开,今日凡有集会,无不演说者矣。虽至数人相集宴饮,亦必有起演者,斯实助文明进化一大力也。我中国近年以来,于学校报纸之利益,多有知之者,于演说之利益,则知者极鲜。去年湖南之南学会,京师之保国国,皆西人演说会之意也。湖南风气骤进,实赖此力。惜行之未久而遂废也,今日有志之士,仍当着力于是。"①他对演说有如此重视,并在演讲中体验到宣传鼓动的效果,所以行文中多有演说辞风格,具有极强的鼓动性,如以危机感激发责任感,以老少之对比,提升自信心,多以具体生动的描述展示老大之可悲可气,少年之可贵可望;其以现代国家理念引导出爱国信心,多用清晰可辨的逻辑引导出无可驳辩的结论,再以此激发人情,以逻辑的力量唤发人的情感,再以一组组排比句制造气势,故文中激情是理性之情,文有之义是热血之理,充分展示了一个演讲者激动的神情。如本文在力斥老朽势力之误国、祸国之后,即提出中国少年应有之责任:"造成今日之老大中国者,则中国老朽之冤业也;制出将来之少年中国者,则中国少年之责任也。"对仗之中显对比,少年之责呼之欲出,自然引出下文:

---

① 《饮冰室合集》专集第一册《自由书》,中华书局,1936年,第41页。

> 若我少年者，前程浩浩，后顾茫茫，中国而为牛、为马、为奴、为隶，则烹脔鞭箠之惨酷，惟我少年当之；中国如称霸宇内，主盟地球，则指挥顾盼之尊荣，惟我少年享之。

方法同上，以显明的利害对比，明确了少年应有之责，又进一步推演下去：

> 使举国之少年而果为少年也，则吾中国为未来之国，其进步未可量也；使举国之少年而亦为老大也，则吾中国为过去之国，其澌亡可翘足而待也。故今日之责任，不在他人，而全在我少年。少年智则国智，少年富则国富，少年强则国强，少年独立则国独立，少年自由则国自由，少年进步则国进步，少年胜于欧洲则国胜于欧洲，少年雄于地球则国雄于地球。

以简明清晰的因果判断形成强大的不可辩驳的逻辑力量，突出了一代少年的责任与使命的伟大与神圣。文章至此，作者似乎也激动起来，倾尽热情写了一段激动人心的结束语：

> 红日初升，其道大光；河出伏流，一泻汪洋。潜龙腾渊，鳞爪飞扬；乳虎啸谷，百兽震惶。鹰隼试翼，风尘吸张；奇花初胎，矞矞皇皇。干将发硎，有作其芒。天戴其苍，地履其黄。纵有千古，横有八荒。前途似海，来日方长。美哉我少年中国，与天不老；壮哉我中国少年，与国无疆！

以四言铭文式的语言描绘中国少年不可遏止的气势与顶天立地的高大形象，几乎是喊出了自己的坚定的自信与热切期望；一个少年获得真理新知后的兴奋感、忧国救国的急迫感、舍我其谁的责任感也全部展示出来了。作者仿佛是在新春将来之际对着广大读者高歌了一首"少年颂"，极有演讲的现场感。这是作者热血才情所致，也应与他的演讲体验相关。梁氏自言："启超夙不喜桐城派古文，幼年为文，学晚唐魏晋，颇尚矜练，至是自解放，务为平易畅大家，时杂以俚语韵语及外国语法，纵笔所至不检束，学者竞效之，号新文体，老辈则痛恨，诋为野狐，然其文条理明晰，笔锋常带情感，对于读者，别有一种魔力焉。"①不过，由其行文结构看仍不难见出讲究义法的桐城功底，他应是深得韩愈《原道》等文的

---

① 《清代学概论》，第88页。

演绎之法,只是以情出之,自然无痕,而其能如此,应是融入了演讲艺术。

严复说过:"任公文笔,原自畅遂。其自甲午以后,于报章文字,成绩为多,一纸风行海内,观听为之一耸。"①《清议报》虽然办在日本东京,但影响极大,1901年《清议报论说》在上海出版,收录了此文,十年后,1911年(辛亥前)中华书局出版梁启超编《常识文范》,此文也在其中,所以,此文曾在晚清广为流行。如孙宝瑄《忘山庐日记》(抄本)当时记曰:"梁任公曰:我国自古号称英雄,震耀千古者皆一姓之家奴走狗也,然哉然哉。"所引指就是《少年中国说》言:"夫所谓唐、虞、夏、商、周、秦、汉、魏、晋、宋、齐、梁、陈、隋、唐、宋、元、明、清者,则皆朝名耳。朝也者,一家之私产也;国也者,人民之公产也。"又,陈三立1903年作春《雨中过安庆有怀姚叔节》言:"斩新春树鹭边城,千里寒江涩不晴。中国少年姚叔子,为谁费尽短镫檠。"②陈三立曾协助其父陈宝箴在湖南积极推动变法,邀请梁启超主持时务学堂,并因戊戌变法的失败,父子都被革职,所以,他对梁启超一直很关注,自然熟悉这篇激动人心的文章,也以"中国少年"一词入诗。徐一士记光绪癸卯岁(1903)杨度曾仿梁氏本文作《湖南少年歌》:"时度作《湖南少年歌》,甚雄放,如云:'……若道中华国果亡,除是湖南人尽死。尽掷头颅不足痛,丝毫权利人休取。莫问家邦运短长,但观意气能终始。……惟恃同胞赤血鲜,染将十丈龙旗色。凭兹百战英雄气,先救湖南后全国……'意气之盛,可谓壮哉,启超既自号'少年中国之少年',度复歌'湖南少年',是二人者,均当时新青年中之卓卓者也。"③晚清民初,少年中国已成为许多志士仁人励志的口号。最明显的就是在本文近二十年后的1918年,以李大钊教授为首的一批知识分子成立"少年中国学会",发行《少年中国》学刊,李大钊《少年中国与少年运动》言:"我们的少年中国观,决不是要把中国这个国家作少年的舞台,去在列国竞争场里争个胜负;乃是要把中国这个地域,当作世界的一部分,由我们住居这个地域的少年朋友们下去改造,以尽我们对于世界改造一部分的责任。"其观念与表达形式都明显有梁文的印迹。诚如郭沫若所言:"当时有产阶级的子弟——

---

① 《严复集》,中华书局,1986年,第648页。
② 陈三立《散原精舍诗文集》,上海古籍出版社,2003年,第69页,参见杜泽逊主编《国学茶座》(7),山东人民出版社,2015年,第34—35页,李开军《义宁陈家的馆师》(下)。
③ 徐一士《亦佳庐小品》,中华书局,2009年,第74—75页。

无论是赞成或反对,可以说没有一个没有受过他的思想或文字的洗礼的。"① 而《少年中国说》又可以是影响最著者之一。细绎史料,解得其中的海外之味,可助我们进一步接近那一代志士的心理世界,进而更深入地把握这篇鸿文的历史魅力。

---

① 郭沫若《少年时代》,人民文学出版社,1979年,第112页。

"传之口耳"与"著于竹帛"

——章太炎文章学论述中的口传性与书写性问题*

北京大学中文系　陆　胤

　　围绕《荷马史诗》等古典作品的性质和形成过程,"口传性"(orality)与"书写性"(literacy)的升降,一直是西方古典研究者关注的议题,引起长久的争论。① 而在晚清时代的中国,一些知识结构处在中西之间的学者亦已开始考虑类似问题:经书、传记、诸子等上古文献"口耳相传"的作用为何?书写行为与书写质料带来了怎样的知识变革?"文学"的本质究竟是"传之口耳"的声韵还是"著于竹帛"的文字?就思想、知识、情感的传承而言,"口授心传"与"记载明文"何者更为有效?百余年来这些问题一再引发关切,近来更成为海内外学界研讨的热点。但与晚近日趋专业化的学术研究不同,晚清学人对于上古文献流播方式的"考古",并不单纯出于学术考量,还关乎政治现实笼罩下的学术立场和文体选择,预示着近代文化模式的分化和转型。

　　本论文尝试在清代学术传统与外来新知交互的网络中,追索这一议题形成的脉络。需要注意的是,晚清时期"文"的概念尚处在一个比较模糊的阶段,学者围绕"文学"议题的讨论,往往与音韵、文字、训诂等"小学"问题纠缠,牵涉到经、子、史等类别的上古文献。② 在西方社会学和文学史著述启发下,章太炎较

---

　　* 基金项目:国家社科基金资助项目"诵读式微与近代中国读书法的变迁研究"(17CZW044)。

　　① 相关论争的概述及其学术史脉络,参见 Eric Havelock, "The Oral-literate Equation: A Formula for the Modern Mind", in *Literacy and Orality*, ed. David R. Olson and Nancy Torrance, Cambridge University Press, 1991, pp.11—27。

　　② 关于清代中期以降"文"和"文学"理念的变化,较早的总括性研究,参见 Theodore Huters, "From Writing to Literature: The Development of Late Qing Theories of Prose", *Harvard Journal of Asiatic Studies*, Vol. 47, No. 1 (Jun. 1987), pp. 51-96。另参见马睿《近代"文学"的多元定位》,氏著《从经学到美学:中国近代文论知识话语的嬗变》,四川民族出版社,2002年,第380—401页;钟少华《近代汉语"文学"概念之形成与发展》,《现代中国》第13辑,北京大学出版社,2010年,第83—93页。

早揭示了中国文学(文献)缘起过程中"言"与"文"、"口说"与"文辞"的分化,建立起书写性为中心的文章史观,并按照这一观念进退古今文章体式、评较当下文学实践。但较少为学界注意的是,章氏这一后起的理论建构,深受乾嘉学人论述的影响,更与近代今古文经学的争执不无关联。论文将由此上溯乾嘉朴学语境,揭示考据圈学者对于上古知识流播过程中"声音"作用的关注。其中,章学诚和阮元二人先后指出从"口耳"向"竹帛"迁变的文化史意义,构成后世学者讨论相关问题的知识背景。晚清今文经学大兴,廖平、康有为等强调口传与书写之别,主张"口说"胜于"明文"。他们结合经学史上的"师法"观念,将口传过程神秘化。章太炎依托于书写质料的文学缘起论,在回应阮元以来"文言说"的同时,亦受到康有为等公羊家经说的刺激。

  本论文借用20世纪西方学术语境中逐渐成熟的"口传—书写"结构,来统摄清代中期以降学人关于"口耳"与"竹帛"升降的论述。有必要预先检视概念之间的对应性。尤其是汉字自有其独特的造字、书写、训诂原理,与基于字母表的西方"书写性"特征有所差别。但也应看到,普遍意义上的"口传性"和"书写性"概念本身就包含了丰富的层理。研究者将口传文化分为"原发"(primary orality,即文字出现以前的口传)与"继发"(secondary orality,即在文字影响下甚至借助现代传播技术的口传)两种[①];"口传性"概念既被用于"描述不使用书写而纯粹依赖口头传播的社会集合",或者"识别应用于口头传播的特定语言类型",甚至可以"确认口头文化创造或经由口头表达的既定意识类型"。[②] 这一概念泛化的过程,与晚清时期康有为、章太炎、刘师培等所论"口说"一词的多义性颇可对照。与"书本"、"传记"、"文辞"相对,"口说"既指文献著于竹帛之前的传播形态,又涵盖由此衍生并延续甚久的经学或思想模式,有时还用来称呼体现口头风格的文章体式。晚清学人与"口传性"相关的讨论,可以进而归纳为两个层面:(一)是在知识、思想乃至经典传播的过程中,与文字媒介及书写质料对立,利用声音口耳相传的方式;(二)是在书写文本或文章体式内部,由上述口传方式带来的口头因素(如口语风格、声韵形式等)。从(一)到(二)是连续的

---

  ① 详见 Walter J. Ong, *Orality and Literacy: The Technologizing of the Word*, Routledge, 1982, pp.5,11-12。

  ② 前揭 Eric Havelock, "The Oral-literate Equation: A Formula for the Modern Mind", p.11。

影响过程,所以本论文仍将这些不同层次的"口说"纳入同一框架中讨论。

一、"口说"与"文辞":以书写性为中心的文学缘起论

晚清时代有关"口传性"与"书写性"的讨论,萌发自章太炎、刘师培等学者考察"文学缘起"的论述。"文学"从何处缘起?近代中国读书人关注这一问题,离不开同时代西方社会学著作的启悟。此类书籍追溯人类社会起源,往往以书写文字或文学的出现作为文明标识物。1898年,章太炎与曾广铨合译英国社会学者斯宾塞(Herbert Spencer, 1820—1903)的论集,开篇即论及"语言"、"文字"的缘起:

> 有语言,然后有文字。文字与绘画,故非有二也,皆昉乎营造宫室,而有斯制。营造之始,则昉乎神治。……其于图也,既史视之,且会典视之……顷之,以画图过繁,稍稍减省……于是有埃及之象形字。①

斯宾塞此段论说的本旨,在于证明事物进化无不遵循由"同质"向"异质"转变的规律。语言、绘画、雕塑、乐舞、歌诗都起于"神治"(theocratic),后来才逐渐分化为不同的文化门类。语言发生以后,有从"口头语言"(spoken language)到"书写语言"(written language)的跨越,即章太炎笔述译文中"语言"与"文字"之别。这正是早期文明传播过程中"口传性"和"书写性"分歧的开始。背后隐藏的问题是,书写文字究竟是起于记录或模写口头语言,还是另有渊源?斯宾塞主张书写文字内生于绘画与雕塑,三者均为神庙建筑的副产品,先民视之为"史"和"会典";书写文字的发生独立于口头语言,而与其他视觉艺术有共同源头。这些观点,均可在章太炎与曾广铨合作的《斯宾塞尔文集》译文中找到。

斯宾塞所论"文"与"言"的分化,是章氏文论形成的一个起点。在章太炎的时代,面临外来"言文一致论"的压力,知识传播模式的问题实亦关乎现实中文体、语体的抉择。如果文字乃至文学都源自记录语言的需要,书写文字自有理

---

① 曾广铨采译、章炳麟笔述《论进境之理》,《斯宾塞尔文集》卷之一,《昌言报》第2册,光绪二十四年(1898)七月十一日。

由模仿口说风格甚至采用口语体。但若如斯宾塞所论,文字在口头语言之外另有其源头,则可推出"文"有"言"之外的表达功能和传播优势,二者未必要"一致"。正是这种强烈的现实针对性,使得《斯宾塞尔文集》中的这一文段随即出现在章太炎自著的《订文》篇中。章氏由此推论:"文因于言,其末则言掔迫而因于文。何者?文之琐细,所以为简也;词之苛碎,所以为朴也。"①以清儒"文字起于声音"说为接引,章太炎亦承认语言先于文字;②但他并没有直接从此导出"言文一致"的论断,而是强调"文字"对"语言"有反作用:同一义类的细微差别,如黑马之黑(骊)与黑丝之黑(缁)、怨偶之偶(仇)与合偶之偶(逑),都可以通过文字孳乳来区分。"语言文字之变愈繁,其教化亦愈文明",文字的繁碎,反而能成就了表达的简约。章太炎把书写文字看作是自然语言之上的符号系统,其与外物特征的吻合是第一位的。"文"的作用发生在言语被书写下来的那一刻,从此以后,书写文字就获得了独立的表达机制。

发表于 1902 年《文学说例》,是章太炎早期文论的另一篇代表作,同样涉及"言"与"文"的关系,论旨却要复杂得多。③ 在该文开头,章氏主张"尔雅以观于古,无取小辩〔辨〕,谓之文学"④,以"文字"为"文学"的基础。借鉴日本学者姊崎正治(1873—1949)所转述的宗教病理学说,章太炎指出语言发生过程中有"表象之病"⑤,以此来说明汉字假借、引申的原理:如"来"字"象芒朿之形",本义为麦,却因《周颂》"贻我来牟"之瑞从天降来,引申为"行来"的"来";"孔"字"从乙从子",亦缘玄鸟(乙)至而得子,遂有"嘉美"之义。而要祛除此类字义表象,就必须回归"本字"、"本义",使每一外物之"实"都有特定的"名"与之对应。⑥ 行文至此,章太炎仍是在延续《订文》篇训诂正名的理念。但紧接着,他却话锋陡变,转而揭示"表象"其实无法避免:"言语不能无病,然则文辞愈工者,

---

① 章太炎《訄书初刻本·订文》,朱维铮整理《章太炎全集》(三),上海人民出版社,1984 年,第 46 页。
② 详见王东杰《"文字起于声音"——近代中国拼音化思想对一个传统训诂理论的继承式颠覆》,《近代史研究》2013 年第 4 期。但本论文对章译《斯宾塞尔文集》及《订文》中"有语言然后有文字"一句的理解,与王文有所不同,敬请注意。
③ 章氏学(太炎)《文学说例》,《新民报》第 5、9、15 号,1902 年 4 月 8 日、6 月 6 日、9 月 2 日。
④ 《文学说例》(一),《新民丛报》第 5 号,第 75 页。
⑤ 姊崎正治的"表象主义"说对章太炎的影响,详见小林武著、白雨田译《章太炎与明治思潮》,上海人民出版社,2018 年,第 61—63 页。
⑥ 《文学说例》(一),《新民丛报》第 5 号,第 76—77 页。

病亦愈剧。是其分际,则在文言、质言而已。文辞虽以存质为本干,然业曰'文'矣,其不能一从质言,可知也。"①换言之,譬喻、拟人、借代、象征、夸饰等"表象"虽起于口头语言阶段,却会在"文字"到"文辞"的书面化过程中加剧。书写带来的表达效果是双刃剑:既促进了表达的区分度和精确度,也有可能造成进一步的模糊。所以必须不断回到"质言",以郑玄、贾公彦、范宁、王弼诸家经疏的"故训求是之文"为典范。

这里提到"文言"和"质言"的对立,"文言"主要指修饰润色的作用,应是借自阮元的《文言说》(1813 年)。"文言"与"质言"相对,似乎是来自中国古典文质论的经典命题,但在《文学说例》中,二者都属于"文"的范围。取此与西洋文学史框架相对照,使得章氏的文学缘起论有可能从其早期专注的训诂、词汇等语文学("小学")问题,转向文体分类、形式、风格等与晚近文学观念接近的层面。同一时期,章太炎还曾翻译(或至少润色)日本著作家涩江保(1857—1930)的《希腊罗马文学史》一书,借此接触到文学史体例和西洋古今各种"文学"定义。② 《文学说例》所称"文学",也渐由"尔雅以观于古"的"文字"之义向"文辞"之义扩展。

在《文学说例》后半篇,章太炎复述了《希腊罗马文学史》关于希腊文学"自然发达"的叙述:(一) 有韵文(verse)而后有散文(prose);(二) 韵文按照史诗(epic)、乐诗(lyric)、戏曲诗(dramatic poetry)的顺序次第发生;(三) 史诗可分为大史诗(grand epic)、稗诗(romance)、物语(tales)、歌曲(ballad)、正史诗(historical poem)等小类;(四) 散文依次出现历史、哲学、演说三种文(historical, philosophical, oratorical prose)。③ 章太炎认为上述古希腊文类展开的过程,"征之禹域,秩序亦同",由此推测:

(一) 仓颉造字以前有口传史诗,至《尧典》时代写定。

(二) 史诗"体废于史官,而业存于矇瞽",演变为《诗》之二《雅》。

(三) 《书》分为两个体系:誓、诰直录当时口语,为"口说"之祖;帝典则为"有韵之史",类比于古希腊的"正史诗"。

---

① 《文学说例》(一),《新民丛报》第 5 号,第 77—78 页。
② 参见潘承弼等辑《太炎先生著述目录后编》,《制言》第 34 期,1937 年。
③ [日]涩江保《希腊罗马文学史》,东京博文馆,1891 年,第 19—23、25—26、31 页。

(四)《春秋》以后,史书皆不用韵,相当于古希腊散文的"历史文";九流继起,管子记数,老庄协韵,尚存旧章,孔、墨二家始为散文的"哲学文";至战国,纵横家起于行人口说,名家确立"演说元则",是为"演说文"。① 为了比附希腊文学发端的类别,章太炎把经书(史诗及乐诗)、传记(历史文)、子书(哲学文、演说文)都纳入了"文学史"的范围。

章太炎还注意到"韵文"与"散文"相继发生的历程背后,有"口耳"与"文字"媒介的交替:"古者文字未兴,口耳之传,久则忘失,缀以韵文,则便于吟咏,而记臆〔忆〕为易。"② 按此即为阮元《文言说》的基本论点。阮氏追溯上古文献口头传播的方式,旨在论证韵文、骈文等声音之文的正统(详下节);但章太炎的引用却更侧重文学发生史意义上文体的分化。于是,在阮氏韵散对立的框架之外,又出现一条"口说"与"文辞"代兴的线索,体裁形式的分类标准正是源自传播方式的差异:史诗原为矇瞽口传,写定为二《雅》,即成为文辞;《书》中直录王言的誓、诰为口说,多含韵文的帝典为文辞。与阮氏说不同的是,章太炎将《春秋》、孔墨诸家散文和后世笔语也视为文辞;战国纵横家、名家则为口说。"口说"、"文辞"二者的区分,并不完全以韵、散为界,而是系于在流传、记载的过程中是否经过书面化的加工:

> 等是人言,出诸唇吻,而据实而书,不更润色者,则曰口说;镕裁删刊,缘质构成者,则曰文辞。③

魏晋以后,文士又有文、笔之分,章太炎认定"文既异笔,而口说复与文、笔大殊","文"与"笔"都在"文辞"范围内;与之相对,战国纵横家言、宋儒语录,以及晚清流行的演说、策论等,则都属于"务动听闻"的"口说",而与"务合体要"的"文辞"不同科。

章太炎提出"口说"、"文辞"两条对立的谱系,除了文学史新知的启发,实离不开阮元立足于文选学立场的"文言说"。不同于此后章氏文论针对选学的严苛态度,《文学说例》对选学和骈体都相当宽假,在六朝人所称"文"、"笔"之间也

---

① 《文学说例》(三),《新民丛报》第15号,第49—50页。
② 同上书,第49页。
③ 同上书,第50页。

尚无轩轾。章太炎称道"《文选》不录口说,此后人所宜法"①,对应于古希腊"演说文",他在中国文学(文献)发生史上找到的"口说"原型,正是昭明太子《文选序》所谓"传之简牍而事异篇章"的策士辩说。根据从涩江保书中所得"希腊文辞,务在对称"②的新知,章太炎断言爱好骈偶是"人情所必至,初无间于东西",又指出骈文佳者"体若骈枝,语反简核",若能以"文言"之体行"质言"之实,则远胜苏轼、陈亮辈策论的辞费。他甚至称颂阮元推崇骈俪,"上溯《文言》,信哉其见之卓也",完全折服于"文言说"。③

由此反观《文学说例》整篇中的"文辞",实兼有训诂意义上的"文字"和文体意义上的"文言"两重涵义。二者之间不无冲突,显现了章太炎早期文论的复杂性。首先,文辞"缘质构成",必须根据"质言",祛除"表象";其优劣在于"通小学"与否,因此正名分的《春秋》以及后世经师"故训求是之文"才是"文辞"典范。但在文学史论述和阮元文言说影响下,章太炎所举的"文辞"特质中又有"镕裁删刊"等修饰之功,所列"文辞"谱系中韵文亦占大宗。而从《文学说例》前半篇"文字"的立场来看,协韵正是"表象"的源头之一:"有韵之文,或以数字成句度,不可增损;或取协音律,不能曲随己意。强相支配,疣赘实多,故又有训故常法所不能限者。"④"文辞"并不总能贯彻"文字",这时"文辞"便又近于"文言"之"文"的取义。

以《希腊罗马文学史》为媒介,章太炎在《文学说例》中将中国"文学"缘起类比于希腊古典文类的发生,提出"口说"与"文辞"两条线索,已触及中西古代文明流播过程中"口传性"与"书写性"的并列。但他所谓"文辞"兼有"文字"和"文言"两重含义;与此对应,其"口说"概念虽然远溯上古文学发生过程中的口头表达形式,却更明确地指向战国纵横家策论以降直录或模拟口头风格的文体传统(类比于古希腊"演说文"以下的口头辩论传统)。在传播方式和文体谱系之间,章太炎尝试建构了一条发生学理路,但其中又确有若干未能厘清的纠葛。比如,章太炎援引昭明太子《文选序》作为其贬低"口说"一系文体的依据;但《文选序》排斥策士辩说"事异篇章",未必是像章太炎那样出于对口说"表象"的不信

---

① 《文学说例》(三),《新民丛报》第15号,第51页。
② [日]涩江保《希腊罗马文学史》,第26—27页。
③ 《文学说例》(三),《新民丛报》第15号,第56页。
④ 《文学说例》(二),《新民丛报》第9号,第67页。

任,而是另有其选"文"的标准。站在阮元的立场,早期文献口耳相传生成的声韵属性是"文"的源头;章太炎这一时期的"文辞"概念纳入了经过阮元重新定义的"文"和"笔",但其中狭义的"有韵为文",却无法贯彻书写性意义上"文"的理路。

从《文学说例》涵纳阮元"文言说"这点来看,这一时期章太炎的文论似乎还没有充分意识到"文言之文"背后隐含的口传性前提,及其与"文字之文"所带书写性不可调和的冲突。受制于"文"、"言"对立的格局,章太炎把"文言"与"质言"同归入经过书面加工的"文辞"谱系,形成与"口说"对峙的局面。然而,战国纵横家"口说"在阮元"文言说"的相关论证中,本来并不是一个特别凸显的环节。章太炎对其格外重视,很可能受到乾嘉时期另一学术大家章学诚的启示;与此同时,亦是激于当时"策士文学"的流行。据民初罗家伦追记,晚清"策士文学……早开于魏默深(源)、龚定庵(自珍)之流,其后康有为等'公车上书'……大有战国时候苏、张的态度……而这类纵横捭阖的腔调,在梁任公(启超)先生所办的《时务报》《新民丛报》里,更可谓集其大成"。① 总之,章太炎早期文论虽从小学训诂的角度确立了以书写性为中心的立场,但其中所见的"口传—书写"议题,颇受外在因素触发或干扰,在"文字"和"文言",传播方式和文体谱系之间,似乎还没有形成自洽的理路。

二、"口耳"与"竹帛":乾嘉学者对"声音"的关注

《文学说略》仅是章太炎早期文论的一个小结。1905年,刘师培在《国粹学报》上刊布《文章源始》《论文杂记》及《文说》诸篇。次年,章太炎发表《国学讲习会略说·论文学》斥及其说,后又改写为《国故论衡》中的《文学总略》篇,成为近代文论史上的经典。

章太炎、刘师培二人经学同治《左传》,史学同受西方社会学影响,享有许多共同的学术关切。其文论亦呈现出交互刺激的局面。作为论争发端,1905年刘师培论"文"诸篇,仍多带有章太炎早年论述的痕迹:如《文章源始》援用涩江保《希腊罗马文学史》书中"文学之兴也,韵文完备,乃有散文,史诗既工,乃生戏

---

① 罗家伦《近代中国文学思想的变迁》,《新潮》第2卷第5期,1920年。

曲"等语,来证明"骈文一体,实为文体之正宗",显然从《文学说例》转手;①《文说》中《析字》《记事》二篇,亦自章太炎《文学说例》推崇故训、袪除"表象"之说脱化。更重要的是,刘师培的《文章源始》同样是一篇"文学缘起论",内中蕴含的西方社会学视野,以及按照"文""语"两条线索叙述古代文献发生的思路,实可看作章太炎《文学说例》区分"文辞"、"口说"的回响。

然而,以"析字"、"记事"等朴学家共识为先导,刘师培却引出了"声音为文"的论断。他认定"文"的作用在声韵而非书写,声韵的来源则为上古文献的口传性。这便与章太炎相关论述中侧重书写文字的面相起了冲突。特别是章太炎素来看重的《春秋》《国语》《三礼》等记事、论难、议礼之文,竟都在刘师培所持"文"的标准外。② 追本溯源,刘师培亦引阮元的《文言说》为据:

> 古人无笔砚纸墨之便,往往铸金刻石,始传久远。其著之简策者,亦有漆书刀削之劳。非如今人下笔千言,言事甚易也。……古人以简策传事者少,以口舌传事者多;以目治事者少,以口耳治事者多。故同为一言,转相告语,必有愆误。是必寡其词,协其音,以文其言,使人易于记诵,无能增改,且无方言俗语杂于其间,始能达意,始能行远。③

阮氏此说,针对唐宋以来"古文"之名,考证孔子于"十翼"中著《文言》,"不但多用韵,抑且多用偶",是要借经典权威树立骈文正统。但在晚清骈散之争(以及背后的汉宋之争)消歇后,上述文段所论"目治"、"耳治"的升降,关乎文学起源,变得更为显眼。按照阮元描述,上古书写材料难得,著于竹帛不易,文献多以口耳相传,为了便于记忆,并避免口传误差,才有了"寡其词,协其音……且无方言俗语杂于其间"等"文其言"的加工修饰。章太炎眼中不免"表象"之病的叶韵对偶,在阮元、刘师培的论述中,正是保证经典意蕴得以准确传播的手段,且是口传时代自然形成的属性。④ 正如日后黄侃所阐发:"言语有修饰,文章亦有修

---

① 刘光汉(师培)《文章源始》,《国粹学报》第1期,1905年2月23日。按:在刘师培文中,涩江保所论"希腊文学"被误记为"罗马文学",其书则被误为《罗马文学史》。
② 刘光汉《论文杂记》二,《国粹学报》第1期,1905年2月23日。
③ 阮元《文言说》,《揅经室三集》卷二,邓经元点校《揅经室集》,中华书局,1993年,第605页。
④ 阮元更提示,在口传时代,"有韵有文之言"以外,如一言、三省、三友、三乐、三戒、三畏、三愆、三疾……等"以数记言",亦是使经典易于记诵的手段。见阮元《数说》,《揅经室集》,第606—607页。

饰,而皆称之文。言曰文,其修饰者,虽言亦文;其不修饰者,虽名曰文,而实非文也。"①——"文"的本质是协韵对偶等声音修饰,协韵对偶著于口传,缘起于书写之前,与书写环节并没有必然联系。这是阮、刘文言说跟章太炎文学缘起论最根本的区别。

当初,阮元"综合蔚宗、二萧(昭明、元帝)之论,以立文笔之分,因谓无情辞藻韵者不得称文"②,基于扬州选学传统和清代骈文家的尊体意识,对六朝时期"文笔论"不无曲解。③ 同时,也要看到"文笔论"的脉络之外,清代古韵学发达对阮氏"声音即文"观点形成的作用。阮元《文言说》撰于1813年④,至1825年阮氏又补撰《文韵说》,意在牵合"用韵"与"用偶",扩大"有韵为文"的范围。除了罗列《文言》《系辞》及"子夏诗序"用韵兼用偶的实例,阮元更在注间援引王念孙"《三百篇》用韵,有字字相对极密"之论,举《诗》中《匏有苦叶》《卷阿》各章,作为句中用韵、宫商相应的佐证。⑤ 其实,早在1805年阮元就曾向其门人臧庸面述王念孙所说《卷阿》"凤凰鸣矣"章"字字有韵"的观点,臧庸且因此而"疑《仪礼》冠昏辞命亦字字有韵"。⑥ 后来臧庸致信阮元,言及王念孙关于《汉广》字字皆韵的分析,指出"诗人之例,句末之韵,必用其本类;韵上之字,乃用其通协",并据此补充《诗》《书》《左传》等经传"句中用韵"的例证,还提到钱大昕早就有"铭辞八言,字字皆韵"之说。⑦ 可知阮元从六朝向三代追溯"文韵"统系的努力,实与钱大昕、王念孙、臧庸等考证古书"字字皆韵"的工作桴鼓相应。对于文章、文体口传声音层面的重视,其背景是清儒对经传等早期文献生成机制的再认识。借着古韵学的实质进展,当时考据学圈确有将"韵文"推向群经乃至整个"三代之书"的趋势。

清代古韵学与文字学的互动,也使学者对语言文字来源有了新认知。"清

---

① 黄侃《文心雕龙札记》,中华书局,2006年,第8—9页。
② 同上书,第256页。
③ 这方面近年的研究,参见曹虹《学术与文学的共生——论仪征派"文言说"的推阐与实践》,《文史哲》2012年第2期;冯乾《清代文学骈、散之争与阮元"文言"说》,《古典文献研究》第11辑,2008年,第278—294页;周兴陆《"文笔论"之重释与近现代纯杂文学论》,《文学评论》2015年第5期。
④ 阮元《文言说》未署撰年,其撰写时间的考证,详见王章涛《阮元年谱》,黄山书社,2003年,第576、580页。
⑤ 阮元《文韵说》,《揅经室续三集》卷三,《揅经室集》,第1065—1066页。
⑥ 转引自王章涛编《王念孙王引之年谱》,广陵书社,2006年,第148—149页。
⑦ 见臧庸《与阮芸台侍讲论古韵书》,《拜经堂文集》卷第三,《续修四库全书》本。

儒之治《说文》,本由古韵学一转手而来"①,多注重声音与文字孳乳的关系。清初潘耒已提出:"声音者,先文字而有……字造乎人,而音出乎天者也。"②此类论调逐渐演为乾嘉训诂学"因声求义"的实践,"专由声音以言训诂,为戴氏独得之学。后此王氏父子即应用此法,卓著成绩"。③而关于文字起源,当时学者亦更强调"卦画"之前的"声音",段玉裁为王念孙《广雅疏证》作序,即主张"圣人之制字,有义而后有音,有音而后有形"④;阮元则谓"古未有字,先有言有意,言与意立于诸字未造前"。⑤可知"声音"或"语言"在文字之前,已成考据圈的普遍认知。至清末刘师培秉承其乡先贤黄承吉的"右文说",揭示"上古之时,有语言而无文字,凡字义皆起于右旁之声,任举一字,闻其声即知其义",从而论证"文字"与"文章"均以声音为本,实可视作这一潮流的尾声。⑥

不过,戴震、王念孙、段玉裁等训诂学者关于"声音文字之本"的论述,距离阮元《文言说》所阐"耳治"、"目治"交替的文化史图景,尚有一间未达。因为文字的发明与文字的应用并非一事,口耳相传不仅发生在造字以前;在有文字之后,书写仍然面临多重困难。故口传时代绵延甚久,得以影响书写体式。考据家多注重具体的音韵文字问题,对"三代"的文化史背景则殊少著墨。⑦而在稍早触及相关问题并进行体系化论述的,反而是身为考据学风批评者的章学诚。

在阮元发布"文言说"的整三十年前,章学诚借《文史通义·诗教上》篇阐释了战国为古今政教文章一大转折的看法。他指出战国之文源于六艺、纵横之学出自诗教,不仅后世文体备于战国,著述之事亦至战国而始专。而在这些变化背后,则有从"口耳"到"竹帛"的变迁:"三代盛时,各守人官物曲之世氏,是以相传以口耳,而孔孟以前,未尝得见其书也。至战国而官守师传之道废,通其学者,述旧闻而著于竹帛焉。"⑧就在同一年(1783),章学诚还撰有《言公》三篇,指

---

① 梁启超《中国近三百年学术史》(新校本),商务印书馆,2011年,第255页。
② 潘耒《声音元本论》上,《遂初堂集·文集》卷之三,《续修四库全书》本。
③ 梁启超《中国近三百年学术史》(新校本),第266页。
④ 段玉裁《王怀祖广雅注序》,钟敬华点校《经韵楼集》卷八,上海古籍出版社,2008年,第187页。
⑤ 阮元《焦氏雕菰楼易学序》,《揅经室一集》卷五,《揅经室集》,第123页。
⑥ 刘光汉《文章源始》,《国粹学报》第1期,1905年2月23日。
⑦ 在阮元之前,惠栋曾提示汉人训诂之学由"口授"向"竹帛"的转变。详见惠栋《九经古义述首》,《松崖文钞》卷一,《续修四库全书》本。
⑧ 章学诚《诗教上》,《章学诚遗书》,文物出版社,1983年,第6页。

出"古人之言,所以为公也,未尝矜于文辞,而私据为己有也"①,实与《诗教上》篇中的三代口传说互为表里。在章学诚的理论体系中,上古"治教无二,官师合一"为理想状态②,其时"文字之用,为治为察"③,除了"六经"作为先王政典掌故而有书写下来的必要,"专门之学"依托世家官守,代代口耳相传,本不必著于文字。"以文字为著述,起于官师之分职,治教之分途"④,是周室东迁王官放失以后之事;至战国而"官守师传"全废,才有文字著述的独立和作者意识的萌发。

在训诂家的"声音"、"文字"起源论之外,章学诚从知识传播与古书类例的角度,提供了另外一种考察"文学缘起"的视野。这些论述中尤可与阮元《文言说》相对照的,是他在《诗教下》篇接着铺陈三代以前口传状况,特别强调"声诗"的作用:

> 三代以前,诗教未尝不广也。夫子曰:"不学《诗》,无以言。"古无私门之著述,未尝无达衷之言语也;惟托于声音而不著于文字。故秦人禁《诗》《书》,《书》阙有间,而《诗》篇无有散失也。后世竹帛之功胜于口耳,而古人声音之传胜于文字,则古今时异,而理势亦殊也。⑤

其中"后世竹帛之功胜于口耳,而古人声音之传胜于文字"一句,与阮元"古人以简策传事者少,以口舌传事者多;以目治事者少,以口耳治事者多"之论如出一口。章学诚也注意到先秦文献中韵文的广泛存在,"演畴皇极(指《尚书·洪范》),训诂之韵者也,所以便讽诵,志不忘也;六象赞言(指《易·象辞》),爻系之韵者也,所以通卜筮,阐幽元〔玄〕也……传记如《左》《国》,著说如《老》《庄》,文逐声而遂谐,语应节而遴协";他更指出口承传统在书籍流传以后的延续,从焦贡《易林》、史游《急就篇》等小学书,到《黄庭经》《参同契》等道教经典,直至医卜百工五七言"歌诀",无不采取韵文,"取便记诵"。⑥ 章学诚曾自诩与阮元"素称知契"⑦,二人往还大概在1795年阮氏移任浙江学政以后。章学诚念念不忘

---

① 章学诚《言公上》,《章学诚遗书》,第29页。
② 章学诚《原道中》,《章学诚遗书》,第11页。
③ 章学诚《原道下》,《章学诚遗书》,第12页。
④ 同上。
⑤ 章学诚《诗教下》,《章学诚遗书》,第6页。
⑥ 同上。
⑦ 章学诚《与胡雒君论校胡稚威集二简》(1796),《章学诚遗书》,第118页。

阮元早先与人作书,曾称道"会稽有章实斋,所学与吾辈绝异,而自有一种不可埋没气象"①。当然这些都出自实斋的一面之词,阮元方面文献甚少提及章学诚。故二者论述之间是否存在影响关系,尚不能论定。

况且,若细考《诗教下》篇的立言旨趣,实与阮氏宗旨大异。章学诚虽承认三代声教之盛,注意到"声韵"传播文献的作用,却并不认同"声韵"为诗教本质:"学者惟拘声韵之为诗,而不知言情达志,敷陈讽喻,抑扬涵泳之文,皆本于诗教。"他罗列经、史、子乃至歌诀用韵的事实,并非要像阮元那样抬升韵文地位,而恰欲凭此证明"谐音协律不得专为诗教","善论文者,贵求作者之意指,而不可拘于形貌",并由此痛陈《文选》分体之陋。② 凡此诸点,均与注重声律形貌、以昭明太子《文选序》为立论基础的"文言说"判然有别。

不应忽视章学诚学术史论说中"声音"作用的凸显。但谐音协律等形成于先代口传或后世吟咏的"形貌",仍有赖于文字记载;章学诚看重的"意指",则完全超乎文字之外。其说较阮元等考据家,更彻底地强调口传优势:"专门家学,书不尽言,言不尽意,必须口耳转授,非笔墨所能罄"③,"竹帛之外,别有心传,口耳转授,必明所自,不啻宗支谱系不可乱也。此则必从其人而后受,苟非其人,即已无所受也,是不可易之师也"。④ 口授心传的意义并不在文学形式的生成,而是这种秘传默证的方式有可能传递文字之外的意蕴,保证专门之学"成一家之言"。六经、诸子以降,汉初经师的"师法"、"家学",在章学诚看来正是口授心传的典范:"《公》《穀》之于《春秋》,后人以谓假设问答以阐其旨尔,不知古人先有口耳之授,而后著之竹帛焉。非如后人作经义,苟欲名家,必以著述为功也……古人不著书,其言未尝不传也……门人弟子,援引称述,杂见传纪章表者,不尽出于所传之书也,而宗旨卒亦不背乎师说。则诸儒著述成书之外,别有微言绪论,口授其徒,而学者神明其意,推衍变化,著于文辞。"⑤ 章学诚此处所举《公羊》《穀梁》二传口说授受的例子,正是清代今文经学的常谈;其对"微言绪论"的夸张,更与晚清公羊家的"口说微言"之论若合符契。

---

① 章学诚《与朱少白书》,收入《章氏遗书佚篇》,《章学诚遗书》,第 693 页。
② 章学诚《诗教下》,《章学诚遗书》,第 6—7 页。
③ 章学诚《史考释例》,见《章氏遗书补遗》,《章学诚遗书》,第 616 页。
④ 章学诚《师说》,《章学诚遗书》,第 51—52 页。
⑤ 章学诚《言公上》,《章学诚遗书》,第 30 页。

乾嘉之际，章学诚、阮元先后注意到上古文献的口传性，但二者的发言动机和论述方向却大有出入。阮元提示"耳治"与"目治"的区别，有挑战古文家"文统"、确立衡文新标准的用意。因此势必要在书写成文的领域继续与"古文"竞争。"文"的声音性不仅没有随着目治时代的来临而消弭，反而敷衍出一条从孔子《文言》出发，经过六朝骈俪、唐宋四六乃至明清制艺而直达当代骈文的文章正统。其所承认的口传特性并不是唐宋语录、话本那样直录或模写口语甚至方言的形式。就此而言，阮氏文言说确与章太炎早年文论有沟通之处，二者均认同"文"要对"言"进行加工，"文字"之文和"文言"之文都离不开文章的形式，分歧只是这种加工作用应该体现为文字训诂的区分度，还是吟咏声韵的修饰性。而在章学诚的政学理念中，从"口耳"到"竹帛"的迁变关乎政教理想的存废，文字能力被看作政教共同体的威胁，纯粹的"口授心传"才是官师合一、师法有序的体现和保证。随着战国时代口说著于竹帛，知识的边界渐被打破，带来学术统系的混乱；书写文辞的流行与著作意识、知识私有观念的发生同步，人们因"私据已有"之心而"矜于文辞"，又反过来使文字流于"形貌"而失去"意指"。在章学诚这里，被否定的是整个书写传统，无怪乎到了晚清民初，其富于权威倾向的政教学说竟能一变而为反传统的思想资源。

百年以降，学者但知章学诚说"六经皆史"或"校雠类例"，于其注重口传的意向殊少关注。相比之下，阮元"文言"、"文韵"、"文笔"诸说再传而为刘师培、李详等扬州选学派的文论，在清末国粹运动中一度颇具声势。[①] 特别是刘师培在阮氏旧说基础上，综合黄承吉的"右文说"与章学诚所分学术源流，同时借鉴西洋文学史韵、散二分框架，重新安排经、子、史等上古文献归属（按此实与阮元立足《文选序》排斥经、子、史的方式已有所不同），意在铺陈另一部"耳治"的文学发生史，却招致章太炎的反驳。

早在诂经精舍时代，章太炎就对阮元、臧庸等任意夸大经书中"声韵"作用的倾向有所批评，指出《春秋》《仪礼》为"叙事之文，实事求是，适同韵者不改，不同韵者亦不改"，与"协韵"等"文章润色之法"实不相容。[②] 但1902年发表的《文学说例》却涵纳了阮氏文言说，以叶韵修饰为"文辞"特性之一，盖因"文言"

---

① 参见张明强《〈国粹学报〉与晚清骈文学建构》，《古典文献研究》第16辑，2013年，第335—344页。
② 参见章太炎《膏兰室札记》卷一，《章太炎全集》（一），上海人民出版社，1982年，第130页。

与"不更润色"的"口说"相比,仍稍接近太炎以"文字为文"的理想。1905 年,刘师培在《论文杂记》中借用佛教"经"、"律"、"论"之别,贬低《春秋》《三礼》以下记事论难、会典律例之文为"论"、"律",而独尊藻绘之文(即阮氏所谓"文言")为"经"。①刘氏此论,表面上针对单行散体的"古文",却极易误伤日益推重"持理议礼之文"的章太炎,更有可能使章太炎意识到《文学说例》等篇牵扯"文言说"实在是自乱阵脚,有必要重新界定"文"的范围。

1906 年 9 月,章太炎在东京出版《国学讲习会略说》,其中《论文学》篇首言"以有文字著于竹帛,故谓之文"。② 章学诚、阮元所重"著于竹帛"以前"口耳相传"的内容,都不在章太炎"文"的范围内。与此前《订文》《文学说例》等篇"文字为文"的理念相比,"著于竹帛"四字进一步凸显了书写质料的重要性,亦即在文字的发明、孳乳、假借之后,还要有书写工具与书册制度,才能使文字区分于口头语言、反作用于语言,使之精密化为有法式可循的"文"。换言之,不同于《文学说例》中从文体意义上兼容"文言之文"的"文辞"概念,《论文学》及其后《文学论略》《文学总略》诸篇中的"文",完全是以书写文字和书写质料来定义,几乎等同于传播媒介意义上的"书写性"。正是在这一极端强调书写的标准下,图画、表谱、簿录、算草等"无句读文"也得以纳入"文"的范围,且因其完全脱落了口头语言的声音性,更被章太炎推举为"文"的极致("纯得文称")。③ 除了"文章"、"文笔"等名义的具体辨析,针对刘师培以"文饰"与否区分"文"、"辞"的论调④,章太炎指出:

> 且文辞之称,若从其本以为分析,则辞为口说,文为文字。古者简帛重烦,多取记臆〔忆〕,故或用韵文,或用骈语,为其音节谐熟,易于口记,不烦纪载也。战国纵横之士,抵掌摇唇,亦多叠句,是则骈偶之体,适可称职。而史官方策,如《春秋》《史记》《汉书》之属,乃当称为文耳。由是言之,文、辞之分,矛盾自陷,可谓大惑不解者矣。⑤

这段话 ,故曰:"研论文学,以文字为主,不当以彣彰为主。"⑥

---

① 刘光汉《论文杂记》二,《国粹学报》第 1 期,1905 年 2 月 23 日。
② 章炳麟《论文学》,《国学讲习会略说》,东京秀光舍,1906 年,第 33 页。
③ 《国学讲习会略说》,第 53 页。
④ 刘光汉《文章源始》,《国粹学报》第 1 期,1905 年 2 月 23 日。
⑤ 《国学讲习会略说》,第 37—38 页。
⑥ 同上书,第 33 页。

清末章太炎与刘师培之间的"文学"、"文章"定义之争,历来受到研究者关注,具体论争过程本文不再重复。① 惟欲指出双方论争的实质,乃在"文"和"文学"定义中口传因素(声音)和书写因素(书面文字与书写质料)谁更具有决定性。章学诚、阮元先后指出的"口耳"、"竹帛"之分,无疑是章太炎相关论述展开的知识背景。乾嘉以来学者对于上古知识传播"声音"因素的发掘,更提示了书写质料在从"耳治"向"目治"转型过程中的支配作用。故1906年以后章太炎的文论,已从早年侧重"言"与"文"对立架构下的文体史梳理("口说—文辞"),推进至记载与传播媒介意义上"文"的再定义。而还原到早期文献的媒介性问题本身,章太炎的"书写性"论述中还隐含着另一个潜在论敌,涉及与此几乎同时展开的晚清今古文经学之争。

三、"口说"与"传记":经学之争与文学缘起

从1902年的《文学说例》到1906年的《国学讲习会略说·论文学》,章太炎对阮元"文言说"的态度发生了转折,从兼容"文言"的"文辞"回到了完全以书写(著于竹帛)定义的"文"。这一变化,是否只有文章学理路的解释?流亡日本时期,章太炎有意在讲学基础上构建学科体系,1910年《国故论衡》成书,即按照"语言文字之学"、"文学"、"诸子学"的顺序分为三卷,意在标举治学次第。其中"经学"的缺席,实出于章太炎有意的搁置。② 但在该书"中卷文学"的八篇中,却有《原经》及《明解故》上下共三篇涉及经书名义或经注体例的文字,提示了章太炎文论的经学指涉。

《国故论衡》中卷《原经》一篇,衡论章学诚、康有为二家经说,可视为章太炎古文经学立场完成的标志。③ 在同卷《明解故下》篇,章太炎指出"古文经"之可贵在于"依准明文,不依准家法",今文家重视"家法"而古文家依据"明文",体现

---

① 关于这一问题的代表性论著,参见王枫《刘师培文学观的学术资源与论争背景》,《学人》第13辑,江苏文艺出版社,1998年,第265—294页。
② 1906年的《国学讲习会略说》就已由"诸子学"、"文学"、"小学"三篇组成,应是早有此设计。1909年章太炎致信《国粹学报》,明言"经学……暂置弗讲",有意识地把经学排斥在讲学之外。见《国粹学报》第59期"通讯",1909年11月2日。
③ 不同于其中年以后建立的"古文经学家"形象,章太炎早年的经说曾依违于章学诚"六经皆史"与今文经学"微言大义"之间。详见刘巍《从援今文义说古文经到铸古文经学为史学——对章太炎早期经学思想发展轨迹的探讨》,《近代史研究》2004年第3期。

在知识传承方式,即"口说"与"传记"的区分:

> 若乃行事之详,不以传闻变;故训之异,不以一师成。忽其事状,是口说而非传记,则虽鼓箧之儒,载笔之史,犹冥冥也。①

"是〔信〕口说而非〔背〕传记",语出刘歆《移让太常博士书》。一经之说,口耳相传为"口说",著于竹帛为"传记"。此处"口说"意涵,自与章氏《文学说例》等早期文论中直录口语的文体概念不同。但文学与经学两种"口说"都以口头传播方式界定,可以说是"口传性"在不同学术领域及著作形态中的体现。章氏文论中用来充实"文学"定义的"著于竹帛"四字,本身就带有强烈的经学色彩。② 而在1906年的《论文学》篇中,章太炎又将经书传记散入学说、历史、公牍、典章、占繇等"有句读文"诸科。以文体史和知识传播史的"口说"概念沟通经说著作的"口说"体裁,更是顺理成章。

章太炎早岁研治《春秋左氏传》,刻印"刘子骏私淑弟子",经学立场深受刘歆影响。③ 自西汉末刘歆争立古文经,围绕《左氏》是否传《春秋》,以及经说中"口说"与"传记"优劣等问题,经学史上讼争千载。《史记·十二诸侯年表》记孔子"次《春秋》……七十子之徒口受其传指,为有所刺讥褒讳挹损之文辞,不可以书见也。鲁君子左丘明惧弟子人人异端,各安其意,失其真,故因孔子史记具论其语,成《左氏春秋》"④;《汉书·艺文志》则以《春秋》《尚书》皆"史官"之业,孔子与左丘明同观史记,丘明"论本事而作传,明夫子不以空言说经也……及末世口说流行,故有公羊、穀梁、邹、夹之传"⑤。但《公》《穀》二传由口传而写定后,较早立于官学。西汉经师推重"口说",后世今文家更深斥《左氏春秋》,以为与晏子、铎氏、虞氏、吕氏诸"春秋"同流,不为传体。清代嘉、道之际,刘逢禄撰《左氏春秋考证》,即发挥斯旨,认定微言大义传于口受而"不可以书见"。⑥

---

① 章太炎《明解故下》,见《章太炎全集·国故论衡先校本、校定本》,上海人民出版社,2017年,第82页。
② 徐彦《公羊注疏》引戴宏序:"子夏传与公羊高,高传与其子平……至汉景帝时,寿乃共弟子齐人胡毋子都著于竹帛。"见阮元校刻《十三经注疏》,台北艺文印书馆,2001年影印本,第7册,第3页。
③ 见沈延国《膏兰室札记校点后记》,《章太炎全集》(一),第302页。
④ 司马迁《史记》卷一四,中华书局,2016年,第647—648页。
⑤ 班固《汉书》卷三〇,中华书局,1962年,第1715页。
⑥ 刘逢禄《左氏春秋考证》,《皇清经解》卷一二九五,《续修四库全书》本。

晚清今文经学大盛,牵扯到今古文经说的界限,"口说"与"传记"之争再掀波澜。光绪间,廖平以《今古学考》(1886年)平分今古,谓"今古诸经,汉初皆有传本传授……诸说后来或分口说、载籍,或以为有师、无师,皆谬也"。① 但数年后,廖氏即在其"经学二变"的代表作《古学考》(原题《辟刘篇》)中尽翻前说,指出"今古学之分,师说、训诂亦其大端",今学师说有授受,口传多得本源,古学训诂则"望文生训,铢称寸量,多乖实义"。② 廖平又以汉代以前经义为口传,文字多变,犹如"翻译","语有今古之分,意无彼此之别";汉以后尊经,不敢改字,而别为笺注,导致经术日微。按照廖平此篇的经学史描述,从"今学"到"古学"的倒退,实伴随着从"口说至上"向"经文至上"的转向。③

真正把"口说"推向经学思想史中心的还是康有为。其震骇一时的名著《新学伪经考》(1891年)即分六经之传为"书本"与"口说"二支,以为"古人字仅三千,理难足用,必资通假,重义理而不重文字,多假同音为之,与今泰西文字相近。譬犹翻绎〔译〕,但取得音,不能定字……汉儒之尊,以其有专辄之权,得擅翻经之事。《诗》不过三百五篇,《书》不过二十八篇,为文甚简,人人熟诵,诚不赖书本也",显然与廖平同调。④ 在日常讲学中,康有为更屡次提到纬书"皆孔门口说,中多非常异义"⑤;孔子谓"书不尽言,言不尽意",康氏以为"书者,六经也;言者,口说也"⑥,今文师说各异,源于口说相传,各有不同,甚至《公羊》《穀梁》大义,亦有其书本无,而何休《注》、董仲舒《繁露》反有者。⑦ 于是有《春秋董氏学》(1896年)之作,辑录《公》《穀》所无,而仅存于《繁露》的"口说",并专辟有《春秋口说》一篇伸张此旨。

康有为之所以特重"口说",除了今文经学的传统,更在于"口说"的神秘性、不确定性为他挣脱经传文本束缚,任意发挥"非常异义可怪"的政治想象力提供

---

① 廖平《今古学考》卷下,舒大刚、杨世文编《廖平全集》第1册,上海古籍出版社,2015年,第86页。
② 廖平《古学考》,同上书,第132页。
③ 廖平《经话甲编》卷一,同上书,第182—183页。
④ 康有为《新学伪经考·史记经说足证伪经考》,中华书局,1956年,第29页。
⑤ 康有为《桂学答问》《万木草堂口说·学术源流二、孔子改制一》,楼宇烈整理《长兴学记 桂学答问 万木草堂口说》,中华书局,1988年,第34、71、103页。
⑥ 康有为《万木草堂口说·学术源流二》,同上书,第71页。
⑦ 康有为《万木草堂口说·春秋繁露》,同上书,第197页。

了极大空间。《孟子》称《春秋》"其事则齐桓、晋文,其文则史,孔子曰其义则丘窃取之矣"。康氏据此断定孟子说《春秋》"重义不重经文",并指出"凡传记称引《诗》《书》,皆引经文,独至《春秋》,则汉人所称,皆引《春秋》之义,不引经文。此是古今学者一非常怪事,而二千年来乃未尝留意"。① 他意在克服"经文"障碍,建构其一家之"经义";经义在"口说"不在文字,故戴震等乾嘉考据家识字以通经的路线是大谬。② 康有为所陈说,正是章学诚、龚自珍以来主张超越训诂,以六经为史、为器、为掌故政典之论的近代形态;而其推崇甚至神化"口说"、贬低训诂文本路径的倾向,尤近于章学诚所阐"口授心传"、"微言绪论"足以默证师传的观点。③

同样曾经服膺章学诚的章太炎,在晚清经学史上处在与廖平、康有为针锋相对的古文经立场上。其对于今文经学所张扬"口说"、"师法"的态度,自然可想而知。当然,章太炎"古文经"观点的独立有一个逐渐明晰化的过程。1893年7月前,章太炎就已将少作《春秋左传读》付石印,卷首《叙录》专驳刘逢禄《左氏春秋考证》。④ 据其自定年谱,"二十四岁(1891)始分别古今文师说";⑤但按诸《叙录》,章太炎最初仍欲沟通三《传》义例,重建《左氏》师承,不脱今文家微言大义及口说神秘性观念的笼罩。⑥ 至丁酉、戊戌年间与康党交恶,1899年作《今古文辨义》斥廖平,继而三渡日本,受西方社会学说和实证史学触发,其古文经学面目才日渐明朗。

收入《訄书重订本》的《清儒》,是1902年章太炎构想"中国通史"中"学术志"的一篇。该文虽以叙述清代学术史为主体,冒头却有一段引论,借宗教学新说重释"六经皆史"。章太炎指出六艺近于神话,而东汉古文经师与清儒皆能"使六艺复返于史,神话之病,不渍于今"。⑦ 章太炎还在篇末论及"十三经"经

---

① 康有为《春秋董氏学·春秋口说第四》,楼宇烈整理《春秋董氏学》,中华书局,1990年,第95页。
② 康有为《万木草堂口说·孔子改制二》,《长兴学记 桂学答问 万木草堂口说》,第109页。
③ 值得注意的是,西方哲学传统中也有一套贬低书写文字而强调口传作用的"未成文学说"论,其典型例证便是柏拉图《斐德罗》篇和书信中对书写的批判。详见先刚《书写与口传的张力——柏拉图哲学的独特表达方式》,《学术月刊》2010年第7期。
④ 参见俞国林、朱兆虎《章太炎上曲园老人手札考释》,《文献》2016年第1期。
⑤ 《章太炎先生自定年谱》,上海书店,1986年,第4页。
⑥ 《春秋左传读·叙录》(初版石印本),田访、吴冰妮、沙志利点校《儒藏》(精华编)八三,北京大学出版社,2014年,第9—10页。
⑦ 章太炎《訄书重订本·清儒》,《章太炎全集》(三),第154—155页。

目,主张《论语》《孝经》当与六艺分别,不宜同列于"经",从而提出"口说"与"官书"之别:

> 六艺者,官书,异于口说。礼堂六经之策,皆长二尺四寸。(原注:《盐铁论·诏圣篇》:二尺四寸之律,古今一也。《后汉书·曹褒传》:新礼写以二尺四寸简。是官书之长,周、汉不异。)《孝经》谦,半之;《论语》八寸策者,三分居一,又谦焉。(原注:本《钩命决》及郑《论语序》。)以是知二书故不为"经"。①

与"官书"并立的"口说",应与章太炎同样撰于1902年的《文学说例》篇中所指接近,即直录口语的早期文献。而还原到语境中,《清儒》篇此处在经学史脉络下论述"经目"问题,故又加入了从物质文化(简牍长短)的新视角。章学诚《校雠通义》有云:"官司典常为经,而师儒讲习为传。"②章太炎祖述其说,引汉儒所称简牍形制为证:经书与律书、礼制同属"官书",写以二尺四寸简;《论语》《孝经》"口说"相传,属"儒家言"或通论,写定于八寸或一尺二寸简。③ 二者沟分界画,不容混淆。章太炎以为,包括六经在内,"官书"的权威性体现于书简的长度,经、律、礼都属于广义上的写定历史,以事实为主,而与包括儒家在内主于义理的"百家言"不同。这自然就和廖平、康有为等今文家严分经、史,重经义而忽经文,从而张扬口说、师法的论调有所区别。

1906年流亡日本后,几乎与其文论的转型同时,章太炎也开始重理左氏学旧业,修订《春秋左传读叙录》并将之连载于《国粹学报》。④ 与旧作相较,改订后的《叙录》更坚实了古文经立场,在维护《春秋》与《左传》经传关系的基础上,进一步明确《春秋》为史学,孔子为史家。如章太炎驳刘逢禄"《左传》非传体"之说,旧本《叙录》仅发挥陈澧《东塾读书记》,指出"传"有传记、传注,《左氏》记事

---

① 章太炎《訄书重订本·清儒》,《章太炎全集》(三),第160—161页。
② 章学诚《校雠通义·汉志六艺第十三》,《章学诚遗书》,第102页。
③ 按:章太炎对简牍形制的推则,"周、汉不异"的推断基于传世文献,未必符合事实。晚近研究认为此种形制区别大概确立于汉文帝至武帝时期。详见王国维《简牍检署考》,《王国维遗书》第9册,上海书店,1986年,第1—4页;[日]富谷至著,刘恒武、孔李波译《文书行政的汉帝国》,江苏人民出版社,2013年,第38—42页。
④ 修订本《春秋左传读叙录》,连载于《国粹学报》第26—36期,1907年3月4日至12月24日。

亦属传体。① 《国粹学报》本则新添一段，继《清儒》篇后再次援引简牍形制为证：

> 有传记，有传注，其字皆当作"专"……《说文》："专，六寸簿也。"郑君《论语序》云：《春秋》二尺四寸书之，《孝经》一尺二寸书之，《论语》八寸。案：《春秋》二尺四寸，六经同之。《孝经》《论语》，愈谦愈短。……原夫古者名书，非有他义，就质言之而已。"经"、"纬"皆以绳编竹简得名，"专"以六寸簿得名。随文生义，则以"经"、"纬"为经天纬地，而以"专"为传述经义。②

随着章太炎逐渐走出章学诚影响，此处"就质言之"的论证动机，已与《清儒》篇分化"官书"、"口说"有别。章太炎欲突破今文家对传体的狭隘理解，策略是将一切经、传打回到书写质料。重要的不再是简策长短的区别，而是经、传名义都来自简策，故"以经为常，以传为转"为后起义，经名的神圣性连带解消。正如下文所论："假令事非诚谛，虽游、夏盈千言之，亦安足信。孔子于夏殷诸礼亦有耳闻，而文献无征，则不敢纂次其事，此所以为史学之宗。"③ 章太炎标举孔子为"史学之宗"，左丘明为史官，史官受学的依据是书写文献，并不需要口耳相传的"师保"。这与《国故论衡》中《明解故》等篇主张古文"依准明文，不依准家法"的观点正相表里。

康有为、章太炎早年都曾受到章学诚学说的笼罩，但在康氏发挥口说师法神秘性的同时，章太炎却得由"六经皆史"之说上追刘歆强调"传记"、"明文"的古文经观念。况且，章太炎认同戴震从文本训诂入手的朴学路线，自书写文献的角度理解经与史，其出发点已不同于章学诚。在中年成书的《国故论衡》中，章太炎已不再能认同《文史通义》将官书、典章、专家等制度性建构与"经"名捆绑的观点（《原经》），转而从文章体式的角度理解经传训诂（《明解故上》），并斥今文师传口说之不可依凭（《明解故下》）。居于《国故论衡》文学卷首的《文学总略》一篇，除了与刘师培等争论"文学"定义，更承担着确定"经"、"文"名义，使经

---

① 陈澧《东塾读书记》卷一〇，三联书店，1998年，第188页；章太炎《春秋左传读·叙录》（初版石印本），《儒藏》精华编八三，第17—18页。
② 《国粹学报》第28期，1907年5月2日。原文夹注略。
③ 《国粹学报》第29期，1907年5月31日。

书历史化亦即书写文献化的使命。

如前所述,在《訄书重订本·清儒》和修订本的《春秋左传读叙录》中,章太炎两度提及简牍形制,凭此确立经书传注"异于口说"、"就质言之"的书写文本特质,亦即视经书为书面历史记载的观点。而类似的文段,在1906年的《国学讲习会略说·论文学》以及1910年的《国故论衡·文学总略》中再度出现。这一回,简牍形制不仅被用来证明"书籍得名由其所用之竹木而起",更要从此推出"语言、文学(字)功用各殊"的结论:

> 经者,编丝缀属之谓也,是故六经而外,复有纬书,义亦同此……
>
> 传者,"专"之假借也……书籍名簿,亦名为专。专之得名,以其体短,有异于经。郑康成《论语序》云:《春秋》二尺四寸,《孝经》一尺二寸,《论语》八寸。则知"专"之简策,当更短于《论语》,所谓六寸者也。
>
> 论者,古只作"仑",比竹成册,各就次第,是之谓"仑"……①

尽管是讨论"文学",但章太炎所举的例子却是"经"、"传"、"论",尚未脱却论述经学问题的痕迹。当然,将"经"、"传"、"论"纳入文章,特别是在《清儒》篇论述基础上增加"论"的例子,也可能是为了回应刘师培《论文杂记》中比附释典"经"、"律"、"论"的文章分类;而"文学"植根于书写质料的论点,更可回溯章太炎早年所译涩江保《希腊罗马文学史》中有关西洋书籍名义取自书写材料的论述。② 但至少可就此推定,章太炎有关简牍形制的材料和相关论述,并非专为"论文学"而发,而更关乎他与今文"口说"十多年缠斗的历程。对应于康有为以"口说"为中心的经说和刘师培以"声韵"为作用的文论,章太炎终于得以证明:无论是在"经"还是"文"的缘起过程中,书写质料都发挥着核心作用,并由此定义了"经"和"文"共通的"书写性"。

要之,章太炎正是以"六经皆史"确立其古文经学的涯岸,从而与廖、康以来注重口说的今文师说相揖别。但其所主"六经皆史"的"史",重点已不在章学诚

---

① 章炳麟《论文学》,《国学讲习会略说》,第43—44页。
② [日]涩江保《希腊罗马文学史》绪论引 Collier《英国文学史》所举例:拉丁文 *liber*(书)取义于树之内皮,英文 book 为 beech(山毛榉)音转,*leaf* 既指树叶又有书籍缀页之义。见《希腊罗马文学史》,第10—11页;原文见 William Francis Collier, *A History of English Literature: In a Series of Biographical Sketches*, T. Nelson, 1865, pp.9—10。

所珍视的王官掌故,而在于历史文献的书写性,即著于竹帛、主于事实的"明文",且需要戴震那样的文字训诂工夫才能深入。① 一旦还原到"传之口耳"还是"著于竹帛"的问题,"文学"与"经学"的界线也就不那么重要了。章太炎古文经学立场的确立,与他祛除"文言说"影响、最终完成其以书写性为中心的文学论基本同步。在《论文学》《文学总略》等篇中,章太炎用同样的论据指出正是书写质料决定了"文"的本质。故其对"六经皆史"的重释,实可理解为"六经皆文"。惟其所谓"文"非"文言"修饰之文,而是依托于书写质料和文字训诂的书面记载。正是在这一"经"、"文"同质的立场上,章太炎将经书散入"有句读文"的文体各科,继而又把经、传的疏证确立为"有句读文"的典范。②

无论在今古文争执或"文学"、"文章"定义之争中,"著于竹帛"这一同时表征着书写时刻和书写质料的命题,都被章太炎赋予了核心地位。只有文字被书写下来,每一个意义(本义)才有可能被赋予与之对应的语言形式(本字),从而避免口传和书写过程中同音假借或夸张文饰等"表象"的混淆。书面文字和书写质料的普及,更消除了经典在口耳传承中形成的师说壁垒,使之从秘不示人的"心传"降为人人可读的历史文献。"小学"或"语言文字之学"的任务就在于还原汉字书写系统固有的表达精密性,故"非专为通经之学,而为一切学问之单位之学"。③这种基于故训系统的精密书写程式,又反过来定义了"论其法式"的"文学"属性。而在"著于竹帛"的大命题下,无论是经书传记、经史子集的书册制度等级,还是"有句读文"、"无句读文"、"有韵文"、"无韵文"的形式差异,都被抹平为书写质料上记载的信息,书写行为的理想状态是使文字成为学术或思想的透明介质。

余论:文化模式的转型

在近代西方学术史上,关于"口传"、"书写"的分化以及与此相关的媒介性问题,尼采(F. W. Nietzsche, 1844—1900)可以说是孤明先发。学者指出,正

---

① 王汎森曾概括章太炎的观点为"六经历史文献化",参见氏著《章太炎的思想——兼论其对儒学传统的冲击》,台北时报文化,1992年,第189—199页。
② 章炳麟《论文学》,《国学讲习会略说》,第50—51、53页。
③ 章炳麟《论语言文字之学》,《国学讲习会略说》,第4页。

是尼采反转了近代欧洲学者注重书面文学的传统,将口传优先性"与希腊文明经典性联系在一起",进而质疑古典作品的"著作家"观念。① 这些论点,与乾嘉间章学诚提出的"诗教"、"言公"等说,不无可资比较之处。更重要的是,尼采的观察还包含着对近代西方文化模式的反思。与"口传性"的古希腊相对,尼采认为"书写性"是古埃及等东方文明的遗存,预示了科学理性的起源,"人们越对逻辑和科学感兴趣,书写作为工具就越得到尊重";② 在文化生活中,则体现为古典"朗读"到现代"默读"的转型。③ 尼采对于西方古典学术史的追索,带有强烈的文化立场,不仅是研究过去的历史事实,更关乎未来的文化抉择。本文以章太炎的文论经论为中心,钩沉晚清学术论争中关于"口传"与"书写"升降的思考及其学术资源,亦欲试探这些论述所折射的文化转型,以及在中西文明交汇之际,近代学人对于文化模式的期许或想象。

晚近文化研究者多数认同,历史现实中"口传文化"与"书写文化"之分往往是相对的,二者交错纠缠、相互促进,在同一文化单元中难以割裂。④ 比如中国古典诗文的传播与接受,既受制于书写质料(从简帛到纸张)、抄录技术(从手抄到印刷)、传播载体(从篇章到文集)等书面文化的更迭,亦离不开传诸口耳的记诵吟咏。当代学者对早期文本或口承或传抄容有不同看法⑤;中古以下诗文则绝少此类争议,因其多为耳治与目治的综合体。然而,晚清学人立论未必全从学术理路出发,出于各自的文化模式想象,他们往往像尼采那样,选择口传与书写二者之一站边,或将"文学"缘起的过程描述为非此即彼的两条线索。此种对立的"发现",既受西学著作片段的引导,又多援用乾嘉以来清学发展内部的资源,有较宽的思想光谱。其中至少有两个趋势值得注意:一是口头声音日益受到重视,与此同时,依附于古典文本的传统吟咏声音却迅速衰落;二是在科学和

---

① 程炜《尼采的柏拉图——以巴塞尔"柏拉图讲义"为中心》,《中国学术》总第34辑,商务印书馆,2015年,第64—68、84—85页;此处第65页。
② 引自前揭程炜论文,第85页。
③ 黄晶《古代的朗读与默读》,《书城》2012年11月。
④ 参见 Rosalind Thomas, *Literacy and Orality in Ancient Greece*, Cambridge University Press, 1999, pp.44-45。
⑤ 如近年海外学者柯马丁(Martin Kern)和夏含夷(Edward L. Shaughnessy)围绕《诗经》口头或书写传播的争论,参见张万民《〈诗经〉早期书写与口头传播——近期欧美汉学界的论争及其背景》,《北京大学学报》2017年第6期。

史学实证主义的诉求下,产生了对载录精密性、客观性更高的要求。

清末康有为等张扬今文经学"口说"传统的同时,在近世讲学风气、白话宣讲活动及西洋演说形式的鼓荡下,出现了一股口头文化的高潮。① 康有为的学术著作就多采取"口说"、"问答"、"讲义"等体裁;其徒梁启超视"演说"为"传播文明三利器"之一,此外又提倡小说。② 这些趋势未必就是康、梁师弟子有意识贯彻其今文经说的结果,但公羊学注重"口说微言"的论证,有可能为"口头表达"的涌现提供了舆论氛围。对于声音媒介和口头传播的推崇,渐从经术、文字而浸入教育乃至日常生活,对传统文章体式也形成了压力。章太炎的文学缘起论,针对着经说和文体两个层面上的"口说",亦激于当时演说、策论、小说等文体的兴盛。1902 年章氏发表《文学说例》,痛心于"策士群起,以衰宋论锋为师法"的局面,以为"策士飞箝之辩,宜与宋儒语录,近人演说,同编一秩,见其与文学殊途,而工拙异趣也"。③ 至 1906 年后与刘师培论争"文学"定义,仍未放松对"口说"一系的贬低。《国学讲习会略说·论文学》谓"不解文者,以小说之法,施之杂文,复以施之历史、公牍,此所以骩骸不安也",将晚近文风萎靡归咎于小说。④ 1910 年致信钱玄同,章太炎更诟病"小说多于事外刻画,报章熹为意外盈辞,此最于文体有害",直接批评林纾、梁启超。⑤ 在阮元、刘师培的"文言说"之外,与公羊经说同时崛起的这股口头文化潮流,实为章太炎文论的长期论敌,亦是章氏严立"语言"、"文字"界限更为内在的动因。

晚清时代,康有为所张扬的"口说"与刘师培重新发掘的"文言",分别依据经学想象与文学现实中两种不同形态的"声音"。这股抬升"声音"传统的趋势,可以追溯到乾嘉之际章学诚、阮元等关于"口耳"、"竹帛"代兴的讨论;清代古韵学、文字学的进展,使这些文化史问题的提出成为可能。然而,这两种"声音"在近代中国的命运却是升沉迥异:从汉儒传经到宋明语录,康有为式的口说典范接近直录口语的风格,又与外来的语文观念、演讲风气相接,挟启蒙立场与教育

---

① 王东杰较早注意到口头表达在清末民初社会转型中的独特地位,参见氏撰《口头表达与现代政治——清季民初社会变革中的"言语文化"》,《学术月刊》2009 年第 12 期。
② 任公(梁启超)《饮冰室自由书(凡九则)》,《清议报》第 26 册,1899 年 9 月 5 日。
③ 章氏学(太炎)《文学说例》,《新民丛报》第 5、15 号,1902 年 4 月 8 日、9 月 2 日。
④ 见《国学讲习会略说》,第 57、59—60 页。
⑤ 章太炎《与钱玄同》二十六,《章太炎全集·书信集》(上),上海人民出版社,2017 年,第 186—187 页。

变革之力席卷一世。① 即便在理念上抵拒口说的章太炎亦辗转其中,其学术生命正是由东京、北京、上海、苏州数次讲学贯穿。章太炎把讲学视为对抗官学体制的"退路"②,同时又对讲学局限甚是清醒。东京讲学伊始,他就慨叹"此间耳食者多,微言大义则易受,发疑解滞则难知,亦无术以更之也";③在日本讲学期间不涉及"经学",更是因为"经学繁博,非闭门十年,难与斠理",可讲的只是门径,"而致力存乎其人,非口说之所能就"。④

相比之下,阮元、刘师培的"文言说"固有清代古韵学成就的支撑,却更依托于古典记诵文化对于文字音韵的体会与涵泳。但与上古三代情形不同的是,在知识大量"著于竹帛"乃至"付诸枣梨"以后,诵读吟咏已沦为一项基于文字的口耳传习,实有别于原发的口头或拟口头传播。清末刘师培缕叙"近世文学"变迁,同时排斥"可宣于口而不可笔之于书"的"语录之文"和"可笔于书而不可宣之于口"的"注疏之文",认为"综此二派,咸不可目之为文"⑤,亦可见以"文言说"为基础的文论,其实是处在口传性与书写性之间。这种书面化的"耳治"工夫,作为清代古文家和选学家共享的文学体验,却与近代社会对记载精密性的要求格格不入;科举废绝以后,更难容于新式课堂的教学。惟于教育体制外的"私塾"教学或个人文学修养中,尚有一定程度的流行。⑥ 而在清末民初新学制、新课堂上用以取代"记诵"旧法的,正是取则于西洋、日本,以口头演讲为主要特征的各种"讲授法"。⑦

---

① 晚清乃至民国时期"演说"兴起的情形,详见李孝悌《清末的下层社会启蒙运动,1901—1911》,河北教育出版社,2001年,第93—149页;陈平原《有声的中国——演说与近现代中国文章变革》,《文学评论》2007年第3期。
② 章太炎《与钱玄同》三十二:"作教员亦与官无异,欲遂本怀,惟退而讲学耳。"见《章太炎全集·书信集》(上),第207页。
③ 章太炎《与钱玄同》一,同上书,第165页。
④ 见《国粹学报》第59期"通讯"栏,1909年11月2日。
⑤ 刘光汉(师培)《论近世文学之变迁》,《国粹学报》第26期,1907年3月4日。
⑥ 不管文章论或教育论的立场如何,在实际教学中,"诵读"仍被许多近代学者奉为作文奥窍。章太炎亦在1910年4月18日致钱玄同信中指出:"文笔枯涩不足忧,非枯涩不得入格,但取《韩非》及四史中长篇之,略求平易,《晋》《宋》二书亦可,自余不足劳心也。文辞与学术异者,在得其节奏高下,故非循诵无效,然亦常须拟作。"可知章太炎内心仍是将"学术"与"文辞"两视,指出章法门在于"循诵",与其对外发表的文论意见不尽相同。见《与钱玄同》二十三,《章太炎全集·书信集》(上),第178页。
⑦ 详见陆胤《从"记诵"到"讲授"?——清末文教转型中的"读书革命"》,《清史研究》2018年第4期。

时值中西文教接轨之际,刘师培重启"文言说",并将之与近代"文学"、"美术"观念对接①,背后则是正在逝去的古典"声教"②;而康有为在其经说中张扬"口说",却折射出新型口头传播取而代之的现实。与二者立足于已成文化模式的状况相对,章太炎以"著于竹帛"为核心命题的"文学"论述更带有实验性,指向一种尚未成型的文化模式。通常认为,从《论文学》到《文学总略》,章氏都在讨论"文"的定义和范围,提出广义的"文学"概念。但若细按阮元、刘师培的文论,"文"的广义何尝不包括"礼乐法制,威仪文辞"?③ 关键在于,"文学"缘起过程中,其区分于其他传播方式的本质为何,亦即章太炎称为"不共性"的问题。修饰之文、情感之文都在章太炎"文"的范围内,但其发生机制却与口传形式相混,不能体现"有文字著于竹帛"的优势。章太炎举几何上的线、面、体为喻:言语如线、文字成面、仪象立体。文字书写区别于其他传播方式的特长,要从同样在平面书写质料上展开的图画、表谱、簿录中寻找。这些媒介"排比铺张,不可口说",主要诉诸视觉,却能突破"言语之用,仅可成线"的限制,表达"万类垒集,棼不可理"的情状。④ 正如晚近文化史家所揭示:"口头表达的一系列事件总是按时序发生,不可能'回头检查',因为它们只是听到的话语,无法在视觉上呈现。"⑤视觉文化模式相对于听觉文化的一大优势,即在于能够"返回扫描"(backward scanning)——不断反思、修改、别择所用语词或要素,从中产生分析思维和精密表达。⑥

这就回到了斯宾塞所述书写文字与图画、雕塑等视觉艺术同源的观点。受其影响,章太炎文论在发端之初就隐含着一个预设:随着客观世界复杂异质化的展开,将日益要求描写的稳定性、精准性和区分度。考据家训诂正名的意义于兹复活。在近代"言文一致"运动的背景下,章太炎以书写特性抵抗"声音中心主义"的努力,容易被看作"反背时势"的复古举措。⑦ 然而,本论文梳理章太

---

① 刘师培《论美术与征实之学不同》,《国粹学报》第33期,1907年9月27日。
② 刘光汉(师培)《论文杂记》五:"盖古代之时,教曰声教,故记诵之学大行,而中国词章之体,亦从此而生。"《国粹学报》第2期,1905年3月25日。
③ 刘光汉《论文杂记》十一,《国粹学报》第4期,1905年5月23日。
④ 章炳麟《论文学》,《国学讲习会略说》,第45—46页。
⑤ 前揭 Walter J. Ong, *Orality and Literacy*, p.99.
⑥ 同上书,第104页。Ong 在此处引用了 Jack Goody 关于书写"返回扫描"特性的研究。
⑦ 胡适《五十年来中国之文学》,见欧阳哲生编《胡适文集》第3册,北京大学出版社,1998年,第231、233页。

炎文学缘起论和古文经说贯通的理路,却意在表明,在"口传"模式从记诵到口说的交替之外,汉字、汉文独有的"书写性"同样可以成为一种近代诉求的接引(receptor)。章太炎以书写质料为依据拓展"文学"范围,未必全出于复古意识或国族本位;他更以西洋社会学和文学史著述为中介,将乾嘉朴学传统嵌入近代以来世界范围内的文化转型:以书写、图绘、印刷为手段的平面视觉文化,被认为要优于以口传、记诵、吟咏为媒介的线性听觉文化;而古典听觉文化在传递信息、辅助记忆之外促成美感、权威感、神秘感的功能,以及声气相感、师法心传等超越于文字之外的要素,则将日益淡出人们的视野。

新旧之间：黄侃《文心雕龙札记》的思想结构与民国学术

华东师范大学国际汉语文化学院　成　玮

　　1914 至 1919 年，黄侃在北京大学讲授《文心雕龙》，讲义集结成册，是为《文心雕龙札记》(以下简称《札记》)。迄今相关研究，呈现出如下特征：就内容而言，主要关注若干具体论点，对其思想结构，尚少整体勾勒①。就定位而言，自从周勋初先生称《札记》为"旧文学行将结束时"②的作品，产生于桐城派、《文选》派和朴学派三方角力之中，后之学者多承其说，将注意力集中在此书与旧文学的关系上③。知见所及，惟有韩经太先生据《札记·通变》篇"变古乱常而欲求新，吾未见其果能新也"等语，认为"这不妨看作是对新文学新文化运动中人斥其为'桐城谬种，选学妖孽'的回应"④，揭出其与新文化运动的关涉，惜乎未再进一步举证阐说。就影响而言，《札记》观点，在民国学界颇有回声，似也缺乏切实寻绎。本文试在这几方面展开探索。

---

①　姚巧娥《黄侃〈文心雕龙札记〉研究》(华侨大学硕士学位论文，2013 年)第三章，专门探讨此书理论体系，举三点以为言：文本自然、酌中合古、文宜有术，与本文所述互有异同。
②　周勋初《黄季刚先生〈文心雕龙札记〉的学术渊源》，周勋初《当代学术研究思辨》，南京大学出版社，1993 年，第 2 页。
③　例如项楚《〈文心雕龙札记〉的审美倾向》，曹顺庆编《文心同雕集》，成都出版社，1990 年；曾晓明《黄侃〈文心雕龙札记〉与清代文论》，《社会科学家》1995 年第 1 期；汪春泓《论刘师培、黄侃与姚永朴之〈文选〉派与桐城派的纷争》，《文学遗产》2002 年第 4 期；赵文妮《姚永朴与黄侃论争的学术史意义》，《湖州师范学院学报》2014 年第 1 期；卢盛江《读黄侃〈文心雕龙札记〉》，黄侃《文心雕龙札记》附录，商务印书馆，2014 年。
④　韩经太《中国文学批评史研究》，福建教育出版社，2006 年，第 75 页。参看黄侃《文心雕龙札记》，中华书局，2006 年，第 128 页。本文引用《札记》均据此版。

一、思想结构：文体之常与行文之变

《文心雕龙》向分两部，前二十五篇，自《原道》至《书记》为上篇；后二十五篇，自《神思》至《序志》为下篇①。《札记》在两部里各选篇目为说，其中《神思》以下所论较全，曾单独抽出印行②。是篇札记说："自此至《总术》及《物色》篇，析论为文之术，《时序》及《才略》已下三篇，综论循省前文之方。"③除《序志》外，黄侃把下篇二十四篇，分隶于创作论与鉴赏论两项之下。《札记》所讲篇目，皆属创作之部，仅阙《物色》一篇。后来其门生骆鸿凯补写的，正是这篇④。可见黄侃及弟子都清楚，《札记》基本目的，原在于指导创作。

当然这不代表《札记》前半部可有可无。《补隐秀》篇说："缀文之士，亦唯先求学识，次练体裁，摹雅致以定习，课精思以驭篇，然后穷幽洞微，因宜适变。"⑤这是一段纲领性的文字，要求创作者揣摩体裁之常态，而具体下笔之际，又不妨随手万变。《札记》前半部侧重文体探究，下半部侧重写作实践，便是因应上述纲领所包含的两项内容而来。

《札记·原道》说：

> 窃谓文辞封略，本可弛张，推而广之，则凡书以文字，著之书帛者，皆谓之文，非独不论有文饰与无文饰，抑且不论有句读与无句读，此至大之范围也。故《文心·书记》篇，杂文多品，悉可入录。……若夫文章之初，实先韵语；传久行远，实贵偶词；修饰润色，实为文事；敷文摘藻，实异质言，则阮氏（按指阮元）之言，良有不可废者。……然则拓其疆宇，则文无所不包；揆其

---

① 刘勰《文心雕龙·序志》，黄叔琳注、纪昀评《文心雕龙》，上海古籍出版社，2015年，第287页。时至今日，对《文心》一书的校勘、注释、论评，积累丰厚，远迈黄、纪二人，但因黄侃《札记》以是为据，故本文一般也征引此本。
② 黄侃《文心雕龙札记》，文化学社，1927年。《札记》自《题辞及略例》《原道》至《明诗》凡七篇，1925年已发表过，出书不收，并非一时未觅见。参看徐复《黄季刚先生遗著篇目举要初稿》，程千帆、唐文编《量守庐学记》，三联书店，2006年，第167、168页。
③ 黄侃《文心雕龙札记》，第114页。
④ 黄侃《文心雕龙札记》附录，第270—283页。
⑤ 黄侃《文心雕龙札记》，第240页。

本原,则文实有专美。①

黄侃所谓"文",有广义、狭义之分。最广义者,举凡文字书写均可阑入;最狭义者,专指对偶、用韵之文。然而文自韵语而兴起,赖偶词以流播,专美所在,又集于斯,其重偶、重韵之倾向,已然彰明较著。在他看来,《文心》一书恰可依傍。前半部文体论,不废"杂文多品",支持了广义之文②。下半部创作论则取狭义,"乃专有所属,非泛为著之竹帛者而言,亦不能遍通于经传诸子"③,见出刘勰于"文",同样偏重声偶之作。事实上,《文心》后半所谈,不局于狭义之文④。黄侃之说,与其说依傍《文心》而来,毋宁说反映了自身文学立场。

关于《文心》论文体之部,《札记》又细分作两段:"案彦和(按刘勰之字)云:文、笔别目两名自近代,而其区叙众体,亦从俗而分文、笔。故自《明诗》以至《谐隐》,皆文之属;自《史传》以至《书记》,皆笔之属。"由于刘勰划分文、笔,"实以押韵脚与否为断",故这两段,即押韵文与不押韵文之别⑤。

《札记·颂赞》说:"详夫文体多名,难可拘滞,有沿古以为号,有随宜以立称,有因旧名而质与古异,有创新号而实与古同。此唯推迹其本原,振求其旨趣,然后不为名实玄纽所惑,而收以简驭繁之功。"⑥黄侃析论文体,知其名称有新旧,含义有变迁,而往往"推迹本原",取古名、原初义以定旨趣。譬如论赋,赞同挚虞、刘勰见解,称:"自唐迄宋,以赋取士,创为律赋,用便程式……故或谓赋至唐而遂绝,由其体尽变,非复古义也。今之作者,亦惟取法挚、刘之言,以合六艺之恉,斯可矣。"⑦便把唐宋新兴的律赋摒于赋体之外。所说"合六艺之恉",

---

① 黄侃《文心雕龙札记》,第11—12页。黄氏有些观点来自章太炎、刘师培,譬如这里广义之"文"有取于章,狭义之"文"有取于刘,但因论者已多,本文一般不再重复分析。参看周勋初《黄季刚先生〈文心雕龙札记〉的学术渊源》,周勋初《当代学术研究思辨》,第4—6页。

② 参看《札记·总术》,黄侃《文心雕龙札记》,第256页。

③ 黄侃《文心雕龙札记》,第11页。

④ 张少康等《文心雕龙研究史》对《札记》此点已有驳论,北京大学出版社,2001年,第150—151页。

⑤ 《札记·总术》,黄侃《文心雕龙札记》,第255、262页。此说其师刘师培已发之。刘师培《中国中古文学史讲义》,陈引驰编校《刘师培中古文学论集》,中国社会科学出版社,1997年,第102页。《札记·颂赞》则称,后十篇中《封禅》也属韵文,这样文、笔界别,便无此整严了。黄侃《文心雕龙札记》,第87页。

⑥ 黄侃《文心雕龙札记》,第87页。

⑦ 《札记·诠赋》,黄侃《文心雕龙札记》,第73页。

上承挚、刘二人对赋"古诗之流"的定义①,希望赋体回向《诗》的源头,即是振叶寻根之意。又如论乐府,悬"尝被管弦"为准则,提出:"远之若曹(植)、陆(机)依拟古题之乐府,近之若唐人自撰新题之乐府,皆当归之于诗,不宜与乐府淆溷也。"②以是否入乐为判准,将通常归入乐府的拟作、新题乐府逐出,尺度不可谓不严。唐宋以降词之一体,起初也配乐演唱,渐变为依谱填写,调其平仄而已,不复与音乐关联。黄侃建议,"凡有声之词,宜归乐府之条;无声之词,宜附近体之列,如此则名实俱当矣"③,把历代词作打成两橛。这一近乎迂阔的设想,更彰显出其立场。乐府为"旧名",词为"新号"。拟作、新题乐府是"因旧名而质与古异",他不以旧名相假借,使旧名坚守原初含义;词是"创新号而实与古同",他取消新号,并入旧名。两者都是推尊古名、古义的表现。至如论诗,则问题较复杂。黄侃承认:"古昔篇章,大别之为有韵、无韵二类,其有韵者,皆诗之属也。其后因事立名,支庶繁滋,而本宗日以痟削,诗之题号,由此隘矣。……则时序所拘,虽欲复古而不可得也。"④诗之初义,统括一切韵文,他也知恢复实不可能,只得从俗。但这仅是原初范围的缩减,并未添入新的因子,还不构成"质与古异",对其持论冲击较小。接受了"诗"的后起义,他仍力图为之厘定旨趣:"(《文心》)品物词人,尽于刘宋之际,自尔迄今,更姓十数,诗体屡变,好尚亦随世而殊……自我观之,诗体有时而变迁,诗道无时而可易,欲求上继风雅,下异讴谣,革下里之庸音,绍词人之正辙,则固有共循之术焉。曰:本之情性,协之声音,振之以文采,齐之以法度而已矣。"⑤这里的"诗"别于讴谣,显然未涵盖一切韵文。尽管接纳诗体与时俱变,而其旨趣,则是此前便立下基调、一脉相衍的,依旧维持着相对早先而恒定的品质。这与刘勰适时通变的文体观,其实恰相悖反⑥。

寻本溯源只是手段,确立各文体的旨趣方是目标,创作者由此得所依循。

---

① 挚虞《文章流别论》,严可均校辑《全上古三代秦汉三国六朝文·全晋文》卷七七,中华书局,1958年影印本,第1905页;刘勰《文心雕龙·诠赋》,黄叔琳注、纪昀评《文心雕龙》,第49页。
② 《札记·乐府》,黄侃《文心雕龙札记》,第42页。
③ 同上书,第45页。
④ 《札记·明诗》,黄侃《文心雕龙札记》,第31页。
⑤ 同上。
⑥ 罗宗强《刘勰文体论识微》称《文心》"在历史的回顾与思索中提出各种文体进一步发展的方向"。罗宗强《读文心雕龙手记》,三联书店,2007年,第165页。

《札记·通变》说:"文有可变革者,有不可变革者。可变革者,遣辞捶字,宅句安章,随手之变,人各不同。不可变革者,规矩法律是也,虽历千载而粲然如新。"①对照《文心》本篇"凡诗、赋、书、记,名理相因,此有常之体也"等句②,黄侃口中不可变革的规矩法律,乃指文体规范而言。《札记·风骨》又说"'昭体故意新而不乱,晓变故辞奇而不黩',明命意修辞,皆有法式"③,法式即文体,也是一证。他理解的文体规范,千载如新。这与其穷源以定体的做法,声气正尔相通。故他又说:"法必师古,而放言造辞,宜补苴古人之阙遗。"④这里所师古法,便是每一文体自发源处确立的写作要求。由是观之,《札记》前半校练文体,旨在立"常";后半则旨在尽"变","变"须以守"常"为前提。

"变"的内容,黄侃多次提到。以上引文所关涉者,有命意与修辞二事。《札记·体性》说:"体斥文章形状,性谓人性气有殊,缘性气之殊而所为之文异状。"⑤体状与性气也是变量,后者为前者之因。《文心》本篇谈"文有八体",如典雅、远奥之类⑥,体指风格。《札记》下文又称"人情万端"、"因文实可以窥测其性情"⑦,知性气即性情。黄侃说"文因性气,发而为意",又说"气有清浊,亦有刚柔,诚不可力强而致。为文者欲练其气,亦惟于用意裁篇致力而已"⑧,可见命意与修辞,是介乎性情与风格之间的环节。《札记·附会》说"大抵著文裁篇,必有所诠表之一意"、"语其较略,亦惟曰句必比叙,义必关联而已"⑨,则修辞依附于命意而行。于是可得序列如次:性情→命意→修辞→风格。各项虽容或反身作用于前项,而大体呈逐项下行趋势。

这里要谈到学界广泛关注的《札记》之"道"。《文心》以《原道》篇居首,纪昀

---

① 黄侃《文心雕龙札记》,第127页。
② 黄叔琳注、纪昀评《文心雕龙》,第185页。
③ 黄侃《文心雕龙札记》,第124页。"昭体"二句见《文心·风骨》,黄叔琳注、纪昀评《文心雕龙》,第181—182页。
④ 《札记·通变》,黄侃《文心雕龙札记》,第128页。《札记·明诗》又说"规摹古调,必须振以新词",同书,第38页。
⑤ 黄侃《文心雕龙札记》,第117页。
⑥ 《文心雕龙·体性》,黄叔琳注、纪昀评《文心雕龙》,第178页。
⑦ 黄侃《文心雕龙札记》,第117、118页。
⑧ 《札记》之《风骨》《体性》篇,黄侃《文心雕龙札记》,第118、125页。
⑨ 黄侃《文心雕龙札记》,第250、252页。

评"文以载道,明其当然;文原于道,明其本然,识其本乃不逐其末"①,释为儒家之道。黄侃一反其说,称"案彦和之意,以为文章本由自然生",首度将刘勰之"道"归于自然。具体说来,"言语以表思心,文章以表言语,惟圣人为能尽文之妙。所谓道者,如此而已"②。思心发为口头语言,口语落为书面文字,这一自然而然的过程便是道。文章之源本在思心。何为思心?主要是性情。《札记·镕裁》说:"然命意修词,皆本自然以为质,必知骈拇枝疣,诚为形累;凫胫鹤膝,亦由性生。"③既言"本自然以为质",又言"亦由性生",以性情的自然状态为本源,彰彰明甚。黄侃《漫成》六首其二:"要识胸情宜直举,后人何必怯争锋。"④下笔成文系性情之自然发露,可为旁证。他非常重视此点,晚年还说:"刘彦和论文之旨,可以四言蔽之,曰崇尚自然。"⑤可据以上分析,所谓自然之道,对应重心端在《札记》后半论创作之部。

要补充的是,《札记·定势》说"惟彦和深明势之随体,故一篇之中,数言自然",反对"拘一定之势,驭无穷之体"⑥。此处"体"指文体,"势"指风格,文体自身对于风格有限定。同一人手下各体作品,风格也会互异。同篇批评"为春温者,必不能为秋肃;近强阳者,必不能为惨阴"之见,斥其"执一而不通"⑦,便表露此意。从文体到风格,是另一种自然过程。综言之,风格是由性情与文体规定性两者合力形成的,前者尤为焦点,此之谓自然之道。

虽然由性情通向语言、文字,一秉自然,黄侃却又强调:"惟圣人为能尽文之妙",换言之,将这一过程导向最优,并非人人自然可致。这在其间楔入了一定人力成分。《札记·序志》说:"实则彦和之意,以为文章本贵修饰,特去甚去泰耳。全书皆此旨。"⑧修饰应掌控在适中程度,而依他之见,行文修饰日盛,为一自然趋向,"后世之文,转视古人增其繁缛,非必文士之失,实乃本于自然"⑨。

---

① 黄叔琳注、纪昀评《文心雕龙》,第 6 页。
② 《札记·原道》,黄侃《文心雕龙札记》,第 5 页。
③ 黄侃《文心雕龙札记》,第 138 页。
④ 作于 1918 年。黄侃《黄季刚诗文集》,中华书局,2016 年,第 134 页。
⑤ 武西山《关于黄季刚先生》引金毓黻《成均摭言》,张晖编《量守庐学记续编》,三联书店,2006 年,第 61 页。
⑥ 黄侃《文心雕龙札记》,第 135 页。
⑦ 同上书,第 133 页。
⑧ 同上书,第 265 页。
⑨ 《札记·事类》,黄侃《文心雕龙札记》,第 229 页。

酌中定制,反而须人力为之。黄侃所说修饰,重在用韵、对偶。他一贯注目于斯,去世前夕拟订课程,还开设"声偶文学原流"一门,并说明:"声偶文学居中夏文学封域之泰半,今详叙其原流,陈其利病。"①《札记》叙原流、陈利病的论断,见于《丽辞》篇:"自汉魏以来,迄于两晋,雅俗所作,大半骈词为多。于时声病之说未起,对偶之法亦宽……降至齐梁以下,始染沈(约)、谢(朓)之风,致力宫商,研精对偶……则骈俪之末流,亦诚有以致讥召谤者乎?"②齐梁以下讲求谨细,已坠末流,黄侃的立场,则为声偶当讲,却不妨宽其程式,此即取其中道。但由于文出自然,他又要强调骈偶、格律,本质上系一种自然需求。同篇说"文之有骈俪,因于自然,不以一时一人之言而遂废",这是谈对偶。《札记·声律》说"详文章原于言语,疾徐高下,本自天倪,宣之于口而顺,听之于耳而调,斯已矣";又评《宋书·谢灵运传论》"音韵乃自然之物,不待教而解调也"③,这是谈声韵。值得注意的是,这些问题,是统口语、书面而言之的。其《书〈后汉书〉论赞后》可目为一小结:"盖偶语出于自然,而对仗多由刻饰;声调由乎天至,而宫商或赖安排。知文理者,亦惟去甚去奢,以求合于本度而止。"④

综上所述,《札记》思想的主体结构大致如次:为文之道本乎自然,这包括两层意思:(一)每一文体具有质的规定性,风格随文体迁变,是谓自然;(二)性情发为命意,命意落为修辞,修辞塑造风格,这一过程也谓之自然。后者尤其重要。风格源出于文体与性情两端,这与《文心》原书前后两部的区划,若合符节。在修辞环节,从口语到文字,日趋雕琢是必然走向,须人力调节,使之无过不及。这又在自然过程中,引入了些许人为因素。

二、面对新文学:文法、用典与口语地位

1917年新文化运动兴起,倡导白话文学,诋斥文言不遗余力。很快,钱玄

---

① 刘继宣《季刚先生手拟金陵大学国学研究班学程提要跋》,程千帆、唐文编《量守庐学记》,第37页。
② 黄侃《文心雕龙札记》,第199页。
③ 黄侃《文心雕龙札记》,第143页;黄侃《文选平点》,中华书局,2006年,第569页。
④ 黄侃《黄季刚诗文集》,第529页。

同锁定了具体敌手:"桐城谬种"与"《选》学妖孽"①。彼时处在漩涡中心的北京大学,桐城派人物如姚永朴等早已退走②;《选》学人物如黄侃等,则仍坐拥皋比。钱氏笔锋真正所指,不问自明。1919年《公言报》刊文即称:"顾同时与之(按指新文学)对峙者,有旧文学一派。旧派中以刘师培氏为之首,其他如黄侃、马叙伦者,则与刘氏结合,互为声援者也。"③两军对垒态势下,倘说黄侃无动于衷,是难以想象的。据北大老学生杨亮功回忆:"他(黄侃)抨击白话文不遗余力,每次上课必定对白话文痛骂一番,然后才开始讲课。五十分钟上课时间,大约有三十分钟要用在骂白话文上面。"④观其十余年后偶逢钱玄同,犹耿耿于怀,恶詈相向⑤,当年心情愈皎然可见。《札记》讲授于此前后,观念中也留下了点滴痕迹。

譬如文法问题。《札记·章句》提起西方"葛拉玛(按指文法)之书",说:"近世有人取其术以驭中国之文,而或者以为不师古,不悟七音之理,字母之法,壹皆得之异域,学者言之而不讳,祖之以成书。然则文法之书,虽前世所无,自君作故可也。"⑥后文明言,这里说的文法著作即《马氏文通》。此书也是胡适常标举的。如《国语与国语文体》称:"直到马建忠的《文通》问世,方才有中国文法学。"⑦而文法不通,正是新文化运动攻击旧文学的要点之一。胡适揭竿之作《文学改良刍议》列举八项标准,其三便是"须讲文法",谓:"今之作文作诗者,每不讲求文法之结构。其例至繁,不便举之,尤以作骈文、律诗者为尤甚。夫不讲

---

① 钱玄同《寄胡适之》,胡适编选《中国新文化大系·建设理论集》,上海文艺出版社,2003年影印本,第78、82页;此前,其《寄陈独秀》已举出"桐城巨子"与"《选》学名家"大施抨击,同书,第52页。两文均作于1917年。
② 公开反对新文化运动的古文家林纾,虽然维护桐城派,严格说来却不在派中,且被刘半农点名批评,是在1918年,出而论争则在1919年,皆晚于钱玄同"桐城谬种"的提出。参看王风《林纾非桐城派说》,王风《世运推移与文章兴替——中国近代文学论集》,北京大学出版社,2015年,第107页;夏志清《中国现代小说史》,刘绍铭等译,香港中文大学出版社,2015年,第4页。
③ 引自周作人《知堂回想录》第一一八篇,北京十月文艺出版社,2013年,第431页。刘师培本人倒是即刻敬谢不敏,刘师培《致公言报函》,原载《公言报》1919年3月24日,万仕国辑校《刘申叔遗书补遗》,广陵书社,2008年,第1452页。
④ 杨亮功《早期三十年的教学生活》,台北传记文学出版社,1980年,第20页。
⑤ 黄侃《黄侃日记》1932年3月12日,中华书局,2007年,第783页。
⑥ 黄侃《文心雕龙札记》,第153页。
⑦ 胡适编选《中国新文化大系·建设理论集》,第230页;胡适对《文通》的评价,又可参看《中学国文的教授》,同书,第255页。

文法,是谓'不通'。此理至明,无待详论。"①八项中此条最短,字里行间,流露出真理在握、不屑争辩的优越感。他攻驳对手如林纾,又往往由文法入手②。紧接着,刘半农提出"作文字当讲文法"、"务求句之构造,不与文法相背"③,对此也再三致意。然而,他区别"文字(后改称应用文)"与"文学(后改称文学文)",文法只用以坚前者之约束,已经较胡适温和,为文学创作网开一面。黄侃尤与胡适针锋相对,对文法书稍予假借后,便开始力证其非必要:"前人未暇言者,则以积字成句,一字之义果明,则数字之义亦必无不明,是以中土但有训诂之书,初无文法之作,所谓振本知末,通一万毕,非有阙略也。"④依此说,究明字词含义,锱铢积累,自能究明句义,文法遂可置之度外。《文心》本篇说:"篇之彪炳,章无疵也;章之明靡,句无玷也;句之清英,字不妄也:振本而末从,知一而万毕矣。"⑤刘勰"振本末从,知一万毕",是由篇以定章,由章以定句,由句以定字,要之,由总体以定局部。此处语意甚为显豁,黄侃所释却背道而驰。盖因若依原意,恰好会坐实文法的必要性,不得不另出手眼。更进一步,他说"惟古书文句驳荦奇侅者众,不悉其例,不能得其义恉,言文法者,于此又有所未暇也";详引俞樾《古书疑义举例》,以明"文法书虽工言排列组织之法,而于旧文有所不能施用"⑥,则文法不仅无益,且有削足适履之弊。逐层批驳,意中显然有新文学这个对手在。

又如用典问题。初期新文学论者谈典故,与谈文法的先严后宽相反,有愈来愈坚决摒弃之势。胡适《文学改良刍议》倡言不用典,深知"吾所主张八事之中,惟此一条最受朋友攻击,盖以此条最易误会也",因而细致分疏典故的广义与狭义,仅悬后者为厉禁,内容是:"文人词客不能自己铸词造句以写眼前之景、胸中之意,故借用或不全切、或全不切之故事陈言以代之,以图含混过去,是谓'用典。'"实则他前面把广义之典细分成五小类,乙条"成语"即这里的"陈言",

---

① 胡适编选《中国新文化大系·建设理论集》,第37页。
② 胡适《寄陈独秀》,胡适编选《中国新文化大系·建设理论集》,第54页。
③ 刘半农《我之文学改良观》《应用文之教授》,胡适编选《中国新文化大系·建设理论集》,第65、97页。两文分别发表于1917年、1918年。
④ 黄侃《文心雕龙札记》,第154页。此说也是清代朴学家之常谈,譬如戴震《与是仲明论学书》,戴震《戴震文集》,中华书局,1980年,第140页。
⑤ 黄叔琳注、纪昀评《文心雕龙》,第205页。
⑥ 黄侃《文心雕龙札记》,第166、174页。

丙条"引史事"即这里的"故事",并无二致①。可知宜不宜用,要在于是否切合。文章甫刊出,文白折衷派如余元濬便极表赞同②,孰料同一阵营的友军却不依不饶。钱玄同读后致信陈独秀,称:"胡先生'不用典'之论最精……弟以为凡用典者,无论工拙,皆为行文之疵病。"刘半农从而和之:"余于用典问题,赞成钱君之说,主张无论广义狭义、工者拙者,一概不用。"连胡适本人也迅速改弦易辙,站到了钱、刘一边③。任何一派传统文人,都不会捐弃典故,但平心而言,用事求其精切,乃是合理要求,也不太会有人反对。胡适至少在这点上,与传统派不存在本质冲突。黄侃谈及用典,却很奇怪地,屡次试图绕开恰切与否这一问题。《文心·指瑕》专论写作当趋避的各种弊病,《札记》归纳为六类:文义失当、比拟不类、字义依稀、语音犯忌、掠人美辞、注解谬误,然后别出己见:"窃谓文章之瑕,大分五族,而注谬之瑕不与焉。一曰体瑕,二曰事瑕,三曰语瑕,四曰字瑕,五曰剿袭之瑕。"④他所分五类,较之刘勰前五类,有三处差别:"语音犯忌"缺位,新增"体瑕"即不符文体要求一条,以及"比拟不类"变成了"事瑕"。兹论末一处。《文心》原文说"君子拟人,必于其伦",违者如"崔瑗之诔李公,比行于黄(帝)、虞(舜);向秀之赋嵇生,方罪于李斯"⑤,前者比得太高,后者比得太低,均有拟不于伦之失。黄侃举例解释"事瑕",则如"相如述葛天之歌,千唱万和"等。《吕氏春秋》载葛天氏之乐"三人操牛尾,投足以歌八阕",人数寥寥;司马相如《上林赋》却渲染道:"奏陶唐氏之舞,听葛天氏之歌,千人唱,万人和。"⑥场面宏大,与典故本身巨细悬殊。这是走失原样,与能否切合当下并非一事。面对刘勰所举崔瑗之例,黄侃则为之开脱:"然汉文多有此类,不足为嫌。"⑦要之,《文心》注意用事之切,而《札记》不然。《札记·事类》说"然质文之变,华实之殊,事有相因,非由人力,故前人之引言用事,以达意切情为宗;后有继作,则转以去故

---

① 胡适编选《中国新文化大系·建设理论集》,第38—39页。
② 余元濬《读胡适先生〈文学改良刍议〉》,郑振铎编选《中国新文学大系·文学论争集》,上海文艺出版社,2003年影印本,第17页。
③ 钱玄同《寄陈独秀》、刘半农《我之改良文学观》、胡适《再寄陈独秀答钱玄同》,胡适编选《中国新文化大系·建设理论集》,第48、73、60页。
④ 黄侃《文心雕龙札记》,第242、243页。
⑤ 黄叔琳注、纪昀评《文心雕龙》,第235页。
⑥ 《吕氏春秋·仲夏纪·古乐》,陈奇猷《吕氏春秋新校释》,上海古籍出版社,2002年,第287页;严可均校辑《全上古三代秦汉三国六朝文》全汉文卷二一,第243页。
⑦ 黄侃《文心雕龙札记》,第244页。

就新为主"①,又用推陈出新一点,掩盖了工切的重要性。这与其止节淫滥的一贯旨趣微有未合。反复刻意淡化恰切一面,倘非隐然以新文学为论敌,恐怕不致如此。

然而,在一个核心问题即口语地位上,黄侃却未能组织起有效的反击,须待数年之后补足。倡用白话,"不避俗语俗字",是新文学的标志。即令后来意识到要改良,打磨"文学的国语",依然立足于"今日比较的最普通的白话"②。这一点无待烦言。反观《札记》。阮元《文言说》批评"为文章者,不务协音以成韵,修词以达远,使人易诵易记,而惟以单行之语,纵横恣肆,动辄千百万字,不知此乃古人所谓直言之言,论难之语,非言之有文者也",黄侃引此数语,表示异议:"惟古人言语亦有音节,亦须润色修饰。"这里"润色修饰"所指以对偶为主。阮氏将口语与书面分开,后者独富于装饰性;他则有意阑入前者。阮文又说《易·文言》"几费修辞之意,冀达意外之言",黄侃再度立异:"案此语亦稍误。言语有修饰,文章亦有修饰,而皆称之文。言曰文,其修饰者,虽言亦文;其不修饰者,虽名曰文,而实非文也。"甚至取消言、文界限,一以是否修饰为准,重定"文"的内涵:凡对偶、协音者皆称为文,包括口语。这几乎已将口语与书面等量齐观了③。他又强调书面文字源自口语,前者的修饰,是对后者的承袭:"书所以代言语矣";"音韵与言语并兴,而文字尚在其后"④。这套说法不失为系统,但只是步乃师刘师培的后尘,新意无多⑤。更重要的是,这与新文学的"言文合一"论,无意间有所趋近。及至离开北京大学南下武汉,黄侃再度拾起这话头,重心便发生了转移,着意区分起言与文来。1922 年 9 月 22 日日记写道:"文章本乎言语,言语非皆可入文;诗歌源自谣谚,谣谚非皆可入诗。……雅俗之别,畴可

---

① 黄侃《文心雕龙札记》,第 229 页。
② 胡适《文学改良刍议》《建设的文学革命论》,胡适编选《中国新文化大系·建设理论集》,第 42、128 页;朱经农、胡适《新文学问题之讨论》胡适部分,郑振铎编选《中国新文学大系·文学论争集》,第 53 页。参看傅斯年《文言合一草议》,前书,第 121 页;罗家伦《驳胡先骕君的〈中国文学改良论〉》,后书,第 112 页。
③ 以上均见黄侃《文心雕龙札记》,第 8 页;参看阮元《揅经室三集》卷二,阮元《揅经室集》,中华书局,1993 年,第 605—606 页。
④ 《札记·书记》《札记·原道》,黄侃《文心雕龙札记》,第 102、8 页。
⑤ 刘师培将修饰性当作"文"的本质特征,贯穿口头、书面,以前者为源,后者为流,与黄侃另一位老师章太炎的"文"依托于书契,不论修饰与否之说抗衡。参看王风《刘师培文学观的学术资源与论争背景》,陈平原主编《中国文学研究现代化进程二编》,北京大学出版社,2002 年,第 10—12 页。

淆之?"①此则态度鲜明:书面文字虽导源于口语,但河流与源头,不可一概而论。同月27日日记,更详细阐发,为之列举四点理由:书面文"一由修饰",行文"必美其采章","自与造次口谈不能同状";"二由迁移","常语趋新,文章循旧";"三由摹放","文章既有定体……拟之作式,必是前代之文",而"语言以随世而俗",显然与之异趣;"四由齐同",即书面语不似口语受时间、地域限制,适于通行全国②。他明白提起:"此即以语为文之民,亦必有其区别。"如此完整的思想构建,究竟缘何而发,一目了然。第三点理由,立足于文体之定式,正是承接《札记》文体观而来。文、言不分之说,与之凿枘难入;文、言相分,方是其内在蕴含的一个结论,不过当时未能发荣畅茂,至此乃面目略具。后来黄侃对《札记》悔其少作③,说明思想有所变化,这问题可为一证。

要之,《札记》感受到新文化运动汹涌的压力,试图寻找方法抵挡,但其时仅略发端绪,尚未足以自张一军。可惜黄侃后未全面修订此书,思想变迁之迹,难以悉数追踪了。

三、民国学界的反响:殊途同归的自然之道

黄侃《札记》在民国学界不乏回声。门下范文澜《文心雕龙讲疏》(后扩容成《文心雕龙注》)大幅引录,世所周知④。此外,作朋引《札记》题辞,以彰《文心》之地位;蒙文通据其考证,定《文心·隐秀》篇为伪作;赵西陆赞其"精思碻诂,时见篇中";傅庚生评其补作《隐秀》篇"大体说来还不失彦和立篇的初意"⑤,都推重有加。惟独钱基博觑准《札记·序志》"文章本贵修饰"一语,反复攻评⑥。总

---

① 黄侃《黄侃日记》,第185页。
② 同上书,第203页。
③ 殷孟伦《谈黄侃先生的治学态度和方法》,程千帆、唐文编《量守庐学记》,第42页。
④ 范文澜《文心雕龙讲疏序》,黄侃《文心雕龙札记》附录,第337—338页;参看戚良德、李婧《论范文澜〈文心雕龙注〉对黄侃〈文心雕龙札记〉的承袭》,《山东大学学报》(哲学社会科学版)2007年第5期。
⑤ 作朋《文心雕龙之分析》,《校风》二二六期,1935年2月2日,总第902页;蒙文通《馆藏嘉靖汪刻文心雕龙校记书后》,《图书集刊》第五辑,1943年,第74页;赵西陆《评范文澜〈文心雕龙注〉》,《国文月刊》三十七期,1943年3月,第31页;傅庚生《论文学的隐与秀》,《东方杂志》四十三卷三号,1947年1月16日,第31页。
⑥ 钱基博《文心雕龙校读记》,钱基博《集部论稿初编》,华中师范大学出版社,2012年,第279、280页;参看黄侃《文心雕龙札记》,第265页。钱著初版于1935年。

之,称许者占绝对多数。然则黄侃究竟有什么观点,在当时产生过较重要的影响?

《札记·风骨》释题:"风即文意,骨即文辞。"学者或以为:"若从对后人之影响巨大这一角度而言,黄侃《札记》之说《风骨》,当推第一。"①然而倘限于民国时期,则认同此说者为数不多,为时较晚,效应并未尽显②。举其影响之荦荦大者,对《文心》所推原之"道"的诠释,实首当其冲。前已论及,黄侃创造性地解为自然之道,即为文本乎性情,因乎体裁。这一新见,乃《札记》思想结构的核心支点,而恰恰是它,几乎立刻流播开来,只不过后来者往往取性情一端而弃体裁。1920 年,林树标说"要其原道微言,宗经大旨,则鲜能及焉"③,还沿承儒道之旧说。下一年,杨鸿烈引《文心·原道》,表彰刘勰"首先就标出一个文学的自然主义出来,就是要先有自然的情感和思想,然后自然的描写"④,便以自然释"道"了。其"自然"指情感与思想而言,与黄侃如出一口。嗣后李冰若概括道:《文心》"尚自然,重情致";姚卿云指陈刘勰之意"文学要先有自然的情性与思想,然后自然描写出来",均与之同契⑤。姚氏连措辞也近似杨鸿烈,可能有所借鉴。钱基博尽管不慊于《札记》,且指《文心》"实开八家之先声"⑥,努力与唐宋古文相勾联,在这点上却未坚持古文家的"文以载道"说,反与黄侃同调。其《文心雕龙校读记·原道》说"所谓道者,盖自然耳";《隐秀》又说"道法自然,彦和论文之宗旨",明确以自然释之。至其内容,同书《明诗》说"原诗之所为作,曰'人禀七情,应物斯感,感物吟志,莫非自然',与《原道》篇开宗明义称自然之道同指",显将"自然"理解为情性⑦。这一例最能透见《札记》作用之深刻。综观民国《文心》论者,罕见拘守儒道之论者,不能不说,黄侃居功至伟。

---

① 韩经太《中国文学批评史研究》,第 78 页。
② 参看傅庚生《文论主气说发凡》,《国文月刊》三十七期,1945 年 4 月,第 12 页;陈绍伦《绅绎〈文心雕龙·风骨篇〉之要旨》,《西大学报》一卷一期,1948 年 4 月,第 76 页。
③ 林树标《书文心雕龙后》,《自明》一期,1920 年 9 月,第 60 页。
④ 杨鸿烈《文心雕龙的研究》,《晨报副镌》1921 年 10 月 25 日,第二版。
⑤ 李冰若《书〈文心雕龙·明诗〉篇后》,《国学丛刊》二卷四期,1924 年,第 129 页;姚卿云《梁代之文学批评》,《艺林》一期,1929 年 9 月,第 39 页。
⑥ 钱基博《文心雕龙校读记·风骨》,钱基博《集部论稿初编》,第 266 页。
⑦ 钱基博《集部论稿初编》,第 245、273、249 页。

究实而言,倘以为刘勰之"道"全与儒家无涉,也非笃论①。黄侃把自然之道与儒道的界限,划分得过于斩截,持论不无罅隙。后其婿潘重规撰《读文心雕龙札记》,小引推崇"先师黄君所为《札记》,发挥尤备",而正文谈到这个问题,表述却是"案彦和《原道》《征圣》《宗经》,文虽三篇,义实一贯。……是以立道之文曰经,作经之人维圣",又折回儒家之道的旧义②。可是,当日"自然之道"说一出,竟能造成风行草偃的态势,其故安在?较早的杨鸿烈一文,已然分明泄露。他阐释完刘勰的"自然主义",即刻与新文学衔接,称这"正如胡适之先生说:'要有话说,方才说话。'"所引胡适语,见《建设的文学革命论》③。原来,黄侃对"道"的新诠所以流行,乃是他反对的新文学为之作了观念准备,可谓历史开的玩笑了。

"自然之道"说另有一种变体。《文心·原道》叙述从道向文的流溢,始于自然景物:"夫玄黄色杂,方圆体分;日月叠璧,以垂丽天之象;山川焕绮,以铺理地之形:此盖道之文也。"④大约正因为此,又颇有论者把"自然"解为自然界。胡侯楚引刘勰上述表达,得出:"原道者,即模仿自然之谓也。"可以模仿的自然,无疑指自然界。他又引同篇"原道心以敷章"之语,着眼于"心",提出"道心者,自然界之精神也。文艺的创作,不仅是模仿自然之表面,且模仿其精神也",说更周赅深入⑤。刘节也引《文心·原道》同段,以证"文之本原起于自然成彩之现象"⑥。俞元桂在协和大学指导学生集体研读《文心》,结论是:"刘勰以文与'道'同在,即文与自然同在。'道'是自然不易之理,日月山川是'道'之文,人文亦然。"⑦打穿自然与人文之限隔,以背后的理一以贯之。相比胡侯楚之言,可

---

① 王运熙、杨明《魏晋南北朝文学批评史》:"从《原道》看,从《文心雕龙》全书看,刘勰对名教、自然二者,更为重视名教。"上海古籍出版社,1989年,第345页。詹锳《文心雕龙义证·原道》篇解题:"这里所谓道,兼有双重意义,广义乃指自然之道,狭义仅谓儒家之道。二者也是统一的。"上海古籍出版社,1989年,第2页。
② 《制言》四十九期,1939年,第1页。黄侃另一位学生徐复观《〈文心雕龙〉浅论之二:〈原道〉篇通释》更点名直言《札记》此论有误,力证儒道说之确,那已在1971年了。徐复观《中国文学论集续编》,九州出版社,2014年,第356—362页。
③ 胡适编选《中国新文化大系·建设理论集》,第128页。
④ 黄叔琳、纪昀评《文心雕龙》,第3页。
⑤ 胡侯楚《刘彦和底文学通论》,《南开周刊》一卷十三号,1925年12月7日,第10页。
⑥ 刘节《刘勰评传》,《国学月报》二卷三期,1927年3月31日,第120页。
⑦ 俞元桂等《〈文心雕龙〉上篇分析初步》,《协大艺文》二十一期,1948年2月,第2—3页。

以说是舍其表而取其里。此说流被之广,甚且及于邻国。日本学者本田成之也谓《原道》:"说文艺是与天地一同发生的。为什么呢?因为天地自然都是文。……日月星辰山川草木,人类是不消说,一切的森罗万象,都不待画工与锦匠,是很好的艺术。"①以天地日月山川之属例解"自然",与中国学者有针芥之合。

此说之出,泰半同有反抗儒家之道的意图。本田成之便感叹:"刘氏底这个论调,是如何地大胆呀。"俞元桂等人更直言:刘勰之道"远异唐宋诸家所见"。下文罗列韩愈、周敦颐、程颢文字,这里唐宋诸家显然系儒道的代表②。自然界之解与黄侃的关系,无从指实,不过,二者皆由"自然"一点生发,迥异于旧日论家,又同反出儒家之门。即便无直接关联,汇而观之,也足表见一时风气。

但是两相比较,黄侃说于义更长。自然界之论有两点缺陷:其一,《文心·原道》篇中,"自然"一词凡两见,一则说"心生而言立,言立而文明,自然之道也";再则说"夫岂外饰?盖自然耳",两处语境,皆无法释之为自然界③。是说文本证据较薄弱。其二,更重要在于,自然而然是一性质,自然界却是一对象。就反儒道而论,由性质立说较直截,由对象立说较迂曲,会留下回旋余地。刘节虽以"自然之道"为自然界,接下来却设问:"但自然现象,有如日月经天、江河行地之严者,有如风驰云谲、雨洒雷鸣之变者,有如天高气爽、月朗风轻之清者,则孰为可贵乎?"答案是:"则彦和所谓文,必如日月经天、江河行地之严矣。"他在对象中施以风格限制,于是重又将儒家接引入来:"彦和所谓'道'者,乃自然之文也。虽然,彦和之说,亦不免儒学之影响。"④由此观之,对象说远不若性质说思考彻底了。这正突显出黄侃见解的价值所在。

黄侃强调声偶,此节在新文化运动中人那里,褒贬不定。陈独秀称韩、柳古文"乃南北朝贵族古典文学,变而为宋元国民通俗文学之过渡时代"⑤,则散体优于声偶。杨鸿烈说:"我们中国从晋代以后,文学的观念就渐渐的确定;所谓

---

① [日]本田成之《六朝文艺批评家论》,汪馥泉译,《支那学》二卷六号,1933年10月,第62页。
② [日]本田成之《六朝文艺批评家论》,《支那学》二卷六号,第62页;俞元桂等《〈文心雕龙〉上篇分析初步》,《协大艺文》二十一期,第2页。
③ 黄叔琳注、纪昀评《文心雕龙》,第3页。
④ 刘节《刘勰评传》,《国学月报》二卷三期,第120—121、137页。
⑤ 陈独秀《文学革命论》,胡适编选《中国新文化大系·建设理论集》,第45页。

'文、笔之分',就是纯文学与杂文学有分别。"梁绳祎说"我国自从晋朝就有文笔的分别,就是纯文学和普通文章的分别",视为一大进步,则声偶借助"纯文学"的光环,又胜过了散体①。如此纷纭,关于古代声偶之作,遂难形成一种主流评价。弃置儒家之道,却是众口一词。前者系文学形式问题,后者系文学思想问题。黄侃对六朝诗文形式的思索,颇有精义,而未能引发普遍关注;以自然之道取代儒道,却迅即流布开来,深层原因即在于是。他本人显然站在新文学对立面,所思之一部分,却经后者转手,受后者改造,为后者所用。这条曲折轨迹,从一个侧面展现出民国知识界的复杂动态。

---

① 杨鸿烈《文心雕龙的研究(续)》,《晨报副镌》1921年10月28日,第一版;梁绳祎《文学批评家刘彦和传》,郑振铎编《小说月报》十七卷号外《中国文学研究》,1927年6月,本篇第8页。

刘咸炘《文式》及其辨析文体方法*

西南交通大学人文学院　沈如泉

民国时期四川学者刘咸炘(1896—1932)身处新旧文化激荡之际,一生短暂而勤于著述,足不出蜀而能察势观风,执两御变,度越群伦而自成一家之学。特别是他在史学与文学方面所取得的成就最为人所称道。刘咸炘挚友蒙文通曾言:"双流刘咸炘(鉴泉)先生年未四十而殁,著书已百余种。先生于宋、明史部、集部用力颇勤,《史学述林》《文学述林》两著持论每出人意表,为治汉学者所不及知,张孟劬先生所称为目光四射、如球走盘、自成一家之学者也。"①蒙文通盛赞的《史学述林》《文学述林》是刘咸炘晚期作品,代表其后期思想相对成熟时的见解。而《推十书》中有不少著述为其授徒讲学之书稿,作者生前还在不断增补修订,大概是因教学需要才提前刊印,并不是作者理想中的定本。据《推十书》看,刘咸炘生前有庞大的学术研究规划,遗憾的是,这一切都随其英年早逝而中辍。从刘咸炘现存学术著作看,其思想一直处于发展中,其观念也总是伴随个人学术进步而有所变化的。《史学述林》《文学述林》两部书中一些精辟论点在其早年著作中往往已可见出端倪。今日研究刘咸炘,只有将刘咸炘前后之说加以通观比较,才能完整把握刘咸炘学术观念体系逐渐形成过程。以刘咸炘文学研究为例,除《文学述林》外,他还撰有多种专著阐扬其文学观念,也编选过数种诗文选本来实践其文学观念。分析刘咸炘文学观念时理应将这些不同时期著作综合起来加以考察,体会其治学特点,研究其治学方法。

王水照先生曾指出:"刘咸炘的治学特点是坚守中国文化本位,但又积极而审慎地吸纳、融化西方新说,因而比较容易与现代学术接榫,在努力建构中国文

---

* 基金项目:教育部人文社会科学研究规划基金项目"宋代诗文传习研究"(18YJA751028)。
① 蒙文通《评史学散篇》,蒙文通等著《〈推十书〉导读》,上海图书馆、上海科学技术文献出版社,2010年,第1页。

章学的新体系、新规范乃至评赏话语系统的工作中,这是一位值得多加关注的学者。"①但自2007年至今,如从刘咸炘文章学理论研究的角度来看,相关学术开展依然不够充分。这期间仅慈波发表了《别具鉴裁 通贯执中——〈文学述林〉与刘咸炘的文章学》②,何诗海发表了《刘咸炘的文体观及其学术史意义》③,宁俊红发表了《文体的文学史意义——以刘咸炘〈文学正名〉〈文变论〉的观点为主》④等为数不多的几篇论文。上述论文皆致力于阐扬分析刘咸炘《文学述林》一书中蕴含的文体学、文章学思想的学术史价值,既验证也丰富了王水照先生的观点,对刘咸炘论文的学术价值和历史地位均给予了恰当的、高度的评价。

目前学术界对刘咸炘文章学研究历程、其独特治学方法在文章学研究中的贯穿运用及其文章学观念独特之处等研究还有待开展,对《文学述林》之外的刘咸炘其他论文著作也有待研究。如刘咸炘辨析古代文体的《文式》等书至今还较少引起注意,《诵〈文选〉记》《〈文心雕龙〉阐说》《文说林》《诗系》等诸多著作中所蕴藏的刘咸炘文学观、文体观、文章学观念与《文学述林》中相关篇目之间关系还未曾被梳理清楚。今取刘咸炘文章学专著《文式》略加申说,以期能从中揭示出刘咸炘以复古通变观念为指导,以校雠之法辨析文体的文章学治学方法。

一、《文式》的成书过程

《文式》一书初撰于1918年。时刘咸炘年仅22岁,犹在其兄创办的尚友书塾任塾师。⑤刘咸炘弟子李克齐、罗体基所编《〈推十书〉系年录》戊午年(1918)十一月条载:"撰《文式》初稿成。十月起稿。此书专辨文章体例,广采旧说而贯

---

① 王水照《三个遮蔽:中国古代文章学遭遇"五四"》,王水照、朱刚主编《中国古代文章学的成立与展开——中国古代文章学论集》,复旦大学出版社,2011年,第13页。
② 慈波《别具鉴裁 通贯执中——〈文学述林〉与刘咸炘的文章学》,《上海大学学报》(社会科学版)2007年第6期。
③ 何诗海《刘咸炘的文体观及其学术史意义》,《中山大学学报》(社会科学版)2010年第4期。
④ 宁俊红《文体的文学史意义——以刘咸炘〈文学正名〉〈文变论〉的观点为主》,《兰州大学学报》(社会科学版)2014年第3期。
⑤ 刘伯毂、朱炳先《刘咸炘先生传略》,蒙文通等著《〈推十书〉导读》,第20页。

以校雠之法,凡三大类,子目百余,周倍详确,为昔所未有。惜尚未完成,仅写定纲目。"①这段记录明确交代了此书撰写宗旨和编撰特点。刘咸炘弟子曾说:"凡先生书多非一时所定,每初具匡廓,后随时采补增改。"②《文式》写作历时月余,"仅写定纲目","初具匡廓",然而作者已列出"子目百余",从《文式》初稿可以看出刘咸炘可能是计划"以校雠之法"对中国的文加以全面的分类归纳。

《〈推十书〉系年录》庚申年(1920)二月条又载:"编《〈文式〉纲目》一卷。《序》略曰'纲目者,要删也。吾撰《文式》一时不得成',韦生欲知其大略,乃口授书之为《纲目》。"③说明到 1920 年 2 月《文式》一书还没有完成。《〈文心雕龙〉阐说》书后有刘咸炘庚申(1920)七月十二日题记,其文曰:"丁巳(1917)撰此书时,于文章体宜系别,尚未了了。彼时方知放胆作札记也。庚申(1920)七月,因撰《文式》,复读《雕龙》,取旧稿阅之,亦颇有可喜者。"④这又表明 1920 年刘咸炘仍在继续撰写《文式》一书。

刘咸炘曾仿俞樾《春在堂全书录要》编过《自定〈推十书〉类目录》,按照他自定分类,戊部为文学,其中包括"《文式》□卷,《纲目》一卷,《文篇约品》一卷,《辞派图》三卷,《诵〈文选〉记》一卷,《〈文心雕龙〉阐说》"等二十六种著作⑤。刘咸炘《自定〈推十书〉类目录》附在《〈推十书〉系年录》后。《〈推十书〉系年录》记载的是民国丙辰(1916)至民国乙丑(1925)刘咸炘虚龄 21 至 30 岁期间的读书著述情况,编于 1925 年。其中《文式》卷数空缺,说明刘咸炘很可能到 1925 年尚未最终写定《文式》书稿。《〈推十书〉系年录》刊于民国乙亥年(1935),此时刘咸炘已经去世,卷目的空缺似乎还说明《文式》在刘咸炘生前始终未能定稿。罗体基等还编有《系年续录》,记录了自民国丙寅(1926)始至民国壬申(1932)八月刘咸炘病逝期间的读写生活,其中也没有关于《文式》的记录。但徐国光、王道相民国丙子(1936)编《暂编书目·遗书戊》中录有"《文式》十二卷、《〈文式〉纲目》一卷"等⑥,这个记录和罗体基等所记不同,推测起来或者是《文式》在刘咸炘三

---

① 李克齐、罗体基《〈推十书〉系年录》,刘咸炘《推十书》,成都古籍书店,1996 年影印本,第 2575 页。
② 同上书,第 2574 页。
③ 同上书,第 2576 页。
④ 刘咸炘著《推十书》(增补全本)戊集,上海图书馆、上海科学技术文献出版社,2009 年,第 979 页。
⑤ 刘咸炘《推十书》,第 2586 页。
⑥ 徐国光、王道相编《暂编书目》,刘咸炘《推十书》,第 2609 页。

十岁后可能已经亲自增补定稿为十二卷,而《系年续录》漏记;或者是《文式》书稿在弟子整理其遗著时编为十二卷。可惜的是《文式》的原稿后来散佚,今所见《文式》为刘咸炘侄孙刘奇晋据刘氏众弟子抄稿整理而成,并未分卷。①

《文式》在刘咸炘生前未曾刊刻,故1996年成都古籍书店影印《推十书》及2007年广西师范大学出版社出版的黄曙辉整理《刘咸炘学术论集》五种著作中均未收录《文式》。2009年上海图书馆和上海科学技术文献出版社印行《推十书》(增补全本),增补了据刘咸炘手稿和弟子所记整理出的未刊稿多种,《文式》一书被收入该书戊集第二册,至此其中内容才首次得到公开发布。

二、《文式》的内容及分类

整理本《文式》共分为46篇,后附《〈文式〉附说》12篇。今依整理本列表如下,根据篇名大致可以看出此书内容。

《文式》篇目表(以下诸表中序号皆为笔者依原书各篇排列次序所加)

序号	篇名	序号	篇名	序号	篇名	序号	篇名
1	经传说	13	词	25	地理书	37	辞命
2	编年史	14	曲	26	谱系	38	祝祭
3	编年纪传家类别	15	联语	27	簿目	39	哀诔
4	纪事本末	16	序例目录	28	杂记	40	金款识
5	杂史	17	题跋	29	日注	41	石刻辞
6	传记	18	注释	30	诏命	42	䌷谶
7	专传	19	名训文字书	31	册命	43	韵括
8	赋	20	图表	32	玺书赐书报书	44	箴诫
9	颂赞	21	记	33	令教策问劝农文训戒	45	器物铭
10	杂飏颂	22	方志	34	公牍	46	诗
11	设词	23	史论赞	35	奏议		
12	连珠	24	典故	36	书简		

---

① 关于此书的情况,书前题署云"二千零八年戊子八月刊,再传弟子侄孙奇晋恭署",而开篇《经传说》题目后小字注云:"整理者按,原稿已散佚,此据众弟子抄稿整理而成,内容分类一仍其旧。"见刘咸炘著《推十书》(增补全本)戊集,第701页。

《〈文式〉附说》篇目

序号	篇 名	序号	篇 名	序号	篇 名
1	编 集	5	名 目	9	考 证
2	钞 类	6	款 格	10	评 议
3	随 笔	7	杂 例	11	术数书
4	校 勘	8	论 著	12	小 说

前引《〈推十书〉系年录》中介绍《文式》云："此书专辨文章体例,广采旧说而贯以校雠之法,凡三大类,子目百余,周倍详确,为昔所未有。惜尚未完成,仅写定纲目。"①但目前所见整理本《文式》一书已经看不出刘咸炘如何将文分为三大类。整理本《文式》分为《文式》与《〈文式〉附说》两部分。《文式》分为46篇,这46篇命篇方式并不统一:或以某一种文体为篇名,或以几种文体合为一篇名。还有一些篇目并非以通常意义上的文体命名,只是以某种著述形式来名篇,如"图表"、"典故"、"方志"、"簿目"等,从此可以看出刘咸炘是将"文"作为著述之统称来使用的。

刘咸炘治学最讲究明统知类,目前整理本《文式》各篇之间前后排列有些凌乱无序,这样的编排方式未能体现出刘咸炘治学特点,有些分篇原则与刘咸炘本人文体观念也产生冲突。如第29篇《日注》。此篇内容非常简单,仅有"明张鸣凤有《西迁注》。曰纪行,曰录,曰记"寥寥数语。②张鸣凤是明代人,字羽王。万历年间张鸣凤贬谪利州(今四川广元),自京至利,沿途记录山水名胜、古迹碑刻而作《西迁注》。此书今存,收于《四库全书存目补编》中《羽王先生集》内。日注如按照刘咸炘在《记》篇中的描述,则应该归入记类。《记》中载："有自(笔者按:此处似缺一'记'字)其行者,大者有关政事,其记山川、道里,乃地志之支流。流连光景,怀思古人,兼载诗歌,琐记年月,亦不出乎此限,为谱牒、传志所资,非说家之流。宋人尤多,曰录、曰记。"③《地理书》一篇亦云："有记行迹者曰行记。不厌详琐,奉使赴官为多,而古者《述征记》《西征记》不入猥滥,亦或专记道里,曰游记、曰记

---

① 李克齐、罗体基《〈推十书〉系年录》,刘咸炘《推十书》,第2575页。
② 刘咸炘《推十书》(增补全本)戊集,第795页。
③ 同上书,第768页。

程,亦曰记,亦曰录、曰传、曰注、曰志。谢灵运《游名山志》,顾凯、顾野王《虎丘山序》亦游记也。陶弘景《寻山志》,范成大、陆游之书真行记也,而四库入之传记。盖其例于记甚狭,遂不免以行记混之于传记。杂记一门,尤多收行记。盖记事则可入传记,若述其行迹,考订山川形势,何可为传记哉?至日注之流,尤非此类也。"①足见刘咸炘是将日注视为行记的一种,今将《记》与《日注》割为两篇,似与刘咸炘所说不合。

再如《文式》中《专传》篇中有不少篇幅论述的是"汇传"。然《专传》篇前云:"吾谓专传、汇传皆原国史,汇传既列书林,专传何独不可作?彼盖徒论文而未见著述流别之通也。"②再参诸《文学述林》中的《传状论》,可知刘咸炘所谓专传是指纪传史中的列传。至于汇传,刘咸炘认为始于《列仙传》《列女传》,后来正史中的《儒林》《循吏》也是此类,特点是载事必传其旨归而不备一人生平。在刘咸炘文体观念里,专传和汇传虽皆源出史家纪传,但二者并非从属关系而为并列关系。整理本将汇传纳入《专传》篇中,显然也与刘咸炘文体观念不合。

《〈文式〉附说》附于《文式》之后,分为12篇,从整体看其内容基本是介绍文献编集与分类特点,属于文献学、目录学著作。但文献分类中自然会涉及文体的分类,故各篇中辨析各类文体的内容也不少。特别是"小说"一篇,对古代小说源流演变有详细考辨,弥补了《文式》论文未及小说一类的欠缺。

1920年,刘咸炘还撰有《文篇约品》一卷,此书亦与《文式》有关。其《序》曰:"文为凡著述之统称,此专举单篇,意主辨体,列次悉依《文式》,略举隅反,故但取常见,连篇相类者不皆录,偶举罕见以明体也。一精撰,二合体,三别致,四乖体。精撰无不合体;别致者或有为而言非正义,或别作格调非正体;乖体则不必别而别。"③此书亦属刘咸炘著作未刊稿,《推十书》(增补全本)戊集第三册中收录了刘奇晋整理本。为方便获得直观印象,今将《文篇约品》主要内容简化为下表。

---

① 刘咸炘《推十书》(增补全本)戊集,第783页。
② 同上书,第720页。
③ 刘咸炘《推十书》,第2578页。

《文篇约品》分类及篇目简表

类目	文体/文类	文　　例
一 记载之文	1. 别传	△钟会《生母张夫人传》　\陶渊明《五柳先生传》　×韩愈《毛颖传》　○杜牧《燕将录》
	2. 行状	△任昉《竟陵文宣王行状》
	3. 特记	△孙樵《书何易于》
	4. 典故专记	△汉马第伯《封禅仪记》
	5. 地理行记	○柳宗元《游黄溪记》　\苏轼《石钟山记》
	6. 金款识	○蔡邕《黄钺铭》
	7. 石刻辞事功	○班固《封燕然山铭》　△柳宗元《寿州安丰县孝门铭》
	8. 石刻辞建造	△蔡邕《光武济阳宫碑》　○韩愈《南海神庙碑》　×欧阳修《醉翁亭记》　\曾巩《宜黄县学记》
	9. 石刻辞山川	△张载《剑阁铭》
	10. 石刻辞墓道	○蔡邕《杨公碑》　△韩愈《靖边郡王杨燕奇碑》　\欧阳修《石曼卿墓表》
	11. 石刻辞埋铭	△任昉《刘先生夫人墓志》　\韩愈《库部郎中郑君墓志铭》　×韩愈《殿中少监马君墓志》
	12. 杂记	△柳宗元《序饮》　\欧阳修《仁宗御飞白记》
二 告语之文	13. 制诏	△汉武帝《求贤良诏》
	14. 册命	○汉武帝《封齐燕广陵三王策》　△欧阳修《拟制九篇》
	15. 赐书	△汉文帝《赐南越王书》
	16. 令教	△诸葛亮《与群下教》
	17. 策问	△汉武帝《策问董仲舒等》
	18. 训诫	△马授《诫兄子书》
	19. 符檄	○司马相如《谕巴蜀檄》　△陈琳《为袁绍檄豫州》　\韩愈《鳄鱼文》
	20. 移书	△刘歆《移书太常博士》　\孔稚珪《北山移文》
	21. 章表	△孔融《荐祢衡表》　○诸葛亮《出师表》
	22. 疏奏	\李斯《谏逐客书》　○贾谊《陈政事疏》　△苏轼《上皇帝书》
	23. 封事	缺
	24. 上书	○枚乘《上书说吴王》　△谢朓《辞隋王笺》
	25. 驳议	△夏侯玄《时事议》
	26. 弹事	△任彦昇《奏弹曹景宗》
	27. 策对	○董仲舒《贤良策对》　△挚虞《贤良对策》

续表

类目	文体/文类	文 例
二 告语之文	28. 书简	○司马迁《报任少卿书》 △阮籍《奏记诣蒋公》
	29. 祝辞	△归有光《周弦斋寿序》
	30. 赠言	△韩愈《送李愿归盘谷序》 ×韩愈《送孟东野序》 ○柳宗元《送从弟偊归江陵序》
	31. 祝祭	△匡衡《告祭毁庙文》 ○韩愈《潮州祭神文》
	32. 盟誓	△汉 臧洪《酸枣盟辞》
	33. 诔	△曹植《王仲宣诔》 ○颜延之《陶征士诔》
	34. 哀词	○潘岳《哀永逝文》 △潘岳《伤子辞》
	35. 吊祭	△陶潜《自祭文》 ○韩愈《祭柳子厚文》 \欧阳修《祭石曼卿文》 ×韩愈《吊武侍御所画佛文》
三 著述之文	36. 树义论	○嵇康《养生论》 △潘尼《安身论》
	37. 史论	○贾谊《过秦》 △柳宗元《封建论》 \苏轼《荀卿论》
	38. 杂说	△班孟坚《奕旨论》
	39. 私撰策	△苏氏《决壅蔽》以下七首
	40. 考证文	△韩愈《改葬服议》
	41. 评议	缺
	42. 术数书	缺
	43. 小说	缺
四 有韵之文	44. 箴戒	○扬雄《州箴》十二首 \韩愈《五箴》
	45. 器物铭	△张衡《绶笥铭》 ×傅玄《拟金人铭作口铭》
	46. 赋	○淮南小山《招隐士》 苏轼《赤壁赋》二首 △扬雄《羽猎赋》
	47. 颂赞	△陆机《高祖功臣赋》 ○潘尼《释奠颂》 \陶渊明《读史述》 ×苏轼《文与可飞白赞》
	48. 杂飏颂	△王褒《圣主得贤臣颂》 ○司马相如《封禅文》
	49. 设词	○司马相如《难蜀父老》
	50. 七	○枚乘《七发》
	51. 连珠	○陆机《演连珠》 \庾信《拟连珠》
	52. 序例目录	○许慎《说文写字序》 △昭明太子《文选序》 ○欧阳修《江邻几文集序》
	53. 题跋	○班固《记秦始皇本纪后》 △韩愈《画记》
	54. 经说	○柳宗元《论语辩二首》

《文篇约品》"专举单篇",文中将各体文章分类选篇且以不同符号标注为四品,以示文体正变,此即《文篇约品》称"品"之故。刘咸炘所分四品,"一曰精撰,记〇;二曰合体,记△;三曰别致,记\；四曰乖体,记×。"书中所取篇目多选自萧统《文选》、姚鼐《古文辞类纂》、李兆洛《骈体文钞》,也有从《三国志注》《唐文粹》《汉官仪》及作家本集中选取的,各篇之后注明出处,表中略去。上表保留了原文篇名前标注符号,但为简洁故,同一品列举多篇的今仅录一篇见意。原文个别篇目后还有简短评语,如别传中钟会《生母张夫人传》后云"六朝多别传";江淹《袁叔明传》后云"小传之体"等,今为免烦冗,表中一概省去。此外目录中有"封事"一项,正文缺;"评议"、"术数书"、"小说"三类正文仅列题目,无例文,今均于表内注"缺"字。《文篇约品》与《文式》不同,凡连篇相类者不皆录,故经传子史等成书不在其中,选取文类较《文式》狭窄,此即《文篇约品》名"约"之意。

《文篇约品》列次悉依《文式》,今日欲了解《文式》原本对文的分类及其编排特点须借助《文篇约品》。不过今本《文篇约品》将文分作"记载之文"、"告语之文"、"著述之文"、"有韵之文"四大类又与《文式》初稿"凡三大类"记载不合,这可能是后来刘咸炘修正了对文的分类方式。

此外,《文篇约品》整理本部分篇目与《文式》同样存在分类欠妥问题。如在"记载之文"大类下,将《石刻辞事功》《石刻辞建造》等关于石刻辞文章分作5篇。但《文式》中《石刻辞》篇云:"凡刻石之文有四类:事功、建造、山川、墓道是也。"[①]整理本对石刻辞的处理方式可能亦未准确体现刘咸炘本意。

也许刘咸炘为体现其治学方式、保留其论文的完整性,《文篇约品》后又附《论成书》部分。其内容分为经、经外传、经微、经记、编年史、纪传史、杂史、汇传、典故、地理统志、地理杂志、地理水道、诸子书、评议、小说共计15类,各举书名以示意。

《文式》是未成稿,内容仅具纲目,如与《文学述林》中部分单篇论文比较,行文只能说粗具梗概,不够连贯完整。但通过作者引文、陈述判断与例文罗列不难了解刘咸炘对中国古代文的基本分类方式方法。《文式》中不少篇目内容实际已清晰勾勒出了某类(或某种)文体的发展演变简史。《文篇约品》内容更为简约,将一切之文区别为四大部类,各类之下再系以文种若干,每种之中复以四

---

① 刘咸炘《推十书》(增补全本)戊集,第829页。

品标举例文,从正、反、合三方面去强调文章与文体之关系,一目了然,对我们了解《文式》原书文体分类和刘咸炘文体正变的观念大有裨益。

实际上,前列各表所展示的文体还不能够完整看出刘咸炘论文种类。刘咸炘《文式》具体篇名类目之下对每类文还有更为细致全面的解说,涉及更多文体辨析。除此以外,增补本《推十书》中还将以往未刊的《文说林》《诵〈文选〉记》《〈文心雕龙〉阐说》等整理发布,丰富了刘咸炘文体类著述,为我们进一步把握刘咸炘对中国古代文学、文体学、文章学的认识创造了有利条件。

三、《文式》辨析文体之法

《文式》一书的命名,应该是仿唐皎然《诗式》,而与明代那部同名文话则无关。明代曾鼎曾编撰《文式》二卷,主要采录赵撝谦《学范》、陈绎曾《文说》、陈骙《文则》、李淦《文章精义》、吕祖谦《古文关键》、苏伯衡《述文法》等书中材料以明"作文之法"。而刘咸炘《文式》一书则是"专辨文章体例"之作。"广采旧说而贯以校雠之法"是其辨析古今文演变的最基本方法。《文式》之文"为凡著述之统称",其名为《文式》意在效仿《诗式》以复古通变之法论文。刘咸炘《文变论》云:"王葆心作《古文辞通义》,论古今文派,分为逆流、顺流。谓主秦汉者为逆流,主唐宋者为顺流。此说似是而实未通。……吾谓古今文派之异,不可以顺逆该,而可以文质与正变该。……唐释皎然作《诗式》,首标复古通变之说。曰:反古曰复,不滞曰变。……其论甚精,过王氏之说远矣。"①其实《文式》以校雠之法辨析文体文类,以文质与正变为关键去把握文体演变过程,可能还隐含着对晚清以来逐渐流行起来的以文学进化论观念治文学的做法相区别、相抗衡的意味。以下对《文式》一书辨体析文时所采用的具体方法和特点归纳为三端。

第一,刘咸炘在辨文之体例时首先明确区分"文"与"文学"的概念。刘咸炘在《文学正名》一文中提出"文之本义实指文字,所以代言,以意为内实而以符号为外形者也。故凡著于竹帛者皆谓之文"。② 他认为应通过文之"内实"(事、理、情)与"外形"(文字学、文法学、文章学)两方面特征去观察分析古代著述,进

---

① 刘咸炘《推十书》(增补全本)戊集,第16—17页。
② 黄曙辉编校《刘咸炘学术论集·文学讲义编》,广西师范大学出版社,2007年,第4页。

而确定"文学"概念的内涵与外延。他明确提出:"今日论文学当明定曰:惟具体性、规式、格调者为文,其仅有体性而无规式、格调者为广义之文,惟讲究体性、规式、格调者为文学,其仅讲字之性质与字句之关系者只为广义之文学。论体则须及无句读之书,而论派则限于具体艺术之美。"①《文式》一书"专辨文章体例",而"论体则须及无句读之书",故《文式》所论之文是广义之文,也即包含一切著述。这样我们就可以理解此书为何会有《经传》《编年史》《纪事本末》《杂史》《图表》《方志》《簿目》《注释》等篇在内。论体之所以"须及无句读之书",是为了讲清楚古代各类著述之体孳生演化过程,是为了辨明文体正变。

第二,广采旧说而贯以校雠之法,是《文式》文章辨体的基本方法。刘咸炘治学私淑章学诚,主要是继承了章学诚明统知类的治学宗旨与校雠方法。章学诚尝言:"鄙人所业,文史校雠;文史之争义例,校雠之辨源流"②,"辨章学术,考镜源流","部次条别,疏通伦类,考其得失之故而为之校雠"。刘咸炘也曾指出章学诚学术"其至精者,一言曰:为学莫大乎知类"。③ 又说:"通即知类之意,类辨而统立,是先生学说之大凡也。"④《文式》一书就是借助文献学、目录学手段对一百多种文体(包括著述体裁)源流正变进行分辨梳理,构建了相对完整的中国古代文体谱系。

例如其分析"传"体。刘咸炘在《经传说》一篇中首先辨析传之起源。其文云:"传者,传也。传其事、传其人、传其义无异也。与经为经纬之称,故古书经与子外皆称传记。《左氏传》经义兼备,其事遂为后世史传之祖。强分经传、史传为二者,非也。谓史传只传人者,亦非也。"随后,刘咸炘将传分为内传与外传两类。内传释经义,如《左传》《公羊传》等,认为源出孔子《易·象象传》。而外传"依经推义,宏阔演迤,或取群书为证,以其源于经而流渐远也,故外之"。外传的代表是《韩诗外传》。古书经外皆为传记的观点,是沿袭章学诚观点。章学诚在《文史通义》中列《传记》一篇,其文云:"传记之书,其流已久,盖与六艺先后杂出。古人文无定体,经史亦无分科。《春秋》三家之传,各记所闻,依经起义,虽谓之记可也。经《礼》二戴之记,各传其说,附经而行,虽谓之传可也。其后支

---

① 黄曙辉编校《刘咸炘学术论集·文学讲义编》,第7页。
② 章学诚《章学诚遗书》,文物出版社,1985年,第639页。
③ 《推十书》第1册,第8页。
④ 同上书,第696页。

分派别,至于近代,始以录人物者,区为之传;叙事迹者,区为之记。"不过刘咸炘列举辨析的文体更加细密,种类更多。如《杂史》篇将不用纪传编年体者皆归入杂史,中云:"凡杂史多称记,亦曰志,曰故事,曰纪,亦或曰传。……凡今所论杂史,古皆谓之传记。论文体者不能别立此门,特以传记所收皆限一人一事,此类书较为宏阔,不得不别立一门以分之。其实史本记事之通名,传记亦史也。"在《传记》篇中刘咸炘又论述了史部传记,曰:"惟史部之传记,至为纷杂。盖凡记事之文,皆为传记,其别格成体者,已入杂史,其零碎琐鄙者,则入说家。苟其体尊非说家,体狭非杂史者,皆此类也。"《专传》篇专门分析各类别传。其文云:"专传,原纪传家专传,然纪传经纬,参详互备,主于见政俗,非为一人备始末也。专传异名,古云别传。别者,别于正史也,东汉已多。"随后刘咸炘分别辨析了家传、内传(记隐秘之行,隋前仙道多称之)、外传(或曰述、轶事、言行,记轶事)、小传(本事、录、事迹、故事)、自序(取序述之意,与序跋殊)、行状等多种文体。论完专传,继之以汇传。刘咸炘提出汇传的特点是"自具宗旨,品第古人,以寓其意,其载事必传其旨归至类,其他事则舍旃,不备一人生平也",①并对汇传之源流种类加以说明。这一部分还特别提到《隋志》所列《海岱志》《陈留志》不是地理书而是汇传,晋傅畅《诸公赞》虽以赞为正文但亦略述事迹也属汇传。与此相类,宋《靖康小雅》以诗系事,亦当归入汇传。

  此外,刘咸炘在《记》篇中又辨析了多种以记为名的著述与传记的关系。后来刘咸炘作《传状论》一文,系统阐发他对传记的认识,其中有关传记分类的表述就是《文式》相关文字的浓缩提炼。而《传状论》分析中国传记佳作不多的原因及欲结合中西传记之长以补救之的观点则可弥补《文式》之不足。

  在每辨析一种文体时刘咸炘往往要广采旧说。对前人意见他有时加以解说引申,有时则加以攻驳而间下己意。如论专传时先引顾炎武、方苞、刘大櫆、姚鼐等人论述。遇到前人意见相左,刘咸炘也会加以辨析并提出个人见解。比如韩愈《毛颖传》,姚鼐认为是"嬉戏之文,其体传也"。章学诚却认为:"宋人编辑《文苑》,类例固有未尽,然非今人所能知也。即传休之所采,盖有排丽如碑志者,庾信《邛乃敦敦崇传》之类自述非正体者,《陆文学自传》之类立言有寄托者,《王承福传》之类借名存讽刺者,《宋清传》之类投赠类序引者,《强居士传》之类

---

① 刘咸炘著《推十书》(增补全本)戊集,第726页。

俳谐为游戏者,《毛颖传》之类亦次于诸正传中;不如李汉集韩氏文,以《何蕃传》入杂著,以《毛颖传》入杂文,义例乃皎然矣。"刘咸炘先列举二家言论,然后提出"韩子《毛颖传》非体也,柳子排众议而称之,以其文耳"。① 可见其意见接近章学诚,而并不认同姚鼐等视此为传的观点。在《文篇约品》中亦明确将《毛颖传》标注为乖体之作,且注曰"非体又无意"。因为《毛颖传》虽有传之名,但既不记人也不记事,纯属游戏之文而与传的体例不合。

刘咸炘考辨文体由校雠入手条分缕析著述体例,理清文体源流的特点与其追求学术统系的明晰是密切相关的。其《续校雠通义·定体第四》云:"体者,著述之体裁也。义者,学术之统系也。……条别著述虽以义为主,而分部别居则以体为主。四部之分以大体,史与子与集是也。史、集之小类以体分,其细目或以义分。……后世不知辨体而执辨义,往往以义混体。……天文算法之法诀固子矣,《畴人传》则传记也。艺术之法诀固子矣,周亮工《印人传》则传记,记书画之书则目录也。兵家固子矣,名将传则传记也,而昧者以其言算、言印、言书画、言将略而归之子家,则史、子淆矣。"② 由此推论,视杂文《毛颖传》为传记者也属于"不知辨体而执辨义,往往以义混体"这一类,故为刘咸炘所不取。

第三,《文式》结合文之内实与外形综合考辨文体,方法周密严整而不失灵活。

在《文式》中刘咸炘只展示了他对不同文体文章的具体辨析内容,对文章辨体理论方法的阐述主要体现在此后所作《文学正名》等论文中。可以说《文式》的撰述实践为《文学正名》《论文通指》《〈文体演化论〉辨正》《辞派图》《宋元文派述略》《明文派概说》等论文的理论总结奠定了基础,而如今我们也不妨借助这些理论提示来反观刘咸炘的文体辨析实践特点。

刘咸炘认为文之内实为意,可分为三:"曰事(物在内)、理、情。"文之外形可纵剖为五:"一曰字,二曰集字成句(字群在内),三曰集句成节(句群在内,俗所谓一笔),四曰积节成章(亦曰段),五曰积章成篇。专讲一字者谓之文字学,即旧之所谓小学。专讲字群、句群者谓之文法学,旧校勘家所谓词例也。其讲篇

---

① 刘咸炘著《推十书》(增补全本)戊集,第722页。
② 黄曙辉编校《刘咸炘学术论集·校雠学编》,广西师范大学出版社,2007年,第14—15页。

章者则为文章学。"①文之外形亦可横剖为三,第一为体性。体性"即所谓客观之文体,此由内实而定。文本以明事、理、情为的,所明不同,方法亦异。事则叙述(描写在内),理则论辩(解释并入),情则抒写,方法异而性殊,是为定体"。②但文体在历史发展过程中并不总有相对稳定的定体。如从文体名称看,刘咸炘指出"凡诸名中明属于一实一法(如论与传)者亦不多,其大半皆不定","又凡文之一体,用之既久,内实往往扩张,遂有变体","故一名虽为一体之表,而名与性已不尽相掩合,特相沿自有规例,以实定体,从其多者为主耳"。从文的表意方法看,刘咸炘也指出"至于方法,则一体中互用者尤多,事必有其理,理须以事证,情生于事而与理相连,故叙述文中亦间有论辩之言,抒写文中亦间有叙述之语,皆不可以严分,特其中自有主从,以法定性,从其主者言之耳"。约而言之,刘咸炘对名实体性发生变化的复杂文体辨析原则是"以实定体,从其多者为主"、"以法定性,从其主者言之"。这在《文式》中有普遍的表现。外形之二为"篇中规式"。规式即全篇中字句排列的形式规定,如诗词格律之类。一种文体多由此而形成若干有区别的小类,如诗又分歌行和绝句等不同形式。规式通常是固定的,故甚易辨析。外形之三为格调。刘咸炘将此称为"主观之文体"。刘咸炘提出对文之格调当从文章章节间据"次"、"声"、"色"、"势"四方面加以分辨。"体性、规式乃众人所同,惟此四者则随作者而各不同,艺术高下由此定,历史之派别由此成"。③ 这其实是据作家写作特点与文章艺术风格来辨析。在《文式》与《文篇约品》中作者标举例文辨析文体正变时可能有所考虑,但并无详尽说明。后来刘咸炘作《宋元文派述略》《明文派概说》等文时对此有较好的示范。这样刘咸炘就确立了自己内外纵横全面考察分辨文体的基本原则,这对我们今天从事文体研究及文章学研究依然具有学术示范意义。

因为掌握了比较科学的研究方法,刘咸炘的文体研究才能超迈俗流取得不凡成就。举例而言,如其关于募缘疏的分析即如此。明代徐师曾大概是最早对募缘疏这一文体加以详细说明的人。他在《文体明辨序说》中说:"按募缘疏者,广求众力之词也。桥梁、祠庙、寺观、经像与夫释、老衣食器用之类,凡非一力所

---

① 黄曙辉编校《刘咸炘学术论集・文学讲义编》,第 4 页。
② 同上。
③ 同上书,第 5 页。

能独成者,必撰疏以募之。词用俪语,盖时俗所尚。而桥梁之建,本以利人;祠庙之设,或关祠典,尤非他事之比,则斯文也,岂可阙而不录哉?故列之。"①稍后于他的明代贺复征在《文章辨体汇选》中则说:"募缘之有疏也,诸选俱不载,值神庙初年,名公巨卿多喜禅悦,创建精蓝而疏文始盛,今选数篇,与荐亡文同列焉,以备一体。"②二人所云不但简略而且都有错误。刘咸炘则将此种文体归入"书简"之中。刘咸炘说:"唐人募建寺观为疏以集赀,后则通施于宫室、桥梁、恤孤、葬死诸事。其称疏者,取书简之称,盖本告语之体也,与注疏、奏疏异体。梁简文有为人作造寺疏,则六朝已有之矣。后世或称募启,亦取书简之名;或称募序,则取序述之意,与记事者亦异。书简以告一人,此以告众人,犹通书也。论文者不及此,吴曾祺乃谓其先述意近于序跋,大误矣。序跋乃客体,有本书然后有序跋也。今以募疏为序跋,将为今世缘簿为本书乎?古人未必有缘簿,而此类文抑或单行,且既名为疏为启矣,何弗察之甚也!曰引、曰序、明末人亦曰缘序,宋人亦曰劝缘疏,亦曰化钱疏,曰功德疏。塑像、建道场、供给、看经、升座、开堂均有之。明募刻己之诗文亦有疏。"③这段文字不长,但募缘疏的文体归属,起源、演变、别名、功用都讲得明明白白;募缘疏与注疏、奏疏异体,募序不同于序跋都辨析得清清楚楚。

2015年第三届中国古代文章学研讨会上复旦大学学者曾提出这样的观点:"我们始终认为,文章学是最具中国本土特点的古代文学分支学科之一,只有回归本土学术资源,才能充分尊重其内在的学术理论,探索其固有的、潜藏的理论框架。"④纵观刘咸炘对文的分析方法,实已导夫先路。他以史家实事求是态度分析各类文,研究立场不偏不党,辨文析体方法严密而多样。他对中国传统文类及文章的分析,在很多方面都已走在他那个时代的前沿,对今日我们从事中国古代文章学研究也依然具有很强的学术示范性和启发性,是值得认真学习和研究的。

---

① 徐师曾《文体明辨序说》,王水照编《历代文话》第2册,复旦大学出版社,2007年,第2143页。
② 贺复征《文章辨体汇选》卷三七九,《文渊阁四库全书》本。
③ 刘咸炘著《推十书》(增补全本)戊集,第812页。
④ 王水照、侯体健主编《中国古代文章学的阐释与建构开——中国古代文章学三集》编后记,复旦大学出版社,2017年。

"第四届中国古代文章学国际研讨会"综述

华东师范大学思勉人文高等研究院　倪春军

复旦大学中文系　陈　特

2018年4月14—15日,由复旦大学中文系主办的第四届中国古代文章学国际研讨会顺利召开。来自日本、韩国以及中国大陆、香港、台湾地区的六十余位学者相聚复旦光华楼,就中国古代文章学研究中的诸多问题,展开热烈研讨,达成一定共识。会议共发表论文五十余篇,议题涉及中国古代文章学的理论范畴、文章学著述与思想的探讨、古代文体学研究、作家作品研究、古代文话的整理与研究、域外文章学研究等多个方面,代表了目前古代文章学研究的前沿热点和学术动向。

一、文章学:著述思想和学科范畴

文章学著述是古代文章学的丰富资源,对于文章学著述的研究不仅可以梳理文章学的发展脉络,而且有助于理解不同时期文章学的思想内涵。南京大学巩本栋先生《〈古文关键〉考论》一文从文献入手考证《古文关键》的成书过程,阐释吕祖谦的编纂宗旨和文体观念,发掘《古文关键》的文章学价值。浙江师范大学慈波先生《举业用书经典化:〈东莱博议〉在南宋的编纂与传布》一文则关注吕祖谦所著举业用书《东莱博议》成书、流传、变貌的复杂过程,不仅对《东莱博议》的变化有所梳理,也对南宋的科举文化有所描述。中国传媒大学王永先生《论金代王若虚的"辨惑"体著述》一文细致梳理了王若虚"辨惑"体著述的文献情况,指出王若虚的"辨惑"意识是金代学术自身发展到一定高度的产物,蕴含了异族统治下的质疑意识。浙江大学叶晔先生《论文书牍与明代文学论证的"境内"驱动》一文对论文书牍和文学批评史的关系作了相关界定,结合明清文人的交游探讨明人论文书牍的写作语境与内在张力,并尝试用"'境内'批评方式"为《与友人论文书》这一类文章学著述作文学定位。中国社会科学院张剑先生《汪时跃及其所编文选、文话简述》一文考察了明代万历间举人汪时跃的家世生平,并对其所编四六文选《镌昭代名公四六类编》和所著时文文话《举业要语》二书的版本、分类、取材、价值等作详细考述。华东师范大学成玮先生《新旧之间:黄侃〈文心雕龙札记〉的思想结构与民国学术》一文从黄侃的《文心雕龙札记》一书入手,指出《札记》的基本思想结构是在自然之道中阑入人力以调节藻饰程度。《札记》流露出与新文化运动论争之意,但未能有效抵抗,其撰写和传播过程也展现了民国知识界的复杂动态。西南交通大学沈如泉先生《刘咸炘〈文式〉浅述》一文分析介绍了刘咸炘文体学著作《文式》的成书过程、主要内容、文章分类以及编纂特点,并对此书予以客观中肯的评价。

以上关于文章学著述之研究,涉及选本、札记、书牍、论著等多种著述形态,关注了科举文化、异族统治、文学复古、民国学术等不同学术语境,体现了立体多元的学术视角和研究方法。这对于文章学思想的研究也有一定的启示和积极的影响,主要表现为聚焦个体的专人研究和宏观视域的专题讨论。上海财经大学朱迎平先生《陈绎曾文章学体系简论》一文,以陈绎曾《文筌》、《古文矜式》和《文说》这三种文章学著述为对象,阐述陈绎曾在作文培养论、文章体式论、文章结构论、文章风格论和文章行文论这五个方面的学术思想。首都师范大学刘尊举先生《唐顺之古文、时文关系论略》一文从唐顺之的"本色论"出发,结合其论说和创作,揭示唐氏古文创作和时文创作的交互影响,并探究这种影响的思想根源。中山大学何诗海先生《"明文第一"之争》考述了晚明以降有关"明文第一"的学术论争,指出各种学说背后存在学术立场和文学旨趣等多方面的复杂纠葛。安徽师范大学潘务正先生《清代古文辞禁论》一文,认为古文辞禁在文化渊源上与儒家提倡的尚用观、文质观等密切相关,其目的是为了推尊古文之体,排斥南宋以来背离道统和文统的文学倾向,可谓清代的"古文运动",但终究未能挽救古文及其所载之道德命运。常熟理工学院孟伟先生《清当代古文选本的编纂旨趣》一文,讨论清人选清代古文的编纂旨趣,包括清初的"宗经"旨趣、清中后期的"载道"旨趣、"经世"旨趣和"保存文献"旨趣等不同层面。这一研究思路与清人选清词、清人选清诗等视角彼此呼应,丰富了文章学选本研究的思路和方法。华东师范大学彭国忠先生《论王夫之的制义观》从王夫之否定经义、否定古文的角度指出王夫之为"一代狂人",同时又据王夫之重构经义之新统序认为王夫之乃"一代强人",并阐述了王夫之对经义体的维护以及对经义新功能之体认。北京大学陆胤先生《耳目之争:重访章太炎的文章起源论及其经学语境》一文从章太炎清末时期著述的文本内证入手,考察其文章论背后的文化史背景,指出其中既有西学影响下有关"口说"与《文辞》的探讨,也有与阮元、刘师培等观念相左的关于"耳治"与"目治"之对立分析,这为晚清民初文化转型中的"耳目之争"提供了一个典型例证。周口师范学院丁恩泉先生《由文体中心论到文章本体中心论——刘咸炘文章学的转型探析》一文论述了西学影响下刘咸炘文章学思想之转型,揭示了西学东渐所引发的刘氏文章学变貌。复旦大学陈尚君先生《唐文治谈古文作法》根据新出《唐文治国学演讲录》一书,介绍唐文治关于喷薄之美与情韵之美的古文吟诵教学,关于阴柔情韵之文和阳刚雄伟之文的古文创作方法,指出当下文章写作的取法和津梁。上海社会科学院常方舟女士《修辞视域下的文言虚词与近代文章学的新诠》一文,从文章写作中虚词的使用入手,认为清代的虚词研究出现了训诂派和辞气派的分歧。辞气派从文气的层面把握文言虚词的使用规律,影响到近现代以来以郭绍虞先生为代表,将虚词的修辞因素融入语法分析,使虚词成为古文"文气论"的巨象表征。

无论是文章学著述之研究,还是文章学思想之探讨,其目的都在于阐释"文章学"的理论范畴和学科内涵。中山大学李晓红女士《任昉〈文章缘起〉与宋代文章学》一文考察任昉《文章缘起》在宋代的传播过程,指出宋代新安文化建设和宋代词臣文化对该书传播之影响,认为中国文章学的自觉当发轫于任昉的《文章缘起》,确立于洪适的刻印传播。福建师范大学欧明俊先生《再论学术视野中的古代文章学》站在理论高度,考辨了古代文章学与经学、史学、子学的关系,由此反思"古代文章学脱离学术体系"的历史问题,在方法论反思的意义上倡导重视本土立场、本土传统、本土观念,重视民族特色。复旦大学王水照先生在开幕式致辞中提到当初编《历代文话》的初衷就是为了建立中国古代文章学这一学科,而文章学学科的建构是为了推进和完善中国文学史的写作这一宏大目标。王先生秉持"海纳百川,兼容并蓄"的学科胸襟,鼓励从写作学、语文学、诗学、语言学等各种角度探索文章学的学科范畴,希望借以促进文章学学科的早日确立和长远发展。

二、文体学：传统命题和独特视角

文体学研究是历届文章学会议的关注热点，也是文章学研究的重要领域。本次会议涉及文体学论文共十二篇，探讨对象多为文体学研究的经典命题和重要文体，体现了攻坚克难、突破创新的研究精神。

广西师范大学莫道才先生《论骈文的仪式感与话语模式》一文，指出骈文因注重节奏而具有仪式感，又因庄严的话语方式而具有了文体话语权，这种话语权对于我们的文化自信和文化影响具有重要的作用。上海外国语大学史伟先生《先秦说体与汉代"小说"观念》返回先秦两汉的历史语境，追溯了"说"体从春秋到战国的历史演变，梳理出汉代"小说家"和"小说"观念的历史渊源。扬州大学辛明应先生《作为韵文的〈左传〉》一文抉发《左传》的用韵情况，强调《左传》记言和叙事的韵语成分，指出《左传》的韵文特征。复旦大学陈特先生《"文的自觉"与文体观念的演变》围绕曹丕《典论论文》和陆机《文赋》，探讨这两篇文献的文体指向和彼此侧重，并在此基础上分析两篇文论的异同嬗变。复旦大学汪习波《"正始之音"文体学平议》一文，从魏晋之际"正始之音"的具体语境入手，指出"正始之音"这一名词的所指存在颇多游移，文学史上用"正始之音"来概括正始文学虽无不可，但应全面认识其丰厚内涵。中国社会科学院刘宁女士《韩愈"五原"文体创新的思想意涵》一文，认为"五原"体现了韩愈对儒家正名思想的深刻理解与新创变，表达了弘扬儒道、教化当世的深刻抱负。宗密的《原人论》带有浓厚的"论"体文色彩，与"五原"不尚辨论的文体形式有明显差异。"原"体文的首创之功不在宗密，而属韩愈。华中师范大学林岩先生《宋初经学、政治与科场律赋——范仲淹与"古文运动"之再审视》在对范仲淹现存律赋系年的基础之上，考察律赋的出题范围和经学动向，指出范仲淹律赋中包含的治国理政的政治思想。复旦大学朱刚先生《"修庙"与"立学"：北宋学记类文章的一个话题》在宋代思想史的脉络中考究王安石的学记创作，厘清唐宋时期"庙"、"学"之关系，认为宋人所撰庙碑、庙记、庙学记、学记等记体文可视作同类文章。同济大学崔铭女士《两宋城记述略》对宋代记体文中的城记进行研究，考察其创作缘由、文本内容和思想观念，体现了城市与文学的紧密关系。日本广岛大学渡部雄之先生《京东士风与庆历太学新体》一文指出庆历"太学新体"的形成与充满治国气概、富于直言谏诤的京东士人有密切关系。这一士风从开封迅速扩散到全国,不仅改变了赋的形式,而且促进了文赋的形式。北京师范大学郭英德先生《〈四库全书总目〉论散文的文体形态特征》一文根据《四库全书总目》中"散文"和"韵文"、"散文"和"骈体"的对举情况,从散文的"文体"特性、散文的"体格"与"法度"、散文的"正变"与"文格"等三个方面梳理散文文体的形态特征。复旦大学卢康华先生《铭刻的书艺与文献:近代碑刻史料价值述略》结合作者自己的收藏经历,图文并茂地展示了近代碑刻史料对于书学、文学、史学研究的独特价值。

上述关于文体学之研究,所跨时间范围之广,所涉文体数量之多,所见学术观点之新,反映了近年来文体学研究良好的发展趋势和繁荣的研究局面,成为文章学研究的"主战场"和"生力军"。

三、文学史:作家平议和文本解读

正如王水照先生所言,文章学学科的建构是为了推进和完善中国文学史的写作这一宏大目标,是为了撰写出具有中国本民族特色的"中国文学"的史。因此,作家作品的研究充分体现了这一"文学史"的主题关怀,并为"文章"在文学史的叙述中争取一定的话语权利。

台湾大学何寄澎先生《韩文札记二则》对韩愈《柳子厚墓志铭》和《送李愿归盘谷序》进行文本细读,解析其中蕴含的情感寄托和行文体例。厦门大学钱建状先生《宋代贤良投献与策论文的传播》一文全面考察现存宋人贤良进卷的文体形态,并从现代传播学的角度推考贤良投献与策论文的传播途径,进而对苏氏兄弟《五经论》的著作权问题提出质疑。上海交通大学杨庆存先生《人文思想与人类生存:苏轼〈六一居士集叙〉的人文思考》一文细致分析了苏轼这篇书序的思想内涵、历史定位及其现实意义,体现出强烈的现实关照和人文情怀。台湾世新大学王秀云女士《范仲淹〈窦谏议录〉探讨》对今日通行本《范仲淹全集》中的《窦谏议录》的原本篇名、著述形态、文章立意、作者之志与文体特征作了全面深入的解析并由此透视范仲淹的胸襟怀抱。日本九州大学东英寿先生《从欧阳修新发现书简看周必大、朱熹关于范仲淹神道碑铭的论争》指出,在前些年发现的欧阳修书简中,有几篇书简与周必大、朱熹围绕"范吕党争"的论证大有关系,通过对与范、吕同时的欧阳修书简的释读,东英寿先生对周、朱争论有了更清晰的还原,同时对周必大编辑欧阳修全集的态度也有了更深入的了解。四川大学戴路先生《苏轼两制文本的生成与流传》讨论了通行苏轼《内制集》中两篇文字的两个版本,还原了作为翰苑词臣的苏轼在撰制时基于修辞、历史立场的两种情形,进而追踪了苏轼两制的流传,展现了苏文生成、传播的动态过程。上海财经大学李贵先生《灵源惟清笔语》书简受主考释一文,对于北宋禅僧灵源惟清《灵源和尚笔语》一书所收79通书简的受主作了逐一考证,如考证洪帅即张邦昌、权书记是释善权等,为我们考察北宋佛教文化史、僧徒与文人、佛教与儒林之交流提供了重要的线索。华东师范大学韩立平先生的《白文崇尚与小说注经:张岱〈四书遇〉文学性探究》针对"明文第一"的一位候选人张岱的奇书《四书遇》,提炼出了张岱的"白文崇拜"倾向,与这一倾向相表里的是"小说注经"的手段。如此这般的读经倾向与注解手法可说是对严肃崇高的经典作活泼的文学性解读,而张岱奇僻的读经背后,则是他独有的身世之感。湖南师范大学吕双伟先生的《洪亮吉的骈文思想与骈文创新——以游记为中心》由洪亮吉诗话中有关骈文的部分提炼出洪之骈文批评思想,再结合洪亮吉本人的骈文创作,尤其是通过对其游记类骈文的细读,揭示出"洪江北体"的风格特征,进而在文学史上为"轻倩清新"的"洪江北体"作出定位。河南大学李金松先生《钱谦益:一个有待认识的骈文家》一文阐述明清之际古文家钱谦益的骈文成就,指出钱氏的部分骈文作品寄寓了他的兴亡感慨。其骈文形式灵活多样,特别是少数对话体形式的骈文篇什,具有散文化的趋向,可谓骈文发展史上的一个创举。复旦大学查屏球先生《海外体验与〈少年中国说〉之形成》一文,考察梁启超名篇《少年中国说》的产生过程,指出梁启超的海外体验是这一文本产生的重要因素,包括寓日一年博收新知的兴奋感、师生热血情谊而生发的青春自信、旅美航行与夏岛独处的遐思以及海外讲演和演说体的行文风格,《少年中国说》对后来的知识分子产生了深远的影响。

四、文话批评:文献辑考和理论阐释

自《历代文话》出版以来,文话的整理和研究逐渐成为新的学术热点,随着《历代文话续编》《稀见明人文话二十种》等文话总集的相继问世,预示了文话研究的广阔前景。本次会议共有九篇论文涉此议题。

华东师范大学洪本健先生《古文评点在文章学系统中的重要作用》一文指出文章学系统中古文评点的特殊作用，并从文道论、文气论、文境论、文体论、文术论、文运论和品评论等多个方面阐述了古文评点的重要价值。香港浸会大学龚宗杰先生《明文话的文本生成及其文章学阐释》一文，从明代文话的生成方式入手，认为明文话的生成主要有裁剪旧籍、汇选名家和摘句示法这三种形式，这对于研究文章学理论由精英向底层的传播和渗透具有一定的价值。复旦大学侯体健先生《宋佚文话〈纬文琐语〉考论》一文，对于南宋中期李郭及其文话《纬文琐语》作了作者考证和文献辑佚，并根据佚文指出《纬文琐语》的文章学价值主要体现在总论作文法和评述具体作者这两个方面，是一部综论文章写作、作家风格和文辞考辨的重要文话著作。江苏省社会科学院李由女士《南宋佚书〈敦斋古文标准〉考论》一文，考证《古文标准》编选的时间范围当在1208—1261年之间，其所谓的"标准"可概括为古文标准与理学标准并举、古文统序与道学统序并重的基本特征，并体现了南宋后期理学背景下"古文标准"的重构。华东师范大学倪春军《陈懋仁〈续文章缘起〉版本考论》一文，详细考证了明末陈懋仁《续文章缘起》一书的版本及流传，指出该书存在六十五体的初稿本和一〇九体的定稿本。目前《历代文话》所据《学海类编》本是初稿本，《历代文话新编》时应采用较早的《陈懋仁杂著》本作为底本，以反映该书的真实面貌。复旦大学吴心怡女士《明末遗民李中黄与他〈逸楼论文〉的文有二谛思想》对稀见文话《逸楼论文》的作者生平和版本情况作了详密考证，并根据作者的遗民身份揭示《逸楼论文》的价值取向。北京师范大学诸雨辰先生《帝王心术与文本阐释——康熙〈古文评论〉的批评观念论析》一文，认为《古文评论》集中反映了康熙帝的政治意识与思想主张，突显了康熙以经世致用为核心的文章学观点，并对清代文学思想史产生了重要的影响。复旦大学陈维昭先生《复旦大学图书馆藏钱振伦〈制义卮言〉的文献价值与文论价值》对《制义卮言》一书的版本和内容作了详密考证，进而发掘此书的文献价值和文论价值，丰富了晚清的八股文献和八股批评。江苏第二师范学院蔡德龙先生《〈骈文丛话〉："骈文学"的初步构建与骈文特征的系统总结》对产生于民国初年的骈文话《骈文丛话》进行考察分析，指出《骈文丛话》在文学批评史上较早地提出了"骈文学"的概念，又试图将骈文纳入古文的范畴，提高了骈体文章的文学地位。

以上有关文话研究的论文,既有宏观论述,也有个案研究,既有文献辑考,也有理论阐发,体现了文话研究在话体文学批评研究中逐渐追赶诗话、词话研究的良好势头,也为《历代文话新编》的工作打下了良好的基础。

五、域外文章学:汉文化圈的交流影响

域外文章学是中国古代文章学对汉文化圈产生深刻影响的直接表现,是文章学与别国文化深入交涉并逐步内化、形成文化内循环的经典例证。对于域外文章学的考察和研究,有助于中国古代文章学的自我建构和身份认同。

韩国启明大学诸海星先生《朝鲜诗文选集〈东文选〉的编纂体例与文学价值》考察朝鲜时代徐居正所编韩国古代诗文选集《东文选》一书,指出《东文选》采用先分文类、再按作家生卒年为序选诗文作品的二层编排法,其文学价值不仅体现在对韩国古代作家作品的保存、校勘和辑佚,而且也有重要的文学批评史料价值。日本同志社大学副岛一郎先生《日本江户时代有关"唐话"及"古文辞"的批评——以荻生徂徕为中心》一文,从荻生徂徕"唐音直读"和"古文辞"这两大学术主张入手,指出荻生学习唐话的目的之一就是为了剔除汉文写作中的"和习",而他的古文辞论则是一种追求与古圣人之道完全一体的行文方法。四川大学张淘《皆川淇园〈欧苏文弹〉及其文章学》整理分析了日文手写稿《欧苏文弹》的形式与内容,并以《问学举要》和《淇园文诀》两书为据来探讨皆川淇园关于文章观、文法论、创作论和文体论等方面的文章学理论。南京大学金程宇、张天骐先生《虎关师炼〈禅仪外文〉及其注本考述》一文考察日人编选的中国禅林骈体日用文选《禅仪外文》一书的编纂旨趣和史料来源,指出其中的佚文具有重要的辑佚价值。同时,该书对于日人编韵书有一定影响,它的多种注本具有传播学和诠释学方面的重要价值。

除了以上关于域外文章学的专题论文,本次会议还有不少议题均不同程度地涉及域外文章学的相关材料和研究课题。比如东英寿先生根据天理大学附属天理图书馆馆藏的南宋本《欧阳文忠公集》内欧公的散佚书简来考察周必大和朱熹关于范仲淹神道碑铭的历史事实,李由女士以日本国立公文书馆内阁文库藏南北朝刊本《魁本大字诸儒笺解古文真宝后集》来分析敖斋《古文标准》在中国乃至东亚汉文化圈的影响力,倪春军先生通过大阪大学怀德堂文库藏宝历

八年陈懋仁《续文章缘起》以印证明刻本《陈懋仁杂著》的刊布和流传,李晓红女士则关注到日本元禄十二年翻刻元泰定二年刻本《事林广记》丙集卷五《文章缘起》的文本顺序,这些都体现了文章学研究中的异域视野和文化认同。

"人似春鸿来有信,事如秋果香满园。"本次会议是在国家社科基金重大项目"中国古代文章学著述汇编、整理与研究"(15ZDB066)课题开展过程中的一次学术盛会,也是上海市2018年度"国家社科基金重大项目推介活动"的重要成果。历时两天的研讨会议题新颖,思维活跃,不仅提出问题,而且积极回应问题,解决问题,体现了良好的学科生态和蓬勃的学术生机。会议成果对《历代文话新编》的编纂工作有积极的促进作用,对于中国古代文章学的学科建设和发展也有重要的推动和启示。大家期待三年以后《历代文话新编》完成之际,能够重聚光华楼,重与细论文。

编　后　记

　　我们的古代文章学研讨会已经开到第四届(2018 年),离第一次(2009 年)举办研讨会已经十年,十年对于一个学科的发展来说,并不算长,可以说仍是处在起步阶段,而于我们来说,十年的坚持也算积累了一点成果。尤其是自 2015 年启动国家社科基金重大项目"中国古代文章学著述汇编、整理与研究"以来,我们进一步梳理了传统文章学著述,已整理完成《历代文话》未收的各类文话著作一百余种,今年也将陆续推出"复旦古代文章学研究书系"六种。这些工作让我们更深刻地体会到古代文章学形态的多样性和理论体系的复杂性,值得花大力气坚持挖掘下去。诚如日本著名汉学家吉川幸次郎所说,"在中国人的意识里,做文章是人间诸生活中最重要的事情",研究好、研究透古人的文章学,尤关乎对中国文学本体和本质的认识。本论集就体现出各位同仁们对这个问题不同侧面的探索,故题作"中国古代文章学的形态与体系"。

　　第四届古代文章学研讨会规模较以往几次都大一些,这既得益于复旦大学中文系和上海市社科办的大力支持,也是古代文章学研究队伍扩大的必然要求。我们要特别感谢十年来支持研讨会的海内外同仁们,从王更生先生、曾枣庄先生、祝尚书先生、陶文鹏先生等前辈学者到每届必到的学术中坚们,以及这次参会的 80 后、90 后新生力量,正是大家不断赐予高质量的学术成果,让我们的研讨会一如既往地保持高水准,成为推动古代文章学研究持续发展的一股稳定力量。只要条件允许,我们定将三年一次的聚会坚持下去,团结同道,互相砥砺,为古代文章学研究继续贡献绵薄之力。

编者
2020 年 5 月

图书在版编目(CIP)数据

中国古代文章学的形态与体系:中国古代文章学四集/王水照,侯体健主编. —上海:复旦大学出版社,2020.6
ISBN 978-7-309-14944-9

Ⅰ.①中… Ⅱ.①王…②侯… Ⅲ.①文章学-研究-中国-古代 Ⅳ.①H15

中国版本图书馆 CIP 数据核字(2020)第 043911 号

中国古代文章学的形态与体系:中国古代文章学四集
王水照　侯体健　主编
责任编辑/王汝娟

复旦大学出版社有限公司出版发行
上海市国权路 579 号　邮编:200433
网址:fupnet@fudanpress.com　http://www.fudanpress.com
门市零售:86-21-65102580　团体订购:86-21-65104505
外埠邮购:86-21-65642846　出版部电话:86-21-65642845
常熟市华顺印刷有限公司

开本 787×960　1/16　印张 34　字数 554 千
2020 年 6 月第 1 版第 1 次印刷

ISBN 978-7-309-14944-9/H·2981
定价:158.00 元

如有印装质量问题,请向复旦大学出版社有限公司出版部调换。
版权所有　侵权必究